Cuisine & Culture: A History of Food & People

食と人の歴史大全

火の発見から現在の料理まで

リンダ・チヴィテッロ［著］ 栗山節子／片柳佐智子［訳］

柊風舎

食と人の歴史大全　目次

＊＊＊

レシピ、メニュー、材料

食物こぼれ話

文化横断

混乱を招く言葉

祝日物語

表

歴史（年表）

序章　歴史の中の食物

われわれは祖先が食べたり飲んだりしたものでできている。

民族植物学者　ゲイリー・ナブハン(1)

本書は地球上でもっともすぐれた捕食者、人間の長い物語の縮尺版である。アフリカのサバンナからカリフォルニアの台所までの料理と文化について考察する。

食物とは何か？

先史時代から、食物に関することすべてには意味があった。誰が漁をし、耕し、屠殺し、また製粉することを許されるのか。調理にはどんな器や道具が使われるのか。何時に食事をするのか。食卓での席順――重要人物、ある食物、塩、異性への、別の民族または別の階級の人間への距離。食物が供される順番。誰が供するのか。熱いか、冷たいか、煮てあるのか、焼いてあるのか。欧米の文化では丸ごと茹でた鶏を供するのは重要な場では無礼だが、台湾ではそれは宴会の主役となる。地球上の人間すべてが等しく食べる物は一つとしてない。

同じように見える二つの文化をくらべてみれば、食物、自然、環境に対する態度にきわめて大きな違いがあることがわかるだろう。どちらの文化でも植物に大金を投じ、その景色に大いに誇りを持っている。どちらの文化でも動物や魚を飼っている。しかし第一の文化ではそのすべてが食べるため。植物や動物は食料で、人工の池に食用魚を飼っている。第二の文化では、そのすべてが見て楽しむため。植物は観賞用、動物はペット、そして水族館の魚は高価でエキゾティックで食べられない。第一の文化は古代ローマのもので、第二の文化はアメリカ合衆国のもの。古代ローマのラテン語には、羊が草を食む牧草地や草地という意味の単語 herba がある。しかし食物の得られない芝生は、不用だった。

宗教的、民族的、国民的本質は、食物と密接に結び付いている。どの集団も自分たちが特別であると考え、それを示すために食物を使う。「われわれはこれを食べる。彼ら［宗教的集団、民族的集団、国］はそれを食べる」。午後のお茶にクリームと砂糖を入れ、小さなサンドイッチも添えるのはイギリス、茶道で抹茶を飲むのは日本、アイスティーにするのはアメリカ。スパイスを効かせてチャイにするのはインド、茶の葉を燻製に使うのは中国、茶葉で運勢を占うのはトルコ。このように、茶の飲み方や利用法も国によって異なる。

アルコールも文化によって扱い方が異なる。ユダヤ人やキリスト教徒にとって、ワインは宗教において常に重要な役割を果たしている。古代ギリシアでは、ワインはシュンポシオンという男性のみが出席する宗教的政治的儀式の際に、食事の後で飲まれた。古代ローマでは男性も女性も食事とともにワインを飲んだ。せっかちなアメリカ人は食事まで待てずに、カクテルを発明する。

食事の中心となるもの

世界中で食事は異なる。イギリスとアメリカでは食事と言えば肉、普通は牛肉で、食事が重要であれば、肉も大きく、ステーキも分厚く、ローストも大きい。古代ローマでは豚のローストが宴会の主役。現代のイタリアでは通常パスタが食べられる。中世ヨーロッパではパンが主食で、しばしばパン以外にはあまりなく、一日のカロリーの大半がパンから摂取されていた。アジアの主食は米だが、食事には野菜も含まれる。

戦争と食物

本書では戦争と食物の関係も取り上げる。戦時中、通常働き手の農夫は畑を女性に任せて出征した。国境は変化し、食物の供給は遮断される。あるいは食物は完全に武器として用いられる。食物の供給を支配して戦争に勝利するのだ。アウクスブルク同盟戦争、スペイン継承戦争から第二次世界大戦に至る九つの世界大戦を含め、夥しい戦争があったのに対して、平和な期間はわずかだったので、歴史家はパクス・ロマーナ（ローマの平和）、パクス・モンゴリカ（モンゴルの平和）、パクス・オトマニカ（トルコの平和）、パクス・アメリカーナ（アメリカの平和）と名付けた。たとえ生存の危機に瀕してさえ、料理と文化の伝統と偏見を克服するのは難しいか不可能だったこともある。第二次世界大戦中飢えたアメリカ軍人は、ランチョンミートの缶詰スパムは大量に食べたが、栄養のある昆虫には手を出せなかった。

歴史上のシェフと料理書

古代の無名の料理人から今日の高名なシェフまで、料理人の役割も大いに変化する。料理に関係する他の人々の職務と身分も変化した。最初は肉屋が動物を屠殺した。産業化に従って、今では肉屋はすでに屠殺された動物を、切り刻んでいる。古代インドのような文化では肉屋は「不浄」と考えられ、きわめて地位が低かった。しかし十九世紀東欧のユダヤ人社会では、肉屋は食物があるので重んじられ、娘が肉屋と結婚すれば飢えることはないので、両親は安心した。

料理書が印刷されたのは、ほんの五百年くらい前からだが、二百五十年くらい前までは明確な計量値や指示はなかった。フランスで料理学校が開設されてからは百年と少しである。歴史を通じて家庭料理は女性が担ってきたが、女性のシェフが出現したのは最近の二十世紀半ばからである。

歴史的文献——食物史概観

食物史は新しい分野である。イギリスのレイ・タナヒルによる最初の包括的な著作『食物と歴史』が出版されたのは、一九七三年。マグロンヌ・トゥーサン＝サマの『世界食物百科』は一九八七年に出版されたが、アンシア・ベルによって英訳されたのは一九九二年である。ジャン＝ルイ・フランドランおよびマッシモ・モンタナーリによるアンソロジー『食の歴史』が出版されたのは、一九九六年。三年後七人の翻訳者によって英語版が出版された。これらの本はすべてヨーロッパの食物に焦点を当てている。『食の歴史』の編者二人は、それぞれルネサンスと中世の専門家である。

同書の初版以来、食物に関する本格的な本が急増している。なかでも主要なものは、アンドリュー・スミスの『オックスフォード版アメリカの飲食物 *The Oxford Companion to Food and Drink in America*』をはじめとする多くの著書。筆者は新しい研究をできる限り取り入れたが、資料が失われていたり、まだ訳されていなかったりで、われわれの知識にはなお空白がある。

食物史家は生涯の大半を一つの主題に費やしている――中世のアラビアおよびモンゴルの料理と二十一世紀のカリフォルニアの料理に関する驚異的な知識を持つチャールズ・ペリー、地中海地方の料理に関してはクリフォード・ライト、アラビアの食物に関してはクローディア・ローデン。さらにナジミエ・バトマングリージのペルシアの食物とシルクロードに関する美しい本、ベティ・フセルのトウモロコシに関する本、アンディ・スミス、ウォレン・ベラスコ、ロジャー・ホロヴィッツ、ほか多くの著者による夥しい本もある。本書は全体が前菜のようなもので、歴史的、政治的、社会的、経済的、人類学的、そして言語学的な情況の中で食物をとらえる概説である。

第三版における新しい点

本版は先の二版とは、いくつかの重要な点で異なる。これまでより長くなった分、いっそう多くの情報が含まれている。新たに加えた部分と拡大した部分があり、レシピも、一次資料の引用も増えた。ノルウェー、エチオピア、カナダ、マヤなどさらに多くの料理と文化を取り入れた。

章も再編した。最大の変化は第四章で、インカ、マヤ、アステカ、アメリカ南西部の料理と文化を前版より深く考察した。第九章ではもっぱらアフリカとアジアの料理を取り上げる。中世以来のアフリカにおけるアラビアの影響、およびアフリカ料理の地域による違いを探る。アフリカのスパイス一覧を掲載し、ヨーロッパの植民地化に関して詳述した。インドの地方料理を検証し、ヴィンダルー、ガラム・マサラ、ローガン・ジョシュなどさまざまなカレーを比較し、日本の料理に関しては旨味も含め、さらに多くを述べた。

他の章における新味は、第二章ではワインを飲むことに対する心構え、酩酊度、そしてギリシアのシュンポシオンとローマのコンウィウィウムの比較など、古代ギリシア・ローマの料理に関する情報を追加した。第三章ではアラビアの農業革命と蒸留酒の発明に関する情報を増やし、本章に含まれていたアジアに関する情報は第九章に移した。

コロンブス交換に関する第五章では、食物の文化的交換とルネサンスについての情報を増やした。第六章では建国以来一八五〇年代までのアメリカだけを扱い、第七章では十七世紀から十八世紀のフランスを対象とする。第八章では一八五〇年から一九〇〇年のアメリカの南北戦争と産業革命、ならびに十九世紀のヨーロッパを取り上げる。

第十章から第十二章では、大恐慌と刷新——一九三〇年代の不況に食物産業がどのように対処したか——に関する記述、多国籍食品会社の一覧、全米商品販売上位企業一覧を含め、工業化に関する情報を増やした。

禁断の果実

われわれ人間は好奇心旺盛で、貪欲で、休むことを知らない。丘の向こう、川下、洞穴に何があるのか知りたい。パンという意味のラテン語 panis が、どのようにポルトガル人の介在で日本語のパンになったのか、なぜスウェーデン人のお気に入りのキャベツ巻き（kåldolmar）という語の半分がキャベツという意味のスウェーデン語 kål で、もう半分が詰め物をした野菜を意味するギリシア＝トルコ語 dolmar なのか、あるいはトマトを意味するイタリア語が pomodoro で、ポーランド語の pomidory となぜ似ているのか知りたい。

食物について信じていることは、時の経過とともに変化する。かつて人々はジャガイモがハンセン病を引き起こし、砂糖が歯痛を治すと確信していた。ローマ人はシナモンが大きな殺人コウモリが守っている沼地に生えていると信じていた。アメリカ人はビールが子供たちに本当によい飲み物だと考えていた。王女がフォークを使ったというので町中の笑いものになった。そしてイタリアからの移民がマカロニにかけていたオリーヴオイルとニンニクとトマトのソースやピッツァ・フリッタは、当初アメリカ人をぞっとさせた。今述べたことはすべて事実で、すべて本書に記した。

どうぞ読んでみてください。

謝　辞

本書の刊行に当たっては、ワイリー・アンド・ソンズ社の多くの方々にお世話になった。まずジョアンナ・タートルトーブが、ワイリー氏の本書出版のありがたい意向を知らせて下さった。ジュリー・ケールには初めの二版を通して面倒を見ていただいた。この第三版の出版に当たってはクリスティン・ディコモ・マックナイトがいつもさまざまなアイデアを下さり、解決法を示唆して下さった。また出版を通してお世話になったアビー・ソール、今回お世話になるのは二回目の原稿整理編集者のドリーン・ラッソ、デザイナーのニック・アンダーソンにも感謝申し上げたい。今回とそして以前の版について示唆提言を下さった校閲者の方々、スコッツデール・カリナリー・インスティテュートのマイケル・T・アデッサ博士、ニューヨークのアート・インスティテュートのジョン・バンドマン、ロバート・モリス・カレッジのブライアン・フラワーにも御礼申し上げる。

本書の執筆は、カリフォルニア大学ロサンゼルス校図書館とロサンゼルス市立図書館という世界に誇れる図書館のある世界有数の都市に住んでいたからこそ可能だった。というのも予算削減によって、カリフォルニア大学図書館は土曜日に、ロサンゼルス市立図書館は日曜日に、それぞれ週一回休館になってしまったからである。カリフォルニア南部の料理史家、とくにナンシー・ツァスラフスキー、チャールズ・ペリー、リチャード・フォス、そしてキャロル・ペン＝ロマインとその一連の講義からは刺激をいただき、さらにロサンゼルス市立図書館の食物に関する本のすばらしい蒐集への資金もいただいた。ニーナ・ダイアモンドには、ゲティ美術館の食物とアートのオーディオ・ツアーを録音させていただいたことに、ことのほか感謝申し上げる。トマシン・ハウレットには、私がカリフォルニアのヴェニスの聖ヨゼフ祭で指導するために、すばらしい生徒を根気よく見つけていただいている。食物・社会研究協会、とくにケン・アルバーラ、ラケル・ローダン、ナンシー・ハーモン・ジェンキンスは、絶えず驚くべき情報を提供して下さる。そしてもちろんアンディ・スミスも。

私には、面倒を見てくれて、なごませてくれ、助けてくれ、食物も与えてくれるたくさんのガーディアン・エンジェルがいる。家族には、九十四歳でも若々しい親愛なるおばのヨランダ、本書を仕上げている間に亡くなったおじのチャーリー、兄弟のマイクとジョー、義理の姉妹のスー、姪のダナ、新しく知ったサンディも含めて百人以上の親類。そして友人たち。パメイラ・フェロン、バーバラ・ハートレイ、エレンおよびケリー・ヒル、ウアニータ・ルイス（たいていロースト・チキンを持っている）、メリンダおよびジャック・アーノルド、ラルフおよびケリ・ケノル、キャロル・リンチ、マリリン・モス、オリンガー家の人々、メアリ・アン・ミラノ・ピカルディ、ロッド・ピンクス、メアリ・ライアン、ランディ・サンシャインとダン・シャーコウ、メアリ・コナー、オリーヴオイルを届け続けてくれたオリオ・アンド・オリーヴ社のマルコ・フィリピとガイア・グイディ、ソレント・イタリアン・マーケットのアルベルトおよびウルスラ・ヴェラ、命の恩人のソロモン・ハンバーグ医師とすばらしい看護師の方々。現在と過去の学生たちは、自分たちが思う以上に私の背中を押してくれた。

何よりも、イタリア人になった先祖の先見に感謝したい。

第1章

生《なま》から加熱へ――先史時代、メソポタミア、エジプト、中国、インド

先史時代

動物は料理をしない。火を使う能力は、人間と動物との違いを示す重要な点の一つである。科学者は人間が道具を用い、言語を持っているので、動物とは異なると考えていた。その後動物が道具を使い、互いに意思を伝達し、ときにはゴリラのココのように手話を学んで、人間にさえ意思を伝達できることを知った。火についての第一人者スティーヴン・パインが指摘するように、ほかの惑星にも「燃焼の要素」があるかもしれないが、今までのところ「われわれは比類のない火の惑星に住む、比類のない火の生物である」[1]（『火　その創造性と破壊性』）。火は人間が料理することを可能にする。二〇〇九年に『火の賜物——ヒトは料理で進化した』という著書の中で、人類学者のリチャード・ランガムは、調理された食物が生より滋味に富み、健康によく、短時間で食べられるので、われわれの先祖は進化することができたのだ、という説を述べている。[2]

人類が食物を見つけることを学ぶ——狩猟採集

大型類人猿とヒトをつなぐ共通の祖先である可能性がある最古の化石はおよそ千二百万年前のものである。[3]それは二〇〇九年にスペインで発見され、アノイアピテクス・ブレヴィロストリス（*Anoiapithecus brevirostris*）と呼ばれた。人類最古の化石はアフリカで発見された六百万年から七百万年前のものだった。[4]これらの原人——ヒトのような生き物——の顎《あご》と歯から、科学者は彼らが主として植物を食べていた草食動物だったと推論する。われわれの奥歯（臼歯《きゅうし》）は、穀物や植物をすりつぶすために石臼のように平たく、われわれは今でも咀嚼《そしゃく》するときに臼歯を使っている。科学者は何百万年も前に昔の人類が、生き残るための利点を二つ備えるようになったと考えている。第一に紀元前四〇〇万年から紀元前一〇〇万年の間に人間の脳の大きさは三倍になり、今日のようにほぼ一四〇〇立法センチメートルになった。第二に二本足で直立し二足歩行動物になったことで、遠くが見えるようになり、また手が自由になって、身を守ったり食用動物を殺したりするための武器を持てるようになった。食物史家は、小さな哺乳類やトカゲやカメのような容易に捕えて殺せる動物の肉、大きな動物によって殺された大きな動物の死体の余り物の味を、初期人類が好むようになったと考えている。(5)

これらの初期人類は狩猟採集民で、どこであれ食物のある所を求めて行く遊動民だった。食物に関する労働は男女で分けられていた。男は家を出て、動物が食物、とくに塩を求めて行くのを追って、狩りをおこなう。女は果実、ナッツ、ベリーや草を集めた。妊娠、出産、子育てというサイクルが女の生活の中心になっていたからである。(6) 採集は狩猟より頼りになった。肉を食べるようになったことも、たぶん生き残る助けになった。植物が不足したときに代わりに食べられるものができたのである。今では私たちは雑食動物で、何でも食べる。その証拠に、いまだに肉を食いちぎるための鋭い犬歯《けんし》がある。しかしながら人間の歯は動物の皮を貫くほど鋭くはなかった。そのためには何かほかのもの、道具が必要だった。

人類は百九十万年から百六十万年前に道具を発明したと科学者は考えている。初期人類は動物を、象でさえも石の刃で解体した。だからこの時代は石器時代と呼ばれる（後に青銅器時代、鉄器時代が続く）。考古学者はこれらの人々をホモ・ハビリスつまり「器用なヒト」と呼ぶ。それからおよそ百五十万から五十万年前に、ホモ・エレクトスつまり「直立するヒト」と呼ばれる別の集団が現れた。これらの人々はアフリカから北方のヨーロッパや東方のインド、中国、東南アジアに移動する。彼らは他の集団よりよい道具を持っていた。そして初めて火を使った。

人類が火を使うことを覚える――加熱と料理

科学者は人類が誕生後何百万年間も進化した後、五十万年から百万年前に火を使うことを覚えたと考えている。それは稲妻、あるいは肉を石の上に載せて石のハンマーでたたいたときに出た火花などによる、偶然の出来事から始まったと推測している。いずれにせよ火の利用が始まると、その火を絶やさないようにするために、日夜火の番をする者が決められた。多分最初の専門的な仕事である。人類は初めて、環境を支配する途方もない手段を手に入れたのだ。夜の闇の恐怖を鎮め、動物を遠ざけることができた。火はまた神聖なもので、「人類が意のままに消したり蘇らせたりできる唯一のもの」[7]でもあった。初期の宗教では稲妻を支配する神がふつうもっとも力がある。たいていの文化には、人類がどのようにして火を盗んだか、または神から与えられたか、そしてこの神の知恵を知ったためにどのように罰せられ、災難をこうむったかという創造神話がある。火は食物を生から加熱されたものへと完全に変えたので、生食不可能なものが食べられるようになり、食物の保存が可能になった。火を支配することによって、人類は食物の供給を支配できるようになったのである。それは生き残るためのとてつもなく大きな強みとなった。

火を手に入れた人類は、どのように加熱を始めたのだろう？　たぶん偶然にだが、人類学者はこれについてまだ議論している。ある説では、火事になって小屋が焼け、動物の肉が偶然焼けた。焼けた肉を食べるとおいしい。別の説では、森林火災によって、初めて肉が焼けた。しかし加熱は人類によるもっと計画的な制御された行動だと考える人々もいる。[8]いずれにせよ生の魚介とタルタルステーキだけではない選択肢ができたのである。

それは加熱処理だった。でも料理と言えるだろうか？　歴史家のマイケル・フリーマンによる料理の定義は、「作ることと食べることを自覚しておこなう伝統で…食物と人生におけるその位置づけに関する一連の態度をともなう」[9]。したがって料理には、単なる加熱処理だけでなく、食物をどのように用意し、消費するかについての自覚が必要とされる。また地元で手に入る食材以上の幅広いさまざまな食材が含まれ、料理人も食事をする人も新たな試みを厭わず、伝統に縛られない。初期の人類はまだ生き延びるために食べており、食物の供給を支配できなかったので、この時期の食物の用意は料理ではない。

人間がどのようにして火を操り、食物の加熱を始めたのか正確には決してわからないかもしれない。ただ五十万年から百万年前に火を使えるようになったことがわかっているだけである。焚火の上で炙《あぶ》るのが、たぶん最初の加熱法だっただろう。次に穴を掘って、食物を燃えさしとともに入れて上を覆う穴焼きが行われたかもしれない。それから串焼き。狩猟者が獲物を槍に刺して持ち帰り、火の上にかざし、回転させて焼く。鋭い石器を使えば、早く料理するために、肉を小さく切り分けることができた。大きな貝殻、または亀の甲羅が手に入れば、あるいは動物の皮があれば、食物は煮ることができたが[10]、鍋が発明されたのは紀元前一万年頃で、丈夫な土器の鍋ができたのは、紀元前五〇〇〇年頃である[11]。鍋をきれいにする石鹸も効果的な方法もなかったので、これらの鍋での調理は恐らく細菌に汚染されていただろう。百万年前から十万年前についにホモ・サピエンス・サピエンス——人類の直接の祖先の「賢いヒト」——が出現した、と科学者は考えている。

人類はコミュニケーションを学ぶ——ダンス、言語、アート——文化

言語が発明される前には、初期の人類はしぐさで語った。彼らは踊った。ダンスを舞踊史家のジョーン・キャスは「(どこかへ行く、仕事をする、あるいは服を着るために歩いたり、動いたりするのとは異なり)、ある目的のためにリズミカルにステップを踏み、動くこと」[12]と定義する。彼らは人間の多産と穀物の豊穣を確かなものにするた

先史時代の人類史

時代（紀元前）	場所	史実
6,500 万年		恐竜の絶滅
1,200 万年	スペイン	最古の原人の化石
100 万年－ 50 万年		火の使用
10 万年より前		ダンス
10 万年		言語
33,000 年	フランスのショーヴェ洞窟	洞窟壁画など
25,000 － 20,000 年	ドイツのヴィレンドルフ	石像――豊穣の女神
18,000 年／ 15,000 年	フランスのラスコー／スペインのアルタミラ	洞窟壁画など
14,000 年	中東	狼の家畜化による犬
10,000 年より前	日本	土器製作
8,000 年		氷河時代の終結――中東における農業革命開始

めに、雨乞いのために、狩猟の成功のために踊った。もしダンスによって望む結果が得られれば、人々は繰り返し正確に同じダンスを続け、こうして儀式が生まれた。音楽も加わる。豆や小石を袋に入れて振って鳴らしたり、動物の骨に穴をあけてフルートのようにしたり、たぶん鍋の上に動物の皮を張ってドラムにしたりした。[13] そしておよそ十万年前に言語が生まれる。これも人類が生き残る助けになった。部族の危険を知らせ、食物のありかを教え、先の計画を立て、仕事で協力し、物や場所に名前をつけ、大まかに世界を体系化することができるようになった。世界支配への第一歩を踏み出したのである。

初期のアートもしばしば多産と食物に関するメッセージだった。岩を彫って、乳房と腰が強調された小さな女性像が作られた。洞穴の壁に動物が描かれた。人類は仮面によって本来の自分を変え、仮面が表す超自然的存在と同化した。[14] これは共感呪術と呼ばれている。サー・ジェイムズ・フレイザーが『金枝篇――呪術と宗教の研究』で指摘しているように、その原理は、「類似は類似を引き起こす」で、望むものの象徴を作れば、望みは実現するだろうというもの。女性は子供を産むだろう。狩猟は成功するだろう。仮面が表す動物は見つかるだろう。ある意味では自分が作り出したので、これらの物事を支配しているのである。[15] フランスとスペインで見つかった先史時代の洞窟壁画にもっとも一般に描かれていたのは、馬、そしてバイソン、鹿、トナカイ、牛、アイベックス、象、マンモス。[16] したがってこれらの地方では、人類最古の時代から食物、アート、宗教は結び付いていた。

遺体、貝塚、糞石

先史時代に起こったことを、考古学者はどのようにして知るのだろう? その情報はどの程度正確なのだろうか? DNAや顕微鏡による分析のような、今日犯罪を解明するのと同じ科学的な方法によって、古代のミステリーは解決できる。初期人類に関する知識の多くは三つの資料による。つまり遺体(残されている体)、貝塚(ごみの山)、糞石(化石化した糞)である。暑い気候における乾燥、寒い気候における凍結、湿度の高い気候における沼地によって保存された遺体は世界中で見つかっている。右の前腕の骨だけが発達し過ぎているのは、槍を投げたからである。[17] 腸管を分析すると食べていたものがわかり、彼らの多くに今日でもなお見られる寄生虫がいたこともわかる。[18]

考古学者はいくつかの方法で、貝塚から初期人類の食習慣が私たちのものとそれほど違わないことを知った。彼らも骨髄を食べるために骨を砕くか折るかした。そしてそうしたのは同じ理由。ほかに食べ物がなかったからではなく、骨髄が好きだったから。[19] 今日でも「オッソ・ブーコ」——イタリア語で穴のあいた骨(訳注:仔牛の骨付きすね肉の輪切りの煮込みのことで、骨の中央の骨髄が縮んで穴ができる)——と呼ばれる料理がある。違いは、初期人類は火の回りに座って手で骨髄を食べたが、オッソ・ブーコは銀の専用のさじで食べられること。フランスの料理長エスコフィエの料理書『エスコフィエ　フランス料理』のレシピの多くでは、プディング・ア・ラメリカンやプディング・ア・ラ・ムワルのような甘いプディングの場合にさえ、食材として骨髄が含まれている。顎の骨が破壊されたり、頭蓋骨に穴があけられたりしているのは、初期人類が動物の舌と脳の味を楽しんでいたことを示している。貝塚に残っているムール貝やカサ貝のような貝の殻から、これらの貝もはるか昔六万年から十二万年前に食べられていたことが知れる。[20]

糞石からは初期の人類が排泄したものがわかるので、彼らが何を食べていたかもわかる。種子、繊維、その他の消化できないものが糞石には含まれている。このように人間の消化管も食物連鎖の一部で、植物が広まるのを助けていた。糞石によって、現代のアフガニスタンの北方にあるカザフスタンでは、七十五万年前に野生のクラブアップルが食べられていたことが判明した。

遺体、貝塚、糞石から見つかったものの年代測定はいくつかの方法で行われる。放射性炭素年代測定は、生命体における放射性崩壊の量を測定する。年輪分析（年輪年代学）によってある時代の気候と雨量を知ることができる。花粉分析からもまた昔の年代がわかる。

古代農業革命

地理と気候は、人間も含めた動植物の生存に適した場所であるかどうかを決定する二つのもっとも重要な要素である。紀元前四万年から紀元前一万二〇〇〇年の間に起きた氷河期によって、アジアの人々が東へ移動し、南北アメリカに渡ることができた、と科学者は確信している。氷河期には海は干上がり、アジアとアラスカが陸続きになったので、一つの大陸からもう一つの大陸へと歩いて行くことができたのである。

およそ一万年前に氷河期が終わると、氷河は後退し、地球は温暖化した。これは地球が経験した三つの大きな気候変動の最初のもので、他の二つは中世温暖期（九五〇～一三〇〇年）とその後の小氷河期。小氷河期は約百年前に終わった。自動車のエンジンや機械による大気汚染（温室効果）によって地球温暖化の新たな時代が始まっているので、早く何とかしなければならないと言う科学者もいる。他の科学者は自然のサイクルに過ぎないと考えている。さらに気候は当てにならず、壊滅的な変化が突然理由もなく起こり、人類にはどうすることもできない可能性があるとする学者もいる。

人類が動物の家畜化を習得――羊と山羊

ナッツや種子、草を採集し、野獣を狩ることは当てにならず、非能率的で、限られた人口しか養えない。人類は回りの自然環境をさらに支配し、食物、とくに好みの食物の供給を確かなものにしたかった。そこでおよそ一万年前に野生の動植物を手なずけ始める。食物は最初から、いっそうおいしく、いっそう丈夫に、いっそうたくさん収穫できるように交配されてきた。言い換えれば遺伝子学的に修正されてきたのである。これは時間のかかる難しい過程だった。動植物はすべて自分を守る方法――殻、牙、貝殻、棘を持っていたからだ。最初に家畜化されたのは羊と山羊。それから豚と牛。

家畜化の後に農耕が始まる。ここでも火が原動力となった。焼き畑式農業は、森林を耕作地にする最古のもっとも単純な方法の一つである。かつては原始的な部族によって広くおこなわれていたが、今日でもなおボルネオのような所でおこなわれている。やり方は以下の通り。樹皮を切って樹液の流れを止め、木を枯らす。葉が枯れ落ちて、日光が林床に届き、枯れ葉は肥料となる。そこで作物を植える。二、三年して土壌の養分が減ってきたら、枯れ木を燃やす。灰が肥料になるので、さらに多くの作物を植える。残念ながらこの方法では絶えず新しい地域に移動しなければならず、森林を破壊することになる。

人類が耕作を習得する——大麦と小麦

野生の草の中で最初に栽培された植物は大麦（*Hordeum vulgare*）、それから小麦（*Triticum*）である。小麦は約三万種に及ぶ。[21] 古代の小麦（エンマーコムギ、スペルトコムギ、ヒトツブコムギ）は、籾殻《もみがら》と呼ばれるきわめて堅い食べられない外殻も含むいくつかの層に包まれ、保護されていたので、除去するにはまず炙《あぶ》らなければならない。それから籾殻を取り除くために摩擦、つまり脱穀が行われた。これは牛に小麦を踏ませて、あるいは小麦を打って行われた。籾殻は軽いので、吹き飛ばすか扇《あお》いで飛ばすかした。それから粉にするためには碾かなければならなかった。最初は手で行われたが、紀元前八〇〇年頃には動物が使われ始める。これらの粉は石臼で粗く碾かれたので、まだ籾殻の破片や細かい石のかけらが混じっていたに違いない。問題は籾殻を除去するために小麦を熱すると、パンを膨らませる働きをするもの（グルテン）がだめになることだった。だから最初のパンは平たく、クラッカーのようだった。今なお見られるいくつかの例はインドの小麦粉を水で練って熱い鉄板で焼くチャパティと、やはり小麦粉を水で練って素早く揚げるプーリー、ユダヤ人が焼くマツォである。紀元前七〇〇〇年頃にきわめて重要な変化が起こり、もろい籾殻の小麦が栽培できるようになったので、炙る必要がなくなり、グルテンが働くようになった。[22] パン種で膨らんだパンはおそらくエジプトで最初に作られたが、十中八九偶然によるものだった。

家畜化と栽培化がおこなわれたのは一度だけだったのだろうか？　それともさまざまな地域で一度ならずおこなわれたのだろうか？　大麦、レンズ豆、米のような植物は多くの場所で栽培化されたようだ。紀元前七〇〇〇年頃

古代の農業革命

時代（紀元前）	場所	史実
10,000	西南アジア	小麦と大麦の栽培、羊と山羊の家畜化
8,000	ペルー	リマ豆の栽培化
7,000	西南アジア	パン小麦の開発、亜麻布
6,000	中国北部（中国における最初の農業）	キビの栽培化
6,000	中東[24]	リンゴの栽培
6,000	メキシコ	トウガラシとカボチャの栽培化
6,000-5,000	西南アジア	牛の家畜化、ヒヨコ豆とレンズ豆の栽培化
6,000-4,000	西南アジア（現代のアルメニア）[25]	ワイン用ブドウの栽培
5,000	中国の揚子江デルタ、インド中部	米の栽培化
4,000	西南アジア	オリーヴの栽培化
3,000	西南アジア	都市、灌漑、車輪、犂、帆
2,686-2,181	エジプト	ピラミッドの建設
2,500	中国	水牛の家畜化

に豚が中近東のエリコと、同地から何千キロメートルも離れた南太平洋のニューギニア島で家畜化されていた証拠もある。[23] 栽培化、家畜化によっていくつかの植物と動物は非常に変化し、繁殖を人間に依存するようになった。アメリカ原産のトウモロコシがその一例である。穀粒である種子はもはや自然に落ちることはなく、穂軸から取り外さなければならない。

発酵飲料——ハチミツ酒、ワイン、エール

人類は農耕定住によって、遊牧生活では作れない食物や飲料を作れるようになる。ハチミツ酒（発酵したハチミツ）はおそらく最初の発酵飲料で、やはりたぶん偶然にできた。おそらく外に残されたハチミツに雨水が入り、そこに酵母菌が作用したのだろう。古代ギリシアでもローマでもワインができる前には、神にハチミツ酒を捧げた。[26] 古代人にとってハチミツは神秘的なものだった。ギリシア人はハチが関係していることは知っていたが、正確なことは知らなかった。ローマ人はハチミツが天から

落ちて木の葉を濡らす「星の唾液」[27]と考えた。ハチミツはミツバチが幼虫を育てるために集めた花の蜜から作られる。蜜の水分は大半が蒸発し、ハチミツになる。三五〜四〇パーセントが果糖、三〇〜三五パーセントがブドウ糖、一七〜二〇パーセントが水で、少量の酵素などを含む[28]。

人類はきわめて早くからワインも飲み始めた。ひょっとしたらワインの製造は意図的におこなわれたのかも知れないが、たぶんこれも偶然の賜物だっただろう。ブドウを部屋の中に置いておけば自然に発酵する。おそらく動物の皮の底に残されていたつぶれたブドウとその果汁が、発酵したのである。動物の皮は短時間にワインを運ぶにはよいが、貯蔵には向かない。陶器が必要となる。紀元前六〇〇〇年頃には粘土の壺が使われていた。口の小さな壺は、ワインを酢に変える酸化を防ぐために栓をすることができるが、皮袋ではできない。これらの壺に見られるワインの残留物、酒石酸《しゅせきさん》から、人類がどのくらい前からワインを飲んでいたかがわかる。

ブドウの木が実を結ぶには二年かかるが、ブドウを摘んでつぶす（最近まで踏みつけていた）のは、ほんの数日という短期間に行わなければならない。それから適温で発酵させて貯蔵する。放浪していてはワインも作れないということでもっとも古い職業の二つがブドウの栽培とワイン醸造だった。

ワインは最初から上流階級の飲み物だった。ビールは大衆の飲み物だったが、これも偶然にできたに違いない。食事の用意をする主婦が麦芽を作った。その方が味がよく、粉に碾いてパンに焼くのが容易だからである。どうにかして麦芽が発酵してアルコールになると、今度は意図的にアルコールを作るようになり、女性は醸造家になった。

人類初期の共同社会

人類初期の共同社会は小さな村落で、二〇〇人から三〇〇人の部族あるいは一族のような家族が拡大組織化されたものである。年長の男性が議論では最終権限を持っていて、たぶんある種の宗教的リーダーあるいは呪医でもあった。何も書かれることはなく、法律も必要なかった。誰もが正しいことと誤ったことについて同じ認識を持ち、主として同じ仕事――食物の調達と用意――に従事していたからである。機織り、彫刻、籠編み、あるいは製陶などの特別な技術を持つ人々は、食物に関する義務を果たしてから、それらの活動をおこなった。しかし農耕牧畜の長所が明らかになると情況は変わる。共同社会が大きくなり、土地が複雑な水路によって灌漑されるようになると、組織と協力が必要となり、統治機関が生まれた。

文明の発展――単なる加熱が料理となる

それから文明が発展し、現在のわれわれの文明の要素がすべてそろった。専門的な労働に従事する人々が何千人もいる都市、進んだ技術、政府のような機構・制度、そして記録法。文明の発展が可能になったのは、食物の余剰が生まれ、誰もが始終耕作する必要がなくなったからである。つまり職人、祭司、戦士、料理人、教師のような専門家が生まれ、役人が人口を記録して税を徴収し、軍隊を作ることが可能になった。発展した文明では生存のための単なる加熱が料理になった。単に食べられるものを作るだけではない、目的を意識した料理に。

都市の起こりは礼拝が目的だったという歴史家もいる。ひとりで祈るかすかな声は神に届くだろうか？　何千人もの声の方が聞いてもらえる可能性があるだろう。いかなる理由でできたにせよ、都市は交易の中心になった。

塩――「白い貴重品」

もっとも古いもっとも貴重な商品の一つは塩。それは胡椒、辛子、あるいはケチャップのような香辛料ではなく、塩化ナトリウムというミネラルである。人間が生きていくのに欠かせない。われわれの神経組織は塩なしでは機能しない。塩の力は、塩に関する多くの語句に表されている。重要な人物を「地の塩」と言うが、それはキリストが使徒について述べた言葉である。役に立たない人物はnot worth his salt(穀つぶし)。塩を採る最古の方法の一つは、海水を沸かすか蒸発させるかするものだった。この方法は古代エジプト、古代ガリア(ローマ人がフランスのあたりを指してこう呼んだ)でおこなわれ、塩税の支払いを避けるために十八世紀のフランスで、さらに二十世紀のインドでも、イギリスおよびイギリス植民地の政府による塩専売制度から独立するためにおこなわれた。これは岩塩の採掘にくらべ、大変費用がかかり、多くの人手を要する。

今日アメリカではデトロイトおよびクリーヴランドから南方のルイジアナまで大陸中部の地下を走る岩塩鉱床から、毎年二〇〇～三〇〇万トンの塩が採掘されている。この岩塩鉱は世界の最高峰エヴェレストと同じくらいの規模である。採掘される岩塩の四パーセントだけが食用とされ、残りの九六パーセントは道路の除氷や化学工業に用いられる。化学工業では岩塩はナトリウムと塩化物に分解される。アメリカにはまたユタ州のグレート・ソルト・レーク砂漠やボンネヴィル・ソルト・フラッツがあり、自動車のスピード・レースが行われている。

塩に加えて人間は水を必要とするので、世界最古の文明が川のほとりで起こったのも不思議ではない。西南アジアではティグリス川とユーフラテス川、エジプトではナイル川、中国では黄河、インドではインダス川の周辺である。

肥沃な三日月地帯

これは西端の地中海沿岸から東方に向かい、今日のイラクのティグリス川とユーフラテス川の流域を経てペルシア湾に至る三日月状の地域。およそ五千年前の紀元前三〇〇〇年頃に高度な文明が起こったと学者が考えているのは、「川の間」を意味するメソポタミアと呼ばれるこの地域である。

ティグリス川とユーフラテス川

メソポタミアの都市は防壁に囲まれていた。壁で囲まれた都市の中には、さらに壁で囲まれたもう一つの小都市、神殿がある。神殿の中にはもっとも重要な建物、穀倉があり、そこに食料が貯蔵されていた。神官と巫女が常時食物を捧げ、特別な日には祭礼をおこなって、神を礼拝した。つまり古代文明の時代から、食物、宗教、統治は関連していた。

血縁関係のない何千人もの人間が都市で一緒に暮らすようになると、組織が必要となる。ハンムラビと呼ばれる指導者が「立法者」として知られるようになった。ハンムラビ法典はメソポタミアの生活のあらゆる面に関する法律を集成したもので、灌漑用水路、結婚、離婚、養子縁組、農業、建造などを統制した。多くの場合の罰は文字通り「目には目を」、あるいは骨を折られたら、折り返せである。国家に対する罪への罰則は、個人に対する罪への罰則より厳しい。たとえば、神殿の羊、豚、あるいは雄牛を盗んだ場合の罰金は、個人のものを盗んだ場合の三倍である。法典はまたワインの売買および居酒屋も統制した。居酒屋の主人はふつう女性だったが、政府打倒の陰謀を耳にしたときには、いかなる話であれ報告しなければならなかった。そしてワインを水で薄めた場合には、それにふさわしい罰――溺死――を与えられると警告している。[29]

これらのことがわかるのは、メソポタミアで文字が発明されたからでもある。それは葦《あし》を削ったペンで湿った粘土板に刻まれた記号の形状から、楔形《くさびがた》文字と呼ばれている。粘土が固まると、記号は永遠の記録となった。文字は遺体、貝塚、糞石よりも多くの情報を歴史家に伝える。食物に関する書かれた情報源には、レシピ、書簡、歌、詩やその他の文学、法律、業務記録、そして神殿、宮殿、富裕な家庭の所帯目録などがある。

楔形文字は紀元前一世紀には使われなくなり、その後粘土板は姿を消す。一八四〇年代にイギリスの考古学者が三万点に及ぶ粘土板とその破片を発見した。[30] その中には世界初のエールのレシピが含まれている。[31] シュメール人は「八種の大麦のビール、八種のエンマー小麦のビール、三種の混合ビール[32]」を醸造していた。ホップを加えたのは、ほとんど四千年後の中世ヨーロッパ。今日でもスーダンにはホップを入れないこの古代の方法で醸造されているビールがある。[33]

「神には炙った肉を、炙った肉を、炙った肉を捧げよ！[34]」

メソポタミアで食物が豊富だったことは、神や女神への捧げものの記録から明らかである。神々は一日に四回食事をすることになっていた。主な食物は、人間同様パン。主神アヌと三柱の主な女神アントゥ、イシュタル、ナナヤには、それぞれ一日に三〇個のパンが捧げられた。また「最上のデーツ」、イチジク、ブドウも。[35] これらの神と他の下級の神々合わせておよそ十神に、肉も毎日四回の食事でふんだんに捧げられた。

二年間大麦で飼育され肥えて無傷の最上級の羊二一頭、ミルクで特別に飼育された羊四頭、ミルクでは飼育されない中級の羊二五頭、大きな去勢牛二頭、ミルクで飼育された仔牛一頭、仔山羊八頭、…鳥三〇羽、コキジバト（?）二〇羽、穀粒などを水で溶いた飼料で飼育したガチョウ三羽、小麦粉を水で溶いた飼料で飼育したアヒル五羽、二級のアヒル二羽、ヤマネ四匹、ダチョウの卵三個、アヒルの卵三個[36]。

これは儀式に則って調理される聖なる食物だった。粉碾き、パン焼き、屠殺人は、粉を碾き、パン生地をこね、動物を屠る前に神々に感謝の祈りを捧げなければならなかった。それから祭司が食物を金の皿に載せ、神前に、たぶん卓の上に供えた。その後何が起こったか歴史家にはわからないが、祭司自身が食べたか、神殿に資金が入用なときには売ったのだろうと推測される[37]。

このような宗教関連のリストに加え、メソポタミアでは三件の異なる資料からのレシピが四〇点ある。それらはおよそ四百年前までのレシピの典型的な書き方と同じで、食材の数量の記載はなく、料理法がほのめかされているだけ。たとえば「肉を使う。水を用意し、脂肪［　］、ミルク（?）、イトスギ（?）を好みの量、そしてリーキとニンニクをつぶして加えれば、できあがり[38]」。［　］は資料の訳者が理解できない言葉を、クエスチョン・マークは資料の訳者が確信を持てないことを示している。あるレシピ群は二五種類のスープのもので、鹿、シマウマ、仔山羊、仔羊、雄羊、脾臓、ハト、羊、さらに確定できない「肉」が記載されている。カブのスープのレシピがある。香り付けは通常タマネギ、リーキ、ニンニク、そしてときにミント。スパイスはクミンとコリアンダーで、供する直前に振りかけられたのかもしれない。スープは漉《こ》すことも、パン屑あるいは小麦粉でとろみをつけることもあった。別のレシピ群はもっと念入りに、宗教的な儀式のためのさまざまな鳥の解体処理法を指示している。あるレシピでは、小さな鳥を脂肪分たっぷりの香りのよいスープで煮て、パイ生地に包んで焼いて供する。鳥は鍋に入れる前に水で洗い、スープで煮た後も現代の料理人が灰汁《あく》をすくうように、洗う[39]。

メソポタミアでは食物を保存するには、干したり、塩漬けにしたり、油を塗ったりした。ミルクの場合には澄ましバターやチーズにした。他の資料には、ザクロ、キバナスズシロ、魚、ピスタチオ、サクランボ、プラム、レンズ豆、アニシード、バッタ、ナス、ナツメ、ソラ豆、ハチミツ、カメ、ゴマ、豚肉などの食材が見られる。馬、犬、ヘビは食べなかった[40]。

そのような料理を作るには高度な技術が必要だったので、料理人は職業階級として高く評価され、その技術を習得するためには見習いになった。料理は専門化し、料理を作る者とパンを焼く者、ペストリーを作る者は別だった。料理人を雇うことができたのは、裕福な者だけ。王家には四〇〇人の料理人と四〇〇人の菓子職人がいた[41]。神々にもこのような情況は反映され、マルドゥクのような主神には、マルドゥクの料理人として知られる下位の神が仕えたようだ[42]。

宴会はどのようにおこなわれたか

紀元前一千年紀には、メソポタミア人は国家組織の権力と富を示すために手の込んだ宴会を催していた。その一つが王宮の建設を祝う十日がかりの祝宴である。

…六万九五七四人が招待され…数十種の料理が大量に供された。一〇〇〇頭の肥えた牡牛、一万四〇〇〇頭の羊、一〇〇〇頭の仔羊、さまざまな種類の数百頭の鹿、二万羽のハトや他の鳥、一万尾の魚、一〇〇〇匹のトビネズミ、一万個の卵に加えて、数千壺のビールと、数千もの皮袋のワインである[43]。

油もまた宴会で使用されたが、料理にではなく、香油として客の髪につけられた[44]。大量の食物が供されるこのような公開の催し物とは対照的に、メソポタミアの人々も、あらゆる所の人々同様、もっと質素な個人的な儀式をおこなっていた。

祝日物語　キスプ

キスプはメソポタミアの太陰暦で毎月一度、月末の月が出ないときにおこなわれる追悼の食事。生ける者も死せる者も家族すべてが参加した。キスプ（Kispu）――「粉々にしてばらまく」という意味――は、二つの重要なメソポタミアの信仰を強化する。家族はたとえ死んでも共にいること、そして死んでいるからといって、食べなくてもよいというわけではないことを。ただ死者にはそれほど多くは必要ない。キスプはまた共同社会のいっそう大きな家族も強化した。国王もキスプをおこなったからである。王は王家の死者、つまり自分より前の支配者や、国のために戦死した者を礼拝した。神々さえキスプを執りおこなった。パンを粉々にすることが、時を超越する証《あかし》である[45]。

交易を促進した発明――車輪、犂《すき》、帆船

メソポタミアではきわめて重要な三つのものが発明された。車輪、犂、帆船である。車輪と犂には動物の労働力が利用された。牡牛あるいは馬に曳かせる荷車は、いっそう多くの物をいっそう速く市場に運ぶことができた。また戦車による戦闘も可能になる。耕地を掘り返す犂を曳く動物は、人間よりずっと役に立った。帆船は海を渡らなければ行かれない国、あるいはインドのように海を渡る方が早く到達できる国との交易を可能にした。三つの発明すべてにより、メソポタミアの都市はどれも三万人もの人口をかかえる交易の有力な中心地となる。

車輪はある特別な食物のためにも利用された。羊のある特別な種の一五〇センチ近くもあろうかという尾からは、格別おいしい脂肪が採れた。しかし尾は重く、地面にひきずられている。そこで人々は羊がその尾を楽に運べるように、小さな車を作った[46]。

農耕が始まって以来何千年もたってさえ、地上に何万種とある可食植物のうち、現在食用に栽培されているのは六百種に過ぎない。その多くはまず肥沃な三日月地帯で栽培された。今日ではティグリス川とユーフラテス川にダムが建設されているので、肥沃なメソポタミアの湿地帯は一〇パーセントだけが残存し、残り九〇パーセントは砂漠になってしまった[47]。

エジプト――ナイル川

ナイル川は世界最長の川で、その源流は地中海の河口から六六〇〇キロメートル余り遡る。ナイル川は古代エジ

プト人の命のみなもとだった。飲料水となり、コイ、ボラ、チョウザメのような魚を育む。春ごとに氾濫して、作物を栽培する流域に山から肥沃な土をもたらした。エジプトには三つの季節があって、すべてナイル川と種蒔きに関係していた。氾濫は六月半ばから十月半ばまで。水が引くと二月の末まで種蒔きと栽培が行なわれる。収穫は六月半ばあるいは七月まで続き、それからまたそのサイクルが繰り返された。大麦や小麦の種を蒔くと、発芽する前に鳥に食べられないように、畑に山羊を放して踏ませ、地中に押し込ませる。[48]紀元前一三〇〇年にはナイル川沿いにリンゴ園ができていた[49]。メソポタミア人同様エジプト人も灌漑をする。しかし水がよどみ、蚊やハエの温床となった。ハツカネズミやエジプトネズミのような他の害獣も、問題となる。齧《かじ》ったり、穴を掘ったりして穀倉に侵入したからである。猫はネズミを減らしたので、飼われて崇拝された。

　エジプトで今なお食べられている古代の食物は豆。「豆はファラオをも満足させた[50]」。もっとも人気があった、そして今も人気があるのはソラ豆と、それを料理したエジプトの郷土料理フル・メダメスである。

材料　エジプトのフル・メダメス[51]

一晩水に浸したソラ豆二ポンド
ニンニク二〜四片をつぶしたもの
卵六個（少なくとも六時間タマネギの皮と茹でたもの）
みじん切りのパセリ

オリーヴオイル
四つ切りのレモン
塩、コショウ

古代エジプトの文化は、ナイル川に関連する死と再生のサイクルをめぐって展開した。男神女神の多くは死に関係があるが、死から蘇ったオシリスもまた再生と善の神である。エジプト人は有徳の規則正しい生活を送れば、死後オシリスのもとに行けると信じていた。審判の日に心臓が罪で重くなっていないかどうか量られるとき、法を犯していないことを証明するために「否定的告白」をした。その多くは食物と農作に関するものだった。

私は家畜の扱いを誤ってはいません。
私は神殿の食物と収入を減らしてはいません。
私は神聖なる死者のパンを奪ってはいません。
私は子供たちの口から乳を奪ってはいません
私は水の流れを堰き止めてはいません。(52)

ファラオは命のみなもとであるナイル川と同一視され、人々はファラオが川のように死後に再び現れると期待していた。来世を適切に治めるためにファラオは二つのものを必要とした。荘大な墓(ピラミッド)と、自らの遺体である。

遺体防腐処理師――シナモンと塩

エジプト人は、死者の魂が再び体を見つけることができるように遺体を塩漬けにした。まず鼻から脳を引き出す。それから胴体を切り開いて腸と内臓を取り出す。できた空洞には没薬《もつやく》やシナモンのような刺激の強いスパイスを詰め、縫合する。遺体を七〇日間ナトロンと呼ばれる無機塩の中に漬け、それから塩を洗い流し、布で巻く。ミイラの完成である。

ミイラ作りは、穢《けが》れを落とすために剃髪《ていはつ》した高位の神官によって行われた。二十世紀に殺虫剤が発明される前には、剃髪がファラオにシラミが移る可能性を断つ唯一の方法だった。ミイラ作りの結果、神官は人体の組織について非常に詳しくなる。神官はこの知識によって接骨をおこない、紀元前二五〇〇年頃には最初の脳外科手術もおこなったことが知られている。傷をハチミツとカビの生えたパンで治療したが、これには医学的な意味がある。ハチミツに多く含まれる糖分が細胞から水分を引き出し、細菌を殺す。(53) そして一九二八年にイギリスの科学者アーサー・フレミング博士によって発見されたペニシリンは、カビから作られたのである。(54)

死者の書――死後の食物

大ピラミッドは、紀元前二六八六年から同二一八一年まで続いた古王国の時代に建設された。ピラミッドには、王が来世に生きて立派に統治するために必要なあらゆるものが収められている。その中には殉死した妻や召使も含まれていた。この慣習はファラオに近い人間による暗殺を防ぐ働きをした。ファラオが死ねば自分たちも死ななければならないことがわかっていたからである。ペットがミイラにされることもあった。ピラミッドで発見された食品にはバターやチーズが含まれている。ピラミッド内部の美術工芸品からは、ファラオの申し分のない食生活がうかがわれる。さまざまな肉、魚、乳製品、果物、野菜、ダチョウの卵、ペストリー。[55] ビールの醸造さえ、壁に描かれている。

発酵食品――パン

ナイル川が命のみなもとなら、パンは命そのもの。古代エジプト人にとっては、パンを意味する言葉は命を意味するものだった。[56] 最初パンは簡単に作られた。碾いた穀物と水を手でこねて円盤状にし、火のそばの熱い石の上に置く。こうして平たいパンができた。食物史家の知る限りでは、発酵させて膨らんだパンを最初に作ったのはエジプト人で、たぶん偶然に。ある説は、残っていたパン生地に酵母が付着したというもの。別の説ではエールが水の代わりに小麦粉に混ぜられたというものである。いずれにせよ小麦粉の中のグルテンが働いてパンは膨らんだ――この現象はいまだに畏怖の念を起こさせる。前の一窯分の発酵生地を少し取っておけば、次に焼くパンを膨らますことができる。こうしてサワー種が生まれた。あるいはビールの泡か醸造後に容器の底に残されているものをただ、小麦粉に加えてもよい。発酵させたパンに関しては新しい技術が発展して、密閉式のオーブンや三角形または細長いパン型ができた。パン屋は少なくとも四十種類のパンやペストリーを製造している。[57] パン屋はファラオの催した祝宴にパンを納入しなければならなかった。

二度焼きパン一万個…アジア風パン一二〇〇個、干し肉一〇〇籠、肉の切り身三〇〇片…牛の屑肉や内臓手のひらに二五〇杯、羽毛をむしったガチョウ一〇羽、加熱済みのガチョウ四〇羽、羊七〇頭、魚一二種、肥えたウズラや夏バト、ミルク六〇杯、クリーム九〇杯、イナゴマメ三〇壺…レタス一〇〇玉、ふつうのブドウ五〇房、オアシス・ブドウ一〇〇〇房、イチジク三〇〇束、ハチミツ五〇壺、キュウリ五〇壺、リーキの根小籠五〇個分[58]

これらの食物は手で食べられた。古代エジプトでは上流階級の人々は食事をするときに、低いテーブルの前の床に置かれたマットやクッションに横になったりもたれたりしていたが、年月を重ねて椅子と標準的な高さのテーブルが使用されるようになった。召使が食物を運んでくる。裕福な家では、料理は屋根の上や建物の裏ではなく専用の部屋でおこなわれたが、まったく異なる食習慣を持つ多くの下層民がいた。

ピラミッド建設者の食物——ユダヤ人の食物

人間関係の最古の種類の一つが隷属。古代社会では隷属は、時と場所に関して不運が重なった結果である。戦争の敗者は勝者の所有物になる。こうしてユダヤ人はエジプト人の奴隷になった。ユダヤ人は唯一神を信仰した最初の人々である。このタイプの信仰（一神教）は、移動に伴って広めることができた。聖なる森や川、山に結び付けられた多神教の多くの神とは異なり、唯一神は特定の場所ではなく、あらゆる場所に結び付けることができた。たとえば古代エジプトの多くの神はナイル川に関係しているので、他の場所では礼拝できなかっただろう。

ユダヤ人には多くの食事規定があった。もっとも重要なものの一つがユダヤ教の戒律に従った畜殺である。その目的は、神が創った生き物の一種である動物の苦痛を、できるだけ少なくすること。動物を逆さに吊るし、きわめて鋭利な刃物でその喉をすばやく掻き切る。これは動物のためにも人間のためにもなった。動物はすぐに気を失うので、苦痛が少なくてすむ。人間にとってありがたいのは、重力によって放血されるので、寄生虫の存在や感染症の兆候のある白い部分を容易に見つけられることだ。この宗教的儀式的方法で屠殺されない動物、たとえば病気あるいは事故で死んだ動物は不浄とされ、食事規定に反するとみなされ、食べることを禁じられている。食事規定は料理にも適用される。肉は完全に血抜きするために、水に浸し、塩を擦りつけてゆすぐ。[59] カシェル（kosher：ユダヤ教の戒律に則っていることを示す形容詞）とテレファ（treyf または trafe：戒律に則っていない）は、食物に関係のない英語の叙述にも入り込んでいる。たとえばカシェルである人あるいは関係は、公明正大で、誠実で、まともである。テレファは屑を表す。

ユダヤ人の別の食事規定は、反芻《はんすう》しない、または蹄《ひづめ》が分かれていない四つ足の動物の肉を食べることを禁じる。このような動物の主なものは豚。同様に禁じられているのは、齧歯《げっし》動物、爬虫類、そして泳がず鱗《うろこ》のない水生動物（貝や甲殻類）である。ユダヤ人は仔山羊の肉をその母の乳で煮てはならない。つまり同じ食事の中で、もしくは数時間以内に肉と乳を食べることを禁じている。正統派ユダヤ教徒は、肉を食べてから乳を飲むまで六時間待たなければならない。[60] また厨房でも食事規定に従い、肉と乳製品は接触しないようにする。食事規定に則った厨房には調理台が二つ、別々の戸棚に鍋と皿がそれぞれ一組ずつ、調理器具や食器も二組ある。伝統的に赤い皿は肉用、青い皿は乳製品用。現代の食事規定による厨房にはシンクと食洗機が、二つずつある。

肉でも乳製品でもなく、何と食べても安全な第三の大きな食物群がある。パーヴァ（parveh）と呼ばれるこの食物群には、小麦粉、果物、野菜のような植物性食品と、砂糖、塩、いくつかの飲料、魚が含まれる。しかしこれらの食物にも制限がある。たとえば果物は、実をつけるようになってから少なくとも三年たった木のものでなければ食べられない。

ユダヤ人が奴隷になっていた間に、モーセはファラオのところに行って、神が次のように述べたと告げた。「わたしの民を去らせて、荒れ野でわたしのために祭りを行わせなさい」（新共同訳『出エジプト記』五―一）。しかしファラオはユダヤ人を解放しなかった。ユダヤ人は解放を願い神に祈る。神はそれに応え、一連の災いをもたらして、エジプト人を飢えさせ苦しめたが、ユダヤ人は無事だった。災いによってナイル川の水が血に変わって飲めなくなり、魚が死ぬ。領土全体にカエルが群がり、かまどやこね鉢にも入り込んだ。ブヨとアブが全土に満ちて、エジプト人の家畜を殺したが、ユダヤ人の家畜は無事だった。人も家畜も腫物だらけになり、激しく雹《ひょう》が降って作物が打撃を受ける。イナゴの大群が現れて残りの作物や木の実を食い尽くし、三日間エジプト全土は暗闇に覆われた[61]。最後の災いは最悪で、神は命じた通りにしない人々すべての家の初子を殺す死の天使を使わした。これがユダヤ教でもっとも聖なる祝祭、過ぎ越しの祭りの起源である。

祝日物語　過ぎ越しの祭り

ユダヤ人は神の命じたとおりにした。人々は一歳の仔羊を屠り、自分たちがいる印に、一束のヒソプを血に浸して、鴨居と入り口の二本の柱に塗った。それから仔羊を炙《あぶ》って、酵母を入れないパンと苦菜とともに食べた。死の天使は印を見てユダヤ人の家は過ぎ越したが、エジプト人とその家畜の初子は殺した。エジプト中に大いなる悲嘆の叫びがあがったので、ファラオはとうとうユダヤ人を去らせた。

神はユダヤ人にいつ過ぎ越しの祭りをおこない、何を食べるかを命じた。祭りは「太陰暦の最初の月の十四日の晩に始まり、同月の二十一日の晩まで続く」。過ぎ越しの祭りの儀式的聖餐はセデルと呼ばれ、刻んだリンゴとナッツの練り物ハロセット、苦菜（セイヨウワサビ）、奴隷の涙を表す塩水につけた固茹で卵、酵母を入れないパン――マツォ――が供される。ハロセットはピラミッド建設の際にユダヤ人が強制的に作らされたレンガを象徴し、苦菜は辛い奴隷の日々を表す。七日間にわたって食べられるパンに酵母を入れないのは、大急ぎでエジプトを脱出したユダヤ人には、酵母を入れる暇がなかったからである。[62]

キリスト教の祝日復活祭は過ぎ越しに関係がある（第二章参照）。

旧約聖書によれば、こうしてユダヤ人はとうとう自由の身になった。エジプト脱出の指導者はモーセで、紅海を割り、ユダヤ人をカナーン（モーセは入ることを許されなかった）つまり「乳と蜜の流れる土地」へと導いた。乳と蜜は食物が豊富にあることを表している。

中国——黄河

　中国には地球上でもっともダイナミックな地形がいくつかあり、それに応じた動植物が見られる。南西の国境に接するチベットには、ヒマラヤ山脈と地上の最高峰がある。九〇〇〇メートル近いエヴェレスト山の高さは、もっと低地の四八か国の最高峰、カリフォルニアのホイットニー山のほとんど二倍もある。中国の最低地点は、海面より約二七〇メートルも低く、カリフォルニアのデス・バレーのほぼ三倍以上の低さ。気候も極端で、熱帯雨林から永久凍土まであり、地中海性気候はないが、季節風による雨季と乾季がある。人口は膨大で、西暦二年には六〇〇〇万人に達していた[63]。

　歴史家は中国とメソポタミアでは別々に農業が始まったと考えている。というのも中国人が中東では知られていないキビを栽培していたのとほぼ同時期に、中東では小麦が栽培化されていたからである。およそ紀元前六〇〇〇年に始まる中国最古の文明遺跡は、中国中北部の黄河氾濫原の半坡《はんぱ》にある。村を囲むのは防壁ではなく、堀だった。人々は漆喰壁と藁葺き屋根の家に住み、豚と犬を飼っていた。村の穀物はキビであちこちに何百とある穴に埋められていた。二〇〇五年に考古学者は驚くべき発見をする。キビの麺が完全に残っていた。これで中国とイタリアのどちらが先に麺を発明したかという昔からの対立に結着が付いた。この「論争」は、マルコ・ポーロ（第三章参照）の『東方見聞録』をきっかけとして始まったが、両国は今なお自分の国の方が先だと主張している。イタリア人の反応は、これらは麺だが、小麦から作られるパスタではないというもの。

　同じ頃中国北部では、夏に湖の水が干上がったときに塩が採られた。採取によるものだろうと、蒸発乾燥によるものだろうと、製塩は、中国で塩のソースとしてふつう用いられている醤油に先んじる。製塩はほぼ紀元前二〇〇〇年、醤油製造は紀元前一三〇〇年頃から始まった。醤油は塩漬けの魚が発酵してできたものが元になっている。それから大豆が加えられ、魚が除かれ、最終的には大豆と塩から作られるようになった。大豆はきわめて栄養価が高い。それを食べる人間にも、それが植えられる土壌にも養分となった。[64] 中国で知られていた最古のスパイスの一つはシナモンで、紀元前二七〇〇年に最初の草本書に記されている。[65]

中国の新年は最古の祝祭の一つ。紀元前二六〇〇年頃黄帝は太陰月と中国の獣帯の十二支による記録を付けた。西洋の射手座、山羊座、蠍座のように、中国にはネズミ（子）、牛（丑）、トラ（寅）などの動物が当てられている。

祝日物語　中国の新年

中国の新年の祝いは春節と呼ばれ、中国古代の農耕文化や月と深い関わりがある。それは春の始まりにもっとも近い新月に始まる。ふつうは冬至の後の二番目の新月で、いつも一月二十一日から二月二十一日の間に始まり一五日間続く。[66]

新年前夜の晩餐には、新しい年に幸運と繁栄をもたらすと考えられている伝統的な食物を食べて祝う。中国各地には独自のごちそうがある。海の近くではエビ、干した牡蠣（蠔鼓《ホーシー》）、生魚のサラダ（魚生《ユイシェン》）、細い海藻（髪海《ファイハイ》）、そして茹でた「餃子《チャオツー》」。[67] 南部では餅米を葉で包んで蒸したちまきが好まれたが、北部では小麦粉の饅頭《まんとう》が好まれた。動物の丸ごとの料理は富裕を表すが、できたての豆腐はそのままでは、その白い色が死の色なので避けられる。そして麺を切ってはいけない。長い麺は長寿を意味するのだ。

春節の最後の夜には灯籠祭がおこなわれ、灯籠や爆竹で邪鬼を追い払い、よい年になることを願う。また紅包《ホンバオ》が交わされる。これは赤い紙——赤はめでたい色——で包んだ贈り物あるいは現金で、親戚や近所の人々と挨拶しながら取り交わされる。(68) 二〇一二年は中国の暦では四七〇九年である。恭喜發財《コンシーファーツァイ》(繁栄を祈ります)!

中国の暦法

二〇一一　卯(兎)年　　二〇一四　午(馬)年
二〇一二　辰(竜)年　　二〇一五　未(羊)年
二〇一三　巳(蛇)年　　二〇一六　申(猿)年

アジアのいくつかの文化では、中国と同時期に新年を祝うが、世界では多くのさまざまな時期に多くのさまざまな方法で、新年の祝賀がおこなわれている。ある文化では宗教的な儀式であり、清めの時である。別の文化ではパーティーを開く時。イギリス人にとって新年は三月に始まるものだった。その後一七五二年に暦は太陽暦になる。十一日を加え、また一年の始まりを一月に移動した。アメリカを含むイギリス植民地もすべてこの暦を採用した。(69)

文化横断　新年の祝い

国／宗教	呼び名	月日	祝い方
アフリカ系アメリカ人	ニューイヤーズ・デイ	1月1日	ホッピン・ジョン（赤インゲンの豆ごはん）
カンボジア	チョール・チュナム・トメイ	4月12、13日または14日	大掃除と仏教寺院参詣
デンマーク	ニューイヤーズ・イブ	12月31日	茹でタラのカラシ・ソース添え
ギリシア	ニューイヤーズ・デイ	1月1日	教会でヴァシロピタ（中に幸運のコインを入れた聖ヴァシリスの甘いパン）を配る
インド／ヒンドゥー教	ディワリ	10月または11月	悪に対する善の勝利、花火、オイルランプ
イラン	ノウルーズ	春分	焚火による清め、大掃除、魚とハーブ入りごはん
古代アイルランド	サウィン	10月31日／11月1日	（今ではハロウィーンの）焚火、アップル・ボビング（魔法のリンゴに見立てたリンゴをくわえる）
イタリア	カポダンノ	12月31日	花火、レンズ豆、スパークリング・ワイン
日本	大晦日／正月	12月31日／1月1日〜3日	大掃除、年越しそば、初日の出を拝む
ユダヤ教	ローシュ・ハッシャーナー	過ぎ越しの祭り初日から162日後	掃除、甘いもの
韓国	ソルナル	1月1日	餅入りスープ（トックッ）
ロシア	ノヴィ・ゴッド	1月1日	ガチョウか鶏のロースト、甘いクッキー、ウォッカ
タイ	ソンクラーン	4月13日	水による清め
アメリカ	ニューイヤーズ・イブ／ニューイヤーズ・ディ	12月31日／1月1日	パーティーでシャンパン／フットボールの試合観戦
ベトナム	テト・グエン・ダン	旧暦の大晦日〜1月3日	赤い紙袋に入れたお年玉、花火

孔子と易経

孔子（紀元前五五一～四七九年）として知られている中国の思想家は、家臣は君主を、弟は兄を、妻は夫を、そして友は互いを敬えば、この世の物事はすべて円滑に進むと説いた。また易経の注釈を書き、詩経を編纂したと考えられている。詩経は宮中や農民の歌を集めたもので、当時の料理や文化について多くのことがわかる。タケノコ、白菜、セロリ、モモ、プラム、アンズ、松の実、ヘーゼルナッツを含む四十四種の野菜とハーブが登場する。十五世紀に中国を支配した儒教徒の官僚が、外国との交易を断つ決定をしたが、それは最終的には中国に損害をもたらすことになった。

塩税で万里の長城

紀元前二二一年中国史上「最初の皇帝」である始皇帝は、北方の匈奴《きょうど》などの襲撃から中国を守るために長大な防壁建設を決定した。それには多額の費用がかかったので、国の塩専売——史上初の専売——の税収でまかなった。[70] 高さ約七・五メートル、長さ一・六キロメートルにおよぶ長城建設には百万人以上が動員された。宇宙から眺めることのできる数少ない建造物の一つである。もっと昔のファラオ、あるいは後のローマ皇帝のように、始皇帝は他にも四万人を収容できる宮殿を含む大規模な公共事業を始めた。偉大な皇帝であるとの自負から、死後でさえも中国を支配しようと、陶土で八〇〇〇体の等身大の戦士と馬、百余台の戦車を作らせる。また漢字も統一したので、中国統一を促進した。しかし限度を超える重税を課し、さらに農民が大事業に駆り出されて作物が不足したため、帝国は崩壊した。

インド――インダス川

メソポタミア、エジプト、中国の文明のように、インドにおける最初の文明も西部のインダス川流域で起こった。アジアと中東の間に位置するインドでは民族の移動が重なり、多くの文化的交流がおこなわれた。最初の交流はおよそ六万五千年前に遡る。その後紀元前六〇〇〇年頃に、家畜の牛、羊、山羊と小麦の栽培技術をたずさえて、中東の人々が東方のインドへとやって来た。中国から西へ移動した別の人々は、米、そして後には茶を持ち込む。紀元前七五〇年には印欧語族が、ステップと呼ばれる平らな乾いた草原から南方のインドへと入る。彼らは馬と鉄をもたらした。他の印欧語族は東欧へ移動した。今日ヨーロッパ、インド、イラン、南北アメリカで話されている言葉の大半は、この共通の印欧祖語に基づいている。数学ではインドでゼロが発見され、十進法が完成された。

いくつかの重要な食物の起源はインドにある。世界で初めて畑が犂《すき》で耕され、初めて鶏肉が食べられたのは、紀元前二八〇〇年より前のこと。[71] サトウキビからグラニュー糖を作る技術は、インドでは遅くとも紀元前八〇〇年には存在していた。Sugar（砂糖）という語の語源はサンスクリット語の sharkar《サッカラ》である。食物に関する多くの語は、たとえその食物がどこか他の場所で生まれたとしても、古代印欧語、あるいはインドの言葉に由来する。スパイスと肉を使う米の料理――ペルシア語とアラビア語で、pilaf（ピラフ）、pilav、または pulao――の語源は、ずっと昔のインドの pālāo または pulāo である。英語の rice（米）は arisi、pepper（コショウ）は pippali、mango（マンゴー）は mānggā、orange（オレンジ）は nāgarangā、curry（カレー）は kari と、すべてインドの言葉に由来する。そして chutney（チャツネ）も。tamarind（タマリンド）はアラビア語で「インドの果実」を意味する。[72] 食べられた豆はエンドウ豆、ヒヨコ豆、レンズ豆。果実にはココナツ、ザクロ、デーツ、レモン、ある種のメロン、そしてたぶんバナナも含まれていた。(73) 初めの頃インドでは菜食主義はそれほど重んじられてはいなかった。牛が神聖な動物とされるようになったのは、後のことである（四八ページ参照）。

ヒンドゥー教

インドからは世界の二大宗教が生まれた。ヒンドゥー教と仏教である。ヒンドゥー教は、アーリア人（「高貴な生まれの」人々）が北方から入ってきた後、紀元前七五〇年から紀元前五五〇年の間に生まれた。ヒンドゥー教にはヴェーダと呼ばれる一連の聖典があるが、世界の他の偉大な宗教とは異なり、開祖はいない。ヴェーダに大麦の記述はあるが、小麦や米の記述はない。砂糖、蒸留酒、砥石、乳鉢と乳棒は記されている。(74) また祭礼に司祭が食べる牛肉の切り分け方についての指示もある。ヒンドゥー教の基本になっているのは、何を誰と食べてもよいかを含め、生活のすべてを決定する厳格なカースト制度である。カースト制度には、人種的な要素が見られ、最上位はアーリア人で、裕福で教育を受けている場合が多く、最下位は肌の黒い、貧しい非アーリア人だった。最高のカーストはバラモンで、司祭。その下に戦士、それから農民。最下位が不可触民で、肉体労働者や屠畜人やごみ収集者のように、必要ではあるが望ましくないか「不潔」と考えられる職業の人々だった。「不可触」とは文字通りの意味で、不可触民あるいはその影にさえ、わずかでも触れれば、バラモンは肉体的にも精神的にも非常に穢《けが》れるので、清めの儀式をする必要があった。清めに用いられたものの一つが、澄ましバターのギーである。バターを加熱して、腐敗の元になる乳固形分を取り除くと、インドの暑い気候でもバターは長期間保存できる。ヒンドゥー教では、この世にある限り生まれついたカーストを変えることはできない。しかし次の世ではカーストを上がることができる。

一連の輪廻転生を経て、人々は悪いカルマ（業）――過去の過ち――を脱し、最終的にヒンドゥー教の四つの目標の一つ解脱に至る。他の目標は富と権力、義務、肉体的快楽で、肉体的快楽の営みは多くの人々がきわめて多様な方法でおこなっているさまが、寺院に彫像として祀られている。今日でもインドでは、日常生活のすべてを決定する多くの複雑な社会的関係にカースト制度が残っている。

古代インドではソーマ酒という飲み物が司祭にとって神聖なもので、神々、とくに月の女神への捧げものとされた。ソーマは月の女神の名前に由来する。これは単なるアルコールをはるかに超えた霊薬だった。万能で超人的な感覚を生み、おそらくあらゆる病気を癒す。それは植物をすりつぶして作られ、それから「すりつぶしたものを雌牛の皮に集め、羊毛の布で漉し、その泡だっている黄褐色の液体を乳、凝乳、あるいは小麦粉と混ぜて飲んだ[75]」。これらの結果を生む植物の候補はいくつかあるが、インドの食物史家アチャヤは、幻覚剤のベニテングダケ（*Amanita muscarita*）としている。

仏教

インドで次に偉大な宗教である仏教は紀元前五世紀に生まれたが、ヒンドゥー教とは異なり、仏陀として知られるゴータマ・シッダールタという開祖がいて、この世の苦しみのもとを知ろうとした。一日に米を六粒だけしか食べずに断食をしても、わからなかった。放浪してもわからなかった。最後に菩提樹の下に座り、悟りを開く。仏教はヒンドゥー教のカースト制度を認めなかったので、下層階級の人々を惹き付けた。ヒンドゥー教の多くの神々も認めなかったが、生まれ変わって涅槃《ねはん》という苦しみのない完全な平安を達成するために、輪廻転生の思想は受け継いだ。仏陀は、人間はもとより多くの動物の肉を食べてはならないと宣言する。ゾウ、犬、馬、ハイエナ、クマ、それにネコ科のライオン、トラ、ヒョウである。しかし牛を食べてはならないとは決して言っていない。それはおよそ二千年前に始まったことで、インドで生態学的災害が起こり、牛を食べるのが人間にとって自殺行為になってから、仏陀が死んでからずっと後のことである。

混乱を招く言葉　仏陀の死

仏陀は紀元前四八六年頃八十歳で、食事を供された後たぶん赤痢で死んだ。何を食べたのだろう？　食物史家のアチャヤが指摘するように、shukaramaddava（スーカラマッタヴァ）という語をどう訳すかにかかっている。「雄豚」に関係する可能性がある。雄豚が踏みつけた芽、あるいは雄豚が踏みつけた地面に育つキノコかもしれない。学者はまだ論争を続けている。[76]

神聖な雌牛

神聖な雌牛について。インドでは雌牛は子を産み、去勢牛を増やすことができるので、神聖なもの。大型の動物を肉のためにのみ飼えるのは、豊かな社会である。羊や山羊はミルクや毛を繰り返し提供し、役に立たなくなったときにだけ食用に殺される。雄牛は大量に食べ、大きな空間を必要とするが、乳は出さない。しかし雄牛を食物として殺してしまえば、役牛《えきぎゅう》とはならない。役牛は畑で犂を牽き、路上で荷車を牽く。その糞はただで手に入る燃料や肥料になる。役牛が一頭いれば、一家が食べていけた。役牛が死ねば、一家は飢えたり、町へ移らざるをえなくなったりした。近所から牛を借りることはできない。雨季と乾季があるので、畑はすべて同時に耕さなければならなかったからである。インド原産のコブウシはこれらの雨季と乾季のサイクルに適応できたので、生き延びることができた。ラクダのように水や栄養を蓄えるこぶがあり、熱帯の気候にも耐えられたのだ。牛はインドの経済にとって大変重要だったので、第二次大戦後に独立したとき、憲法では牛の屠殺が禁止された[77]。今日インドの隣のチベットでは、固有の牛――ヤク――がインドにおける牛と同じ役割を果たしている。畑を耕し、荷物を運び、燃料や肥料を提供する[78]。

アフリカ、中東、インド亜大陸、アジアにおける古代世界では、人類の進歩に伴い交流も発展した。何百万年も経て人類は二足歩行となり、脳が大きくなり、石の、それから青銅の、さらに鉄の道具や武器を作った。草食から肉食や雑食になり、火を扱い、料理を覚えた。そしてダンス、言語、アート、宗教を生み出す。何百種もの植物や動物を栽培化家畜化し、灌漑、統治、法律の複雑なシステムを作り上げた。紀元前一千年紀にこれらの地域すべての商人が交易路を往来したので、食物、言葉、信仰、慣習も伝わる。中東のワイン醸造の知識、肥沃な三日月地帯の牧畜、エジプトのオリーヴオイル、インドのスパイス、とくに黒コショウは、地中海沿いに以前より北西に、別の大陸――ヨーロッパ――へと広まった。これらの料理と文化のすべては、ヨーロッパ文明の基礎を築くことになる小さな新しい国――ギリシア――に集まった。

第2章

穀物、ブドウ、オリーヴ——古代地中海地方

地中海

地中海はギリシア人やローマ人にとって、料理と文化の中心だった。地中海（Mediterranean）という語は、大地(terra)の真ん中(medi)を意味する。この海は北はヨーロッパ、南はアフリカ、東はアジアと三つの大陸に接していた。西には大西洋があったが、知られていなかったので、古代の人々にとっては、地中海を囲む陸地が既知の世界だった。地中海地方の気候は亜熱帯性で、乾いて晴れた夏と温暖で雨が多い冬が交替する。この気候は北緯南緯のそれぞれ三〇度から四〇度の間で見られる。つまりカリフォルニア中南部、南アフリカ共和国、チリ中部、オーストラリア南西部で、世界のワイン産地である。

地中海地方の古代の料理は穀物、ブドウ、オリーヴの三つ組がベースになっている。この三つは単に日常の基本的な食物であるだけでなく、神聖なものでもあった。これらをもたらす神や女神が礼拝され、食物自体も（古代ギリシア、古代ローマの多神教でも、一神教のユダヤ教やキリスト教でも）宗教儀式で重要な役割を果たした。

ギリシア

地形

ギリシアの地形は、文化と料理に大いに影響を与えた。三方を海に囲まれた岩だらけの、山がちの地形である。農耕ができるだけに平らで肥沃なのは、国土のたった一五～二〇パーセントだったので、自給に十分な穀物をつくることができなかった。この状況下では選択肢は三つ、貿易、植民地建設、あるいは征服である。ギリシアは三つすべてをおこなった。主要作物のオリーヴオイルとワインを輸出し、穀物を生産できるシケリア（シチリア）のような植民地を建設した。しかし他の領土を征服しようとしたとき、敗れて逆に征服される。

地形もギリシアの統治に影響を与えた。急峻な山を登り深い谷に下る旅は困難で時間がかかったので、国土は狭く限られたものになる。各都市は小さな国のように自治をおこなった。Politics（政治）という言葉は、これらの都市国家を意味するギリシア語 polis《ポリス》 に由来する。都市国家アテナイは民主主義発祥の地である。しかしギリシアは決して政治の理想郷ではなかった。自由民の男性だけが市民として認められ、参政権を持つことができたが、女性や奴隷だった労働者の多くには、政治における発言権がなかった。

地形はギリシアの人間関係にも影響を及ぼした。旅行が困難だったので、客と主人の関係は神聖なものだった。もしたとえ貧しくとも、見知らぬ者が戸口に現れたら、招き入れ、食物とワインを分け与え、もてなさなければならない。「われわれはただ食べるのではなく、ともに食べるのである」とギリシア人の著述家プルタルコスは述べている。(1) 食事は人間社会のしるしで、人間と動物を分かつものだった。お返しとして、客は主人に対して義務が生ずる。あまり長く滞在して主人のもてなしを濫用してはならないこともその一つで、ふつうは三日以内。どちらがこの関係を侵害しても、ホメロスの叙事詩『オデュッセイア』に見られるような、もっともな復讐がおこなわれ天罰が下る。ほとんど十年間続いたトロイ戦争の後、イタケーの王オデュッセウスは、帰郷しようとしてほとんどさらに十年間放浪する。王の不在中、館には王妃に求婚する男たちが押し寄せた。滞在する間に男たちは王の羊や山羊や牛の肉を炙《あぶ》って食べ、王の果樹園のイチジク、ザクロ、リンゴ、ナシを食べ、王のワインを飲んだ。最後にオデュッセウスが卑しい豚飼いに身をやつして帰宅すると、求婚者たちは食物を与えたり屋根を貸したりすることを拒む。そこでオデュッセウスは正体を現し、彼らを皆殺しにしたがそれは正当な行為だった。

ネクタル、アンブロシア、媚薬

ギリシア人にとって、神々の物語は宗教だった。後に生まれたキリスト教の著述家は、それを神話と名付ける。ギリシア神話には主な十二神が登場するが、オリュンポス山に住んでいたので、オリュンポス山の神と呼ばれた。神々は不死で、神秘的なネクタルという甘い飲み物を飲み、アンブロシアという神の食べ物を食べたが、どちらも人間には禁じられていた。オレンジ果汁と砂糖で作った甘いソースに楔形のオレンジ、バナナのスライス、刻んだココナツを入れた二十世紀のフルーツ・サラダとは混同しないこと。

たとえ人間の食物は食べなかったにせよ、神々の行動は人間くさい。互いに争い、嘘をつき、配偶者を裏切り、腹を立て、欲しいもの——しばしば美しい娘——を手に入れるためには、姿を変えることもいとわない。ゼウスとヘラの神の夫婦が神々を率いていた。ある女神とある神が火に関係する。炉の女神ヘスティアはゼウスの唯一の姉で処女。どの都市でも聖なる火が常に燃やされていたので、公《おおやけ》にも個人の日常でも常に礼拝されていた。この場合女神は人間のおこないをなぞっている。一家の娘には、火を燃やし続ける責任があったからだ。その火なしには、料理も暖房もできなかった。ヘスティアにはまた毎食の前後に捧げものをした。新しい植民地建設の儀式の一つが、古い都市から新しい都市へ火を分け与えて、火を継続させること。その儀式は今日でもオリンピックのトーチの儀式に見られる。トーチは人々の手から手へと渡されて、四年ごとにおこなわれるオリンピックの開催地に運ばれる。

火に関係する神はヘパイストス。ギリシアの多くの神同様、ヘパイストスには好ましい面と好ましくない面がある。好ましい面は鍛冶屋だったことで、料理するときのように人間に役立つ火の力を示した。好ましくない面は、ヘパイストスのラテン語名ウルカヌス（Vulcan）が示すように火山（volcano）に住んでいて、火の破壊力も表していたこと。別の典型的なギリシア的対比は、醜く肉体的に欠陥のある唯一の神ヘパイストスと、愛の女神の美しいアフロディテ（Aphrodite）との結婚に見られる。アフロディテは性的刺激があると考えられている食物——媚薬（aphrodisiacs）にその名をとどめている。今日媚薬になると考えられている食品は、牡蠣、キャビア、シャンパン、チョコレート、カタツムリである。

神は人肉食への罰として飢餓をもちいた。神とともにネクタルとアンブロシアを飲食した唯一の人物タンタロスは、神々を宴会に招き、自分の息子を茹でて供した。神々は食べ始める前に（実は肩をひと口食べたが）それを知り、ふさわしい罰を与えた。永遠の飢えと渇きの苦しみである。水の中に立たされ、水を飲もうとするたびに水が引く。頭上に実っているリンゴ、ザクロ、ナシ、イチジクを採ろうとすると、風が吹いて枝に届かない。じらして苦しめるという意味の語 tantalize はタンタロス（Tantalus）に由来する。

穀物の女神デメテル――「善き女神」

もっとも力のある女神の一人はデメテルで、作物すべての神。小麦色の髪を持つ、母なる大地あるいは母なる自然である。

するとその身辺には、えも言われぬ美しさが立ちこめた。
薫りを放つ長衣からは心地よい芳香がただよい出で、
女神の不死なる肌は遠くまで輝きを放ち、
黄金なす髪は両の肩までゆたかに波打ちかかっていた、
がっしりと造りなされた館は、稲妻にでも照らされたかのように
目もくらむばかりのまばゆい光に満たされた。[2]

『ホメーロスの諸神讃歌』より「デーメーテール讃歌」(沓掛良彦訳)

デメテル(Demeter)のmeterは、母を意味するmaterに関係する。エジプトの女神イシスとも同一視されていた。デメテルは乙女座に見られるように、しばしば麦の穂を持ったところを描かれている。[3] 乙女座の一番明るい星はスピカで、「麦の穂先」を意味する。デメテルは新鮮な果物がたくさん入った豊穣の角を携えていることもある。また黄金の剣を持つ女神としても知られていた。というのもふつう冠をかぶり、戦うためか作物を収穫するためか黄金の剣を持っていたからである。たいまつを持っていることもある。これは人間の老婆に身をやつして、冥界で娘を探したことを表している。

食物こぼれ話　冬の由来

デメテルにはペルセポネという美しい娘がいたが、男神の目から娘を隠していた。ある日デメテルがもっとも恐れていたことが起こる。ペルセポネが天地を揺るがすような金切り声を上げ、消えてしまったのだ。デメテルは打ちのめされて、オリュンポス山を下り、人間になりすまして地上を歩き回り娘を探した。神の食物や飲み物をとらず、人間の食べ物をほんの少し口にしただけ。ハッカ入りの大麦湯、または水、粗碾き粉、そしてメグサハッカである[4]。

ついに太陽神ヘリオスがデメテルに告げた。冥界の神ハデスが、花を摘んでいる美しいペルセポネを見初めて、大地を割ってペルセポネを捕えたと。これを聞くとデメテルは深く悲しんだので、地上の何もかもが生長を止めた。人間が皆飢えるようになったので、ゼウスはとうとう和解交渉に乗り出す。ペルセポネは母のもとに帰れるようになったが、一年のある期間だけだった。ハデスに与えられたザクロを食べてしまったので、冥界のハデスのもとに戻らなければならなかったのである。

こうしてペルセポネは春の女神であるとともに、死の女神にもなった。ペルセポネが地上にいる八か月の間、デメテルは喜んで植物を育てた。しかし毎年ペルセポネが冥界にいる四か月は、デメテルが嘆き悲しんでいるので何も育たない。

これが冬の由来である。

ギリシア人は穀物が実るのは、天地の交合の結果だと考えていた。好色な天から降る雨が大地を孕ませ、それによって羊、山羊、牛の群れや、作物が人間にもたらされるのである。[5]

古代ギリシアでもっとも広く食べられていた作物は大麦で、小麦よりもよく育った。デメテルはワインを断ったので、代わりに大麦で作られた聖なる飲み物で礼拝されていた。デメテルは「神聖な儀式のために、彼らに…「大麦の」粗碾き粉と爽やかなハッカ入りの水を混ぜた飲み物を捧げるように命じた」[6]。デメテルにとってはハッカも、その巫女がまとうヒナゲシ同様神聖なものだった。魚ではヒメジが神聖だった。そしてもっとも神聖な動物は復活の象徴ヘビで、二匹のヘビがその戦車を牽いている。

家畜の多産と野菜の豊作と甘い物の象徴がデメテルに捧げられた。豚、雄牛、ハチミツケーキ、果物である。大地からの豊かな収穫を確実にするための捧げものとして、その神殿の回りには大麦が撒き散らされた。時の流れとともに、大麦は、小麦に、さらに米に置き換えられた。米を撒く慣習は神殿から始まって、結婚生活における多産を保証するための結婚式の儀式へと発展する。

大麦と小麦という二大作物は、多くの方法で消費された。もっとも簡単で安上がりな方法は、ただ穀粒に水を加えて煮て粥にすること。大麦粉または小麦粉も水を加えて煮て粥にし、または手で平らに成形して石の上かかまどで小さなパン種なしのパンに焼くこともできた。酵母を加えると発酵したパンができたが、それほど膨らまなかった——大麦はグルテンが少ないので、目の詰まった重いパンになる。大麦にグルテンの多い小麦粉を加えるともっと軽いパンができた。それを二度焼きして乾いたパンにすれば、穀物を保存することができた。パクシマディまたはパクシマティと呼ばれるこれらのパンは、今日でもなおギリシアで作られている。他のどんな食物よりもパンはギリシア人にとって文明を表すものだった。というのもすべての工程が人間によって支配され、完全に人間によって作られるものだったからである。

ディオニュソス、ブドウの神

まず女神デメテルがおわす。別の名で称《とな》えれば、大地の神と呼んでよろしい。これは固形のものをもって人間を養って下さる神様じゃ。つづいてこの世に現われたもうたセメレの御子が、このたびは葡萄の実より液状の飲み物を創《つく》られて、人間に錫うた。この葡萄の液が体内を充《み》たすとき、みじめな人間の苦悩も止《や》み、日々の労苦を忘れしめるまどろみが訪れてくる。憂いを払うにこれ以上の霊薬はない。

エウリーピデース『バッコスの信女』(松平千秋訳)

ギリシアでは冬になるたびブドウの木が枯れたように見えるが、春になると不思議に蘇る。ナイル川がエジプト人にとって再生を表すように、ブドウの神ディオニュソスはギリシア人にとって再生と不死の聖なる象徴だった。ディオニュソスは人間の女性と神々の王ゼウスの息子であると信じられている。ギリシア神話ではプロメテウスが人間に火をもたらしたように、ディオニュソスはブドウの木を見つけ、それを栽培してブドウ酒を作ることを人間に教えた。髪を長く垂らし、葉と実をつけたブドウの蔓の冠を被った姿で、しばしば表されている。

ギリシア神話では、ディオニュソスはデメテルより後に現れ、南はエジプトから西ははるかイベリア半島(今日のスペインとポルトガル)、東はインドまで地中海沿岸をくまなく旅した後で、ギリシアに到着したようだ。多くの土地で敵意を向けられる。支配者は人民がワインを飲むのを望まなかったからである。初めてワインを飲んだ人々は、毒を盛られたと考えることもあった。(7) しかしついにディオニュソスは人間に打ち勝ち、自分にとって神聖で文明の象徴であるブドウの木の栽培を教えた。

ディオニュソスには二つの面がある。まず人間を軽く酔わせて平常心を超えさせ、その創造性を高め、神に近づ

酩酊度

200年頃のエジプト出身のギリシア人アテナエウスによる[11]

ワインの杯数	効果
1	健康によい
2	親しみやすくなり、楽しくなる
3	眠る
3杯飲んだら、「賢い客は帰る」。	
4	暴力
5	大騒ぎ
6	大酒飲み
7	両目の回りに黒あざができる
8	公安局に連行
9	胆汁異常
10	精神錯乱、家具を投げ飛ばす

けることができる。ディオニュソスの祭りを祝うために書かれた詩は、文明の偉大なるシンボルの一つギリシア悲劇に結実した。だからディオニュソスは演劇の神でもある。ワインは薬として使われ、薬と混ぜられたので、ディオニュソスは医師、健康を与える者とも言われている。[8]

その反面深酔いすれば、人間は獣に近づく。これが理由で、女性はワインを飲むことをほとんど許されず、表向きの宴会はふつう男性に限られていた。まれに女性が招かれることがあっても、男性向けの上質の強い熟成したワインは飲めなかった。女性には「甘口のワインか大麦発酵ブドウ・ジュース」が供された。[9] ギリシア神話では、ディオニュソスに従った女性の集団が激しい性的狂乱に陥る。ディオニュソスとともにサテュロスが登場することもある。サテュロスは頭に山羊の角（horn）が生えた姿で表され、飽くことを知らない性欲を持つ雄の半人半獣だった。このことからhorny（好色な）という語が生まれた。ディオニュソスはまたしばしば野生のネコ科の動物（トラ、オオヤマネコ、ヒョウ）にまたがるか、それらに牽かせた戦車に乗っている。というのも人間が酒を飲むとそれらの動物のようになるからだ。[10] ディオニュソスが酔っ払ってこぼしたワインをヤマネコの子供が舐めている絵もある。

ギリシアではブドウはよく育ち、豊富に実ったので、ワイン作りは紀元前一五〇〇年から始まった。[12] ワインはハチミツで甘くして飲んだが、それはアンフォラ（ワインの保存用の陶器）を松脂《まつやに》（テレピン油のような味のする粘り気のある樹脂）で密閉したからである。その味は今日でもレスティナというギリシアのワインに残っている。もっとも神聖な儀式では、ワインはディナーとともに飲むものではなくて、その後のシュンポシオンと呼ばれるもので飲んだ。

シュンポシオン——饗宴

シュンポシオンとは凝った儀式で、結婚のような特別な公的または私的な行事を神聖なものにするために、あるいは競技の勝利を神に感謝するか政治的な決定を下すために、食事に続いておこなわれる男性の集会である。[13] 紀元前七世紀にはシュンポシオンは慣習になっていた。それはふつう公共の建物、しばしば神殿、あるいは有力者の家の特別なシュンポシオンの間《ま》でおこなわれた。奴隷が客に仕え、客はサンダルを脱いで寝椅子に片腕をついて横たわる。それぞれの寝椅子の前には小さなテーブルが置かれた。シュンポシオンの間の大きさは、日本人が畳の数で部屋の大きさを言うように、寝椅子が何台か（ふつうは五台から七台）で表された。

会合は血の生贄《いけにえ》、つまり神々に動物を、通常は儀式に則って殺した若い仔羊か仔山羊を、宗教的に捧げることから始まる。昔は人間が生贄になっていたが、動物に置き換えられたのである。「生贄の動物を殺し、その肉を解体することは、マゲイロス（ギリシア語の料理人、屠殺人、生贄を捧げる者）の仕事だった。マゲイロスは礼拝者に肉を分けた」[14]。神に一番良い所（腿《もも》肉と脂）を捧げてから、人々が食べた。

シュンポシオンを始める前の「一の膳」であるディナーに供されたものは、レンズ豆、大麦、小麦に添えて野菜、チーズ、卵、魚、肉。ディナーがすむと、寝椅子の前の小さなテーブルは下げられた。次に湯と石鹸で手が洗われ香油を塗られ、床に投げ捨てられた残飯が取り除かれる。頭に載せ、胸にかけるように、花輪が配られた。

続くシュンポシオンにおける「二の膳」でワインとつまみのドライフルーツ、ナッツ、甘いものが供される。詩が朗誦され、フルートが奏でられ、さまざまな決定が下された。男性はみな同じ杯からワインを飲むので、共同体の意識がさらに高められた[15]。これらの杯のいくつかはなお現存し、シュンポシオンの様子が描かれているので、すぐれた資料となっている。杯の中のワインは、しばしば水で二～三倍に薄められていた。ワインを水で割ることを忘れないように、ディオニュソスの祭壇のそばにはしばしばニンフの祭壇がある[16]。薄めたワインは深酔いを防いだので、ギリシア人は文明の象徴とみなしていた。「三の膳」は酒宴だった。

食物こぼれ話　飲んでも酔わない方法

古代ギリシア人はワインを好んだが、飲んでも酔わない方法をいつも探していた。ディオニュソスの好ましくない面を防ぐために、何とも独創的な方法を思いつく。紫色のワインを紫色の半貴石の杯から飲めば、両方の紫が打ち消しあって、ワインに含まれる酩酊を引き起こすものを無効にするだろうと考えたのだ。ギリシア語ではaという接頭語は否定を意味する。そしてmethyeinは「酔った」（methyはワイン）を意味するので、「酔っていない」という意味のギリシア語が、杯の紫色の半貴石の名称――amethyst（アメジスト）になったのである。(17)

『古代ギリシア・ローマの料理とレシピ』というすばらしい本の中で、歴史家のアンドリュー・ドルビーとシェフのサリー・グレインジャーは、古代ギリシア・ローマの多くの料理を再現し、現代の厨房でも作れるレシピを添えている。紀元前四〇〇年のシュンポシオンについて記しているが、「一の膳」では多くの栄養のある手の込んだ料理が供された。クワの実のソースに浸したウナギ、ハチミツをかけたエビ、海塩をかけたイカ、幼鳥のパイ、焼いて切り分けた巨大なマグロである。(18)パンももちろん大麦のロールパンがある。二の膳では、「甘いパイ、パリッとしたパンケーキ、ハチミツ・ソースに浸した炒りゴマのケーキ、ミルクとハチミツで作られたチーズケーキ、パイのように焼かれた甘い菓子、高温で揚げてゴマをまぶしたチーズとゴマの砂糖菓子」がふるまわれた。(19)干しブドウもまた二の膳でだけ供された。

ブドウにはワインとしてだけでなく他の使い道もあった。新鮮なものはそのまま食べられたが、ワイン用のブドウをしぼった発酵前のブドウ液マスト、それを煮詰めたシロップ、干しブドウ、干しブドウ・シロップ、干しブドウ・ワインなどが作られた。種からはグレープシード・オイルが絞られ、葉は料理にもちいられて食べられた。

アテナ、オリーヴの女神

ギリシア人にとってオリーヴは女神アテナのシンボルだった。アテナがオリーヴを作り出したのである。アテナは戦士の女神でゼウスの額から、兜《かぶと》をかぶり盾と槍を持って、完全に武装した立派な大人の姿で生まれた。その名にちなむ都市アテナイを守護したが、ギリシア中で崇拝され、ホメロスの叙事詩『イリアッド』に記されているトロイ戦争では、ギリシア人を助けて勝利に導いている。しかしそのシンボルのフクロウは、アテナがまた平和と知恵の象徴だったことも示している。さらに機織りや製陶のような工芸の女神でもあり、発明した熊手や犂《すき》は全人類に恩恵を与えた。

オリーヴ（*Olea europaea*）の果実は、およそ紀元前五〇〇〇年以来パレスティナ人やシリア人が地中海沿岸東部で栽培し、その油を搾ってきた。ギリシアではオリーヴオイルは液状の金とも言えるもの。料理で珍重され、薬や燃料として使われ、古代地中海沿岸の基本的な交易品の一つだった。また体に塗布されることもあり、香りが付けられたものもあった。たとえば紀元前七七六年に始まったオリンピックでは、裸の男性がオリーヴオイルを塗って古代の競技をおこなった。短距離走、幅跳び、円盤投げ、槍投げ、レスリング、ボクシング、そしてペンタスロンと呼ばれた五種競技は、一八九六年に始まった近代オリンピックでもなおおこなわれている。（勝者は完全に裸ではない。アポロ神の聖樹月桂樹の葉の冠を授けられた。）

未熟な青いオリーヴはもちろん、熟した黒いオリーヴさえ苦い。食べるためには塩をまぶして乾燥させるか、塩水、水または油に漬けなければならない。油を採るためにつぶすときは、苦い核を砕いて入れないように、注意深く適切な圧力を加えて搾らなければならない。古代には、オリーヴはまず石槽の中で砕く。砕いたものを麦わらの籠に入れる。圧搾機の中にその籠をいくつか積む。段階的に圧力をかけるさまざまな方法が、初めの頃何世紀かにわたって開発された。重りを吊るした長くて非常に重い梁《はり》が主としてもちいられた。果実を圧搾すると水分と油分の混ざった液体が出てくる。その液体を落ち着かせれば、油をすくい採ることができた[20]。

古代には二十世紀末に作られた段階的な品質表示はなかったが、今日では「ヴァージン」は最初の圧搾でできた油を、「エクストラ・ヴァージン」はその中でも酸性度一パーセント未満の油を、「コールド・プレスト（冷圧）」は、油の科学的組成と味を変える熱を加えていないことを意味する[21]。

くすんだ灰緑色の木は成長が遅いが、寿命は何百年もある。寒さに弱いオリーヴの木が、ギリシアの温暖な気候でよく育つことがわかると、主要作物となる。しかし根が深く伸びて水を吸うので、表土が流された。ギリシア人は何世紀も前から家や船を作るために木を切り倒していたが、それ以来始まった浸食の仕上げをすることになった。

オリーヴの木は西洋の文化ではきわめて多くのものを象徴する。ユダヤ人とキリスト教徒は、旧約聖書のノアの箱舟と洪水の話に出てくるオリーヴの木を知っている。ノアは世界がまだ水に浸かっているか知るためにハトを放つ。そのハトがオリーヴの小枝を加えて箱舟に戻ってきたとき、洪水が終わり再び平和が訪れたことを知る。以来ハトとオリーヴは平和の象徴である。

古代ギリシアでは収穫の時期に、至る所で祭りをおこなって収穫を祝った。白いローブを着た母親たちが、穀物の女神デメテルの祭壇に、最初に収穫された小麦を捧げる。ブドウの神ディオニュソスには初摘みのブドウが、オリーヴの女神アテナには初摘みのオリーヴが捧げられた。加えて、春の種蒔きの前にアテナには感謝が捧げられた。

オリーヴの歴史 (22)

??	たぶんイランとトルキスタンでオリーヴの木が栽培化される
紀元前 3500 年	ギリシアおよびトルコ近くの島でオリーヴの木が栽培される
紀元前 15 世紀	フェニキアの商人がオリーヴの木をキプロスとクレタに持ち込む
紀元前 8 世紀	ギリシアの植民者がオリーヴの木をシチリア、フランス南部、スペイン、トラキア、黒海地方に持って行く
紀元前 8 世紀	エクロン（現代のイスラエル）で毎年 1,000 トン以上のオリーヴオイルが生産される
紀元前 175 年頃	ローマのカトが『農業論』を著すが、その多くがオリーヴとオリーヴオイルに関するもの
2 世紀	ローマのコルメッラがオリーヴの収穫のむずかしさについて書く
1497 年	オリーヴの木がスペインからカリブ海地方とメキシコにもたらされる
1775 年頃	カリフォルニアのスペインの伝道所（ミッション）に「ミッション・オリーヴ」が植えられた
1803 年	カリフォルニアにおけるオリーヴオイル圧搾の最初の記録
1899 年	熟した（緑色ではない）オリーヴが缶詰に
1933 年	カリフォルニア人がオリーヴの種取り機を発明。マティーニのファンは喜ぶ (23)
21 世紀	EU、とりわけスペイン（アンダルシア地方）とイタリアが、世界のオリーヴオイルの 3/4 を生産

古代ギリシア人にとって、穀物、ブドウ、オリーヴは多くの場合一体となっている。パンや焼き菓子はしばしば大麦粉と小麦粉で作られ、発酵前のブドウ液かワインが酵母のための糖分を供給した。油はオリーヴオイル。塩味か甘いかの決め手になるのは、材料の配分、パンや焼き菓子の形、ハーブ、干しブドウ、シナモンあるいはナッツのような調味料や添加物。バターや卵のような腐りやすい動物性食品が入っていなければ、これらのパン、ロールパン、ビスケットは何か月ももつ。ギリシアでは今日でさえ、塩味のものも甘いものもしばしば昔と同じように作られている。本物のレシピを探すなら、砂糖やベーキングパウダー入りのレシピには気をつけること。どちらも現代になって加えられたものである。

海産物

ギリシアはまた船乗りの国で、豊富な海産物を食べていた。ボラ、カレイ、ハタ、タイのような魚だけでなくウナギ、タコ、イカも。古代ギリシアの料理人の評価の基準は、どんな魚料理ができるかだった[24]。歴史に名を残した最初のシェフは、ミテコスというシケリアの都市国家シラクサ出身のギリシア人。大半が魚料理のミテコスのレシピ集（食材と指示）は失われている。それについて知られているのは、ただその記述が他の書物に引用されているからである。

とりわけ人気があったのは、地中海原産の赤身魚のクロマグロ（タイセイヨウクロマグロ *Thunnus thynnus*）だった。この大きな魚——ほとんど一トンもある——は、今日でも地中海地方でおこなわれているように、塩やオリーヴオイルに漬けて保存された。クロマグロに近縁のカツオは、イチジクの葉で包み、灰の中でゆっくり蒸し焼きにされた。

混乱を招く言葉　マグロの名称

アメリカ人がもっとも親しんでいるのは、身の白いビンナガ（albacore——alba はラテン語で「白」を意味する）で、「海のチキン」として売られている。これは *Thunnus alalunga*（ala はひれ、lunga は長い）のことで、大西洋と太平洋で見られるが、地中海にはいない。しかしフランス人がビンナガ（albacore）と呼んでいるのは、赤身のキハダマグロ（*Thunnus albacares*）である。このマグロも地中海では見られず、熱帯および亜熱帯の海にいる。ハワイではahiとして知られている。

ギリシアの黄金時代

少なくとも紀元前五世紀まで、ギリシアでは食物は平等だった。誰もが、大麦か小麦のペースト、粥、あるいはパン種なしのパン、オリーヴ、レタス、キャベツ、タマネギのような野菜、今でもギリシア料理で一般的なバジルやオレガノのようなハーブで、つつましい食事をしていた。これらに魚か山羊や羊の肉などが加えられることもあった。酢はギリシア人のお気に入りで、黒コショウは料理には使われなかったが、薬として用いられた。また果物、とくにブドウとイチジクを食べたが、哲学者のアリストテレスは、それが虫歯の原因であることに気づいている。「なぜ柔らかくて甘いイチジクで虫歯ができるのか？」[25]

牧草地が少なかったので牛はあまり一般的ではなかった。だから牛を飼っている者は裕福だと思われていた。[26] しかし畑を耕したり、荷運びをしたりするのに牛が必要だったので、飼っても殺しはしない。山羊と羊は飼われていて、若いものは儀式の中で血の生贄《いけにえ》として神に捧げられた。山羊や羊を飼うことには経済的な意味もあった。モヘアや羊毛、そして飲んだり、チーズにして保存したりできるミルクを提供したので、年老いて役に立たなくなってから殺した。

以上はギリシア北部アテナイの食事である。南部にはスパルタという厳格な軍事国家があった。健康でなく肉体的に完全でない乳児は、崖から投げ捨てられた。少年少女は走ったり、厳しいスポーツをおこなったりして、体を鍛えた。少年は七歳になると、家庭を離れて軍事訓練を受ける。兵舎に住んで、堅い木のベンチで眠る。スパルタの食物はスパルタの生活にふさわしいものだった。チーズ、大麦、イチジクはやはり基本的な食品だったが、主食は豚の足と血、酢、塩で作られた黒いスープ[27]。スパルタ式の（spartan）という語が生まれたのは、スパルタ人が贅沢と思うものを否定したからである。

紀元前五世紀にアテナイとスパルタは同盟を結び、一連の戦争の後、ペルシア帝国を打ち破る。映画『300〈スリーハンドレッド〉』に見られるように、テルモピュライの戦闘では三百人のスパルタ兵が死んだが、その犠牲があってこそギリシアはペルシアに勝利することができた。戦後の平和な時期はギリシアの黄金時代。アテナイの人口は三十万人から五十万人に増え、ギリシアおよび西洋文明の特質をなす建築、絵画、彫刻が生まれた。十二メートルものアテナ像が祀《まつ》られていた丘の上の神殿パルテノンもその一つ。黄金時代はギリシアにおける偉大なる演劇の時代でもあり、アリストファネスの喜劇や、アイスキュロス、ソフォクレス、エウリピデスの悲劇は今日でもなお上演されている。

職業的料理人

黄金時代にはまた裕福な階級が生まれ、文化における貧富の差が生じ、それがギリシア料理にも反映された。貧困層は、大麦にあらかじめ火を通して籾殻を取り除き、碾き割りにして捏《こ》ねたマーザ、小麦のペースト、あるいはパン種なしのパン、羊か山羊のチーズとオリーヴオイルを食べ続けていた。[28] 富裕層はもっと手の込んだ食事をし、食品の種類も豊富だった。ヒヨコ豆、レンズ豆、ソラ豆のような豆類、亜麻、ゴマ、ケシの種などを食べ、生贄の儀式をおこなった後、犬を含む家畜の肉も食べた。森では、イノシシ、鹿、ウサギ、キツネなど大小の獲物が獲れた。一般に食べられた野菜はカブ、リーキ、クレソン、タマネギ、ニンニク、スベリヒユ。[29] 新たに養蜂家が出現してハチミツが手に入りやすくなった。[30]

都市化、富の蓄積、商業の隆盛は、以前の客と主人の間の無料のもてなし以上のものに対する需要を生んだ。しばしば波止場地区に市営の宿ができて、ギリシア中を旅する商人や事業主を職業的に接待した。[31] これらの人々はすべて食物を必要としたので、料理も職業になる。富裕層は料理人を雇えただけでなく、輸入されたワインを買うこともできたので、貧しい人々よりずっと大量にワインを飲んだ。料理は後のローマ帝国ほど手の込んだものではなかったが、何人かの料理人の名前が知られている。シケリア出身のアルケストラトスは食物について多くを書いているが、料理書を書いたわけではない。食物に関する詩、『イリアッド』や『オデュッセイア』のような叙事詩のパロディを書いた。それはシュンポシオンでの余興として、ハープの一種リラに合わせて朗誦された。英雄の行為についての歌を期待していた客は、魚についての詩を聞いて驚いたに違いない。断片しか残っていないのは、一つにはプラトンのような哲学者が、料理を芸術とは考えなかった、あるいは食物についての詩は図書館で保存するに値しないと考えたからだろう。

別のギリシア人アテナイオスは、尋常ではない料理と食事を習慣としていたピロクセノスという男の話を語っている。

ピロクセノスは、まずひと風呂浴びてから自分の町、それからよその町の家々を巡訪した。奴隷を何人か従えて、オリーブ油、葡萄酒、魚ソース、酢、そのほかいろいろの調味料をもたせた。そして人様の家へ入り込み、ほかの客人のために煮炊きされているものに、足りない調味料を加えて味を調え、それからテーブルにかがみ込んで、たらふく召し上がった。(32)

アテナイオス著『食卓の賢人たち』(柳沼重剛訳)

何千年も後のフード・ネットワークにもこのような番組――タイラー・フロレンス・シェフの『Food 911』――がある。シェフは人々の家を訪れ、人々の料理の欠点を直す。しかしシェフは「たらふく召し上がった」りはしない。アテナイの黄金時代は、ギリシア半島の支配をめぐるスパルタとの二七年にわたる戦争によって終わった。スパルタの戦略の多くは、アテナイへの食料の供給を断つことだった。これを知ってアテナイは、紀元前四一五年に穀物生産のための植民地化をねらってシケリアに侵攻しようとする。悲惨な二年間の後シケリアはアテナイの海軍と、陸軍の三分の一を打破し、勝利する。(33) 紀元前四〇四年スパルタがアテナイの海上の穀物補給路を断ったとき、戦争はついに終わった。食物が尽きてしまったので、アテナイは降伏せざるをえなかったのだ。ギリシア文明の黄金時代は終わりを告げる。

アレクサンドロス大王と魔法のリンゴ

ギリシアの北方のマケドニアから新たな征服者が現れた。アレクサンドロスはギリシア人ではなかったが、ギリシア文化を敬愛していた。師はプラトンの弟子アリストテレスで、プラトンはソクラテスの弟子である。アレクサンドロスの目標は既知の世界を征服することで、それを実現した。その帝国はギリシアから東にペルシア(現在のイラン）を経てインド西端のインダス川まで、北は今日のアフガニスタンとパキスタンまで、南はアフリカに及んでいた。アレクサンドロスの征服によって、ギリシア、ペルシア、インド、エジプトの四つの文化を融合したヘレニズム文化が新たに生まれる。

この文化の融合によって新しい料理法や食材が紹介されたので、ギリシア料理は大きな影響を受けた。ある著述家は、食物に関する変化すべてを嘆いている。

どんなことが起こっているかおわかりだろうか？　パン、ニンニク、チーズ、マーザは、健康的な食物だが、塩漬けの魚、スパイスを散らしたラム・チョップ、甘い菓子類、さらに鍋で蒸し焼きにした背徳的な肉料理は、健康に悪い。そして絶対に、キャベツはオリーヴオイルで煮て、豆のピューレで食べなければ！[34]

アレクサンドロスは征服した土地すべてに都市を作った。自らの名前にちなんで命名した都市が少なくとも十五はある。世界の学問の中心は、アテナイからエジプトのアレクサンドリアに移る。アレクサンドリアには七十万巻のギリシア語の著作を所蔵する図書館、動物園、植物園、天文台、船の安全を守るための高さが約一三〇メートルもの大灯台があった。船の多くは、ナイル川流域から地中海世界へと小麦を運んだ。

アレクサンドロスは生命の水や魔法のリンゴの伝説を信じ、不死を探求する。どちらも見つからなかったが、食べれば四百歳まで生きられるという他のリンゴを見つけた。[35]しかし実際には四十歳までも生きられなかった。三十三歳の誕生日まであとひと月というところで、たぶんマラリアと思われる熱病で死ぬ。それでもなお不死を求め、エジプトのアレクサンドリアに安置したガラスの棺にハチミツを満たして遺体を入れるように手配していた。紀元前三二三年の大王の死後、強力な指導者の死後の例に漏れず継承戦争が起き、帝国は数人の将軍が支配する小国へと分裂した。

しかしアレクサンドロスの大帝国は、まもなく小さく見えるようになる。地中海地方における覇権は、ギリシア西方の長靴のような形の半島に生まれた新興国へと移りつつあった。

古代ローマ

紀元前七五三年のローマ建国——狼に乳を与えられて

どの国にも建国者をめぐる神話がある。アメリカではこの神話は正直にまつわるもの。子供の頃ジョージ・ワシントンは桜の木を切り倒したと言われている。そして父親にそのことを問い詰められた時、「嘘はつけなかった」。エイブラハム・リンカーンのニックネームは「正直者エイブ」。ローマの建国神話は双子の兄弟ロムルスとレムスをめぐるもので、双子はオリーヴの木の根元で生まれたが、それは神の血を引くことを象徴している。双子は軍神のマースとラテン人の王女の子供だった。生まれると捨てられたが、雌の狼に乳を与えられ救われる。長ずるにおよんで、ロムルスはレムスを殺し、ローマの都を建設した。[36] 確かにわかっているのは、ローマは紀元前八世紀にテベレ川を三〇キロメートル遡った所にある——船が侵攻してくるのを監視するのに好都合——七つの丘に建設されたということ。そこには天然の港もあった。川岸や河口には塩が堆積し、貴重な交易品となった。[37] 古代ローマの最初の道の一つは「塩の道」である。

古代ローマ文化——神と女神

ローマは、シケリアのギリシア植民地からギリシア文化の多くを吸収した。その中には心と体は関連しており、互いに影響を与えている——「健全な心は健全な体に宿る」——という考えも含まれていた。教師としての学識や料理人としての技術を称賛されたギリシア人の奴隷は、その習慣と信念をローマにもたらした。ローマの神の多くは、名前を変えたギリシアの神である。ユピテルとその妻ユノは、ゼウスとヘラがギリシアの神々を支配したように、古代ローマの神々を支配した。ローマの収穫の女神ケレス(Ceres)は、ギリシアのデメテルと同等で、その名が穀物を表す語 cereal の語源になっている。ローマ人はケレスが多くのものを生んだと信じていた。「ケレスはまず曲がった鋤《すき》で大地を掘り返した。最初に土地を祝福するために小麦や作物を実らせた。最初に法を与えた。あらゆるものがケレスの贈り物である」(38)。ギリシアのブドウ酒の神ディオニュソスはバッカス(Bacchus)となり、その名を荒々しい乱痴気騒ぎの祭りバッカス祭(bacchanalia)にとどめている。ローマ人はギリシア人のワインに関する信念の一つを、ことわざ——「酒は本心を現す」——にした。それは今日なお言い継がれている。ギリシアの主要な女神アテナは、ローマの主要な女神ミネルウァになったが、ミネルウァもなおオリーヴと知恵の女神でもあった。その祭りは三月中旬で、剣闘士による戦いがおこなわれた。愛の女神アフロディテはウェヌスになり、矢を持つお伴の小さな羽の生えた愛の神エロスは、クピドになった。ウェヌスつまりアフロディテは、シケリアのエトナ山の麓に住んでいるせむしの鍛冶屋ウルカヌス(ヘパイストスにあたる)をやはりだましている。ウルカヌス(Vulcan)は火山(volcano)の語源である。軍事的なローマ文化のもっとも重要な神の一人は軍神マルスだった。

穀物戦争――ポエニ戦争

紀元前二六四年から一四六年にかけてローマと、今日の北アフリカのチュニジアにあったカルタゴを首都とするフェニキアは、地中海沿岸西部における交易、とくにシケリアの穀物畑の支配をめぐって、一連の激しい戦争をおこなう。交易を容易にすべく、フェニキア人はアルファベットのもとである文字の体系を作り出していた。第二次ポエニ戦争でカルタゴの将軍ハンニバルは、軍事史上もっとも大胆な戦略の一つを実行する。予想通りに地中海を渡って南からイタリアを攻撃するのではなく、何万という兵士と六〇頭の象を率いてアルプスを越え、北からイタリアを不意打ちにしたのである。ハンニバルの兵士と象（歴史家は、たぶん象は一頭を残してすべて死んだと考えている）は、小麦と大麦の畑、リンゴ、ナシ、レモンの果樹園、ブドウ園の作物を食べながらイタリア半島を南下した。イタリアの農地と経済、ことにイタリア北部の豊かな農業地帯は大打撃を被《こうむ》ったので、回復には何年もかかった。カルタゴを攻撃してローマはついに勝利するが、五十年後カルタゴが再起の様相を見せたので、フェニキアを打ち滅ぼす。三年にわたる包囲攻撃の後、カルタゴは焼け落ち壊滅した。即座に殺されなかった五万人のカルタゴ人は、奴隷として売られた。それから二度と再び何も生えないように、土地には塩が撒かれた。[39] こうしてローマは地中海西部の覇権を確立する。Mediterranean（地中海）とはラテン語で「大地の真ん中」を意味する。しかしローマが地中海東部も支配した後では、この海を単に mare nostrum（われらの海）と呼んだ。

ハンニバルはローマの経済に長く影響を与えた。小規模農家は再起したり、損害を取り返したりできなかった。また大農園の奴隷の労働にも太刀打ちできなかった。そこで裕福な土地所有者に農場を売り、労働者としての仕事を探して地方をさまよい、あるいは都市に移って貧民か乞食になる。まもなくローマの人口は三分の一が奴隷に、別の四分の一が貧民になった。

ローマ共和国

古代ローマは王政で始まったが、紀元前三世紀には三部構成の統治機関のある共和制になっていた。立法をおこなう終身の三百人の元老院議員、軍隊を指揮し、法律を施行する二人の執政官、そして民会である。ほぼ二千年後、アメリカ合衆国の建国の祖はラテン語に堪能で、古代ローマ史に通じていたので、ローマ共和国を部分的にまねてアメリカ政府を作り、古代ローマを引き合いに出して奴隷制を正当化した。建国まもないアメリカ合衆国は、共和国を名乗ったのである。governor（知事）や senator（上院議員）など、今日でも法律用語や官職にはラテン語に由来する言葉が使われている。

ローマ共和国は、ユリウス・カエサルが将軍としてあまりに強くなり、軍隊を解散するようにという元老院の命令を拒否し、終身独裁官を宣言したときに終わった。元老院議員はカエサルの終身独裁官就任に同意はしたものの、紀元前四四年三月十五日に元老院で暗殺する。カエサルの死後戦争が起こり十七年間続く。ローマの将軍マルクス・アントニウスと味方のエジプトの女王クレオパトラは、ユリウス・カエサルの姪の息子で養子のオクタウィアヌスに運命の海戦で敗れた後、自害する。

ローマ帝国

紀元前二七年オクタウィアヌスは、古代ローマの唯一の統治者、アウグストゥス（Augustus）——尊厳者——という称号を持つ初代皇帝となる。アウグストゥスの統治以来二百十三年間にわたるパクス・ロマーナ（ローマの平和）が始まるが、それはひとえにローマに敵対する国はすでになく、その拡大を止められる者もなかったからである。アウグストゥスが支配した帝国は三つの大陸に及んだ。ヨーロッパではガリア（今日のフランス）を経て北はブリタンニア島（イングランド）とそのもっとも重要な都市ロンディウムまで、西は今日のスペイン、ポルトガル、さらに大西洋まで。東のアジアは、アルメニア、シリア、ユダヤ、アラビアまで。そして穀倉地帯の北アフリカは、帝国のパン籠と言われたエジプトの肥沃なナイル川流域、および今日のリビア、モロッコ、チュニジアである。チュニジアはローマ帝国のオリーヴオイルの大半を供給していた。オリーヴオイルはローマ帝国の経済にとってきわめて重要だったので、オリーヴの木をたくさん植えれば、農民は兵役を逃れることができた。帝国外の国々との交易を通じて、今やローマ人は珍しい食物やスパイス、動物、織物、そして人間も手に入れられるようになっていた。

交易路——シルクロードとシナモンの地

ローマ帝国の他国との交易の中心はスパイスで、中国に至るシルクロード、およびインドやアフリカに通ずる海路を経て手に入れられた。シルクロードはローマ帝国の他の道路のように舗装されてはいなかったが、いくつもの隊商が砂漠を横切り、山を越え、最終目的地——中国の首都長安の国際的な市場——まで辿り着いた。長安には多国の商人が訪れて売買をした。ローマ人がもっとも欲しがったのは、ショウガ、ターメリック、ガランガ根のようなスパイスに加えて絹で、絹を珍重し、宴会で着ることを好んだ。宴会では大きなエプロンをかけて、絹の服を汚さないようにした。しかしローマ人は絹を買うだけで生産することはできなかった。というのも絹の生産は中国が独占し、国家機密として注意深く守っていたからである。絹は文字通り同じ重さの金に匹敵する価値があった。

インドやアフリカからは海路で、ローマのスパイス地区の倉庫に料理用、香水や香料用、薬用のスパイスが運ばれてきた。シナモンはもっとも高価だったが、他にも白コショウ、ショウガ、カルダモンを含む数種のスパイスがきわめて高価だった。というのも輸送費用に加えて二五パーセントの関税（輸入税）がかかったからである。しばしば身内によって毒殺されることがあった貴族は、知られている限りほとんどすべてのスパイスを組み合わせれば、もっとも強力な毒でさえ中和できると信じていた。シナモンは「特別な火葬の儀式での肉の焼ける臭い」を隠すためにも用いられた[40]。黒コショウが贅沢品のリストにないのは、必需品と考えられていたからである。関税の対象となる他の贅沢品は、絹、羊毛、木綿、紫の布（上流階級用）、雌雄のライオン、ヒョウ、大型のヒョウ、そして宝石（ダイアモンド、エメラルド、真珠、トルコ石）である[41]。三〇一年に皇帝ディオクレティアヌスは、とめどもないインフレーションを止めようと、これらの品の多くの価格に上限を設けた。ローマの通貨の価値がますます下落するのに対して、インフレによって物価はますます上がったからである。

アラビアの商人はシナモンを独占し、入手先を秘密にしておくために、ローマ人に根も葉もない話をした。シナモンは遠い沼地の高い木の上に育ち、そこには人喰いコウモリが群れていると。アラビア人はインドネシアからシナモンを手に入れて、マダガスカルを経てアフリカ東岸のソマリアへと海路を辿ったことが、今日ではわかっている。ソマリアはシナモンの地と呼ばれていた。そこから紅海を経て陸路をナイル川まで行き、再び船で地中海を渡ったのである。

ローマ帝国の文化――食物、法律、慣習、言語――は総督、軍隊、商人の行く先々に広まり、既存の料理や文化に置き換わった。ローマ帝国は交易を完全に支配したので、現在アフガニスタンやパキスタンがあるインド北部のヒンドゥークシュ地方のいくつかの国は、ローマ帝国と取引するために金属の貨幣鋳造を強いられた。属州では、ローマ人は地元のリンゴの木を自分たち好みのリンゴの木に植え替えさせ、ブリタンニアには紀元前二〇〇年という昔に、リンゴ園を作った[42]。園芸、接ぎ木、剪定に関するローマ人の知識も広まる。イタリアのワインは属州に達し、ギリシア・ワインに置き換わった。オピミアやファレルニアのようなイタリア・ワインの味が好まれたからだけで

ワインの歴史——古代

時代	場所	史実
紀元前 8500-4000 年	ザグロス山脈（イラン）	ワインの最古の痕跡
4000 年	ペルシア（イラン）	バラの花びら入りワインを輸出 [44]
3150 年	エジプト	王の玄室にワインの瓶
2750 年	メソポタミア	ワインに関する最古の文献
2340 年	メソポタミア	ワインセラーに関する最古の文献
1750 年	メソポタミア	ハンムラビ法典の酒場に関する条文
1330 年代	エジプト	ツタンカーメン王の墓から発見されたワインに、醸造年、ブドウ園名、ワイン醸造業者名が記されたラベル
1000 年	地中海地方	フェニキア人がワインを売買し、ブドウの栽培を広める
5 世紀	ギリシア	フランス、エジプト、黒海沿岸、ドナウ川流域にギリシアのワイン
3 世紀	ギリシア	ワイン醸造が盛んになり、年間 1000 万リットルのワインがガリアに輸出された [45]
200 年頃	ローマ	カトの『農業論』にブドウ栽培に関する最初のラテン語の記述 [46]
紀元 1 世紀	ギリシア	陶器のアンフォラが木の樽に置き換えられる
65 年	スペイン	コルメッラが『葡萄栽培の指針』を著す [47]
92 年	ローマ	ドミティアヌス帝が新たにブドウの木を植えてはならないと勅令を出したが、無視される
280 年	ローマ	ドミティアヌス帝の勅令が解除される

なく、イタリアのブドウ園が一エーカー（約四〇〇〇平方メートル）当たり約六〇〇〇リットルもの、ギリシアには太刀打ちできない量のワインを製造したからである[43]。

ローマ帝国の名を高からしめようと、皇帝たちは新種の建設資材――コンクリート――の発見に基づく公共建設事業を大々的に始めた。コンクリートのおかげで、重さを分散できるアーチを使用した堅固な建造物を造ることができるようになった。フォルム（都市の公共広場）、紀元八〇年開場のコロッセウム、古代ローマの神々すべての神殿であるパンテオン、ローマに水をもたらした水道橋など、古代ローマの大建造物の多くが建設されたのは、この時期である。大規模モールのようなフォルムは、事業、政治、宗教、商業の中心だった。すべての道がローマに通ずるなら、ローマのすべての道はフォルムに通じていた。大きな広場の回りには、多色の大理石の柱や贅沢な公共浴場、これもまた大理石でできた公衆トイレが並んでいる。地元の生産物および輸入生産物の市場、ファストフードを提供する食堂、そして武装した警備員のいる高価な輸入スパイスや他の贅沢品を売る小さな高級専門店もあった。フォルムでは宗教的な祭典、供犠がおこなわれ、軍神マルスに珍しい香油や香が捧げられた。さらに神殿の裏では不正な取引や売春もおこなわれていた。政府の行政官や役人もフォルムで働いていた。徴税機関や社会保障機関のようなものも設けられていたのである。[48]

上流階級の料理と文化――コンウィウィウム（饗宴）

ローマの人口の一〇パーセントを占める裕福な上流階級――貴族――にとって、朝食と夕食が家庭で食べる主な食事だった。ランチはもっと軽いもので、しばしば屋台商人から買われた。朝食はたいてい夕食の残り物のチーズ、オリーヴとパン。ランチはプランディウムと呼ばれ、その後貴族は公共浴場に行くこともあった。夕食は家族だけならケーナ、客がいてオードヴルやデザートもあるもっと凝ったものならコンウィウィウムと呼ばれた。

ギリシア人同様ローマ人の場合も客と主人は強い信頼関係にあった。ラテン語では客を意味する言葉と主人を意味する言葉は同じhospes《ホスペス》である。Hospitality（手厚いもてなし）という語はhospesに由来している。しかしローマの儀式的な食事コンウィウィウムは、ギリシアの儀式的なシュンポシオンとはいくつかの点で異なる。第一にローマ人は、ギリシア人が肉に関して遵守していた宗教的な儀式を無視し、肉を食べる前に神に血を捧げる儀式をしなかった。第二にギリシア人が食べたのは、ふつう仔羊か羊の肉だったが、ローマ人は豚肉が宴会料理用だと信じ

シュンポシオンとコンウィウィウムの比較

ギリシアのシュンポシオン	ローマのコンウィウィウム
宗教的	世俗的
始める前に血の供犠	血の供犠はなし
仔羊か羊の肉	豚肉
食後にワイン	ワインを飲みながら食事
男性のみ	男女
ワインを飲む前に食事の間《ま》を清める	食事の間は清めない

ていた。第三にローマ人にとってワインは、食後にそれだけを飲むものではなく、料理とともに飲むものだった。食事をしながらワインを飲む慣習は、今なおイタリアで見られる。第四にコンウィウィウムは男性に限られたものではなく、男女がともに食べたり、飲んだりした。第五にローマ人は食後ワインを飲む前に、食事の間《ま》を儀式的に清めることはなかった。ワインは宗教的なものではなく、飲むのに食事が終わるまで待つことはなかったからである。

しかしローマ人は何時に食事をしていたのだろうか？　ローマ人は正午――meridiem（メリディエム）――を境として、一日を二つに分けていた。正午は重要だった。というのもローマは法治国家で、法律家は正午前に入廷しなければならなかったからである。ローマ人は一日のうち正午前をante-meridiem（アンテ・メリディエム）――現在ではそれを短縮してa.m.としている――と呼んだ。そしてpost-meridiem（ポスト・メリディエム）つまり現在のp.m.は、正午後のことだった。時刻を知るには、庭にある大きな日時計、または四センチぐらいのポケットサイズの携帯用日時計を用いた。どちらも曇りの日には役に立たない。予備の水時計は、瓶に引かれた線によって水の流量を量るものだったが、持ち運びはできなかったので、人々は時間に関しては今日よりずっと無頓着だった。

ディナーの時間は午後遅く、あるいは宵の口で、コンウィウィムが凝ったものであれば、一晩中続くこともあった。食堂はもてなしの間だったので邸宅の一番よい部屋で、食事をしながら三人が寛げる寝椅子にちなみ、triclinium（トリクリニウム）と呼ばれた。壁の絵や床のモザイク・タイル画で念入りに飾られたが、魚や穀物の籠など、食物の絵だったようだ。

戸外での食事

天気がよいと、裕福なローマ人は戸外で食事をした。念入りに作られた沈床《ちんしょう》庭園または雛壇式庭園は、屋内の食堂同様洗練されている。菜園だけでなく、庭を彩る花壇もあったようだが、それぞれを別の造園設計家が管理していた。蜜蜂のために特別な植物（ふつうはローズマリー、タイム、バラ）を栽培する配慮もされている。[49] 大きな壺、彫像、日時計、神殿、祭壇などが庭を飾った。東屋《あずまや》または鳥籠には日よけになるようにブドウの蔓を這わせた。水路から水を汲み上げ、噴水、モザイク貼りのプール、魚やアヒルの池に導いている。庭には大理石、セメント、あるいは石のトリクリニウムが設置され、柔らかいクッションも置かれた。寝椅子には杯を載せる棚がついていたので、ワインにはすぐ手が届いた。食物を盆に載せ水に浮かべて冷やせるように、寝椅子が小さな池の回りを囲んで作られることもあった。あるいは客が塔に上って景色を楽しんだり、食後に小さな離れの寝椅子で昼寝をしたり、樹上の家で食事をしたりすることもあった。[50]

休暇の別荘

裕福なローマ人は総じて市外に出た。今日の金持ち同様、海岸や湖畔、あるいは山中に別荘を持っていたのである。別荘（ラテン語では「農場の家」）は、しばしばローマからおよそ三〇キロメートル以内にあったので、行きやすく、農場も監督できた。休暇の別荘は休養し、景色を眺めるために建てられたものである。ローマの著述家小プリニウスは、奴隷を収容する場所も含め、ほぼ三〇室の屋敷を持っていて、それを「私の小さな別荘」と呼んでいる。食事ともてなしは二つの食堂と宴会室でおこなわれた。主食堂には海を見渡せる窓と戸口が三方にある。ガラスは非常に高価だったので、窓は通常雲母《うんも》で作られたか、単に壁をくり抜いて鎧戸《よろいど》で閉めた。別の食堂と宴会室は、二つの別々の塔にある。第二の食堂は東西に窓があり、一方はブドウ園に、もう一方はローズマリーの茂み、イチジクや桑の木のある庭に面していた。宴会室からは海が眺められた。

プリニウスはどの窓からどの季節に何時頃どの方角からそよ風や日光が入ってくるかを、鋭く意識している。敷地にはハーブ園、穀物倉もあった。地上にもワイン倉があり、わざわざかまどの近くに設けられていた。ローマ人は煙がワインの熟成を促すと考えたからである。別荘には作り付けの書棚や、浴槽二つの浴室とその隣のバス・オイルを塗るための部屋があった。そのうえ小さな町には、三つの公共浴場があった。別荘の最先端の暖房は、かまど部屋で発生する熱い空気を、床下のパイプを通して他の部屋に循環させるものだった。[51]

別のローマ人カトも別荘を持っていた。紀元前一七五年にカトは農業についての助言をまとめた『農業論』を書いている。『農業論』には、レンズ豆の保存法から、番犬を夜間敏感にするために日中は鎖でつないでおくことという助言や、植え付けと収穫の指示、用具の管理や、農場労働者の扱い方など、あらゆることが網羅されている。オリーヴについての知識は豊かで、搾り方も述べられている。

> オリーヴは地面や床の上に転がしておくと傷むので、熟したらできるだけ早く集めること。集める者は、量を増やすために風で落ちたものをできるだけ多く集めようとするし、搾る者は、柔らかくなって搾りやすいようにしばらく平らな所に寝かせておこうとする。寝かせておけば油の量がふえると思ってはならない。すみやか

に作業をすれば、それだけよい結果が得られ、同じ量のオリーヴでもいっそう多くのいっそうよい油を採ることができる。[52]

これは今日でもイタリアで最良のオリーヴオイルを採る方法である。地上に落ちて傷ついたり、汚れたりしてない、手で摘んだものを、摘んだらできるだけ早く搾る。カトはオリーヴのレシピも掲載しているが、シンプルで、容易にでき、今日でも修正の必要はない。

レシピ　カトのオリーヴのハーブ和え[53]

緑色のオリーヴと熟したオリーヴとまだらのオリーヴの和え物のレシピ。緑色の、熟した、そしてまだらのオリーヴの種を取り除き、次のように味付けする。果肉を刻み、油、酢、コリアンダー、クミン、フェンネル、ヘンルーダ、ミントを加える。陶器の鉢に入れて油をかけて供する。

カトはまたワイン用ブドウの植え付けおよび世話、ワイン醸造、水で薄められたワインの見分け方（ギリシア人には望ましいが、ローマ人には無礼)、痛風治療のための、そして便秘薬としてのワイン使用法、ワインの嫌な臭いを取る方法などについて幅広く指示している。

レシピ　カトのマスト(発酵前のブドウ液)のケーキ(54)

一モディウス〔およそカップ一六杯〕の小麦粉をマストで湿らせ、アニス、クミン、ラード二ポンド、チーズ一ポンド、月桂樹の小枝の樹皮を加える。ケーキの形にしたら月桂樹の葉を下に敷いて、窯で焼く。

農場主の邸宅

田舎には農場主が生活し働いていた邸宅があったが、金持ちの休暇の別荘とはまったく異なる。一つ屋根の下に、農場主とその家族のための部屋、鎖につながれた奴隷のための地下牢、梁《はり》が燃えないように天井の高い厨房、浴室、パン焼き場、食堂、納屋、家畜小屋、脱穀場、オリーヴ圧搾場、ブドウ圧搾場、ワイン醸造場があった。また方角には大きな注意が払われた。穀物倉庫は北側が空いていなければならなかった。北風がもっとも冷たく、もっとも湿気が少ないので、穀物が乾燥して腐らないからである。(55)

ガルム——魚醤

古代ローマでは食物は見事な設《しつら》えに合うように、すばらしいものでなければならなかった。料理の多くには、ガルムと呼ばれた刺激的な魚醤が使われていた。それは塩と海と太陽の比類のなき結合により生じたものである。ギリシアで生まれたが、たぶん回り道をした後にウースターソースともなった。古代にローマ人がインドにガルムを輸出し、二千年後イギリス人がそれを持ち帰ったと考えられる。ガルムは以下のようなレシピで造られ、たやすく買うこともできた。

レシピ

ガルムまたはリクアメン

リクアメンとも呼ばれるガルムは次のように作る。魚のはらわたをバットに入れ塩をかける。小さい魚をまるごとでもよい。とくにキュウリウオ、あるいは小さいボラ、小さいイワシ、アンチョビ、または小魚なら何でも。全体に塩をして、日光に当てる。熱で熟成したら、ガルムを次のように抽出する。編み目の詰まった長い籠を上述のバットに入れる。ガルムが籠に入る。いわゆるリクアメンはこのように籠で濾して、採る。残りのかすはアレクと呼ばれる。

ビチュニア人はガルムを次のように作る。大きくても小さくてもイワシを使う。使えればイワシが一番よい。イワシがなければ、アンチョビかエソ、サバ、または古いアレクでさえ、あるいはこれらすべてを混ぜたものを使う。これをふつうパン生地をこねるのに使うこね鉢に入れる。一モディウス［四分の一ブッシェル］の魚に対して二イタリアン・セクスタリ［約一クォート］の塩を加え、よくかき混ぜて、魚と塩を完全に混ぜる。混ぜたものを一晩寝かせてから、陶器のバットに移し、覆いをせずに二〜三か月日光にさらす。時々棒でかき混ぜる。それから瓶に詰め、封をして保存する。一セクスタリウスの魚につき二セクスタリの古いワインを加える人もいる。[56]

値段を比較すると、良質なガルムの価格は酢の二倍、下級の熟成ワインと同じ、最上級のハチミツあるいは新鮮なオリーヴオイルの半値以下。およそ一パイントのガルムの価格は、一ポンドの豚肉、仔羊肉、あるいは二級品の魚と同じで、一ポンドの牛肉の二倍。高価な肉は鶏肉（一ポンドが一パイントのガルムの五倍）とガチョウで、ガチョウは十六倍以上する。[57]

アピキウスと最初の料理書

最初の料理書は一世紀に書かれた。一〇冊あるいは一〇章に分けられたこのレシピ集は、断片的に残っているだけである。パンとペストリーの部分は失われているが、これらが別に扱われていたことがわかる。『料理帖』は、アピキウスという人物に捧げられているが、その名前は「美食家」または「食通」を意味する。

食物こぼれ話　アピキウスとは誰か?

アピキウスについてはほとんど知られていない。実際には三人の候補者がいる。一人は食を愛する上流階級の有閑紳士で、チーズケーキを含む多くの料理がその名にちなんでいる。大金を食につぎ込み、料理学校に基金を寄付し、財産が減ってその贅沢な趣味を支えられなくなったとき、自殺したと言われている。この話は呑み込みにくいという食物史家もいる。[58]

『料理帖』は十五世紀に印刷機が発明された後、イタリア語とドイツ語に翻訳されたが、英語版は一九三六年になってようやく出版された。当時出版されたのがほんの五三〇部だったのは、料理史がまだ揺籃期で、あまり関心を引かなかったからである。写本を訳すことはジョセフ・ドマース・ヴェーリングにとって長年の夢で、心血を注ぐ仕事だった。ヴェーリングはドイツとオランダの国境の小さな町で育ち、ヨーロッパの大きなホテルで働き、アメリカの鉄道の食堂車のメニューを考える総料理長になった。ヴェーリングは食物と料理のみならず、ラテン語と古代ローマの文化をも愛していた。世界旅行で古代ローマの廃墟を訪れたこともある。紀元七九年の火山の噴火で突然埋没してしまったポンペイで、古代のパン屋、窯、製粉機だけでなく、アンフォラに残っていたオリーヴオイル、イチジク、レンズ豆、スパイスも目にしていた。

ローマ人がソースと肉を好んだことは、アピキウスのレシピから明らかである。食物史家のミレイユ・コルビエによれば、アピキウスの四六八点のレシピにもっとも多い一〇種類の共通の食材は、黒コショウ、ガルム、オリーヴオイル、ハチミツ、ラビッジ（訳注：セリ科の芳香を持つ多年草）、酢、ワイン、クミン、ヘンルーダ（訳注：ミカン科の常緑低木）、コリアンダーで、欠けているのは、貧者の調味料ニンニク。[59]金持ちにとって、宴会と言えば肉、肉と言えば豚肉だった。「自然は宴会のために豚を生んだ」[60]。豚は肥育して肝臓を肥大させた。最近までフォアグラを得るためにガチョウにおこなったのとほとんど同じこと――強制給餌――をしたのである。豚に干しイチジクを食べさせ、ハチミツ酒を飲ませる。酒はイチジクを膨らませ、豚は死ぬ。[61]ローマ人はまことに雑食で、雌豚の乳房、仔牛の脳、フラミンゴの舌、羊の頭、豚の胸腺、肥育鶏の腎臓も食べた。肥育鳥（去勢した雄鶏）は、雌鶏を肥育することは違法であるとした法律に対応して、古代ローマの外科医によってたぶん「発明された」のだろう、とヴァーリングは述べている。つまり外科医が雄鶏を去勢すると、雄鶏は自然に肥えた。[62]ローマ人はヤマネ（*Glis glis*）も販売するために飼育した。この小さな哺乳動物を、換気口のある植木鉢のような土器に入れ、クルミ、クリ、ドングリのような高脂質の餌を与えて、太らせ、柔らかい肉質にした。[63]アナウサギと野ウサギも販売するために飼育された。犬も食べられた。ミルクは牛とラクダから。チーズは国産品も輸入品もパンと食べ、さらに他の料理の材料にした。[64]オリーヴオイルが主な油脂でバター（塩入りの）は、何世紀も後に野蛮なゲルマン人が侵入したときにもたらされた。

これらのレシピで酢はハチミツやガルムと組み合わせて味付けに使われたが、干しブドウ・ワインとハチミツは多くの料理で甘味料として用いられた。ハチミツはまた果物や肉を保存するのにも用いられた。オレガノとミントはしばしば登場する。いくつかのレシピでのスパイスの使い方は、不思議なことに現代的である。ナシのレシピは二千年後のカリフォルニアにも出現したと言えなくもない。「ナシを煮て、中心部を取り除き、コショウ、クミン、ハチミツ、干しブドウ・ワイン、スープ、油少々とともに砕く。卵と混ぜてカスタードを作り、コショウを振りかけて供する」[65]。

食物史家たちはある一般的なスパイス、シルフィウム（silphium）について推測してきた。タナヒルは、このハーブは今ではまったくわからないと述べている。セリ科の植物かもしれないと考えた食物史家もいたが[66]、これは中国の薬草ボウフウのことで、鼻炎や熱の手当てに用いられた[67]。シルフィウムが妊娠を妨げたので、家系の断絶に用いられたと言う食物史家もいる[68]。しかし現在の食物史家全員が同意しているのは、シルフィウムが絶滅していることで、それはプリニウス（二四〜七九年）に遡る。ドルビーの『古代ギリシア・ローマの料理とレシピ』ではシルフィウムの代わりにアギを提唱しているが、これは許容できる。フェンネル科の植物の樹脂で非常に臭いので、「悪魔の糞」としても知られている。

アピキウスの『料理帖』には飲み物のレシピもあり、花のワインのレシピさえある。ローズ・ワイン、バラは使わず柑橘類の葉で作るにせのローズ・ワイン、スミレのワインのレシピが掲載されている。『古代ギリシア・ローマの料理とレシピ』にはパッスム（訳注：古代カルタゴで生まれたらしい干しブドウ・ワイン）の代用品も出ている。これはクレタ島で作られた貧者の干しブドウ・ワインだが、今日の高価なイタリアのデザート・ワイン、ヴィン・サントと同等である。

レシピ　干しブドウ・ワイン[69]

赤ワインをカップ二杯半

干しブドウ四オンス
干しブドウが柔らかく膨れるまで、二〜三日赤ワインに漬ける。全体をかき混ぜるかつぶして、目の細かい濾し器にかけ、できるだけ果肉も目を通すようにする。すぐに使える。

料理帖のレシピの多くはソースに基づいている。一つの例はこの魚のソースで、「…コショウ一オンス、煮詰めたワイン一パイント、スパイス入りワイン一パイント、油二オンスを用意する」。古代ローマの料理ではホワイトソースは白ワイン、白コショウ、卵黄で作られた。「乳鉢に固茹で卵の黄身、白コショウ、ナッツ、ハチミツ、白ワインとスープを少し入れる」。卵は、パン屑、ハチミツ、動物の血とともに、しばしばとろみ付けやつなぎとして用いられた。血液は屠られた動物からも、生きている動物からも採ることができた。お気に入りの果物は、ブドウ、ザクロ、マルメロ、イチジク、クワ、リンゴ、ナシで、核果はプラム、サクランボ、モモ。ローマのマーサ・スチュワート（訳注：アメリカのライフコーディネーター・クリエーター）よろしく、アピキウスは盛り付けの助言さえする。「高価な銀の皿に盛ればこの料理の見栄は大いによくなる」。こう最後に書かれたレシピの料理は、雌豚の腹とフィグペッカー（小鳥）の胸を、つぶしたコショウとラビッジで味付けし、干しブドウ・ワインで甘味をつけ、薄いパンケーキと重ね合わせて、松の実を飾る一品。(70)

スパイス入りの塩のような薬効のあるレシピさえある。それは「消化不良を防ぎ、腸を動かし、万病を防ぎ、疫病や風邪も予防する」。アピキウスは『料理帖』に多くの薬膳レシピを含める必要はなかった。というのも一世紀には六百種の植物の薬効を詳細に説明した本も現れていたからである。ディオスコリデス著の『薬物誌』は千年以上もの間主要な医学書の一つだった。一世紀にはまたプリニウスによって『博物誌』も著された。同書では何巻にもわたって、植物および動物（竜のような想像上の動物さえも）の医薬的用途が記されている。

饗宴――トリマルキオとルクルス

「トリマルキオの饗宴」は、有り余る富と時間に恵まれた上流階級のローマ人が、贅沢な宴会を競い合う様子をからかったものである。「饗宴」は『サテュリコン』の一部で、『サテュリコン』は六一年頃に、皇帝ネロの側近だったペトロニウスによって書かれた。饗宴の多くがネロの宮廷でおこなわれていたものと似ている。宴会は、寝椅子でくつろぐ客の手を、エジプトのアレクサンドリア出身の少年奴隷が雪で冷やした水で洗うところから始まる。料理はどんどん凝ったものになる。異国の輸入食物、ほかの食物に擬せられた食物、度を超えた盛り付け。たとえばケシの実とハチミツを振りかけたヤマネ、百年物のワイン、黄道十二宮が縁取る大きな盆にそれぞれの宮に合う食物を盛ったものなどである。牡牛座には一切れの牛肉、獅子座にはアフリカのイチジク（ライオンはアフリカの動物）、魚座には魚、天秤座にはタルトとケーキを釣り合わせた竿秤と言う具合。その盆の下に置かれているのは、「ペガサス［神話上の天馬］に似せて翼を付けられた野ウサギ[71]」。

ディナーはショーでもある。カルウェル（切り分け人）という名前の肉切り人も登場する。丸焼きにしたイノシシの腹を切ると生きた鳥が飛び出し、客にはペストリーで作られた小さな仔イノシシが配られた。エンターテイメントは料理人にまで及ぶ。巨大な豚の料理が運び込まれたとき、トリマルキオははらわたが抜いてないと叫ぶ。料理人は哀れにも、「すみません、忘れました」と認める。トリマルキオは料理人を裸にして、二人の拷問係を呼び入れる。客はみな、たとえ料理人がひどく不注意だと思っても、すぐさま料理人のためにとりなす。そこでトリマルキオは料理人に言う。

「おまえはひどく物覚えが悪いから、まさにここ、われわれの目の前で、［豚の］はらわたを出せ！」。料理人は服を着て、肉切り包丁をさっとつかみ…豚の腹を数か所さっと切る。腸詰やミート・プディング…が即座に転げ出る。これには全員がこぞって拍手する。…料理人はと言えば、ワインと銀の冠を授かった[72]。

サテュリコンを書いてまもなく、ペトロニウスは皇帝ネロの寵を失い、自害を余儀なくされる。

ルクルスは、架空の主人トリマルキオとはちがい、実在の人物で、紀元前一世紀の将軍だった。アジア、アフリカにおける軍事作戦が大成功したおかげで、戦利品の驚くべき富と財宝をローマに持ち帰る。公園と公共図書館を建設し、多種多様な自身の別荘も作り、芸術家のパトロンとなる。食物にも出費を惜しまなかった。その宴会は生前に伝説となり、費用は現在の金額で言えば、何万ドルにも達した。今日その名前は贅沢や気前のよさの同義語で、「ルクルスの宴会」への招待はいまだに名誉である。

下層階級の料理——屋台の食べ物

食物に関して、もう一方には古代ローマの人口の九〇パーセントを占める下層階級——平民——がいた。住まいは粗末な集合住宅で、しばしば崩壊したり、火事になったりした。これは建築の専門的技術の欠如ではなく、手抜きのせいである。なぜなら同時代のコロッセウムやパンテオンは、いまだに倒壊していないからだ。集合住宅には厨房がなかったので、パンや穀物の練り粉を売る屋台は繁盛していた。小麦は貧民の頼みの綱。紀元前一二二年貧民が買えるように穀物の価格が下げられる。紀元前五八年には一定の条件を満たした者にはただになった。小麦は通常二つの方法で調理された。すりつぶして煮て粥にするか、碾いたものを焼いてパンにした[73]。酵母入りのパンに酵母なしのパン、ケシの実、コショウ、塩、チーズ、ハチミツなどの入ったパン、四角いパンに丸いパン、平らなパンに、成形パン。これらのパンがすべて大量に作られた。ローマ人は大量に小麦粉を作る技術を持っていたのだが、これには人力以上のものが必要だった。碾き臼につながれたロバがその回りを果てしなく歩いて、籾殻をはずした[74]。

兵士と貧民の冷たい飲み物は酢を水で薄めたポスカ。カルダは湯で薄めたワイン。また酢とすりつぶしたキュウリ入りの一種のパン・スープもあったが、これはガスパチョのはしりである。居酒屋（タベルナ taberna：tavern の語源）の中では常連客がワインを飲み、アメリカのバーで出されるポップコーンやピーナッツに相当する塩味の食べ物、ヒヨコ豆かターニップをかじることができた。軽食堂（ポピーナ：popina）は簡素な食事とアルコールを提供した。どちらでも賭け事ができ、売春婦が手に入った[75]。

キリスト教徒――コロッセウムでの生と死

パクス・ロマーナの間、ローマは他の国に戦争を仕掛けなかった。しかし国内ではキリスト教徒とユダヤ人を迫害した。ローマの神々を礼拝しなかったので、不信心者であると考えたから、そして国ではなく神のために喜んで死んだので、国家権力に対する脅威でもあったからだ。キリスト教は、ローマ帝国の上流階級の過剰な贅沢と残酷さに対応して起こった、多くの宗教の一つにすぎない。ローマ人はキリスト教徒を迫害した。中でもコロッセウムで他の人間または動物と死ぬまで闘わせた。コロッセウムは五万人まで収容できる競技場である。人間と動物の戦

ローマ帝国の暮らし

	貴族：人口の 10%	平民 / 奴隷 / 農民：人口の 90%
身分	裕福な地主で、軍隊か政府に所属。コロッセウムの見物には料金を払う。	貧しいか失業中。コロッセウムか戦車競技場での催し物をただで見物。
住居	厨房と食堂、中庭のある部屋数の多い邸宅。他にも家がある。	厨房のない一間だけの粗末な賃貸住宅。火事や倒壊が起こる。
衣服	輸入された絹の服。	粗末な自家製織物のチュニック。
食物	自分の家や友人の別荘で、豚肉を食べ、ハチミツ入りの甘いワインを飲み、ガルムのようなソースや高価な輸入スパイスを使った料理を食べる。料理は召使が用意。	練粉、屋台で買ったか、ただで支給される穀物から作られたパン、ガルムの材料の魚の皮。居酒屋か軽食堂で食事。

いの後、クマのような動物は屠られて、上流階級の夕食になった。[76]

コンスタンティヌス帝は三一三年にキリスト教徒への迫害を終わらせる。一般に信じられているところでは、戦闘に勝利する直前に空に吉兆として十字架が浮かんでいるのを見たからだ。三二五年アナトリア（現在のトルコ）でニカイア公会議を招集し、十字をキリスト教のおおやけの象徴とし、復活祭を春分後最初の満月後の最初の日曜日と定めた。[77] これが復活祭が三月二十二日から四月二十五日の間におこなわれる理由である。

復活祭の前には四十日間の断食をする（食を控える）四旬節がある（日曜日は除く）。それは嘆きを表す「灰の水曜日」に始まる。「灰の水曜日」の前には宴会を開いて、四旬節の間制限されたり禁じられたりするチーズ、肉、卵のような食物を食べる最後の祝祭をおこなう。これは謝肉祭のことで、Mardi Gras《マルディグラ》（fat Tuesday：肉の火曜日）あるいは Carnevale《カルネヴァーレ》（カーニバル：文字通りの意味は「肉に別れを告げる」）と呼ばれている。四旬節は食物の乏しい時期に節制をよしとしたのである。冬の終わりには人間にとっても獣にとっても新鮮な食物はほとんどなく、干物あるいは塩漬けさえ不足した。ビタミンと炭水化物が豊富なトリプル・ボック・ビールで冬を越した修道士もたぶんいただろう。

三八〇年、皇帝テオドシウスはキリスト教をローマ帝国の国教に定めた。

ユダヤ人──マサダとディアスポラ

「ローマの平和」の時代は、ユダヤ人にとっては平和な時代ではなかった。ローマ人は何十万人というユダヤ人を殺した。その大半は二回の戦争による。七〇年にローマ人はエルサレムの神殿を破壊した。残ったのは一面の壁だけだが、嘆きの壁として現在聖地となっている。一三二年ユダヤ人はローマ人の手にかからずに死ぬことを決定した。ローマ人に殺されるか、奴隷にされるより、マサダの要塞で自決することを選んだのだ。残りのユダヤ人は身の安全を図って故郷ユダヤから逃げ出し、離散した。ユダヤ人には二千年間国がなかったが、第二次世界大戦のホロコースト後、世界中のユダヤ人が安全な避難所を持つことができるよう、一九四八年に国連が昔のユダヤ人の故国にイスラエルを建国した。しかしこの二千年間その地にはイスラム教徒が住んでいて、自分たちの故国だと考えてきた。イスラム教徒とユダヤ人の紛争は今日も続いている。

パンとサーカス──ローマ帝国の衰退

ローマの平和は、一八〇年に外国との戦争が再開したときに終わる。これらの戦争、疾病、忠誠心の低下、経済の衰退によりローマ帝国は弱体化する。当時の皇帝にちなむアントニヌスの疫病は、新たな恐ろしい、最初の動物原性疾患（動物から人間に伝染する病気）の一つだった。それは畜牛の病気として始まったが、人間の場合には天然痘（smallpox）と呼ばれた。皮膚に小さな膿が詰まった腫物（pox）ができたからである。一五年続いて一八〇年に終わったこの伝染病により、何百万人もが死んだ。[78] あるときはローマ市内だけで一日に五千人も。それから別の疫病が帝国を襲う。（それは豚に寄生するサナダムシの幼虫によって起こる嚢虫症《のうちゅうしょう》だったと考える歴史家もいる）。

異教徒のローマ人が逃げ出す中、キリスト教徒は病人とともにあった。人々は感謝してキリスト教に改宗した[79]。

死亡する者が多かったので、帝国の経営に重要な多くの職務に欠員が出る。非常に多くの農民が死んだので、食糧供給がおびやかされた。ローマ帝国はこの事態を改善するために、市民ではない人々に農耕を約束させて土地を提供し、それから人々に農耕を強制し、農業を世襲化する法律を可決した。

祝日物語　復活祭

復活祭はユダヤ人、異教徒、キリスト教徒の儀式が混合したものである。その名称はユダヤ人の過ぎ越し、つまりヘブライ語のPesach（ペサハ）に由来する。イタリア語ではPasqua、フランス語ではPâsque、スペイン語ではPascua、スウェーデン語ではPåsk、ロシア語ではPaskhaである。英語ではEastrer（イースター）で、これは古代アングロサクソンの豊穣と曙の女神エイオストレ（Eostore）に由来する。エイオストレの祭りは、植物が再び生長し、仔ウサギ、仔羊、ヒヨコなど動物の子供が生まれる春分におこなわれる。キリスト教徒にとっての復活祭は、キリストの磔刑と復活を記念する日である。

四旬節は聖木曜日の夕食で終わる。このときキリストは十二人の弟子と最後の晩餐をおこなったと信じられている「このパンを取ってそれを食べなさい。それは私の体である。このワインを取ってそれを飲みなさい。それは私の血である」。それからキリストは弟子の一人、ユダに裏切られる。ユダは銀貨三〇枚でキリストを祭司長たちに売った。その裏切りは、塩入れをひっくり返す——伝統的な悪の徴《しるし》——ユダとして、レオナルド・ダ・ヴィンチのフレスコ画『最後の晩餐』に描かれている。[80] 次の日の聖金曜日は、キリスト教ではもっとも深い嘆きの日。キリストがオリーヴの木の十字架にかけられ、死んで、埋葬された日である。キリスト教徒は、復活の主日にキリストが蘇り、その後昇天したと信じている。

四旬節の間卵は禁じられているが、断食明けの復活祭の日曜日には儀式の食物にたくさん使われる。たとえばウクライナのパスカ、またはロシアのサフランの香りのクリーチのような特別な卵パン。パンは固茹で卵を着色したもので飾られたり、十字形に作られたりした。復活祭のディナーの伝統的な食物は、場所による。地中海地方では仔羊、ヨーロッパ北部ではハム、イングランドでは牛肉である。

復活祭に卵に彩色する慣習は中世後期に遡る。卵を入れる籠は鳥の巣を表す。彩色した卵入りの籠を持つ復活祭のウサギは、十九世紀にドイツ人の移民とともにアメリカにやってきた。首都ワシントンでは子供たちが国会議事堂の敷地を舞台に卵探しをしたので、芝生がはぎ取られ、その修復の費用に辟易した議会が、卵探しの禁止法案を可決した。しかし一八七八年ワシントンの子供たちはラザフォード・B・ヘイズ大統領のところに行って、復活祭の卵探しをできないか尋ねた。大統領と妻のルーシーは、ホワイトハウスの敷地を使わせてくれた。その時以来卵探しはその南側の芝生でおこなわれている。それはホワイトハウスでおこなわれる最大の公共の催し物だが、参加者は六歳以下の子供に限られる。（第十章、五四六ページ、ウクライナのイースターエッグ、ならびにロシアの王室のためにファベルジェが宝石で飾ったイースターエッグを参照）

交易の収支も好ましくなかった。帝国に入って来るよりも、出て行く金《かね》の方が多かった。スパイス、絹、そしてコロッセウム、キルクス・マクシムス（戦車競技がおこなわれた最大の競技場）、および他の競技場で使う動物を買い入れたためである。二五〇年にはこれらの見世物が一年間に一五〇回も、つまりほとんど一日おきにおこなわれた。[81] そのうえ政府は都市の二〇万人の貧民に、パンに加えて油、ワイン、豚肉を与えた。[82] ただで食物と娯楽が与えられれば、貧民は飢えたり腹を立てたりせず、代わりに政府に感謝する。

八〇年に完成したコロッセウム、キルクス・マクシムス、および他の競技場で、ローマ帝国は下層階級を三様に支配した。都市の貧民は飢えていたので、ただでパンを与えて反乱が起きるのを防いだ。これらの拷問のような見世物をただで見物させたので、貧民を一か所に集め管理できた。それはまた油断のならない国家権力からの警告でもあった。結果的に上流階級のローマ人は下層階級のローマ人にこう告げていたのである。「用心しろ。さもないとあんな目に遭うぞ」。

三三〇年、皇帝コンスタンティヌスは帝国を維持するために苦肉の策を取る。帝国を半分に分割したのだ。皇帝は古都ビザンティウムを東ローマ帝国の首都とし、自身にちなんでコンスタンティノポリス（コンスタンティノープル）と名付けた。分割によって東半分は強くなり、生き延びたが、西半分は崩壊した。コンスタンティヌスは帝国中でおこなわれていたキリスト教徒に対する迫害もやめさせた。

ローマ帝国の崩壊、四〇八～四七六年――「世界の終わり[83]」

五世紀には強力な東ローマ帝国から切り離された西ローマ帝国内の混乱が増大する。軍隊は蛮族（西ゴート族、東ゴート族、ヴァンダル族という文盲のゲルマン遊牧民族）から国境を守ることができなかった。

もし以下にあてはまれば、あなたは蛮族かもしれない…[84]
（コメディアンのジェフ・フォクスワージーにはお詫びします）

・生肉を食べる
・生肉を腿《もも》の間に挟んで温める
・生肉を馬と鞍の間に挟んで温める

・パンを食べたことがない
・食べ物にソースをかけない
・ワインは意気地なしのものだと思っているので、エールを飲む

ついにかつて無敵だったローマ軍はローマ市を守ることさえできなくなる。四〇八年侵略者はローマを封鎖し、三〇〇〇ポンドの黒コショウを見返りとして要求した。(85) 四一〇年には西ゴート族が三日間ローマを略奪した。裕福なローマ人は市外に持っていた地所や別荘に逃げ、銀の食器（ナイフ、さじ、カップ、皿、給仕道具）を野に埋めた。埋めた場所は二十一世紀になってもなお見つかっていない。四五二年アッティラ率いるモンゴル系遊牧民族（フン族）の軍隊がローマ市外に現れる。ローマ皇帝は軍隊を指揮せず、実権も握っていなかったので、教皇レオ一世がアッティラと和平交渉をおこなった。これをきっかけとして、キリスト教会は中世ヨーロッパにおけるもっとも強力な政治権力の座に就く。

四七六年ゲルマン人の傭兵隊長オドアケルが、十四歳の最後の西ローマ皇帝ロムルス・アウグストゥルスを廃位した。大ローマ帝国は崩壊し、西半分は破壊された。百万人が故郷と呼んでいた都市ローマは、ほとんどゴースト・タウンと化す。今やその全人口は二万人で、コロッセウムを半分も満たせない。自然が後を引き継ぎ、偉大なる文明の痕跡は消え去った。風と天候が、ローマ人が建設した建築物の傑作に蛮族が加えた狼藉の仕上げをした。大きなフォルムの店は空っぽで、両替所は破壊され、神殿はほったらかしで、草が生え放題。倒れた大理石の柱の間を、

そして打ち捨てられた建物――帝国がかつてそこでこの世を支配していた宮殿――を通り抜け、さらにローマの大軍が行進した道路を下って、牛がさまよい草を食む。人々は地方に分散し、孤立し、田舎じみて、無学な生活への下降が始まった。それはその後何世紀にもわたる西ヨーロッパの特徴となる。ローマの道路の崩壊とともに西ローマ帝国は終焉を迎え、ラテン語の終わりが始まる。情報は途絶え、交易も消滅した。珍しい異国の動物や、魅惑的な織物も、スパイスの効いた食物もなくなった。次の千年近くの間、西ヨーロッパのものはほとんどすべてが、地元で採れるもの、できるものだった。

第3章　クレイジー・ブレッド、コーヒー、宮廷のマナー

——中世（五〇〇～一四五三年）のキリスト教世界とイスラム教世界

中世は、五世紀の終わりに起きた西ローマ帝国の崩壊と十四世紀から十五世紀に起きたルネサンスに始まる近代の間の時代である。道路はもはや安全ではなく、西ヨーロッパは隔絶した世界になった。知識や学問は衰退する。日常生活は農園をもとにした個々の田舎社会を中心に展開した。遠くの国王あるいは国より地元の領主に対する忠誠に基づく封建制度によって、個人の社会における立場が決定した。しかしローマ帝国の東半分、ビザンティン帝国は、コンスタンティノポリスを首都とし、ギリシア文化並びにローマの文化と法律を守った。盛大な市場には、地中海東部や黒海の海産物が並ぶ。さらに東方では新しい宗教――イスラム教――が、一大通商帝国を推し進め、都市を建設する。都市では品物や知識があふれ、新しい料理が作られた。これらの大帝国が衝突するのは不可避だった。十一世紀から十二世紀に一連の十字軍の遠征がおこなわれる。軍事的宗教的には成功しなかったものの、新な都市が建設され、交易路が回復され、料理や文化がアジアからヨーロッパへ、そしてアフリカ北部へと広まった。

キリスト教世界――西ヨーロッパ、五〇〇～一〇〇〇年

四七六年から一〇〇〇年頃までの中世前期は、混沌と政治的組織化の試みの時代だった。キリスト教会はローマとその指導者、イタリア語で「父」(il papa) または教皇と呼ばれたローマ司教を拠り所としていた。ローマ教皇はヨーロッパの政治と日常生活におけるもっとも強大な権力となる。教会はスペインからポーランド東部まで、イタリアからイングランドやアイルランドまで、中世ヨーロッパの生活のあらゆる面を支配した。人々に何をいつ食べられるかを教え、いつ節制するかを教えた。教会は時間さえも支配する。文盲の人々にとって鳴り渡る鐘は、起床して、朝の祈りを唱え、ミサに行き、夕べの祈りを唱え、就寝する合図だった。

五世紀にゴート族が侵略した後、このビール飲みの蛮族がブドウ園を根こそぎにしたり、ブドウ圧搾器を破壊したり、あるいはキリスト教の礼拝に欠かせないワインを消滅させてしまうのではないかと、教会は気を揉んだ。しかしそれは杞憂《きゆう》で、ブドウ栽培は相変わらず盛んにおこなわれた。たぶん蛮族は、甲冑作成のようなワインの有用な使い道を見つけたのである。ワインと塩を混ぜたものに亜麻布を浸すと、乾いたときに板のように固くなる。(1) しかし教会の問題はビールを飲む蛮族ではなく、ワインを飲んで恥さらしな行動をする司祭と修道士だった。たとえ人前で酔っ払うことを禁じても、彼らを律することはあまりうまくいかなかった。

暴飲暴食

酩酊は暴飲暴食の一部で、暴飲暴食は教会の教えに反する。それは「最初の肉体的な罪」だった。なぜならリンゴを食べてアダムとイヴはエデンの園を追われたからである。暴飲暴食の罪には三種類ある。（一）食事の前に食べる（二）「肉体あるいは身分や地位が必要とするより、上等の」ものを食べる（三）「健康のためになる以上に食べたり飲んだりする(2)」。

封建制度

封建制度は、地元の人間関係と忠誠に基づく政治的、社会的、経済的、軍事的、法的制度だった。それはローマ帝国に存在した階級制度が地方に波及したもので、不平等な階級の割合はそのまま。一〇パーセントの上層階級と九〇パーセントの下層階級である。食物、衣服、教育、職業における階級区分は法律によって強制されていた。わ

中世の暮らし

	貴族：人口の 10%	農奴：人口の 90%
住居	領地で教会の次に大きく高い建物である領主の館に住む。	一間きりの小さな隙間だらけの藁葺《わらぶき》小屋に家族、家畜、ネズミやノミ、シラミと。
衣服	毛皮やヴェルヴェット、ケープ、丈の長いチュニック、ボタン。	手織りの亜麻、短いチュニック、レギンス（さもないと服装取り締まり官が来る)。
食物	肉、デリケートな身体のためのきめの細かい白パン、アーモンド、デーツ、砂糖など中東からのスパイスと食物、ブランマンジェ、ワイン、ビール、ハチミツ酒、リンゴ酒。	オート麦の粥、麦角病《ばっかくびょう》のせいで有毒かもしれないきめの粗い茶色いパン、果物、野菜、豆、チーズ、ビール、リンゴ酒。
仕事	農耕の監督、徴税、法の執行、識字能力を要すること。	一にも二にも農耕。もし領主や教会が必要とするなら戦闘。文盲。

れわれの現代社会では、教育、職種変更、あるいはどこか他の場所でもう一度やり直すことによって社会的に上昇することができるが、そのようなことは一切望めない。衣服を毛皮の縁取りやボタンなど貴族専用のもので飾ってすてきにしたいと思えば、服装取り締まり官の目を引いた。農奴はこの制度を耐え忍ぶ。教会がそれは神の意志、彼らの運命だと告げたからである。それに他に行ける所もなかった。

都市はほとんどなく、あっても小さく、人口はほんの数千に過ぎない。街道は危険で、荒廃していたので、旅行も交易もほとんどおこなわれなかったから、荘園では自給自足をしなければならなかった。領主は農奴に耕作地を提供し、その代わり領主の要請があれば、農奴は兵士になった。領主はパンも提供する。現代の英語とは異なり、五世紀半ばから十一世紀末までのイングランドで話されていた古英語では、言葉に性別がある。Hlaf は命の糧のパン (loaf) で男性名詞。領主 (Load) は hlaford——パンを管理する者で、領主の奥方 (Lady) は hlaefdige——パンを捏《こ》ねる者だった。召使は hlaf-aeta——パンを食べる者[3]。農奴は穀物を粉に碾くために領主の粉碾き場を、パンに焼くためには窯を使用するための使用料を払わなければならなかった。これらのことをどこか他でこっそりすれば、罰金を取られた。中世の荘園では領主がすなわち法律だったからだ。

キリスト教徒の食事と四体液説

新プラトン主義の宇宙観、存在の大いなる連鎖は中世の世界観を反映している。あらゆる物、あらゆる人は神の定めた位置に存在する。頂点には神がおり、最底辺には岩のような無生物がある。このような考えとともに四体液説があり、人体の機能とその扱い方を説明する。この説はまず古代ギリシアの医学の父ヒポクラテスによって提唱され、二世紀に別の医師ガレノスによって磨きをかけられ、中世の教会によって盤石のものとなった。それは食物に関する哲学であり、バランスを取る試みである。医師が人体に関する知識を得る場所はなかった。というのも教会がキリスト教徒に死体解剖の絶対禁止を強いたからである。また実験や、病気あるいは生きている人間の体の直接的な観察もおこなわれなかった。十八世紀になるまで科学者は血液が体内を循環していることを知らなかった。

そういうわけで食物は薬であり、四体液説は医学のバイブルだった。次ページの表で重要なのは、食物がどのように見えるかではなく、身体におよぼすと思われる影響によって、カテゴリーが決まること。この存在の連鎖に関しては、食用動物が実際にはうまくあてはまらないのが問題である。動物は地上に住んでいるが、もっと下の階層のニンジンのように地中にあるのではなく、気と水に挟まれているからだ。各カテゴリーにはランクもある。鶏肉は気の元素の中では高い方なので、貴族の宴会に供された。そしてもちろんローストのような方法で「熱」で「乾」の火で料理すれば、人々はずっと神に近づくことができた。豚肉は食用肉の中ではもっとも価値が低かったので、農民向き。仔牛肉と羊肉は中間だった。灌木や木になる果実は、地中あるいは地上に育つ野菜より地位が高く、高い所になればなるほど貴族にふさわしかった[4]。

四体液説は、これら四つの体液のタイプの一つが人それぞれに優勢であるというもの。もし病気になれば、体液の一つが他を圧倒しているので、バランスが崩れている。これは、青白い肌で癇癪を起こしやすい状態から、臆病、

存在の大いなる連鎖と四体液[5]

神					
天使					
元素	体液	気質	色	性質	動物／植物
火	黄胆汁	胆汁質（怒り）	黄色	熱、乾	不死鳥（神話上の鳥）、スパイス
気	血液	多血質	赤	熱、湿	鳥、家禽、肉、動物
水	粘液	粘液質	透明／白	冷、湿	クジラ、魚、甲殻類
土	黒胆汁	憂鬱質	黒	冷、乾	木、草、根
岩と無機物					

癩《らい》病、死に至るまでの結果をもたらしうる。反対の元素に相当するものを食べてバランスを取り戻すことが、重要だった。たとえば脳と舌は冷たく湿っているので、コショウ、ショウガ、シナモンのような「熱」で「乾」のスパイスで中和しなければならない[6]。酢（vin aigre――文字通りワイン酢）は「冷」で「乾」なので、酢をもとにしたソースはカラシ、ニンニク、ヘンルーダのような「熱」のスパイスでバランスを取らなければならない[7]。通常はブドウで、クラブアップルの場合もあるが、未熟な果実の発酵していない果汁、verjus《ヴェルジュ》（文字通り緑のジュース）で作るソースの場合も同様である。

各体液のカテゴリーにある食物はさらに四つの段階に分けられ、第四段階が一番強い。中世の終わりに十字軍遠征によりイスラム教徒と接触したおかげで、シナモン、クローヴ、コショウなどの「熱」のスパイスが中東からもたらされた。シナモン、クミン、ナツメグは「熱」で「乾」の第二段階なので、健康にきわめてよいとされた。黒コショウは第四段階のスパイスなので、危険だから控え目に使わなければならない。対極にあるのがキノコで、「冷」で「湿」の第四段階なので、常に避けなければならない[8]。食物史家のジャン＝ルイ・フランドランが指摘するように、「中世のレシピでは…『熱』の食材が重要な役割を果たす。実際それらはもっとも重要な調味料である」[9]。食事療法学の見地から見ると、中世の料理にスパイスが濫用されたのもつじつまが合う。また非常に多くの中世のレシピがスパイシーで、甘酸っぱい理由もわかる。それは食物、ことに肉が悪くなったのをごまかすためではない。悪くなった食物がいやな臭いがするのは、中世の人々にとってもわれわれと同じで、二日以上たった肉を売ることは法律で禁じられていた。[10] 上流階級の間では、よい招待主は安全策を取り、あらゆるタイプの人のバランスを回復させるように、さまざまな食物を提供した。飢えた農民は四体液説には従えず、食事は野菜に偏っていた。

食物こぼれ話　風邪に大食、熱に絶食

「風邪に大食、熱に絶食」。この古いことわざが意味をなさないと考えたことはあるだろうか？　というのも体液がたまっているときに、たらふく食べなければならないからである。それはわれわれの文化における中世の遺物で、中世の四体液説および身体のバランス回復という考えから見れば合点が行く。その説では食べれば胃が働き、「熱」が生まれて「冷」の風邪をくじくのである。他方食べなければ胃は冷えて、「熱」を消す。[11] 中世のレシピにはこの考えが反映されている。熱のある人々はスパイスを避けなければならなかった。

ラテン語の衰退と英語の生成

英語	ラテン語	イタリア語	フランス語	スペイン語	ドイツ語
bread（パン）	panis	pane	pain	pan	brot
cook（料理人）	coquus（cocus）	cuoco	cuisinier	cocinero	koch
cow（雌牛）	va	vacca	vache	vaca	kuh
egg（卵）	ovum	uovo	oeuf	huevo	ei
honey（ハチミツ）	mel	miel	miele	miel	honig
kitchen（厨房）	culina	cucina	cuisine	cocina	küche
milk（ミルク）	lac	latte	lait	leche	milch
hen（雌鶏）	gallina	gallina	poule	gallina	henne
wine（ワイン）	vinum	vino	vin	vino	wein

ラテン語の衰退

当時の知識人である貴族や聖職者はラテン語を書いたり話したりできたので、食事療法や四体液説について話をするときには、互いに理解することができた。しかし農奴の話し言葉はラテン語が劣化して、文法の簡単な方言になった。イタリア語、フランス語、スペイン語、ポルトガル語、ルーマニア語は、ローマで話されていたラテン語から派生したので、ロマンス語と呼ばれる。

ロマンス語には食物に関するラテン語のことわざも残っている。De gustibus non est disputandum（味について議論はできない：「蓼食う虫も好き好き」）とは英語では There's no arguing about tastes だが、フランス語では chacun à son goût（誰にも自分の好みの味がある）、イタリア語では tutti i gusti son gusti（どの味も味）である。英語は六〇パーセントがラテン語で、四〇パーセントがゲルマン語である。上記の表はラテン語がロマンス語になったときに起こった変化とゲルマン語の英語への影響を示している。

ヴァイキング

中世のヨーロッパ人とロシア人には共通の敵がいた。スカンディナヴィア（ヨーロッパ北部の現在のデンマーク、ノルウェー、スウェーデン）からヴァイキングが襲ってきたのだ。北方から来るので、ノースメン（Northmenまたは Norsemen）あるいはノルマン（Norman）とも呼ばれた。ヴァイキングはきわめて巧みに船を操った。その船は非常に喫水《きっすい》が浅かったので、海岸のすぐそばまで近づいて、いきなり襲撃することができた。町や修道院を急襲して食物を盗んだので、行く先々に恐怖を巻き起こす。オールと後には帆を使い、南下してロシアに、コンスタンティノポリスにさえ到達した。

最大の襲撃はイングランドとフランス北部に対しておこなわれ、同地で文化、とりわけ言語に影響を与えた。曜日の名称はヴァイキングの神にちなんでいる。戦争の神々 Tiwa（ティワ）、Odin（オーディン）または Wodin（ウォーデン）、稲妻を持つ雷神 Thor（トール）から、Tuesday（火曜日）、Wednesday（水曜日）、Thursday（木曜日）が、愛の女神 Freya（フレイヤ）から Friday（金曜日）が生まれた。ヴァイキングに征服されたフランス北部は、彼らにちなみ Normandy（ノルマンディー）と名付けられた。千年後の一九四四年ノルマンディー海岸では、ナチスから同地を取り戻すために、連合軍によりかつてない最大の陸海空軍共同の軍事侵攻がおこなわれた。

ヴァイキングについては、考古学上の発掘調査によって知られている。食事は肉と動物の脂肪が多かった。ミルクはバターとチーズにして二度の食事で食べた。朝食あるいは昼食はそれにパンと粥。夕食はそれに肉だった。屠りたての肉は串焼きにするか、穴を掘って火を焚いて調理し、古くなって硬い肉は煮込んでスープまたはシチューにした。保存するには干したり、塩水に漬けたり、燻製にしたりした。もっとも一般に食べられたのは豚である。野生動物も、食べるために、スポーツとして、作物を守るために、狩った。野鳥を殺すためにタカを訓練し、塩水淡水の魚と哺乳類も食用に、交易用に捕獲した。ウナギとサケは、地代とすることもできた。イングランドのヴァイキングの村でもっともよく食べられた魚はタラ、ドイツではニシン。ヴァイキングの食事で重視されなかったのは、果物と野菜である。野生のリンゴ、ナシのような果実やベリー——キイチゴ、クロイチゴ、ニワトコの実、コケモモは集めたが、栽培はしなかった。もっともよく使われた野菜は、キャベツ、ニンジン、カブ、パースニップで、もっともよく食べられた穀物は大麦とライ麦である。[12]

ヨーロッパが中世の温暖期として知られる時代に入り、気候が変わると、食物を栽培できるようになったので、ついに襲撃は終わる。

中世の温暖期、九五〇〜一三〇〇年

九五〇年から一三〇〇年は地球が温暖化した時代である。氷河は後退し始めた。以前は凍っていた北の海も航海できるようになり、作物が育つ季節も長くなって、いっそう多くの食物を生産できるようになる。ヴァイキングは襲撃をやめ、探検を始めた。アイスランドに入植し、それからさらに寒いグリーンランドにも入植した。グリーンランドという名称は、入植者を惹き付けようという宣伝活動の戦略だった。そしてグリーンランドから南西にあるニューファウンドランド、現在のカナダにまで行き、同地をブドウにちなんでヴィンランド（vinland つまりvineland）と呼んだ。しかしそこに生えていたのは、ツルコケモモだったのかもしれない。[13]ヴァイキングの入植地はカナダのセントローレンス川の河口で発掘されている。

ヨーロッパ北部の農業革命

一〇〇〇年頃中世温暖期が訪れ作物が生育できる季節が延びたので、農業が進歩し、食物の生産量が増える。畑は三分割され、一度に半分ではなく三分の二が耕された。輪作によって、三分の二が食物を生産している間に三分の一を休ませ、養分を回復させることができる。引き具という新しい装置によって馬がいっそう効率的に犂《すき》を牽けるようになったことも、収穫高の増大を促進した。しかし作物の一部は、必ずしも健全ではなかった。

クレイジー・ブレッド（毒麦のパン）

中世に誰もが食べた——食べられたときにだが——食物の一つがパン。一年に二回食物の大変な欠乏が起こった。前年の作物が底を尽く冬の終わりと、畑には作物がたくさん実っているが、まだ収穫できない真夏である。死に物狂いの人々は、たとえそれで病気になろうとも、食べられるものは何でも食べた。穀物、とくにライ麦に寄生する麦角菌《ばっかくきん》による中毒も時々発生した。中毒になると、幻覚、痙攣《けいれん》、乾性壊疽《えそ》（手足がしびれ、黒くなって、外傷もないのに崩れ落ちる）を引き起こすこともあった。麦角菌は収穫、乾燥、製粉、製パンによっても死滅しない。この菌によって恐ろしい事態を引き起こしたパンは、クレイジー・ブレッドと呼ばれた。十一世紀から十六世紀まで五世紀以上にわたり麦角中毒の話がたくさんあるが、人々はこの中毒を伝染病と考えていた。適量の麦角は薬として、ことに分娩を促進するためにもちいられた(14)。

ビザンティン帝国——東ローマ帝国

西ローマ帝国があがいていた間、今日のトルコにあった東ローマ帝国——ビザンティン帝国——は繁栄していた。キリスト教を信仰するギリシア人の裕福な国で、ラテン文化が維持され、西ローマ帝国では没落後姿を消したガルムのようなローマの食物も残っていた。ビザンティン帝国は、東は現代のイラクに当たるティグリス・ユーフラテス川までのアジアにおけるローマ帝国を、そして南はアフリカの北岸およびエジプトのナイル川流域を奥地まで支配した。帝国の首都コンスタンティノポリスは、黒海と地中海を結ぶ交易路の要衝にあった。天然の良港に恵まれ、魚も豊富に獲れる。コンスタンティノポリスは学問と市場と競技の都市だった。大競技場ヒッポドロームは六万人の観客を収容でき（ローマのコロッセウムより一万席多い）、観客は戦車競技のお気に入りに声援を送った。しかしキリスト教の都市だったので、西ローマ帝国の剣闘士の戦いのような血なまぐさい死闘はおこなわれなかった。

ビザンティン料理

ビザンティン帝国の市場には、キャビア、メース、ナツメグのようなローマ帝国にはなかったものや、今日では地中海地方の必需食品と考えられているようなもの——レモン——も含め、食物があふれていた。西アジアから地中海地方に伝えられた食物には、他にもナス、ある種のメロンやオレンジがある。牛と羊の市場があり、別に豚の市場があった。波止場では毎日一六〇〇隻の船が獲れたての魚を降ろす。職人による工芸品の市場があり、販売員はたいてい女性だった。これらの市場すべてを厳しく取り締まるのが政府の検閲官で、法律を守らせ、魚市場のような場合には、漁獲高に応じて日々価格を決めた[15]。

ビザンティン帝国の食事療法に関する書物の断片が、最近アンドリュー・ドルビーにより翻訳され、当時の食習慣に関して非常に多くのことが明らかになった。これらの書物における助言は、四体液説に基づいている。同説はまずギリシア人ガレノスにより提唱されたが、それぞれの著者によって大幅に変更され、完全に相反する場合さえある。ある著者は食物とその性質を列挙する。「小麦は熱が多いので、あらゆる穀物の中で最高。健康ですばらしい血液を作る」。ワインは「胃を温める」が、ハチミツは「血色をよくする」。「甘いクワの実の性質は『熱』で『湿』なので、腸を動かす」。中世の植物には、「肝臓の過熱に効く」バラ（「冷」で「乾」）、スミレ、ギンバイカ、バジル、マージョラム、スイレン、白ユリ、野生のカモミール、ビャクダン、ショウノウ、サフラン（「冷」で「湿」）、クローヴとナツメグ（どちらも「熱」で「乾」）が含まれる。媚薬はヒヨコマメ、メロン、デーツ、キバナスズシロ。著者は肉を推奨する。というのも肉は「ほかのどんな食物より栄養があり、身体を健康にする」からで、とりわけ「脂身のない赤身がよい」。「あらゆる肉の中で最高でもっとも軽いもの」は国産の雌鶏で、「鶏肉のスープは腸の冷えを治す[16]」。

次の著者は、きわめて異なる結論に至る。「不消化な食物」というカテゴリーで真っ先に挙げられているのが、牛肉である。ほかには、良いあるいは悪い体液を生む、消化が良い、体重を減らす、腸を動かす、消化器官を整える、そして「頭に悪い」食物——クワの実、ミルク、プラム、クルミ、タラゴンなど——というカテゴリーが挙げられている。「もっとも栄養が少ない」とされた中には、今では非常に栄養があると考えられている多くの食物が含まれている。魚、ビーツ、ブドウ、オリーヴ、オート麦、牡蠣、クルミである。この著者にとって媚薬はない[17]。

三番目の自己啓発の書は、月別の暦の形式で、四体液説にしたがって、読者に月ごとにどの食物と活動が良いか悪いかを指示している。

一月は甘い粘液の月。上等のきわめて香りのよいワインを少しずつ三杯飲むが、あまり急いではならない。三時間は何も食べてはならない。食物は熱い仔羊のローストか乳飲み仔豚のローストで、グレービー・ソースはコショウ、カンショウ、シナモンで味付けする。…豚の足と頭もゼリー状にして、酢で…［種々の野菜］の蒸解液を、スパイスで風味をつけて飲む。…この月には四回風呂に入る。…［アロエ、没薬《もつやく》、卵黄］を混ぜて化粧水を作る。…化粧クリームを洗い流し、冷たいワインと卵黄を熱いバラ油と混ぜたものを塗って、愛を交わす。[18]

三月は甘い風味に専念して、食物と性行為をつつしむ月。四月には、「あらゆる苦い風味」を避け、「スミレ、バラ、ユリ、野生のカモミール、そして芳香のある花すべての香り」を吸い込むことによって生活の質が向上するが、九月には「あらゆる種類の苦い食物を食べるべきである」。「熱い血液」の月である六月には、八回風呂に入らなければならないが、スープあるいは性行為は避ける。十一月は「水っぽい粘液」の月なので、風呂は必要ない。十二月にはキャベツは禁じられるが、風呂に入り、化粧クリームをワインで洗い流し、性行為をすること。[19]

これらの本はすべて読み書きのできる裕福な人々向けである。彼らは体重を気にし、ワイン、卵、香油、そしてカンショウのような非常に高価なスパイスなどの贅沢品を入れた風呂に入った。カンショウはヒマラヤ山脈の高地に生える多年草の根茎から採る精油で、香油やときに食物にも使われた。[20]裕福な人々は二十一世紀にもある問題にも取り組む。かくも豊富で多様な食物、ワイン、花、スパイス、料理法をいかに活用するべきか。選択肢は膨大にあるが、これらの本はその選び方を教える。助言の根底には、またしても不死の追求があった。

ロシアが宗教を選ぶとき、決め手となったのは飲食物

ビザンティン帝国は、西ローマ帝国のように奴隷を使役した。奴隷は東欧、つまり現在のブルガリア、ロシア、ポーランド、チェコスロヴァキア、ウクライナ出身だった。これらの地域から来た人々はSlavs（スラブ人）と呼ばれたが、それがslave（奴隷）の語源である。十世紀に東方正教会の聖職者が、スラヴ人にキリスト教と読み書きを教えるという使命を帯びてロシアに赴く。ロシア語のアルファベットは今でもこの聖職者の名前、聖キュリロス（Cyril）にちなみキリル文字（Cyrillic alphabet）と呼ばれている。

九八八年キエフ大公国のウラディミール一世は、自分と人民のために宗教を決めなければならないと考えた。大公は人民とその習慣や好き嫌い（そして自身のも）を理解していたので、食物を決め手とした。ロシア人は豚肉が好きだったので、ユダヤ教とイスラム教は除外される。イスラム教にはその上もう一つの障害があった。アルコールの禁止は、ロシア人にはまったく受け入れがたいもの。「われわれロシア人は酒好きで、酒なしでは生きていけない[21]」。ローマのキリスト教徒はあまりによく断食をした。ヒンドゥー教徒は人間を食べるという誤った噂がウラディミールの耳に入った。そこで大公はビザンティン帝国の東方正教会を国教に選んだのである。正教会にも断食はあったが、農民は四旬節の間でも肉ではないキャビアを食べることができた。九八九年ウラディミールはキエフ市民すべてに川で洗礼を受けるよう命じた[22]。

今日ロシアの伝統食と考えられているものが現れたのは、中世末以降である。ソーセージが初めてロシア語の文献に現れたのは一二九二年。ウォッカ（vodka）は、一五〇〇年を過ぎてからポーランドから伝えられた（wódka）。サワークリームとボルシチも一五〇〇年過ぎに西ヨーロッパと接触してから作られるようになった[23]。ジャガイモがロシアに到達したのは、一七〇〇年頃である。

東方正教会へのロシアの帰依は、東ローマ帝国におけるキリスト教徒の指導者、総主教の力を強め、西のローマ教皇の力を弱めた。何年にもわたって書簡で論争し、互いに威嚇し合った後、教皇と総主教の両者は一〇五四年に必殺技を繰り出す。両者は互いを破門し、二つの別の教会に分裂した。新しい東方正教会の下では聖職者は結婚でき、人々は離婚でき、政府は教会を支配できたが、ローマの教会はそれらを認めなかった。

しかし東西の教会は互いに対立してはいたが、共通の不安も抱えていた。南方から新しい宗教が広まり、力を強めていたのである。

イスラム帝国

イスラム教徒は、七世紀の初めに天使ガブリエルが、今日のサウジアラビアのメッカの有力な一族出身で四十歳のアラビア人ムハンマド（モハメッドとも）に語りかけ、神アラーの教えを告げた、と信じている。このことは聖なる書物クルアーン（コーラン）に書かれている。メッカの人々は多神教を信仰しており、ムハンマドとその弟子を、西暦六二二年にメッカから追放した。それがイスラム暦元年である。ムハンマドらはメディナに行き、共同体を作る。六三〇年ムハンマドと信者一万人が武装してメッカに戻ると、メッカは降伏した。ムハンマドのメッカへの復帰を祝って、イスラム教徒は少なくとも生涯に一度ハッジと呼ばれるメッカへの巡礼をおこなう。またメッカに向かって一日に五回礼拝し、聖なる月ラマダーンの間断食しなければならない。

イスラム暦は太陰暦なので、毎年前年よりも十一日早く一年が始まる。西暦にA.D.つまりanno domini——ラテン語で「主の年に」——があるように、イスラム暦にもAHつまりanno hegirae——ラテン語でメディナに「ムハンマドが聖遷した年に」――がある。聖遷は hejira（ヒジュラ）と言われ、イスラム暦はヒジュラ暦とも呼ばれている。イスラム暦のヒジュラ紀元一四三四年は、西暦二〇一二年に当たる。

祝日物語　ラマダーン

イスラム暦ではラマダーンはもっとも聖なる月である。天使ガブリエルが現れてムハンマドにクルアーンを告げたのは、ラマダーンだった。ラマダーンはイスラム教徒に、人生には世俗的な物事以上のものがあることを、断食だけでは十分ではないことを思い起こさせる。もしイスラム教徒が「偽りの言動を捨てなければ、飲食を断っても無駄である[24]」。

ラマダーンにはひと月間の断食がおこなわれるが、イスラム暦は太陰暦なので、その期間は年ごとに移り変わる。だからいつも食物の乏しい冬の終わりに起こるカトリック教会の四旬節とは異なり、ラマダーンは収穫期や栽植期にも起こりうる。

ラマダーンの期間は毎日日の出から日没まで何も食べられない。イスラム教徒はこの期間は性行為や喫煙も慎まなければならない。朝食は夜明け前に。日没後には終日の断食が終わるので、伝統的にデーツを食べ、水を飲む。その後に夕食をとる。イスラム世界は大きく、多くの国や大陸に広がっているので、断食後の食物も地域によって異なる。しばしば栄養のある肉のスープで始めて、バクラヴァ（後述）やハルヴァ（訳注：穀物、胡麻、野菜、果物に油脂と砂糖を加えて作られる菓子）のような甘いデザートで終わる。ラマダーン明けにはイド・アル＝フィトルという祭りがおこなわれる。

イスラム教はイスラム帝国の建国ならびに料理と文化のゆたかな混合を促進した。巡礼のためにイスラム教徒は旅をする。イスラム教徒の商人はイスラム教徒を信頼した。同じ神を信仰し、同じ言葉を話し、同じ考えを持ち、同じ通貨を使ったからである。互いに遠く離れていてさえ信頼し合い、後に小切手と呼ばれるようになる支払書を交わした。また非常に強力なものをインドのヒンドゥー教徒から学ぶ。数字である。アラビア数字――1、2、3、4――はインド人によって発明された。ゼロも然り。これらの数字はローマ数字では不可能だった方法での加減乗除を可能にしたので、商売の助けになった。

イスラム教徒はまた、『アラジンと魔法のランプ』、『アリババと四十人の盗賊』、『千夜一夜物語』のような物語、寓話、詩などの豊かな文学も持っていた。魔法の絨毯の夢物語は、何か月もラクダに乗って砂漠をとぼとぼ進む人々にとっては、超音速飛行機に乗るように思えたに違いない。別の夢物語では、ありふれた物を金に変えたり、金を食物に変える方法を見つけたりする。これは錬金術という似非《えせ》科学で、中世の人々は金が命にかかわる病気を治し、不死を授けてくれると信じていた。錬金術の熱狂的流行はヨーロッパへと広がった。もし金を本物の食物に変えられないのなら、食物そのものを金のように見せれば、たぶん金と同じ効果が得られるだろう。これはターメリックやサフランのようなスパイスを使っておこなわれた。それらのスパイスはイングランド人の巡礼が小アジアから球根をこっそり持ち出した後、イングランド、スペイン、イタリアで栽培された。[25]

アラビアの農業革命

イスラム教徒は、西ローマ帝国の衰退によって生じた空白地域に踏み込む。三大陸にわたって料理と文化を持ち込んだ。今日のイラクにあった首都バグダッドは、ほぼ百万人の人口を誇る交易の中心、新たなローマとなる。イスラム教徒の船は、地中海、アラビア海、インド洋を帆走した。ラクダを連ねた隊商がシルクロードを通って中国へ行き、アフリカの砂漠を横断した。サハラ砂漠およびインド洋に面した東岸を含むアフリカ北部は、イスラム教徒の支配下に入る。

アジアではペルシア帝国の版図だった東方の現在のイラン、イラク、そしてインドまでを支配下に収めた。インドには、メロン、ザクロ、ブドウ、干しブドウ、モモ、アーモンド、ピスタチオ、サクランボ、ナシ、アンズを持ち込んだ。[26]

ヨーロッパでは北方のフランスまで進んだが、七三二年トゥール・ポワティエの戦いで、カール・マルテル（鉄槌カール）によって阻止され、南のスペインへと退却する。イスラム教徒は、ヨーロッパにはホウレンソウ、メロン、ナス、アーティチョークをもたらし、核果（モモ、サクランボ、アンズ）の果樹園を作る。[27] スペインには砂糖、サフラン、米、ビター・オレンジ——後にイギリス人がこれでマーマレイドを作る——ももたらした。八二七年から一〇九一年にかけてシチリアを支配したアラビア人征服者は、十世紀にサトウキビの栽培を始めた。[28] イスラム教支配下の中東のヨーロッパへの影響は、肉と果実を組み合わせたシチューにも明らかである。

イスラム教徒の食事

カリフとスルタンには奴隷または奴隷ではない料理人がおり、料理長の指示の下で働いていた。料理長の最優先事項は、食物に毒を入れられて支配者が殺害されたりしないようにすること。マザ（mazza、mezze、meze）で食事が始まったが、それは今も変わらない。マザはしばしば「前菜」と誤訳されている。食物の権威クリフォード・ライトは代表作『地中海地方の宴会 *A Mediterranean Feast*』の中で、前菜――食欲を起こさせるもの――という概念は、アラビア人にとってはばかげていると説明している。人は空腹か空腹でないかのどちらかで、空腹なら胃のウォーミングアップは必要ない。マザが前菜と共通するのは、サイズが小さいこと。これらのおいしいひと口ずつの料理は完全な食事にもなっているので、正確に言えばマザは実際にはスモーガスボード（二八三ページ参照）に近いもの、とライトは述べている。[29]

最古のイスラム教徒のレシピは一二二六年にバグダッドでアル＝バグダディによって記録されている。料理書著者のクラウディア・ローデンによれば、アル＝バグダディは「何よりも食を愛していた[30]」。そのレシピの多くは、栄えあるタジン――肉が舌の上でとろけるほど弱火で何時間も煮込んだ肉と果実のシチュー――のもの。このレシピは血液を食べないアラビア人の食の戒律に適合する。一つの例は、仔羊の肉と干しアンズで作るミシュミシャ(mishmishiya)で、その名前はアンズを意味するアラビア語 mishmish《ミシュミシュ》に由来する。クミン、コリアンダー、シナモン、ショウガ、黒コショウがスパイスで、色はサフラン、とろみはアーモンド粉で付ける。[31] シチューにはバラの花びらかオレンジの花を蒸留して作るローズ・ウォーターか、オレンジ・ブロッサム・ウォーターで香りを付けた。

別のレシピは、アーモンドを詰めた肉団子を丸太型にして、脂尾羊《しびよう》の脂でこんがり焼き、アーモンド、ピスタチオとスパイス（クミン、コリアンダー、シナモン、黒コショウ）のソースで煮込み、「砂糖がけのデーツ」を飾るというもの[32]。多くの昔の料理書のように、記されているのは材料と指示のみで、量はない。ローデンは『中東の料理 *Middle Eastern Food*』にアル＝バグダディのレシピとともに自身の計量つき現代版を掲載して、この点を補っている。

ミルクは通常羊か山羊のもので、ヨールグルトにしたり、フェタやカッセリのような塩気のあるチーズにしたりして保存した。ナスやヒヨコ豆のような野菜や豆は、今でもピューレにし、ニンニク、レモン果汁、塩、練胡麻（タヒニ）と混ぜてディップのババ・ガヌーシュやホムスにする。ホウレンソウはよく食べられた。デンプン食品には、タンヌール（tannur）——インドのタンドール（tandoor）に似ている——という窯の側面に貼りつけて焼くパン、アジアから輸入して、ドライフルーツやナッツとともにピラフにする米、今日ではアフリカ北部のモロッコ、チュニジア、アルジェリアの国民食になっているクスクス（セモリナ粉を蒸したもの）がある[33]。ブドウの葉やナスには詰め物をしたが、米だけを詰めた安いものから、肉だけを詰めたきわめて高価なものまであった。オリーヴオイルはソースや食材にできた。ある有名な料理ではオリーヴオイルが驚くほど多く使われている。

食物こぼれ話　イマーム・バユルドゥ——「坊さんが気絶した」

トルコ料理のイマーム・バユルドゥは、「聖職者が気絶した」という意味。伝説によれば、イスラム教の指導者が、そのようなすばらしい料理を食べて恍惚となり失神したとも、その料理に使われたオリーヴオイルの金額に卒倒したとも言われている。いずれにしろクラウディア・ローデンの現代版では、六本の長ナス（アメリカのジャンボ・ナスではない）に対してオリーヴオイルをカップ半杯使い、さらに詰め物にも使う。[34] クリフォード・ライトのレシピでは、一ポンド半のナスに対して大さじ一〇杯のエクストラ・ヴァージン・オリーヴオイルを使う。[35]

イスラム教徒のデザート

イスラム教徒の食事の最後を飾るのは、砂糖をもちいた豪華なデザート。アラビア人はインドとの交易を通じてサトウキビから砂糖を抽出する方法を学んだ。デザートの多くは修道院で作られた。修道院には、ハーレムの庇護下に暮らすことになっていたイスラム教徒の女性がキリスト教に改宗し、保護を求めて入っていた。伝説的なデザートには、バクラヴァのような、バターとピスタチオ粉が層になり、オレンジ・フラワー・ウォーターの香る砂糖シロップをかけた薄片状のペストリーや、砂糖とアーモンド粉を詰めローズ・ウォーターの香る砂糖シロップに浸したデーツがある。[36]（薄片状のペストリーには、ギリシアのホウレンソウとチーズのパイ、スパナコピタのような塩味のものもある。）

イスラム教徒の食事

多くのイスラム教徒の食事規定はユダヤ教の食事規定に相当する。たとえばイスラム教徒も、血液のみならず豚肉を、そしてとくに食用に殺されたのではなく、路上で轢死《れきし》したような動物を食べることは、禁じられている。食用の動物は儀式的な方法で屠殺しなければならない。肉屋は、「アッラーの名において、アッラーはもっとも偉大なり」と言わなければならなかった。それから意識のある動物の喉を切る。これはハラール肉と呼ばれ、ユダヤ人にとってユダヤ教の法にかなった肉屋に屠殺された肉に相当する。他の神の名において殺された動物は禁じられている。(37) 中世のイスラム教徒は、羊の肉とラクダの瘤《こぶ》を好んだ。

イスラム教徒の飲み物

「発酵飲料を飲むことも、酩酊状態で祈らないようにするために禁じられた(38)」。ムハンマドは酒の後の暴力も好まなかった。ワインは、天国では乱用されることがないので褒美として与えられるが、地上では禁じられていた。しかしイスラム帝国では宗教によって歓迎された新しい飲み物が人気を博す。コーヒーである。

コーヒー――赤い実と踊る山羊

食物こぼれ話　コーヒーの由来

山羊は奇妙な行動をとった。おとなしく餌をあさる代わりに、駆け回り、飛び跳ね、角で突く。八世紀アフリカ東岸のエチオピアに住んでいたカルディという名前の山羊飼いは、不安になった。一体何事だろう？ 翌日もそれが続いたので、山羊の様子をよく見ると、新奇なものを食べているのに気づいた。見知らぬ木の小さな赤い実とつやつやした緑の葉である。実を食べると山羊は踊り始め、歌い始めた。つまりメーメー鳴き始めた。山羊がこの見たこともないものを食べても、それ以上のことはなかったので（倒れて死んだりしないかと心配していた）、自分でも食べてみた。すると気持がよくなった。[39]

事実は以下のとおり。コーヒーはつやつやした緑の葉の木になる小さな赤い実で、「チェリー」と呼ばれている。踊る山羊に関しては、誰かの想像だろう。最初人々は山羊と山羊飼いのように、コーヒーを食べた。葉と実を噛み砕いたのである。それから葉と実を、茶のように湯に浸した。実はまたすりつぶしてペースト状にし、動物の脂肪と混ぜて食べた。実を焙煎して粉にし、湯を注いで、われわれが知っているコーヒーという飲み物にしたのは、十六世紀になってからである。コーヒーはイスラム教の修道士に受け入れられた。というのも祈りを捧げる間に眠くならないからだ。[40]また「消化を助け、頭痛を鎮め、咳を抑え、肺病を直し、むくみを取り、痛風や壊血病を治し、流産を防ぐ」薬として宣伝された。[41]

だからコーヒーは、最初は儀式の場で儀式的にもちいられる特別な飲み物だった。裕福な人々は、屋敷にコーヒーを飲むための部屋を作る。[42]下層階級の人々はコーヒーハウスに通った。コーヒーはすぐに世界的な必需品になる。そしてほぼ一九〇〇年まで、豆はすべてアラビカ種だった。

文化の衝突——十字軍

一〇九三年コンスタンティノポリスの皇帝アレクシウスは不安に陥っていた。東方から新たな蛮族の遊牧民セルジューク・トルコが押し寄せて来たからである。ローマでは教皇ウルバヌス二世が、コンスタンティノポリスを救い、さらに進攻してイスラム教徒から聖地を奪還するために、キリスト教徒の軍隊派遣を決定した。十字軍に参加すれば、誰でもこの世の罪がすべて赦される——天国への切符が与えられる——と教皇は保証した。一〇九六年から一二〇四年の間に四つの大規模な十字軍が聖地に進軍し、一二一二年には子供の十字軍も続く。他の十字軍は北アフリカに遠征し、スペインの異端審問は国内のイスラム教徒に対する聖戦を開始した。第一次十字軍は不意打ちにより勝利したが、その後の戦いはすべて敗北に終わる。

十字軍は世界にきわめて大きな変化を引き起こし、中世の終焉をもたらした。支配階級——諸侯や騎士——は十字軍に富をつぎ込み、多くが戦闘で殺されたので、ヨーロッパの封建制度が弱体化する。十字軍戦士が領地に戻っ

コーヒーの歴史 [43]

8 世紀	エチオピア――踊る山羊の伝説
900 年代	アラビアの医師ラーズィーの著作に初めてコーヒーが登場
1500 年には	イスラム教の巡礼者がコーヒーをペルシア、エジプト、トルコ、北アフリカに広めている
1511 年	人々が集まって自分を笑い物にするので、コーランがコーヒーの飲用を禁じていると言って、メッカの長官がコーヒーハウスを閉鎖する
1536 年	コーヒーはイエメンのモカ市から輸出され、「モカ」と呼ばれる
1600 年代	イスラム教徒によってこっそり持ち込まれた種で、インドがコーヒーの栽培を始める
1650-1690 年	イングランド、ドイツ、ヴェネツィア、パリ、ウィーンでコーヒーハウスが開店（イングランドでは一時的に閉鎖）。
1696 年	パリの医師がコーヒーの浣腸剤を処方
1699 年	オランダ人がコーヒーの木をインドネシアのジャワ島に移植。コーヒーは「ジャワ」として知られるようになる
1710 年	フランス人がコーヒーの浸出法を発明
1723 年	フランス人がカリブ海のマルティニーク島で、後にはハイチでもコーヒーの栽培を始める
1727 年	コーヒーがこっそりブラジルに持ち込まれる
1773 年	ボストン茶会事件――政治的な抗議として、アメリカ人が茶の飲用を中止
1788 年	サント・ドミンゴが世界のコーヒーの半分を栽培
1820 年	緑色のコーヒー豆からカフェイン（$C_8H_{10}N_4O_2$）を単離
1832 年	アメリカ軍の公式飲料としてコーヒーがラム酒に取って代わる
1833 年	アメリカのニューヨーク市に最初の商業用コーヒー焙煎器が輸入される
1850 年	ジム・フォルジャーが焙煎済みのコーヒーをカリフォルニアの金鉱労働者に売る
1869 年	さび病（*Hemileia vastatrix*）によって、東インド諸島のコーヒー産業が壊滅する。代わりとなる抵抗力のあるロブスタ種（*robusta*）が中央アフリカで発見される
1878 年	アメリカ初のコーヒー（と茶とスパイス）の業界誌『ザ・スパイス・ミル』が発行される
1787-1880 年	ブラジル、サンパウロのコーヒーが世界市場にあふれ、価格が暴落し市場は崩壊する
1881 年	コーヒーの価格を管理するためにニューヨークにコーヒー取引所が設立される
1900 年には	アメリカ人が世界のコーヒーの半分を飲む
1900 年	ヒルス・ブロスがコーヒーの真空缶詰を発明
第二次世界大戦	アメリカのGI･ジョー（訳注：男性兵士の俗称）がコーヒーを大量に飲んだので、コーヒーは「ジョーの一杯」として知られるようになる。
1966 年	アルフレッド・ピートが、カリフォルニアのバークレーにコーヒー専門店を開店
1971 年	スターバックスがシアトルに開店し、焙煎したてのコーヒーを販売

てみると、放置されていた農奴の多くが、もっと良い現世の生活を求めて去っていた。農奴は聖地への道に沿ってできた新しい都市に行き、十字軍戦士に食物や生活必需品を供給していたのである。

キリスト教世界――ヨーロッパの中世末期

農奴が都市に移住すると、何千という人々が集まったので、荘園では必要なかったものが必要となった。姓である。誰もが名前、洗礼のときに授かるクリスチャン・ネームは持っていたが、姓は持っていなかった。多くがただ職業を姓にした。Cook《クック》（料理人）にMiller《ミラー》（粉屋）。Smith《スミス》の場合はblacksmith（蹄鉄工）、silversmith（銀細工師）、tinsmith（板金工）の短縮形で、Wright《ライト》はcartwrightまたはwheelwright（どちらも車大工）の短縮形。Cooper《クーパー》は樽職人で、Baker《ベイカー》はパン屋である。

都市が大きくなるに従い、職業もますます専門化し、どんどん細分化した。たとえばパン屋の定義は非常に厳しかった。生地をこねて成形する者である。適温でパンが焼けるように火の世話をするのは、別の職業だった。仕事が少ないときには、一つの仕事が終わってもう一つが始まるときに、衝突する。ペストリー製造人はパイを作ったが、パイに家禽の肉を入れる場合には、家禽商が仕切りたがった。パリではパン屋がパテも取り仕切ったが、一四四〇年にパティスリーのギルドができると、パティシエが甘いタルトも塩味のタルトも作る権利を得る。これらの争いは訴訟騒ぎになることもあった。

食物に関する最初の法律の二つもこの時代に成立した。一二一〇年イングランド王ジョンはパンの価格を決め、一二六六年パンに関する法令がパンの質を統制した。これらの法律の目的は、パン屋が法外な代金を請求したり、泥や石のような人間が食べるのには向かないものでパンをかさ増ししたりするのを防ぎ、違反したパン屋を罰することである。[44]

ギルド――肉屋、パン屋、聖餅《せいへい》屋

人々が都市でよい生活ができる方法の一つが、食物に関する職業に就くことだった。商人あるいは職人になる方法は、組合のようなギルドに加入することである。ギルドの目的は二つ。価格の統制と賃金の統制である。ギルドはある製品を独占し、その質を管理し、供給過剰にならないようにその職業の人々の数を制限した。供給過剰になれば、製品や、賃金の価格が下がるからである。

ギルドの会員には徒弟、年季明けの職人、親方という三つの身分があった。子供たちは働けるようになるや否や、通常六、七歳で徒弟に出され、掃除や使い走りなどの仕事をした。最初は見て仕事を覚えた。年齢が上がると、実際の仕事を学び始める。徒弟は十代後半まで続き、その後年季明け職人となる。この段階で職人は徒弟の監督も含む、ますます複雑な仕事と責任を与えられた。最終段階は親方で、年季明け職人が親方になるには、親方が満足しギルドが要求する仕事を自分で完全に仕上げなければならない。こうして初めて親方と自称することができ、自分の店を持てる。たとえば聖餅職人の場合、一日に三種類の大きさの聖餅を最低八百枚作れなければならない。[45] 今日誰もが料理長になれるわけではないように、誰もが親方になれるわけではなかった。多くの職人は一生職人のままだった。

宣伝

ギルドが自らを売り込む一つの方法が宣伝で、建設中の新しい教会のステンドグラスの資金を提供した。高さ三〇メートル以上になることもあるこれらの大聖堂は、地元の他の建物すべての上にそびえ、何キロメートルも離れた所からも見えた。フランスのノートルダム大聖堂とシャルトル大聖堂、イングランドのカンタベリー大聖堂、ウェストミンスター寺院、ダラム大聖堂、ドイツのドレスデン大聖堂が挙げられる。大聖堂は、特徴的な尖塔《せんとう》アーチを内部の細い石の支柱が支える新しい建築術をもちいて建設された。

アーチの間の広い空間は新たなもので飾られた。ステンドグラスの窓である。輝かしいステンドグラスを通して大聖堂には多彩な神々しい光があふれた。しかしガラスは小さくしか作れなかったので、窓はすべてモザイクになった。これらの窓には、今なお食物に携わる人々――肉屋、パン屋、魚屋、食料雑貨商、居酒屋の主人――が日々の仕事をしている様を、色付きで見ることができる。(46) 居酒屋の主人は宣伝もした。触れ役がその日だけ特別のワインの鉢を叩きながら通りを歩き、味見するように大声で人々を誘った。(47)

大聖堂は町の生活の中心だった。信心深い人々は日曜ごとに（望ましくは毎日）ミサに通い、教会前の広場は市場になった。鐘が時を告げる。鐘の一つは、夜に火の始末をして寝る時がきたことを知らせた。新たに火を起こすことは時間がかかりむずかしかったので、人々は夜間も火を絶やさなかったが、家が焼け落ちる危険があったので、火には金属の蓋をした。「火に蓋をする」はフランス語で couvre-feu で、それが英語の curfew（晩鐘）となったのである。

砂糖——「白い塩」

新たな職業——菓子職人——が新たな食物によって生まれた。アラビアにはあったが、ヨーロッパ人は以前目にしたこともなく、もたらされるや非常に欲しがったもの。彼らはそれを「白い塩」と呼んだ。砂糖の粒は塩粒とほぼ同じくらいの大きさだが、塩が含まれるミネラルによって灰色がかっているものから緑色がかったものまであるのとは異なり、純白である。そして甘い。アラビア人はインドの人々からサトウキビの茎の汁を搾り、甘い乾いた結晶だけを残す方法を学んでいた。その工程には時間がかかり、たくさんの人手が必要だった。砂糖——エキゾティックで、高価で、おいしい——はヨーロッパの上流階級の人々に薬として大いに称賛される。薬屋は円錐状の砂糖の塊を削った薄片を、他の薬同様少量ずつ量り売りにした。中世の医師は砂糖が歯痛を治すのに完璧な薬と考えていた。

チーズ

今日でもなお重要な多くのチーズ——エメンタール、グリュイエール、パルミジャーノ——は、十二世紀頃に初めて製造された。これらは各々に一〇〇〇リットルのミルクを使い、巨大な円盤状に作られたので、地域全体の酪農者が製造に加わった。チーズを意味するラテン語 caseus は英語の cheese、スペイン語の questo の語源である。フランス語とイタリア語の formage と formaggio も、ラテン語に由来するが語源は forma。というのもローマ人はチーズを籠あるいは型（forma）に入れて作ったからである。ポール・サリューのようなチーズは、製造元の修道院の名称にちなんでいる。「ベネディクト修道会およびシトー修道会の修道士は、中世における新しいチーズ製造業のパイオニアで、暗黒の時代にも人々は彼らのおかげで飢え死にせずに済んだ」[48]。(フランドランの『食の歴史』)

ビールとワイン

冬の間穀物を保存する一つの方法が、発酵させてビールにすることだった。中世のビールは、ノコギリソウ、イソツツジ、ヤチヤナギのようなハーブを混ぜた gruit(グルート)で風味づけされていた。これらのハーブは媚薬や麻酔薬と考えられていた[49]。中世の終わりには、ホップが風味づけと保存料として好まれるようになる。これが現在世界の大部分で知られているビールの元祖だが、今なおビールにホップを入れない国もある。

西ローマ帝国の崩壊後に終わりを迎えたワイン製造業は、およそ五百年後に復活する。十世紀になるとフランスのシャンパーニュ地方のワインは、そのブドウ園によって頭角を現し、伝統的に戴冠式にもちいられたので、王室とつながりを持つ。十三世紀および十四世紀には、ドイツのラインラントとハンガリーのトカイ地方にブドウ園ができていた[50]。一三九八年イタリア北部のトスカナで初めてキアンティが製造されたが、それは白ワインだった[51]。

一三九五年ブルゴーニュのフィリップ豪胆公は、ブルゴーニュではピノ・ノワール種のブドウだけを植えるように命じる。ワイン醸造業者の一部は、たくさん実をつけ、耐寒性があり、早く熟すガメイ種のブドウを植え始めていた。フィリップはガメイ種で作ったワインは偽物で、苦く、ブルゴーニュの名声に傷がつくと宣言する。そしてブドウの木を引き抜くように命じた。ガメイ種は他で植えられ、最終的にはボージョレ・ワインになる。しかしブルゴーニュ・ワインは今なおピノ・ノワール種から作られている[52]。

他のワイン産地もワイン通には名前が知られるようになった。十四世紀には政治闘争の結果、ローマとフランスのアヴィニョンそれぞれに教皇がいる事態となる。フランスの教皇の飲んだワインはシャトー＝ヌフ＝デュ＝パプ

（Châteauneuf-du-pape：教皇の新しい城）と呼ばれるブドウ園で製造されたものだった。後に十字軍はさらにワイン産業を促進する。戦うために出発する諸侯が、修道士に勝利を祈ってもらえるように教会にブドウ園を寄進したからである。もし諸侯が死ねば、その魂のために修道士が祈ってくれるように、やはり家族がブドウ園を寄進した。中世の終わりには、ベネディクト修道会の分派であるシトー修道会が、ヨーロッパ最大のブドウ園を持つようになる。修道会は、フランス王ルイ七世がそのワインの船積みおよび販売にかけられる税を免除したことで、恩恵を受けていた。[53] ワインはまた通貨の代用ともされ、兵士の糧食にもいつも含まれていた。イングランドではワインはエールの一二分の一から二四分の一の値段で売られ、当時は知られていなかったが、エールより体によくもあった。汚染された水の中の腸チフス菌を殺したのである。[54]

ワイン商のギルドは大きな政治力を持っていた。というのもギルドはしばしば都市を運営し、ワイン税が中世の都市運営の費用の多くをまかなったからである。ロンドンではワイン醸造業者のギルドが、卸売りおよび小売りのワイン取引を支配し、一四三七年には国王から特許状を与えられている。中世の都市は法令を作って、ワインの輸入販売を統制し、重量と容量に基準を設け、混ぜ物をしたり、安いか酸っぱいワインをもっと高いワインとしてつかませたりして、ちょろまかそうとする居酒屋の主人を罰した。罰としては罰金、悪いワインの樽を叩き割って、中身を道にぶちまけること、その悪臭のするワインを飲まなければならないことなどがあった。[55]

蒸留酒

八世紀頃アラブ世界の錬金術師が蒸留酒の作り方を発見した。たとえばワインを熱して、強い酒——アルコール——に濃縮する方法である。[56] Alchemist（錬金術師）と alcohol（アルコール）という語はどちらもアラビア語起源。

蒸留は香水を作るのにもちいられ、またその産物が可燃性で軍隊でも使用されたので、重要でもあった。アラビア人はジャスミンの花とオレンジの花を蒸留してエッセンスを抽出し、食物の風味付けにもちいた。またローズ・ウォーターも蒸留で作られたが、それはアラブ世界、ヨーロッパ、そしてアメリカで、バニラが手ごろな値段で利用できるようになる十九世紀中頃まで使用された。

アラビア人の知識はヨーロッパに広まり、蒸留がおこなわれるようになる。その結果得られた蒸留酒は「命の水」と呼ばれた。フランス語では eau de vie、アイルランドのゲール語では uisugebeata つまりウイスキーである。後にこうして加熱されてできたワインは、オランダ語の名称 brandewijin (burned wine)、略して brandy (ブランデー) として知られるようになる。

ミツバチ

ミツバチは多くの理由できわめて大切にされた。ハチミツ、ミツロウ、プロポリスのためである。ミツロウはロウが垂れない甘い香りのろうそくになる。プロポリスはハチの巣の隙間を埋めている物質で、中世の抗生物質よろしく軟膏としてもちいられた。(エジプト人も空気を完全に遮断するハチミツを抗生物質として使っていた。) ミツバチが貴重だったのは、ハチミツが単に甘味料や薬になるからではない。ハチミツを発酵させれば、古代のアルコール飲料ハチミツ酒になったからである。しかしハチとハチミツは手に入れるのがむずかしかったので、中世のイングランドではもしミツバチを見かけたら、「ミツバチよ止まれ、止まれ! マリア様のお言いつけだ!」とすばやく唱えた。[57] この祈りに聖母マリアが出てくるのは、土着の異教徒の儀式とまじないを教会が取り入れた一つの例である。土地のキリスト教以前の慣習と絶えず戦う(そして負ける)のではなく、農民がそれを維持することを認めた上で、「父なる天」を「キリスト」あるいは「神」に、「母なる大地」を「聖母マリア」に置き換えるように指導した[58]。教会は、ハロウィーンのような重要な祭りを含め、何千年も続いてきた多くの民間信仰を骨抜きにして採り入れなければならなかったのである。

中世の食事

中世の食事は祈りを捧げ、手を洗うことから始まり、また祈りを捧げ、手を洗って終わった。手が比較的きれいな最初には最上のリネンがもちいられ、手が汚れる最後にはふつうのナプキンが使われた。洗い鉢は銀または金メッキで作られた。有力者の家では鉢の底に家紋が彫られていたかもしれない。

祝日物語　十月三十一日のハロウィーンと十一月一日の諸聖人の日

ハロウィーン（Halloween）と諸聖人の日は、中世のカトリック教会がキリスト教を普及させるために異教徒の祭りを利用した例である。ハロウィーンはアイルランドで新年の儀式サウィン（Samhain）として始まったもの。この古代の祭りは、死者の魂が戻ってきて安らぎを得るまで地上をさまようという民間信仰に基づいていた。これらの幽霊、悪鬼、骸骨、化け物をくじく最善の方法は、彼らの似姿になること、つまり共感呪術である。キリスト教徒はそれをAll Hallows' Eveと改名した。Hallowとは古英語のhaligに由来し、Hallowed be Thy name（御名が崇められますように）と主の祈りにあるようにholy（聖なる）を意味する。Halloweenのeenはeveningの短縮形である。

何世紀も後のアメリカでハロウィーンにもっともしばしば結び付けられるシンボルは、アメリカ原産のカボチャ、パンプキン。大きく、丸く、オレンジ色で十月に実る。中身をくり抜き、皮に恐ろし気な形の切り込みを入れ、中にろうそくを灯す。灯りを揺らしながら沼地をさまようジャック・オー・ランタンができあがる。

子供たちは夜に歩き回り、ドアベルを鳴らし、無防備な隣人の家や植え込みをトイレット・ペーパーで覆うようないたずらをし、くれないともっといたずらをするぞと脅かして、キャンディや菓子を要求する。これがトリック・オア・トリート（trick or treat）。一九二二年にオレンジ色、黄色、白の縞の三角形のキャンディ・コーンが初めて製造された。今日アメリカのハロウィーン祭はますます内輪だけのものになっている。おかしな人々がリンゴに剃刀《かみそり》の刃を埋め込んだり、キャンディに有毒物を入れたりするからだ。

異教徒由来のハロウィーンをしないキリスト教徒もいる。カトリックの国ではハロウィーン翌日の諸聖人の日が祝日である。メキシコでは十一月二日が死者の日（Dia de los Mertos）と呼ばれている。

食卓に座る位置は、その人間の地位をも示す。もしあなたが食卓の上座に座るか、主賓であれば、一人がけの椅子にかけ、塩入れより上手《かみて》に座ることになる。上等のパン――色の薄い小麦粉で作られたよいパンをたくさん供される。社会的地位がもっと低ければ、パンはもっと茶色くなる。食べられる量も減り、手を伸ばして自分で取らなければならない。もし干からびた茶色のライ麦パンの小さなロールを一つしか食べられず、塩入れから遠いベンチに座っているなら、あなたは社会的に見てシベリア（流刑地）にいるようなもの。誰も給仕してはくれない。(59)

独立した食堂はなく、単に部屋に架台《かだい》を置いて板を載せ、ディナーの間は布をかぶせておき、それから片づけた。部屋に備え付けの家具は食器棚で、おそらくそこに高価な金銀の皿や碗などを並べて、主人は自分の富を見せびらかしただろう。火事の危険を考えて、厨房は母屋《おもや》から離れていたので、武装した護衛に守られて食卓に届けられたときには、たとえ覆いがかけられていたとしても、たぶん温かくはなかっただろう。

食物こぼれ話　毒味《どくみ》

食物はできる限りもっとも入念でしかも不衛生な方法で点検された。

「一角獣［神話の獣］の角は、不純物があると出血すると考えられ、非常によく用いられた。手に入れやすい瑪瑙《めのう》がしばしば使われた。蟇石《ひきいし》――ヒキガエルの頭の中に隠されていると信じられた宝石（実際には存在しない）――と言われたさまざまなものも同様。塩は蛇の舌で調べられたということだが、今ではもっとつまらないサメの歯だったことがわかっている」[60]。（ウィートンの "Savoroing the past" より）

誰もが新手の毒を探し回るのに忙しかったが、家禽や卵を扱う手や、鍋に繰り返し突っ込む指や匙によって間近に起こる細菌の二次汚染には気づかなかった。鉛またはスズがはがれるスズめっき銅の鍋による金属中毒にも。

トレンチャーとネフ

食卓には大皿はあったが、取り皿はなかった。四角に切った数日前の全粒小麦のパンがトレンチャー（trencher）と呼ばれ、取り皿に使われた。液体は二人に一つの小さな碗に入れられた。フォークはなく、手づかみで食べた。さまざまな種類の肉の一つを取ろうと共通の皿に手を伸ばすときは、誰か他の人がナイフで何かを突き刺そうとしていないか、用心しなければならない。ワインは水で薄めて供された。卓上にあるもっとも高価で精巧なものはネフ（nef）で、多分銀製、あるいは銀メッキ製の船形の塩入れだった。

食物はふつう旬の新鮮なもの。保存には、肉は塩漬け、燻製、干し肉にする。野菜は塩水に漬けるか、根菜貯蔵室に入れ、ハーブや果実は干した。夏には誰でも宴会をすることができたが、冬に宴会ができるのは裕福なしるし。裕福なら、一年中いつでも宴会ができた。

金色の食物——アンドーレ

中東同様ヨーロッパでもある色がもっとも称賛された。金色である。人々は二つのもの、金と不死の探求に執着し、一方がもう一方を保証すると信じていた。錬金術師がさまざまな物質を金に変える方法を探している間に、料理人は手っ取り早く食物を金色にする。これは金めっき、または金という意味のフランス語 or から endoré(アンドーレ)と呼ばれた。中世には「サフラン一ポンドの値段が馬一頭分」(そしてナツメグ一ポンドが牛七頭分)だったにもかかわらず、サフランやターメリックのような中東から輸入されたスパイスが食物を美しい金色に染めた。これは今日でもリゾットのような料理に見られる。[61] 食物を金箔で覆うこともあった。本物の金の大半はアフリカから、イスラム商人の隊商によって運ばれてきた。

白い食物——ブランマンジェ

アーモンドはヨーロッパでは大変好まれ、さまざまな名前と形のある一品によってヨーロッパ中に広まった。イタリアでは bianco mangiare と呼ばれ、フランスでは blanc manger、スペインでは manjar blanco、イングランドでは blanchet manchet、後に blancmange と呼ばれた。すべて同じで、「白い食べ物」を意味する。イングランドでは、さまざまな色や風味がついていてもこう呼ばれた。

ブランマンジェはアーモンドミルクをもとに作られ、完璧な食物と考えられていた。四つの体液のバランスを取り、なめらかで飲み込みやすく、消化しやすい。白くきわめて洗練されていて、上流階級にふさわしい。人手がかかる(アーモンドはすりつぶして粉にしなければならなかった)ので、高価だった。今日スペインとイタリアはア

ブランマンジェの材料の比較

中世 （レシピ：ウィートンおよびウィラン）	十九世紀のアメリカ （レシピ：ビーチャー、チャイルド、ヘイル、ランドルフ[65]）
細かくひいたアーモンド	米、クズウコン、アイシングラスか仔牛の足のゼリー
肥育鶏の胸肉	—
鶏のスープ・ストック	水、ミルク、クリーム
—	塩
好みでショウガとカルダモン	メース、ナツメグ、シナモン、バニラ、オレンジ、レモン・ピール、オレンジ・ウォーターかローズ・ウォーター、南部ではワイン
上に砂糖を散らす	砂糖四分の一ポンド
	飾り：果物かマーマレード

ーモンドの主要産出国に入っているが、世界のアーモンドの五〇パーセント以上はカリフォルニア産である[62]。

十九世紀中頃のアメリカの料理書では、ブランマンジェはライスプディングやカスタードと並んで、プディングの一つになっていて、添え物にされていることもある。主成分のアーモンドはレシピから消え、糊料として使い勝手のよい食品に置き換えられている。キャサリン・ビーチャーの『家庭の料理書 *Domestic Receipt-Book*』には、ブランマンジェのレシピが五点掲載されているが、うち一点がまさにアーモンドを加えることを勧めている。「三オンスのアーモンドをつぶしてペースト状にし、煮立てた中に加えるともっとよい[63]」。一九七〇年代までブランマンジェは人気があり、イルマ・ロンバウアーの『料理の喜び *The Joy of Cooking*』によれば、ブランマンジェという語はほとんど千年間も使われ続けた後に、消えた[64]。現代のアフガニスタン版はfirnee《フィルニ》と呼ばれ、刻んだアーモンド入りのコーンスターチのプディングで、サフランで風味をつけ、ピスタチオで飾られている。

中世にはアーモンドミルク――アーモンドを浸した水がミルク（またはクリームまたはチーズ）のようになるまで圧搾する――は、卵や乳製品を含め一切の動物性食品が禁じられていた四旬節には重宝な食品だった。ちなみに一切の動物性食品を食べない人を現在では vegan《ヴィーガン》

（完全菜食主義者）と言う。アーモンドミルクはまた、流行りのローフード（訳注：なるべく生に近い状態で食べる健康食）運動の頼みの綱の一つでもある。

上流階級のためには、白い食物の後に、果物や野菜で染められた虹のような色とりどりの料理が用意された。赤ブドウやサクランボはガーリックソースをピンクに染め、黒イチゴやクワの実は食物を紺色や紫に、パセリは緑に染めた。

見栄え

料理の見栄えは中世にはきわめて、ときに味よりも重要だった。というのも富をひけらかすことが一番の目的だったからである。中世の宴会では味のほどは保証できなかったが、眼福《がんぷく》には与《あずか》れた。もっとも凝っていたのはクジャクと白鳥の料理で、料理されて食卓に運ばれたときには、生きていたときより見栄えがよかった。鳥は絞めたら、翼には触れずに注意深く皮を剥く。それから肉を調理し、皮の中に詰め戻す。嘴《くちばし》と足は金箔で覆う。仕上げは、給仕の美しく若い上流階級の女性である。(66)

パイは別の上品な一品で、また機能的でもあった。プラスチックもない当時は、coffin《コフィン》（訳注：現代の英語では棺）と呼ばれたパイ皮の中に具を詰めて保存したのである。甘い、または塩味のパイには蓋があり、次に供するときまでその蓋をして冷たい地下室にしまっておいた。

国王の宮廷――食卓のマナー

これらの新たな食物、新たな食事、国王の宮廷の繁栄によって、新たな礼儀――マナー――が生まれた。人々は自分を意識するようになった。というのも社交の場、とりわけ食卓で、初めて振る舞い方の良し悪しが問題になったからである。新しいマナーに関する語の多くが国王のcourt（宮廷）で生まれた。courtとはもともとcourtyard（中庭）または農家の庭、あるいは囲まれた空間を意味した。courtlyは上流階級のマナーを持っていること。courtesyは他人に対して礼儀正しいことで、それはcourtier（廷臣）によって示された。女性がcurtsy（膝をまげるお辞儀）をするときは敬意を表している。若い男女がたがいにcourting（求愛）するときは、行儀よく振る舞った。courteousは、王宮にふさわしい敬意に満ちた気持ちのよいマナーを示すこと。一体全体人々はそれまでどんな振る舞いをしていたのだろう？　以下は中世の食卓における上流階級の新しいルール。

もし…ならば、礼儀知らず[67]
（再びジェフ・フォクスワージーへのお詫びとともに）

- 食卓の上にまたは食卓越しに唾を吐く
- 食卓で手鼻をかむ

・テーブルクロス（手を拭うための）で鼻をかむ
・しゃぶった骨を共通の皿に戻す（床に落とすべき）
・レディに供するときに鉄かぶとをかぶったまま
・食卓でナイフで歯の掃除をする
・食事中に鼻をほじる

『ル・ヴィアンディエ』――スパイスで料理

これらの新しい食材と新しい料理の流儀を書いたのは、タイユヴァン（本名はギヨーム・ティレル、一三一二～一三九二年）というフランス人。それはヨーロッパで最初の料理書だった。当時は著作権法がなかったので、その本のいくつかの箇所は、タイユヴァンが生まれる前に書かれた本によく似ている。ティレルはあらゆる料理人に刺激を与えてきた。まず厨房の序列最底辺の焼き串係になり、燃え盛る火の前で絶え間なく焼き串を回し続けた。しかし徐々に出世してフランス国王シャルル六世の料理長にまで登り詰める。国王はティレルに感謝して、家、称号、出張旅費、紋章――三つの小さな鍋――を与えた。『ル・ヴィアンディエ』には、ヨーロッパ中世末期の料理への中東の影響、とりわけシナモン、ショウガ、クミン、コリアンダー、カルダモンなどのスパイスの使用が見られる。次の祝い酒のレシピではハチミツを黒糖に置き換えているが、ずばり中世のもの。中世のクリスマス・キャロルは、

「乾杯」の歌である。イングランドではリンゴ園でリンゴの木々に向かって歌を歌った。さもないと翌年の収穫が悪くなるのだ。[68]

レシピ

ワッセル酒[69]（wassail：祝い酒）

アングロサクソンのWES HAL（「健康に！」）に由来

大きなマッキントッシュ種のリンゴ四個
黒糖カップ四分の一と大さじ二杯
リンゴ果汁またはリンゴ酒カップ四分の一
エールの一二オンス瓶三本
シェリー酒カップ一杯
シナモン・スティック一本
ショウガのすりおろし小さじ二分の一
おろしたてのナツメグ小さじ二分の一
レモン一個分の皮

一　オーブンを華氏三五〇度に余熱する

二　リンゴを横半分に切る。オーブン用の皿に油を塗って黒糖カップ四分の一杯を撒き散らし、リンゴ果汁を注ぐ。約四〇分しばしば汁をかけながら、リンゴが柔らかくなるまで焼き、オーブンから出す。

三　ソースパンにエールとシェリー酒を注ぎ、黒糖大さじ二杯、シナモン、ショウガ、ナツメグ、レモンの皮を加え、五分間とろ火で煮る。焼いたリンゴと果汁を加え、よくかき混ぜ、熱いうちに供する。

交易路の再開はヨーロッパに新しい階層の繁栄をもたらした。食物と金《きん》のみならず多くのものが取り交わされた。物語も交易路を通じて伝わった。もっとも突飛な話のいくつかは、ヴェネツィアの商人マルコ・ポーロのもの。その旅行記『東方見聞録』はヨーロッパで大人気を博したが、あまりに奇想天外なので『嘘八百』と呼ぶ者もいた。ポーロは当時Cathay《キャセイ》と呼ばれていた中国に行ってきたのだと主張した。

食物こぼれ話　マルコ・ポーロとパスタ

マルコ・ポーロが中国で麺を見つけてヨーロッパに持ち帰ったという「事実」が、何百年間も受け入れられていた。今日では食物史家のクリフォード・ライトが、代表作『地中海地方の宴会』の中で、マルコ・ポーロとパスタの話には真実はないとにべもなく述べている。ライトはパスタの起源についてのもつれた糸を解きほぐし、基本的な材料、堅いセモリナ粉、つまりデュラム（durum：ラテン語で「堅い」という意味）小麦に立ち返る。中国にはデュラム小麦はなかった。ライトは「真のマカロニ」――デュラム小麦で造られ、長持ちするように乾燥させたパスタ――の起源を、「中世のシチリア、イタリア、アラビア文化の交点」に求める[70]。

小氷河期――一三〇〇〜一九〇〇年

ヨーロッパでは中世の温暖期の後に、一三〇〇年頃から百年前くらいまで涼しい小氷河期が来た。気温の変化はさほど大きくはなく、たぶん今日より摂氏一度から一度半低かった。しかし農業と船積みへの影響は深刻で大災害をもたらす。渓谷には氷河が下り、農場は跡形も無くなった。いくつかの場所では土壌が消えた――文字通り表土が洗い流され、岩場になってしまったのだ。植物の生長期は短くなり、食物は乏しくなった。小麦は正常に生長して熟すことがなく、干すことができず、腐った。べと病にかかったブドウからは酸っぱいワインしかできないか、まったくできない。イングランドでは気温の低下でブドウはまるで育たなかった。きわめてよいワイン醸造業が壊滅したので、フランスはイギリスのワインを締め出す法律を通過させようとした。ブドウの木がだめになったので、ヨーロッパ北部の人々は穀物から作る酒――ビール、ウイスキー、ウォッカを飲むようになる。

危険な浮氷塊のために航行する船は減少し、また沿岸から離れられなかった。何百年も前にデンマークが植民地化したグリーンランドは、ヨーロッパ最古の植民地だったが、気候の変化によって孤立する。ヨーロッパの入植者は現地の人々イヌイット(以前はエスキモーと呼ばれた)から、徐々に寒くなる環境の中で生き延びる方法について、食物を手に入れる場所について学ぶこともできただろう。しかしヨーロッパ人は自分たちを文明人と考え、キリスト教徒ではないイヌイットを非文明人とみなして、交流を拒んだ。文化的偏見を克服できず、ヨーロッパからの支援は途絶え、寒冷化するグリーンランドへの備えもなく、人々は飢え死にし、植民地は消滅した。[71]

ヨーロッパでは飢えた人々が土地を捨て、ホームレスになって都市へとさすらい、食物を乞うか、盗んだ。何千人もの人々が死んだが、死体は朽ちるがままに放置され、共同墓地に葬られたか、あるいは食べられた。生きている者も貧血のような欠乏性疾患を患い、タンパク質の不足からむくみ、衰弱して、働いたり、農作業をしたり、料理したりできなくなった。動物も栄養失調になる。この人間と動物の栄養失調は、病弱な赤ん坊という形で次の世代に受け継がれた。その弱った状態のせいで、腸内寄生虫、下痢、死に至る病に侵されやすくなった。

疫病――黒死病（ペスト）、一三四八〜一三五〇年

新たに再開されたアジアへの交易路がヨーロッパにもたらしたものは、絹とスパイスにとどまらない。一三四八年、ノミだらけのネズミが陸路海路を通じてあっという間に腺ペストを広めた。栄養不足や清潔観念と公衆衛生の欠如も災いした。二年間でヨーロッパの人口の三分の一にあたる二五〇〇万人がペストで死ぬ。西南アジアでは四〇〇〇万人が死に、中国では死亡者数が三五〇〇万に達した。悪循環が始まる。農夫が死に、生きている者の多くも弱っていたので、疫病の後には飢饉が続いた。その後栄養失調の人々は病気にかかりやすくなる。一三四〇年から一四五〇年の百年間にヨーロッパの人口は六二五〇万人から四三五〇万人へと激減した。[72]（今日では抗生物質のテトラサイクリンによってペスト菌はすばやく容易に殺される。）

都市から逃げ出してペストから逃れようとした人々もいた。ジョヴァンニ・ボッカッチョの『デカメロン』は、若いイタリア人がトスカナの丘の別荘に引き籠り、物語をしながら時を過ごすという設定で、一連の話で構成されている。その一つがベンゴーディと呼ばれる場所、食を愛する人々の理想郷についてのファンタジーである。ベンゴーディはすりおろされたパルミジャーノ・チーズの山の上にあり、ブドウの蔓がソーセージで結わえつけられている。人々は一日中マカロニとラヴィオリを作り、肥育鶏のスープで料理する。白ワインも流れてくる。食物は果てしなく供される。食べるや否や、作られるからだ。[73]

細菌について何も理解されていない時代には、他のものがとがめられた。ユダヤ人がキリスト教徒を殺そうと企んで井戸に毒を入れた、という噂が流れた。解決法はユダヤ人の殺害。だからすさまじい勢いでユダヤ人が殺された。これらの襲撃の結果、西ヨーロッパの人口の多い都市から東ヨーロッパの人口の少ない地域への、ユダヤ人の大移動が始まる。ユダヤ人はその地域、とくにポーランドにいれば安全だと感じた。彼らは六百年間比較的安全に

飢饉と麦角病の歴史、750 ～ 1800 年

時期	回数	できごと	場所
750-800 年	6 回	全般的飢饉	ヨーロッパ全土
800-900 年	12 回	全般的飢饉	ヨーロッパ全土
900-950 年	3 回	全般的飢饉	ヨーロッパ全土
900-1000 年	頻回	麦角病	ヨーロッパ全土
1000-1100 年	8 回	全般的飢饉	ヨーロッパ全土
1000-1100 年	26 回	飢饉	フランス
1000-1100、特に 1024、1076、1089、1094 年	頻回	麦角病	ヨーロッパ全土
1250 年	比較的安寧な時代		
1315-1317 年		中世最悪の飢饉 (74)	ヨーロッパ全土
1348-1350 年	**鼠径腺《そけいせん》ペスト――黒死病**		
1556-1557 年		飢饉	ヨーロッパ全土
1590-1593 年		飢饉	ヨーロッパ全土
1630、1648、1652-1654、1660 年代、1680-1685、1693-1695 年	頻回	飢饉	ヨーロッパ全土
1700-1800 年	16 回	飢饉	フランス（1789 ～革命）

暮らしたが、それはポーランド南部のオシフィエンチムという小さな町が、ドイツ語名アウシュヴィッツによって世界に知られるようになる二十一世紀の中頃までのこと。

人口の深刻な減少は、ヨーロッパ人の生活に大きな変化をもたらす。重要な職業に従事していた人々が死んで、生き残った人々は高い賃金を享受することができた。職人が作るパンも樽も荷馬車も、何もかも不足していたので、高い値段をつけることができた。疫病の長期にわたる影響の一つは、キプロス島やシチリア島などで砂糖製造人口が激減し、なかなか増加しなかったので、砂糖の生産量が落ち込んだことである。生産量が昔の水準に戻るには何世紀もかかった。そしてそれは地中海地方ではなく、地球を半周した所にある西インド諸島――カリブ海諸島――と呼ばれるようになった島々で達成された。

ヨーロッパには混沌としている地域があった。

貴族の領主が死に絶えれば、法的な継承者はいない。不法占拠者が入り込み、土地をめぐって争った。農奴は十字軍後のように都市に逃げた。そして十字軍のように、疫病も教会の力を弱めた。というのも何が起きているのか説明できず、またそれを止めることができなかったからである。都市の人々は教会による商売の禁止を無視するようになり、ともかく商売を始めた。その後ヨーロッパの教会とキリスト教徒はもう一つ深刻な打撃を受け、それも食物に大きな影響を与えた。

トルコ——東ローマ帝国の滅亡

一四五三年、西ローマ帝国滅亡の千年後、キリスト教の東ローマ帝国も滅亡した。三世紀半におよぶ攻撃の後、イスラム教徒のオスマン・トルコ軍が最終的にコンスタンティノポリスの攻略に成功したのである。「征服者」として知られていた指導者スルタン・メフメトはコンスタンティノポリスをイスタンブールと改名し、キリスト教の教会をイスラム教のモスクに転じた。メフメトは帝国を東はユーフラテス川まで、北はヨーロッパのドナウ川まで拡大する。またトプカプ宮殿とその桁はずれの厨房の建設を始めた。後続のスルタンたちは、さらに厨房を十か所加えた。

トルコ料理

トルコ料理は世界のすばらしい料理の一つで、凝っていて専門化している。イスタンブールはヨーロッパにあるが、トルコの他の地域（アナトリア高原）はアジアにあり、征服したビザンティン帝国はギリシアの影響を受けていた。したがってトルコ料理はそれらの影響をすべて受け、なおかつそれ以上のものだった。トルコのポケット・パンはpide（ピデ）だが、中東の他の地域でpita（ピタ）と呼ばれていた。他の主要料理は、ミルクを保存するようにトルコ人が発明したヨーグルト、ケバブ、ピラフ、スープのチョルバ、野菜包みのドルマ、水餃子マントゥ、野菜を包んだパイのビョレク。ラヴァシュと呼ばれる平たいパンは、粘土で内側を覆ったタンディール窯（tandir）――ペルシアのtannur（タンヌール）、インドのtandoor（タンドール）と関連する――で焼かれる。ナッツのペースト、刻んだもの、または丸のまま作り、ドライフルーツを入れることもある菓子、ヘルヴァまたはハルヴァのための独立した建物もあった。[75] アメリカ人が知っているハルヴァはゴマで作る。十八世紀には六種類のヘルヴァはそれぞれ別の料理長が担当し、それぞれの料理長の下で百人の徒弟が働いた。[76] 宮殿の厨房では毎日一万人分もの料理が作られる時代もあった。その多くが肉料理で、一七二三年に使われたのは「牛三万頭、羊六万頭、仔牛二万頭、仔山羊一万頭、家禽二〇万羽、ハト一〇万羽、七面鳥三〇〇〇羽[77]」。ラマダーンの十五日には軍隊のためにバクラヴァも作られた。フランスのルイ十四世のように、スルタン・メフメトは誰かと食事をするなど恥ずべきこととしていた。

今日イスタンブールで有名なスパイス・バザールが始まったのは、十七世紀の中頃である。さらにトルコ人(Ottoman)は、低く丸く詰め物をしたスツールを意味するオットマン（ottoman）にその名をとどめている。それは二十一世紀にコーヒー・テーブルとの組み合わせで復活している。

新たなスパイス交易路

一四五三年にキリスト教の東ローマ帝国がイスラム教のトルコに敗れたことにより、キリスト教の西ヨーロッパは宗教のみならず経済の面でもパニックに陥る。今やオスマン帝国は地中海東部を支配し、さらにスパイス交易路もアジアからの交易品も支配した。ヨーロッパ人はスパイスへの近道になる海路を求めた。イスラム教徒の仲介がなければ、価格が下がる。海路を見つければ本人にとっても、それを援助した国にとっても大変な宝となる。スペイン人にはクリストバル・コロン、イングランド人にはクリストファー・コロンブスとして知られていたジェノヴァ生まれの船長クリストフォロ・コロンボは、自分が生まれる二百年前に別のイタリア人マルコ・ポーロが書いた本を読んでいた。コロンブスはアジアについて読んだことを信じ、どのようにしてそこに行けばよいか考え、スペインの女王に会いに行く。

第4章　新世界の食物——ジャガイモ、トウモロコシ、トウガラシ、チョコレート

スパイスを求めて

十五世紀の初頭ヨーロッパ最西の国は、スパイスを見つけるための新ルート探索を先導していた。ポルトガルのエンリケ航海王子は、航海学校を設立する。四千五百年前に三つの重要な技術の発展——車輪、犂《すき》、帆——がシュメール人の交易に役立ったように、三つの新たな技術的発展がヨーロッパ人の役に立つ。中国人が発明した磁石は常に北を差したので、海上で船長が方角を知ることができた。アラビア人が発明した天体観測儀アストロラーベは、星の観測に基づく航海を可能にした。新しい三角形の帆によって、順風だけでなく逆風でも航行できるようになった。ポルトガル人はアフリカの西岸沿いに南下し、喜望峰を回ってアフリカ東岸沿いに北上した最初のヨーロパ人である。

スパイスを売っていた中国人もまた、シルクロードの隊商に代わる手っ取りばやい選択肢を探していた。隊商が中東および地中海地方への儲けの多い旅をするには何年もかかったからである。そこで海路を探した。一四〇五年から一四三三年にかけて、中国は太監鄭和《たいかんていわ》を七回の航海に派遣する。鄭和は南太平洋を探索し、ペルシア湾およびアフリカに到達した。三〇〇隻の艦隊は壮観だったに違いない。九本のマストを備えた全長一〇〇メートル以上の船が赤い絹の帆を揚げている。アメリカまで到達した可能性もあるが、航海は中止になった。皇帝の交代により大艦隊は後退を余儀なくされたのである。中国を支配していた保守的な儒者は、外国との取引、あるいは何らかの取引に従事することによって国が「汚される」ことを望まなかった。三本以上帆柱のある船の建造を違法であると宣言したので、遠洋航海が不可能になる。その後明は商業を抑圧し、農業を振興するために、商人に課税し農夫に優遇税制措置を取った。

ヨーロッパのカトリック教会が通商への従事に対する規制を弱めたのと同時期に、中国はその規制を強める。それは短期的には中国を守り、強化する決断だったが、長期的には弱体化することになった。商人は国を捨て、多くがインドネシアに渡る。以後四百年裕福で自足していた中国は鎖国し、広東港一つを除いて西洋との交易を退けた。その間に西洋は技術的な進歩を遂げ、中国を完全に圧倒する。次にヨーロッパ人が中国を訪れたときには、中国人の発明により可能になった新たな技術の産物、銃を携えていた。

ポルトガル人がスパイスを求めて東に向かって航海をしていた間、西に向かえばインド諸島の香料諸島への最短ルートになるだろうと考えたヨーロッパ人がいた。コロンブスは世界地図をよく知る経験を積んだ船長だった。地図にはヨーロッパ、アジア、アフリカの三大陸が描かれていた。中央にあるのは、キリスト教の聖地エルサレム。しかしドイツのベハイムという人物が球体の世界、地球儀を作った。[1] コロンブスは水平線に向かってどんなに遠くまで航海しても、水平線には決して近づけないし、地球から落ちることもないということを経験から確信していた。

コロンブスは西に向かってアジアのスパイスを探す航海の資金を出してほしいと、ヨーロッパの王室に請願したが、あまりうまくいかなかった。イタリアのメディチ家は、興味を示さない。もし新ルートが見つかれば、仲介手数料が見込めなくなるからだ。スペインでは新しい国王と女王がスペインを浄化し、その魂を救う活動の一環として、異端審問を復活させたので、情況は緊迫していた。

スペイン——異端審問とユダヤ人の料理

一四七四年、イタリアで最初の料理書が印刷機で印刷されたその年に、国王フェルディナンドと女王イサベルはともに王位に就く。フェルディナンドはアラゴン王で、イサベルはアラゴンより裕福で強力なカスティーリャの女王だった。一四六九年の二人の結婚により、二つの王国は連合国となったが、スペインを十分に統一することはできなかった。一四五三年にコンスタンティノポリスがイスラム教国トルコのものになって以来ヨーロッパは相次ぐ衝撃に見舞われたが、それに対してフェルディナンドとイサベルはキリスト教のために自分たちの国を取り戻し、浄化することを決意する。このレコンキスタ（イベリア半島の再征服）を成し遂げるためには、そこに何百年間も平和に住んでいた北アフリカから来たイスラム教徒のムーア人とユダヤ人のいた地方を、浄化しなければならない。

スペイン人はムーア人に対しては宣戦布告したが、ユダヤ人を排除するには食物を用いた。異端審問では、人々が聖書を隠し、信仰について嘘をつくことが可能だった。しかし食習慣を隠すことはできない。すでにユダヤ人に対する法律が実施されていた。一四一二年スペインではユダヤ人が、食料品店や肉屋を含む一定の商いをすることを禁ずる法律を成立させていた。ユダヤ人はキリスト教徒を雇ったり、キリスト教徒とともに飲食したり、風呂に入ったりできなかったし、キリスト教徒に話しかけることもできない。衣服も粗末なものしか許されなかった。[2]一四七六年には法律により、ユダヤ人はそれとわかる印をつけることを強制される。一四八〇年フェルディナンドとイサベルは異端審問を再開する。一四八四年ユダヤ人は食物を売ることを禁じられた。一四九二年にはスペインはグラナダを陥落させた後、ムーア人の多くを国外に追放し、ユダヤ人はすべて洗礼を受けてキリスト教徒になるか、国外に退去しなければならないと命じた。

その名が拷問と同義語になった有名な長官トルケマダの下で、異端審問は徹底的かつ特有のものになった。異端審問官は町々をめぐり、人々をすべて町の広場に集め、以下の人物を探していると告げた。金曜日の夜に料理をこしらえ、土曜日まで食べない者。なぜならユダヤ人は安息日の土曜日には料理をしなかったから。豚肉を食べない者、料理の前に肉の血を洗い流す者、四旬節の間にチーズのような教会が禁じているものを食べる者。日頃不満を持っていた召使が主人や女主人を突き出した。隣人が隣人を裏切った。有罪とされた人々は、広場へと行進させられ、じわじわと燃えて苦痛を長引かせる火で火あぶりになった。善きキリスト教徒にならなければ地獄の火で焼かれる、という見せしめである。ユダヤ人の中にはキリスト教徒のように食べることを装って、「キリスト教徒」として「通った」者もいた。彼らは豚肉料理をこれ見よがしにやって見せ、隣人に分け与えた。隣人はたぶん寛大な振る舞いに感極まり、豚肉を料理した人々が自分たちは全然食べなかったことには気づかなかった。

改宗さえ安全の保障にはならない。ついに異端審問はコンヴェルソ（converso）を追跡した。コンヴェルソとは家族は何世代も前にキリスト教に改宗しているが、本人はまだこっそりユダヤ教を信仰しているかもしれないユダヤ人のこと。生き延びるためにユダヤ人はスペインを去った。西のポルトガルに行った者もいたが、きわめて多くが異端審問からもカトリック教からもずっと遠くへ逃れ、ヨーロッパで唯一宗教に寛容な国、北方のオランダに行った。そして銀行業や商売の知識をもたらす。フェルディナンドとイサベルは国内の経済的知的流出に気づいてはいたが、スペインのキリスト教徒の魂を救うためには、宗教的浄化を辛抱強く続けなければならないと断言した。

女王イサベルへの謁見を待っていたのは、クリストファー・コロンブスで、コロンブスを待っていたのは二つの新大陸——南北アメリカ大陸——と、想像もつかないような鉱物、野菜、動物という資源だった。これから出会うことになる驚くような世界をヨーロッパ人に知らしめるものは、カトリック教会の教えにも、古代の哲学者の著作や学問的な文献にも、あるいは大衆的な民話や寓話にも、皆無だった。

アメリカの帝国

一四九二年にコロンブスが到達する前には、南北アメリカの人々は一人として風邪をひかなかった。誰もはしかにかかったこともなく、天然痘の痕を残す者もいなかった。ジフテリアや百日咳などで、子供が死ぬこともなかったし、蚊が媒介するマラリアやシラミによって広まるチフスもなかった。これらの病気は西半球には存在しなかったのである。メヒシバやタンポポ、クズのような雑草もなく、クマネズミやドブネズミもいなかった。アメリカのミツバチは飛び回って蜜を作ったが、針はなかった。

人類がアジア北部とアラスカの間のベーリング海峡を歩いて南北アメリカ大陸に渡ったのは、紀元前四万年から紀元前一万二〇〇〇年にかけてである。当時は氷河が後退し、ベーリング海は干上がり、二つの大陸は陸続きになっていた。モンゴル人と近縁のこれらの人々は、アラスカから南米南端のティエラ・デル・フエゴにまで到達する。現在のアラスカに住み着いた人々はイヌイットとなり、アザラシの肉を食べた。太平洋の北西岸ではクワキウトル族となりトーテムポールを彫った。マリウー族となった人々は現在のマリブに当たる太平洋岸でゆったり暮らした。アメリカの北東部のイロコイ族となった人々は高度に複雑な統治組織を持つ。そして他にも多くの種族が生まれた。

コロンブスが到達する前には南米、中米、北米にはそれぞれ一つずつ支配的な文明があった。(一) インカ族は、現在のペルーに当たるアンデス山中のクスコに首都を置いていた。(二) アステカ族の壮大な首都テノチティトランは湖の埋め立て地に建設され、現在はメキシコシティになっている。(三) カホキア（訳注：北米先住民の大遺跡）はミシシッピ川岸の今日のセントルイス郊外にある。これら三つの文明は数千キロメートル離れてはいるが、いくつかの点が共通している。

第一に、すべてが複雑な交易ルートの中心にある。カホキアの人々は、オハイオ川やミズーリ川をはじめ、何千キロメートルにもおよぶ支流も含むミシシッピ川を輸送と交易に用いた。インカ族とアステカ族は道路を建設した。

第二にこれら三つの文明のいずれでも、子供の玩具として、あるいは競技で使用する以外車輪は使われず、運搬用の荷車はなかった。荷車がなかったもう一つの理由は牽引用の役畜がいなかったからである。牛はおらず、有史以前の馬は絶滅していた。そしてアメリカ大陸産の動物ホッキョクグマ、ハイイログマ、ヒグマ、ツキノワグマ、ジャガー、オオカミは家畜化できなかった。だからこれらの交易路ではあらゆるものが、舟で、駄獣あるいは人々の背や頭に載せられて、運ばれた。

第三に、大型の家畜あるいは容易な運搬手段がなかったにもかかわらず、エジプトのそれを上回るものもある巨大なピラミッドを建設している。ピラミッドは宗教的に重要だった。夏至の太陽が正面に沈むように造られたものや、人間を生贄《いけにえ》として神に捧げるために使われたものもある。

第四に家畜はほとんどいなかったが、アメリカ大陸では農業革命が独自におこなわれた。アメリカの文明は、農耕および食物保存の新しい方法を開発した。それはヨーロッパ、アフリカ、アジアの人々が夢にも思わない途方もない方法だった。

南アメリカ——インカ帝国

インカ帝国はアメリカ大陸最大の帝国だった。国土は南米の太平洋岸に沿って、赤道直下の今日のエクアドル（Ecuador：赤道を意味する）から南へ、ペルー、ボリビア、アルゼンチン西部から現在のチリの首都サンティアゴのあたりまで、四〇〇〇キロメートルにわたって延びている。インカ族はその帝国をタワンティンスウユ――四州からなる王国――と呼んでいた。

これは地理的には極端な国土である。西部太平洋岸の砂漠から、雨林、高原を経て雪に覆われた六〇〇〇メートルを超えるアンデス山脈へと急激に高度が増す。アルティプラーノは平坦な高原地帯で、平行に走る二本の山脈の間にある。古代ローマ人のようにインカ族は、二万キロメートル以上に及ぶ道路と橋を建設して、帝国内の通行を容易にした。ローマ帝国ですべての道がローマに通じたように、インカ帝国でもすべての道が、今日のペルーにある標高およそ三五〇〇メートルの首都クスコに通じた。クスコは「大地の臍《へそ》」を意味する。(3)

インカ族はエジプト人のように死者をミイラにした。ヨーロッパ人のように奢侈《しゃし》禁止令を作り、日常の食物や衣服の贅沢を禁じた。(4)食物や飲み物を運ぶためには、リャマのような駄獣を使うか、または特別な大きな壺に入れて背負い、道路を歩いて運んだ。壺は黒、赤、茶色、黄色、白の幾何学模様で飾られた。当時のインカ族も現代の子孫も、アルパカやリャマ、野生のビクーナの毛から鮮やかな色の布を織る。アルパカやリャマはラクダ科で家畜化されていた。インカの音楽は管楽器が主で、陶器や貝殻で作ったフルートやパンパイプがあり、打楽器にはドラムがあった。

インカ族はアンデス山中におよそ一・五キロメートル×二・五キロメートルの神秘的な都市マチュ・ピチュを建設した。そこは深い谷にかかる丸太の橋を歩いて渡らなければ到達できない。あまりに人里離れていたので、一九一二年まで発見されなかった。ほぼ一世紀間考古学者はインカ族がマチュ・ピチュをどのように使ったのか特定しようとした。二〇〇九年イタリアの考古学者が、マチュ・ピチュは実際の都市だったのではなく、宗教的な巡礼地だったという学説を立てる。(5)

インカ族は、征服した人々がインカの宗教に改宗し、インカの言葉ケチュア語を話すように強制した。インカ族はもっとも聖なる神殿、クスコの太陽神殿に祀られている太陽神インティを礼拝していた。そして「太陽の汗」と呼んでいた金を扱う高度な技術を持っていて、クスコでは建物の壁は金の薄板で覆われていた。しかしその黄金の芸術はほとんど残されていない。というのもアステカの金同様、スペイン人によって溶かされてしまったからだ。インカ帝国は、皇帝アタワルパがスペイン人のコンキスタドール（征服者）によって一五三三年に殺されたときに終焉を迎える。

共有の土地と食事

インカ帝国では多くのものが共有されていた。たとえば私有地はない。政府が土地と経済を支配し、どの作物をどこに植えるかを決定していた。政府の監督の下農民は灌漑設備を建設し、山腹に段々畑を設けた。肥沃な三日月、中国、シチリア、またはアフリカの広々とした平地でおこなわれた農耕とは異なり、「アンデスの人々は何千キロメートルにもわたって点在し、何千メートルもの山腹に段状に連なる何百万という小さな土地で作物を育てた」(6)。まるで石の擁壁《ようへき》に支えられた階段のようだ。この方法はきわめて効率的だった。スペインに征服されたとき、インカ族はアジアあるいはヨーロッパすべての農民とほとんど同様多くの作物を栽培していた(7)。

食事も共有された。インカ族は一日二食。朝食がディナーで、一堂に会しておこなわれた。誰もが町の広場で食べなければならないと皇帝が定めたからである。皇帝もそこで食べた。食物を準備する女性は家で料理を作り、それを運べるように詰めなければならない。夫と妻は背中合わせに座り、まず夫が食べる。人々は持ち寄ったものを分け合うために招き合う。食事が終わるまで飲み物はなし。食後に持ち寄った飲み物も分け合った。こうして食物は公平に分配され、あまり食べ物のない人々でさえ、少なくとも一日一回、一日の初めによい食事に与《あずか》ることができた。夕食はそれぞれの家庭で食べられた。

キヌア

種蒔きの時期は宗教的儀式で始まった。皇帝は金の鋤《すき》を取り上げて、もっとも重要な作物、神聖な「母なる穀物」キヌアの種を最初に蒔くために、大地を掘った。アンデス原産のキヌアは、上質のタンパク質を豊富に含んでいるので、今日でも肉の代わりになる。(8) およそ二百年前ドイツ人の科学者アレクサンダー・フォン・フンボルトはアンデス山脈に行き、こう述べた。キヌアは「ギリシア人にとってのワイン、ローマ人にとっての小麦、アラビア人にとっての綿《ワタ》」のようなもの。(9) 加熱された穀粒は小さな透明な真珠のようで、味は米のように淡泊で癖がない。(キヌアは映画『ハード・プレイ *White Men Can't Jump*』の中で、クイズ番組『ジェパディ』に備えてロージー・ペレスが学んだ「Qという文字から始まる食物」の一つ。)

モルモットとチャルケ

キヌアに加え、人々の多くが時々タンパク源としていたのはモルモット(*Cavia porcellus*)で紀元前二〇〇〇年には飼育されていた。味は魚臭い豚肉と述べられている。モルモットは小さな哺乳類で、繁殖が早い。毛をむしり、トウガラシで味付けし、はらわたを抜き、そのあとに熱い石を詰めて、皮ごと丸焼きにした——ときに今でもする。(10) 現代の料理では切り開いて焼くこともある。他の肉は鹿と、ウサギのような体とキツネのような尾を持つビスカッチャと呼ばれる動物の肉。人肉食とイヌを食べることは許されなかった。(11) 野生動物を狩ることは貴族の特権で、厳重に規制されていた。

インカ族は食物を主に干して保存した。われわれが食べている「ジャーキー(jerky：干し肉)」は、インカ族が肉を砂漠の大気にさらして干したことと、それを意味する語チャルケ(charque)に由来する。[12] 違いはわれわれのジャーキーは牛肉か七面鳥の肉が多いが、チャルケはリャマの肉であること。

沿岸の魚は干して、軍隊の食物にした。しかしクスコのインカの支配者は、ざっと数百キロメートルも離れた海で獲れる新鮮な魚を好んだ。魚は「生きてピクピクしているままに」走って運ばれた。「そのような遠距離をしかもでこぼこで岩だらけの道をとは、信じられない[13]」。

ジャガイモ――「スペイン人にとってさえおいしい食物[14]」

食事の別の栄養源はジャガイモ。インカ族は紀元前三七〇〇年から紀元前三〇〇〇年の間にジャガイモ(*Solanum tuberosum*)を栽培植物化したが、その種類は三〇〇〇種以上におよぶ。[15] スペイン人コンキスタドールは一五三五年ペルー南部のチチカカ湖付近でジャガイモを見ている。

その根は…たいていが卵くらいの大きさで、丸いのも細長いのもある。風味のよい粉質の根で、色は白、紫、黄色。インディオにとってはごちそうで、スペイン人にとってさえおいしい。[16]

インカの法律によれば、ジャガイモを剥くことはできなかった。「なぜならもしジャガイモに分別があれば、剥かれている間に泣くだろう。だから剥いてはならない。剥けば罰を与えられる[17]」。どのような宗教的、あるいは文化的理由にせよ、この法律の成立は二つの実際的な目的にかなった。つまり人々は栄養のある皮を食べなければならなかったし、皮を何トンものゴミにしなくて済んだ。

インカ族はジャガイモをフリーズ・ドライ（凍結乾燥法）で保存した。高地の乾燥地帯アルティプラーノに住んでいたので、日中は暑く乾燥しており、夜は凍えるほどだった。日中、ワインのためにブドウを踏みつぶすように足で踏んでジャガイモの水分を搾り、外で乾燥させる。それから夜になると、乾燥したジャガイモが凍る。凍結乾燥したジャガイモはチュニョスと呼ばれ、払底《ふってい》することがないように、いくらでも巨大な公共の倉庫に蓄えることができた。[18] 他にキヌア、果実、野菜、豆、日干しにした肉と魚、塩漬けの肉と魚、水のための倉庫もあった。これらの貯蔵品は、病人、老人および身体障害者の食物として供給された。[19]

コンキスタドールが来る前に、アンデスの先住民は他のどこよりも炭水化物に富んだ多くの根菜を栽培化していた。その大半、「アキラ、クズイモ、アラカッチャ、マカ、マシュア、マウカ、オカ、ウルコ、ヤーコン」のような根菜はアンデス地方の外ではまだ定着していない。[20] それらの根菜すべてのうち、ジャガイモだけが世界の食卓で人気者になっている。

料理法

アンデスに住むインカ族は、高度のおかげでジャガイモを保存できた一方、煮込み料理はむずかしかった。海抜ゼロ地点では水は摂氏一〇〇度で沸騰する。高度が上がると気圧が低くなり、水がもっと低い温度で沸騰するので、料理には余計時間がかかる。燃料も余計に必要になるが、木の少ない高所では不足する。だから高所に住むインカ帝国の人々は、煮物より炒め物をすることが多かった。

ジャガイモの歴史

時期	場所	できごと
紀元前 3700-3000 年	ペルー	インカ族が 3000 種以上のジャガイモを栽培植物化
1535 年	ペルー	スペイン人コンキスタドールが初めてジャガイモ見る [21]
1550 年代	スペイン	帰国したスペイン人コンキスタドールがジャガイモを紹介
1586 年	イングランド	エリザベス 1 世の料理長がジャガイモの葉を料理するが、イモは捨てる [22]
1590 年	イタリア	ローマ教皇が植物学者のクルシウスにジャガイモを与え、クルシウスはジャガイモの最初の絵を描く [23]
1651 年	ドイツ	国民にジャガイモの栽培を強制する [24]
1660-1688 年	アイルランド	ジャガイモの栽培が急速に広まる；人口が 50 万から 150 万に増加 [25]
1662 年	イングランド	王立協会がジャガイモ栽培を後援 [26]
1700 年頃	ロシア	ピョートル大帝がジャガイモを導入 [27]
1719 年	北米	スコットランドおよびアイルラドからの植民が初めてジャガイモをヨーロッパからニューハンプシャーに持ち込む [28]
1748 年	フランス	ジャガイモがハンセン病を引き起こすと議会が宣言し、栽培を禁止 [29]
1760 年頃	ポーランド	七年戦争の間にジャガイモがポーランドに到達 [30]
1760-1840 年	アイルランド	人口が 600% 増加して 150 万から 900 万に。ジャガイモが常食に [31]
1763 年	フランス	七年戦争でドイツの捕虜となり、ジャガイモを食べさせられた農学者パルマンティエが、ジャガイモの普及に努める [32]
1764 年	スウェーデン	政府がジャガイモの栽培を推進 [33]
1770 年	オーストラレーシア	キャプテン・クックがジャガイモをもたらす [34]
1780 年代	フランス	国王ルイ 16 世がヌイイでジャガイモを栽培。パルマンティエはジャガイモに価値があるとわかるように、監視人を置く。農民がジャガイモを盗んで植える。それがパルマンティエの目的
1793 年	フランス	フランスで初めて女性マダム・メリドによって書かれた料理書『共和国の料理』の内容は、すべてジャガイモのレシピ [35]
1830 年	ベルギー	ジャガイモ疫病菌（*phytophthora infestans*）が生じる [36]
1835 年	フランス	カレームの著書『フランス料理術』にイギリス風のジャガイモ料理（マッシュポテト）のレシピ登場

時期	場所	できごと
1837年	フランス	シェフがジャガイモのスライスを二度揚げると、偶然スフレポテトができる[37]
1845年	アイルランド	ジャガイモ疫病菌が作物を全滅させる。アイルランド人は100万人が死に、100万人が出国
1850年代	アメリカ	ポテトチップは、ニューヨークのサラトガで、アフリカ人と先住民の血を引く料理人によって発明されたという伝説が生まれる
1873年	アメリカ	ルーサー・バーバンクがジャガイモを改良。アイダホ・ポテトが生まれる
1920年代	アメリカ	第一次世界大戦からの帰還兵がフレンチフライを好む
1960年	アメリカ	ギルバート・ラムがウォーター・ガン・ナイフを発明して、フライド・ポテト産業に革命を起こす[38]
1986年	世界	ジャガイモは重要な四大作物の一つ。2億人の主食[39]
2001年	アメリカ	ラム・ウェストン社が甘いポテトフライを開発[40]

豆のような食物を炒めると、おもしろい。アメリカ大陸ではどこでも豆は主要食料だったが、アンデスのインカ族は油で加熱して、ポップコーンのようにはじけさせた。この豆は現在ヌーニャスと呼ばれるインゲンマメ（*Phaseolus vulgaris*）の一種。今日でも商業用ではなく、大半が自家用に栽培されており、味はピーナツを炒ったものに似ていると言われている[41]。

トウモロコシ

メキシコから南方へ伝わったトウモロコシは、インカ族のもう一つの主要食料である。アメリカ人にとって、corn（トウモロコシ）は穀粒のついた穂軸を意味する。しかしヨーロッパではトウモロコシが到来するずっと前からcornという語が使われていた。この事実が、ことに古い文献では混乱を招く。

混乱を招く言葉　corn と maize

corn という語は、最初は大麦や小麦のような穀物——corned beef（コンビーフ）に見られるように、塩さえも——を表すのにもちいられた。また peppercorn（コショウの実）のように、「植物の小さな堅い種か果実」を意味した[42]。maize（トウモロコシ）は、アメリカ人にとっての corn で、スペイン語由来。スペイン人はカリブ海地方のアラワク族からこの語を教わった。カリブ海地方では maize は「命の糧」を意味する[43]。トウモロコシは紀元前三四〇〇年頃にはメキシコ中部で栽培植物化されていた。すぐに基本的な穀物となり、北方にはアメリカ南西部の岩窟に居住したアナサジ族やカホキアの先住民に、南方にはインカ帝国に伝わった[44]。したがってコロンブスより前のヨーロッパの著者が corn と記している場合にはさまざまなものを意味した可能性があるが、トウモロコシではない。

さらに混乱がある。食物史家レイモンド・ソコロフが指摘するように、「アンデスのトウモロコシ［choclo］は、われわれのものとちがう。穀粒はずっと大きく、味と歯ざわりがちがう[45]」。そして独自の技術でチチャと呼ばれるビールにするところも、われわれとは異なる。

レシピ　チチャ――トウモロコシのビール

チチャの製法は以下の通り。「…女性は発芽トウモロコシを口に入れゆっくり噛み砕く。それから苦労して葉か皿の上に吐き出し、［ひき割りトウモロコシと水］とともに壺に入れる」。それを後で沸騰させて濾《こ》す。食物史家ベティ・フュッセルは『トウモロコシ物語 *The Story of Corn*』の中で、次のように述べている。「チチャを注ぐと五センチも泡ができる…味はイギリスの大麦湯に軽いピルスナー（チェコのビール）を混ぜたものに少し似ている[46]」。

カボチャ

インカ族はまた早くも紀元前五〇〇〇年には、ボリビアとその周辺――ペルー南部、チリ北部、アルゼンチン北部――のアンデス地方で、多種類のカボチャを食べていた。これらは学名が「最大のカボチャ」を意味する *Cucurbita maxima* という大きなカボチャだった[47]。ウリ科の植物は蔓性で、地を這わせるか、トレリスに絡ませる。葉は大きく、多様な色、大きさ、形の実がなり、新旧の世界に見られる。キュウリやスイカは旧世界で生まれたが、新世界のもっとも有名なウリ科植物はカボチャの一種パンプキンである。

インカ族はカボチャ全体を有効に使った。カボチャそのものに加え、花も食べた。ふつう雄花である。なぜなら雌花には小さなカボチャができているからだ。蔓の柔らかい先端が若い葉同様食べられることもある。種はタンパク質に富み、油を搾ることもできるし、炒って塩を振って食べることもできる。これらはスペイン語でpepita《ペピタ》（種子）と呼ばれている。最初に栽培植物化されたのは、栄養価の高い種子のためだったと学者は考えている。[48]

大半のアメリカ人がたぶんもっともよく知っているのは、パイにするパンプキン（*Cucurbita moschata*）である。これはメキシコまたは中米原産だが、広範囲に広まった。今日アンデス地方では、世界の他の地方で一般に栽培されているよりずっと多種類のカボチャが栽培されている。紫色のジャガイモや他の種類のジャガイモが最近世界市場に導入されたように、おそらくこれらのカボチャのいくつかも広まるだろう。

果実

インカ族はアンデス原産の多種の果実を食べることができた。これらの果実のいくつかは、最近アメリカの大手スーパーマーケットに並べられるようになった。ゴールデンベリーとも呼ばれるシマホオズキ、ペピーノ、タマリンド、チェリモヤである。チェリモヤは「カスタード・アップル」とも呼ばれるが、それは外側がリンゴのように緑色で（しかしウロコがある）、内側の果肉はクリーミーで白く甘いからだ。同じくアンデス原産でも外の世界にほとんど知られていないのが、ブラックベリーやキイチゴを含む科に属するもの。これらには深紅の果汁のローガンベリー、野生の「アンデスのブルーベリー」（*Vaccinium floribundum*）、大きさが鶏卵くらいにもなるコロンビアン・ブラックベリー（*Rubus macrocarpus*）が含まれる。[49] パッションフルーツ（*Passiflora edulis*）のいくつかの種類もアンデス原産だが、アメリカ人にもっともなじみがあるのは、ブラジル原産のもの。[50] インカ族はまたサボテン（*tunas*）の実や料理用バナナのプランテンも食べた。今日「アイスクリーム・ビーン」と呼ばれているインガーの莢果《きょうか》も軽食として食べた。仮種皮《かしゅひ》が甘くて白く、ほとんど綿菓子のように柔らかい。[51]

イチゴ

大きなイチゴ（*Fragaria chiloensis*）はチリの海岸地方原産。一七一二年にチリに来たフランス人船長が初めて食べてみて、他の人々も気に入るだろうと考えた。船長は多くのイチゴをフランスに持ち帰って植える。イチゴは完璧に生長したが、実がならなかった。理由は誰にもわからない。三十年後北米東岸の別種のイチゴ（*Fragaria virginiana*）がチリ産のイチゴの近くに植えられた。その後チリ産のイチゴは実を結ぶ。なぜか？　チリ産のイチゴは雌株で、ヴァージニアのイチゴは雄株だったからである。

ペルー原産の別の果実はトマトで、ボリビア原産のトウガラシとともにインカ料理の味付けに使われた。[52] トウモロコシが南のペルーに伝わったように、トマトとトウガラシは北方のメキシコに伝わった。ヨーロッパ人はまずトマトとトウガラシに、それから中米の他の多くの植物に出会った。[53]

中央アメリカ――バニラ

バニラは中米および南米北部低地の熱帯林原産である。バニラの栽培植物化のもっとも古い伝説は、およそ千年前にメキシコ東部のメキシコ湾岸にある今日のベラクルス付近に住んでいたトトナコ族のもので、[54] 彼らは神殿をバニラの香りで満たした。中世ヨーロッパの貴族が部屋をシナモンのようなアジアのスパイスの香りで満たしたのと、同じである。[55]

バニラは、地球上のもっとも古い植物の一つラン科で唯一食べられるもの。何百年にもわたる研究の後でさ

バニラの歴史

紀元前 9000 万年	ラン科植物が出現 [56]
1200 年代	トトナコ族の先祖が現在のメキシコのベラクルス近くのパパントラ市でバニラを発見
1552 年	フィレンツェ絵文書に最古の記述
1605 年	植物学者クルシウスが、著書『異国の動植物』の中で記述 [57]
1600 年代初めから半ば	メキシコのオアハカとタバスコおよびグアテマラ北部に、バニラのプランテーションができる [58]
1694 年	植物学者は雌雄があることを発見。授粉にとって重要
1759 年には	植物のバニラがパリの王室庭園（ジャルダン・ド・ロワ）に到着 [59]
1700 年代後期	タヒチアン・バニラ（*Vanilla tahitensis*）がフィリッピンの実験室で作られる [60]
1791 年	トマス・ジェファーソンが初めてバニラの莢をアメリカに輸入 [61]
1819 年	インド洋のレユニオン島別名ブルボン島にバニラが到着 [62]
1840 年頃	バニラがマダガスカルにもたらされる
1841 年	レユニオン島で 12 歳の奴隷エドモンド・アルビウスが手による人工授粉法を考案
1846 年	ジャワで栽培される
1846 年	タヒチにもたらされる。フランス人のカトリック宣教師が、商業的生産を確立
1800 年代中頃	バニラのオーブンによる乾燥が始まる
1875 年	ドイツ人化学者フェルディナント・ティエマンが松の木からバニリンを合成 [63]
1886 年	マスカリン諸島とジャワがメキシコを抜いて、世界のバニラ生産の首位に
1891 年	フランス人化学者ド・テールがクローヴからバニリンを合成 [64]
1920 年	インド洋のプランテーションが世界のバニラの 80% を生産。メキシコは 15% [65]
1920 年	アメリカで禁酒法実施。アルコール依存症患者は酒の代わりにバニラを買う
1925 年	バニラはゲランの香水シャリマー以来、香水の重要な成分となる
1930 年	マダガスカルが世界のバニラ生産の 80% を占め、独占状態 [66]
1930 年代	製紙の副産物の木材パルプからリグニン・バニリンを合成 [67]
1930 年代	アメリカの食品医薬品局がバニラと人工バニラを規制
1976 年	アメリカで販売されているアイスクリーム全体の 50% がバニラ・アイスクリーム [68]
1996 年	アメリカの国際開発局が、アフリカのウガンダの農夫のバニラ栽培を援助
1996 年	映画『マイケル』で、ジョン・トラボルタがバニラの匂いのする天使を演じる
1998 年	バニラは 1 ポンドが 9 ドル、1kg が 20 ドル

1999年	自然災害によりマダガスカルとメキシコのバニラが壊滅的な被害を受け、価格が高騰
2002年	バニラは1ポンド91ドル、1kg200ドルで、4年前の10倍に[69]
2003年	バニラに関する初の国際会議
2009年	アメリカで販売されているアイスクリーム全体の1/3がバニラ・アイスクリーム[70]

え、バニラについての多くが今なお神秘に包まれている。この特別のランが、その二百五十種から五百種のさまざまな化学的化合物の中から、どのように主な香りとなるバニリンを作るのか、科学者は正確には説明できない。[71]

バニラは蔓性で、その蔓を助け支えてくれる「家庭教師」と呼ばれる熱帯の木をよじ上って成長する。花は朝に開くが、せいぜい八時間しかもたない。バニラの莢を作るためには、この八時間の間に手で授粉する必要がある。六か月から九か月後、蔓には、巨大なサヤインゲンのような長い緑の莢がなる。莢は手で収穫しなければならない。それからしばしば蒸気で加熱し、乾燥、熟成させる。この過程で、莢は縮み、黒褐色になり、あのすばらしいバニラの芳香と風味が生まれる。それは莢が傷つけられたことに対する防御のメカニズムで、数週間から数か月かかることもあるこの過程を終えなければ、莢にバニラの風味は生じない。

バニラの栽培、授粉、収穫および乾燥の過程は長く、多くの人手がかかり、一ポンドの乾燥熟成済みのバニラ・ビーンを得るためには、三〜五ポンドの莢が必要である。このためにバニラは、サフランに次いで世界でもっとも高価なスパイスになっている。そしてまたアメリカで使われるバニラの九〇パーセントが、通常製紙の副産物である木材パルプから合成される理由でもある。[72]

バニラが世界の料理で香料として用いられるようになったのは比較的新しく、十九世紀の中頃から。当時インド洋のレユニオン島で十二歳の賢い少年奴隷が、バニラの人工授粉法を考えついた。それより前にハミングバードやミツバチが野生のバニラに引き寄せられることは知られていたが、昆虫が授粉にどんな役割を果たすのかはわかっていなかった。人工授粉によってバニラの生産は制御できるようになったが、きわめて慎重さを要する時間のかかる過程だったので、それだけ経費がかかった。

経費がかかっても、バニラ・アイスクリームはアメリカでもっとも人気がある。これは何世紀も変わらない。一七八〇年代に大統領のトマス・ジェファーソンは、アイスクリーム――バニラ・アイスクリーム――のためのアメリカ初のレシピを書いている。しかしその人気は下がりつつある。一九七六年には五〇パーセントだったマーケットシェアが、二〇〇九年には三分の一に落ちた。二位を占めるのはチョコレート・アイスクリームで、その差は一〇パーセントに満たない。(73)

中央アメリカ――マヤ文明の謎

マヤ文明に関しては、多くがいまだに謎である。マヤ族は最盛期にはカリブ海を望むメキシコのユカタン半島から、南方の太平洋岸のチアパスまで領土を広げていた。今日のグアテマラとベリーズ、およびホンジュラス西部とエル・サルバドルのすべてに居住していた。マヤの主な儀式の中心となったのは、ユカタン半島のチチェン・イッツァやグアテマラのティカルである。ティカルには三、四世紀から九〇〇年頃まで、およそ五万人が住んでいた。その後マヤ族の多くが都市や遺跡を捨て、文明は衰退する。

なぜ衰退したのかは謎である。原因を旱魃《かんばつ》、外敵侵入、内紛、疫病、飢饉、地震、台風、あるいはそれらの複合とする多くの説がある。(74) しかしマヤ文明への最後の一撃は謎ではない。それはスペイン人征服者によるもので、一五一九年にエルナン・コルテスが、コスメルで最初に発見したマヤの神殿を破壊し、代わりに十字架を立てたときに始まる。

マドリード絵文書

幸いスペイン人が到着する前に、マヤ族は重要な信仰と慣習のいくつかを記していた。使用された紙はクワ科イチジク属の木の樹皮で作られたもの。これらの多数の巻からなる絵文字の写本は、四組が残されている。それらはコデックス（古写本）と呼ばれ、測り知れないほど貴重である。それぞれの絵文書には保存されている図書館のある都市の名前が付けられている。たとえばマドリード絵文書。しかし学者は当初マヤの建造物も覆っていた絵文字が単なる絵——言語ではなくアート——で、それゆえ解読できないと考えていた。

その考えは一九七〇年に変わる。同年オースティンのテキサス大学のリンダ・シェーレという美術史家が、休暇でパレンケのマヤ遺跡の一つを訪れた。絵文字は単なるアートではなく、リンダに語りかけてきた。物語る絵を見て、解読を始める。リンダは公共の建造物には、王のリストとそれぞれの王の下で起きたできごとが刻まれていることを明らかにした。マヤ族は歴史をわかりやすく書いていた。リンダ・シェーレらの努力により、今ではマヤ族の料理と文化について多くのことが知られている。一九九〇年には絵文字の非常に多くが解読されたので、学者は絵文字が本当に書き言葉なのか議論している。「というのも絵文字が話し言葉の音声と構造を表しているからである」[75]。

ポポル・ヴフ

マヤ族についてのもう一つの主な情報源は、スペイン人の到着後十六世紀中頃に書かれたポポル・ブフで、宗教的な信仰に関するこのマヤ族の記録は、天地創造、戦争、犠牲、死、再生の物語である。古代ローマ人のように、マヤ族は文明創出の中心に双子の兄弟がいたと信じている。

創造神話の一部では、創造主、形成主あるいは大暴風という名前の創成神が、どのように「真の人々」を造ろうとしたかについて述べている。初めに創成神は木で人々を作るが、魂がない。そこで彼らを滅ぼすべく大暴風を送ると、人々は森に逃げ込んでサルになる。創成神は最終的にトウモロコシの生地をこねて人間を作るのに成功する。[76]

トウモロコシの神

マヤ族にとってトウモロコシは主食以上のもので、きわめて象徴的なものでもあった。ギリシア人がブドウの蔓が再生を表すと信じていたように、マヤ族にとってトウモロコシは、「生と死の重要なメタファー」、つまり誕生、死、腐敗、再生の循環を表すものである。[77] トウモロコシの神センテオトルを芸術的に表現した例は多く、トウモロコシの穀粒を模して宝石をまとわせることもあった。マヤ族は、センテオトルが単にトウモロコシだけでなくほかのものも作ったと信じていた。センテオトルの体からは他の植物が芽を吹いた。トウモロコシの神は地下に入ると、その髪はワタになり、目からは人々が喜んで食べるカカツリと呼ばれるとてもよい種ができた。

…鼻からはカモトリと呼ばれる別の種が…。指の爪からは、今日食べられている別種の大きなトウモロコシが。そして体の他の部分からは多くの果実が実ったので、人々は集めて種を蒔いた。[78]

もしマヤの人々が白いトウモロコシの季節に死ねば、アトリと呼ばれる飲み物を容れる器とともに埋葬された。アトリは白いトウモロコシで作られる。

カカオ――冷たいもの、熱いもの、酒

トウモロコシの神の体から生えたもっとも重要な木は、カカオの木。トウモロコシの神の頭に、カカオの実がなっていることもある。[79] マヤ族はアステカ族より千年前に、スペイン人の到着より二千六百年前にチョコレートを飲んでいた。[80] 冷たいものを、あるいはときには熱いものを飲んだ。カカオの実の白い果肉から酒さえ造った。

カカオの絵文字はマヤの陶器に間違いなくもっともよく見られる。飲み物の容器に刻まれているものは、所有者を表していた。われわれのマグに、「おじいちゃんのコーヒー」とか「その月の優秀社員（訳注：コメディ映画の題名）」とか書かれているように、マヤの碗やカップには、所有者と飲み物の種類が刻まれていた。[81] 純粋なカカオ、新しいカカオ、熟したカカオ、甘いカカオ、新鮮なカカオと詳しく。[82] 運ぶ間にカカオがこぼれないように開け閉めできる蓋さえ付いたカップもある。マヤの貴族は死後にもチョコレートが飲めるように、装飾付きのカップとともに埋葬された。

マヤ族はカカオを染料、薬、その他の物を買うための通貨としてももちいた。[83] また挽いたカカオ豆を水と混ぜてカカオバターも作り、それを飲んだり、いっそう濃厚にするためにチョコレートに加えたりした。千年後の十九世

紀にオランダ人化学者のファン・ハウテンがこの工程開発の功績を認められる[84]。

三姉妹農法（ミルパ農法）と家族集団農業

マヤ族は効率的に農業をおこなった。行って世話をするのに時間のかかる広い畑を持つ代わりに、「三姉妹農法」として知られる方法で三つの主要作物、トウモロコシ、豆、カボチャを組み合わせて植えた。トウモロコシはまっすぐに伸びて豆が巻きつく支柱となる。トウモロコシの下では、カボチャの大きな葉が土壌の水分を保つ。人々はトウモロコシ、豆、カボチャを、そして美しい黄色のトランペット形のカボチャの花をも食べた。カボチャの花は今日のメキシコ料理でも広く使われ、メキシコの芸術にも表現されている。

マヤ族は、ヤシの葉で葺いた一部屋か二部屋の小さな漆喰の家に住み、集落を形成していた。これらは家族集団で、男性（父と息子）はそれぞれの家族とともに、隣り合って住んだ。家族は農耕をともにし、共同の果樹園の果実、野菜、治療用のハーブを分け合う。家々の近くにはパパイア、アボカド、ラモン（クワ科の常緑高木）――果実はタンパク質に富み、地下で一年以上保存できる――など実のなる木が生えていた[85]。菜園にはサツマイモやキャッサバが植えられていたようだ。

これは土地が枯渇するまで使う、焼き畑農業だった。枯渇した土地は放棄され、新しい土地でまたサイクルが始まる。マヤ族は灌漑のための水路も造り、山腹に段々畑も造った。栽培収穫物を補ったのが、狩猟、漁獲、買い物である。また労働しながら、サポーテ（zapote）の粘り気のあるゴム状の樹液を噛んだ。ちょうどわれわれがその樹液から製造されるガムのチクレッツを噛むように。

ジャガー、ワニ、その他のタンパク質

多くの他の文明同様、マヤ族にとって料理と文化は宗教に結び付いていた。太陽神を崇拝したが、それは世界共通である。しかし独特なのは、太陽が空から消えたときに何が起こったかの説明で、太陽はジャガーになったと信じている。この獰猛な肉食獣は、アメリカ大陸のネコ科最大の大きさで、体長二メートル以上、体重は九〇キログラムにもなる。マヤ族はジャガーを狩って食物とし、ジャガー狩りに備えて、男性はジャガーの血を飲みジャガーの生肉を食べた。さらにワニも崇拝し、尾の肉を食べ、皮革を大切にした。

豚の近縁であるペッカリーや七面鳥も食べた。牡蠣、巻貝、淡水にすむカメもタンパク源となる。カメの卵はカルシウム源。マヤの貴族は鹿を焼いて堪能した。筋肉だけでなく内臓――心臓、肝臓、肺、胃、脳――も。(86) 考古学者は、鹿の臀部は神々に捧げられたと考えている。四〇センチメートル近くにもなるトカゲ亜目のイグアナも同様。

ミツバチとオールスパイス

ミツバチの神は絵文書の至る所に現われる。一年が十八か月からなるマヤ暦のある月は、ミツバチにちなんで命名されている。その前には、ミツバチの祭りを準備するための清めの月がある。儀式ではミツロウとハチミツが用いられ、ミツバチの神に捧げられた。コウモリにちなんで命名された月もある。

食物は、二五メートル近くにもなるオールスパイスの木の実で味付けされた。アメリカ原産のオールスパイスの風味は、コロンブスが求めていたアジアの三種のスパイス、シナモン、クローヴ、ナツメグを組み合わせたものに似ている。マヤ族は、われわれがベンゲイ（米国製の鎮痛軟膏）またはタイガーバームを使うように、薬として使

うためにオールスパイスの実をペースト状にした。また古代エジプト人がシナモンを使ったのと同様に、肉を保存し、死体に防腐処理をするためにも用いた。(87)

血と星

マヤ族は、とりわけ雨の神に人間を生贄《いけにえ》として捧げた。だから血はその宗教的儀式に重要な関わりを持つ。もっとも聖なる儀式の一つは、体から血を流すこと。おおやけの式典で、男性の支配者はアカエイの骨をペニスに突き刺し、特別の神聖な鉢にその血を受けて火をつけた。ガラガラヘビの幻影——人間界とマヤ族がもう一つの世界と呼ぶ霊魂の世界とを結ぶもの——は、支配者の血の煙から現れると考えられていたからである。(88)女性は舌に穴をあけた。

チョコレートを血に似せるように、ベニノキで赤く染めることもあった。トウモロコシとカカオは、マヤ族がイッツァと呼ぶ、不思議な命あるものの神に捧げたもっとも聖なる捧げもので、他に捧げられたのは、ハチミツ、ミツロウ、生きている動物などである。

マヤ族は、われわれがプレアデスと名付けた星団にも、聖なるガラガラヘビを見た。獅子座にはカエルを、水瓶座にはコウモリを見た。同じ星座にわれわれ同様サソリを見たのは、興味深い。

マヤ文明の衰退のおよそ四百年後、新たな文明が今度はメキシコ中部に勃興する。

中央アメリカ——アステカ帝国

宗教と儀式

伝説によれば、一三二五年メキシコ北部のアストランから、自分たちはメシカだと言う人々が来て、海抜二〇〇〇メートル以上の山に囲まれた渓谷（今日メキシコシティのある場所）に到着する。現在アステカ族として知られているこれらの人々は、命と食物を恵んでくれる多くの神々を崇拝していた。太陽の神ウィツィロポチトリ、雨の神トラロック、山の神、トウモロコシの神などである。アステカ族は、神々が自分たちを犠牲にすることによって、これらすべての自然の力を発揮しており、神々があり続けるためには「貴重な水」——人間の血——が必要であると信じていた。

放血は、マヤの儀式と同様アステカの宗教的儀式にも欠かせなかった。アステカ族は耳またはふくらはぎから放血した。入念な聖なる祝祭では、近隣の部族からの捕虜、買われた者、あるいは特別な名誉として選ばれた者が、神々に似せて飾られ、それぞれの神にふさわしい方法で生贄として捧げられた。雨の神の生贄は水中に沈められ、火の神の生贄は火中に投じられた。[89] 生きている人間の脈打つ心臓を抉《えぐ》り出して、神に捧げることもあった。まれに体の他の部分を儀式的に切り分け、トウモロコシと塩とともに煮込み、三〇グラムくらいの小片を、あたかも神の体の一部でもあるかのように、食べることもあった。[90] 神にはまた首をはねたウズラ、トウモロコシ、アマランサスも捧げられた。

料理の設備と料理人

アステカ族の火の神は、炉床の三つの石で表される三柱の他の神の間に住んでいた。炉床ではすべての料理がおこなわれた。今日のメキシコの料理設備の多くとそこで料理される食物は、アステカ族から直接伝わったもの。トルティーヤは今日ではコマールと呼ばれる土製の盤で焼かれ、トウモロコシは三本脚の石臼メタテと杵代わりの石ですりつぶされた。石は手のひらに収まったので、マノ（mano：スペイン語で手）と呼ばれた。アステカ文明ではふつうは女性が料理をする。母が娘に教え、娘は十三歳にもなれば、料理に熟達しているはずだった。例外はバーベキューで、男性がおこなった。しかしソフィー・コーが『アメリカの最初の料理 *America's First Cuisines*』で指摘したように、アステカ人が一日に何回食事をしたかはまだはっきりしない。二回という資料もあれば、夜明けと午前九時と午後三時の三回という資料もある[91]。

人間を生贄にする文化の中で、貴族の料理人になるのは善し悪しだった。ありがたいのは、裕福な家に雇われれば食物にありつけること。貴族の地位が高ければ、それだけ料理人の数も多かった。ありがたくないのは、貴族が死んだときで、死後の世界でも料理人が必要とされ、貴族は死んでから埋葬されるのに、料理人は何と生きたまま埋められることである[92]。

フィレンツェ絵文書

アステカ族に関する知識の多くは、フィレンツェ絵文書と呼ばれる文献に由来する。これはアステカ文化に関する情報を収集したもので、一五二一年にスペイン人征服者が到達した直後に書かれた。書いたのは、テノチティトランの包囲攻撃の八年後、一五二九年にメキシコに到着した修道士ベルナルディーノ・デ・サアグンである。サアグンはアステカの絵文字言語であるナワトル語を独習した。四十年を費やして、この絵文書および文法書とナワトル語、スペイン語、ラテン語の三か国語辞典を残した。これらの書物が最終的に完成したのは、四十年後の一五六九年である。

絵文書はカトリック教会の指示および経費負担の下に作られた。アステカ族を改宗させる最善の方法を決定するために、アステカ文化について知ろうとしたからである。しかしサアグンが完成した後、教会は絵文書を公開しなかった。なぜなら教会はアステカ族が非キリスト教徒だった過去にこだわることを望まなかったのに、絵文書にはアステカ人の視点から、征服の恐ろしさについて記されていたからである。こうしてサアグンの十二巻の絵文書は教会内とスペイン政府内でだけ回覧され、その後隠匿された。絵文書の複製が出版されたのは、一九七九年になってからである。現代スペイン語に、それから他の言語に翻訳され、広く公開されている。

チナンパ――アステカの農業革命

アステカ族は湖の中の島に、首都テノチティトランを建設した。それはワシがハート形のサボテンの実に止まっている地という神託によるものである。アステカ族が強力になり、中米で優勢になるに従い、高度な技術を持った技術者が、湖水上に道路を建設して、テノチティトランを湖岸と結んだ。技術者は同様に創造力を発揮して、湿地を干拓し、その土を湖上の農業にもちいた。チナンパという農法を発明したのである。浮島と灌漑用水路を組み合わせたもので、畑が湖上に浮かんでいるように見える。歴史家のジェフリー・ピルチャーによれば、アステカの技術者は、チナンパで「事実上の農業革命」を成し遂げた。

大規模な干拓は、イツコアトル（一四二六〜一四四〇年）の命令で始まり、モクテスマ一世（一四四〇〜一四六七年）の治世に最高潮に達する。当時ほぼ一〇〇平方キロメートルにおよぶ耕地が集約的に耕されていた。水草を肥料とし、複雑な輪作でトウモロコシ、豆、野菜を栽培することにより、実際には休閑なしに生産性を高めることができた。(93)

トウモロコシ——歴史

アステカ族にとって食物と言えばトウモロコシで、日々の熱源の八〇パーセント近くを占めるものだった。(94) 他のものはすべてソースか付け合わせである。だからトウモロコシの先祖と最古のトウモロコシがメキシコで見つかったのも、驚くことではない。

現代のトウモロコシの先祖の一つはテオシントと呼ばれる野草で、一九七八年にメキシコ南西部で発見された。根と茎はこの草から受け継がれた。もう一つの先祖は自生のトウモロコシ。その最古の穂軸はおよそ一万年前のもので、メキシコで発見された。この穂軸は小さく、人間の手の小指の爪くらいの大きさしかないが、穂と穀粒の列ができる。現代のトウモロコシはテオシントと自生のトウモロコシとの交配でできたが、それが自然による偶然のものか、人間によって意図的におこなわれたものかは、わかっていない。

この最初のトウモロコシから、人間は何世紀もかけてさまざまな種類のトウモロコシを産み出している。スイート・コーンは軸つきトウモロコシとしてアメリカ人に知られている。糖度が高く生で食べられる。フリント・コーンとフラワー・コーンは穀粒が堅く、碾いて粉にする。アステカ人は白、黒、青、黄色、その他の色のトウモロコシを栽培した。今日アメリカでもっとも一般的な種類は、イエロー・デントである。これはコーンチップ、タコスの皮、コーンミール、コーンスターチに使われている。

最古の種類の一つがハゼトウモロコシ（ポップ・コーン）で、穂軸についたまま爆《は》ぜることもある。一九四八年洞窟で二千年から三千年前の穂軸が見つかったが、まだ爆ぜることができた。ハゼトウモロコシはポップ・コーンとして食べられるだけではない。粗挽き粉にもできる。

トウモロコシ——宗教

フィレンツェ絵文書に記録されている儀式の多くには、トウモロコシが登場する。センテオトルのようなトウモロコシの神、あるいはチコメコアトルのようなトウモロコシの女神を礼拝し、神々に食物を捧げ、または自分たちで食べていた。大量のトウモロコシの穂を清めてもらうために、若い女性が背負ってピラミッドの神殿に運ぶこともあった。フィレンツェ絵文書は、アステカの宗教と料理におけるトウモロコシを説明する。

…われらの食物すべてを造られたのは実にこのチコメコアトルである。白いトウモロコシ、黄色いトウモロコシ、緑色のトウモロコシの若芽、黒いトウモロコシ、黒と茶色の混ざり、さまざまな色合い、大きいもの、丸くてボールのようなもの、細くて穀粒のまばらなもの、長いもの、まるで血の筋がついたような、血塗られたような赤と白の斑入りのもの、それから粒の粗い茶色のもの…ハゼトウモロコシ、果実のようなもの、穂が二つできるのもの、穂がでこぼこしたもの、熟しつつある緑色のもの、主たる穂の脇に小さな穂があるもの、熟した緑色のトウモロコシ。(95)

トウモロコシ――トルティーヤ

フィレンツェ絵文書によれば、トルティーヤはアステカ族に欠かせなかった。

実際トルティーヤを食べない者は気絶し、転び、すぐに倒れる。鳥のさえずりのようなものが聞こえ、その者の上に闇が下りる。[96]

トルティーヤはトウモロコシ粉から作られた。穀粒の外皮を除去するためにニシュタマリゼーションと呼ばれる処理をする。灰（セイヨウネズの木の灰がしばしば使われる）を入れた水で穀粒をさっと茹で、一晩そのまま浸けておいてから、堅い外皮を洗い流す。それから水を切って粉に碾く。ニシュタマリゼーションには二つの効果がある。（一）ネズの実がジンに独特の森のような風味を与えたように、ネズの灰は粉に風味を与える。（二）トウモロコシにはないビタミンBとカルシウムを加える。[97]

トウモロコシ――タコス

歴史家のジェフリー・ピルチャーが指摘するように、トルティーヤには他の長所もある。薄いので、すぐ焼けて、燃料がわずかですむ。また肉あるいは野菜をはさんで二つ折りにすれば、タコスになる。こうすれば食物が冷めず、食器も必要なかったので、効率的だった。これは今日ソフト・タコスとして知られているもので、前もって成形し油で揚げた砕けやすいタコ・シェルではない。[98] また手作りのできたてのトルティーヤは、柔軟でしなやかでトウモロコシのような味がする。スーパーマーケットで大量に売られている厚紙のようなものとは似ても似つかない。

トウモロコシ――タマル

タマルはアステカ料理の定番で、宗教的祝典に欠かせない。トウモロコシの苞葉《ほうよう》にトウモロコシの生地を載せ、さらにその上に具を載せて小さな包みにして、蒸したもの。テノチティトランの市場では多種類のタマルが売られていた。

…塩味の大きなタマル、先のとがったタマル、白いタマル…筒形タマル、上に貝形の豆を載せたタマル、トウモロコシの穀粒の入ったタマル、搗《つ》いたタマル、斑点のあるタマル、白い果物のタマル、赤い果物のタマル、七面鳥の卵のタマル、トウモロコシの穀粒と七面鳥の卵のタマル、柔らかいトウモロコシのタマル、緑のトウモロコシのタマル、日干しれんが形タマル、蒸し煮したタマル、パン種の入っていないタマル、ハチミツ入りタマル、ミツロウのタマル、ヘチマのタマル、砕いたタマル、トウモロコシの花のタマル。(99)

フィレンツェ絵文書にはタマルがしばしば登場する。タマルは宗教的祝祭のときに政府から分配された。各人は「片手で持てるだけ」与えられた。しかしこれは一度だけ。もし不正にたくさんもらおうとすれば、「アシの鞭で、痕がつくくらい繰り返し打たれた(100)」。それからタマルをすべて取り上げられた。(101)

トウモロコシ――ウイトラコチェ

ウイトラコチェは「メキシコのトリュフ」と呼ばれることもある菌。しかし地下で生長するトリュフや地上で成長するマッシュルームとは異なり、トウモロコシの穂で生長する。初めは白く、それから黒くなる。珍味と考えられ、今日では称賛されている。トリュフやマッシュルームと同様、生でまたは加熱して使われる。若い白いものは生で食べる方がよいが、黒いものは加熱する方がよい。農民はこれを嫌う。トウモロコシをだめにするので、災難だと思っている。農民にとっては単なるトウモロコシの黒穂病である。

アマランサス

アステカの宗教儀式と料理ではアマランサスも重要だった。この植物の葉は、若葉のときにだけ食べることができる。その後は手強い雑草になる。アマランサスのタマルはある種の祭日に供された。フィレンツェ絵文書には多種類のアマランサスが挙げられている。

…ココトルと呼ばれるアマランサス、すばらしい赤のアマランサスの種子、［ふつうの］赤いアマランサス、黒いアマランサス、鮮紅色あるいはトウガラシの赤のアマランサス、魚のアマランサス…輝かしい黒いアマランサスの種子、ペツィカトルと呼ばれる粒餌。(102)

アマランサスの種子は、ハチミツのように甘いリュウゼツランの葉や芽のシロップと混ぜ合わせてツォアリと呼ばれる柔らかい塊にした。マゲイとしても知られるリュウゼツランは、メキシコ原産である。（リュウゼツランの液汁を発酵させると、プルケという酒になる。プルケを蒸留すると強い酒メスカルができる。瓶にはイモムシを入れる。同じ科の別のマゲイ、青マゲイからはテキーラができる。）ツォアリはアステカの神々やピラミッドの形に成形し、分配して、恭しく食べた。「彼らは［神の］歯をカボチャの種で、目を豆で…作った。それから食物を［神に］捧げ、神を礼拝した。(103)」スペインのカトリック教会はこれをやめさせた。アマランサスを邪悪なものと呼んで、その栽培を禁じたのである。(104)

チョコラトル――神々の食物

アステカの料理と文化でもっとも重要な食材の一つはチョコレート。アステカ人はそれをチョコラトルと呼んでいた。ヨーロッパ人はそれを「神の食物」という意味のテオブロマと名付ける。チョコレートはアステカ文化では料理で重要なだけではない。皇帝と戦士の飲み物だった。微温で、手の平にかき混ぜ棒を挟んでこすり、今日同様上に泡を立てて飲んだ。共著書『チョコレートの歴史』の中で、ソフィー・コーならびにマイケル・コー夫妻は、アステカ人がどのようにチョコレートに風味をつけたか詳細に論じている。細かく挽いたトウガラシ粉、あるいはトウモロコシ、ハチミツ（砂糖はまだなかった）、カスタード・アップルに近縁の花、黒コショウに近縁の花、そして「黒い花」――莢の色からバニラをそう呼んだ――を入れることもあった。(105)また未熟な緑のカカオからも飲み物を作った。(106)

リュウゼツランから作った酒プルケがあっても、アステカ人はそれが男性にふさわしい飲み物とは思わなかった。老人はプルケを飲むことができたが、チョコレートは貴族や戦士に好まれ、彼らだけの飲み物だった。さらにトルティーヤ、豆、乾燥トウガラシ、焼きトウモロコシとともに、戦士に供給される食糧の一部だった。[107] また酔っ払いは死刑に値した。しかしチョコレートはやたら消費されたわけではない。宴会の後の男性の親交を深める儀式の中で、儀式的な飲み物としてそれだけで、タバコとともに供された。ワインが男性に限られ、食事の後で儀式的に飲まれたギリシアのシュンポシオンを思わせる。

カカオ豆はトウモロコシとともに公共の穀倉に蓄えられたが、食物以上のものだった。アステカ帝国では通貨でもあり、賃金を払ったり、買い物をしたりするのに使われた。七面鳥の雌一羽またはアナウサギ一羽はカカオ豆一〇〇粒、アボカドは三粒、大きなトマトは一粒。[108] しかしカカオは、他の通貨同様偽造されることもあった。古い豆に泥または他の屑を詰めて本物と混ぜたのである。

七面鳥とその他のタンパク源

アステカの食事のタンパク源は「鹿、ペッカリー、アナウサギ、ノウサギ、ハツカネズミ、アルマジロ、ヘビ、ホリネズミ、オポッサム、イグアナ」で、捕えると檻に入れて太らせた。アメリカ大陸にも犬はいたが、現代の犬、あるいはスペイン人が持ち込んだ残虐な軍用犬とは異なる。アメリカの犬は無毛で、小型で柔らかく、小さく巻いた炙り肉に足をつけたものさながら。犬は食用に繁殖させ飼育した。たぶん餌は多くがトウモロコシで、アボカドやその他の野菜も与えられた。[109]

アステカのメニューには周囲の湖からの食物もあった。水生昆虫とその卵、カエルとオタマジャクシ、淡水産のエビ、今日メスカルの瓶の底にいるボクトウガ（*Comadia redtenbacheri*）の幼虫である。[110] これらはさまざまな料理になった。挽き砕いて団子に丸め、焼いて塩味をつけ、タマルのようにトウモロコシの皮で包んで調理した。スペイン人はそれらをおいしいと思った。水生昆虫の卵はキャビアのような味がすると述べている。食べる気になれなかった湖の食物は、アステカ人がテクイラトルと呼んだ植物、食べられる水草スピルリナ（*Spirulina geitleri*）。ある程度日干しにしたものを塊にしてから、完全に日干しにし、トルティーヤを作るのに使った。たぶんチーズのような味がしただろうが、「さほどおいしくはなく、やや泥くさい」[111]。

皇帝モクテスマは、もちろん最高の食物を供され、毎日三〇〇種の料理を食べた。「七面鳥、アヒル、ヤマウズラ、キジ、ウズラ、ひなバト、魚、ウサギ、鹿のスパイスの効いたシチュー」[112]。宮廷の他の者のためには、一〇〇〇皿の料理が作られた。七面鳥は「聖なる太陽の鳥」と考えられることもあった[113]。アステカのピラミッドの下の埋葬所には、光を放つ太陽の表象とともに、七面鳥が描かれている。

アメリカ南西部

トウモロコシ、マメ、カボチャ、トウガラシというこの食物文化の大半は、交易路によって偉大なるアステカ文明から、北は現在のメキシコ北部およびアメリカ合衆国南西部に広まった。アステカの交易路の端では先住民がアパートのような共同住宅を建設した。最大のものはおそらく六〇〇室あり、一〇〇〇人が住んでいた。それは砂漠気候の中で資源を浪費しない効率的な方法である。

トウモロコシ、豆、カボチャの三姉妹に加え、彼らはアマランサスも食べた。メスキートの木の豆も重要な栄養源で、毎年女性はその豆を大量に集め、石臼メタテで粉に挽いた。また丈の高いベンケイチュウ（*Cereus giganteus*）の実を集め、シロップを作った。昔はそれを発酵させて酒を造り、儀式で使用した[114]。

さらに北の、今日のアリゾナ、ニューメキシコ、コロラド、ユタの四州が接するフォー・コーナーズでは、ホピ

食物や道具を表すアステカの言葉とスペイン語、英語他

品名	ナワトル語	スペイン語	英語
アボカド	ahuacatl	avocado	avocado
グアカモーレ	ahuaca-mulli	guacamole	guacamole
アトリ（トウモロコシの飲み物）	atolli	atole	atole
カカオ	cacahuatle	cacao	cacao
チリ・ソース	chilmolli	chile salsa	chile sauce
グリドル	comalli	comal	griddle
インゲン豆	exotl	frijole ラテン語：phaseolus	bean フランス語：haricot イタリア語：fagioli ナポリ方言：fazool
臼	metatl	metate	mortar
ソース入れ	molcaxitl	molcajete	molcajete
ソース / 混ぜた物	molli/mulli	mole	sauce/mixture
甘いトウモロコシの飲み物	pinolli	pinole	pinole
タマル	tamalli	tamal	tamale
木灰を使ったタマル (115)	nextamalli	tamal	tamale
石灰を使ったタマル	tenextamalli	tamal	tamale
トルティーヤ	tlaxcalli	tortilla	tortilla
トマト	tomatl	tomate	tomato
チクル	tzictli	goma	chicle または chewing gum（Chiclets）

族、ズニ族、テワ族の人々が、聖なる青トウモロコシを栽培し、ティッシュ・ペーパーのように薄いパンを作っていた。ピーキーと呼ばれるそのパンは、ニシュタマリゼーションのように木灰入りの水に浸してからトウモロコシの穀粒の皮を洗い流すのではなく、粗びき粉に木灰または石灰を混ぜて作る。こうするとさらに栄養が加わり、できたものはほとんど黒に近い濃い青になる。生地はきわめて薄くなるまで手で延ばし、それから焼く。

トウガラシ

インカ、マヤ、アステカ族のように、今日のアメリカ南西部に住んでいた人々は食物をトウガラシで味付けしていた。トウガラシは世界一のスパイスである。およそ七千年前に現在のメキシコ中部で栽培植物化された[116]。トウガラシ属（*Capsicum*）にはトウガラシだけでなく、ピーマンやパプリカも含まれる。他のアメリカの親類トマト、ジャガイモ、タバコ、およびアジアの親類ナスと同様ナス科に属する。

コロンブスや他のヨーロッパ人はスパイス、とくに黒コショウを探していた。そしてさらに辛いものを見つける。そこでそれをpepper（コショウ）と呼んだ。人々をIndian（インディアン）と呼んだのと同じような混同が起きたのである。

トウガラシ属は、大きな辛くない青ピーマンから小さな猛烈に辛いスコッチ・ボンネットまであり、辛さはスコヴィル辛味単位で測定される。さまざまなトウガラシに含まれるカプサイシンの強度のこの測定基準は、考案した科学者ウィルバー・スコヴィルにちなむ。トウガラシの辛さの識別では人間が実際に試食することもあったが、今日ではスコヴィル値測定には高圧液体クロマトグラフィーがもちいられている。

トウガラシの辛さ——スコヴィル単位

辛さのレベル	トウガラシの種類
0 – 100	パプリカ、ピーマン
500 – 1,000	アナハイム、ニュー・メキシカン
1,000 – 1,500	アンチョ、パシーヤ
1,500 – 2,000	サンディア、カスカベル、イエロー・ワックス
2,500 – 5,000	ハラペーニョ、ミラソル
5,000 – 15,000	セラーノ、アーリー・ハラペーニョ、アヒ・アマリージョ
15,000 – 30,000	チレ・デ・アルボル
30,000 – 50,000	アヒ、ペキン、タバスコ
50,000 – 100,000	チルテピン、カイエンヌ、タバスコ
100,000 – 350,000	ハバネロ、スコッチ・ボンネット
1,150,000 – 2,000,000	民間の催涙スプレー [117]
2,500,000 – 5,300,000	警察の催涙スプレー [118]
15,000,000 – 16,000,000	純粋なカプサイシン

アンデス地方には他の地域には知られていないトウガラシがまだたくさんある。ロコト（*Capsicum pubescens*）はパプリカやピーマンとほとんど同じ大きさになるが、辛い。メキシコのような北米南西部では今日でさえ、トウガラシは料理と文化で重要な役割を果たしている。リストラと呼ばれるトウガラシをまとめて吊るしたものは、家庭の幸運を意味し、引っ越し祝いに贈られる。トウガラシの起源についてはアメリカ先住民の神話にも多くの物語がある。

食物こぼれ話　塩とトウガラシの由来

アリゾナ州南部とメキシコ北部のパパゴ族によれば、天地万物の創造主は、自分が作った人々すべてをすばらしい祝宴に招いた。ナラマ（最初の人間）は、最後に裸の身体に塩を塗ってやって来た…顔から塩をとると食物の上に振りかけた。それから下に手を伸ばすと、睾丸はトウガラシの鞘になった。ナラマはそのスパイスを食物すべてに振りかけ始めた。人々はこれに腹を立てたが、ナラマが卓上の食物すべて——果実、野菜、魚、鶏肉——は、塩とトウガラシがなければ完全ではないと指摘するまでのこと。客は食物を食べてみて、塩とトウガラシが必要であると納得した。[119]

トウガラシは栄養価が高く、ビタミンA、C、リボフラビンに富んでいるが、有効成分カプサイシンは口の中の疼痛《とうつう》受容体を刺激する。[120] トウガラシが新世界の別の植物バニラと化学的に似ているのは興味深い。たぶんトウガラシの辛さは、その種子を広めるのに役立たない動物には食べられないようにするための、生存への適応である。たとえば兎のような小さな哺乳類は、トウガラシを消化できるので、種子を破壊してしまう。他方鳥の消化管は種子を保護している外皮だけを消化除去するので、種子を広めるのにうってつけである。[121]

北アメリカ――カホキア

コロンブス以前の北米大陸中央部、ピマ族とパパゴ族の居住地帯の北東ミシシッピ川岸の平地に、巨大なピラミッドがそびえる都市カホキアがあった。現在のセントルイスの東である。百基以上の上部が平らな墳丘が、日昇日没およびさまざまな星座に合わせて、約十平方キロメートルの範囲に築かれている。ここで発見された鉢や貝殻には動物の絵、とくに水蜘蛛の絵が描かれていた。チェロキーのような部族は水蜘蛛が人間に火をもたらしたと信じていた。他に描かれていたのは、魚、鹿、ウサギ、アライグマ、ハヤブサ、ヘビ、ワシ、カエル[122]。カホキアは一一〇〇年代に最盛期を迎え、その人口はおよそ一万人から二万人だった。一二五〇年にはロンドンの人口より多かった[123]。発見された人骨からは、人々が人間を生贄としていたことがわかる。カホキアの文明についてはほとんど知られていないが、メキシコのスペイン人から北米内部に広まったヨーロッパの病気によって都市全体が壊滅した、と歴史家は考えている。十八世紀にアメリカ人がミシシッピ川に到達したときには、とっくにゴースト・タウンになっていた。

カホキアに起きたことは、インカ族、アステカ族、そして南北アメリカのその他の先住民に起こったことと変わらない。ただ最初に起きただけである。

コロンブスがアメリカに向けて出港――一四九二年

アメリカ先住民はみな、農作物を効率よく栽培し保存する方法を、そして交易路や礼拝のための神殿を建設する方法を知っていた。天体の動きを読み、暦を作り、広大な帝国を統治していた。職人は金銀ですばらしく美しい細工をし、複雑で洗練された料理を作った。

しかしインカ族、アステカ族、カリブ族、パパゴ族、そして他のアメリカ先住民すべてが知らなかったのは、ヨーロッパでスペインの女王イサベルと国王フェルディナンドが、最終的にコロンブスの航海の援助を決定したことである。二人はきわめて危険な冒険的企てに莫大な資金を費やすことについて、時間をかけて熱心に議論した。二人はそのとき一〇〇万マラベディス（一九九一年の一五万一七八〇ドルに相当）以上の出費が二億パーセントの利益を生み、スペインを大帝国に押し上げるとは思いもしなかった。(124)

一四九二年八月二日コロンブスと九〇人の乗組員は、スペイン、パロス港のサン・ホルへ教会のミサに列席した。翌日一行は三隻の船、ニーニャ号、ピンタ号、そしてコロンブスの乗る旗艦サンタ・マリア号で出港した。(125)六日後、一行はアフリカ北西岸沖にあるスペイン領カナリア諸島に到着する。コロンブスが東インド諸島――香料諸島――へと運んでくれると願った風に乗って西に向かう前の、最後の寄港地だった。

一四九二年九月六日の火曜日、アフリカ北西岸沖のカナリア諸島を出発したとき、一年はもつ十分な食料を積んでいた。(126)米や乾燥ヒヨコ豆と、牛肉、豚肉、カタクチイワシ、イワシの塩漬けなど、たいていが乾物か塩漬けの長期保存可能なスペインの標準的な食物を積み込んでいた。オリーヴオイルの樽と、各人に毎日一・五リットル配給するに十分なワインもあったに違いない。また船員にとって不幸の種、その名も堅パンもあった。発酵なしの小麦粉、水、塩でできた岩のように固いパンで、人間よりもゾウムシのような寄食者におあつらえ向きの代物。船員はどんな魚でも捕まえてこれを補っただろう。もし干し果物があれば、それは士官のもので船員の口には入らなかった。たぶんニンニクとタマネギ以外の野菜はなかった[127]。

料理人は乗船していなかったので、正午に船員が順番に（せいぜい）一日一回の温かい食事を、こんろ——鉄の箱——で用意した。上も正面も空いていて、底には砂が詰まっており、木製のデッキに薪の火が燃え移らないように背面とカーブした丈の短い両側面があるだけ[128]。小さな船はほとんどいつも波に揺れていたので、食物は、肉か魚を混ぜた豆や米のような、簡単な一つ鍋の料理だっただろう。デッキの下の船倉には食料や水、薪、弾薬、綱、その他の必需品が詰まっていたので、乗組員はデッキで働き、食べ、眠った。ネズミ、ゴキブリ、シラミも船にはつきものだった。

九月九日背後の陸地が消え、前方に海と空しか見えなくなったとき、乗組員は泣いた。コロンブスは航海日誌に書いている。「私は、土地と富が大いに期待できると言って、乗組員をなだめた[129]」。陸上でキリスト教会が命じたように、コロンブスも一日に数回祈らせた。続く数週間に士気は低下し、陸があると見誤った後、乗組員は反乱を起こさんばかりになる。一四九二年十月十二日、現在のバハマ諸島東方でとうとう本物の陸が確認された。カナリア諸島を出てから三十三日後だった。コロンブスはその島をサン・サルバドル（聖なる救世主）と名付けた[130]。

「われわれは裸の人々を見た[131]」

上陸すると、コロンブスと一行は感謝の祈りを捧げ、その土地をスペイン領として十字架を立てた。先住民が挨拶に来た。コロンブスは東インド諸島にいると思っていたので、その人々を誤ってインディオ（インド人）と呼んだ。これらの先住民に対するコロンブスの第一印象は、彼らが裸で格好よく友好的というもので、容易にキリスト教徒にできるだろうと思った。そして先住民は木製の武器しか持っていなかったので、奴隷にするのもたやすいと見てとれた。コロンブスが知らなかったのは、先住民がヨーロッパの病気、ふつうの風邪にさえ免疫がなかったことである。

人類史上最大の虐殺の一つの舞台が用意された。

第5章

食物のグローバル化——コロンブス交換

大航海時代

コロンブスの「発見」により、ヨーロッパがあらゆる方向に探検家を送り出したので、アメリカ大陸と世界中の土地の収奪が始まった。大航海時代の到来である。二年とたたないうちに、スペインとポルトガルは領土の境界について戦う用意を整えた。国連が今日おこなっているように、ローマ教皇が仲裁する。一四九四年トルデシリャス条約により、両国は新世界に教皇が南北に引いた架空の線に同意した。線の西側のすべて――メキシコおよび南米の大半――はスペインの領土に、東側のすべて――ブラジル――はポルトガルの領土になった。

コロンブスがアメリカ大陸に到着し、そこで富を見つけたことにより、スペインは十六世紀の超大国となる。スペイン国王は、新世界の植民地から得たすべての二〇パーセント――「王室の五分の一」――を手に入れた。しかし管理の誤り、浪費、戦争により富は空費《くうひ》されてしまった。

十六世紀はカトリック教国スペインの台頭で始まり、スペインの没落開始で終わる。覇権は新しいキリスト教プロテスタンティズムに改宗したヨーロッパの北方諸国に移った。

コロンブス交換

東半球と西半球――旧世界と新世界――の衝突、および食物、植物、動物そして病気が行き交ったことは、コロ

探検史

時代	探検者	後援国／国籍、民族	探検先
1003年	レイフ・エリクソン	ヴァイキング	北米
1405－1433年	鄭和《ていわ》	中国（明）	アフリカ、たぶん南米
1415－1460年	エンリケ航海王子	ポルトガル	アフリカ西海岸
1488年	ディアス	ポルトガル	アフリカの南および東海岸
1492－1503年	コロンブス	スペイン／イタリア	カリブ海、南米北岸
1497年	カボット	イングランド／イタリア	カナダ東部
1498年	ダ・ガマ	ポルトガル	インド西海岸
1500年	カブラル	ポルトガル	ブラジル
1501年	アメリゴ・ヴェスプッチ	ポルトガル／イタリア	南米東海岸
1512－1513年	ポンセ・デ・レオン	スペイン	フロリダ
1519年	コルテス	スペイン	メキシコ
1519－1522年	マゼラン	スペイン／ポルトガル	初の世界一周
1530－1533年	ピサロ	スペイン	ペルー、南米西部
1534年	カルティエ	フランス	カナダ
1540－1542年	コロナード	スペイン	サンタフェ、ニュー・メキシコ
1609－1610年	ハドソン	イングランド	カナダのハドソン湾、ニューヨーク州のハドソン川

ンブス交換と呼ばれる。「コロンブス交換」なる言葉は食物史家のアルフレッド・W・クロスビー・ジュニアが、一九七二年に出版した革新的な著書『コロンブス交換——一四九二年の生物学的文化的帰結 *The Columbian Exchange: Biological and Cultural Consequences of 1492*』で使った言葉である。クロスビーは、「その日［一四九二年十月十二日］から、きわめて異質な二つの世界［半球］の同質化が始まった」と述べている。[1]

歴史家が接触の時代と呼ぶこの期間に、人間は生命体を地球全体に船で送り出すことによって、地球上の生命体の何百万年にもわたる自然な発展を覆した。それからせいぜい五百年くらいしかたっていないので、この交換の長期的結果を述べることはできない。

旧世界から新世界へ

コロンブスがカリブ海に到達してから二十五年とたたないうちに、アメリカ大陸の帝国はヨーロッパ人から全面攻撃を受ける。一五一七年コンキスタドール、エルナン・コルテスがメキシコのカリブ海岸に到着した。コルテスはアステカのすばらしい富について聞いており、それを手に入れたいと思っていた。「私は農民のように土地を耕すために来たのではない。黄金を手に入れるために来たのだ[2]」。どんな困難に遭遇しようとも、部下が逃げ出せないように、船を焼かせた。コルテスが出会った先住民と交換した食物は、モクテスマの下に届けられ、モクテスマは食べはしなかったが、豚の塩漬け、干し肉、堅パンを神ケツァルコアトルの神殿に捧げた[3]。

コルテス一行はアステカの首都テノチティトランに着くと、その美しさと壮大さに驚く。夢ではないかと思う者もいた。しかしアステカ人が、自分たちの勇猛な戦士がスペイン人の銃や病気に敵わないと知ったとき、それこそ悪夢が始まる。天然痘が首都で猛威をふるい、スペイン人の勝利を確かなものにした。まもなくアステカ帝国全体がスペインの支配下に入る。それでもモクテスマ（モンテスマ）は、下痢しつつも生き永らえた。ちなみに観光旅行者の下痢の俗語は「モンテスマの復讐」である。

アステカ帝国に起こった事態は、中米および南米でも繰り返された。

疫病——大量死

アメリカ大陸の先住民は、誰もヨーロッパの病気に免疫がなかった。なぜか？　そしてなぜ先住民には、梅毒以外ヨーロッパ人に伝染する病気がなかったのか？　『銃、病原菌、鉄』の中でジャレ・ド・ダイアモンドは、これらの疑問の答えを提示している。一つの説は、新世界にはヨーロッパの家畜がいなかったというもの。家畜からは非常に多くの動物原性疾患（人間に感染する動物の病気）が生まれる。たとえば古代ローマを荒廃させた天然痘は牛から発生した。もう一つの説によれば、新世界の人口は分散していて、都市に集中していなかったから。都市では通常他人との接触が多く、さまざまな病気にさらされるので免疫ができる。

理由が何であれ、接触の時代はアメリカ先住民にとって致命的だった。一五二〇年から一五九五年までの四分の三世紀の間にメキシコからパナマにかけて、天然痘、ペスト、はしか、チフス、インフルエンザなど十四種の大きな伝染病が見られた。死亡率は最低でも二五パーセント以上、最高は九〇パーセントだった[4]。

当時の記述から、ココリツリ（cocolizli）は出血熱だったようだ。鼻血が出て、尿が緑色になり、肌が黄ばみ舌が黒くなる。二〇〇六年メキシコの疫学者ロドルフォ・アクニャ＝ソトは、ココリツリはヨーロッパの病気ではなく、アメリカ大陸の病気で、齧歯《げっし》動物によって伝染するという学説を立てた。ココリツリはコロンブス交換によって直接起きたのではないが、征服による他の病気によって住民が非常に弱っていたので、致命的な疫病となったのである[5]。

スペイン人がメキシコに到着してから十年後、先住民の人口は一千万人近く減少した[6]。百年後には先住民の九〇パーセントが死亡し、人口は二千五百万人以上からおよそ百万人に減少した。

中米における伝染病、1520～1595年[(7)]

時代	病気	場所	死亡率
1520－1521	天然痘	メキシコ、グアテマラ	25%以上；1/3から1/2、またはそれ以上
1527	天然痘	パナマ	
1529	天然痘（?）	ニカラグア	
1531	鼠経腺ペストまたは肺ペスト	ホンジュラス、ニカラグア	
1531－1532	はしかと天然痘、または天然痘	メキシコ	60－90%
1532	はしか	グアテマラ	
1533	はしか	ホンジュラス、ニカラグア	
1545	チフスまたは肺ペスト	グアテマラ	「3/4が死亡」
1545	ココリツリ（cocolizli）*	メキシコ	80%
1558－1562	はしかとインフルエンザ	グアテマラ	
1576－1577	天然痘、はしか、チフス	グアテマラ	「多くの子供が死亡」
1576－1581	ココリツリ*	メキシコ	45%
1587－1588	ココリツリ*	メキシコ	
1595	はしか	メキシコ	

*ココリツリは定義がむずかしい

スペインのコンキスタドール

コンキスタドールは先住民の文化同様料理をも征服した。すぐにスペインの文化を、とりわけその食材を新しい領土に移植し始める。コロンブスは翌年の一四九三年アメリカ大陸に戻り、旧世界の主な家畜、牛、馬、豚、山羊、羊を持ち込んだが、最終的には野生化し、家畜化される前の状態に戻ったものが多い。豚はイノシシに、犬は羊の群れを守る方から先祖のオオカミさながら襲う方に戻り、馬はすばらしい牧草地を見つけ、それを追って平原を横切り、ベネズエラ、アルゼンチン、ウルグアイ、そして後には北米に到達した。

ヨーロッパ、アフリカ、アジアからアメリカ大陸へ

動物	野菜、ハーブ、スパイス	穀物、豆	果物[†]
ネコ	ビート	*大麦	リンゴ
*牛	ブロッコリ	*ヒヨコ豆	バナナ
*鶏	キャベツ	レンズ豆	サクランボ
*犬	ニンジン	オート麦	*ブドウ
ロバ	セロリ	米	レモン
*山羊	コリアンダー	ライ麦	*メロン
*馬	シナモン	*サトウキビ	オレンジ
*豚	コーヒー（1723 年にフランス人による）	*小麦	モモ
クマネズミ	キュウリ		ナシ
*羊	ナス		プラム
	ニンニク		ザクロ
	ショウガ		マルメロ
	ラベンダー		スイカ
	レタス		
	カラシ		
	ナツメグ		
	オリーヴ		
	*タマネギ		
	パセリ		
	黒コショウ		
	*ラディッシュ		
	セージ		
	*サラダ用野菜		
	ゴマ		
	大豆		
	ターニップ		
	ヤムイモ		

* 1493 年にコロンブスの第二の航海でアメリカ大陸にもたらされたもの
† コロンブスは「果樹園を造るために果実の種子」を持ち込んだが、詳細は不明 (8)

アルフレッド・クロスビーが指摘するように、「一六〇〇年には旧世界のもっとも重要な食用植物は、すべてアメリカ大陸で栽培されていた[9]」。しかし野菜は先住民にすぐには受け入れられなかった。新しい動物とその製品は別で、先住民の料理を大いに変える。また風景も変え、生態上の災害をもたらすこともあった。家畜は驚異的な割合で繁殖し、三年間で一三頭の豚が七〇〇頭になる[10]。牛は先住民が植えていた食用植物を食べた。先住民自身が牛を家畜化することもあった。

密航者

旧世界から西半球に到着した植物や動物の中には密航者もいた。草の種は穀物や糞、動物の餌に混ざっていただろう。旧世界のタンポポやデイジーはこうして渡来した。ヒユ属の植物、ナガハグサ、そしてペストやチフスを媒介するクマネズミも同様。バミューダではネズミによって飢饉が起きた。天敵がいなかったので、ネズミは地中に穴を掘って住み、木の中にも住み、非常に多くの食物を食べたので、人々は飢え死にした。病気もまた偶然に持ち込まれた。

メキシコ——モレと肉

何百年もの間ヨーロッパの影響を受けた後、メキシコ料理はコロンブス以前の先住民の料理とは非常に異なるものになった。もっとも重要な変化の一つは、南米先住民の料理が主として野菜で脂肪が少ないものから、肉が多く高脂肪のものに変わったこと。トウモロコシ、豆、カボチャという定番の三姉妹は、カルニタス（干してほぐした豚肉）とケソ（チーズ）に置き換えられた。トマト・ソースに豆を入れたチリは、肉入りのチリ・コン・カルネになった。アナハイムのような辛くないトウガラシにチーズを詰めてチレ・レイェノが作られた。トルティーヤは今日ではトウモロコシだけでなく小麦でも作られる。

スペイン人との接触はチョコレートも変えた。今日メキシコのチョコレートは、チョコートとアジア由来の二つの食材——シナモンとグラニュー糖——の組み合わせでできている。チョコレート・カリエンテ（ホット・チョコレート）は、今なおアステカ人がしたように、火を起こすときのようにモリニーョという攪拌棒を手の平に挟んですばやく回転させ、泡立たせる。しかしチョコレートの歴史家は、典型的なメキシコ料理と考えられているあるチョコレート料理に、異論を唱えている。

食物こぼれ話　モレ神話⑪

チョコレート史家のソフィーおよびマイケルのコー夫妻が指摘するように、モレの起源をめぐっては多くの神話があるが、アステカ族に起源があるのではない。アステカ族がチョコレートを食物と組み合わせることは、決してなかった。食事の後儀式的にタバコとともに飲み物としてもちいた。しかしイタリア人は一六八〇年代初頭に、チョコレートを大胆に試してみた。パスタやパスタ・ソース、ポレンタやパン粉をまぶしたレバーのフライにチョコレートを入れ、カカオバターで卵を焼いた。これらのレシピはモレの最古のレシピより古いので、コー夫妻はたぶんイタリア人がモレを発明したのだと考えている。十七世紀末のヒスパニックの話は、モレの始まりについてそれとは異なる曖昧なものである。チョコレートがシチューに落ちて偶然にできた――あるいは意図的に入れられた。それは司教――否、スペインの役人――の名誉を称えるために作られた料理だった。唯一一致しているのは、モレ（mole）という語はソースまたはスープを意味するアステカ語 molli に由来するということ。

モレ・ポブラーノは起源がどうであれ、なおプエブラ州の重要な料理である。しかしもっと多くの種類のモレがオアハカ州から生まれている。スパイシーなモレ、赤、黄色、緑のモレ、甘いモレと酸っぱいモレ。アメリカ人のリック・ベイレスはモレに赤ワインを加える。[12] 最近オアハカにできたレストランでは、モレ・ヌエボとでも言うべき、ラードの代わりに植物油あるいはキャノーラ油を使う軽いモレを出す。伝統尊重派はそれに反対している。[13]

材料　七面鳥入りモレ・ポブラーノ

七面鳥入りモレの最古のレシピの一つはメキシコ・シティの南東にあるプエブラ州で作られたもの。それは旧世界と新世界の食の融合である。主な食材——七面鳥、トマト、チョコレート——は新世界のもの。三種のトウガラシ——ムラート、アンチョ、パシージャ——も同様。しかし味付けは、旧世界のハーブやスパイス、つまり黒コショウ、シナモン、ゴマ、クローヴ、アニス。甘味には旧世界の干しブドウや砂糖が使われ、旧世界のニンニクが刺激的な風味を加えている。そしてたとえ新世界の豆、ピーナッツが含まれていたとしても、それをとろみづけとして用いる方法は、アーモンドを挽いてとろみづけにした方法に遡り、それは中世にヨーロッパ人がアラビア人から学んだものである。

メキシコ人が旧世界の動物を用いた他の料理には、豚肉とひき割りトウモロコシのシチューのポソレ、オックステール・シチュー、トライプ（牛などの反芻《はんすう》動物の胃袋）・シチューがある。またケソ・フレスコ、パネラ、文字通り乾燥チーズのランチェロ・セコのような多くのメキシコのチーズが牛乳から作られた[14]。デザートも旧世界の食材で作られた。卵と砂糖からスペイン風カスタードのプディング、フラン。小麦粉のおやつはチュロス。これはシュー生地のような練粉を機械または絞り袋から押し出し独特の長いロープ状にし、揚げてからシナモン・シュガーをまぶして作った。

ヌエボ・メヒコ――プエブロ族の反乱

アメリカ合衆国の今日のフォー・コーナーズ、つまりユタ州、コロラド州、アリゾナ州、ニューメキシコ州が接する地点には、先住民が共同住宅のような村――スペイン語でプエブロ――に住んでいた。一一〇〇年頃には、今日のニューメキシコ州北西部にあるこれらのプエブロの一つで、五階建て八〇〇室のプエブロ・ボニート（美しい町）におよそ千二百人が住んでいた。それはもっと大きな集合住宅がニューヨークシティに建設された一八八二年まで、世界最大の集合住宅だった。人々の子孫はアメリカ南西部の至る所に広まって、多くがリオグランデ川上流沿いの卓上台地メサにプエブロを建てる。その子孫にはズニ族やホピ族――「平和な人々」――がいた。

プエブロの男性は灌漑をして農耕をし、女性は大きく平らな共有区域、広場でトウモロコシを碾いて料理をした。成人男性が宗教的な問題や部族に関わる問題について話し合うときは、地下の聖所キヴァに集まった。一五四〇年あるスペイン兵は、典型的なプエブロの人々は「通常は働いている」と報告している。そして有能で、トウモロコシを碾いて料理する非常に清潔な建物も持っていた。三人の女性が組み立てラインのようにそれぞれがマノ（すり石）とメタテ（石臼）を用いて、一度にトウモロコシを料理する。一人がトウモロコシを砕き、次の女性がそれを碾き、三人目の女性がもう一度碾く…女性たちが碾いている間、男性一人が戸口に座って笛を吹く。女性は音楽に合わせてマノを動かし、一緒に歌う。[15] またメスキートの熟した豆果も碾いて、水を加え日に干してクラッカーを作った。

しかしスペイン人は金を探していた。そしてプエブロの人々は金は持っていなかったし、キリスト教徒でもなかった。スペインの兵士は人々が境界として地面に引いた聖なるトウモロコシのひき割り粉の線を無視し、欲しいものは何でも奪った。金を探し、豆、カボチャ、トルティーヤ、七面鳥しかないと腹を立てたが、とにかくそれらを取り上げた。降伏すれば害を与えはしないと言っておいて、いざ降伏すると、何千人も虐殺する。アコマ族のプエブロは灰燼に帰す。プエブロの十二歳以上の者すべてが——男性も女性も——二十年の奴隷宣告を受けた。そのうえ二十五歳以上の男性はみな片足を切り落とされた。奴隷にされ逃げられなかった先住民は牛、羊、馬、山羊や豚の世話をし、オリーヴ園や、モモ、ナシ、イチジク、デーツ、ザクロ、サクランボ、マルメロ、レモン、アンズ、オレンジの果樹園の手入れをした。

一六一〇年スペイン人は、先住民を働かせてサンタ・フェ（聖なる信仰）市を建設した。プエブロの人々はキリスト教を受け入れようとしたが、自分たちの信仰は温存していたので、スペイン人は人々を絞首刑にし、聖なるキヴァを襲撃し、カチナスも含め信仰にまつわる物すべてを破壊した。カチナスとは、雨をもたらし人間に狩猟と農耕を教えたと人々が信じていた精霊の、仮面をかぶった像である。

この残酷で強制的な改宗は長くは続かなかった。それから旱魃《かんばつ》と、スペイン人には「アパッチ」と「ナバホ」と聞こえる「耕作地の敵」と呼ばれた襲撃者の部族が襲って来た。襲撃者は備蓄食料をすべて奪い、家畜を連れ去る。スペイン人と先住民は革や生皮を煮たり焼いたりして生き延びようとしたが、飢餓が広まり、ついで病気も広まった。

プエブロの人々は、これらの災害が本来の宗教に背を向け、カチナスの礼拝をやめたからだと考えた。またスペイン人とその神には力がないとも。ついに一六八〇年八月十日絶妙な計画の下、ヌエボ・メヒコ中のすべてのプエブロ族が一斉に反乱を起こす。彼らは食物も含め、スペイン人に関連のあるものはすべて一掃した。司教を殺害し、教会を破壊し、羊、牛、豚を虐殺し、果樹園の木を根こそぎにし、ブドウの蔓を引き抜き、馬を放った。馬は大平原に向かう。大平原のテキサスから北はダコタまで、カイオワ族とコマンチェ族、スー族とシャイアン族が乗馬を覚えた。スペイン人は南方のエル・パソ（現在のテキサス州）へと、ヌエボ・メヒコから完全に追放された。それは先住民にとっての偉大なる勝利だったが、それもつかの間、十五年後にはスペイン人が戻ってきて住み着いた。

ペルー――リマ豆と新世界のワイン

フランシスコ・ピサロは一五三二年にペルーにやって来たコンキスタドールである。アステカ族の悪夢のようなできごとは、インカ族にも繰り返された。皇帝アタワルパの捕獲と死、そして金《きん》の要求。インカ族もまたヨーロッパの病気によって、恐ろしい数の死者を出した。インカ族は再結集し、ピサロを攻撃する。一五三五年、ピサロは現在の首都リマ市を建設し、インカ戦士の攻撃から身を守ることができた。都市は後に南米原産の豆の一種の名前になっている。

一五四〇年から一五五〇年にかけてスペインは食材をペルーに移植した。ワイン用ブドウ、イチジク、ザクロ、マルメロ、小麦、大麦、カンキツ類。スペインの食材のこの急激な増加は国王の援助によるもので、国王はペルーのそれぞれの町でワイン、オリーヴオイル、小麦または大麦を大規模に生産した最初の人間に、巨額の報奨――銀の板二枚――を与えた。新しい食材を栽培すれば裕福になれたが、新世界でそれらを持続し、繁茂させるのは、必ずしも容易ではない。ある人がペルーに持ち込んだ百本以上のオリーヴの枝のうち、挿し木に成功したのは、三本だけ。この三本は非常に貴重だったので、谷間の塀で囲んだ農場に植え、「百人以上の黒人と三〇頭の犬」に見張らせたが、賄賂が効いたか注意がそらされたか、そのうちの一本が盗まれ、遠くチリに運ばれて、多数の木になった。三年後誰かが農園にこっそり戻り、元の木をまさにあった場所に植え戻した。(16)

一五二〇年代初頭から一五五〇年代末にかけて、ヨーロッパのブドウのブドウ園が、中米および南米のアンデス山脈の両側にできた。アメリカ大陸にも野生のブドウはあったが、ワインには適さなかった。ブドウ栽培はどのようにしてそれほど早く広まったのだろう？ それは法律によるもので、エンコミエンダ制度の下、ヌエバ・エスパーニャのスペイン人入植者は、土地とそれを耕す先住民を与えられ、先住民百人につき千本の「最上の」ブドウの木を植えなければならなかった。気候のせいでブドウの木はメキシコではうまく育たなかったが、ペルー、とくにモケグア渓谷ではよく育った。

ペルーにはおあつらえむきの市場もあった。ブドウ園の近くにはパトシの銀山があり、先住民の奴隷労働者がいた。ペルーのワイン製造者は一五五一年に製造を始めた後大成功したので、スペインのワイン製造者が抗議する。一五九五年スペイン王フェリペ二世は植民地へのブドウの木の植え付けを制限して、スペインのワイン製造者を保護した。ペルーのワイン産業は十九世紀の末にネアブラムシ（フィロキセラ）が異常発生するまで繁栄した。これはほとんど裸眼では見えないような黄色い寄生虫で、ワイン用ブドウの木の根を食べてしまう[17]。

ペルーの人々はすぐココナッツに専念する。ココ（coco）とはスペイン語で「猿」を意味する。猿に似て丸く茶色の毛皮で覆われ、目のようなくぼみがあるからだ。ココナッツ・ミルクは水、チキン・スープやビーフ・スープ、あるいはトマト・ソースやトマト・ジュースの代わりにしばしば用いられる。一九九一年食物史家のレイモンド・ソコロフは次のように書いている。「世界は熱狂的に新しい味を求めていたが、ペルーの伝統的な料理…には、未だ知られていないとっておきのすばらしい料理が含まれていた」。しかし「モルモットのローストやシチューはアンデス地方以外では受け入れられない」と認めている。そしてたぶんリャマの心臓の串焼きも[18]。

アルゼンチン――牛肉料理、カウボーイの文化

アルゼンチンのパンパス（大草原）を駆け回るヨーロッパ産の馬は、群れが通り過ぎるのに一日かかるほど繁殖した。現在の首都ブエノスアイレスのあるあたりの平原に入ったのは、人より馬が先で、一五八〇年に入植者はす

でにそこに野生化した馬の大群がいるのを見ている。

スペイン人はテキサス・ロングホーンの先祖に当たる牛も連れてきたが、これもまた繁殖した。群れの数は十五か月で倍になる[19]。すぐに牛肉が豊富になり、安くなった。クロスビーが言うように、「十七世紀の新世界には、他のどんな種類の外来脊椎動物よりもたぶん牛がたくさんいた[20]」。牛肉は鉱山で奴隷となって働く先住民の食料になる。しかしもっと重要な用途は、何よりも鉱山を照らすろうそくを造るための脂（牛脂）だった。牛の皮もまた食物より重要だった。皮はなめされて甲冑や、トランクからカップまであらゆる種類の容器になった。

アルゼンチンでは牛肉料理が発達した。とりわけカリブ地方の先住民から習った技術をもちいた料理バーベキューが。アルゼンチンのバーベキューは、肉に塩水を振りかける。ソースは酢をベースにしたチミチュリ[21]。現代アルゼンチンのマリネやサルサは、しばしばアルゼンチン・ワインを煮詰めたものがベースになっている[22]。

混乱を招く言葉　バーベキュー

アメリカ人がバーベキューと言うとき、ふつうは網焼きで、地面より高い所ですばやくおこなわれるものを意味する。本物のバーベキューは穴で焼くこと。これは穴を掘るかある種の囲いをし、時間をかけて肉が柔らかくなり、煙の風味がつくように焼くことである。第十一章の「ロサンゼルス郡恒例のバーベキュー」のレシピ参照。

別の典型的なアルゼンチンのレシピはエンパナーダで、おおまかに言えば「詰め物をしたターンオーバー（二つ折りにして焼いたパイ）」である。これもまた旧世界の食材なしではできなかった。生地は小麦粉とラード、中身はふつう肉。アルゼンチンでは、肉は新世界のジャガイモと、またときには旧世界のモモのような果物と混ぜることもあった。(23)

スペイン人は牛肉料理とともに、カウボーイの文化も植え付けた。カウボーイを作り出したのはアメリカ人ではなく、中世のスペイン人である。カウボーイはスペイン語では vaquero《バケロ》で、これは牛を意味する vaca《バカ》に由来する。カウボーイは馬に牛の番をさせる方法を、焼き印の仕方を、牛の駆り集め方を知っていた。アルゼンチンとウルグアイでは、gaucho《ガウチョ》と呼ばれていた。ガウチョはスペイン語のカウボーイ用語、ムスタング（スペイン種の小型で頑健な半野生馬）、ブロンコ（野生化したムスタング）、ラッソ（投げ縄）、ロデオを持ち込んだ。(24)

ブラジル――フェイジョアーダとファロファ

ブラジルの食物は、宗主国ポルトガルと国民の多くの故郷アフリカの影響を大いに受けている。アフリカから新世界に連れて来られた約一千万人の奴隷の約三八パーセントが、ブラジルの主としてサトウキビ畑で働かされた。(25)ブラジルのもっとも有名な料理はフェイジョアーダで、「豆」を意味するポルトガル語 feijão《フェイジャオ》に由来する。それは黒豆と白い米で作る「ムーア人とキリスト教徒」の洗練版である。フェイジョアーダは旧世界と新世界の食物の融合料理で、豚のさまざまな部位を使い、緑の葉物野菜を添えるところに、奴隷の料理の影響が見られる。豆とその汁がソースになる。伝統的には、オレンジのスライスやライム果汁入りの熱いソースが添えられる。

材料 フェイジョアーダ㉖

豚の耳四枚、豚の尻尾一本、塩、豚足三本を裂いたもの、牛肉の塩漬け一片一ポンド、牛舌の燻製三ポンド、脂肪の少ないベーコン一片二分の一ポンド、黒豆カップ四杯、脂肪の少ない牛肩肉か外腿肉一片一ポンド、リングイッサ・ソーセージ一ポンド、生ポーク・ソーセージ一ポンド、ラードか植物油大さじ二杯、タマネギ二個のみじん切り、ニンニク二片を刻んだもの、トマト二個を皮を剥き、種を取り、刻んだもの、生トウガラシ一個の種を取り刻んだものか、タバスコ小さじ八分の一（好みで）、塩、挽きたてのコショウ

ブラジル東部のバイーア州は大西洋に面して非常に長い海岸線を持っていて、料理にはエビがよく登場する。たとえば干しエビ、エビのソース煮込み、生エビの付け合わせ。干しエビをひいたものは風味が強いので、生エビを使った料理のソースのベースとして使われることもある。特徴的な脂肪はパーム油で、アフリカから輸入される。バイーアのもっとも有名な料理の一つがヴァタパ（鶏肉のエビ・アーモンド・ソース煮込み）で、これらの食材を組み合わせ、ココナツ・ミルクを含む旧世界の多くの食材を加えている。とろみは米粉でつける。ヴァタパともう一つのバイーア料理シンシン・デ・ガリーニャ（鶏肉のエビ・ピーナッツ・ソース煮込み）では、最後にパーム油が加えられる。濃厚な味にするためにバターが加えられるのと同じ。ブラジルではヤシの芯は生で食べられるが、

店では塩水に漬け缶詰にしたものが売られている。アメリカではヤシの芯はふつうサラダに使われる。

キャッサバの根茎は、コロンブス以前のブラジルでは主要なデンプンだった。多肉植物を含むトウダイグサ科（*Euphorbiaceae*）の中で唯一食用になるもので、多くの名前がある。中南米ではマニオクやユカ、アフリカでは一種の粥になってフーフー、ポルトガルでは粉状のファリンハ。しかし大半のアメリカ人にはタピオカとして知られている。しばしばそれで子供や病人に甘いプディングを作る。タピオカは二十一世紀にアジアに移植され、ボバという飲料としてアメリカに戻った。飲むときには、球状のタピオカを吸い込むために、直径の大きいストローが必要である。ブラジルではキャッサバの粗挽き粉はファロファと呼ぶ。砂色の粒で粗いタルカム・パウダーのよう。パーム油で炒めて、飾りとして料理の上に振りかける。

ブラジル北東部原産の果実はカシュー（*Anacardim occidentale*）で、有毒なウルシ科の中でも食べられるものの一つ。ウルシ科で他に食べられるのは、ピスタチオとマンゴー。カシューの果実は蜂屋柿《はちやがき》のような形だが黄色く、コンマのような形のカシューナッツが先端についている。果実は砂糖漬けにしたり、加工してジュースにしたりする。アーモンド、クルミ、ペカン同様、殻付きのままミックスナッツに使われることはない。というのも二層の殻の間にある腐食性の物質でさらに守られているからだ。クルミ割り器では殻をはずせないが、オウムの大きな嘴《くちばし》らはずすことができる。炒ればはずせる。(27) カシューをブラジルから東インド諸島の植民地に広めたのはポルトガル人だが、今日ではインドでも繁茂している。

料理用バナナのプランテンも南半球とカリブ海地方に見られる。バナナと同じバショウ属だが、バナナとは異なり生では食べられない。通常はゆでるか炒めるか、あるいは両方で調理し、甘いデンプン質の付け合わせ料理にする。

ヨーロッパ人がカリブ海地方で発明し、ブラジル人がすぐ気に入ったのがラム酒。アルコール飲料にかけては、ブラジル人は手品師だ。ブラジルのラムはカシャッサと呼ばれ、ライム果汁、砂糖、あるいはココナツ・ミルクまたはパッションフルーツなどと混ぜてバチーダと呼ばれるカクテルを作るのに使われる。[28] ラム酒の歴史は、旧世界の食物砂糖が新世界できわめてよく育ったその歴史とともに始まる。

カリブ海地域――砂糖

ヨーロッパの入植者はたいていの場合、すでに市場のある旧世界の食物が新世界でもっと安くもっと大量に生産できないかということに、大きな関心を寄せていた。ある食物がとりわけ目的にかなう。それはすばやく国際的な市場を支配するに至り、大西洋の両岸に巨大な富をもたらしたが、何百万人もの人々を奴隷とし、新しい職業を生み、ホモ・サピエンスの食習慣を完全に変えた。サトウキビ（*Saccharum officinarum*）から作られる砂糖である。チョコレート、コーヒー、茶のヨーロッパへの伝来が砂糖の需要を高める一方、砂糖が手に入りやすくなったことでチョコレート、コーヒー、茶の需要も高まった。砂糖スパイラルが生じる。砂糖が手に入りやすくなると、価格が低下し、価格が低下すると、いっそう多くの人々の手に入るようになる。中世には金持ちの薬だったものが、十八世紀半ばには貧しい人々でさえ常備するようになった。

砂糖の栽培、収穫、加工にはきわめて多くの人手が必要で、その担い手はアフリカから連れて来られた奴隷だった。

カリブ海地域――奴隷制、悪名高い中間航路

船からの悪臭はものすごかった。人間の糞便、尿、吐しゃ物、血液、汗の混じった臭いで、まさに悲惨極まりない。初期の探検家が百海里離れた海上でアメリカ大陸の花の香りをかげたように、後の船員は百海里離れた海上で

砂糖の歴史[29]

紀元前8,000年	砂糖はニューギニアで草として芽生えた
1世紀	インド人が、サトウキビを砕いて白い結晶を抽出する方法を知る
8世紀	アラビア人がインドの砂糖の製法を知り、帝国中に広める
13世紀	ベルギーのアントウェルペンが、ヨーロッパの精糖の中心地となる
1319年	直送された砂糖がイギリスに到着したという最初の記録
1493年	コロンブスがカリブ海域への2回目の航海で、サトウキビをもたらす
1493－1625年	スペインがカリブ海地域と砂糖の生産を支配する
1500年	ポルトガル領マデイラ島が世界最大の砂糖生産地に[30]
1544年	イングランドが精糖を始め、低地帯諸国、とくにベルギーのアントウェルペンから精糖を引き継ぐ
1585年	ロンドンがヨーロッパの精糖の中心に
1588年	イングランドがスペインの無敵艦隊を打ち破る。イングランドがアメリカに植民地を建設
1619年	アフリカ人が初めてヴァージニアのジェームズタウンに到着。砂糖の栽培は失敗
1625年	ヨーロッパは砂糖の大半をポルトガル（ブラジル）から購入。セントキッツ島にカリブ海地域で最初のイングランド植民地建設
1650年	砂糖が安くなったので、パリでレモネードが考案された[31]
1650－1850年	イングランド、フランス、デンマーク、オランダがカリブ海地域で精糖
1655年	イングランドがジャマイカに侵攻
1660年	イングランドの砂糖の輸入が、他のすべての植民地生産物の合計を上回る
1701－1810年	252,000人のアフリカ人奴隷がバルバドス島へ、662,400人のアフリカ人奴隷がジャマイカへ
1733年	北米の植民地とフランス領の西インド諸島との交易を防ぐために、イギリス議会は糖蜜法を可決
1750年	イングランドで、砂糖は貧民の間でさえふつうに使われる
1764年	フレンチ・インディアン戦争後、北米植民地に軍隊を駐留させておくために歳入を高めるべく、イギリス議会は砂糖法を可決
1791年	ハイチ（サント・ドミンゴ）で奴隷が反乱を起こして成功。砂糖の生産が中断
1813年	ナポレオンが砂糖の自給をできるように命じた後、フランスのパッシーに最初のテンサイの精糖所
1838年	イングランドが奴隷制廃止
1848年	フランスが奴隷制廃止
1876年	プエルトリコで奴隷制廃止
1884年	キューバで奴隷制廃止

奴隷船の臭いをかぐことができた。これは悪名高い中間航路で、アフリカ西部から西半球に至る三角貿易の中間部分である。誰も奴隷船の風下には行きたがらなかった。

カリブ海地域は歴史家が三角貿易と呼ぶものの一つの頂点をなす地域だった。砂糖とラム酒がカリブ海地域からヨーロッパへ、ヨーロッパの製品がアフリカへ、奴隷がアフリカからカリブ海地域へと運ばれた。ポルトガルは独自の三角貿易をおこない、「糖蜜に浸した三級品のタバコ」をアフリカで奴隷と交換し、奴隷をブラジルに運び、それから上等のタバコをヨーロッパの市場に持ち込んだ[32]。アメリカの三角貿易では糖蜜がカリブ海地域からニューイングランドに送られ、そこでラム酒に加工され、ラム酒はアフリカで奴隷と交換され、奴隷はカリブ海地域で売られ、また糖蜜がニューイングランドに送られるという過程が繰り返された。これらの貿易航路すべてにおいて、この中間航路は同様にぞっとするようなものだった。

なぜ奴隷制がおこなわれたのか？　なぜ何か他の労働形態が生まれなかったのか？　アメリカ先住民がヨーロッパの病気のせいで死んでしまった――絶滅した場合もある――ので、使えなかったからである。アフリカ西海岸の人々は奴隷商、あるいは銃と奴隷商とのつながりのある敵対部族にさらわれた。これら生け捕りにされた者の最初の恐怖のひとつが、「赤い顔と長い髪の恐ろしい様子の白人の男たち[33]」という得体の知れない者に、食べられるのではないかということだった。囚人は無理やり酒を飲まされることもあったが、それはさらに気味の悪い経験となった。それから二人ずつ鎖でつながれ、船に乗せられた。

甲板の下の船倉は天井まで二メートルもない。男性の奴隷は床に寝かされ、その上の棚に別の奴隷が寝かされた。もし船倉が天井まで一八〇センチあれば、棚は二段取り付けられていた。成人男性の空間は最大で長さ一八〇センチ幅四〇センチ。もし身長が一八〇センチ以上なら、航海の間中膝を曲げていなければならない。もし肩幅が四〇センチ以上あれば、横臥していなければならない。上に棚があるので、体を起こすこともできない。奴隷は赤痢にかかり、吐いたり激しい下痢を起こしたりした。もし病人が上の棚にいれば、吐瀉物や下痢便が下の者に滴り落ちた。女性は鎖でつながれなかったので、船員は好きに近づくことができた。強姦は奴隷船のアフリカ女性には日常茶飯。しかし船内を自由に歩き回らせればめんどうなことになる。女性は誰が任務中に酔っ払い、意識を失っているか知ることができた。ドアや鎖の鍵のありかを見つけることができ、手に入れることもあった。女性は奴隷船の反乱ではきわめて重要な役割を果たした。

もっとも有名な反乱は一八三九年にアミスタッド号で起きたもので、一九九七年にスティーヴン・スピルバーグ監督によって映画化されている。長年にわたり歴史家はアミスタッド号の反乱はまれな事件だと考えてきたが、一九六〇年代以降白人男性だけでなく、アフリカ系アメリカ人、女性、他のマイノリティ（少数民族）の歴史家が現れると、彼らの研究により、奴隷船の反乱はまれではなくよく起きていたことが明らかになった。結局奴隷には失うものは何もない。不幸なことに、アミスタッド号の反乱は成功のまれな場合だった。

奴隷船に捕らわれた奴隷に対するさらなる試練は、可能な限り安価な食物。彼らはぬるぬるしたソースに入ったソラ豆を嫌い、放り出した。ヤムイモ、米、パーム油のような故郷の食物を与えられることもあった。食べるのを拒み自殺しようとする者もいた。しかし食べない奴隷は、失われる危険のある貴重な積み荷である。もし鞭で打っても殴っても食べさせられなければ、車のジャッキと同じ働きをするような金属の道具で口を開けさせた。他方もし航海が予定より長引いて、食糧や水が不足すれば、奴隷は海に投げ出された。こうして積み荷の一部が失われても、船主は気にかけなかった。それは経費の一部であり、保険が掛けられていたからである。奴隷貿易は非常に儲かり、百パーセント以上の収益を生んだ。

船が港に着いても、悪夢は終わらない。そこで奴隷は農場の家畜のように競りにかけられ、砂糖のプランテーションに労働力として送り込まれた。丈高いサトウキビの茎を長刃のなたで刈り倒すと剃刀のように鋭い切り株が残る。銃剣の立ち並ぶ野で働くようなものだった。抗生物質ができる前には、熱帯の気候ではどんな切り傷も致命的な感染症を引き起こしかねなかった。

砂糖を煮詰めて結晶化させることは、とりわけ過酷な労働である。交代制になってはいたものの、昼夜を問わず働かされたが、日曜日は休みだった。仕事中はずっと裸足で石の床に立っていなければならず、それも苦痛だった。疲れた奴隷はサトウキビを入れる圧搾機のローラーに指を挟まれ、切断された。「腕を断ち切るためには、手斧が用意されていた」(34)。奴隷の多くはアフリカから集められて、アメリカに輸送された。その四〇パーセントがカリブ海地域の砂糖生産地へ送り込まれる(35)。生活は惨状をきわめ、奴隷はしばしば四年以内に死んだので、常に新しく買い入れる必要があった。具合の悪い奴隷の手当てをするより、新しい奴隷を買う方が安上がりだった。使い捨てだったのだ。

プランテーションの奴隷の食費は、ぎりぎりまで切り詰められた。土地にはすべてサトウキビが植えられたので、食物は輸入しなければならない。イギリスが北米に入植するまで、奴隷の食事の中心は塩漬けの牛肉。それから塩漬けにして干したタラの下級品。十八世紀にイギリスは、タヒチのパンノキの実がジャマイカの奴隷の安い食糧になると考えた。クワやジャックフルーツの近縁でメロン大のデンプン質のパンノキの実は、ヨークシャー・プディングやマッシュポテトのような味がするとも言われている。

しかしパンノキの実を運ぶバウンティ号で、艦長ブライが乗組員のグロッグ酒の割当て量を減らし、自分のココナツを盗んだと咎めて食糧の割り当てを半分にした後、反乱が起きた。ブライは小さな救命艇で最終的にティモール島にたどり着き、別の船を与えられて、パンノキの実をジャマイカに運んだが、奴隷の口には合わなかった。それでもパンノキはそこでよく生長し、今も繁茂している。家畜の餌としている国もあれば、トリニダードでは人間の食物として、ハワイではポイ（訳注：タロイモなどを焼き、石臼で突きつぶして少量の水を加えペースト状にして発酵させたハワイの伝統的主食）を作るのにタロイモの代わりに用いられている。[36]

カリブ海地域──ラム酒

砂糖加工の副産物の一つが新しいアルコール飲料になる。十六世紀には歴史家デイヴィッド・T・コートライトが「精神活性革命」と呼ぶものが始まった。これは砂糖とカフェインを含むドラッグの大陸間の往来で、現代世界の特徴でもある。ラム酒は一六四〇年代に初めてカリブ海地域で作られた。砂糖の生産はもはやアルコールを禁ずるイスラム帝国の支配下にはなかったので、砂糖またはその副産物からの新しいタイプのアルコール製造を妨げるものはなかった。プロテスタントのイギリス人の手で砂糖はラム酒になった。

ラム酒の製造には二つの異なる方法がある。アグリコール・ラムはサトウキビの茎の搾り立ての汁から作られる。もう一つは糖蜜から作られる。どちらにしても酵母を加えて、通常二十四時間から四十八時間発酵させる。それから蒸留して、以前にウイスキーかバーボンを入れていたオークの樽で熟成させる。ラム酒は熟成後にブレンドするが、最初にブレンドしてから熟成させるものもある。その豊かな茶色は、オークの樽で熟成する過程で生まれる。熟成したと言われるには少なくとも三年はかかる。

ラム酒が最初に蒸留製造されたバルバドス島には、三百年以上も前からマウントゲイのラベルがある。小さなイギリスの植民地は、タバコを栽培するヴァージニアとメリーランドの植民地を合わせたよりも、多くの富をイギリスにもたらした。リヴァーズ・ラムを製造しているグレナダのリヴァー・アントワーヌ蒸留所は、未だに電力を使用していない。水力を利用してサトウキビを圧搾し、搾りかすを燃料にして蒸留する。今日では、ガイアナのデメララ＝マハイカ州は、「カリブ海地域最大のラム酒の供給地」である。[37]

新世界から旧世界へ

スペイン、ポルトガル、イギリスは食物、動物、人々を移動移住させ、新世界の植民地をすぐさま変革した。西半球を東半球の巨大なプランテーションとしたので、旧世界の人々にとってなじみのある旧世界の食物が入手しやすくなる。したがってヨーロッパの人々は、ことさら新世界の食物を試してみようという気にはほとんどならなかった。

「…新しいものだから、害にならないだろうか(38)」

イギリスの著述家サミュエル・ピープスは一六六九年三月九日の日記にこう記している。取り上げているのは、ヨーロッパに届いたばかりのアジアの果実から作られた新しい飲料。「大変おいしい飲み物」だと思ったが、その一杯のオレンジ・ジュースについて心配しているのだ。コロンブスの航海以後、ヨーロッパの国々には新しい食材や新しい料理が立て続けに押し寄せて来た。しかし異文化による変化は難しい。世界の他の地域の見知らぬ食物を食べてみるように説得するのは、必ずしも容易ではなかった。ヨーロッパの人々は何世紀もの間トマトが食べられることを願い、カボチャの一種パンプキンが現れるのを待ち望んでいたわけではない。新世界の食物がヨーロッパで受け入れられるには、およそ三百年かかった。トウモロコシのようなものは、動物にはよくても、人間の食物としては今なお十分には受け入れられていない。

見知らぬ新しいものがなじみのある古いものと関連付けて記されることはあった。コロンブスの息子は、カカオ豆のことを特別な「アーモンド」と述べている。探検家のコロナドは、角のある奇妙な「牛」について書いているが、それはバッファローのことで、ジャガイモは「大地のリンゴ」——フランス語でpomme de terre《ポムドテール》——と呼ばれた。イタリアではトマトは「黄金のリンゴ」——pomodoro《ポモドーロ》——になる。今日何世代も栽培が続けられている品種の一部は最初は黄色かったし、黄金のリンゴはギリシア神話でおなじみだった。

七面鳥、タバコ、豆

旧世界中でただちに受け入れられた新世界の三品目は、七面鳥、タバコ、豆。ヨーロッパの人々は家禽の肉を食べるのに慣れていて、特別な場合の「目玉」として鶏肉を食べる習慣があったので、新たに大きくて祝祭向きのおいしい鳥を受け入れるお膳立てができていた。まもなく七面鳥は、サギ、ハクチョウ、クジャク、その他の大きくて見栄えはするもののほとんど食べられない鳥に取って代わる。

今日のメリーランド州とヴァージニア州である湾岸地域のチェサピークで栽培されたタバコは、どこでも人気を博した。コロンブスの最初の航海から百年とたたないうちに、タバコはシベリアの奥地でさえ見られるようになる。(39)

豆もすぐに受け入れられたが、ヒヨコ豆やレンズ豆のような豆類に似ていたからだろう。十六世紀の半ばにはインゲン豆は植物学の本に掲載され、ヨーロッパ中でサヤ豆として知られていた。

新しい食物を受け入れるかどうかは、しばしば空腹が決定する。食べさせるべき膨大な人口を抱えていた中国

アメリカ大陸からヨーロッパ、アフリカ、アジアへ

動物	野菜、スパイス等	穀物、豆、薬、ナッツ	果実
七面鳥	オールスパイス	インゲン豆、ライ豆、白インゲン豆	アボカド
バリケン（訳注）	アマランサス	カシュー	ブルーベリー
カモ	キクイモ	トウモロコシ	カカオ
	豆類――サヤ豆	マニオク（キャッサバ、タピオカ）	チェリモヤ
	クズイモ	ピーナッツ	コンコード・ブドウ
	パプリカ、ピーマン	キニーネ（抗マラリア剤）	クランベリー
	トウガラシ	キヌア	パパイヤ
	サツマイモ	タバコ	パイナップル
	ジャガイモ	ワイルドライス（米とはちがう穀物）	イチゴ
	パンプキンを含むカボチャ		トマト
	ヒマワリ		
	バニラ		

訳注：バリケンは中米原産のカモ目カモ科の大型の鳥

は、すぐに新世界の食物、とくにピーナッツ、トウモロコシ、サツマイモを受け入れた。(40)

コロンブスの新世界到達後二世紀半の間に、アフリカとラテン・アメリカの人口はそれぞれ奴隷貿易や病気のせいで落ち込んだ。しかしコロンブス交換による食物のおかげで、アジア、ヨーロッパおよびオセアニアの人口は急増した。二〇一〇年には中国とインドの人口がともに十億を超えた。中国の人口は昔から多かったが、インドの人口は近年爆発的に増えた。それは、イギリス人が来てアメリカ大陸から食物をもたらしたおよそ一八五〇年以降のことである。(41)

スペイン――チョコレートとパエリャ

インドや他の国々はアメリカ大陸発見の数百年後までコロンブス交換に関与しなかったが、スペインは新しい食物のいくつかをすぐに取り入れた。

おそらくチョコレートはもっと早くヨーロッパで人気を博したはずだったが、スペインの貴族はそれを強力な媚薬――十六世紀のバイアグラ――と考えて、ほぼ一世紀もそ

世界の人口[42]（単位：100万人）

	1650	1750	1800	1850	1900	1950	2008[43]
アフリカ	100	95	90	95	120	198	967
アジア	327	475	597	741	925	1,320	4,052
ヨーロッパ	103	144	192	274	423	593	736
ラテン・アメリカ	12	11	19	33	63	162	559
北アメリカ	1	2	6	26	81	168	329
オセアニア	2	2	2	2	6	13	35
合計	545	728	906	1,171	1,608	2,454	6,678

のレシピを修道院に隠していた。しかしこんなに結構なものは長く秘密にはできない。他の人々がとうとうレシピを入手したか、考え出したかして、流行が起こる。チョコレートはヨーロッパのさまざまな国で、さまざまな方法で用いられた。スペイン人はアステカ族のようにチョコレートを飲み物としたが、砂糖で甘味をつけた。フランス人はデザートに限定した。

スペイン人はすぐにトウガラシ――チルテピンつまりバード・ペッパー（*Capsicum annum var. aviculare*）を好むようになり、それは「スペインのコショウ」としてヨーロッパ中で知られるようになる。非常に高く評価されたので、卓上の塩入れに入れられた。食事をするときには各人が好きなだけ取り出し、砕いて料理にかけた。

スペインの伝統料理パエリャ・バレンシアーナは、新旧両世界の食物を混ぜ合わせたもの。パエリャというのは、それを作る鍋のことで、バレンシアーナはこの料理が生まれたスペインの地名である。典型的な食材は、旧世界の米、数種の肉、オリーヴオイル、サフランと、新世界のサヤ豆、トマト、パプリカ。

ドン・キホーテ――農民の肉への欲求

上流階級はチョコレートを飲み、トウガラシと肉を食べた。貧民はなお腹をすかせていた。しばしば食物に見られたこの社会階級による違いは、一六〇二年にミゲル・セルバンテスによって書かれたスペインのもっとも有名な文学作品の一つ『ドン・キホーテ』におけるすべての根底をなしている。ブロードウェイ・ミュージカルと映画の『ラ・マンチャの男』のもとになったこの風刺小説は、ドン・キホーテについての物語で、彼は未だに騎士道を信じ、竜（実際には風車）を退治して、麗しい貴婦人（実際には田舎娘）を救うために、馬に乗って出発する。キホーテには信頼できる相棒サンチョ・パンサが従っている。この二人（高貴な心を持つ無鉄砲人と、丸々太った、宮廷道化師のようではあるが、愚か者というよりは哲学的な愉快な相棒）は、以後何世紀もカウボーイの物語と映画の設定の定番となった。二人は人間の二つの面を表している。キホーテは精神的で夢見る人、サンチョ・パンサ（「聖なる腹」を意味する）は、現実の世界に住むリアリスト。『ドン・キホーテ』から quixotic《キクザティック》（ドン・キホーテ流の）という形容詞が生まれた。これはきわめて理想主義的で、ロマンティックで、非現実的なことを言う。

　この物語によって、スペインの食物は有名になった。ごった煮や煮込みなどと訳されている野菜と肉のシチュー、オリャ・ポドリーダ（文字通りには「腐った鍋」）は六回登場する。第一章の二番目の文には、キホーテがどんなに貧しく、食物がどんなに高いかを示すために出てくる。「羊肉よりは牛肉の多く入った煮込み、たいていの夜に出される挽《ひ》き肉《にく》の玉ねぎあえ、金曜日のレンズ豆、土曜日の塩豚と卵のいためもの、そして日曜日に添えられる小鳩といったところが普通の食事で、彼の実入《みい》りの四分の三はこれで消えた[44]」。（以下牛島信明訳）これは「牛肉でも仔牛の方が美味で、山羊でも仔山羊の肉の方が上等である[45]」ことを知っている男にとって辛い暮らしだった。

　キホーテとパンサが口にするのは、たいていはパンと水だけ。運がよければ、チーズ少々、タマネギ、ブドウ、ドングリ、またはマルメロ（ペルシア原産の果実で、熟してさえ、湿らせたふすまか鋸屑の中で内部を発酵させなければ食用にならない）が食べられた[46]。宿屋の食事を挙げれば、上流階級の人々が自分の料理長以下料理人を連れ歩く理由がわかる。ある宿屋の主人はサンチョに言う。「まちがいなくあるのはまるで仔牛の前足のような牛の爪、いや牛の爪みたいに見える仔牛の前足二本で、こいつを玉葱《たまねぎ》やヒヨコ豆や豚肉といっしょに煮てるんですがね…[47]」。金曜日に別の宿屋では、キホーテは干し魚と「うす汚れて黒いことでは騎士の甲冑にひけをとらないパン[48]」に与《あずか》る。最悪の状態でドン・キホーテは言う。「(それゆえわしは、)あらゆる死のなかでもっとも酷《むご》い飢え死にによって死のうと思うのじゃ。」しかし食べ物と人生を愛するサンチョは言う。「おいらはせいぜい食って、神様がお決めになってる最後のところまで、この命をひきのばすつもりなんですよ[49]」。

これらの飢えた人々からすれば、上流階級の食習慣と体液理論はばかげている。腹をすかせたサンチョは宴会で席に着くが、どの皿もヒポクラテスを引用する医師に遠ざけられてしまう。「いささか水気が多すぎるので果物を取り上げるように指図しました。また次の料理をも取り上げるように命じた理由は、それがあまりにも熱く、薬味も効きすぎておりまして、いきおい喉《のど》の乾きを増進させるものだったからでござります。…そこにある兎のシチューは口になさってはいけません。なにしろ細長い毛の多い料理ですから。そう、あそこの仔牛の肉が、あのようにソースに漬けて焼いてあるのでなかったら召しあがることもできたでしょうが。しかし今さらどうするわけにもまいりませんな。」サンチョは疑う余地のない事実を指摘する――「このうえ食い物をとりあげられたら、お医者さんがいくら偉そうな御託《ごたく》を並べようと、そいつはわしの生命を守るどころか、奪い取るようなもんですよ。」そしてオリャ・ポドリーダを注文する。「こいつは煮込めば煮込むほど匂いがよくなるし、…」。医師がそれは栄養がなく、学生や田舎の百姓にだけむいていて、紳士には「薄焼きパンの細切り百本ほどとマルメロの実の薄切り二、三枚」がよいと言った時には、医師を棍棒で叩きだしてやると脅す[50]。

サンチョが最後にその太鼓腹を満たすたっぷりした食事にありつくのは、飢えた農民の食物のファンタジーである。裕福なカマーチョの結婚式はユートピア的な誇張がなされており、デカメロンに出てくるベンゴーディのスペ

イン版である。まずサンチョの目にとまったのは、

楡《にれ》の木まるまる一本からなる串に刺された一頭の仔牛であった…六つの深鍋は…なかに羊がまるごと入って…すでに皮をはがれた兎《うさぎ》や毛をむしられた鶏が…ほかにもさまざまな種類の、無数の鳥や獣が、風にあてて冷やしておくため、木の枝に吊るされていた。サンチョの計算によると、ぶどう酒の革袋が六十個以上もあったが、…まっ白なパンの山がいくつもあり…チーズは互い違いに積み上げられた煉瓦《れんが》のように壁をなしていた…大きな二つの鍋には油がたっぷり入れられ…そこで粉をねったものが揚げられては、かたっぱしから大きな二つのシャベルですくい上げられ、そのそばに用意された蜂蜜《はちみつ》の鍋のなかに投げこまれていた。男女合わせて五十人をこえる料理番は…

スパイスの詰まった櫃《ひつ》もある。サンチョが鍋の一つにパンを一切れ浸させてもらえまいかと頼んだとき、ディナーの時間までのつなぎにと、料理人は快く三羽の鶏と二羽のガチョウを大瓶からすくい出した。(51) サンチョはここではたらふく食べることができた。というのもカマーチョは、食事についての規則がやかましい上流階級ではなく、豊かになって食事を楽しむ農夫だったからである。農夫が肉を欲しがるのは明らかで、食物の順位も明らかだった。鶏肉とガチョウがまだもっとも高価で、望ましかった。新世界の食物はまったく登場しない。

スペインの目を見張るような新しい富に触発されて、ヨーロッパの他の国々、なかでもポルトガルは探検家を派遣した。ポルトガルの甘いパン、パン・ドースも世界中に行き渡る。途中ハワイの甘いパンになり、北米のニューイングランドまで到達した。

材料　ポルトガルとハワイの甘いパン（パン・ドース）

- 沸騰させたミルク一パイント
- 塩大さじ一杯半
- イースト二袋か固形イースト二個
- 卵四個
- 湯カップ四分の一
- 砂糖カップ一杯半
- 小麦粉カップ八〜九杯
- 溶かしバター八分の一ポンド

イタリア――ルネサンス

「ヨーロッパの歴史上、十四、十五、十六世紀ほど、スパイスが重要な役割を果たした時代はない」[52]

ローマ帝国の衰退のほとんど一千年後、イタリア人は文字通り自分たちの身近にある古代の著書、壊れた像、建造物、陶器によって、古代ギリシア、ローマの哲学、美術、建築、料理を再発見した。十四世紀のイタリアで、今日ではルネサンスとして知られている文明の再生が始まるが、イタリアは十九世紀に至るまで統一国家ではなく、都市国家により構成されていた。ルネサンスの特徴は、人文主義および世俗主義が重視され、商業や学問において、キリスト教会や国家に対する個人の重要性が高められたことである。有名な芸術家は、ミケランジェロ、レオナルド・ダ・ヴィンチ、ラファエロ、ドナテッロ（アニメのニンジャ・タートルズではない）。

一四五七年、ヴァチカン図書館がアピキウスが著したとされる写本を入手したとき、イタリア人は古代ローマの料理を再発見する。古代ローマの料理への関心とともに、当時の暴飲暴食も復活した。十六世紀のイタリアは裕福で強力で、ヨーロッパ世界の頂点に君臨していた。そしてメディチ家は、イタリアでももっとも裕福でもっとも有力な都市国家フィレンツェの権力の頂点にあった。東洋のアラビア商人と西洋のヨーロッパの間を取り持つ仲買人になって、富を蓄積する。莫大な金《かね》を手に入れたので、それを貸し始め、ヨーロッパの銀行家となり、ベルギーのアントウェルペンのような大都市に支店を置いた。

メディチ家は、フランス人が bourgeoisie（ブルジョワジー）と呼び、ドイツ人が Bürger（ビュルガー）と呼ぶ者として、貴族ではなく都市の商人だったが、新しい王族となる。この新興階級の人々は金を持っており、それを誇示したがった。ファッションと食物がその二つの手段で、見せびらかすためにだけ重ね着をし、ドレス、ストッキング、靴、上着に絹、サテン、ヴェルヴェットのような高価な布を大量に使った。髪は絹のような偽毛で嵩増《かさ》しして、念入りに結い上げ、その上にはさらに高価な布、羽、毛皮でできた意匠を凝らした帽子を載せた。化粧をして香水を使い、髪から靴に至るまであらゆるものを宝石で飾った。

都市の成長にともなって、自給をしない都市人口が生まれる。そこで保存できる食物が必要となり、そのためにスパイスや塩も必要となった。

食物こぼれ話　スパイスと腐った肉

この問題に片を付けよう。中世およびルネサンスの人々は、悪くなった肉の味を隠すためにスパイスを使ったのではない。スパイスを買える人々は、日々屠ったばかりの新鮮な肉も買えた。また肉に関する法律も厳格だった。イングランド、フランス、オランダ、イタリア、あるいはスペインに、悪くなりつつあるか悪くなった肉の処理法について述べている、またはスパイスを臭い消しに使うと述べている料理書はない[53]。

中世の四体液説はスパイス増加の一因でしかない。というのも当時はスパイスを入手できる人々が増えていたのだから。しかし使われるスパイスは変化する。フランスの上流階級はコショウのようなスパイスは洗練されておらず、下等だと考え始めた。各階級には独自の食習慣があった。ヤマウズラのような「おいしい」肉は、知性や感性を高めてくれると考える上流階級にとってますます重要になり、スパイスが消化を助けるとも考えられた。「正しく」料理することは、「中和するもの」で料理することを意味する。たとえば「冷」で「湿」の牡蠣は、スパイスとともにローストすることによってもっと「熱」で「乾」のものに調整できた[54]。

同時にパンは下層階級の食事と予算の大きな割合を占め、収入の半分以上がパンに費やされた[55]。ヨーロッパの穀倉は東部のポーランドとウクライナで、穀物は船積みされなければならず、海運業者という別の富裕層を生み出す。

下層階級は子供が七、八歳になると早くも新興富裕層の家に奉公に出した。[56]

イタリア――マルティーノと初めて印刷された料理書

一四〇〇年代中頃、ヨハネス・グーテンベルクという名前のドイツ人が印刷機を発明した。中国人は何世紀も前に可動活字を発明していたが、何千とある漢字では使い物にならなかったので、廃れていた。しかし文字数の少ないヨーロッパの言語ではうまく働く。グーテンベルクが最初に印刷したのは、聖書だった。それから健康に関心があり不死を追い求める上流階級向けの本が、出版された。一四六五年、イタリアに初めて印刷機が到着する。一四七四年『高雅なる逸楽と健康について *De honesta voluptate et valetudine*』という本がローマで印刷された。[57] この医療の手引きと生活に関する助言をまとめた本にはレシピも含まれるので、最初に印刷された料理書とも言える。[58] プラティナとして知られていたバルトロメオ・サッキというイタリア人によってラテン語で書かれていたが、一四八七年にはイタリア語に、一五〇五年にはフランス語に、そして一九六七年には英語に翻訳された。[59] アピキウスと古代ローマの慣習がプラティナの本に影響を与えている。というのもプラティナはヴァチカン図書館長（印刷機によっておびただしい本が出版された結果作られた新しい地位）だったからである。そして一四五七年にはヴァチカンにアピキウスの著作が収蔵されていた。

アピキウスを初めて英語に翻訳したジョーゼフ・ドマーズ・ヴェーリングというシェフが、プラティナのレシピのほとんどすべてが、実際にはイタリア北部の料理の達人マルティーノによって書かれたものだという指摘もした。[60] 十五世紀のもっと早い時期に、マルティーノはイタリア語で『料理術の書 *The Art of Cooking*』を著していた。サッキは同書から二五〇点のレシピを「拝借」し、『高雅なる逸楽と健康について』に使用したのである。プラティナはマルティーノのおかげであることは認めている。著作権法が成立する前には、他人の著作をこのように「拝借」することはふつうにおこなわれていた。これらのレシピによってマルティーノは料理人の王と称えられ、『高雅なる逸楽と健康について』は料理書初のベストセラーになる。[61] マルティーノはトレヴィザン枢機卿のシェフだった。枢機卿は贅沢な暮らしを好み、乱痴気騒ぎとなる晩餐会を開いた。宴会は非常に凝っていて、主人の富と権力を見せびらかすように計画された。その一つが、教会が暴飲暴食をたしなめたにもかかわらず、一四七三年にローマで開かれたものである。

最初に供されたのは、豚のレバー、ブランマンジェ、薬味を添えた肉、トルテとパイ、塩漬けの豚の腰肉とソーセージ、仔牛のロースト、仔山羊、雛鳥、鶏、ウサギ…大きな猟鳥の丸焼き、皮または羽をまとわせた家禽。[62]

その後に供されたのは、ハチミツとローズ・ウォーター・シロップをかけたフリッター、銀箔に包まれたレモン、羊、鹿、乳飲み仔豚、肥育鶏、アヒル、ワインに漬けた果物である。ヘラクレス、塔のある城、非常に大きくて中から人が飛び出す山などの巨大な砂糖の彫刻があった。[63]

マルティーノは熟練したシェフだった。他のシェフのためにレシピを書き、率直に助言している。「一般的な好み、あるいは主人の好みに合うよいスパイスを加える」[64]。食材を挙げているだけでなく、料理術についても説明する。使用する鍋や調理時間——「主の祈りを二回唱える間、ラヴィオリをとろとろ煮込む」[65]——など。歴史家のルイージ・バッレリーニが指摘するように、マルティーニは野菜を社会復帰させた。下級の農民食としての地位から上流階級にふさわしい食物、肉なしで、それだけで食べるにふさわしい食物へと格上げしたのである。[66] フェンネル、カブ、ソラ豆、パセリの根、フダンソウ、ヒヨコ豆、エンドウ、キノコ、アーモンドミルクに浸したハーブなど。果物のレシピにはブドウ、ニワトコ、クワ、甘いサクランボと酸っぱいサクランボ、マルメロ、リンゴ、モモの花のソース、プルーンなどが含まれている。

『料理術の書』は何章かに分かれ、「煮込み用の肉、ロースト用の肉」で始まる――「熊の肉はパイにするとよい」[67]。プロシュットやモルタデッラのようなイタリアの加工肉は、パルミジャーノ・チーズと同様すでに食材として十分認められていた。四〇個の羊の足、白ワインビネガー、白ワイン、水、スパイスから作るアスピックは、卵白一〇個で澄ませ、それから何回も濾《こ》す。金属の濾し器ができる前には、毛織物の布で濾した[68]。

レシピ

ボローニャ風トルテ
料理の達人マルティーノ著『料理術の書』より

[一八オンス]のチーズをすりおろす。チーズは脂肪が多いほどよい。それからフダンソウ、パセリ、マージョラムをきれい洗って、ナイフでよく刻み、チーズに加え、手でよく混ぜ合わせる。卵四個、必要な量のコショウとサフラン少しを加え、同様に精製されたよいラードか新鮮なバターも加え、これらすべてをよく混ぜ合わせる。皿の底にパイ生地を敷きその上にこの詰め物を入れパイ生地で蓋をして、中火にかける。いっそう見栄えをよくするために、サフラン少々を混ぜた卵黄を塗って黄色くする。上のパイ生地が膨らんだときに塗ればよい。この時点で火からおろすのが一番よい[69]。

パスタの種類は、ラザニア、マカロニ、ラヴィオリ、ヴェルミチェッリなどたくさんある。トマトがメキシコからもたらされて、十九世紀にイタリア料理でよく使われるようになるまでは、今日でもおこなわれることがあるように、パスタは茹でて、スープに入れるか、簡単に「よいチーズ、バター、スパイス」で味付けした。(70) あるいはマルティーノが提供した多くのいっそう凝ったソースの一つを使うこともできた。卵、魚、フリッター、トルテについては、個別に章がある。

完璧なシェフ

マルティーノはまた、プラティナが『高雅なる逸楽と健康について』で認めているように、料理人がどうあるべきかを明確に述べた。

技術と長い経験を持ち、忍耐強く仕事に取組み、何よりもそのことを褒めてもらいたいと願う熟練した料理人を持たなければならない。料理人はいかなる汚れもつけず、完全に清潔で、肉、魚、野菜の長所と性質を知り、ただちに何をローストしたり、煮たり、炒めたりするべきかを理解できなければならない。味見をして塩気が強すぎたり、味が薄すぎることを見分けられるように、十分敏感でなければならない。できる限り「マラウティーノ」のように…。主人のための食物を我が物にしたり、ガツガツ食べたりしないように、…食い意地が張っていたり、貪欲だったりしてはならない。(71)

この一節は当時料理人が男性であったことを明らかにしている。またこの理想に達しない、雇い主が期待するほど食物について知らない、あるいは徹底的に清潔ではない、または料理したものを食べる料理人がいたことも明らかである。大食はその頃はまだ罪だった。

イタリア――スカッピの『オペラ』

「美術にミケランジェロ、料理にはスカッピ(72)」

『オペラ』――「仕事、労働」を意味する――はスカッピのルネサンス最盛期の料理書のタイトル。同書はマルティーノの本のほぼ百年後、一五七〇年に出版された。その頃にはイタリアの料理書はいっそう洗練され、出版も同様だった。『オペラ』には説明だけでなく、最初のフォークの一つを含む図も掲載されていた。

他にも初めての業績がある。食物史家のアン・ウィランが指摘するように、スカッピは、二百点以上の甘い菓子や塩味の料理のレシピで、「アラビアのペストリー作りの技術を研究したヨーロッパ初の料理人」だった。シングルクラスト（訳注：タルトのようにパイ生地を型に敷き詰めただけのパイ）およびダブルクラスト（訳注：具の上にさらにパイ生地で蓋をする場合）のパイは、パフ・ペストリーとイタリアの標準的なパイ生地パスタ・フロッラの初期バージョンである(73)。

スカッピの料理は、イタリア人が食物、道具、ガラス製品を美しく見せるために考案したものに並べられることもあっただろう。それは credenza《クレデンツァ》と呼ばれていた。

Credenza（今日ではサイド・テーブルまたは食器棚という意味）は、パイ、ソーセージ、茹でた甲殻類、野菜、サラダ、その他の典型的な前菜などの冷菜、並びに果物、甘い菓子、飴…が含まれるコースだった。フランスの冷製のビュッフェ（軽食）——明らかに王室の料理人ピエール・ビュッフェによって導入された——の先駆けだった。[74]

数人の枢機卿や教皇のシェフとして、スカッピは四体液説の食物連鎖の頂点で流行を作り出した。

ルネサンスの食事療法学

「ルネサンス人には、甘く熟れたジューシーなメロンほどおいしく危険なものは考えられなかった」

食物史家ケン・アルバーラ[75]

ルネサンスがヨーロッパ中に広まるにつれて、マルティーノの料理書に続き、適切な食事と栄養に関する本が続出した——一四七〇年代から一六五〇年のラ・ヴァレンヌの『フランスの料理人 *Le cuisinier françois*』に至るまでおよそ百冊。[76] すべてよく売れた。これらの本は、健康な身体と精神を生むために体液のバランスをとることに関するもので、この理論を最初に提唱したのは、二世紀のギリシアの医師ガレノスである。それでもこれは、今日われわれの食事療法で薦められるものがそうであるように、万人に向けたものではなく、個々人に合わせた療法だった。四体液説は十五世紀には盤石だったが、十七世紀半ばには影響力を失う。昔の権威者が説いたことより自分自身の味覚を、人々が文字通りにも比喩的にも信用し始めたからである。

『ルネサンスにおける正しい食事 *Eating Right in the Renaissance*』の中で食物史家のケン・アルバーラが指摘する

ように、ルネサンスの食事療法家は味覚を八つのグループに分けていた。「甘い、苦い、辛い、塩辛い、酸っぱい、渋い…脂っこい、風味がない」である。[77] 果物のような食物は危険だと考えられた。「湿」で「冷」なので、果物は胃の「原動力」である熱を奪い、毒を作り出し、未消化の食物の流動物を腐敗させ、身体を中から腐らせる。スリルを求めて食べ、恐怖から後で具合が悪くなるほどに、食事療法家はとりわけメロンを恐れた。スーパーフード――健康によいもの――は、砂糖、サフラン、黒コショウ、ワイン、味のないハーブのルリジサ。[78] すでに完全にバランスのとれた食物で、調整する必要がないのが、パンと鶏肉である。[79]

イタリアからフランスへ――フォークとカテリーナ・デ・メディチ

この時期に変化したのは、料理書だけではない。十六世紀初頭のイタリアでは、新しい道具が食物への関わりを変え、食卓での人間同士の関係も変えた。粗野な人々がアメリカ大陸で発見されたばかりで、文明人は彼らのように食べたくはなかった。フォークは、食事をする人と料理との距離を生む。そして食卓に着く人々の距離も生んだ。中世にしていたように、同じ鍋から手づかみで同じ料理を食べることは、もうなかった。

フォークは古代ローマ以来、熱い鍋から食物を取り出すのに用いられる道具として知られていたが、食事する人すべての手を器に近づけないための給仕道具として、食卓で使われるようになる。最終的にフォークは各人が使うものとなった。最初は人々は努力を強いられた。というのもそれは二股で、扱いにくく、指ほど役に立たなかったからである。食物はしょっちゅう落ちた。また、いつも食事に含まれていた感覚の一つ手触りを失わせた。それでもフォークはイタリアの宮廷からフランスへ、それからイギリスへ、そして最後にドイツへと徐々に広まる。金、銀、あるいは水晶製で完全に上流階級のものだった。フォークが北方に進出し始める一因となったのが、イタリアの十代の少女、カテリーナ・デ・メディチの存在である。

食物こぼれ話　カテリーナ・デ・メディチは美食の歴史に貢献した？

一五三三年十四歳の王女がイタリアのフィレンツェを後にし、教皇の媒酌によりフランスの王子に嫁いだ。食物史家のルイージ・バッレリーニは、カテリーナ・デ・メディチの結婚がヨーロッパの料理に重大な変化をもたらした、と確信している。「カテリーナがフランスにおける美食の歴史の変遷にもっぱら貢献したことに、疑いの余地はほとんどない…故郷のフィレンツェからパリへ同行したのは名高い料理人たちで、…アスピック、胸腺、アーティチョーク、トリュフ、マカロニ、ザバイオーネのような新しいもの——少なくともフランス人の味覚には——の料理を完成した[80]」。

食物史家のバーバラ・ウィートンは意見を異にし、カテリーナは宮廷で大きな力や影響力を持たなかったと述べている。というのも十四年間も子供を産まなかったし、夫は王になるとは思われていなかったにもかかわらず、兄が死んだので王になったのだし、夫の愛人が宮廷のファッションを作り出していたのだから[81]。

「フランスの高級料理が現れたのは一世紀後で、そのときイタリアの影響はほとんど見られなかった。そして十六世紀初頭に、カテリーナの料理人がフランス料理に影響を与えたという証拠もない[82]」。

だから食物史家の間では、カテリーナ・デ・メディチが特有の食物、料理術、そして料理の流行をイタリアからフランスに広めることに果たした役割については、なお議論がある。


夫の死後、カテリーナは息子の摂政となって統治し、宮廷は流行の極みを誇った。一五八一年にはカテリーナの後援で、最初の本物のバレエ『王妃の喜劇的バレエ』が生まれた。また新世界からの新しい流行――タバコ――の普及にも一役買う。タバコの有効成分ニコチンは、カテリーナにタバコの種子を送ったフランスの外交官ジャン・ニコにちなんで命名されたもの。

カテリーナは生き永らえ、宮廷の陰謀と裏切りに満ちた世界で勝者とさえなった。多数派のカトリック教徒と少数派の新教徒ユグノーとの間の宗教戦争にも巻き込まれた。一五七二年八月二十四日の聖バルテルミの日にフランスのカトリック教徒は、フランス中のユグノー二万人に対して三日間にわたる組織的な大虐殺を始める。後で教皇とスペイン王フェリペ二世はそれを称えた。カテリーナは罪のない傍観者ではなかった。

イタリアからポーランドへ——野菜

一五一八年もう一人のイタリアの王女ボナ・スフォルツァ（「よき試み」と言う意味）も、政略結婚で二十四歳年上のポーランド国王ジギスムントに嫁いだ。ボナはカテリーナと同様自分の料理人と庭師を新たな国へ連れて行く。ポーランド料理にはすでに多くの野菜が含まれていたが、きわめて多くの野菜を持ち込み、それらの野菜はポーランド語で「イタリアからのもの」を意味するwloszczyzna《ヴウォシチズナ》と呼ばれた。

ポーランド料理に後に取り入れられた外国の食物も、その名前をとどめている。フランスから入ってきたのは、sos（sauce：ソース）、krokiety（croquette：コロッケ）、auszpik（aspic：アスピック）、soufflé（スフレ）。ビザンティン帝国と中東の影響はryż（rice：米）、szaszlyk（shashlik：肉の串焼き）に見られる。

イタリア——放縦と免罪符

イタリアでは富と肉体の快楽への耽溺《たんでき》に新たな関心が生まれ、それは聖職者にまでおよんでいた。そして豪華な古代ローマのよ

ポーランドとイタリアの食物名[83]

英語	ポーランド語	イタリア語
artichokes（アーティチョーク）	karczochy	carciofi
asparagus（アスパラガス）	szparagi	asparagi
beans（豆）	fasola	fagioli
cauliflower（カリフラワー）	kalafior	calvofiore
chestnut（クリ）	kasztan	castagna
cutlet（カツ）	kotlet	cotoletta
marzipan（マジパン）	marzapane	marzapane
meatball（肉団子）	pulpety	polpette
soup（スープ）	zupy	zuppa
spinach（ホウレンソウ）	szpinak	spinaci
tomato（トマト）	pomidor	pomodoro

うな宴会もおこなわれた。教皇や枢機卿は出し物と宴会を手配するために執事と呼ばれる宴会企画係を、さらにあらゆる望みをかなえるためにシェフを雇う。ある教皇は娘のために豪華な公開結婚式と宴会を催し、自身の戴冠に際しては、ワインがほとばしる巨大な雄牛を模した噴水を作った。カトリックの聖職者は結婚を禁じられていただけでなく、本来禁欲主義（性行為せず）のはずなのに。別の聖職者は、強姦者や殺人者にさえ免罪符を売って富を得た。金を十分に持っていれば、罪は天国から締め出されるほど恐ろしいものではなくなる。免罪符を売って裕福になったある枢機卿は、自らの行為を正当化する。「神の望みは罪人が死ぬことではない。生きて――金を払うことだ」[84]。ふつうの敬虔な人々は抗議し、改革運動が起こる。ある運動を率いたのはフィレンツェの修道士サヴォナローラ。キリストの教えに戻り、敬虔な生活を送るように人々を促した。サヴォナローラは教会を批判したかどで、火あぶりの刑に処せられた。教会の改革運動が、教皇の本拠地ではない所から生まれたのは必然だった。

ドイツ――マルティン・ルターとプロテスタントの宗教改革

「神は、人が何を食べようと気にしない」

マルティン・ルター[85]

一五一七年十月三十一日、マルティン・ルターという修道士が、ドイツはヴィッテンベルクの教会の扉に、教会に見られる過ちに関する「九十五箇条の提題」を貼り出した。その中で免罪符の販売はやめるべきであり、もし聖職者の結婚が許されれば不道徳な行為が減るだろう、と述べている。ルターが九十五箇条を貼り出した後、それが知れわたって印刷屋の耳にも入り、その写しが野火のごとくヨーロッパ中に広まった。最初教会はその従順でない息子を無視する。しかしルターは教会の神経を逆なでした。人々は教会を去り、他の方法で礼拝を始めた。教皇はルターを破門したが、それはルターが秘跡を受けられず、天国に入れないことを意味した。教皇の側についたドイツの君主たちは、ルターが反逆者だとして、食物を与えたりかくまったりしてはならないと宣言する。他の君主は、教会から人々を引き離せば自分たちの権力が高まることを、抜け目なく悟っていた。これらの君主が保護してくれたので、ルターは二年間隠れ、いっそう多くの人々が読めるように、聖書をラテン語からドイツ語に翻訳した。ヴィッテンベルクに戻ったときには、多くの司祭が結婚し、普段着を着ていた。

マルティン・ルターはヨーロッパの人々の礼拝の仕方だけでなく、食べ方も変える。宗教改革は人々の多くを、肉なしの日（水曜日と金曜日）および一年におよそ百五十日に上る聖人の祝日という断食日に関するカトリック教会の食物規定から解放した。外国との貿易は生活水準を高め、人々は罪悪感なしにそれを楽しみたかった。ヨーロッパの漁師の数はまたたくまに減り、肉を食べることが増えた。イギリス人は肉を大量に食べたので、ポルトガル人は彼らをrosbifes《ロスビフス》（ローストビーフ）と呼んだ。[86] ルターはまたヨーロッパに到来した新しい食物——七面鳥——について初めて述べた一人でもある。今日に至るまで、プロテスタントはカトリック教会の指導者への軽蔑を、七面鳥の尾に絡めて述べる。七面鳥の尾は、教皇の鼻のように「最後に柵を越える」と。カトリック教徒はそれを「牧師の鼻」と言い返した。

スイスのジュネーヴでは、プロテスタントがジョン・カルヴァンの指導の下、理想郷を作ろうとしていた。新な純粋な宗教を実践しようと、ヨーロッパ中から人々が集まって来た。（イギリスにおけるカルヴァンの信奉者はピューリタンと呼ばれた。）カルヴァン主義の下で禁じられたのは、人を招いて酒を飲むこと、酩酊、説教の間に居酒屋を開店すること、説教の間に居酒屋に入ること、あるいは「大宴会」を催すこと。大宴会の罰金は、他の食物に関する罰金の三倍以上だった。[87]

エリザベス朝のイングランド――シェイクスピアと食堂

一五三一年、イングランドもまたあらゆることに貪欲な国王ヘンリー八世の統治下で、プロテスタントに改宗する。ヘンリーは飽くことなき欲望の持ち主で、六回結婚した。後継者となる息子の誕生を望んだが、教皇が再婚を認めなかったので敵対する。ヘンリーは議会を説得して、国王がイングランド国教会の首長であるとする国王至上法を成立させ、イングランドにおける教会領（イングランドの全領土のほぼ二〇パーセント）をすべて没収した。最終的に男子の後継者を得たが、皮肉なことに、イングランドのもっとも偉大な支配者の一人となったのは、ヘンリーが望まなかった娘だった。

イングランド女王エリザベス一世は一五三三年に生まれたが、それはカテリーナ・デ・メディチが結婚した年でもあった。エリザベスは一五五八年から一六〇三年までイングランドを統治したが、その治世、エリザベス朝イングランド、イングランドのルネサンスは、同国にとって栄光の時代である。演劇と詩が花開き、わけてもストラトフォード・オン・エイヴォンのグローヴ座では、ウィリアム・シェイクスピアの戯曲が上演された。

アフリカ、インド、アジアへの新たな航路は生活水準の向上をもたらし、エリザベス朝イングランドの料理と文化を変えた。エリザベス朝の家には食堂があり、拡張板つきの伸縮テーブルもあったようだ。茹でたり、揚げたりするための深鍋や浅鍋はあったが、焼きプディングを作るためには野菜をくり抜いて容器にした。食事用の道具は銀製だったが、さじとナイフだけ。男らしい男はフォークは使わなかった。「手を洗えば、肉を［口］に放り込むのに…小さなフォークは必要ない(88)」。

放り込む肉は、鶏、肥育鶏、ガチョウ、七面鳥、羊肉、牛肉と狩りの獲物――鹿、イノシシ、白鳥。ヒバリやスズメのようなわれわれがもはや食べない多くの鳥も食べた。また動物のあらゆる部分を食べ、その中には胸腺、ウサギの肝臓、羊の舌、豚足、仔牛の腎臓などが含まれている。干したタラとウナギが一般に食べられていた。これらのタンパク質はすべて、なお中東と中世の影響が見られるソースで料理されている。砂糖と酢を混ぜて、甘酸っぱい味にし、カラシを入れることもあった。[89]コショウ、ナツメグ、シナモン、ショウガ、ローズ・ウォーターを加え、フサスグリ、デーツ、干しブドウ、そして白砂糖で甘味をつけた。砂糖が広く用いられたのは、当時の医師が砂糖は栄養価が高いと宣言したからである。[90]

これらの食材でエリザベス朝の人々の好物――プディングとパイ――が作られることもあった。調味料はどちらも同じで、違いはプディングは卵をつなぎにしたが、パイは焼くと大変堅い容器になりコフィン（coffin：現代の英語では棺）と呼ばれたことである。ミンスミート・パイ（訳注：ドライフルーツのみじん切りに香辛料、砂糖、ラム酒などを加えたものを詰めたパイ）がクリスマスの定番になったのは、この時代だった。今日のミンスミートにもなお中東のスパイスを入れるが、ふつうは十六世紀のように挽き肉や脂肪を入れることはない。もっとも有名なパイは、今日でも子供たちが習う童謡になっている。

パイの中には二十四羽のクロツグミ
パイを開ければ歌い出す
ああ、それは王様に捧げるごちそうでしょう?

これはおとぎ話ではない。本当に生きている鳥のパイを作ったのだ。イングランドのこのレシピは、もともと料理の名人マルティーノが一四七四年にイタリアで出版した『料理術の書』に収められていたもの。

レシピ　生きている鳥のパイ

「パイ生地で大きなコフィンを作る…その底にこぶし大の穴をあける…側面を…ふつうのパイより高くする…それから花を詰めて焼く［つまり詰め物なしで焼く］、焼けたら、底の穴から花を取り出す」。…「前述のコフィンにできるだけたくさんの小さな生きた鳥を詰める…」。パイをテーブルに運び上のパイ皮を取り除けると、「鳥がすべて飛び出し、一座にとって楽しい余興になる」(91)。（衛生については期待できない。）

女王エリザベス一世は、ヨーロッパの宮廷や貴族の言葉だったイタリア語を流暢に話した。そしてエリザベス朝の食物には、アーティチョーク、ホウレンソウ、干しブドウなどイタリアを経由した中東の食物の影響が見られる。イタリアの影響はワイングラスにも見られ、手作りの吹きガラスであるヴェネツィアのムラーノ・グラスが用いられた。ヴェネツィア人はまた透明なガラスのクリスタッロや色ガラス、エッチング・ガラスの製法も習得していた。

同様に需要が多かったのは、ふつうはスープとワインがつく「フランス風」の料理だった。「フランス風」はまた、スパイスを少しだけ——しばしばおろしたてのナツメグをほんの少し——使う料理を意味した。この新しいフランス料理は一六五一年にラ・ヴァレンヌの画期的な料理書『フランスの料理人』にも掲載されている。

エリザベスは政治の天才だった。その死後ピューリタン革命が起こったが、治世の間イングランドではカトリックとプロテスタントの戦争はなかった。おそらく理由の一つは、十六世紀にはイングランドが強力な外敵スペインと対峙していたからである。

そしてカリブ海におけるイギリスの海賊に対してスペインは憤慨していた。

第6章

植民地から独立に至るアメリカ

――聖なるタラ、黒米、メープル・ムーン　一五八八〜一八五〇年

重商主義

砂糖、ワイン、その他の食料品、および奴隷制は、重商主義と呼ばれる経済政策の一環をなしていた。重商主義は貿易の好ましい——国庫から出るよりも国庫に入る金の方が多い——均衡を目指す国が採った政策だった。経済的には封建主義の終わりで、個人的な富の蓄積である資本主義の始まりである。植民地はこれを達成する重要な手段だった。植民地が安い原料を本国に供給すると、本国は他の国にそれをもっと高く売るか、織物のような製品にして、逆に植民地に売る。こうして十六世紀には何百隻もの貨物船、つまりスペインのガレオン船が、砂糖、ワイン、金、銀、宝石を積んで、大西洋を航行した。重い荷を積んで動きの遅いガレオン船は、手っ取り早く富を手に入れたい他の国にとって恰好の標的である。海賊の大半がスペインの敵、とりわけイングランドに仕えた。貴重な商品を奪ったり、密輸したりできれば、いかなる国もそうした。あらゆる国がカリブ海の海賊となったのである。

海賊行為は容赦できないほどになり、イギリスでは砂糖の価格が、スペインあるいはカリブ海地方より安くなりさえする。スペイン王フェリペ二世は、女王エリザベス一世に取り締まるようたびたび申し入れた。女王はフランシス・ドレイクのような海賊をおおやけには非難したが、陰では褒美を与えた。加えて、カトリックのスペインはプロテスタントのイングランドを憎んでいた。攻撃するために、巨大な武装艦隊——スペイン語でarmada《アルマダ》（無敵艦隊）——の建設を始める。教皇はスペインに、イングランドに侵攻してイングランドをカトリック教会の下に取り戻せば（そして教皇の領地を回復すれば）、莫大な特別補助金を支給すると約束する。スペインは勝利を確信していた。というのも地中海における貿易を支配するために、一五七一年レパントの海戦——「十六世紀を通して地中海地方でもっともはやなばなしい会戦」——でヴェネツィアと教皇とともに、オスマン・トルコを打ち破っていたからである。[1]

スペインの無敵艦隊とプロテスタントの風

一五八八年七月、スペインの無敵艦隊はイングランドの沖に到達した。しかしイングランドが勝利する。決定的な要因となったのは、兵士や船ではなく自然だった。暴風がスペインの艦隊を吹き散らしたのである。イングランド人は、自国の神がスペインの神より強力であることを、「プロテスタントの風」が示したと主張した（ちょうど三世紀前にモンゴル人が日本に侵攻しようとしたときのように）。イングランドの勝利は大西洋上の航海におけるスペインの完全支配を覆し、長い間望んでいたもの、北米における植民地建設を可能にした。

植民地アメリカ

チェサピーク——飢餓の時代

北米のイングランド植民地は、幸先のよいスタートを切ったわけではない。ロアノーク植民地が完全に消滅した後（歴史家には何が起こったかまだわかっていない）、一六〇七年にイングランドの入植者はチェサピーク湾に到達した。彼らは処女女王エリザベス一世に敬意を表して、植民地をヴァージニアと名付け、首府を国王ジェイムズにちなんでジェイムズタウンと呼んだ。そしてすぐさま豊かな生活を期待した——しかし先住民は奴隷になることを拒む。一六〇九年から一六一〇年にかけての冬、作物が十分に育たず、食物を十分に収穫も保存もできず、「飢餓の時代」として知られるようになった期間に、五百人の入植者はほとんどすべてが死ぬ。植民地指導者ジョン・スミスは、入植者が困窮してナッツ、ベリー、ドングリ、馬の皮、さらにもっとひどいものを食べるまでになったことを聞いた、と後に書いている。

そして残った一人は自分の妻を殺し、塩をかけて、ことが知られる前に体の一部を食べた。そのため処刑されたが、当然の報いだ。今ではローストされたか、煮られたか、あるいは、切れ目をつけて焼かれたかは、わからない。しかし妻に塩を振りかけた料理など聞いたことがない。(2)

アメリカで人肉食がおこなわれたのは、これが最後ではない。

チェサピーク――タバコ

後にヴァージニアの人々は収益性のある作物を育てたいと考えた。砂糖の栽培を試みたが、気候が寒すぎた。そこでアメリカ原産の作物タバコを栽培することを決める。まもなくタバコは大変儲かるようになったので、人々は植えられる所にはどこにでもタバコを植えた――庭を掘り起こし、墓の間にも植えた。しかし誰がこれらの何千エーカーにも及ぶタバコ畑に鍬《くわ》を入れ、収穫するのだろう? ヨーロッパの伝染病でも死ななかった先住民はその労働を拒否した。一六一九年にはアフリカ人の奴隷がいくらか連れて来られたが、あまりに高価だった。イングランドには恰好の労働力があった。十代末から二十代初めの貧しく、絶望的になった若者が余っていた。ただでアメリカに渡り、ただで部屋と食事が与えられる代わりに、四年から六年間働くという条件で、彼らは契約書にサインする。その後自由、道具、穀物、そして自分の土地（イングランドでは手に入れるチャンスがまったくないもの）を得ることになっていた。年季奉公人を雇い、その旅費を出す者には、ただで労働力と五〇エーカーの土地が与えられた。それはどちらにとってもうまい話である。ただし、若者の大部分は、アメリカに到着後四年と生きられなかった。彼らは赤痢、腸チフス、マラリアで死んだ。生き残ったのは、男六人に対して女はたった一人という有様。そしてまもなく最良の土地は、金持ちで政治力もある数人の所有する巨大なプランテーションに組み込まれた。一六七六年、奉公人は、年季明けに配分されるはずの土地、女、あるいは投票権をもらえなかったので、暴動を起こす。ベーコンの反乱の結果、ジェイムズタウンは焼け落ち、二〇人以上の年季明けの奉公人が絞首刑になった。大農園主が欲していたのは、権利を得るために暴力を振るうイングランド人ではなく、支配できる労働力だった。一六九八年、王立アフリカ会社の奴隷貿易独占が廃止される。今や船さえあれば奴隷貿易に参入できるようになった。競争によって奴隷の価格は下がる。今では奴隷を所有し、売り飛ばして利益を上げることができた。

カロライナ——西アフリカの米の文化

ほぼその頃、イングランド人はヴァージニア南部にカロライナ植民地（国王チャールズ二世にちなむ）を建設した。入植者の多くはバルバドス島出身で、カリブ海地域の砂糖プランテーションのための食物を栽培し、さらに贅沢品を栽培して輸出しようとしていた。ワイン、オリーヴオイル、絹の栽培に失敗した後、米を定番作物に決定する。米の栽培は熟練労働者を必要とする。とくにギニアからの西アフリカ人（アフリカ人女性）はこの技術を持っていた。彼らはまたマラリアにもある程度免疫があった。しかしもっとも重要なことは、キリスト教徒ではなかったので、当時のキリスト教世界では、彼らを一生奴隷とすることができたのである。カロライナの白人入植者はバルバドスの奴隷規約をも輸入した。罰はむち打ちから、顔の損傷、ときには死へとエスカレートした。規約には、奴隷に落ち度があれば、主人が奴隷を懲らしめなければならないとあった。サウス・カロライナのチャールストンは植民地に奴隷を上陸させる主な港となる。一七一〇年にはカロライナの黒人奴隷の数は白人入植者のそれを上回った。

奴隷がひどい状態でアメリカに連れて来られたにもかかわらず、アフリカ料理と文化のいくらかは生き延びた。『黒い米 *Black Rice*』でジュディス・カーニーが指摘しているように、「アメリカにおける米の栽培は、生産から消費に至るまで栽培方法全体の普及にかかっていた[3]」。そして労働条件は厳しく、死亡率も高かった。農閑期はなく、奴隷は一年中働かされた。種蒔きから始まって鎌で刈り取るまで、重労働が続く。それから脱穀し、あおぎ分け、手で臼と杵を用いて精米する――何度となく。しかも時間は限られていた。というのもヨーロッパで米が重要な時期は四旬節だったからである。それから米の収穫後の切り株を鋤き込み、次の収穫のために準備をしなければならない[4]。

これはアメリカ南部の料理の発展にも影響を与えた。アフリカの米文化では、「女性だけが穀物の加工調理に関わる[5]」からである。アフリカ女性はプランテーションの料理人になった。米の栽培、調理、保存の知識とともに、ヤムイモ、オクラ、スイカ、揚げ物をもたらす。アフリカ女性はまた、トウガラシ、ピーナッツ――そしてそれを意味する goober という言葉も――のような新世界からアフリカにもたらされた食料を再びアメリカに持ち込む。バンジョーとドラム、後にジャズになる音楽ももたらした。彼らが広めたアフリカ料理のいくつかは、米そのものも含め、アラビアのイスラム教徒によってアフリカに導入されたものである。カレン・ヘスが『カロライナの米料理――アフリカとのつながり *The Carolina Rice Kitchen: The African Connection*』の中で示しているように、アメリカ南部の多くの米料理は、ピラフのアフリカ版である。もっとも有名な料理の一つが新年に幸運を招くために食べられるホッピン・ジョンで、次のレシピ以外にもササゲ、キ豆、黒目豆または他の豆で作るものもある。

レシピ　ホッピン・ジョン

赤インゲン豆一パイント、米一パイント、ベーコン一ポンド。ベーコンを二クォーターの水で煮て――灰汁《あく》を取り――豆を加える。ゆっくり煮る。豆が柔らかくなったら米を加え、米がじゅうぶん膨らんで柔らかくなるまで煮る。赤トウガラシと塩で味付けする。水気のないものが好みなら、白米を炊くときのように、蒸らしてもよい。上にベーコンを載せる。塩はほとんどできあがる頃に加える。

――テレサ・ブラウン『現代の家庭料理 *Modern Domestic Cookery*』、一八七一年、チャールストン[6]

ニューイングランド――「ほとんど想像を超えていた」[7]

一六二〇年にピルグリム（迫害されずに礼拝を許されることを願うプロテスタント）がマサチューセッツのプリマスに上陸した。陸に上がる前に男たちは会議を開く。メイフラワー誓約は、アメリカの最初の規約である。たった一パラグラフではあったが、すべての人は平等で、共同体としてともに働く、という重要な根本方針を明記している。

コッド岬のピルグリムと、一〇年後にボストンのマサチューセッツ湾植民地に入植したピューリタンは深刻な問題を抱えていた。町に住んでいた人々で、狩りも釣りも畑を耕すことも知らない。しかも彼らは北米の見知らぬ植物や動物（ぬるぬるした巨大なホンビノス貝など）の多くがとにかく嫌だった。そしてタラとロブスターは故郷のものより大きく、タラなどときに二メートル近くもあった。たとえ先住民が食べ方を教えてくれても、最初はそれらを食べようとはしなかった。

食物こぼれ話　スクワントと魚の肥料

「アメリカ神話が長年にわたり保持してきたものとは逆に、先住民がエールワイフなどの魚を畑の肥料にしたということは、まったくありそうもない。それでもピルグリムの友人だったスクワントが入植者にこれを教えたという伝説がある。スクワントはたぶんヨーロッパに連れて行かれた間にこの技術を学んだのだろう。そしてもし先住民がニューイングランドでこの方法をおこなっていたなら、それはごく一部だった。川から畑に大量の魚を運ぶたやすい方法はなかったので、そんな重労働は避ける方が賢い。土壌の養分が失われると、先住民はただ畑を捨てた。…イングランド人がついにおこなったように魚を畑の肥料にするのは、先住民にはまったく不要な労働に思えた」[8]（訳注：スクワントは、ピルグリム・ファザーズの通訳をした先住民）

メープル・シロップ――サトウカエデの樹液の採取

カエデ糖は先住民の料理ではもっとも重要な食品である。いくつかの部族の間では唯一の調味料だった。嫌いな塩の代わりに、乾燥トウモロコシのひき割り粉の粥の味付けに、ローストした鹿のソースにクマの脂と混ぜて、ゆでた魚に振りかけ、ベリーとともに、またはそれだけで食べ、一日に一ポンドを消費した。[9]甘い飲み物になって、平和のパイプで吸われるタバコとともに儀式でももちいられた。女性たちはカエデ、クルミ、ヒッコリー、トネリコバノカエデ、バターナット、カンバ、スズカケノキの樹液を煮詰めて、砂糖の結晶を作ったが、それはヨーロッパ人が来るまでは容易ではなかった。金属の鍋がなかったからである。先住民の容器はカンバの樹皮製またはヒョウタンで、一～二ガロンは入ったが、じかに火にかけることはできなかった。このような容器で液体を沸騰させるには、熱い石を液体の中に落として沸騰させ、冷えたら取り出して、熱いものを代わりに入れ続けなければならない。これらの少量の液は、その後百ガロン入るアメリカへラジカの皮の容器に集められた。ヨーロッパ人が金属製の鍋や道具をもたらすと、すぐに先住民がそれを手に入れ始めたのは驚くことではない。シロップを作るもう一つの方法は、夜に凍らせて表面の氷を取り除くことで、シロップができるまで、数夜かかる。贈り物にするカエデ糖は、あるヨーロッパ人が述べているように、「今日品評会で見られるジンジャーブレッドと同じように、クマの手、花、星、小動物、その他の形」の型で成形された[10]。

祝日物語

メープル・ムーン

メープル・ムーンとは、樹液がサトウカエデの木（*Acer saccharum*）を流れ始める春の時期を指すアメリカ先住民の呼称である。古代ギリシア人にとってのブドウの木同様、サトウカエデはアメリカ先住民にとって再生の象徴だった。流れ出す樹液は冬の終わりと自然の再生を意味する。イロコイ族は、温かい気候と豊富な樹液が採れることを祈って、宗教儀式、メープル・ダンスをおこなった。伝説によれば、イロコイ族の族長が前の晩に木に投げつけておいた斧を引き抜き、狩りに出かけた。その間に温かくなり、樹液がにじみ出て偶然木の根元にあった容器にたまる。料理用の水を汲みに行こうとして、族長の妻は容器に液体がたまっているのを見つけ、それを代わりに使った。だれもが、水よりずっとおいしいと言った[11]。

十七世紀のヨーロッパの著述家は、メープル・シロップとカエデ糖の作り方を知っていたのはアメリカ先住民だったとしているが、十八世紀になるとヨーロッパ人は自分たちが先住民に教えたのだと主張し始める。メープルの歴史家ヘレンおよびスコット・ニアリング夫妻は、言語学的には先住民に軍配が上がると指摘する。メープル・シロップに関する彼らの言葉はすべて「木から引き出された」、「樹液が早く流れる」、「われわれの木」と訳されるのに対し、白砂糖は「フランスの雪」で、明らかにその由来を示している。(12) 先住民の助けを借りて、ピルグリムは最初の年を生き延びることができたので、それを祝った。

感謝祭の食物

「七面鳥は、新世界から旧世界への確かにもっとも喜ばしい贈り物の一つである」

ブリア・サヴァラン(13)

今日感謝祭のディナーにアメリカ人が食べる食物の大半、七面鳥、クランベリー・ソース、マッシュポテト、サツマイモ、コーンブレッド・スタッフィング（訳注：砕いたコーンブレッドに野菜、卵などを加えて味付けし、耐熱容器に入れてオーブンで焼く、米国の南部料理）、パンプキン・パイなどの食材は、アメリカ原産である。七面鳥はフランス語では poulet d' inde を縮めた dinde《ダンド》で、意味は「インドの鶏」。というのもフランス人は、他のヨーロッパ人同様七面鳥はインド諸島原産と考えていたからだ。七面鳥は他の野鳥より利用しやすかった。新世界にはガンやカモ、その他の野鳥も豊富にいたが、渡り鳥だったので季節が限られた。七面鳥は渡りはしないので、一年中食べられる。そしてその本能がおあつらえむきだった。一羽が撃たれると、他の鳥もその場で固まってしまうのだ。午前中に十羽以上の七面鳥を殺すのは容易だった。誰かを七面鳥と呼んではならない。それは誉め言葉にはならない。

感謝祭の食物はアメリカ原産だが、料理の様式はイギリス風だった。一六二〇年にピルグリムがマサチューセッツに来る前に、七面鳥はアメリカからイングランドに持ち込まれて、好まれていた。スペインの植民地でイングランドの敵ペルー原産のジャガイモは、ペルーからヨーロッパに運ばれ、その後一七一九年にスコットランド系アイルランド人の入植者によって、ニューハンプシャーに持ち込まれた。彼らはたぶん単にジャガイモだけでなく、ミルクまたはバターミルクでマッシュポテトにする方法も持ち込んだ。そしてパンプキンはアメリカ以外の場所では知られていなかったが、カボチャ属の他の種類はあった。イングランドで中世から好まれていたパイに、パンプキンを使うのは自然な成り行きだった。

クランベリーとブルーベリーはどちらもヘザーの仲間で、ニューイングランド原産。食物としてソースやパイに使われただけではない。つぶしてサワーミルクと混ぜ、塗料に用いられた。植民地ニューイングランドの建物が、しばしばクランベリーを薄めたような色や、ミルク色がかった灰紫色をしているのは、このため。

パンプキンは植民地では広く使われていたが、アメリカ人が感謝祭に作るパンプキン・パイのレシピは、一七九六年にアメリア・シモンズによるアメリカ初の料理書が出版されるまで、印刷されていない。シモンズはパンプキン（pumpkin）をpompkinと呼び、二種類の異なるレシピを発表している。どちらもパンプキン、ショウガ、卵を使うが、一方はクリームと砂糖、もう一方はミルクと糖蜜を使用する。さらに一方には旧世界のスパイスのメースとナツメグを、もう一方には新世界のオールスパイスを加えている。(14)

祝日物語　感謝祭

最初の感謝祭は一六二一年におこなわれた。五一人のピルグリムの男女と子供が、ワンパノアグ族の九〇人の男性と酋長サモセットを招待してもてなした。トウモロコシ（小麦と大麦はうまくいかなかった）がよく収穫できたことを祝って、それは秋におこなわれた。祭りは三日間続き、「野鳥」と鹿五頭が供された。

国家の祝日としての感謝祭という考えは一七〇〇年代末に初代大統領ジョージ・ワシントンのもとで生まれ、ワシントンは十一月二十六日を提案する。一八五〇年代まで決まらなかったが、当時雑誌編集者だったサラ・ジョセファ・ヘイルがアメリカの女性を集めて国民の祝日とするよう圧力をかけた。南北戦争中の一八六三年、リンカーン大統領は十一月の最後の木曜日を感謝祭とすると宣言した。リンカーンが奴隷解放宣言を発布し、ペンシルベニアのゲティスバーグの戦場で演説したのも同年。演説の中でリンカーンは「人民の、人民による、人民のための政府を、この地上から消滅させてはならない」という有名な一節を述べている。

一九三九年、フランクリン・D・ルーズヴェルト大統領は、経済を活性化し、不況からの回復を促進するために、クリスマスの買い物期間を延ばしたいと考えた。そこで感謝祭を一週間早めようとする。議会は反対した。大統領と議会は感謝祭の日について対立を続けたが、一九四一年に決着する。感謝祭は十一月の第四木曜日になった。

一九七〇年ワンパノアグ族の指導者ワンプスッタ（英名：フランク・ジェイムズ）が、マサチューセッツ州プリマスでの感謝祭で演説するように招かれた。その演説がアメリカ先住民の抑圧に関するものだという噂が立つと、招待は取り消された。しかしメイフラワー号の複製を見下ろすマサソイトの像の前で、ワンプスッタはともかく演説をおこなう。これがアメリカ先住民による、先祖の文化、宗教、そして命と土地のために国を挙げて追悼をおこなう最初の日となった。

（感謝祭について詳しくは、www.plimoth.org）

聖なるタラ

マサチューセッツ湾植民地の定番の「作物」はタラ（*Gadus morbua*）。カリブ海地域の砂糖、チェサピークのタバコに匹敵するものは、マサチューセッツのタラである。北方のニューファウンドランド島やラブラドル半島の沖には、何百万匹といた。塩漬けにして干せば板のように硬くなり、材木のように積み重ねて船積みできた。またほとんど八〇パーセントがタンパク質である。こうしてタラはヨーロッパに運ばれ、イタリアではbacalà《バカラ》、スペインではbacalao《バカラオ》、ポルトガルではbacalhau《バカリャウ》と呼ばれた。タラ史家のマーク・カーランスキーによれば、十六世紀の中頃には「ヨーロッパで食べられている魚すべての六〇パーセントがタラだった」[15]。四旬節には恰好の食物である。最高級品はスペインに送られ、最低のものは西インド諸島の奴隷の食物となる[16]。アフリカで奴隷と交換もされた。タラのおかげで造船業者も金持ちになった。タラはマサチューセッツの経済にとってきわめて重要だったので、大きな木彫のタラがボストンの州議会議事堂に吊るされている。

ポケット・スープとジョニー・ケーキ

アメリカの料理の発展は二本の平行線をたどる。奴隷が台所仕事をおこなった南部では、料理に時間をかけることができた。奴隷に任せることができたのである。バーベキューのような人手のいる料理は、奴隷に任せることができたのである。バーベキューには多くの準備が要る。牛か豚を適切に屠殺して、マリネにしなければならない。それからちょうどよい火加減で肉を火にかけ、注意深く見守って火を適温に保たなければならない。これには非常に多くの人手が必要だった。

裕福な南部のプランテーションでは、肉は母屋《おもや》から離れた燻製場に吊るされた。しかしニューイングランドでは、それとは異なりハマグリの蒸し焼きのような穴料理が発展した。穴の中で火を焚き、ハマグリ、ロブスター、そしてトウモロコシを濡れた海藻で包んで埋めて、数時間蒸し焼きにする。穴の中に食物を置きさえすればよいので、穴を掘る以外に食物の下準備は必要ない。

北部のアメリカ料理は、できるだけ早く大量の仕事をしなければならなかった中間層の必要性から生まれた。彼らは手っ取り早い方法や新しい食物の保存法を発明する。二つの例がポケット・スープと、アメリカ初の料理書に記されている「ジョニー・ケーキ」。植民地の旅行は容易ではなかった。道は悪いか、もしくはない。そして必要なときに食物にありつける保障もない。水夫も家庭の味を少しでも味わいたい。その解決策が携帯スープとしても知られたポケット・スープだった。これはブイヨン・キューブの先祖で、スープを煮詰めて濃縮しゼリー状の塊にしてから、小さなキューブに切り分けて十日間乾燥させたもの。カップの水に落とせば、スープに戻る。ジョニー・

ケーキまたは旅のケーキはコーンミールの堅焼きパンで、かびたり、劣化したりしない。

ニューイングランドのファストフードの別の例は、『ヤンキー・ドゥードゥル』（訳注：アメリカ合衆国の民謡で、独立戦争時の愛国歌）やハーバード大学のクラブで有名なヘイスティ・プディングである。[17] これはトウモロコシ——インディアンまたは「インジュン（Injun）」の粗挽き粉と呼ばれていた——あるいはライ麦の粗挽き粉をオーブンで焼くのではなく、料理用ストーブの上で調理するもので、三〇分でできる。今日の電子レンジ調理に比べれば長くかかるが、『アメリカの料理』の標準的なコーンミール・プディングのレシピでは、焼きあがるのに一時間半から二時間半かかる。サラ・ジョセファ・ヘイルズのコーンミール・プディングのレシピでは、煮て三〜四時間かかる。ヘイスティ・プディングがすぐにできるのは、ミールを十分湿らせて一度に少しずつ加えて煮て、絶えずかき混ぜるからである。この料理法はポレンタ（訳注：コーンミールを粥状に煮たイタリア料理）に似ている。

技術——蜘蛛、鶴、鍋

アメリカ初期の調理は覆いのない炉でおこなわれた。料理をするには、三つの基本的な道具が必要だった。「蜘蛛」、「鶴」、鍋である。蜘蛛（spider）は、ひっくり返る心配のない短い三脚がついた鋳鉄製のフライパン。鶴（crane）は、鍋の高さを調節できるように、さまざまな長さの鎖のついた可動式の金属製の腕木。高温で加熱する食物は下の火の近くに、低温で加熱するものは上の方に吊るす。鍋（kettle）は満杯にすると四〇ポンドにもなるので、安定させるため蜘蛛のように短い三脚がついた鋳鉄製。

ベーキングはダッチ・オーブンでおこなわれた。これは今日ダッチ・オーブンと呼ばれている大きな鍋とは異なり、コロンブスや他の水夫が船の上で使ったfogon《フォゴン》に近い、炉床に置ける金属製の箱。オーブンが目の高さに作り付けになっている炉床もあったが、これがアメリカで再び使われるようになったのは、一九五〇年代以降。温度調節は、ベーキングの場合にはとくに熟練の技と言える。火をそばで継続的に見守らなければならなかった。

ブラウン・ベティ、サリー・ラン、アナダマ

たぶん料理人だった女性がさまざまな食物に名前を残しているが、彼女たちについてはあまり知られていない。ブラウン・ベティはつつましいニューイングランドのデザートで、残り物のパンと果物（ふつうはリンゴ）を重ねて焼いたもの。卵を使って間に挟むカスタードを作ることはないので、パン・プディングではない。サリー・ランは非常に軽い、イーストで膨らませた卵パン。アナダマ（Anadama）はアンナにちなんでいると考えられる。アンナはたった一つのもの、コーンミールと糖蜜のパンばかり作り続けたので、とうとう夫が叫んだ。「アンナ、いいかげんにしろ！（Anna, damn her!)」

混乱を招く言葉　コブラー、スランプ、グラント、ダンプリング、クランブル、クリスプ

地域的な料理は各地域で利用できる産物と労働力によって発展する。そして同じ料理でも

地域によって名前がちがう。たとえばアメリカの多くの場所では、コブラー（cobbler）は刻んで甘味をつけた果物に甘いスコーン生地を載せて焼いたものだが、ニューイングランドではスランプ（slump）と呼ばれ、さらにケープコッドではグラント（grunt：ふつふつ）と呼ばれている。果物とスコーン生地で作られるものには他にも、ダンプリング（dumpling：団子）がある。ダンプリングは、リンゴのような果物を刻んで、あるいは丸ごと四角いペストリーで包んで焼いたもの。クランブル（crumble：ぽろぽろ）は、小麦粉、バター、砂糖、そしてシナモンやナツメグのようなスパイスを混ぜたものを刻んだ果物に載せて焼いたもので、クリスプ（crisp：パリパリ）とはちがう。クリスプにはもっとバターを使うので、てっぺんがいっそうパリッとする。クリスプの天辺にはオート麦を混ぜることもある。

「ビールは家庭のよい飲み物[18]」

食物史家のジョン・ハル・ブラウンが『昔のアメリカの飲み物 *Early American Beverages*』の中で指摘するように、植民地のアメリカでは、男性も女性も子供もアルコール飲料を飲んだ。イギリスで馴染んでいたビールは、植民地で最初の飲み物。醸造したのは女性で、生えているほとんどあらゆるものからビールを作った。トウモロコシ、トマト、ジャガイモ、カブ、パンプキン、エルサレム・アーティチョークで野菜のビール。カバノキ、トウヒ、ササフラスの樹皮とカエデの樹液から、木のビール。柿、レモン、干しブドウからは果物のビール。ウィンターグリーン（訳注：ツツジ科の小低木）を使ってハーブ・ビール。ショウガ、オールスパイス、シナモンからはスパイス・ビール。花さえビールになった。バラのビールである。糖蜜のビールもあった。麦芽八～九ブッシェル、ホップ一二ポンド、酵母五クォート、水七二ガロンで、一度に二バレルのビールができた。[19] そしてもちろんちょうど古代エジプトのように、ビールができると、ビールそのものからも「残り物」――澱《おり》――からもパン種ができた。十九世紀にドイツ人が新しい醸造法をもたらすまで、ビールは苦かった。

また蒸留酒やコーディアルが、アンズ、モモ、サクランボの核果や、コリアンダー、カルダモン、アニシードのような中東のスパイスを使って作られる。[20] スパイスは専用の戸棚にしまわれていた。ショウガ、スグリ、サクランボからワインが作られたが、甘いワインは「ワイン島」（マデイラ島、アゾレス諸島、カナリー諸島）から輸入された。後にスコットランド系アイルランド人が、トウモロコシ、大麦、あるいはオート麦からウイスキーを作る。植民地のアメリカ人はリンゴからは強いリンゴ酒を、モモからはモモ酒を、洋ナシからは洋ナシワインを作って飲んだ。そしてエッグノッグのように、酒にクリーム、砂糖、卵、メース、ナツメグなどを加えるのを好んだ。

「キルデビル」ラム（「魔除け」のラム）、ストーンウォール、ボウガス、フリップ

一六七〇年を過ぎてから蒸留されたラム酒は安くて手に入りやすかった。Rhum《ラム》、rumbullion《ラムブイヨン》、rumbooze《ラムブーズ》とさまざまな名前で呼ばれ、いろいろなものと混ぜられた。ストーンウォール（石垣）はリンゴ酒とラム、ボウガス（インチキの）は甘味を加えてないビールとラム、また廃糖蜜と糖蜜とラム、そしてフリップ（とんぼ返り）は、少なくとも一六九〇年にはニューイングランドに現われた人気の飲み物だった。

レシピ　フリップ

「…陶器の水差しあるいは巨大なピューターのマグのほぼ三分の二に強いビールを注ぎ、それに甘味をつけるために糖蜜、砂糖、または乾燥パンプキン、風味をつけるためにニューイングランド・ラムをおよそ一ジル加える。赤熱した鉄の攪拌《かくはん》棒を入れて泡立てると、苦く焦げた味が生まれる[21]」

パンチは、茶、アラック（訳注：ヤシの樹液を発酵させて作った蒸留酒）、砂糖、レモン、水という五つの材料とともに、イギリス東インド会社によりインドから到来した。ニューイングランド人が六番目の材料ラム酒を加えたので、ラム・パンチが生まれる。ニューイングランドの人々の暮らし向きはよかった。イングランド本国に残った場合より十年は長生きすることが期待できた。しかし長生きが酒を飲むことによるとされたので、摂取量制限の法律を施行するのは難しかった[22]。

寿命は延びたが、食事の支度はなお困難で時間がかかった。十九世紀中頃に料理用の上面のついた現代的なストーブやオーブンが発明される前には、料理の大半は大腿《だいたい》四《し》頭筋《とうきん》でおこなわれた。というのも炉床の前に長時間しゃがみこんで料理をかき混ぜなければならなかったからである。スツールや揺り椅子を火のそばに持ってくることはできたが、なお長時間熱い炎と対面していなければならなかった。

ベンジャミン・フランクリンと節制

十八世紀は啓蒙主義の時代で、理性の時代とも呼ばれていた。それはおそらく、迷信深く無知な「暗黒の時代」と当時人々が考えていた中世とは反対の、理性的科学的な時代だった。啓蒙主義は人間の理性を信じ、十七世紀の科学革命でおこなわれた発見を十分に活用した。

ベンジャミン・フランクリンは啓蒙主義の申し子である。ボストンに生まれ、十代でフィラデルフィアに行き、最終的には版元になる。移動図書館を作り、ペンシルベニア大学の創設者の一人となった。電気の実験もおこない、独学でフランス語、イタリア語、スペイン語を学ぶ。フランスへの大使となり、アメリカ独立宣言及び憲法の起草にあたっては、重要な役割を果たした。

フランクリンの自伝には啓蒙主義の理想が記されている。十戒になぞらえた十二徳（十三番目に謙譲を付け加えざるをえなかった）である。最初の徳は「節制。飽くほど食うなかれ、酔うまで飲むなかれ」。フランクリンはまず節度ある飲食を挙げた。というのも、もし「絶え間ない衝動」に駆られているのでなければ、他の徳はもっと容易に達成できるだろうから、と述べている。[23] また一日の始まりには「今日はどんな良いことができるだろう」と自問し、一日の終わりには、「今日はどんな良いことができただろう」と自問することを勧めている。フランクリン自身は必ずしもそのように実践できたわけではない。

移住――ペンシルベニアの「オランダ人」

北米のイギリス植民地は十八世紀には発展し続けたが、イギリスが宣伝したからでもある。重商主義は大きな人口に依存していた。植民地の人口が増えれば、ますます多くの原料を本国に送り、ますます多くの工業製品を買うことができる。ウィリアム・ペンは、戦争も奴隷制も正当ではないとするクエーカー教徒の、新しい植民地ペンシルベニア（ペンの森）における暮らしがどれほどすばらしいかについての小冊子を発行した。小冊子の一部は、ラインランダーズ（ライン川渓谷のプロテスタントのドイツ人やスイス人の農夫）にも届く。前例のないほど猛烈に寒い冬に彼らはペンシルベニアへの移住を考えた。新しい法律によって、外国人がイギリス国民になって植民地の土地を入手することが容易になったので、彼らは船でペンシルベニアを目指した。すでに同地にいたイギリス人入植者の耳には、「ドイツ人」を表すドイツ語 deutsch《ドイチュ》 は Dutch《ダッチ》（オランダ人）のように聞こえたので、以来ラインランダーズは Pennsylvania《ペンシルベニア》 Dutch《ダッチ》（ペンシルベニアのオランダ人）と誤って呼ばれている。

ペンシルベニア・ダッチの典型的な料理は、干しリンゴ（schnitz《シュニッツ》）と団子（knepp《クネップ》）入りのハム・シチュー、シュニッツ・ウント・クネップである。ジャガイモも彼らの食事ではよく登場する。マッシュポテトとジャガイモの茹で汁が、パン、ケーキ、シナモン・パン（schnecke《シュネッケ》）に使われた。ジャガイモの柔らかいキャンディーも作られた。四旬節の前日の告解の火曜日には、マッシュポテトとジャガイモの茹で汁でドーナツの fastnacht《ファストナハト》 が作られた。これは揚げた堅い団子で、早く揚がるように生地に穴があけられたのは、後のことである。一八七〇年の商品目録には穴をあけるためのドーナツ・カッターが掲載されている[24]。

ペンシルベニア・ダッチの主婦は、自分のいわゆる「七つの甘味と七つの酸味」、つまりジャムと漬物を作る技術に誇りを持っていた。甘味はフルーツ・バター、砂糖漬け、ジャムで、酸味は野菜のピクルスと中華漬けと呼ばれた薬味だった。中華漬けは甘味に砂糖、酸味に酢を用い、ふつうマスタード・シード、粉末マスタード、セロリ・シードで調味し、チャツネのようにターメリックで色をつけた。ペンシルベニア・ダッチ地方のバーで今でも人気の漬物はガーネット色の卵で、ビールに合い、プレッツェルとともに供される。

ビート汁に漬けたペンシルベニア・ダッチ・エッグ[25]

材料

ビート汁カップ一杯
酢カップ一杯
塩小さじ四分の三
クローヴ小さじ二分の一
オールスパイス小さじ四分の一
メース小さじ四分の一
小さな煮たビート一、二個
殻を剥いた固ゆで卵

ペンシルベニア・ダッチは三食すべてにパイを食べた。パイやタルトには、リンゴ、スミミザクラ（酸っぱいサクランボ）、スグリ、ハックルベリー、キイチゴ、ブラックベリー、ブドウ、干しブドウ、クルミまたはルバーブを入れた。入れるものがないときは、水に酢とナツメグを入れ、砂糖で甘味をつけ、卵と小麦粉でとろみをつけたヴィネガー・パイを作る。また水、糖蜜、重曹にパン屑をトッピングしたケーキのようなシューフライ・パイ（shoofly pie）——とても甘いので、ハエを追い払わなければならない——も作った。男たちが鉄道建設のような重労働をするために集まるときには、大量に食べる。六種類の異なるパイを重ね合わせ、一度に切った「スタック・パイ」[26]（重ねパイ）で食事をした。

ラインランダーズの大部分の子孫は、アメリカの主流になった。しかしアーミッシュの人々は今日でも産業革命前の生活を続けている。電気を使わず、自動車ではなく、馬や馬車に乗る。そして今でも栄養のあるしっかりした豊かな料理を作っている。スイスおよびドイツの食物史家ナイカ・ヘーゼルトンはこう指摘する。「もしスイスの十八世紀の田舎の生活がどのようなものか知りたければ、今日のスイスあるいはドイツに行くよりも、ペンシルベニアかインディアナの厳格なアーミッシュ居住地に行く方がはるかによくわかるだろう」(27)

ハナ・グラス——料理術

アメリカで初めて印刷された料理書は、イギリスで書かれたものだった。一七四七年、イギリス人女性が『簡素で容易な料理術 *The Art of Cookery Made Plain and Easy*』を出版する。著者は三十九歳で、非嫡出ながら異母弟にはナイトがいた。それはまさに大西洋両岸における十八世紀の料理書だった。著者ハナ・グラスは、読者に向けてこう始める。

> 私の意図は、下層の人々の教育にあります。したがってその人々のやり方で指導しなければなりません。たとえば、家禽にラードを塗るように指示するとき、もし大きな lardoons《ラードゥーン》(味付けをするための脂身)で塗るように言っても、彼らにはわからないでしょうが、ベーコンの小片で塗るように言えば、わかるでしょう。このように料理に関して、他の多くのことでも偉大な料理人はむずかしい言葉を使うので、貧しい娘たちは、意味がわからなくて途方に暮れるのです…(28)

グラスは料理に常識的なアプローチをする。「半値で同じようにおいしくできるのなら、高価な食材を使う必要はありません。フランスのものだからと言って、よいわけではないのです。そして混ぜ物をした食物には気をつけること」。まず肉の鮮度の見分け方。仔牛の場合、「腰肉は腎臓の下からまず悪くなります[29]」。牛肉では黄色味がかったスエット（訳注：牛や羊の腎臓と腰の周りの固い脂肪組織で、料理に用いたり獣脂を作ったりするのに使われる）は、「あまり良くありません[30]」。バターについては、与えられたものをそのまま受け取らずに、中の方を見るように指示する。チーズの場合には、寄生虫、ウジ虫やダニに気をつけなければならない[31]。グラスは旬の食材の料理を信頼している。そして宗教的な祝日を目安にしていた。「…雄鹿の肉は、諸聖人の日（十一月一日）までが旬。雌鹿は、聖ミカエル祭（九月二十九日）から十二月末まで[32]」。基礎（文字通り湯の沸かし方）から、ニワトコ・ワイン、カブのワイン、白いハチミツ酒、カエデのビール、「リンゴ酒」まであらゆるものを網羅する。そのレシピの多くはきわめて現代的で、「七面鳥の最善のロースト法は、胸の皮を切り開いて味付けした挽き肉を詰めることです[33]」。メースとレモンで調味し、グラスの他の多くのソース同様、ルーつまり「小麦粉をバターで炒めたもの[34]」でとろみをつけた牡蠣とセロリのソースを薦めている。またイギリス人の好物の多くも取り上げている。プディング（ライス、ブレッド・アンド・バター、プルーン、クリ、アンズ、ダイダイ、レモン、アーモンドのプディング）に、さらに中東のショウガ、ナツメグ、ローズ・ウォーター、オレンジ・フラワー・ウォーターで味付けする。カスタード、ケーキ、そして甘いパイと塩味のパイ。キャンディーのレシピもあるが、後に一冊まるごとキャンディーに捧げた本を書いている。一七七〇年頃に出版された『完ぺきな菓子職人 *The Complete Confectioner*』である。現代のフード・ライターの中には、「まず兎を捕まえて」（First catch your hare：取らぬ狸の皮算用）はグラスの言葉だとして、何てユーモアがあるのだと述べた者もいるが、そうは言ってない。グラスが言ったのは、「皮を剥いた兎を[35]」（Take your hare when it is cased）である。

サンドイッチ伯爵

一七六二年新しい食べ物を語るのに、イギリスの伯爵の名前が初めて印刷された。第四代サンドイッチ伯爵ジョン・モンタギューは賭け事好きで、食事をするために席を立ちたくなかった。解決策として、肉の冷製を二枚のパンに挟んだものを、運ばせた。こうしてできたサンドイッチは世界中で人気を博す。

文化横断　サンドイッチ

スウェーデンの現代のスモーガスボード（smörgasbord）——完全な食事の入念な「サンドイッチ・テーブル」ビュッフェ——は、十八世紀に brännvinsbord つまり「アクアヴィット・ビュッフェ」——アクアヴィットの多様な風味に合う前菜——として始まった[36]。デンマークではスモーブロー（smørrebrød）で、文字通りには「パンとバター」。ノルウェーでもスモーブロー（smørbrød）。これらは伝統的なクリスマスイヴのディナーである。サンドイッチはオープンサンドで、黒っぽいライ麦パンの上に酢漬けか燻製のニシン、イワシ、サケ、アンチョビ、チーズ、レバー・ペースト、薄切りのラディッシュ、クレソン、チャイブ、タマネギ、ビートの漬物、キュウリ、ディルをまぶしたジャガイモを載せる。スウェーデン人はぱりっとした平たいパンとミートボールを加える。もっと念入りなのは、デンマークのルレポルセ（rullepølse）で、生の肉を平らに叩き延ばして重ね、それを巻き上げて何時間も茹で、それから平らに押してスライスする。

十九世紀の末にアメリカではドイツ由来の二種類の肉のサンドイッチが誕生した。別名をホット・ドッグというフランクフルターと、ハンバーガーで、どちらも小型パンに挟む。それから健康によいサンドイッチとして始められたピーナツバターとゼリーのサンドイッチＰＢ＆Ｊもできた。他のアメリカの標準的なサンドイッチにはＢＬＴ（ベーコン、レタス、トマト）とパンを三枚にして鶏肉または七面鳥の層を加えたクラブサンドイッチがある。一九三〇年代には漫画と映画の登場人物ダグウッドが、冷蔵庫にあるものを何でも重ねて、自分の名前をつけたサンドイッチを作った。

サンドイッチには地域的な違いと移民の貢献がある。ニューイングランドではロブスター・サラダ・サンドイッチとして、ロブスター・ロールが生まれた。純粋主義者のためには、ニューイングランドの上を割ったパンにロブスターのぶつ切りをバターで焼いて詰めたものがある。ニューヨークとネブラスカはどちらも、二十世紀半ばのユダヤ系総菜のルーベン・サンドイッチ（温かいコンビーフとスイス・チーズにサウザンド・アイランド・ドレッシングをかけたものを挟む）を作ったと主張している。ニューオーリンズは、揚げた牡蠣を挟んだポーボーイとイタリアの薄切りの冷製肉とオリーブ・サラダを挟んだマファレッタで参入する。フィラデルフィアのイタリア人は、タマネギのグリルを入れたホット・サンドイッチ、有名なフィリー・チーズ・ステーキを作った。イタリアのグリルド・サンドイッチは、パニーノ――「小さなパン」――である。フランスの十八番はクロック・ムッシューで、グリルしたチーズとハムが挟んである。

サンドイッチの他の呼び名には、sub《サブ》（潜水艦のような形をしている）、torpedo《トーピードウ》（魚雷）、grinder《グラインダー》（訳注：細長いパンに薄切り肉、野菜、チーズなどを挟んだ大きなサンドイッチ）、hoagy《ホーギー》（訳注：一五～三〇センチの細長いパンにマヨネーズまたはマスタードを付け、ベジタリアンでなければ薄切り肉、ピクルス、タマネギ、レタス、トマトなどを挟んだ大きなサンドイッチ）、hero《ヒーロー》（subに同じ）がある。サンドイッチのチェーン店にはブリンピーとサブウェイ。そしてもちろんハンバーガー店もある。一九五五年開店のマクドナルド、バーガー・キング、ジャック・イン・ザ・ボックス、ウェンディーズ、そしてホワイト・キャッスル。ホワイト・キャッスルのハンバーガーは四角で、ハロルドとクマーという登場人物がそれを深夜に探すという映画で有名になった。

二十世紀末にカリブ海地域とアジア諸国からの移民が、アメリカ合衆国にポケット・サンドイッチを持ち込む。トリニダディアン・ダブルズはイーストで膨らませて揚げた二枚のパンにヒヨコ豆のカレーが挟んである。西アジアの人々は、シャワルマと呼ばれる味付けして鉄串で焼いた肉にタヒニ（ゴマのペースト）かヨーグルト、または両方で作ったソースをかけたものを、ピタパンに挟む。イスラエル人はピタパンに、ヒヨコ豆の生地を揚げたファラフェルを詰める。東アジアにはバインミーと呼ばれる多国籍風サンドイッチがあり、小さなバゲットに韓国風焼肉、中華風焼き豚、ベトナム風のレモングラスでマリネした牛肉、タイ風焼き鳥などを挟む。薬味はトウガラシ、生のハーブ、ショウガの漬物、ライム果汁。そしてマクドナルドのハンバーガーは中国でも人気があるが、冷たいサンドイッチは売れない。それは死者への供物である。

新しい国と新しい料理

税金と居酒屋

植民地支配をめぐるアメリカの植民地住民とイギリス議会との闘争は、一七六四年に本格的に始まった。フレンチ・インディアン戦争が終結し、カリブ海のハイチを除いてフランスが北米の植民地を失った後である。戦争の資金を調達しようと、イギリス議会（アメリカの植民地代表はいない）は砂糖に課税した。植民地住民が抗議したので、議会は税額を下げたが、翌年には印紙法を制定し、証書、遺言書から新聞やトランプにまで課税する。植民地住民は激怒して「代表なくして、課税なし」（われわれの賛成票なくして、われわれに課税はできない）と叫び、イギリスの羊毛の不買運動をおこなう。アメリカ人は羊肉を食べるのをやめ、羊を生かして羊毛を供給した。地方の醸造家だったサミュエル・アダムズ（そう、かのサム・アダムズ）が居酒屋で集めた「自由の息子たち」は、印紙徴税人を上半身裸にしてタールを塗り羽毛をつけてさらし者にし、彼らの家に押し入った。暴力的威嚇により、一七六六年議会は印紙法を実施前に撤回する。植民地中の居酒屋で祝杯が上げられた。

一七六八年にイギリスが四千人の赤いコートを着た兵士をボストンに駐屯させ（ボストン子は彼らをロブスターの背中と呼んだ）、家庭に連れて行ってただで食事を提供するように要求したとき、人口一万六千人足らずの町で緊張が高まる。二年後群衆が兵士に棒きれや、石や雪玉を投げつけると、兵士らは砲撃を開始する。黒人のクリスパス・アタックスを含む四人のアメリカ人が殺された。サム・アダムズはボストン虐殺事件を報じるために通信委員会を設置して、プロパガンダ書簡運動を開始し、全植民地がイギリスに反対するように煽動《せんどう》する。現代であればインターネットを使っただろうが、植民地時代のアメリカではカタツムリのようにのろい郵便が、ボストン郵便道路（東海岸の合衆国道一号線）を通り、ニューヘブンを経てニューヨークまで配達された。その途上郵便は個々の家ではなく居酒屋に届けられた。居酒屋ではイギリスの残虐さの報告にアメリカ人の怒りは燃え上がり、壁に吊されていた塩漬けタラの干物からはぎ取られたその切れ端は、人々の渇きを、渇望をいよいよ募らせた[37]。ボストンのノース・エンド（現在のボストンのリトル・イタリア）の居酒屋グリーン・ドラゴンは、アダムズが銀細工師のポール・リヴィア（リヴィアにちなんで名付けられた食器の底にはまだその名前と像が描かれている）らと集まって計画を立てた場所である。

イギリスの財務大臣「シャンパン」チャールズ・タウンゼンドは、新な方策を試みた。一種類の高額な税をかける代わりに、少額の税をたくさんかけるのだ。タウンゼンド法によりガラス、塗料、鉛、茶が課税対象になる。植民地住民は抗議する。最終的には茶税を除くすべての税が撤廃された。イギリス東インド会社は資金を必要としたので、茶の税込価格をアメリカ人が密輸業者から買う場合より低く設定した[38]。アメリカ人は激怒した。イギリス人は、アメリカ人をだまして成立に関与していない税金を払わせることができると、本気で考えているのだろうか？茶税は撤廃しなければならない。

「今宵ボストン港をティーポットに！」

一七七三年十二月十六日、およそ百五十人の男がインディアンの服を着たり、炭で顔を黒く塗ったりして変装し、ボストン港に停泊中の東インド会社の船に乗り込んだ。それぞれ三五〇ポンドの重さの茶箱が、インディアンのトマホークで叩き割られ、海に投げ込まれた。三時間のできごとだった。茶会事件の首謀者はジョン・ハンコックとサム・アダムズだったが、遠くの居酒屋で座っているところを確《しか》と目撃されるように仕組んでいた。抗議したのは、ボストンだけではない。メリーランドのアナポリスでは、植民地住民が船を焼いた。他の植民地では、茶を公然と焼き捨てた。

議会は報復する。植民地住民が茶の代金を払うまでボストン港を閉鎖した。銃弾を取り上げ、首謀者（ジョン・ハンコックとサム・アダムズ）を捕えに来た。しかしポール・リヴィアは有名な真夜中の騎行をおこない、そこら中に「イギリス人が来るぞ！」と警告して回る。一七七五年四月十九日、アメリカ独立革命が始まった。革命を始めた銃声は、「世界中に聞こえた」。というのも、多くの他の国の人々をも自由のための戦いに奮い立たせることになったからである。

「食べることがヨーロッパの習慣である間は、アメリカは常に市場であり続けるだろう」

トマス・ペイン[39]

しかしアメリカ人は独立については語らなかった。彼らはまだ自分たちはイギリス人だと考えていた。まもなくトマス・ペインは『コモン・センス』という小冊子を出版し、その中でイギリスと訣別することがアメリカの利益になる理由のあらましを述べる。イギリスから独立した後の経済を心配するアメリカ人に、アメリカの食物がヨーロッパには欠かせないことを再確認させた。「われわれのトウモロコシはヨーロッパのどの市場でも言い値で売れるだろう[40]」。ペインはその持論を力強く提示した。「**訣別の時だ**[41]」。アメリカ人は耳を傾けた。一七七六年七月四日、イギリスからのアメリカの解放を告げ、初めてアメリカ合衆国という言葉を使ったアメリカ独立宣言が採択され、花火と歓声で迎えられた。

一七七六年には、また別のものも生まれた。最初のカクテルが作られたと伝えられている。

食物こぼれ話　カクテルの由来

「ニューヨークのエルムズフォードにあるホールズ・コーナーズの女主人、ベッツィー・フラナガンは、カウンターの後ろを飾るのに雄鶏の羽を用いていた。大酒飲みの一人が一杯注文したときに、ベッツィーはミックスした酒に羽を挿して出した[42]」。

「肉がなくては戦えない」

十八世紀の戦争のルールでは、冬の間戦闘は中止される。一七七七年から一七七八年の冬、イギリスの将校はニューヨークで食べたり飲んだり踊ったりしていた。イギリス兵は悪臭のする虫食いの食べ物——一五年前のフレンチ・インディアン戦争で手に入れた岩のように堅いビスケット——を食べていた。彼らはビスケットを砕くために大砲の弾を叩きつけた[43]。

イギリス兵でさえ、ペンシルベニアのバレー・フォージでジョージ・ワシントン総司令官の下にいた飢えて凍えた一万二千人のアメリカ人よりは、ましだった。アメリカ人には動物の頭蓋骨と蹄しかなく、それを煮込んで薄いシチューにしていた。何日間もパンにはありつけず、靴はすり減るか無くなり、毛布は擦り切れていた。ほとんど裸の者もいた。四肢は凍え、壊疽《えそ》にかかり、切断しなければならなかった。飢餓に近い状態では免疫力は弱る。二千人以上が、腸チフス、チフス、天然痘、肺炎で死んだ。とうとう下から叫び声が上がった。「肉がなくては戦えない」[44]。ワシントンは大陸会議に手紙を書いて、兵士に食物や必需品の補給がなければ戦争は終わりだ、と宣言する。やっと食糧や必需品が届いた。

それは皮肉な事態だった。なぜならワシントンは、陸軍を指揮するためにヴァージニアのマウントヴァーノンの地所を出発する前に、プランテーションの経営について指示を残していたからである。「貧しい者については厚遇するように。腹をすかせて出て行くことはないように[45]」。

フランス人なくしてアメリカ人はそれを達成できなかった

アメリカ独立革命の最初のほぼ二年半の間、ほとんど工場のなかったアメリカに、フランスは銃弾を供給し、訓練を施し、ラファイエットのような将校も送り込んだ。フランス人はイギリス人とまた戦争になるのを避けるために、秘密裡にことを運ぶ。国王ルイ十六世がアメリカを助けた理由の一つは、イギリスが勝利して、カリブ海のハイチで収益を上げているフランスの砂糖プランテーションを奪いに来るのを阻むこと。もう一つは、フレンチ・インディアン戦争でフランスを打ち負かしたイギリスへの復讐だった。

イギリスの他の強敵はスペインでアメリカ人に資金を援助したが、戦争を終結させたのは、フランスだった。ワシントンの軍隊は、コーンウォリス将軍率いるイギリス軍をヴァージニアのヨークタウンの海際に追い詰めたが、コーンウォリスは心配しなかった。イギリスの艦隊がニューヨークから来て、自分たちを安全に救出してくれるだろう。しかしフランスの艦隊がハイチから北上して、イギリス軍を挟み撃ちにする。戦いは終わった。アメリカをイギリスの植民地からアメリカ合衆国へと変えた六年間の戦争の後、ジョージ・ワシントン将軍はニューヨーク市のフランシス・タバーンで、配下の士官に別れを告げた。

ウイスキー税反乱とBATF（アルコール・タバコ・火器局）

一七八七年には英国海軍軍艦バウンティ号の乗組員が、パンノキの実をタヒチからカリブ海地域に運ぶ途上、艦長ブライに反乱を起こしたが、同年五五人の白人中流階級の男たち（大半が経営者と法律家）がペンシルベニアのフィラデルフィアに集まって、世界を変える文書を起草した。合衆国憲法である。憲法は一七八九年四月三十日に発効し、ジョージ・ワシントンは、当時の首都ニューヨーク市で初代大統領に宣誓就任した。料理人を必要としたので、新聞に募集広告を出す。「仕事が完璧でない者は無用。真面目で正直で持ち場の義務に忠実であることが明らかな推薦状がある者」。ジョージとマーサのワシントン夫妻は必要な料理人を手に入れられなかった。あまりに金遣いが荒かったり、料理はできても、菓子やケーキを焼けなかったりした。後者の場合デザートやケーキは商店で買わなければならず、余計に金がかかる。首都が、反奴隷制のクエーカー教徒が建設したフィラデルフィアに移転したとき、ワシントンの奴隷料理人の一人は逃亡する。[46]

ワシントンの閣僚はたった三人だった。国務長官のトマス・ジェファーソン、陸軍長官ヘンリー・ノックス、財務長官アレクサンダー・ハミルトン。新しい国の経済を安定させ、世界の他国の信用を確実に得るために、ハミルトンが最初におこなったことの一つは、輸入アルコール飲料、とくにワインや蒸留酒のような贅沢品への課税だった。一七九〇年代のアメリカ人は毎年一人当たり六ガロンのアルコールを飲んでおり、今日の二倍である。大半がビールで、およそ三分の一が蒸留酒だった。[47] 北米でブドウを植えてワインを作る試みは、多額の賞金を提供したにもかかわらず失敗したので、ワインは輸入しなければならず高価だった。だから金持ちに課税されることになった。ジェファーソンは二つの理由から、ハミルトンの輸入ワインへの課税に反対する。第一に、課税のせいでワインが高くなり過ぎて中流階級の人々には買えないので、民主的ではない。第二に、よいワインが買える所では酔っ払いは少ない。ワインが手に入らない所では、人々は強い蒸留酒——「火酒《かしゅ》」——に手を出し、酔っ払う。ともあれハミルトンの輸入アルコールへの課税はよい歳入源になったので、議会は合衆国内産の蒸留酒にも課税を拡大した。これが一七九四年に問題を引き起こす。

トウモロコシとライ麦を栽培するペンシルベニア西部の農夫は、それらから作る「密造酒」が贅沢品だとは思わなかった。それは商品を買ったり、サービスを受けたりするとき、支払いに使われる必需品だった。悪路あるいは道なき道を大量の穀物を運ぶのは、割に合わない。穀物を濃縮液、つまりアルコールの形で運べば利益になる。そこでウイスキー税を払うことを拒否し、暴動を起こした。ワシントン大統領はその行きつく先を誰よりもよく承知しており、少数の人々による反乱を一万三〇〇〇人もの軍隊を派遣して収束させた。将校には「山のような牛肉と海のようなウイスキー」[48]が与えられた。この反乱に対応するために財務省内にできた組織がアルコール・タバコ・火器局（BATF）で、今日でもアメリカ合衆国内のアルコールを監督している。ジェファーソンは、ワシントンはやり過ぎだと考えた。ウイスキー税反乱に関して顕在化した相違が、合衆国に政党が生まれた要因の一つである。

アメリカ初の料理書

一七九六年『アメリカの料理 *The First American Cookbook*』という本が、コネティカット州の州都ハートフォードで出版された。著者はアメリア・シモンズという女性で、自分のことを「アメリカの孤児」と述べている。同書には、シモンズ自身と新しい国の価値について多くのことが書かれている。シモンズは貧しかったが、肉について書いている。料理書は牛肉のレシピから始まる。この国の自己向上の伝統を受け継ぎ、同書は出だしの一文で、「アメリカの新しい世代の**女性**の向上のために」と述べている。シモンズは著書の知識により女性たちが「社会の有用な一員」となることを望んだ。そして自分の状況について語る——世の中で生きていくにあたっては、「孤児はもっぱら**性格**次第です」[49]。

『アメリカの料理』の扉には、レシピは「この国に合わせました」と記されている。食物史家のカレン・ヘスは同書の重要性を説明する。シモンズは自分の知っている食材について書いたが、その多くは新世界の食物で、イギリスの料理書では無視され、シモンズの本で初めて活字になったものである。たとえばパンプキンやトウモロコシのレシピは初めて発表されたもの。シモンズが使ったcookie（クッキー）という語はケーキを意味するオランダ語の短縮形である。slaもサラダを意味するオランダ語からの借用で、「キャベツ・サラダ」はアメリカ人お気に入りのcoleslaw（コールスロー）になった。

シモンズはまたアメリカで最初のきわめて重要なものについても述べている。それはベーキングパウダーの前身で、一八五六年に使われるようになった真珠灰と呼ばれる簡便なふくらし粉である。新たなふくらし粉によって、最初のファストフード、クイック・ブレッドが生まれた。化学的な膨張剤ができる前には、パンやケーキを膨らませるのに時間も費用もかかった。料理人は酵母を発酵させて繰り返し発酵させる間適温に保ち、卵を泡立てて空気を入れ、あるいは焼き上がったときに膨らむバターの層を入れてペストリーを作るなどしなければならなかった。しかしベーキングパウダーあるいは重曹を小麦粉と塩と混ぜると、アメリカ人がビスケット（訳注：小型の円いケーキ状のパン）と呼ぶものができた。アメリカのビスケットは本当のビスケットではなかった。というのも一度しか焼かれていないからだ。本当のビスケット（biscuit《ビスキュイ》）はフランス語で「二度焼いた」という意味（イタリア語ではbiscotti《ビスコッティ》）。しかしアメリカのビスケットは、現在の一般的なベーキングパウダーによって今では二回膨らむ。早く容易にできるアメリカの新しい焼き方は、たちまちヨーロパで流行した。シモンズの料理書は非常に人気が出たので、第二版の拡大版が出版された。それにはエレクション・ケーキ（選挙のケーキ）のレシピも含まれていた。

一七八九年アメリカ合衆国で今日も存在する立憲政体が生まれ、何百年もフランスを支配してきたブルボン王朝が滅亡する。アメリカの自由のための戦いという思想と、その成功を援助した資金の出所がフランスの税金だった事実が、アメリカを援助したフランス王ルイ十六世という君主を倒すに至る。これは世界の政治と料理に深い影響を与えることになった。

ジェファーソン――フランスびいきの大統領

ジェファーソンはフランスびいきだった。フランスとフランスのものすべてを愛した。一七八四年からフランス革命が始まる一七八九年まで、アメリカ大使としてフランスに駐在した間に大陸の食物を食べ、それを愛した。ヨーロッパを広く旅行して回り、どこに行っても食物やワインの味見をする。オランダでワッフルを食べると、ワッフル焼き器を購入し、「マカロニ型」を買うためにナポリに使者を送り、フランスとドイツではワインの製法を、イタリアではバターとチーズの製法を学んだ。フランスのシェフに習わせるために奴隷を連れて行く。アメリカに帰国後ジェファーソンは奴隷を解放したが、後継者を養成してからのこと（後継者は奴隷の息子だった）。ジェファーソンはまたパスタの入った木箱と、macaroni《マカロニ》という言葉を持ち帰った。（spaghetti《スパゲッティ》という語がアメリカに登場したのは一八四九年にイライザ・アクトンが『家族のための現代料理 *Modern Cookery for Private Families*』を出版してからである。）

ワシントンでジェファーソンは、ヨーロパで親しんでいたオリーヴオイル、酢、タラゴン・マスタードなどの食材がないことを嘆く。ヨーロッパから食物やワインを輸入し、アメリカ合衆国やヨーロッパの園芸家と膨大な書簡をやり取りし、フランス人シェフを伴って市場に行き、果物や野菜の食べ頃を記録した。

大統領だった間ジェファーソンは、大統領用食堂に職員を入れないように二つの新しい手段を設けた。中で起きていることやゴシップを立ち聞きされたくなかったからである。一つは「沈黙のウェイター」で、料理を厨房から食堂に運ぶことのできる棚付きの無人エレベーター。もう一つは棚が組み込まれた特別な壁で、使用済みの皿を食堂側の棚に置きボタンを押すと、壁がまわって皿は執事のいる食器室に送られ、でき立ての料理の皿が食堂に送られるという仕掛けである。

祝日物語　選挙の日

民主主義を誇る植民地ニューイングランド最大の祝日は、五月の選挙の日。新たに共和制国家になっても、祝日であり続けた。感謝祭とクリスマスを祝うようになるのは、南北戦争以後のこと。選挙の日は誰もが仕事を休んだ。黒人さえパレードに加わり、バンジョーとドラムの音楽に合わせて歌ったり踊ったりした。ニューイングランドでは、奴隷は奴隷の共同体のリーダーを選ぶための投票ができるようになる。黒人の「政府」には、「裁判官」、「保安官」、「治安判事」がいて、その裁判所ではたぶん黒人同士のささいな事例や、奴隷に対して主人が訴えた取るに足りない事例を審理した。[50] 居酒屋が投票所だったので、余分な飲み物を飲んだり、応援している候補者に入れるよう説得する者に一杯おごらせる口実ともなった。しかし酔っ払うために飲む必要はほとんどなかった。エレクション・ケーキ（選挙の日のケーキ）には酒がたっぷり入っていたのである。十九世紀の末に改革論者は、居酒屋で選挙をして、投票者を酔わせるのをやめる運動を起こした。民主主義を弱体化し、暴力と騒乱を招くからである。当時禁酒運動は料理にもしっかり根付き、エレクション・ケーキはアルコール抜きになった。

エレクション・ケーキの材料の比較

1796——アメリア・シモンズ[51]	1918——ファニー・ファーマー[52]
小麦粉 30 クォーツ	小麦粉カップ 11/4
イースト 1 クォート	パン生地カップ 1
バター 10 ポンド	バターカップ 1/2
砂糖 14 ポンド	ブラウン・シュガーカップ 1
干しブドウ 12 ポンド	干しブドウカップ 2/3
—	細かく刻んだイチジク 8 個
卵 3 ダース	卵 1 個
ワイン 1 パイント	—
ブランデー 1 クォート	—
シナモン 4 オンス	シナモン小さじ 1
上等の［コリアンダー？］・シード	—
挽いたオールスパイス 3 オンス	—
—	メース小さじ 1/4
—	ナツメグ小さじ 1/4
—	クローヴ小さじ 1/4
—	酸乳カップ 1/2
—	重曹小さじ 1/2
—	塩小さじ 1

（できあがったケーキは 90 ポンド）

ジェファーソンは民主主義を国際的なエチケットにも持ち込む。そのときまで国家のディナーの席は、誰がどこに座るかに大いに注意が払われ、厳格に統制されていた。外国の要人は、訪れた国の支配者の右側の名誉ある席を与えられていた。ジェファーソンはこれは民主的ではないと宣言し、「ごちゃ混ぜ」に、地位に関わりなく好きな所に座ればよいと述べる。馬鹿にされたと思う者もいた。

ヴァージニア州モンティチェロのジェファーソンのプランテーションは五〇〇〇エーカーで、果樹園、果実と野菜の畑、夥しい離れ家があった。家の中に喫茶室と食堂はあったが、厨房はない。南部のプランテーションでは、母屋が熱くならないように、そしてまた火災事故で焼け落ちないように、厨房は独立した建物だった。

ジェファーソン、「大きなチーズ」

一二三五ポンドのチーズについて語らないわけにはいかない。一八〇二年の元旦にそれはワシントンDCに到着した。マサチューセッツ州チェシャーの市民（そして九〇〇頭の雌牛）から大統領トマス・ジェファーソンへの贈り物である。この大きなチーズには、また政治的宗教的な意図が込められていた。チーズにはモットーが記されていた。「暴政への反抗は、神への忠誠の証」[53]。それはバプティスト教会の牧師の発案による広報活動で、牧師は、アメリカを席巻し、「第二の大いなる目覚め」——あらゆる場所にいる人々が内なる宗教的感覚に目覚めたので——と呼ばれるようになった新たな宗教運動の指導者の一人だった。アメリカ人はホワイトハウスの大きなチーズを見に巡礼した。アメリカ合衆国の大統領が「ビッグ・チーズ」になったのは、こういう次第。

一八〇三年、ビッグ・チーズは気を揉んでいた。ジェファーソン大統領はおよそ二一五万平方キロメートルの土地をナポレオンから買ったところだったが、良心の呵責《かしゃく》に苛《さいな》まれていた。約四〇〇〇平方メートル当たり三セントというまさにバーゲン価格でなくとも、大統領自身がペンを取って国土を倍にできるとは、憲法のどこにも書かれていない。ジェファーソンはアメリカ大使にニューオーリンズを買う許可を与えたので、西方へアパラチア山脈を越えてオハイオ川流域へと群れて移動したアメリカの農夫は、生産物をヨーロッパに送る港を手に入れた。他の地方のアメリカ人と取引するには、オハイオ川を使って、オハイオ、アレゲーニー、モノンガヒラと三本の川が合流するピッツバーグまで食品を運ぶことができた。しかしヨーロッパと取引するには、ミシシッピ川河口のニューオーリンズまで川を下らなければならなかったのである。アメリカ人はピッツバーグを持っていたが、フランス人はニューオーリンズを持っていた。憤りを感じていたアメリカ人は、ニューオーリンズを襲撃して力づくで奪おうという話をしていた。こうなれば新しい小さな合衆国は、軍事の天才ナポレオンに率いられるヨーロッパの超大国との戦争に巻き込まれてしまう。ジェファーソン大統領は、ナポレオンがニューオーリンズをアメリカ合衆国に売ってくれることを望んでいた。ナポレオンが北米大陸にフランスが所有している領土すべてを売ることを承認したので、ジェファーソンは仰天した。歴史上最大の不動産取引の一つである。

しかし正確には、アメリカは何を買ったのだろう？　中国とインドの富と市場への近道を人々は望んでいた。たぶんこれは最終的には北西航路となるもの、北米から太平洋、そしてアジアへの海路で、コロンブス、ハドソン、シャンプラン他の探検家が見つけられなかったものである。おそらく北方にミシシッピ川を源流まで遡れば、アジアへの航路が発見できるだろう。二年後、ルイスとクラークはがっかりさせるような知らせを持って探検から戻った。北西航路はなかった。

ニューオーリンズ――クレオール料理

しかしニューオーリンズは期待はずれではなかった。そのクレオール料理――アフリカ人の料理人によって、アメリカ先住民の要素も加えつつ作られる支配階級のフランスとスペインの料理――は、アメリカ独自のものだった。このフュージョン料理の主な例は、ソーセージと魚介のシチュー、ガンボ（gumbo）。ガンボはアフリカの言葉で、オクラ――アフリカの野菜名を示すアフリカの言葉――をとろみに使うのもアフリカ流。しかしルーのベースはフランスのもので、ソーセージと魚介の組み合わせは、フランスのブイヤベースのように地中海地方南部風。そしてスパイスはアメリカ先住民から入手したササフラスの葉の粉末である。もう一つのニューオーリンズの自慢料理は、ジャンバラヤ（jambalaya）で、フランス語で「ハム」を意味するjambon《ジャンボン》に由来する。そしてya《ヤ》は「米」を意味するアフリカの言葉。エトゥフェ（étouffée）は蒸し煮を意味するが、魚介の詰め物のようだ。

一七九一年の初めにニューオーリンズの居住者は、新鮮なカメ、カニ、野菜あるいは奴隷を、フランスの市場ラ・アルで買うことができた。一八一二年以降、旅行者や賭博人などがダンス室、バー、カジノのついた贅沢な蒸気船で、ミシシッピ川を上下した[54]。ルイジアナ州は、鹿や、ウズラ、アヒルなどの野鳥が豊富で狩猟家の天国だと宣伝する。料理された肉には、ブーダンのような洗練されたソーセージから、バーベキュー（丸焼き）、袋詰めされたようなものではない本物のポーク・ラインズ（豚の皮の揚げ物）まであった。メキシコ湾では、エビ、牡蠣、ザリガニが獲れる。南部の他の所同様、トウモロコシは粗びきやひき割りにして使った。ルイジアナは、アジア原産の二つの食物、米と砂糖でも有名である。プラリネは、ペカン、バター、ブラウン・シュガーをカラメル状にしたもの。歩道のカフェで人々はベニエ（砂糖をまぶした揚げ菓子）を食べ、チコリの根の代用コーヒーを飲んだ。ニューオーリンズはまた、バナナ・フォスター（焼きバナナのアイスクリームがけ）、オイスターズ・ロックフェラー（訳注：

殻付きの牡蠣の上にさまざまな緑色野菜、バターソースやパン粉を載せて焼く料理）、タバスコ・ソースの、そして特別な祝日マルディグラの故郷でもある。

祝日物語　マルディグラとカーニバル

キリスト教ではクリスマスの十二日後の一月六日は、新しく生まれた赤ん坊のキリストを探していた東方の三博士が、キリストを見つけた日である。ルイジアナではクリスマス・シーズンの終わりで、マルディグラ・シーズンの始まりの日。マルディグラは「肉の火曜日」を意味し、四旬節つまり灰の水曜日に始まる四〇日間の断食前の謝肉祭の最終日である。フランス領アメリカで他の祝祭は一七一八年からおこなわれていたが、ニューオーリンズで初めて公式にマルディグラがおこなわれたのは一八二七年だった。仮装舞踏会によって、パレードの幕が開く。パレードでは、王たちや女王たち、そして特別なマルディグラの宝石、マルディグラの公式な色、紫、金、緑色の特別な王様のケーキなどが見られる。世界では他にも四旬節前の祝祭がおこなわれている。最大のものの一つがブラジルのカーニバル（Carnevale:「肉よさようなら」と言う意味）で、サンバ・クラブは、この祭りのために一年中特別なダンスの練習をしている。

マルディグラの王様のケーキの中には小さなプラスチックの赤ん坊の人形が入っている。切り分けてもらったケーキに赤ん坊が入っていた者は、その日の王様あるいは女王様となる伝統があり、次のパーティーを用意しなければならない。この慣習は、パンに幸運の豆――ソラ豆――を入れて焼く昔のフランスの慣習に遡る。赤ん坊は子供のキリストを表している。

材料　王様のケーキ――中に赤ん坊の入っているケーキ(55)

砂糖カップ二杯
バターカップ二分の一
小麦粉カップ二杯
水カップ二分の一
卵黄五個
卵白六個
重曹小さじ二分の一
酒石英小さじ一杯
オレンジ一個半の果汁
小さなプラスチックの赤ん坊の人形一個

時代の終わり

アメリカ人も外国人も国家建設に重要な役割を果たした人々に会いたがり、彼らの家を訪れた。議会は資金提供をしなかったので、昔の大統領はこれらの費用を自前で払わなければならなかった。

大統領を辞任後ジョージ・ワシントンは、ヴァージニアのマウントヴァーノンの家への訪問者について、宿屋の主人扱いされたと不満を述べている。モンティチェロでは、予告もなしに一度に五十人もの客が来て、ジェファーソンの設備や財力を濫用した。

アメリカの第二代大統領ジョン・アダムズと三代目のトマス・ジェファーソン——北部出身と南部出身で政党も異なる——は同じ日に、ほんの数時間の差で息を引き取る。一八二六年七月四日のことで、独立宣言が最初におこなわれてからちょうど五十年後だった。

アメリカ合衆国——コレラと憲法

独立五十周年の六年後の一八三二年、不衛生が原因の病気コレラがアメリカを襲う。これはアメリカ人にとって大きな衝撃だった。自分たちはキリスト教徒なので、他の国で猛威を振るっていた伝染病のコレラにはかからないと確信していたのである。「アジアのコレラ」は「異教徒の」中国人の病気だと。またアメリカは新世界なので、特別で清潔であり、不潔な旧世界のような貧民街、不道徳、堕落もないと。しかしコレラは要するに伝染病で、十九世紀には十四世紀の腺ペストのように、通商路を通って広まった。違いは十九世紀の通商路は全世界的だったことである。アメリカ人は、コレラは神の激しい怒りだと考えた。裕福なアメリカ人は、裕福なヨーロッパ人同様田舎の家に避難した。もちろん都市に残った人々の生死は不可解だった。見たところ信仰が厚く正直な人間が死んで、ろくでもない人間が生きていた。理由は、りっぱな正直な市民は汚染されているとは知らずに井戸の水を飲み、町にたむろしている連中は、無菌のワイン、ラム、ジンを飲んだからである。アメリカ人は恐れ慄《おのの》いた。牧師の一団がアンドリュー・ジャクソン大統領に、国を挙げて祈る日を設けるよう訴えた。ジャクソンは断り、政教分離を唱えた。聖職者がいかなる神にいかなる祈りを捧げて国を導こうと自由だが、それは憲法に記されている大統領の仕事ではない、と述べたのである。(56)

コレラは一八四八年から一八四九年にかけて再びアメリカを襲う。ニューヨークのような東部の都市で貧しいアイルランド人の間に急速に広まり、ジャガイモ飢饉とぼろ船に乗っていた何週間ものせいですでに弱っていた人々を、死に追いやった。西部では道行く旅行者が、コレラを直面する危険のリストに加えた。一八六六年南北戦争直後に、第三にして最後のコレラの流行がアメリカを襲う。ニューヨーク市の対応は、ロンドンとパリに倣った。保健所を作ったのである。ほぼ三十年のうちに、アメリカの病気への対応は、完全に変化した。病気は神が起こしたものから科学によって防げるものに、宗教的な問題から解決できる世俗の問題になった。飲料水を浄化すればよいのだ。

「若者よ、西を目指せ！」

一八四〇年代のアメリカは、西部熱に浮かされていた。「自明の宿命説」は、アメリカの人々が倦《う》まず弛《たゆ》まず北米全土を支配することが宿命であるという考えだった。はるか西部のミシシッピ川までも到達できる技術がすでに発明されていた。一八〇七年ロバート・フルトンの蒸気船が、ハドソン川を遡る。一八二五年エリー運河ができてオハイオ川流域からバッファローを通ってニューヨーク市までをつなぎ、陸上輸送にくらべて時間も費用もごくわずかで済む水路となったので、さらに多くの食物をさらに入手しやすくなった。西部の州はほとんどニューヨークの植民地として機能していたので、ニューヨークは帝国州（エンパイア・ステート）となる。一八二〇年代末にアメリカ初の鉄道が建設された。一八四四年には電信ができる。サミュエル・モールスが電報とメッセージを伝える符号を発明した。

しかしミシシッピ川の西は、「開拓者」ジョン・フレモントとその探検隊が一八四〇年代初めに戻るまで、未知の領域だった。（ルイスとクラークは北に、ほとんどカナダとの国境まで行った。）フレモントは地図、ルート（現在では州間高速道路八〇が通っているところとほぼ一致）、そして物語（大半は妻のジェシーによって書かれたもの）を持ち帰った。よい知らせは、カリフォルニアによい農地があるということだったが、それはメキシコが所有していた。そしてオレゴンはイギリスが領有を主張していた。

西部へ行くのは金がかかり、容易でもない。大人には一人当たり四〇〇ポンドの食糧、荷馬車、荷馬車を牽く雄牛、西部に行って仕事を始めるまでの間働かなくても暮らせるだけの資金が必要だった。したがって出かけた人々の多くは、何世代も前からアメリカにいる豊かな白人家族の農民だった。解放された黒人はほとんどいない。ふつうは召使として、ついて行った移民はいる。経験のない開拓者は持っているものを何もかも馬車に積み込んだが、途中でおよそ半分を投げ捨てることになった。利口な人々は雌牛を連れて行った。カリフォルニアには酪農業がなく、ミルクは非常に貴重だったからである。[57] ほとんどすべての人が歩いた。大切な家畜に牽かせる荷があまりに多く、また歩く方が楽だったからである。道はなく、馬車の車は木製で、ばねもついていなかったのだ。たった数か月で横断しなければならなかったので、赤ん坊が生まれても、あるいは人が死んでも止まるわけにはいかない。この陸路の旅の食物はパンで、時間と燃料があるときは、小麦粉をイーストで膨らませたパンをダッチ・オーブンで焼いた。時間も燃料もないときは、ビスケット、クラッカー、コーンミールを食べた。これにコーヒー、砂糖、塩、ベーコン、ドライフルーツ。

平らで肥沃な中西部からの人々は、自分たちが向かう先の地域について何も理解していなかった。彼らは故郷でのように途中で獲物を銃や罠でしとめられると考えていた。しかし必ずしもそうはいかない。そして出会ったのは、生き物に対して、さらに生命のないものに対してさえ過酷な砂漠のような難路だった。一日に二〇マイル（三〇キロメートル強）は進めると計算していたが、今日のネバダ州にある「四〇マイルの砂漠」という地図上の短い距離が、歩けば二日ではなく、少なくとも五日もかかるとは思わなかった。雄牛の多くが渇きから死んだり、狂乱状態に陥ったりするとは、幌馬車の枠と車の湾曲材が乾ききって、まっすぐになり、ばらばらになってしまうとは、思ってもみなかった。絶望的になった人々は、「茂みのサケ」、つまりガラガラヘビを食べた。渇きで死にそうな人々はラバの尿を飲み、手に入ればグラス一杯の水に一五ドルを払った。

コヨーテ料理

砂漠が最悪ではなかった。疲れて弱り、食物も乏しくなって、四〇マイルの横断が終わると、四〇〇〇メートルを超える山々が待っている。スペイン語の名前Sierra《シエラ》 Nevada《ネバダ》は、「雪をかぶった山頂」を意味する。雪は七月まで消えないこともあるからだ。イリノイ州出身の有名なドナー隊は、一八四六年から一八四七年の冬に標高一八〇〇メートルの雪の中に何か月も閉じ込められ、仲間の死者を解体して食べた。偶然親類を食べてしまうことがないように、注意深く体の各部分に名札をつけた。四〇人の遺体を食べて、四七人が生き残った。[58]（数年後ユタ州へ行く途中食物なしに雪の中で立ち往生したモルモン教徒は、人肉食よりは死を選んだ。）

雪に立ち往生した別の例では、遅れて幌馬車隊に置いて行かれ、絶望的になった十八歳のモーゼス・シャレンバーガーが、何でも罠にかけようとした。

罠の一つに飢えたコヨーテを見つける。すぐに皮をはぎ、肉をダッチ・オーブンで焼いた。この肉を食べたが、ひどい代物。次に煮てみたが、味は変わらない。飢えに駆られて、思いつく限りあらゆる方法で調理してみたが、むかつくことなしに食べることはできなかった。しかし三日間これが食糧のすべてだった。[59]

モーゼスはキツネも罠で捕えることができた。残念ながら切望していた「脂肪はまったく無かった」が、これはおいしかった。コヨーテももっとたくさんかかったが、「また食べるほどに飢えることはなかった」[60]。

ゴールドラッシュ——鉱夫の食事

一八四六年から一八四八年にかけてのメキシコとの戦争の後、アメリカ合衆国はカリフォルニアと太平洋に至る土地を手に入れた。イギリスとの条約により、オレゴン州も合衆国に加わった。一八四八年カリフォルニア北部の現在のサクラメント付近で、サッターというスイス人移民がアメリカ川の岸辺に建設した製材所で金が発見された。男話は夢のようだ。川を堰き止めた男たちは、干上がった河床に七万五〇〇〇ドル相当の金塊を見つけたのだ。男と二人の息子はそれぞれ短期間に九〇〇〇ドル以上の金を手に入れる。[61] 歴史家のジョン・ホリデイは、『世界が押し寄せた *The World Rushed In*』という著書でゴールドラッシュについて述べている。それはほとんど完全に男の世界だった。一八五〇年の最初の五か月間、西部への途上にあるワイオミング州のフォート・ララミーを通る人々一万七六六一人のうち一万七四四三人が男。[62] 彼らは居酒屋、酒場、バーに、酒や賭博に引き寄せられた。

採掘者は出身国がどこであろうと、何語をしゃべろうと、みな食べなければならない。そして食物はすべて船便だった。食物を売る商人は、鉱夫に高値を吹っかけて金持ちになる。当時の五ドルは今日の一〇〇ドルに値した。

調理器具の値段も同様に上がる。錫《すず》の鍋とコーヒーポットがそれぞれ八ドル、フライパンが六ドル。宿の水代が一週間につき二〇ドル、部屋代は月五〇〇ドルだった。重曹（重炭酸ナトリウム）のようなふくらし粉は、一ポンドが六ドルだったので、男たちは空中の天然酵母で発酵するように、小麦粉と水を混ぜて放置する方を選んだ。このパン生地の一部を取っておけば、次に焼くパン生地に混ぜることができた。このようなパン種から男たちは「サワー種」として知られるようになった。サンフランシスコのサワー種のパンは他のパンとは味が違うと主張する人々は、正しい。その大気中の細菌は、ラクトバチルス・サンフランシスコ（*Lactobacillus sanfrancisco*）でそこだけにしかいない。[63]

食物と道具が手に入るときでさえ、誰もが金を探すのに忙しくて、積み荷から降ろしたり、倉庫から取り出したりする暇がなかった。何トンもの食物が腐ったが、片づける者もいない。金を探す以外のことは、すべて時間の無駄だった。コーヒー豆を焙煎して挽くことさえ、時間がかかり過ぎた。[64] 厳し

カリフォルニア・ゴールドラッシュ時の食品価格と最近の価格
1850 ～ 2010 年（1 ポンド当たり、単位 US ドル）[65]

品目	1850 －カリフォルニアの金鉱	2010 －ロサンゼルスのスーパー
砂糖	.75	.66
乾燥豆	1.00	1.07
ジャガイモ	1.00	.30
重曹	6.00	.90
コーヒー	.50	3.47
茶	2.50	（ティーバッグ）7.18
酢	5.00	2.79

い労働でズボンが裂けてしまうという不満の声を聞くと、ババリア出身のリーバイ・ストラウスという名前のユダヤ人商人が、リトアニア人の仕立て屋と組んで、金属鋲で止めたデニムのズボンの特許を取った。「リーバイス」のブルー・ジーンズである。[66]

そう、そこに金はあったが、栄養失調も起きた。男たちの家に宛てた手紙には、乳製品や卵については、それらがないという以外の記述はない。ニューヨークからのバターは「角《つの》」――南米の先端――を回る一年がかりの海路でニューヨークから運ばれたので、到着したときには茶色くなっていた。料理するにはゾウムシを取り除くために小麦粉をふるいにかけなければならず、長い黒い幼虫を手の平に一杯も引っ張り出した。弾薬は塩の代用になる。食事はふつう「コーヒー、ベーコン、豆、ハード・ブレッド」で、立ったまままか丸太に腰かけて食べた。[67]「鉱夫の」レタスと彼らが呼ぶツキヌキマハコベが食べられるようになるまで、一八五〇年代には一万人の鉱夫が壊血病で死んだ。[68]

「臆病で友好的」と記されているカリフォルニアの先住民は、ドングリと弓矢で狩った野生の動物や鳥を食べていた。大量の人口流入は、二百五十年前にスペイン人の到来が中米の先住民に与えたのと同様の悲惨な影響を与え、先住民は死んだ。一八五〇年から一八六〇年にかけて、カリフォルニア先住民の人口は八〇パーセントも減少したが、病気によるものではない。先住民はすでにヨーロッパの病気にはさらされていた。[69]

一八四九年のカリフォルニアのゴールドラッシュは、数回にわたるラッシュの最初のものだった。後にネバダで銀が発見され、一八七〇年代にはサウス・ダコタのブラック・ヒルズで金が、一八九八年にはカナダのユーコン準州クロンダイクで金が再び発見された。しかし良識あるカナダ人は、まず王立カナダ騎馬警察を送った。警察は半年分の食料を持たない者は追い返した。ゴールドラッシュが始まってから一年後、カリフォルニアには州になる申請をおこなうに十分な人々がいた。一八五〇年に申請をして自由州（訳注：奴隷制度を禁止した州）になり、南北戦争に向かい始める。

アメリカ人が十七世紀に大陸に入植しようと、十八世紀に独立しようと、そして十九世紀には西部を開拓しようともがいていた間に、ヨーロッパの人々は科学の世界で偉大なる進歩を遂げていた。これによって、世界中の農業、料理、文化が変わることになる。

第7章

ヒュッツポット、ストーブ・ポテト、オート・キュイジーヌ

——十七〜十八世紀にかけてのオランダ、ロシア、フランスの料理

科学革命

十七世紀にヨーロッパの遠く離れた植民地では農業がおこなわれていたが、ヨーロッパの都市では、好事家や専門の科学者が、コロンブスのように自分の目で見たものを信じて、あらゆるものを新たに検証し始めた。彼らも新世界の発見によって恩恵を受ける。望遠鏡で初めて地球の衛星である月を観察し、木星の衛星を発見することができた。オランダの織物商ファン・レーウェンフックは顕微鏡で、水や血液の中の小さな新しい世界を観察する。イタリアのガリレオ、そして慣性の法則や万有引力の法則を発見したイギリスのニュートンのような物理学者、「われ思う、ゆえにわれあり」と述べたフランスのデカルトのような数学者、化学の創設者ボイルにとって、宇宙は秩序正しく見えた。スウェーデンのセルシウスやオランダのファーレンハイトが温度の測定法を発明したので、ついに調理が正確にできるようになる。今日歴史家はこの時代を科学革命の時代と呼ぶ。

これらの発見はカトリック教会の権威に異議を申し立てた。一六三三年教会はガリレオをローマの異端審問に召喚し、地球が太陽のまわりを回ると述べ教会に声高に反対したとして、異端で有罪とした。教会の見解は、地球が宇宙の中心であるというもの。ガリレオは後半生を自宅に監禁された。（一九九二年教会はガリレオを赦免する。）これはヨーロッパ南部のカトリック教国の科学的な研究に深刻な制約を課した。しかしヨーロッパ北部のプロテスタントの国々では科学革命は政府によって支援され、花開く。一六六〇年イングランドは科学の進歩のために王立協会を設立したが、十八世紀にはその発見と発明から多大な利益を得ることになる。

オランダの黄金時代

ヨーロッパ北部の小国オランダも繁栄していた。オランダ人は、イタリア人――フィレンツェのメディチ家やヴェネツィア人――に代わって国際的な銀行家になる。そして十七世紀には世界の銀行の中心は、オランダに移動した。オランダ人はスパイス、砂糖、コーヒー、奴隷、宝石、穀物に関する世界の海運に君臨し、支配する。その船もオリーヴオイル、ワイン、塩をポルトガル、スペイン、フランスからヨーロッパ北部に運び、金銀を新世界の鉱山から旧世界の金庫に運んだ。

オランダが台頭した理由の一つは、宗教に寛容で統一された比類のない共和国だったからである。十六世紀の間ヨーロッパの君主は、宗教に関して教会とそして互いに戦った。宗教戦争によってペストより多くの死者が出た所もある。例外がオランダで、平和で、商取引に門戸を開いていた。異端審問によってスペインから追放されたユダヤ人の多くは、快く受け入れてくれる北のプロテスタントの国オランダに行き、銀行業と商取引の知識をすでに繁栄していた経済に提供した。十六世紀の中頃には、ブアス（フランス語で「財布」）と呼ばれる株式取引所がアムステルダムに設立された。一六〇九年にはアムステルダム銀行が設立される。同行には国際的な両替所があり、中世にアラビア人によって発明された小切手の振り出しもおこなわれた。オランダ政府は預金の安全を保証した。アメリカでは一九三三年まで利用できなかったものである。オランダのフローリンは、今日のアメリカのドルのように、世界中で支払いに使われた(1)。

「神は世界を作ったが、オランダ人はオランダを作った[2]」

オランダ人の生活は海と結び付き、常に海との戦いだった。水を汲み出し、海から土地を取り戻すための風車を発明し、海を押しとどめる堤防を築く。一万隻のオランダの船舶が塩、オリーヴオイル、ワインをフランス南部、スペイン、ポルトガルからヨーロッパ北部に運び、穀物を積んで戻った。またアメリカから金銀も運んだ。オランダの食物と産業の多くが海を中心に展開する。人口の二五パーセントが、ニシンの捕獲、販売、さらに燻製、塩漬け、酢漬けの保存加工に関わっていた。[3]

他のヨーロッパ諸国の経済が苦難に直面しているときに、オランダ人は多くの中間層と高い生活水準に恵まれ、きわめて繁栄していた。オランダの徳は清潔さと倹約である。主婦は毎朝家の玄関口だけでなく、家の前の公共の歩道も洗い流した。豊かな暮らしで豊かな食事をする。魚市場では生きた魚しか買わなかった。死んだ魚だけでなく、サバやヒメジも捨てた。[4] 労働者でさえ、肉、チーズ、バターを買うことができ、都市の貧困層は救貧院に収容された。救貧院はオランダがカトリック教義からプロテスタント主義に改宗したときに、修道院あるいは女子修道院を転用したものである。軍艦の乗組員は、一日に羊肉、牛肉、豚肉、燻製のハム、パン、豆類、大半がニシンの魚の燻製と漬物の食事をして、四八〇〇キロカロリーを摂取する。[5] 国内では穀物も育たずワインもできなかったが、オランダ人はヨーロッパの穀倉、バルト海沿岸の国々との貿易を支配していた。

オランダの料理――『賢い料理人』

十七世紀から十八世紀にかけて、オランダである料理書が普及していた。一六六八年に出版された『賢い料理人

The Sensible Cook』には一八九点のレシピが含まれ、「賢い菓子作り」と「オランダ式食肉処理」という二つの付録が付いていた。この料理書と養蜂の説明書は、田園に別荘と庭を持つ裕福な中産階級のための手引き書『愉しい田園生活』の、医学部門の一部である。同書は実際には三巻にわたる。観賞用の庭に関する『オランダの園芸家』、薬草園に関する『賢い園芸家』、人間と動物の世話に関する『医術または経験を積んだハウスキーパー』である。

『賢い料理人』の情報は、一九八九年にオランダ人女性で食物史家のペーテル・G・ローゼによって翻訳されるまで、英語を母国語とする人々には少しも伝えられなかった。ローゼが指摘するように、『賢い料理人』の著者は不明でその性別も明らかではない。しかし同書は「男女を問わずすべての料理人へ」という言葉で始まり、「誰もが自分の望む通りにできますように」という言葉で終わっている。[6]

食物に関して述べる前に、著者は読者に料理用ストーブの作り方について説明する。それは立って料理ができるストーブで、十九世紀より前のまれな例の一つである。レシピはいくつかの項目に分かれている。まずサラダ、ハーブ、野菜、次に食用獣肉、家禽の肉、魚、その後に焼き菓子、カスタード、飲み物、他、それからタルト、最後においしい二つ折りパイのようなすばらしいパスティー。著者はまめな人物で、主な材料の最初の文字をわざわざ大文字にし、正確な計量換算を記載している。一ロートはおよそ一四グラム、一パイントはおよそ一・五リットル、一ポンドはおよそ四五四グラムである。[7]

オランダ人は一日に四回食事をした。朝食、正午の一番手間をかける食事、午後二時か三時の食事、そして夕食である。四回の食事すべてでパンを食べた。バター付きのパン、チーズとパン、肉とパン。どの食事もビールで流し込んだ。たとえパンの生地は家で作っても、焼くのはパン屋の共用のオーブン。オーブンはほとんどの家になかった。十八世紀の末にジャガイモが普及するまで、パンはオランダの食事の大黒柱だった。[8] 米はまれにしか使われず、『賢い料理人』の中でもほんのわずかなレシピに登場するだけ。新世界の食物も非常に少ない。七面鳥もサヤ豆も登場するが、サヤ豆は「トルコの豆」と呼ばれた。というのもオランダ人はトルコでサヤ豆を入手したからである。しかしこの後、オランダ人は今や料理に欠かせない食物、チョコレートを知る。

中東の影響

『賢い料理人』からは、中東と中世がまだオランダ料理に強い影響を与えていたことがわかる。シチューやソースは、挽いたナッツ、パン、トースト、卵、あるいは、オランダの新機軸クッキーでとろみをつけた。砂糖と酸味果汁または酢のソースは甘酸っぱい中世料理の伝統を受け継いでいる。「適切なソースを作る」レシピは、中東料理に由来することを示している。挽いたアーモンドを白いパン屑に加えてとろみづけとし、砂糖と酸味果汁で甘酸っぱくする。唯一他に使われている食材は中東の別のスパイス、ショウガである。肉と魚に使われるスパイスにほとんど違いはなかった。肉のレシピ五九点のうち、三〇点がナツメグとメース、あるいはメースを使い、魚のレシピ一八点のうち一〇点も同様。たとえばチョウザメはクローヴを詰めて串焼きにし、バターをかけてから、ライン・ワイン、酢、シナモン、ナツメグで煮込む[9]。ブリーム（訳注：コイ科の淡水魚）も、その卵、刻んだ卵黄、パセリ、ナツメグ、メース、コショウ、バターを詰めて串焼きにし、受け皿にたまった汁、アンチョビ、酸味果汁のソースをかけ、オレガノを飾る[10]。レシピの多くでは最後にバターでこくを出す。野菜と煮込む雛鶏のレシピでは「とくにバターを忘れないように」[11]。中世から引き継がれたローズ・ウォーターも、まだデザートの風味付けにもちいられた。中東の影響はまたクミンを刺し込んだゴーダ・チーズや、季節の肉や野菜のシチュー、ヒュッツポットにレモン、オレンジ、ショウガを用いたことにも明らかである。

レシピ　オランダ料理ヒュッツポット

羊肉か牛肉をきれいに洗って、細かく刻む。鍋に入れて何か青野菜かパースニップか詰め物をしたプルーンと、レモンかオレンジかシトロンの果汁または一パイントの酸っぱく透き通った酢を加える。これらを混ぜて鍋をとろ火にかけ（少なくとも三時間半）、ショウガと溶かしバターを加える。[12]

サンタクロースと節約令

オランダ人はその富を家庭の備品、美術品、庭園に誇示した。トルコの絨毯、ペルシアの絹。デルフトがそれをまねて国産のデルフト・ブルーのタイルや食器を作り始めるまでは明の磁器。レースやベッドやテーブルのための大量のリネン。またトルコのスルタンが住んでいたトプカプ宮殿を参考にして、美しさ以外に目的のない庭を、食用植物のない、花だけ、とくにチューリップ、それも赤いチューリップの広大な庭園を作った。チューリップの球根の売買はオランダで加熱し、ほんの一握りの球根で富ができたり失われたりした。オランダの絵画は、宗教的ではなく世俗的な生活を反映し、静物画はゆたかな家財を背景に新たに渡来した果物——レモン、オレンジ、アンズ——を称えるように描いている。

この豊かさのすべてが、オランダの改革派教会にとってジレンマとなった。オランダ人は豊かになるべきか、宗教的になるべきか？　これらのスパイス、ソース、砂糖のすべて、これらのチーズや肉、これらの持ち物のすべて、チューリップの球根の投機売買は、オランダ人の魂を失わせるのではないか？　この問題に対応して、いくつかの都市では日常生活の贅沢を規制する節約令が出された。たとえば一六五五年のアムステルダムでは、結婚式に五〇人以上招待してはならず、祝宴は二日以内、祝いの贈り物に使われる金額も制限された。いくつかの市議会はやり過ぎて、十二月六日の聖ニコラス（オランダ人にとってはシンタクラース、われわれにとってはサンタクロース）を祝う食べ物や贈り物を、そして人形やジンジャーブレッド・マン（訳注：シンタクラースをかたどったクッキー）を禁止する。しかしそれは続かなかった。子供たちが反抗したのである。[13] 教会は節約を説き続けたが、オランダ人は金を儲けそれを費やした。そして使い果たした。砂糖がけのまたはキャラメルの中に浮かんでいるパンケーキやワッフルを食べるのを、決してやめなかった。

ニューネーデルラント

他のヨーロッパ諸国同様、オランダも植民地を作った。イングランドのニューイングランドとチェサピークの間が、オランダの植民地ニューネーデルラントだった。オランダ人は、ニューネーデルラントに入植させるために他の国の人々を誘い入れなければならないことを知っていた。繁栄し、宗教の自由もあった人々には、母国を去る理由がなかったからである。ニューネーデルラントに行った入植者はオークの木に驚いた。二〇メートルを超える高さになり、薪にすると何時間も熱く明るく燃えるのだ。オランダ同様ニューネーデルラントでもパンは欠かせなかったが、家で焼かれた。オランダは都会的でパン屋がパンを焼いたが、植民地はきわめて人口が少なかったので、人々は暖炉の隣の壁に煉瓦のオーブンを作らなければならなかった。トウモロコシやカボチャのようなアメリカの食材が、パンケーキのような標準的なオランダのレシピに取り入れられた。オランダの植民地では、パンは食物以上のもの。とくに白いパンと甘いケーキはアメリカ先住民が非常に欲しがる商品だったので、一六四九年にはインディアンに販売するパンの製造を禁止する法律ができる。(14) ニューネーデルラントは広大なオランダ帝国のほんの小さな一部に過ぎなかった。

香料諸島——ナツメグ対ニューヨーク

オランダ帝国の富の多くは、現在のインドネシア、香料諸島の植民地からもたらされたものである。一六〇二年アジアにおける交易のために、オランダ東インド会社が設立された。香料諸島はオランダから地球を半周したところにあったが、帝国の利益のために決断せざるを得なかった。オランダ東インド会社は非常に有力になり、政府のような働きをする。貨幣を鋳造し、条約を結び、軍隊を招集することができた。短期間のうちに、ポルトガルがほとんど一世紀にわたって持続していたナツメグの取引独占に終止符を打つ。

イギリスもスパイス交易を求めていた。一六〇〇年イギリス東インド会社を設立し、コロンブスのように東インド諸島への独自の道を見つけることを決定する。一六六〇年代に腺ペストが再び猛威を振るったとき、医師がナツメグが効くと信じていたので、イギリス東インド会社の探求はいっそう緊急性を帯びた。ナツメグはニクズク科の常緑高木（*Myristica fragrans*）の種子の仁《じん》で、仮種皮《かりしゅひ》がメース。当時の地図では、ノルウェーの北部を東に行く北東航路によってインド諸島に到達できるはずだった。しかしそれは誤りで、乗組員は飢えあるいは凍えるような寒さで死んだ。

東インド諸島におけるスパイス交易に食い込もうと、イギリスは一六五二年から一六五四年にかけてオランダとの戦争に突入する。イギリスは敗北し、オランダが断然有利に見えた条約が締結されたので、屈辱を覚えた。オランダは利益の上がる香料諸島の支配を回復したが、イギリスが得たものは北米の取るに足りないオランダ植民地、ニューネーデルラント。イギリス人はプライド回復のために、植民地をニューヨークと改名する。オランダ人が入植していたハドソン川流域は、今日ダッチェス郡（オランダ人の郡）と呼ばれている。

しかし戦争が航海にまつわる唯一の致命的な危険ではなかった。

壊血《かいけつ》病——「海の疫病[15]」

一六五七年メキシコのアカプルコ沖のきらめく海に、一隻の船が波に揺られ、風に吹かれて漂っていた。それは幽霊船で、乗組員全員が壊血病で死んでいた。

壊血病は、鉄とともに赤い血液を作るビタミンC（アスコルビン酸）の欠乏で起こる。ビタミンCは、組織をつなぐコラーゲンも作る。馬のような動物とは異なり、人間はビタミンCを蓄えることができないので、毎日摂取しなければならない。欠乏すると、一か月少々で、壊血病の症状が現れうる。まず疲労感と筋肉の衰えから始まる。それから新たにできた傷が治らずに化膿し、潰瘍《かいよう》になる。古い傷は裂ける。皮膚にできる小さな紫色の斑点は内出血を示す。歯茎が痛み出血し、歯が抜ける。目と鼻から血が出る。そして死ぬ。

壊血病のラテン語名はscorbutus《スコルブトゥス》なので、壊血病を防ぐ食物はanti-scorbutics《アンティスコルブティクス》(抗壊血病食品)として知られており、オレンジ、レモン、ライム、グレープフルーツなどの柑橘類、ケール、ブロッコリー、カリフラワー、キャベツ、芽キャベツなどのアブラナ科の野菜、ピーマン、ジャガイモ、トマトなどナス科の野菜である。カップ半杯のブロッコリー・ジュースとカップ半杯のオレンジ・ジュースのビタミンCの量はまったくおなじ六二ミリグラムで、カップ半杯のケール・ジュースは両方よりほぼ五〇パーセント多い九三ミリグラムである。[16] 果物と野菜のこのリストを今見ても、何か共通性があるかどうか明らかではない。ビタミンが一九二〇年代に発見されたので、了解できるのだ。十八世紀および十九世紀には、あらゆる説が提唱された。乗組員はしばらく陸にいなかったので壊血病になった、弱った腕や脚にクジラの肉を巻くと治るだろう、ある食物の酸味が壊血病を防ぐ、という具合。（アジア人は船で栽培した新鮮なショウガを食べたので、壊血病にはならなかった。[17]）

十八世紀にイギリス人は、理由はわからないながら、ライムが壊血病を防ぐことに気づき、船員に必ず食べさせた。イギリスの船員は外国の港でライム（lime）を吸って歩いたので、ありがたくないことにlimey《ライミー》と呼ばれるようになる。しかし壊血病はその原因と治療法が知られるようになった後でさえ、航海の問題であり続けた。十九世紀には燃料にする木が不足したので、クジラの脂肪に対する需要が起きた。イギリスやニューイングランドの捕鯨船は、太平洋の捕鯨海域を三～四年も航行するので、十分な食料や水を持って行くことはできず、途中で手に入るものに頼らざるを得ない。エクアドルの西にあるガラパゴス諸島で、船員は二〇〇ポンドもある巨大なカメをつかまえ、何とか船に引き上げた。カメはシチューになるまで、船の上を――きわめてゆっくり――歩き回った。羊や他の食用動物を買えることもあった。しかし最大の問題であり、そして最も必要とされたものは、新鮮な果物や野菜だった。最大の死因――「海の疫病」――は壊血病だったからである。[18]

ロシアの熊

ピョートル大帝ロシアを近代化する

十八世紀にオランダには特別な客が訪れる。ピョートル大帝として知られていた皇帝ピョートル一世（一六七二～一七二五年）である。大帝はもしロシアがヨーロッパと足並みをそろえなければ、無援の巨人となり、ヨーロッパ諸国がハゲワシのようにあさりに来て、食い散らされてしまうだろうと考えていた。ロシア近代化計画のために、ピョートルは変装してオランダの造船所を訪れたが、誰もだますことはできなかった。というのも背丈が二メートルもあり、随行者がいたからである。ピョートルは海軍を創設し、陸軍を強化し、ヨーロッパの士官を雇って軍事訓練をした。

ピョートルはロシア人がヨーロッパ人のような様子で振る舞い、食事することを望んだ。ヨーロッパの人々は新聞を読んだので、ピョートルは自分で編集して、ロシアで初めて新聞を発行する。九八九年に到来したアルファベットのように、新聞はロシアに遅れて現れた。ヨーロッパの男性はきれいにひげを剃っていたので、ピョートルは男性の顎ひげに課税した。しかしロシアは寒い。男性は温かいひげを剃るのは気乗りせず、代わりに税金を払った。ヨーロッパの食物をロシアに取り入れるのはもっとうまくいった。シェフをヨーロッパの国々に派遣して、最新の料理術を習わせたのである。ヨーロッパで見つけたものの一つがジャガイモで、ロシアは今日世界のジャガイモ主要生産国になっている。ロシア人はポーランド人から習った蒸留の技術を用いて、ジャガイモからウォッカを作った。

しかしバルト海に港を建設するためには、隣国スウェーデンと戦うことになる。ロシアは戦争に勝利し、ピョートルは港を手に入れる。壮大な都市を建設し、偶然自分と同じ名前の最初のキリスト教の聖人ペトロにちなんで、サンクト・ペテルブルクと名付けた。

スウェーデン――白夜の国

十七世紀、スウェーデンは大国だった。鉱物資源が豊富で、世界の銅の大半はスウェーデンの鉱山から採掘されていた。デンマークとの一連の戦争により領土を拡大する。国内は都会風になり、独特の料理が生まれた。ライ麦粉と大麦粉でカリッとしたクラッカーのようなパンが作られ、山羊のミルクが原料のキャラメル化したチーズ、イエトストとともに供された。海ではニシン、タラ、サケが獲れた。サケは塩漬けにして地中に埋めた。つまり墓穴に入れたので、グラヴラクス（gravlaks）またはグラヴロクス（glavlox）と呼ばれるようになる。ヘラジカ狩りは今日同様人気のスポーツだった。冷涼な気候で生産されたのは、カブ、ルタバガ、コールラビのような根菜。コケモモとクラウドベリーは、人間とクマの好物だった。スウェーデンの肉団子はたぶんペルシアのケバブに由来する。コケ団子とスープは牛、豚、ガチョウの血液から作られた。ウイスキーのスウェーデン版はアクアヴィットで、キャラウェイ・シードで風味を付けた。

プロテスタントによる宗教改革の間、一五二七年にスウェーデンはルター派に改宗したが、多くの他のヨーロッパ諸国同様聖人は文化に深く根付いていたので、放棄されることはなかった。聖ニコラス祭り、聖ルチア祭り。

祝日物語 聖ルチア祭、十二月十三日

スウェーデンの聖ルチア祭――光の祝祭――は、料理および文化の融合の例。イタリア南部のカトリック聖人の祝祭が、中東の食物、スペインのスパイス、ポルトガルのワインを使ってスカンディナヴィアのプロテスタントの国で、ヴァイキングの祝日におこなわれた。伝説によれば、ルチアは三世紀のローマ帝国で、病気で貧しく家のない人々に食物を与えた若い女性である。地下墓地のカタコンベにいた人々を訪れるとき、頭の回りにろうそくをつけて道を照らした。おそらく十二月十三日に拷問を受けて処刑されたときから、伝説は広まったのだろう。伝説はヴァイキングの心を捕え、現在ではヴァイキングの暦でもっとも日が短かった日に祝祭がおこなわれている。今日少女たちは長い白いドレスを着て、ろうそくの王冠をかぶり、夜明け前に起きて、食物と飲み物を家族に運ぶ。少女たちはまた四月三十日まで終わらない、長く暗いスカンディナヴィアの冬に大いに必要とされる光と祝祭をもたらす。四月三十日にはかがり火をたいて、ワルプルギスの夜の祭りがおこなわれる。

伝統的な食物は、サフラン、干しブドウ、湯通ししたアーモンドを入れた酵母入りパンのルッセカッター（ルチアの猫）とジンジャークッキー、スウェーデン語でペッパルカーコル。飲み物は中東のスパイス（シナモン、クローヴ、カルダモン、ショウガ）を入れ、オレンジ・ピール、干しブドウ、砂糖で甘味をつけたポート・ワインのパンチ、グレッグである。[19] ルッセカッターは、伝統的な複雑な形に作られる。

ノルウェー――「海の魚は日々の糧[20]」

十八世紀のスウェーデン帝国は今日独立しているスカンディナヴィアの国、ノルウェーとフィンランドの大部分を支配していた。ノルウェーの一部では、一六六六年には利用できる土地はすべて使い尽くされ、その後で農園を得る唯一の方法は、既存の農園を手に入れることだった。これにより農場労働者と呼ばれる新しい階級が生まれた。これはアメリカ南部の小作人のように、決して土地を所有できずただ働くだけで[21]、多くの場合犂《すき》もなく自分の手で掘り返すしかなかった。十九世紀初頭の男性の平均余命は四十五歳である[22]

山がちで一万五千マイルの海岸に多数のフィヨルドが続く地形と気候が、ノルウェーの生活を形成した[23]。メキシコ湾から北に向かう暖かいメキシコ湾流はその西岸を温め、二百種以上の食用魚をもたらす。漁業は巨大産業で、ニシンは食事には欠かせなかった。カバの木の灰汁《あく》に魚を漬けたルートフィスクはクリスマスイヴの伝統食で、食べる前に何日か水に浸けて灰汁抜きをする。一八五四年ノルウェーの薬剤師が、ビタミンA、D、およびオメガ三脂肪酸に富むタラの肝油《かんゆ》を作った[24]。十八世紀の中頃にはジャガイモが到来する。ジャガイモはしばしば茹でて、ノルウェー特有のハーブ、ディルとともに供された。他によく見られる野菜はニンジン、タマネギ、ルタバガ、キャベツである。

ノルウェー料理は他のスカンディナヴィア諸国の料理と共通点が多い。デンマークのように巻いて押したサンドイッチ、スウェーデンのように肉団子、クラウドベリー、イエトストを食べ、アクアヴィットを飲む。五月十七日の独立記念日（一九〇五年）には、ラプスカウスという牛肉、豚肉、コンビーフ、タマネギとジャガイモのシチューを食べる。パンにはジャガイモと砂糖で作るレフセ、オートミールの平らな円形のパン、黒っぽいライ麦パンがある。クリスマスの特別なパンは、甘くイーストでふくらませたカルダモンの香りのユーレカーケやジンジャーブレッド。「リース・ケーキ」という意味のクランセカーケは、直径が順に小さくなる十八個のリング型を使ってアーモンド・ペーストで作る。それから積み上げてクリスマスツリーのように飾る。クランセカーケは結婚式にも作られる。クルムカーケは、ワッフル型やイタリアのピッツェル（薄焼きクッキー）型のようなものを使って作る円いウェファース。クリスマスの伝統的な別の一品は、マジパン（アーモンド・ペースト）で作る小さな豚である。これはヴァイキングの時代に女神フレイヤ（Freya）に捧げられた豚を表している。ちなみにフレイヤは金曜日（Friday）の語源。

先祖のヴァイキングのように、ノルウェー人は一日に二回主な食事をした（今でもする）。火は使わないが十分な朝食フロコスト、夕方五時頃の暖かい食事のミダク。フロコストはスウェーデンのスモーガスボードのようなもので、スモーガスボードはノルウェー語でスメルブレ。塩漬け肉、ソーセージ、トナカイ、チーズ、サケ、ニシンの漬物、生のベリー、ワッフル、粥、コーヒー、ミルクが含まれる。ミダクはラプスカウスのようなシチューかもしれない。また就寝前に軽食か軽い夕食を取ることもあっただろう。これはアフテンスと呼ばれ、ライスプディングのような簡単なものだったかもしれない[25]。

ミルクメイド

ノルウェーの農夫は移牧をした。つまり動物を、この場合は雌牛をミルクメイド（訳注：酪農場で牛の乳搾りをする女性労働者）に世話させながら、季節によって山を上下させた。夏には山で早くも午前四時から乳搾りを始めて、牛を牧草地に放す。一日の大半はミルクを攪拌してバターを作り、チーズを作ることに費やされた。一日の終わりにもう一度乳を搾る。

十九世紀ノルウェーの農夫にとって、冬は十月十四日から始まり五月二十日に終わる。七か月続くのだ。冬にはミルクメイドの一日は午前六時に始まる。暗い牛小屋に行き、シャベルで糞をすくい、干し草をやり、乳搾りをする。牛は暗い小屋に閉じ込めておく。その方が空腹になりにくいと信じていたのだ。それから自分の朝食を取る。牛小屋にもどって、小枝か木の葉を与え、水を与える。一日の大半を費やして川から調理場へ水のバケツを何十杯も運び、湯を沸かし、牛のために木の葉と小枝をどろどろに煮る。牛の餌を森で探すのも季節の仕事だった。[26]

ノルウェーの物々交換経済では、バターは高価だった。型に入れて作られ、結婚式ではテーブルの中央にそびえる飾りになった。

ノルウェー人のアメリカへの移住

十九世紀後半まで、ノルウェーからアメリカへの移民はほとんどいなかった。人々が移住を恐れたのは、見知らぬ新しい土地や行き着くまでの危険についての噂があふれていたからである。奴隷として船長に売り飛ばされる、氷山にぶつかる、海の怪物あるいはアメリカ先住民に食われるなどなど。しかし生活費は半分ですむ一方賃金は三～四倍になるという事実に基づく情報が、信頼できる筋から入るようになると、アメリカの魅力は増す。[27]またアメリカでは新しい土地を利用できるだけでなく、買うことができた。一八七八年から一八八〇年にかけて、ニシンが乏しくなり、造船業の仕事も減ると、ノルウェー人は「アメリカ熱」――土地への渇望――にとりつかれる。子供たちにはよい暮らしをさせたかった。畑が穀物で金色に輝く土地アメリカに行こうとした。

一八九〇年までにノルウェーが送り出した移民の数の人口全体に占める割合は、アイルランド以外のヨーロッパのどの国よりも大きい。（一八九〇年を過ぎると、アメリカへの移民はイタリア人が一番多い。）国内人口の二〇パーセント以上が母国を離れたのである[28]。一八六五年から一九一四年にかけて、アメリカには五六五種類のノルウェー語の新聞や雑誌があった[29]。二十一世紀にはアメリカのノルウェー人の数は本国の人口を上回る[30]。

ノルウェー人はアメリカ中西部の北方に農園を買った。ノースダコタ、サウスダコタ、ミネソタ、ウィスコンシン、アイオワ北部である。最初は母国で栽培していた穀物、大麦とオート麦を育てたが、じきにアメリカの農業に適応しなければならないと悟り、換金作物の小麦に転換する[31]。単に寒冷気候の農園を別のものに切り替えただけではない。その生活は地理のせいで完全に変化した。アメリカの平原は平らでどこまでも続き、山も海岸もない。移牧はなくなる。

ノルウェー人は、アメリカ人の土地に対する態度にショックを受けた。祖国では土地は代々受け継がれる神聖なもので、植え付けは聖なる行為だった。アメリカでは土地は収入源で利益のために売られ、植え付けは機械でおこなわれる。ノルウェー人は子や孫が近くに住めるように、もっと多くの土地を買いたいと考えた。アメリカ人は、家族のことはおかまいなしに土地を売って金《かね》を手に入れたいと望んでいた[32]。

サーミ人――トナカイの料理と文化

スウェーデン、ノルウェー、フィンランド、およびロシアの北部には、ラップ人またはラップランド人とも呼ばれた遊牧民族サーミ人が住んでいた。十七世紀にスカンディナヴィア地方の人口が増加すると、サーミ人はさらに北方に、北極圏にまで追いやられた。北極にきわめて近いので、夏の間は太陽がほとんど沈まず、逆に冬の間はほとんど顔を出さない。今日サーミ人の数は三万人足らず。アメリカの大草原地帯にいた先住民の生活の中心がバッファローだったように、サーミ人の生活の中心はトナカイだった。トナカイのためにサーミ人は遊牧民となった。

トナカイはツンドラを放浪して草を食べるので、サーミ人が後を追う。トナカイは、その皮が衣服や住居となっただけでなく、食物にもなった。今日サーミ人はなおトナカイの世話をし、トナカイのロデオもあるが、料理には外国の影響が見られる。トナカイのステーキにトナカイのストロガノフとトナカイのラグー（シチュー）が加わった。村に定住するサーミ人もおり、今日では現代のテクノロジー――携帯電話、ヘリコプター、スノーモービル――がトナカイの世話に利用されている。サーミ人の言葉には、トナカイの年齢、性別、頭と体の色、角の様子などを詳細に述べる単語が四十九もあり、[33]またサケやさまざまな種類の雪や氷を詳述する語彙も豊富である。

ウクライナ――ロシアのパン籠

大きく平らなウクライナの平原は、アメリカの中西部のように穀物を栽培する穀倉地帯――パン籠――である。土地の農民は過酷な生活を強いられた。ルネサンス、宗教改革、科学革命、そして多くの他の社会的知的運動が興亡した後も、東欧の農民はなお長い間中世のままの暮らしを送っていた。奴隷ではなかったが、ほとんど奴隷のようなもので、個人としては売買されなかったが、土地とともに売買された。農場を買うときは土地と建物と農民を買う。法律によって農奴は土地を離れることができなかった。たびたび反乱を起こしたが、最終的に一八六一年に解放されるまで成功しなかった。同年アメリカは奴隷を解放するための南北戦争を始める。その頃までロシアの農奴の生活は最低限に切り詰められていた。働いて、食べるに十分なものを手に入れるだけ。食物の乏しさは、ロシア正教会の一年に二百日にも上る断食日に反映されている。[34]主食はパンで、北部ではライ麦から作る黒パン、南部では小麦のパンが、食事のたびに食べられた。これらの人々にとってパンは神聖なもので、パンを焼く場所も同様だった。

ロシアのストーブ

「家庭のストーブは、教会の祭壇のようなもの」

ロシアの諺㉟

ストーブとその中の火は、最大の敬意を払って扱われた。ロシアのストーブを理解するためには、ストーブについての考えをすべて一掃しなければならない。冬の間気温が日常的に零下二桁になるロシアでは、ストーブは小屋全体の四分の一を占めることもあった。常に部屋の一角に粘土で作られ、ストーブ、かまど、暖炉として機能する。食物を調理し、パンを焼き、果物や野菜を乾燥保存させるのに使われた。またカバの木の樹液から作る発酵飲料や、メドヴーハ（ハチミツ酒のようにハチミツを発酵させるがホップを加える）のような飲み物を発酵させるときに、適温を保つためにも使われた。後にクワス（水と砂糖を加えて小麦を発酵させたもの）が好まれるようになる。

ストーブは家も温めた。ベッドはロフトのようにその上や回りに作られた。ロシアでは人々はストーブの回りでくつろぐ――われわれの言う「カウチポテト」は、「ストーブ・ポテト」である。

茶とサモワール

十八世紀の中頃に、茶はロシアで大流行した。ロシアは茶を淹れるためだけの道具を発明した唯一の国である（二十世紀にミスター・コーヒーというコーヒー・メーカーに加えてミセス・ティー・マシンという道具ができるまでは)。サモワールは通常は真鍮だが、鋼鉄、銅、銀の場合もある金属製の湯沸かし器で、湯を出す蛇口がついている。初めは湯を沸かすために、中心に炭を詰める管があったが、今日では電気で沸かすようになっている。単純に湯を沸かすものから、一方では茶を、もう一方ではコーヒーを淹れられる手の込んだもの、あるいは持ち運び用に脚の取り外せるものまでいろいろあった。カップにソーサー、クリーム入れに砂糖入れまでついた、完璧にお茶の用意ができるものもあった[36]。

ピョートル大帝はイングランドを訪れ、オランダの造船所を見て歩き、ヨーロッパの君主たちと会う。しかしピョートルがもっとも敬服したのは、ルイ十四世とフランスだった。ルイ十四世の死後ピョートル大帝は、新しい国王ルイ十五世の覚えをよくしようとキャビアを送る。ルイは確かに覚えはした。キャビアを絨毯の上に吐き出したのである[37]。

フランス――新しい高級料理

ラ・ヴァレンヌと高級料理の始まり

カテリーナ・デ・メディチがフランスに到着してから百年後、フランス料理に劇的な変化が起こる。十七世紀半ばの一六五一年にラ・ヴァレンヌという名前のフランス人シェフが『フランスの料理人』という料理書を出版した。フランスに料理学校を設立し、ラ・ヴァレンヌにちなんで校名を決めたアン・ウィランは、こう指摘する。『フランスの料理人』は、「影響力の大きい本で、中世料理の終わりとフランスの高級料理の始まりを告げるもの[38]」。『フランスの料理人』の二年後、ラ・ヴァレンヌは『フランスのパティシエ *Le patissier françois*』も出版する。

そのレシピの大部分の特徴は繊細なこと。スパイスを振りかけるときは、中世のようにたっぷりではなく、軽く。塩、コショウ、レモンの搾り汁、そしてたぶんブーケ・ガルニ（訳注：パセリ、タイム、ローリエなどの香草をひもで結んだり袋に入れたりして料理の香り付けに使うもの）が調味料だった。大量のシナモン、メース、クローヴ、ショウガは姿を消す。スパイスとともになくなったのが、体液説への信頼と、食物は個人の気質に合わせて「調整」しなければならないという考え。トリュフの使用も中世の体液説との決別を示している。というのもトリュフは地中から掘り出さなければならなかったが、中世には地面に近接しているもの、まして地中にあるものは、天から遠いので農民の食べ物だったからだ。しかし『フランスの料理人』が、肉の日と肉なしの日に分かれていることは、なおカトリック教会の影響を示している。

人々は新しい風味を賞味し始めた。そして新しい歯ごたえも。『フランスの料理人』によって現代のソースが生まれる。脂肪に小麦粉でとろみをつけた最初のルーが登場する。フランス料理の定型、二品のスープ、一品の肉料理、一品の魚料理もここに始まる。

これらのレシピには、新鮮な果物や野菜がいっそう多く登場する。なぜならそういうものがますます容易に手に入るようになったからであり、園芸がとくに上流階級の間で相当進歩したからである。しかし新世界の食物はまだそれほど多くはなかった。ラ・ヴァレンヌは、エンドウ、レタス、アーティチョークのようなフランス人貴族の間で流行っていた食物を使った。人々はエンドウを使わなければならなかった。アスパラガスをサイコロ状に刻んでエンドウに見せかけることはできても、エンドウの代わりにアスパラガスを供すると惨めな思いをした。

『フランスのパティシエ』は、最初の完璧なペストリーの料理書で、細かく明確な指示と計量の決定が見られるが、たぶんヨーロッパで進行していた科学革命の影響を受けていたのだろう。しかしウィランは『パティシエ』は、おそらくラ・ヴァレンヌの著作ではない、もしくは彼と匿名のイタリア人ペストリー・シェフとの共著だったと考えている。イタリアのペストリー・シェフは当時世界最高だったからだ。また料理とペストリー作りは、二つの別の職業だったからでもある。いずれにしろ同書は洗練されていた。マジパンの菓子が一五種類。ケーキのようなビスケットの最初のレシピもある。ラ・ヴァレンヌの本によって流行が始まった。四十年後別のシェフ、マシアロが、『王室とブルジョワ家庭の料理人 *Le cuisinier royal et bourgeois*』を書いたが、ラ・ヴァレンヌが始めた料理のスタイルを受け継いでいる。

ヴァテール――自らのすべてを捧げたフランス人

食物史における別の巨人はヴァテール。誰に聞いても、ヴァテールは多くの領域で天才だった。大規模な催し物を計画実行し、創意工夫に富んだ出し物とメニューを用意した。そして雇い主がおこなうにぎやかな催しに出席した人すべてを感心させた。その後一六七一年に大惨事は起こる。コンデ公の給仕長として、数日にわたり滞在することになっていた国王のための大きな祝宴の計画実行の責任者となった。しかしとんでもない事態が出来《しゅったい》する。海産物の饗宴と派手な見世物が計画されていた当日、御用達からは食料がほとんど何も届かないのだ。ヴァテールはコンデ公の社会的政治的生命ばかりか自分自身の職業生命も損なったと確信して、自刃して果てた。その折しも魚屋がたくさんの魚を積んで到着したが、すべての食材を料理して供する方法についての指示は、残されていなかった。

二百年後の一九八一年、パリにヴァテールの名を冠するホテル経営学校が設立される。学校は今では世界に分校が七校あり、二〇〇〇年にはジェラール・ドパルデューとユマ・サーマンが出演するヴァテールの映画が公開された。ヴァテール校料理科の三三人の学生が、切ったり、刻んだり、薄切りにしたりしたので、厨房と料理のシーンはリアルである。

コーヒーの木を愛したフランス人

コーヒーが紹介されると、ほとんどどこでも二つの反応が起きた。第一は飲んだ人々の圧倒的な熱狂で、第二は政府による抑圧である。アラビアのメッカでは、総督がコーヒー店の常連が自分を物笑いの種にしたのを聞いて、店の閉鎖を命じた。イギリス王ジョージ二世も同じ理由で同じことをした。フランス政府は国民的な飲料としてワインに取って代わられるのを恐れて、コーヒーを禁止しようとする。ドイツ人はビールに代わることを恐れた。しかしこれらすべての場所でコーヒーは飲み続けられ、禁止令は最終的には解除された。例外はイタリアで、同地ではたとえカトリックの司祭が教皇にイスラム教徒の飲み物を禁止するように訴えても、教皇はコーヒーを試してそれを祝福したので、決して禁止されなかった。

コーヒーは社会的政治的習慣を変える。初めて人々はアルコールなしに集まる公共の場と理由を得たのである。コーヒーを飲むことは社会的な気晴らしとして始まり、政治的な気晴らしとなる。コーヒーハウスで人々が政府について話していることについて心配する為政者は、まさに心配するだけの理由があった。コーヒーハウスでの議論を通して広まった考えが、フランス革命で大きな役割を果たしたのである。コーヒーはまたクロワッサンの起源についての伝説にも関連している。

食物こぼれ話　クロワッサンの起源

クロワッサンはウィーン勝利後の一六八三年に発明されたと言われている。トルコ軍がウィーンの地下にトンネルを掘っていることに、夜遅くまで働いていたパン屋が気づき、ウィーンを救ったからか、あるいはトルコに対する勝利を祝ってか、ウィーンのパン屋が三日月——フランス語でcroissant《クロワッサン》——の形の新しいペストリーを作った。それはトルコ軍の旗に描かれていたシンボル、またはトルコ軍が掘って放棄した塹壕《ざんごう》の形だった。それならオーストリア人が一杯のコーヒーとクロワッサンを楽しんだ最初の人々ということになる。でもそれはちがうようだ。クロワッサンはフランスの国民食の一つで、最初のレシピは一九〇五年のものである。(39)

一六八三年のできごとはクロワッサンとは無関係だが、コーヒーには大いに関係がある。トルコはウィーンを攻囲し、敗北した。急いで引き払うために、絨毯、衣服、それに小さな丸い奇妙な豆の入った大きな袋五百個を残して行った。黒っぽくて、堅くて、苦い匂いがする。ラクダの餌だろうか？　袋を燃やした。しかし中東にいたことのある一人の兵士が目を覚まして、コーヒーの匂いをかぎつける。豆は救われた。豆はたくさんあったので、兵士はそれでウィーンに最初のコーヒーハウスを開いた。(40)

一六八九年プロコペという名前のイタリア人が、パリに最初のコーヒーハウスを開店する。コーヒーの摂取の仕方は、最初に消費されるようになった九世紀とは大々的に変わった。九世紀当時コーヒーは挽いて動物の脂肪とともにペーストにして食べられていた。一七一〇年フランス人は豆を挽いて布袋に入れ、上から熱湯を注ぐ抽出法を発明した。フランス人はミルクを加えてカフェオレを作った功績も認められている。それによってコーヒーは上流階級の社交の場における宵の飲み物から、個人が楽しむ朝の贅沢へと変わった。最終的にはカフェオレは一般人のものとなり、労働者階級の飲み物となった。粉に挽いたコーヒーに袋を使わないと、カップの底にかすが溜まるので、それを読む占い師が増えた。

コーヒーを世界中に広めるのに、一人のフランス人が大きな役割を演じる。一七二三年ガブリエル・マシュー・ド・クリューは、コーヒーがカリブ海地方でよく育つだろうと考えた。大西洋横断にコーヒーの木を一本携え、航海の間中まるで病気の赤ん坊を世話するようにめんどうを見て、自分の割り当ての水さえ分け与えた。思ったとおり、この木はカリブ海地方でよく育った。今日世界で栽培されているコーヒーの多くのルーツがたぶんこの一本の木に辿り着く。(41)

ルイ十四世——太陽王

フランスの歴史上ルイ十四世（一六四三〜一七一五年）はもっとも強力な支配者である。王権神授説を唱える絶対君主で、「朕は国家なり」と述べ、フランスのすべてにわたる唯一の究極の権威だった。ルイは国王に対し陰謀を企てる貴族のフロンド党による暗殺の脅威の下で成長したので、死ぬまで疑い深く、住居も食事も含めて、安全措置を怠らなかった。パリから南西へおよそ一八キロメートルのヴェルサイユに巨大な宮殿を立て、貴族をそこに住まわせて、スパイに監視させた。

ヴェルサイユ宮殿のディナー

ヴェルサイユ宮殿は小さな都市さながら。もとは狩猟用の館だったが、ルイ十四世が、およそ四五〇メートルにわたり二〇〇〇室を備えるよう本館を増築し、さらに一五〇メートル弱の翼を二つ付ける。U字形の中庭の中心には自身の巨大な像を据えた。およそ六〇平方キロメートルの庭園、芝生、森には一四〇〇基の噴水が作られた。呼び物の一つが長い回廊の鏡の間《ま》で、鏡の壁が、アメリカ人がフレンチ・ドアと呼ぶガラスの入った扉を通して外の庭を映し出す。宮殿には一万人が暮らし、厨房では二千人が働いていた。宮殿での暮らしを維持する費用は、フランスの一年の歳入の半分以上を占めた[42]。

ヴェルサイユのディナーは、夏にパリが暗くなる午後十時に始まった。太陽王は食事の時間を巧みに利用して、権力を強化する。毒殺を防ぐために、王の料理は鍵のかかる容器に入れられ、専用の武装護衛の銃士に守られて、厨房から食堂に運ばれる。その料理が宮殿のホールを通るときに、銃士が「国王の料理！」と叫んで知らせると、誰もが手を止めて黙礼しなければならない。国王は並びなき者だったので、一人きりで（ときに妃とともにする以外は）檀上の高い所にある巨大な宴会用のテーブルで、国王らしく贅沢な食事をした。食事中は音楽家が演奏し、廷臣はねぎらいや好意的な言葉を望みながら、立ったまま食事を見守っていた。

ルイ十四世の食事は伝説となっている。大食家で、しばしば医師の忠告に反して、大量の料理を特に順序もなく食べた。一度に「皿に満杯のスープを四杯、キジ一羽、ヤマウズラ一羽、大皿のサラダ、ハムの厚切り二枚、酸味果汁とニンニクで味付けした羊肉、ペストリー、それから果物と固ゆで卵をいくつか[43]」。そして王はそれらすべてを手で食べた。カテリーナ・デ・メディチは、一世紀以上前にイタリアからフォークを持参し、ヨーロッパ中で受け入れられていたが、ルイ十四世はフォークが気に入らず、使うのを拒否していた。そしてカテリーナが持ってきた別の物、ハンカチーフを使った。

オレンジ園

オレンジは当時非常に人気があった。最初のオレンジ、イスラム教徒が征服したあらゆる土地に植えたオレンジは、ダイダイ（*Citrus aurantium*）。ダイダイは育っていたスペインの都市にちなんでセヴィリャ・オレンジと呼ばれ、マーマレイドを作るのに使われた。オレンジの木（*Citrus sinensis*）はインドから中東に伝わった。一六二五年にリスボンに到来し、大部分の場所でセヴィリャ・オレンジに取って代わり、すぐにヨーロッパ中に広まる。[44] オレンジ・ジュースとピールは毒、疝痛《せんつう》、条虫《じょうちゅう》に効くと考えられた。裕福な人々はオレンジをテーマにしたディナーを催した。

メニュー　十六品の柑橘類のディナー

「一五二九年ミラノの大司教が催した十六品のディナーは
キャビアと砂糖とシナモンで炒めたオレンジ

オレンジとレモンの薄切りを添えたヒラメとサケ
コショウとオレンジを添えた牡蠣千個
シトロン入りのロブスターのサラダ
オレンジ果汁をかけたチョウザメのアスピック
オレンジを添えたスズメの揚げ物
食事をする人々の紋章が彫られているシトロンを個々に入れたサラダ
オレンジ・フリッター
干しブドウと松の実をたくさん入れたスフレに砂糖とオレンジ果汁をかけたもの
レモン・スライスを添えた牡蠣フライ五百個
シトロンとオレンジの皮の砂糖煮[45]」

ルイ十四世は熱烈なオレンジ愛好家だった。というのもオレンジは、小さな太陽のように、あたかも太陽王のシンボルのように見えたからである。(王はアメリカから到来した新種の植物ヒマワリも愛していた。)ヴェルサイユで王は三日月形のオレンジ園を作り、仮面舞踏会、さらにはたいそう好んだ余興、とくにダンスならびにモリエールの喜劇や風刺劇の背景として用いた。太陽王に一年中オレンジとオレンジの花を提供できるようにするのは、王室の庭師の仕事である。オレンジの木は、位置を変えられるように、車のついた植木鉢に植えられていた。病人のように寒さから守り、太陽の恵みを受けるためである。新鮮なオレンジが手に入らないときは、画家や機織りが絵やタペストリーを制作して城の中のあちこちに飾った[46]。

一七一五年にルイ十四世が死んだときには、フランスは超大国になっており、世界の政治、ファッション、料理を先導していた。しかし宮殿と戦争と食物には金《かね》がかかり、ルイはフランスに約二百億ドル相当の負債を残す。貴族は税金を払わなかったので、金は農民から絞り取らなければならなかった。四分の三世紀後飢えに苦しんでいる農民は、自分たちの収入の半分も払って、貴族に贅沢な生活をさせることにほとほと愛想が尽きた。彼らは太陽王の子孫ルイ十六世に究極の税を払わせた。その死である。

「いけない料理」――ヌーヴェル・キュイジーヌ

十八世紀のフランスでは、啓蒙主義によって高級なあるいは上流階級の料理の新しいスタイルが生まれ、ヌーヴェル・キュイジーヌと呼ばれた[47]。ピエロ・カンポレシが『外来の飲み物 *Exotic Brew*』の中で指摘しているように、啓蒙主義はルネサンスが始めた中世の料理法からの脱却を終わらせる。洗練された食卓から大量の肉が姿を消したので、牛肉の消費が急落する。あの中世最後の遺物クジャクでさえ最終的には食卓から消え、ジビエ――「キジバト、ウズラ、ツグミ、コマドリ[48]」のようなかわいい小さな鳥――に取って代わられた。媚薬はその日の食物だった。生牡蠣すべての大半、そして飾りではなく、「単純にバターか油少々であえた大盛りの[49]」トリュフ。子羊の睾丸と雄鹿のペニスが刺激を与えた。

息が臭くなるか、腹が鳴って、いちゃついたり、セックスしたりする邪魔になるものは、洗練された食事からは消えた。ニンニク、タマネギ、キャベツ、チーズである。食事の前に手を洗う儀式は、祈りとともに廃された。汚れている人だけが洗えばよい。そしてこれらのディナーに神の存在は必要とされなかった。それぞれの料理は小さく繊細で、ソースがかけられていた。「料理を常に温かくしておくための熱湯の入った銀の箱」の上に置く卓上鍋の出現により、召使は部屋にいる必要がなくなる。[50]誘惑はあらゆる所でおこなわれた。「ほとんどいつもいけない料理を供される。つまり食欲がまったくなくても食べてしまうような料理を」[51]。万が一極上のワインで眠くなれば、食事の最後のコーヒーで目が覚めた——夜はまだこれからだ。

宴会場でおこなわれた大きな宴会は影をひそめ、鏡張りの壁がクリスタルのシャンデリアからの光を反射するような食事専用の部屋で、親密で魅惑的なディナーが催されるようになる。皿の役目を果たしていた粗悪な全粒粉のパンは、明るい色柄の繊細な磁器に代えられた。磁器なら基本的にソースを用いる新しい料理を吸収することがない。椅子、長椅子、カーテンは絹や繻子の錦。衣装も同様。中世のような粗製のぶかぶかの衣類や、ルネサンスのように体形を隠す重いヴェルヴェットではない。啓蒙主義の衣服は体にぴったり沿い、あらゆる曲線やふくらみを見せるように布を裁断して作られた。「彼らの服は…四肢に密着しているので、着ていないかのよう…脚は一目瞭然…上品な足はきらめく金のバックルや、手を飾っていたような宝石に取り巻かれていた」[52]。そしてそれは男性の場合。女性のドレスは襟ぐりが深い。男女ともに大きなかつらをつけていた。気を引くような扇子の陰から、覗くのは化粧で強調された女性の目と唇。たぶんモーツァルトの音楽とともに、ディナーでは気の利いた会話が期待された。

園芸と保存

フランスのヴェルサイユの造園設計家ラ・クインティニによって開拓された新しい園芸技術により、野菜が以前より長期間利用できるようになった。かつては春だけの野菜だったアーティチョークも、今では冬以外の三つの季節に新鮮なものを手に入れられるようになる。料理書にはレシピとともに多くの保存法が掲載されていた。ある料理書には、アーティチョークの芯を賽《さい》の目に切り、クリーム、ナツメグ、卵黄、バターとともにシチューにするアーティチョークのフリカッセ、アーティチョークの芯のクリーム、チャイブ、パセリ添え、アーティチョークの芯の卵黄、白コショウ、酢のホワイトソースがけ、アーティチョークの芯の薄切りをマロー（カボチャの一種）、セイヨウスグリ、シトロン、デーツ、バターとともに入れて焼くパイのレシピが含まれている。

「アーティチョークの保存法」という見出しの下に、あるレシピでは、アーティチョークを茹でて取り出し、塩水に漬け、それから「油かバターをかけて空気に触れないようにする」。他のレシピではピクルスにする。乾燥アーティチョークのためのレシピも二つある。湯がいてからオーブンで乾燥させる、あるいは小麦粉をまぶしてオーブンで乾燥させる。いずれにせよ戻すためには、ぬるい湯に二日間つけておく。[53]

オート・キュイジーヌと高級磁器

オート・キュイジーヌ（高級料理）は、フランスの裕福な貴族の大きな厨房で生まれた。料理人には男性も女性もいたが、男性の給料は女性の三倍以上で、いつも支配人は男性だった。[54] 料理にはパンやペストリーは含まれず、パンはパン屋（ブーランジェリー）で、ペストリーは菓子屋（パティスリー）で買われた。つつましい所帯では料理はその家の女性かメイドによっておこなわれたようだ。しかし大きな所帯では専門の料理人がいた。あらゆることに責任を持っていたのが給仕長で、食事すべての献立を考え、人を雇い、解雇し、資金を管理し、鍵を持っていた。食物、ワイン、リネン、食器はしまうのに鍵をかけたからである。どちらの所帯でも、一日は深鍋（ポトフー用の鍋）を火にかけ、昨日の残り物とその日の新しい肉を入れて始まった。

十八世紀にはフランスおよびヨーロッパ中で、ヨーロッパ製の高級陶磁器が一般に普及した。何世紀にもわたり人々は、繊細で美しく――きわめて高価な――中国製の磁器の皿を複製する方法を探し求めてきた。蚕同様、これは中国の国家機密として厳重に守られていた。しかしとうとうヨーロッパの人々は中国の皿に十分近い複製を作る方法を見つけたのである。

テーブル・セッティング――シュルトゥー

料理のための皿は次々に交代したが、あるものが卓上に残った。それは他の何よりも丈が高かったのでシュルトゥー（sûrtout）、あるいは卓上でじっとしていたか「眠っていた」のでドルマン（dormant）と呼ばれた。銀製のシュルトゥーは多機能一体型の卓上用品。枝付き燭台で、油と酢を入れる瓶、塩コショウの振り出し容器、その他の調味料の容器がついていた。盆もついていたかもしれない。シュルトゥーで主人の豊かさを見せることができた。もっとも仕出し屋から借りることもできたが。また話のたねにもなった。シュルトゥーには供される食物、アスパラガス、アーティチョーク、トリュフ、エンドウな

ヨーロッパの磁器の歴史[55]

1640－1740年	オランダのデルフトで釉薬をかけた陶器――「貧民の磁器」が作られる
1710年	磁器に特許状；ドイツのマイセンに王立ザクセン磁器工場設立；職人はすべて聾唖者《ろうあしゃ》
1713年	ドイツのライプツィヒで磁器が販売される
1719年	オーストリアのウィーンに磁器工場設立
1738年	フランスのヴァンセンヌに磁器工場設立
1743年	イタリアのナポリに磁器工場設立
1744年	イギリスのチェルシーに磁器工場設立
1756年	フランスの磁器工場が、ヴァンセンヌからセーブルに移転
1760年までに	デンマークのコペンハーゲンに王立デンマーク工場設立
1794年頃	ジョサイア・スポード二世がイギリスでボーン・チャイナを完成

どはやりの野菜が表現されていることがあった。

フランスの食物とファッション

フランスの食物とファッションは、フランスの料理人、衣服のデザイナー、美容師、貴族によって、ヨーロッパ中に広まった。啓蒙主義の時代にフランスの文化は卓越し、イタリアやスペインの文化に取って代わる。ルイ十五世、十六世の統治下で階級間の格差が広がった。暇をもてあました貴族は、新しい食物や小さなペットに楽しみを見つけようとしたので、ブリーダーは彼らのために愛玩用の小犬を作り出す。新しい食物も輸入することができた。あるいは古い食物は何か他のものに見えるように変えることができた。空のように青いソース（ハーブ入りクリーム・ソース）、ロバの糞の形をした仔牛肉（詰め物入り仔牛肉）、エンドウに見せかけたアスパラガスなどである。(56)

この新しいスタイル、「偽りの一風変わった名前(57)」の料理を、不道徳だと見なす者もいた。この世の楽しみを追及して一晩中起きていて、働くか教会に行く代わりに一日中眠っていることと同様に。これらの手の込んだ啓蒙主義的料理は、「簡素で上品」と言われた。二十一世紀に風味をエッセンス、粉末、泡に帰することが「ミニマリズム」と呼ばれているのと似ている。いずれも料理人の最大限の努力を要する。

上流階級が上等の磁器でごちそうを食べている間、フランスの下層民は食器はおろかそれに盛る食物もなかった。

フランス革命――「ケーキを食べればいいじゃない」

七年戦争がアメリカ独立革命の原因の一つだったように、アメリカ独立革命はフランス革命の原因の一つになった。フランスの人々は下層階級が君主制を打ち破ったことを見て刺激を受け、さらに腹を立てた。というのもフランス人自身にはない自由を別の国の人々が手に入れられるように、最大限の税金を課されていたからである。

フランスはまだ封建社会で政治的経済的に中世からほとんど変わっていなかった。人々は三つの集団または身分に分けられていた。第一身分は聖職者で、税金のおよそ二パーセントを払っていた。第二身分は裕福な貴族で、税金はなし。第三身分は税金の九八パーセントを払い、人口の九八パーセントを占めていた小作農、都市の貧民、ブルジョワジー（危険を冒して商売をし、フランスに富をもたらした教育のある中間層の商人）である。第三身分は税金に収入の五〇パーセントを払っていたが、投票はできず、税法も他の何事も変えることはできなかった。アメリカ独立革命をもたらすことになった「代表なくして、課税なし」と同じ叫び声が上がった。

「この国［フランス］は食物との関係が尋常ではない」[58]

フランス革命から食物を切り離すことはできない。歴史上の他のいかなる革命よりも、食物はフランス革命において、文字通りにも象徴的にも重要な役割を果たした。この事態の核心には、フランス人にとって欠かせない二つの基本的な食物があった。パンと塩である。そしてパンの問題の核心には、パン屋の存在があった。

フランス人はパンを食べる国民と言われており、自分たちのパンが世界一だと思っている。パンはフランスの料理と文化において、文字通りの意味と象徴的な意味を持っていた。栄養の源で、日々のカロリーの大半を供給する一方で、健康と幸福、フランス人たること、そしてフランスの宗教、カトリック教をも表す。パンは小麦の白いパンでなくてはならない。一七七五年パンが茶色になると、人々は暴動を起こした。[59] 科学者ならびに化学者は、パン屋が科学について何も知らないから、まずいパンを焼いたのだと主張する。そこで一七八二年に製粉から販売までパンについて学ぶ学校が設立され、その教育はフランス中のパン屋に広まった。栄養学者のアントワーヌ＝オーギュスタン・パルマンティエは、学校を任された一人だった。

パン屋とパンの取り締まり

フランス革命前のほとんど一世紀にわたって、庶民とパン屋との間には緊張状態が続いていた。パンは庶民が暴動を起こさないために必要な公共物だとみなされていた。だからパン屋は公僕で、パン製造のすべての面を、その継続の確認も含めて、取り締まり機関が支配していた。パン屋が異なる職業に就きたいと思えば、当局から許可を得なければならない。[60] 当局がパン屋を助けることもあった。たとえば商人が酵母をしまい込み、わざと品不足にして、価格をつり上げようとしたとき、パン屋のギルドは当局に商人の家と店を捜索してもらい、酵母を押収してもらった。[61]

パン屋の親方は、年季明けの職人を許認可制度によって非常にきびしく支配した。一七八一年以後、年季明けのパン職人はすべて組合に登録し、永住ビザやパスポートのような許可証を受け取る。部屋を借りたり宿屋で食べたりするときには、この許可証を見せなければならなかった。仕事に就くときには、職人は親方に許可証を預けた。

仕事を変えるときには、二十四時間以内に組合に報告して、手数料を払わなければならない。また親方の許可が許可証に記載されなければならなかった。年季が明けても許可を与えず職人を手放さない親方もいた。許可証なしに出て行けば、職人は自分の国でも不法在留外国人のようなもの。今日アメリカの移民関税捜査局が手入れするように、当局は職人が不法に働いている店を強制捜索した。不法な職人は監獄に入れるか、前の親方のところへ送り返すことができた(62)。

パン屋は、穀物と小麦の商人同様貪欲で利己的だと思われていた。木屑、石鹸または腐った穀物をパンに混ぜたとか、目方を減らして焼いたなど、人々はパン屋を多くの罪で告発した。それについては辛辣な冗談もある。「死んだパン屋の体重を量れば、目方が足りないだろう(63)」。それは自分たちの落ち度ではないとパン屋は訴えた。規格のパンと呼ばれる完全に均一なパンを作ることは不可能だと。取り締まり当局には誰の咎《とが》かすぐわかる。パン屋は自分の頭文字をどのパンにも刻まなければならなかったのだ。無名のパンを作ることも罪だったが、もちろん訴追するのはむずかしかった。当局は重量不足には容赦ない。一オンスまたは半オンスでさえ軽いパンは没収された。歴史家のスティーヴン・カプランは『パリのパン屋とパンの問題、一七〇〇～一七七五年 *The Bakers of Paris and the Bread Question, 1700-1775*』を著す際に、取り締まり当局の保存記録と他の公文書を詳細に分析し、パリの人々にはパンの重量不足で毎日どのくらいの損が生じていたかを計算した。「数千家族に食べさせるに十分な、たぶん二五〇〇個から三〇〇〇個の四ポンドのパンが…(64)」

パン屋に対する罰は、罰金、オーブンの破壊または店を壁で封鎖、新聞で罪を公開または体の前後に広告板をかけて街を歩かせるなどで、重大な犯罪、または犯罪が繰り返される場合には、投獄、親方の地位の剥奪、あるいは組合からの除名さえあった。当局が見逃したので、顧客（しばしば女性）が怒り、パン屋を打ちのめすこともあった(65)。水曜日と土曜日のパリ中央市場のパン市場では、平均的な店には「一五三〇ポンドのパンが並んでいたが、その内訳は一二ポンドのパン二六個、八ポンドのパン四〇個、六ポンドのパン（たいてい丸い）一〇一個、四ポンドのパン（たいてい長い）七三個である」[66]。客の奪い合いは激しく、パン屋は男も女も（ときにパン屋の妻も）殴り合いや切りつけ合いになることもあった。女性は配達もおこない、一〇〇ポンドのパンの入った籠を背負い、長い道のりを、さらに四階、五階の高さまで運んだ[67]。

フランスパンは、小麦粉、水、塩、パン種、そして大量の労働でできていた。パン種は発酵生地で熟成するのに一五時間かかり、パン生地をこねる間に三、四回与えては休ませなければならない。大きな生地になるので、それと格闘するパン屋はへとへとになる。四五分間二〇〇ポンドの生地を手でこねなければならないのだ。パン生地に飛び乗り、裸足でこねることもあった。パルマンティエが承知していたように、この過程はパン屋にとって厳しいものだったが、パンはパン屋よりさらに休息が必要だった。生地が早く膨らみ扱いやすくなる酵母――ビール酵母――を使うパン屋が出たとき、一般市民からは激しい抗議が起こる。フランスの医師は、ビール酵母は小麦粉をやさしく導く代わりに「ショックを与えて」膨らませるので、パンの白さが劣り、人体にはビール同様有害だろうから、フランスパンとはまったく別物であると宣言した。

塩税

別の問題は、塩。フランスパンには塩が必要だったが、化学はまだ初歩の段階だったので、風味をよくする以外の塩の働きはわかっていなかった。塩は酵母を支配し、細菌の繁殖を抑え、白くて皮の厚いきめの細かいパンを作る。塩税は一定ではなかった。ある村では高く、隣の村では低かった。これによって密輸や買収が増える。徴税人は悪党で、農民に納税を強制するために脅すのが仕事。夜明けに人家に押し入り、寝床にいる人々の身体を調べ、妊娠している女性を流産させた。農民の所有物を取り上げ、農民を連行して、家族には知らせもせずに投獄することさえあった。[68]

飢え、不安、路上での暴力が増加した。最終的に国王は、三つの身分すべての代表を集める三部会を招集する。政治における大きな変革を要求する第三身分は議場の左側に、穏健派は真ん中に、第二身分で変革を望まない保守派の貴族は右側に陣取る。ここから左翼、右翼という政治用語が生まれた。右翼はあらゆる政治的権力を持っていたので、何も変わらなかった――そのときは。六月にアメリカ独立宣言の起草者トマス・ジェファーソンが、義勇軍を組織しアメリカ独立革命で戦ったラファイエットとともに、フランスのために権利の憲章を起草する。この文書は一七八九年六月の国民議会に提出されたフランス人権宣言の基礎となった。[69] しかし一七八九年七月十四日、国王が民衆を弾圧しようと軍隊を差し向けたという噂が市内に広まる。民衆は銃弾を手に入れようと、パリ中心の監獄バスティーユを襲撃する。

祝日物語　パリ祭、七月十四日

一七八九年七月十四日は、フランス革命記念日。その日はフランス人にとって、アメリカ人にとっての七月四日と同じで、同様に花火が打ち上げられ祝宴が開かれる。一九七〇年代にアリス・ウォーターズはカリフォルニアのバークレイにある自分のレストラン、シェ・パニスで、ニンニク尽くしのメニューでフランス革命記念日を祝い始めた。カリフォルニア北部のニンニクの収穫はこの頃である。以下の見本メニューは『シェ・パニス・メニューの料理』に掲載されているもの。ニンニク入りのシャーベットまで含まれている。(70)

ニンニク・スフレ
魚のオーブン焼き、ニンニクの漬物添え
雛鳥のロースト、ニンニク・レバーソースかけ
栗のフェットチーネ
ロメイン・レタスおよびロケットのニンニク入りサラダ
二種類のワイン入りフルーツ・シャーベット

女性の行進——「パン屋とその妻と息子」

バスティーユ襲撃の三か月後の一七八九年十月六日、フランスの女性が市場に行くと、パンがない。子供たちが飢えてしまう。もう我慢できない！　怒った女性たちは、石や棒切れ、熊手を手にヴェルサイユへ行進した。距離はほぼ二〇キロメートル。雨が降っていた。女性らは王妃をつかまえて、「その肝臓をフリカッセに」しようとし

ていた。人々が王妃を嫌っていたのは、王妃が衣類や娯楽に大金をかけ、嫁いで八年になるのに、王位継承者を生まず（彼女の過ちではない）、オーストリア人だったからである。パンがなくて人々が飢えていると聞いたときに、王妃は笑って「ケーキ（実際には卵とバターを入れたブリオッシュ）を食べればいいじゃない」と言ったとか。

女性たちがヴェルサイユに到着すると、王家の人々を守るはずの宮殿の護衛が、守る代わりに襲撃に加わった。女性たちは食物を手に入れた。ヴェルサイユの厨房をあさり回ったのである。銃口を向けられ、国王ルイ十六世、王妃マリー・アントワネット、息子の王太子はパリに連行され、バスティーユの監獄に閉じ込められた。帰りの行進で勝ち誇った女性たちは、「パン屋とその妻と息子」をつかまえたと繰り返した。

一七九一年六月二十一日、国王一家はオーストリアにいる王妃の兄のもとへ逃げようとする。彼らが国境間際まで来たとき、郵便局長が国王に気づく。召使に変装していても、その顔がフランスの紙幣すべてに印刷されていたからである。国王が料理人に化けていたという噂が広まる。政治漫画には、豚（pig）の顔をした国王一家が、あるいは豚の足を食べている国王が描かれた。それらはすべて、国王が「ガツガツ食べること（pigging out）」にだけ関心を向け、そのつけをフランスの飢えた人々に回していることを意味する。[71] 一家はパリに連れ戻された。国王はギロチンで首を切り落とされ、その首は棒の先に掲げられて、パリ市内を引き回された。マリー・アントワネットも、最後の食事として軽いヴェルミチェッリ（パスタ）・スープを与えられた後、斬首された。息子の王太子は獄中で死んだ。

恐怖政治――一七九九～一八一五年

一七九三年、革命は菜食主義者のロベスピエールの支配の下、恐怖政治へと向かう。貴族の処刑あるいは追放を経て、革命は一般市民にも及び、市民が政府の敵だと糾弾された。まずいワインを出した、または単に貴族を知っていたなどという些細な理由で、数千人がギロチンで処刑された。十年間王妃のシェフを務めた男が処刑されたのも、恐怖政治の間だった。一七九四年七月二十七日、穏健派が権力を掌握し、ロベスピエールを自身がきわめて多くの人々を送った場所――ギロチンへの一方通行の階段――へと送り込んだ。ギロチンがあった場所は現在のコンコルド広場である。

ナポレオン時代――一七九九〜一八一五年

一七九九年ナポレオン・ボナパルトという若き司令官が軍隊を率いて戻り、統領宣言をしてフランス政府を掌握した。フランス革命とそれに続くナポレオン時代は、アメリカ独立革命よりずっと深い文化の変化をもたらす。フランス革命は新しい階級、新しい価値観、人々の新しい処遇からなる真に新しい社会を作り出した。第一身分の聖職者は今や政府の支配下に置かれ、第二身分の貴族はいなくなった――死んだか逃げた。第三身分のブルジョワジー、農民、都市の貧困層は、今や投票権を持ち、自分たちで妥当な税金を決めることができた。そしてその税金は貴族の城や宴会ではなく、自分たちの子供の教育に使われた。

「そしてレストランが、何と多くの新たな驚きが！」(72)

料理の世界も深く変化する。フランス革命は人々が何を、どこで、どのように食べるかを変えた。ブルジョワジーは収入の半分も税金に取られなくなったので、いっそう裕福になり、おいしいものを食べたいと望む。革命の灰の中から、現代的なレストランが現れた。パリで始まったもので、純粋にフランス人の発明である。

革命は中世のギルド制も終わらせた。食物産業に関する議論は、どのギルドがどの食物を支配するかから、どの店舗がどんな種類の食物を販売できるかに移る。一八三〇年あるカフェの店主は、レストランのまねをして訴えられた。というのもメニューにカフェとしては多すぎる一二〇点が含まれ、ランチも提供したからである(73)。

これらの新しい食習慣について語るには、新しい言葉が必要だった。レストランに関連する言葉はフランス語である。ブーランジェ氏は革命前の一七六五年パリに最初のレストランを開き、フランス語で restaurant《レストラン》 と呼ばれる健康回復のスープを提供した。他にできたフランス語は、restauranteur《レストラントゥール》（レストランの経営者）、さらに大きな料理を小さく記述したので、「小さい」という意味のフランス語からの menu《ムニュ》（メニュー）。十八世紀のフランス人は、スープで食事を始めれば健康を回復すると信じていたが、二十一世紀のレストランでもその慣習はなお、そしてフランスだけでなく広く見られる。グリモ・ド・ラ・レニエールは世界初のレストラン批評家で、著書『美食家年鑑 *Almanach des gourmands*』は世界初のレストラン・ガイド。ミシュラン兄弟やティムおよびニーナのザガット夫妻によるガイドの先駆けである。gastronomy《ガストロノミー》（美食）という語は一八〇一年に詩の題として初めて登場する。その詩は紀元前四世紀にアルケストラトスによって書かれたギリシア語の長詩 Gastronomia《ガストロノミア》（消化器学）に言及している。その後美食家を意味する gastronome《ガストロノーム》 ができた(74)。

ブリア＝サヴァラン——人は食べる物でわかる

おそらく最初の美食家はジャン＝アンテルム・ブリア＝サヴァランで、もっともよく引き合いに出されるのは、

「どんなものを食べているか言ってみたまえ。君がどんな人であるかを言い当ててみせよう」（以下引用は関根秀雄、戸部松実訳）。食物史家のケン・アルバーラはブリア＝サヴァランの引用文から推論を導く。「文化が何を食べるべきだと考えているか言ってみたまえ。その文化がどうありたいかを言い当ててみせよう」[75]。

食物について熟考したブリア＝サヴァランの『美味礼讃』は、一八二五年に出版された。ブリア＝サヴァランはこうも述べている。「美味学とは栄養の上から言って人間に関係のあるあらゆる事柄の整理された知識を言う」[76]。彼は上流階級の出身者として、フランス革命の間二年間はアメリカに、一時期はハートフォードやコネティカットに隠れていた（もしエレクション・ケーキを食べていたとしても、それについては触れていない）。ニューヨーク市にも住んでいた。アメリカの食卓についてはは、ただ褒めている。食物はまちがいなく新鮮――熟れたての野菜、搾りたてのミルク、屠りたての動物や鳥の肉――で、しかも豊富である。彼がよく知っていたのは、アメリカにいた間に、七面鳥を撃ちにいったからだ。アメリカの富は金《きん》ではなく、ジャガイモ、バニラ、ココアだと述べている。フランスの富も愛していた。「トリュッフは料理のダイアモンドとも言うべきものなのだ」[77]。

さらにレストランを好む理由を挙げている。食べる時、値段、料理の種類を選ぶことができる。フランスが与えてくれる最良のものや、世界中から輸入された贅沢なものを味わうことができる。またレストランで食べるさまざまな人々を観察した。独りきりで食べる人々、田舎の家族、夫婦、恋人たち、「定連」、外国人。そして落とし穴を指摘する。レストランでの食事は非常に魅惑的なので、そのために借金しがちである。結局「料理店のサロンは、まったくグルマンにとってエデンの園である」[78]。

カレーム——シェフの王にして王のシェフ

「アントナン・カレームはたぶん歴史上もっとも偉大な料理人である」

食物史家にして料理人のアンヌ・ウィラン(79)

アントナン・カレームは最初の有名なシェフで、無一文から大金持ちになった当時の伝説的人物。料理の世界に入ったのは、料理に対する愛からではなく、必要に迫られてのこと。一七九三年ルイ十六世がギロチンにかけられた年、カレームの貧しい両親（二十四、五人子どもがいた）は、読み書きできない十歳の少年に自力で生きていくよう街に放り出し、幸運を祈った。少年はばかではなかった——厨房で仕事を見つける。すぐに出世して菓子職人になった。独学で字を学び三十二歳になった一八一五年には、二冊のベストセラー『宮廷菓子職人 *Le pâtissier royal*』と『華麗なる菓子職人 *Le pâtissier pittoresque*』を出版する。十二年後料理の他の部門についてもできる限りのことはすべて学び、フランスで最高のシェフの一人になっていた。そのときでさえ、カレームの料理は伝説的だった。ロチルド家のためのあるディナーで「巨大なサケ」と一ポンドのトリュフを使うことになると、トリュフを薄く削ってサケのうろこのようにあしらった(80)。ナポレオンのウェディング・ケーキも作る。

カレームはまたヨーロッパ中から引っ張りだこだった。イギリスの摂政皇太子は今日の価値にして三〇万ドルという、とうてい断れない給料を提示した。皇太子はカレームの料理をたいそう愛したので、厨房で食べたことさえ一度ある——赤い絨毯を床に敷かせてからではあるが。しかし故郷が恋しくなったカレームは一年後パリに戻る。またロシアにも行き、料理人としてではなく客としてディナーに招待されることもあった。けれどもあまりに寒すぎた。一年の半分は、質の悪い温室野菜しか使えない。ウィーンはもっとよかったが、フランスこそがカレームにふさわしく、そこで後半生を送る。

カレームはロシアのいくつかの料理と文化をパリに持ち帰った。スープのボルシチ、魚とピラフを念入りに重ねたクーリビヤックと呼ばれていたパイ包み、テーブルの中央に磁器の代わりに新鮮な花を飾ること、そしてロシア風の給仕。ロシア風の給仕では、中世以来ヨーロッパでおこなわれていたように、すべての料理を一度に供するのではなく、料理は順を追って供された。料理を上げ下げするために多くの食器と給仕人が必要とされたので、これはロシア貴族の莫大な富を反映したものである。(81) カレームはまた多くの料理を創出した。パリに来たロシアの公使にちなんで名付けられた栗のプディング、ネッセルローデ、ロシア貴族にちなんだ仔牛のプリンス・オルロフ、そしてレディ・フィンガーの輪の中にババリア・クリームを入れるデザートのシャルロット・ルスである。

カレームがフランス料理を体系化

カレームは体系化の天才だった。フランス料理を系列化し一貫性を持たせた。料理の基礎となるソースを系統立てた。五つの主要なあるいは母なるソースが、基本となる。これら五つの基本的ソースに、ワイン、ハーブ、チーズ、野菜などを加えて、百種以上のソースを作ることができる。それらは小ソース、あるいは娘ソースと呼ばれた。五つの主なソースは、ベシャメル、ヴェルーテ、エスパニョール、オランデーズ、そしてトマト・ソース。エスパニョールとオランデーズの二つのソースは、発祥地の国名、スペインとオランダにちなんでいる。ベシャメルはそれを創り出したシェフ（あるいはたぶんベシャメッラというイタリア人シェフ）の名前。トマト・ソースは主な具材による。ヴェルーテだけが、その舌触りを示している。フランス語で velouté《ヴェルーテ》 は「ヴェルヴェット状の」という意味。

カレームは見栄えも重視した。「建築の重要な部門は菓子である」と信じていた。呼び物として、図書館で調べたギリシアやローマの廃墟、エジプトのピラミッド、中国の仏塔、船や噴水を再現する。数フィートの高さになるこれらの建造物は、ピエスモンテ（工芸菓子）と呼ばれた。綿菓子、マジパン、メレンゲ、シュガー・ペーストで作られたピエスモンテは、何年間も持ちこたえた。カレームは砂糖を扱うのに、手を氷水に浸し、それから続けざまに熱湯に浸し、また氷水に浸した[82]。

カレームはまたフランス革命後にできた料理の新部門における技法も生み出した。食材をまず加熱調理し、それからアスピックに入れ、冷やして供するショーフロワ（chaud-froid）を含む冷製料理である。一八三三年この天才は最後の本を書き、その本は十九世紀のフランス料理を決定づけた。シェフの王にして王のシェフは同年この世を去る。

シェフの制服

chef（シェフ）という語は chef de cuisine（厨房の長）の短縮形で、この語もこの時期に使われるようになった。以前シェフは cook（料理人）または master cook（親方料理人）と呼ばれていた。専門化に伴って厨房用語、料理という職業における地位を示す名称と、料理人を判別する方法――フランス軍の制服を模範とする制服――が生まれた。

シェフの制服には二つの実際的な機能がある。（一）シェフを食物から守る。（二）食物をシェフから守る。（一）の場合、長そで長ズボンとダブルの上着は、燃えたり、こぼれたり、はねたりしたときに、身を守ってくれる。ズボンの黒白の千鳥格子は汚れを隠す――しみを見つけてごらんなさい。頑丈な靴は道具やナイフが落ちてきたときに足を守ってくれる。滑り止めのついた靴底は、こぼれた食物や油脂ですべりやすい床で役に立つ。（二）の場合、長そで、ダブルの上着、ネッカチーフはシェフの汗が食物にかかるのを防ぐ。丈の高い白い帽子は、シェフの目にも食物にも髪が入るのを防ぎ、また将軍の帽子の星や提督の帽子のように、込み合う厨房の中でそれを見れば、誰が仕切っているのか一目瞭然である。以前にはシェフの帽子は柔らかかったが、カレームが厚紙を入れてそびえ立つようにしたのだ。帽子にはひだが百あることになっているが、それは腕のよいシェフが卵を最低でも百通りに料理できることを表している。(一九〇三年に出版された『料理の手引き *The Culinary Guide*』の中で料理長エスコフィエは、オムレツ以外に二〇二通りの卵料理を挙げている。オムレツには別に八二点のレシピがあり、「ノルウェー風オムレツの基本的なレシピを用いれば、この種のオムレツのほとんど無数のバリエーションを生み出すことができる［オムレツの驚異］」と記している。[83])

制服は厨房のある深刻な危険から料理人を守ることはできなかった。一酸化炭素（CO）中毒である。一酸化炭素は血液中のヘモグロビンと結合して、脳を含め体内の組織にヘモグロビンが酸素を運ぶことを妨げる。COガスは無色無臭のため、気づきにくい。換気不足の室内で炭を燃やすと発生する。一酸化炭素中毒はフランスの料理人の間ではよく見られ、料理人の錯乱と呼ばれた。というのも奇怪な振る舞い、見当識障害、筋肉の働きの異常などの症状が見られたからである。また顔がサクランボのような明るい赤色になるので、酔っ払っているようにも見える。[84] このため料理人には悪評がつきまとった。そして一酸化炭素中毒はたぶんカレームの命をも奪ったのである。

「いまいましい砂糖、いまいましいコーヒー、いまいましい植民地！」——ナポレオン[85]

一八〇二年ナポレオンは激怒していた。イギリスとの戦争で失った土地を回復し、ヨーロッパ全土を支配し、フランス帝国を復活させたかった。あらゆる点で苛立っていた。

カリブ海地方で、ナポレオンの軍隊は砂糖とコーヒーを生産するサン・ドマング（サント・ドミンゴ）島（ハイチ）を反乱奴隷から取り戻すことに失敗していた。今や二万人の兵士が、奴隷の指導者トゥーサン・ルーヴェルチュールに殺されたり、蚊によって広まる黄熱病によって死んだりしていた。（スペイン語の病名はもっと説明的で vomito negro、つまり「嘔吐する黒人」である。）

ヨーロッパでは強力なイギリス海軍が、フランスの港からの船を妨害した。ナポレオンはフランスの自給自足を試みる。カリブ海地方のサトウキビの砂糖が入手できなければ、本国でテンサイを栽培すればよい。テンサイは砂糖のすばらしい供給源となった。ナポレオンの決定はカリブ海地方の経済の衰退を促し、世界の砂糖消費の習慣を変えた。

ナポレオンの戦争による出費はかさんでいた。資金をどうするか？　不動産を売らなければならないだろう。早く。しかし誰が買うだろう？

アペールが缶詰を発明

一八〇三年アメリカへのルイジアナ売却によって得た一五〇〇万ドルで軍備を整え、ナポレオンはヨーロッパの征服計画を進めた。まず軍隊に質のよい自国の食糧を確実に与えたいと考える。軍隊がふつう糧食としている塩漬け、干物、あるいは燻製よりもよいものを探していた。これらの保存方法は食物の風味や質感を変える。それもよい方にではない。そこで最初によい方法を見つけた者に一万二〇〇〇フラン（今日の二五万ドル）の賞金を出すことにした。

一八一〇年ニコラ・アペールという名のシェフが賞金を獲得し、『あらゆる食物を数年間保存する技術 *L'art de*

conserver pendant plusieurs années toutes les substances animales et végétales』という本を出版する。一七五〇年に生まれたアペールは、シャンパーニュのワイン倉のある宿屋で育ち、宿屋の主人の父を手伝う。二十二歳で一人前のシェフになっていた。三十一歳のときにはパリで菓子屋を営み、食物の貯蔵にも熱心で、フランス料理のベースであるソースを保存する新しい方法を見つけたいと思っていた。(86) 十年間食物の保存法を試す。とうとうガラス瓶――最初はたくさん手に入るシャンパンの瓶――に食物を詰めて、二重鍋であるいは湯に漬けて沸騰させることで解決した。

アペールは殺菌したのだが、これは細菌が知られる前のこと。食物はどんな他の保存法よりもずっとおいしかった。その後アペールは運をつかむ。食物批評家のラ・レニエールはアペールの方法が気に入り、自分のコラムにアペールの保存法について書く。しかしガラス瓶に詰めた食物は軍隊で実用的ではない。瓶は軍艦で揺られ、陸軍のたどる悪路または道なき道でぶつかり合う。フランスはアペールの発明の特許を取っただけで、大量生産をしたのはイギリスだった。イギリスはフランスより工業化が進んでおり、錫《すず》産業が高度に発展していたからである。手工業で作られた缶は上面が平らで、十九世紀半ばにアメリカ人が缶切りを発明するまでは、ハンマーとのみで開けなければならなかった。

ロシアの焦土

アメリカの植民地を失ったナポレオンは、ますますヨーロッパの征服に執着した。一八一二年ロシアに侵攻する。ロシアは「焦土」作戦をとる。たとえ自分たちが飢えることになっても、ナポレオン軍がロシアで生き延びられないように、穀物を焼き払い、家畜を殺した。ナポレオンは当時まででヨーロッパ最大の軍隊、ほとんど六〇万人の大軍とともにロシアに入ったが、よろよろと逃げ出してきたのは、たぶん五万人である。「軍隊の行進は食糧があればこそ」を信じていた男が、どうして何十万人もの配下を飢え死にさせたのだろう？モスクワからのナポレオンの撤退は、歴史上で食物不足が大惨事を招いた最大の例の一つである。

戦いながらロシアを進んだ後、ナポレオンは首都モスクワに到着する。しかし同市はもぬけの殻だった。降伏しない皇帝も含め、誰もがモスクワを去っていた。火の手が上がり、略奪がおこなわれた。兵士は貴族の屋敷から盗んだ贅沢品のイチジク、リキュール、ジャムを楽しんだ。冬が迫っていたので、ナポレオンはフランスへの帰国命令を出す。パンを焼くための挽き立ての小麦粉を作れるように、小さな手回し式の粉挽きを各人に与えようと言った以外に、準備は何もおこなわれていなかった。兵士がモスクワを出発したとき、穀物の袋はあったが、粉挽きはなかった。

ナポレオンの軍隊では、十九世紀のヨーロッパ社会のように、社会的階層によって食物の種類が決まっていた。ナポレオンは金のディナー用食器類一式を携え、「いつも白パン、リネン…よい油、牛肉か羊肉、米と豆かレンズ豆、お気に入りの野菜を食べた[87]」。将校はそれぞれシェフを連れ、三、四か月分の食物を積んだ馬車を伴っていた。ある人の日記にはこう書かれている。「ワインの瓶三〇〇本以上、ラムとブランデーが二、三〇本、それぞれ一〇ポンド以上の茶とコーヒー、五、六〇ポンドの砂糖、三、四ポンドのチョコレートと数ポンドのろうそく[88]」。しかし食糧は失われていった。「白パン、新鮮な肉、安いテーブル・ワインがない」と別の将校が書いている[89]。

料理人は非常に重要だった。筋張った馬肉をカレーに入れて食べられるようにしたり、馬の血液をブラッド・プディングにすることができたので[90]、料理人がいれば、まだほどよい食事をとることができた。

…すばらしい夕食だった。マデイラ・ワインとボルドー・ワイン、インド諸島からのモカ・コーヒーとリキュールも十分にある！　私の料理人は…馬肉を素晴らしい料理にしたので、客はみな牛肉だと思っていた！[91]

そして料理人は警護された――料理人一人を守るために兵士六人が配属された場合もある。ある将校は、自分のために料理し、馬車を駆り、馬の世話をしていた若い男が本当は十四歳の少女と知って驚いた。少女は愛する兵士とともにいるために変装していたのである。[92]

しかし階級の違いは致命的だった。「同じ連隊でも、飢え死にする者もいれば、食べ物に恵まれて生き延びている者もいた」[93]。下士官兵は、背嚢《はいのう》に運べるだけのものを入れていた。ナポレオンが約束した粉挽きが到着したときには、兵士たちは重すぎる穀物をとうの昔に捨てていた。粉挽きも、マスケット銃も背嚢も、同じ理由で捨てた。重い銃や銃弾を載せた荷馬車も道に置き去りにした。しかし斧を捨てると、雪を解かす薪を作ることができず、凍った川や池に穴をあけて水を汲むこともできない。馬も渇きや厚い氷の上を歩くのに疲れたために死んだ。準備が足りず、馬蹄の底に鋲（タイヤ・チェーンのようなもの）を打つこともできなかったのだ。略奪は危険だった。ロシア人は略奪者を探し回り、拷問して殺すこともあった。これは皮肉な公正をもたらした。モスクワの上流階級の贅沢品がナポレオン軍の兵士を経て、ロシアの農民の手に渡ったのである。

速やかに冬が来た。みぞれや雪が降り、霧が立ち込める。気温は氷点下二八度にまで下がり、荷馬車の車輪は泥に深く沈み込む。兵士のひげからはつららが下がり、ワインは凍った。「ワインは手斧で割って火にかけなければなりませんでした」[94]。それが十一月。十二月には本当に寒くなり、氷点下三七度にもなった。[95]

兵士たちは飢えと凍てつくような寒さで死にかけていたが、仮装パーティーにでも出かけようとしているみたいな有様。男性用女性用の絹のオペラ・ケープ、派手な羽飾り付きの帽子、化粧着などモスクワで盗んだ服や帽子を何でも着たり被ったりしたので、まさに「仮面舞踏会」だった。死に物狂いの兵士たちは、寒さと驚きで動けなくなっている馬の肉を切り取って食べ、あるいは木の皮を、または「雪を解かした中に小麦粉をいくらか入れて」食べた。[96]

レシピ　スパルタ式スープ

「いつも馬肉やアクアヴィットがあったわけではない…そんなときには、薄いスパルタ式スープを作った。レシピは次のとおり。雪を解かす。たくさん解かしてもほんの少しの水にしかならない。小麦粉をいくらか入れる。それから塩がなければ、弾薬を少々。熱くして、本当に空腹なときにだけ食べる[97]」。

死者と、あまりに冷えて、あるいは死が近づいていて抵抗できない者は、カラスの群れや「犬の大軍」に襲われた。行進が終わる前に、殺人、自殺、人肉食がおこなわれた。

一八一二年十二月八日これら数千人の飢えた兵士がリトアニアのヴィリニュスに到着したとき、彼らは小さな町のレストランを完全に制圧した。食べて食べて食べまくり、そして死んだ。彼らの体には食物を消化する酵素もエネルギーも残ってなかったのである。シラミが媒介するチフスでさらに数千人が死んだ。

ロシアの人々とロシアの冬は手強い敵で、ナポレオンは敗北した。このレッスンは高くついたが、別のヨーロッパの独裁者がこれから学ぶことはなかった。一三〇年後、ヒトラーもロシアの人々の断固たる決意とロシアの冬に敗北する。

しかしナポレオンはまだ終わってはいなかった。最後の敗北は、一八一五年にベルギーのワーテルローの戦いでイギリス軍とプロイセン軍によってもたらされる（それで大敗を喫するという意味の Napoleon met his Waterloo なる表現が生まれた）。イギリスは安全策を取る。ナポレオンを大西洋中部の小さな孤島セント・ヘレナ島に幽閉した。同島はもともとイギリスの艦隊が香料諸島に向かうときの補給港とされたもの。一八二一年ナポレオンはその地で息を引き取る。

食物こぼれ話　ナポレオンとウェリントン

ナポレオンともミルフィーユ（millefeuille）とも呼ばれるデザートは、ペストリーの多く（mille）の層（feuille）からできている。ナポレオンという名称はナポレオンにちなんだのではなく、作られた都市ナポリにちなんだもの。

イギリスのウェリントン公爵は、ワーテルローでプロイセン軍とともにナポレオンを打ち破った。ビーフ・ウェリントンは上品なフィレあるいはシャトーブリアンにフォアグラかパテとマッシュルームのペーストを広げ、巻いてペストリーで覆って焼いたもの。

ナポレオン後

アメリカ独立のための第二次戦争

イギリスはフランスがヨーロッパの支配に没頭している隙に、アメリカを回復しようとした。ナポレオンがワーテルローで敗北を喫した一八一五年、カレームは著書を出版し、アメリカは一八一二年に起きた米英戦争の最後の戦闘に勝利する。戦争終結の条約は一八一四年十二月にベルギーで締結されたが、その知らせはまだアメリカに届いていなかった。それでもアメリカの田舎の住人、土壇場の民兵、水夫、自由黒人、フランス海賊の寄せ集めが数で凌駕し、ニューオーリンズの戦いでイギリスを打ち破ったことは幸運だった。持ち主が変わった土地はなかったが、アメリカはまだ独立を保ち、交渉相手国として尊重され始めていた。そしてニューオーリンズでの司令官アンドリュー・ジャクソンは英雄となり、大統領として二期務めることになる。ニューオーリンズのジャクソン・スクエアの中央には、馬にまたがったジャクソンの像がある。

南米の反乱

ナポレオンは中米およびラテン・アメリカの至る所にも革命を起こした。一八〇八年ナポレオンはスペインに侵攻し、兄ジョゼフをスペインの王位に就ける。スペインの人々はこのフランス人王を受け入れることを拒否し、何年にもわたってゲリラ戦をおこなう。スペインの植民地ではフランス人王に対する忠誠はなおのこと感じられなかった。一八四一年には十五世紀末から十六世紀初めにかけて以来スペイン領だった新世界の植民地すべてが、今日存在する国々となる。一八三〇年コロンビアは、今日のコロンビア、ベネズエラ、エクアドルに分かれた。十一年後の一八四一年グアテマラ、ホンジュラス、エル・サルバドル、ニカラグア、コスタ・リカがメキシコから分かれ、メキシコの力は低下した。これは北隣のアメリカ合衆国の関心を大いに引く。アメリカは急速に拡大し、ますます多くの土地を欲していた。

一八〇八年にナポレオンがポルトガルに侵攻すると、君主は国外に逃亡し、数年間ブラジルのリオデジャネイロに遷都した。君主がポルトガルに戻ったとき、ブラジル人は独立を果たした。

民主主義へのヨーロッパの苦闘

ヨーロッパの民衆はアメリカおよびフランスの民主主義革命に鼓舞され、君主制を廃止して民主主義政府を樹立しようとする。彼らは軍隊に繰り返し弾圧された。一八四八年の民主主義革命に失敗した後、多くのドイツ人は参政権があり、政治に参加できる国に住みたいと考えた。彼らはアメリカでやりなおそうとする。

しかしアメリカに着いてみると、自分たちは自由になれたが、四百万人が奴隷になっていた。

第8章

畜牛、コカコーラ、コレラ
――アメリカ合衆国およびヨーロッパ、一八五〇～一九〇〇年

一八五〇年から一九〇〇年にかけて、現在私たちが知っている世界の料理や文化の多くが生み出された。アメリカ合衆国は農業国から、大量生産食品を消費する都市へ、かつ工業化を成し遂げた大国へと変貌した。ヨーロッパでは一世紀前に始まった工業化が続いていた。ドイツとイタリアは、中世にはバラバラだった都市国家がまとまって統一国家になった。独自の料理を持つことは、国の文化的基盤の一つである。国家としてのアイデンティティに誇りを持っている様子は、今日も発行され続けている料理書に表れている。多くのヨーロッパ人、特にヨーロッパ南部や東部出身者は故国を離れて渡った米国で自分たちの料理や文化を根づかせている。

アメリカ南部

南北戦争前、奴隷を所有する大農園主階級、つまり大邸宅に住み、農園の監督を抱える人々、その生活様式が『風とともに去りぬ』のような映画でよく知られている人々は南部の白人人口のおよそ二五パーセントだった。一八六〇年の人口調査によれば、そのうち一〇〇人以上の奴隷を所有していたのはわずか一九三三家族だった。南部の白人の大多数は過酷な重労働に従事する自給自足農民だった。

いかなる基準によっても、彼らの暮らしは単調でさえないものだった。住居は伝統的な家というより掘っ立て小屋に似ていた…小さな農園で生産されたものは、自給のための肉、穀物、野菜などで、タバコ、米、その他の産物は売って現金収入とした[1]。

奴隷制度とソウルフード――贅沢な暮らしではなく

それでも、奴隷の暮らしぶりや食事事情に比べれば、これは贅沢であった。奴隷として生まれ、アラバマ州のタスキーギ・インスティテュート（一八八一年七月四日創立、現在はタスキーギ大学）初代校長のブッカー・T・ワシントンは自叙伝『奴隷より身を起こして』で、自身が育った奴隷小屋について記している。部屋は一つで、広さは一四フィート×一六フィート（約二〇平米）、そこでワシントンは母や兄弟姉妹と暮らしていた。土間の真ん中に穴があり、そこにジャガイモを貯蔵した。部屋の隅には猫の出入り用に別の穴があり、長い壁には明かり取り用にいくつかの穴が開いていて、ドアの蝶番《ちょうつがい》ははずれていた。調理用ストーブはなく、母親は床の上で火を熾《おこ》し、そこですべての料理をした。ワシントンは、あるとき母親が真夜中に子供たちを起こして、盗んできたチキンのごちそうを食べさせてくれたことを覚えている。父親は白人だが、誰なのかはわからない。

南部では、豚肉のどの部位を食べているかで社会階層がわかった。農園主一家は「高級な豚肉」――ローストしたもの、骨付き肉、ハムなどを食べた。奴隷たちはそれ以外のもの――耳、鼻、尻尾、脚あるいは「足」、あるいは、腸とか臓物と呼ばれる内臓を食べた。臓物は時として白人も使ったが、食料として単独でではなく、ソーセージの皮として用いた。奴隷の料理人は豚肉の高級部材を調理したが、それを食べることは許されなかった。また、牛肉、仔羊、羊、鶏肉、七面鳥、アヒルを食べることも許されなかった。それらの肉は農園主のためのものだった[2]。

北部と南部の台所の違いは労働力だけではなかった。北部では台所の炉床は家の中心だった。しかし南部では、農場の台所は家屋とは離れた所にあった。搾乳所や馬小屋や屋外便所とともに別棟になっていた。大規模農場では、必需品は購入し、動物は大量に屠殺した——小麦粉やウィスキーは樽で買い、何ダースもの鶏、何ポンドもの豚を食用に解体した。[3]

奴隷の料理人や女性たち

すばらしい南部料理や伝統的な南部のもてなしができたのは、女奴隷の働きがあったからだ。食物史家カレン・ヘスは十九世紀前半では、白人女性による料理本はすべて黒人の料理人から得たレシピであったと述べている。奴隷の料理人は、娘の頃に母親のかたわらで、口伝えや実体験によって先祖代々伝わったレシピや調理法を使って実践で学んだ。白人農園主の女主人は指示はするが調理はせず、したがって南部の台所では黒人女奴隷の料理人が実権を握っていた。[4] 奴隷料理人は腕がよくて地位も高かった。働くのは家の中だけ、野外の仕事はしなかった。そしてそのことを誇りにしていた。[5] 奴隷所有者は料理人を恐れていた。毒を盛られる心配があるからで、実際、そうしたこともあった。

奴隷には食料調達にはなんの権限もなかった。主人が許せば、奴隷小屋近くの狭い土地で自由時間に自ら育てた野菜や釣った魚を食事に加えることができた。特に女奴隷は食物については主人からお情けを得ることがあった。子育てが上手で子だくさんの場合は家族のために余分の食料をもらえることもあった。子供のいない奴隷は売られることがよくあった。[6]

北部の白人女性の中には、自分たちにも奴隷と共通する点があると考え、両者の解放を訴えるようになった人々がいた。十九世紀前半、男性は自分の親指程度の太さのムチを使う限り、妻を打ちすえても違法ではなかった——「親指ルール」という。一八四八年に、ニューヨーク州北部のセネカフォールズにおよそ百人の白人男女が集まり、「所感宣言」、女性のための「独立宣言」を起草した。そこには「すべての男女は平等に造られており」、賃金を得ている女性は代表権なしで課税されている、女性にも投票権が与えられるべきである、と記された。「独立宣言」にイギリス国王ジョージ三世に対する異議申し立てのリストが書かれているように、女性たちは男性に対する異議申し立てリストを掲げた。男性は女性が大学へ行くことや専門職に就くことを妨げ、離婚法を作って、女性に子供を渡さず、女性が所有する財産を、相続したものであろうと自身で得たものであろうと、すべて夫のものとなし、女性には男性とは異なる道徳規範を押しつけている、というものだ。[7] 会議に出席した人々は新聞や雑誌で容赦なく嘲笑された。それにもかかわらず、この運動は力強く動き出し、女性たちは奴隷制廃止にますますのめり込んでいった。

リディア・マリア・チャイルドはその一人である。小説家として出発し、ついで『アメリカの節約主婦 *The American Frugal Housewife*』を著した。チャイルドが執筆した唯一の料理本である本書は、一八二九年に出版されるとすぐにベストセラーになった。しかし奴隷の権利についての著作や、『ナショナル・アンチスレイヴァリー・スタンダード *National Anti-Slavery Standard*』誌の編集者としての立場から、アメリカ政治の片隅に追いやられた。『アメリカの節約主婦』は一八五〇年以降出版されなかった。

チャイルドの立場はキャサリン・ビーチャーと一八四一年に出版された『家政論 *Treatise on Domestic Economy*』に引き継がれた。ビーチャーは女性にとっての伝統的な家政を良きものと考え、女性解放運動には反対した。ビーチャーは実務的人間で著作では、少数の使用人で、あるいはまったく使用人なしで、いかに家事をおこなうかということを明確に述べている。ビーチャーは家庭内での個々人の健康や幸福面について強い関心を抱いていた。乳牛が何を食べているかということにまで関心を示した。[8]『家政論』には解剖の仕方や暮らしについての助言も記されている。

しかし、キャサリンの妹ハリエット・ビーチャー・ストウは奴隷制廃止運動に深く関わり、一八五二年に『アンクル・トムの小屋』を書いて、奴隷制の恐ろしさや、自由を求めて奴隷制廃止を訴える奴隷の運動について記した。それは史上初の大ベストセラーとなり、北部の人々を動かして行動へと向かわせ、イングランドでは野火のように広まった。

ペンシルベニア州を基盤とするクエーカー教徒は積極的に奴隷制廃止へ関わった。はるか昔の一七八八年、彼らは蔗糖を生産するプランテーションでの奴隷制を廃止する方法として、自由労働によって生産されるメープル・シュガー（カエデ糖）の生産を進めていた。ジョージ・ワシントンとトマス・ジェファーソンは自らのプランテーションでメープル（カエデ）を育てようとしたが、南部からは遠すぎた。数年の間、メープル・シュガー「バブル」――経済的騰貴《とうき》――が起こった。輸入される蔗糖の半値でメープル・シュガーが売られたためである。メープル・シュガーやシロップの生産量は一八六〇年にピークとなった。南北戦争前夜の頃である。(9)

地下鉄道での自由の味

奴隷が逃亡する方法の一つは地下鉄道を使ってのものだが、文字通りの地下鉄道ではない。それは一連の「駅」――自由になるまで身を隠せて、食料を得ることのできる安全な家々――を渡ることを意味した。カナダに逃れることもあった。有名な「車掌」はハリエット・タブマンで、十三歳の時に、白人の主人から間違って鉛の文鎮で頭部を殴られ、瀕死の重傷を負ったことから脳に後遺症を抱える文盲の黒人奴隷である。後に南部から逃亡し、一九回にわたって奴隷のいる地区に戻っては三百人以上の奴隷を自由の身へ救い出した。北部ではタブマンを黒人の「女モーセ」と呼び、南部はその首に賞金をかけた。

逃亡奴隷の何人かは奴隷から逃げ出した最初の日について、一番強く記憶に残っているのは、文字通りの自由の味――食事とその供され方についてだと言う。それまでは飢え死にしそうであっても食事にありつけないことがあった。それが、白人と一緒にテーブルについているなど信じられなかった。白人たちは彼らを単に平等というだけではなく、優れた人間のように扱った。白人たちは「黒人」のために給仕をし、食べたいものを食べたいだけ食べるように勧めた。しかもその食べ物といったら！　それまで料理をして香りを嗅ぎ、目にし、食べたいと切望してきたけれど、決して口にすることが許されなかった料理だった。いったん食べ始めたら、やめることができなかった。

私は時間一杯食べ続けました。すっかり落ち着いて。目の前に置かれたハムや卵やソーセージを食べ尽くしました。パンも当然ついてきました。さらにコーンビーフの塊が出されて、それをたっぷりと取り分けてくれました。(10)

ついに自由で贅沢な暮らしができるようになったのだ！

何千人もの奴隷が地下鉄道で逃げ出した。しかし四百万の奴隷すべてが解放されるには　戦争によらなければならなかった。

南北戦争――一八五〇～一八六五年

一八六一年四月、エイブラハム・リンカーンが大統領に就任した一か月後、「南部連合」はサウスカロライナ州のサムター要塞にいる合衆国軍に砲撃を加え、南北戦争が始まった。当初はロバート・E・リー将軍を初めとする優秀な将軍の指揮により、南部が勝利した。しかし、しだいに人口や食料生産高、さらに工業力に優れた——国中の鉄道線路や銃製造工場の三分の二を含む——北軍が南部の農業や綿に依存する経済を凌ぐようになった。ペンシルベニア州ゲティスバーグを除いて、大きな戦闘のどれもが南部で闘われた。

食糧供給をコントロールすることは北軍の重要な戦術だった。食物史家アンドリュー・F・スミスは著書『南部を飢えさせる *Starving the South*』で、北軍が海上封鎖で南部に塩を入れないようにしたことで、肉の保存ができなくなったと指摘する。豚肉は屠殺時に腐ってしまう。また、「南部連合政府は農業力を最大にする方策がとれず、その間、物資の徴用や押収といった政策をとり、ことに軍隊が糧食をもっとも必要としたヴァージニア州において、食料生産を減少させた」と記している。[11]

南部は食料がある時に、それを積み出すことができなかった。確実に鉄道を走らせるための部品や設備を備蓄していなかったからだ。南部における階級区分も関係した。「裕福な南部人が不足している物資に途方もない金を払うことは、海上封鎖を破って贅沢品を運ぶ密売人にとっては、主食食料より儲かったのだ[12]」。

焦土と化した南部——グラントとシャーマン

北軍のユリシーズ・S・グラント将軍は、南軍のロバート・E・リー将軍と同じくウエストポイント（陸軍士官学校）出身で、指揮官が軍隊を動かせるのは必要な食料や装備を支給できる場合だけだということを知っていた。ナポレオンの教訓はそう遠い過去のことではなかった。一八六二年のクリスマスの頃、ミシシッピ州では、南部連合軍がグラント軍の食料や装備に壊滅的打撃を与えた。「熱狂した」南部人はいい気味だとグラントをあざ笑ったが、グラントが一五マイル（約二四キロ）四方の南軍の食料はすべて奪うように命令してあると言うと、南部人は衝撃を受けた。一八六三年五月までに、グラントはミシシッピ州に焦土作戦を敷いていた。

土地は豊かで、食料もまぐさも豊富にある。［軍隊は］そのすべてを奪うように命令された。家畜はわれわれの軍隊が使うために追い込まれ、食料やまぐさはわが軍によって消費され、あるいは燃やされ…[13]

ウィリアム・テカムセ・シャーマン将軍は一八六四年、半年にわたる南部進行で、六〇マイル（九六キロ）幅の焦土作戦をとった。シャーマンは南部はアトランタからサヴァナへ、ついで大西洋へ進撃し、つぎに北部へ、サウスカロライナ州、ノースカロライナ州、ヴァージニア州を通って進軍しつつ、（一八六五年の価値に換算して）一億ドル以上の物的損害を与えたが、その大部分は鉄道だった。[14] 進軍を始めた時、北軍の兵士が捕らわれているジョージア州アンダーソンヴィルにある南部連合の刑務所についての知らせを受けた。

キャンプ内では、死が蔓延していた…もともとの囲い地の三分の一は湿地で――液状化した汚物や数千人の尿、ウジ虫が蔓延する泥沼だった。このようなひどい環境の中を唯一の水が流れて…。悪臭から逃れるすべはなかった――それを食し、飲み、そこで眠った。[15]

「戦争は地獄だ」とシャーマンは言った。北軍刑務所のキャンプに収容された南部兵やシャーマンの進路にいた南部人は同意するが、さらに先を行く。シャーマンは悪魔だ、と。しかし進軍途中でシャーマンに解放された奴隷たちは彼を神だと考えた。

フローレンス・ナイチンゲール——軍隊のための料理

南北戦争が勃発した時、軍隊の栄養と衛生について真っ先に取り組んだ一人はイギリスの上流階級の女性だった。イギリス、フランス、トルコが一八五四年のクリミア戦争でロシアと闘った時、イギリス軍は恐るべき数の死者を出した。それは戦闘によってではなく、病気によってで、一六六〇年にロンドンを襲った腺ペストの流行による死傷者数よりも率としてはずっと大きかった。フローレンス・ナイチンゲールは前線へ行って原因を見いだした。「野菜や発酵パンが不足した十分調理されていない食事、塩分不足による栄養不良に兵士がさらされていて[16]」、いずれ壊血病になってほかの病気にかかりやすくなるだろうと。ナイチンゲールはイングランドの多くの人々同様、激しい憤りを覚えた。なぜなら、壊血病の予防法は数年前からわかっていたのだ。さらに、「キャンプにはヤカンもなければ調理用の燃料もなく…[17]」ナイチンゲールと三八名の看護婦は、イギリス軍の男性医師たちの激しい敵意を向こうに回して兵士のためにましな食料と衣類を調達し、彼らを入浴させ、不潔な兵舎をきれいにすることに着手した。

一八六一年、南部連合は戦争準備を進めるにあたって、『ヴァージニア州の軍隊向けに用意された、軍隊による兵舎や病院における料理説明書』と呼ばれる小冊子を印刷し、フローレンス・ナイチンゲールが書いた『食事摂取』と『何を食べるか』についての論文と一緒に、軍医総監の命令で発行した。ナイチンゲールの二つの小論は、百人の兵士のためのコーヒーを一人一パイント（約〇・五七リットル）ずつと、百人の兵士のための新鮮なビーフスープのレシピが、ビーフスープ、ビーフティー、濃いビーフティー、ビーフエキス、チキンブイヨン、あっさりしたおかゆ、重湯《おもゆ》、大麦湯、くず湯、傷病兵のためのくず粉でとろみをつけた砂糖入りミルクとともに書かれている。病人に食事を与えるナイチンゲールの考え方は観察に基づいており、伝統を破るものだった。ナイチンゲールは、病人は早朝は固い食べ物を受け付けない、なぜなら夜中に熱があると脱水状態になるからで、一時間ごとに「スプーン一杯のビーフティー、あるいはくず粉とワイン、あるいはエッグノッグ[18]」を与えるのがよいと書いている。ナイチンゲールは工夫を強調したが、それは今なら「既成概念にとらわれずに考える」ということだろう。そして「患者の「弱った」胃はそれ自体が化学者に違いない」――胃は正しく、書物は間違っている、と述べている[19]。

ナイチンゲールはまた、出身階級の枠を超えて物事を見ることができるすばらしい能力を備えていた。彼女は「洗濯女、酪農場の女主人、看護婦長といった毎日の仕事を調整するのに頭脳労働とともに厳しい肉体労働をうまく結び付けている女性たち」を深く尊敬していた。ナイチンゲールは看護を初めて尊敬すべき仕事にしたのだ。クリミア戦争で病に倒れた兵士は、真夜中の病棟に灯油ランプを手にしばしば現れて、病人から病人へと巡るフローレンス・ナイチンゲールを「ランプの貴婦人」と呼んだ[20]。

一八六三年、こうした多くの死や女性達のグループその他の圧力によって、リンカーンは感謝祭を国民の祝祭日にすると宣言した。アメリカ人の多くはクリスマスも祝うようになった。

祝日物語　クリスマス、十二月二十五日

現在アメリカで十二月二十五日に祝うクリスマスにはドイツ、イギリス、アメリカの伝統が混在している。さらに、異教徒の儀式も残っている。ローマ人は、農神祭と呼ばれる年末

の祭をおこなっていた。この祭では赤い色が特別に重要視され、なかでも赤い帽子が重要だった。

一八〇〇年代半ばに、イギリスのヴィクトリア女王と夫のアルバート公が王宮で、ヴィクトリア女王の幼少時代のドイツ式伝統にのっとってクリスマスツリーとともにクリスマスを祝う姿が写真撮影された。その写真はアメリカの雑誌に掲載され、クリスマスツリーはただちに人気を博した。その他、「クリスマスツリー」を歌ったり、真冬に大きな木の枝など生の緑のものを室内に持ち込んだり、キャンディケーン（棒あめ）やジンジャーブレッドその他のドイツのクリスマスの伝統が流行した。プラムプディングはイギリスのクリスマスの伝統になった。ただ、プラムが入っているのではない。「プラミィ（スモモのような）」とは「すばらしいもの」とか「選りすぐった」といった意味である。また、プラムがレーズン（干しぶどう）を指すこともある。十九世紀には商業化して、新しく出来た百貨店が客にプレゼントを買わせようとウィンドウを飾るようになった。二十世紀半ばには、アーヴィング・バーリンが『ホワイトクリスマス』という曲を書き、ビング・クロスビーが歌った。この曲は第二次世界大戦後に大流行した。

クリスマスが十二日後の一月六日まで続く国もある。十二番目の夜、公現祭は東方の三博士が幼子キリストのところへ着いた日である。イギリスでは、『クリスマスの十二日』という歌は有名な詩「そして一羽の梨の木にいるヤマウズラ」とともにこのしきたりを守ることを祝っている。ニューオーリンズではマルディグラ（告解火曜日、カーニバル）で終わる祝祭の始まりでもある。イタリアでは十二夜にラ・ベファーナ（La Befana）、よい魔女が飛んできて子供達に贈り物をする。悪い子なら炭しかもらえない。

クワンザ（Kwanzaa）はアフリカ系アメリカ人の祝日で、十二月二十六日から一月一日の間におこなわれる。家族と文化を祝うこのお祭りは一九六〇年代の市民権運動から生まれた。クワンザは一九六六年から祝うようになった。

南北戦争は一八六五年四月九日に終わった。その日、リー将軍が、ヴァージニア州アポマトックス・コートハウスでグラント将軍に降伏した。その後一週間もしないうちに、リンカーン大統領が暗殺された。国中がただちに深い悲しみに包まれた。

レコンストラクション（再建）――一八六五～一八七七年

四百万人の奴隷がいまや自由に動けるようになり、家族を見つけ、学校へ通って読み書きを学び、結婚した。アメリカ合衆国憲法は解放された人々に権利を与えるように修正された。一八六五年、憲法修正第十三条はすべての奴隷に自由を与えた。一八六八年、修正第十四条は元奴隷に市民権を保証した。そして一八七〇年、修正第十五条は黒人男性に（ただし、黒人も白人も女性は除き）投票権を与えた。

アフリカ系アメリカ人による最初の料理本

アフリカ系アメリカ人による最初の料理本は一八六六年、南北戦争が終結した翌年に出版された。原書はミシガン大学ロンゴーン・センターに一冊だけ残っている。『フィッシャー夫人が昔の南部料理について知っていること *What Mrs.Fisher Knows about Old Southern Cooking*』は一八八一年、サンフランシスコで出版されたが、著者のアビー・フィシャー夫人はサウスカロライナ州で奴隷の母親とフランス人の父親の間に生まれた混血児だということは、一九九〇年代に食物史家ダン・ストレールによって明らかになった。フィッシャー夫人は読み書きができないため、本は口述筆記でなされた。

七二ページに一六〇の料理（調理法）が載っている。一番多い（五八種）のはパン、ケーキ、パイ、プディング、シャーベットの作り方である。フィッシャー夫人が受賞したピクルスやソース、保存食品については四一種が載っている。夫人のペストリーは「果物のてっぺんになる部分は卵の殻ほどの厚さに、下の部分は紙ほどの薄さになるように[21]延ばさなければならない。「調合トマトソース」はケチャップによく似ている。オニオン、オールスパイス、クローヴ、黒コショウ、カイエンペッパーと一緒に二十四時間放置しておき、その後酢で調味する。[22]サウスカロライナ州は米の生産地なので、ジャンバラヤのもっとも古いレシピの一つに米が使われている。鶏肉、カニ、牡蠣、魚をクラッカーと混ぜてコロッケにし、焼いてパイにし、茹で、フリカッセにし、米と一緒にオクラ入りのシチューにする、あるいはチャウダーにする。ポテトはサツマイモではない「アイリッシュポテト」、ジャガイモを使う。

トウモロコシはフリッターにしたり、茹でたりして使われ、「サーキットハッシュ（サコタッシュ、豆料理）」やトウモロコシパン、プディング、米入りのコーンブレッドにした。アラブ人からアフリカに伝わったナスはトマトのように詰め物に使われた。トマトとミルクはクラムチャウダーに使われた。

祝日物語　ジューンティーンス、六月十九日

ジューンティーンスはアフリカ系アメリカ人にとって特別な日である。テキサス州ガルヴェストンの奴隷のもとに初めて奴隷解放の知らせが届いたのが一八六五年六月十九日だった。当時は大きな喜びをもたらしたが、今になれば、なぜもっと早くわからなかったのかと疑問がわく。南北戦争は四月に終わり、リンカーンは二年半前の一八六三年一月一日に奴隷解放宣言を布告していた。しかし当時、奴隷の主人の中には、リンカーン大統領は奴隷を解放したが死んでしまったので、奴隷は再び奴隷に戻ったのだと奴隷に告げる者がいた。(23)

逃亡奴隷だった有名な黒人指導者フレデリック・ダグラスは演説で白人に向かって、七月四日は国家のための彼らの祝日であり、ジューンティーンスはついに解放奴隷に祝うべきものを与えた。その日にはバーベキューと音楽で祝うのだ、と語った。ヌトザケ・シャンゲの本『もしも私に料理ができるなら、神様にもできるわね。*If I Can Cook/You Know God Can*』

はこのような祝賀を著している。料理本であり、回顧録でもあり、西側半球におけるアフリカ人の歴史でもあり、すべてがソウルである。この本はまるでシャンゲが料理の下ごしらえをしている読者と一緒に、料理の材料について話をしているように書かれている。新年用のめでたい伝統料理ホッピン・ジョン（ササゲと米）のレシピは「そう、たいてい西インド諸島ではココナツを加えるけれど、それはおそらくチャールストンの人を混乱させるだけでしょうね。杓子定規に取らないで。あなたは豆とお米を好きなように料理していいのよ(24)」で終わる。シャンゲのレシピは毎日の食事用のも特別な時用のもある。本能で作る豚の尻尾（Pig's Tails by instinct）、臓物の唐揚げ、いとこのエディのパンノキの実入りサメ料理、あなたにお金をもたらすコラードの若葉などだ。

アメリカが南北戦争を闘っている間、フランスは好機を利用して西半球に軍隊を進めてメキシコを奪おうとした。それが失敗に終わり、メキシコ人はいまだにフランスに勝利したことを祝っている。

祝日物語　シンコ・デ・マヨ、五月五日

シンコ・デ・マヨは一八六二年、メキシコ人の小さな一団が、それよりずっと大勢でしかも装備が整ったフランス軍をプエブロで打ち負かし、首都メキシコシティをフランス軍から守った日を記念して祝うものである。（メキシコがスペインからの独立を勝ち取った一八一〇年九月十六日のことではない。）メキシコが債務の支払いを履行しなかったことがフランス軍侵攻の理由だった。米国の援助で、フランス軍は一八六七年までに退去した。しかし祝祭はプエブロやメキシコ人が多く住む米国の地域でずっと続いている。マリアッチ音楽やフォークローリコ（民族）舞踊、パレードが繰り広げられ、マルガリータ（クラシック、イチゴ、メロン、その他のアルコール飲料）やグアカモーレ（アボカドのディップ）とチップス、シーズン初めのヤングコーンのタマーレなどの伝統的な料理が並び、メヌード（臓物、ひき割りトウモロコシ、チリのシチュー）のコンテストもおこなわれる街頭市が立つ。

西部——鉄道とインディアン戦争、一八六〇年代〜一八八六年

南北戦争が一八六五年に終結した後、アメリカ人は西部への移動を再開した。解放奴隷の多くはカンザス州を目

ざしてカウボーイになった。その一人、ビル・ピケットはステア・レスリング（走っている馬から飛び降りて、若牛の角をつかんで地面に倒す競技）を生み出した。それはロデオ一番の競技になった（現在でもおこなわれている）。ピケットがロングホーン種の牛をコントロールする技の一つは「ブル・ドッギング」といって、牛の下唇を噛むと、それ以上はなにもしない。ピケットはロデオのスーパースターで、黒人として初めて「全米カウボーイ栄誉の殿堂」入りに選ばれた。

駅馬車食

一八六一年七月、のちにアメリカの国民的小説『トム・ソーヤーとハックルベリフィン』を書くマーク・トウェインはミズーリ州からネバダ州へ、シルバーラッシュを体験しに出かけた。駅馬車で旅をしたトウェインは、宿場で出される食事について記している。カップや皿は錫《すず》製、主菜はひどい軍隊用のベーコン、朝食の飲み物はスランガリアンという薄い茶。「まったくお茶のふりをしているが、ひどい量の布きれや砂、古いベーコンの皮で、教養ある旅人をだまそうとしている。砂糖もミルクもない――中身をかき回すスプーンすらない」。作法がそれに似合っている。「パンをよこせよ、お前！」[25]合衆国とソルトレイクシティの間でたった一度本物の食事が出た。「焼きたてのビスケットに新鮮なレイヨウのステーキとコーヒーの朝食だ」[26]。

ヨーロッパからの旅人はアメリカ人の早食いに驚嘆した。食事を味わうことなくガツガツかき込む。テーブルに着いたと思ったら五分で食べ終わる。（賄《まかない》付き）下宿屋では食事は「フランス流」で――全部の料理を一度に――出されるが、アメリカ人はそれをさらにスピードアップする方法を発明した。レイジースーザン（不精者のスーザン、回転盆）と言って、テーブルの中心に取り付けたボールベアリングの上に大きな円盤を乗せ、食事をする人が等しくどの料理にも手が届くようになっている。[27]

「私は鉄道で働いていました」

アメリカにはすでに世界中の鉄道線路のほぼ半分が敷かれていたが、太平洋に到達するにはなお大陸横断鉄道を建設する必要があった。労働者を見つけることは難しかった。カリフォルニア州内の肉体労働ができる男たちは誰もが日当三ドルの仕事より金《きん》を探す方を望んだ。ついに、リーランド・スタンフォード（スタンダード大学にその名が残る）が名案を思いついた。中国人である。カリフォルニアにはすでに中国人がいた。金《きん》を求めてやってきたのだが、白人による差別で閉め出されていた。マーク・トウェインは一八六〇年代にサンフランシスコの中国人街を訪れ、中国人は「静かで、温和で、従順、酔っ払ったりしないし、一日中よく働く。手に負えない中国人はまれだし、怠け者はいない」[28]と書いている。白人は中国人について――身長が平均して四フィート一〇インチ（約一三〇センチメートル）以下だから――線路工事には小さすぎる、と言った。スタンフォードは「彼らは万里の長城を築いたではないか」[29]と言い返した。

万里の長城や古代エジプトのピラミッドを築いた労働者と同じく、鉄道線路を造った男たちも食べなければならない。白人労働者はしばしば腹を壊した。中国人にはそういうことはなかった。食事に違いがあったのだ。白人は鉄道会社が与える物（茹でた牛肉とジャガイモ）を食べ、汚れた川の水を飲んだ。中国人はサンフランシスコの中国人の店から食品を買って自ら調理し、無菌の沸かし湯で茶を煎れて飲んだ。彼らは――

牡蠣、イカ、…アワビ、（アジアの）果物、それにタケノコ、海藻、キノコなど多量の野菜や…米、塩漬けキャベツ、細麺、ベーコン、甘いクラッカーを食べ、ごくたまに特別に好むものとして鶏肉に加えて、新鮮な牛肉や豚肉を摂ることもあった。[30]

中国人は病気にならなかったので、「悪魔のようだ」と非難された。彼らはまた毎日入浴し、酒を飲まなかった。唯一の悪習は日曜になるとアヘンを吸うことだった。イギリスから伝わった習慣である。

一八六九年十月、大陸横断鉄道の最後の犬釘《いぬくぎ》――ゴールデン・スパイク（訳注：黄金の犬釘、鉄道路完成記念に打ち込む）――がユタ州オグデンで打ち込まれ、アメリカの東西両海岸が鉄道で結ばれた。鉄道で供される食事はマーク・トウェインが食べた駅馬車の停車場のものよりずいぶん良くなった。シカゴを本拠地とするプルマン社は「宮殿」列車、すなわち革張りの座席に真鍮のランプやカーテンを備えた贅沢な「車輪上のホテル」を製造した。食堂車も優雅だった。白いリネンのかかったテーブルには純銀製の食器が並び、シャンパン、アンテロープ（レイヨウ）のステーキ、マウンテントラウト（イワナ）、新鮮な果物が出された。車窓から見える原野と、シェフが供するフランス風の料理を楽しむ車内の文明との対比は乗客に感銘を与えた。[31] 給仕の仕方も強く印象に残るものだった。プルマンカーのウエイターやポーターは全員黒人だった。二十世紀半ばまで、アメリカで黒人が就ける最高の職種だったし、黒人のための最初の労働組合が出来た会社でもあった。

大陸横断鉄道の工事が終了した時、中国人はカリフォルニア州の労働力の二五パーセントを占めていた。これほどの大量の労働力を必要とする事業はほかになかったので、死に物狂いの中国人たちは白人よりも安い賃金でも働いた。怒った白人労働者はワイオミングやサンフランシスコ、ロサンゼルスで中国人に集団リンチを働いて報復した。一八八二年、議会は中国人、貧乏人、知的発達が遅れた者、売春婦をアメリカから閉め出す「中国人排斥法」を可決した。中国人が退去しなくてはならなくなったことで打撃を受けたのはカリフォルニア北部のブドウ園だった。中国人が退去するのを見ていた人物は次のように回想している。

…徒歩で、馬で、荷馬車で、あるいは手押し車を押して、行列は竿の先のランタンに照らされていた…

彼らは我々にとって蒙古襲来ではなかった。彼らは、ブドウの摘み手を監督している間、私を肩車してくれた弁髪の年老いたワン・リーだった。彼は料理をし、菜園を管理し、長い尾をつけた凧を作って空高く揚げてくれた…どの農場にもそこのワン・リーがいた…

彼らの労働についての評価なら「ナパ」ヴァレーのどこでも見ることが出来る。ヨントヴィルから、セントヘレナ山へ続く木々に覆われた長い曲がりくねった道が始まるカリストガまで。(32)

しかし西部へ移動する白人にとって、(アメリカ)先住民は依然として問題だった。

西部における焦土――バッファロー文化とプレーンズ・インディアン

アメリカ合衆国陸軍は先住アメリカ人に対して、南北戦争で使われたのと同じ焦土作戦をおこなった。人を殺す必要はなく、食糧の供給を絶てばよかった。バッファローはプレーンズ・インディアン(訳注:大平原に住み、野牛を追う生活をする先住民族)にとってたんに主要な食料源というだけでなく、彼らの文化そのものだった。バッファローの皮は住まいであるティピに、あるいは衣服、毛布、ガウン、モカシン(履物)に利用する。角《つの》は儀式用の装束に、骨は縫い針に、靭帯や腱はロープやワイヤになる。膀胱や胃袋は容器になる。およそ五千万頭のバッファローが軍隊や「スポーツマン」によって殺された。彼らは新しい鉄道に乗って大平原にやってきては（軍が供給する無料の弾丸で）長距離連発式ライフルを使い、まるでバッファローが射撃練習場にいるかのように狙い撃ちした。時には合衆国東部で食料として高く評価される舌以外は死体が丸ごと残され、腐るに任されていた。ラコタ族の酋長シッティング・ブルは「最後のバッファローが倒れた時、大草原に冷たい風が吹き渡った――われらにとっての死の風だ[33]」と言った。しかしそれは白人にとっては土地を開放する風だった。

家族農場経済

中西部の農場経済は家族経済だった。家族全員が参加する。女性や子供の働きは欠くことができなかった。労働は性別で分けられた。女性はたびたび妊娠するために、家の近くに留まるが、収穫期には女性も畑で働かなくてはならない。

バッタの大襲来

家族全員が休む間もなく重労働に明け暮れていても、自然は依然として激しく変動する。聖書には、バッタはヘブライ人の神がイスラエルの人々を（エジプトから）去らせるようにエジプト人に強いた十の災いの一つだと書かれている。バッタはイナゴやコオロギの別名（訳注：新共同訳聖書ではイナゴが使われているが、実際はバッタがふさわしいとの説があるので、バッタを採用した）で、「土地を焼き尽くす」という意味があり、これらの昆虫がいた後

中西部農家の仕事

女性と子供	男性と少年
食事の支度：一日に３食	木を伐採して土地をきれいにする
牛の餌やりと乳搾り	燃料用の薪割り
ニワトリの餌やりと採卵、鶏小屋の掃除	柵作りと修繕
ソーセージ作りとハムの準備	畑を耕して肥料を撒く
家屋近くの家庭菜園の世話	種蒔き
果物と野菜の保存	穫り入れ
チーズ作り	農機具の手入れと修繕
バター作り	雄牛、ラバ、馬の世話
家の掃除	豚と羊の世話と餌やり
羊毛を紡いで糸にする	納屋の手入れと周囲を含めた清掃
糸から布を織り、染めたり漂白したりする	大型動物の屠殺と解体
家族全員分の衣服の制作、修繕	狩猟
石けん作り	リンゴ酒作り
衣服の洗濯と外干し	メープルシュガー作り
靴下、手袋、帽子を編む	
ガチョウとアヒルの毛をむしって、枕を作る	
リンゴ酒とメープルシュガー作り	
子供を産んで養育する	
あらゆる物をきちんとしておく	

の土地がまるで焼き尽くされたかのように見えるからだ。バッタはわずか数か月の一生に三八ポンド（約一六キロ）も食べる。[34] 一八七三年から一八七八年にかけて、バッタが聖書に書かれている災厄のごとく中西部の農場に空から降りてきた。数年にわたってバッタは目に入るものを食べ尽くした。最初、大きな成虫バッタが何百万ものハサミがたてるような大音響とともに群れをなして大地に舞い降り、実った小麦やオート麦、大麦、トウモロコシを食べた。その後、卵を産んだ。ミネソタ州の農民は凍えるような冬や雨の多い春には、小さな卵は生き残れないと確信していた。卵はそのどちらも生き延びて、小麦やオート麦、大麦、トウモロコシが芽を出すタイミングで孵化した。バッタはこのパターンを五年間繰

り返した。農民たちは畑を焼いたが、バッタは飛び去ってはまた戻って来た。農民は作物をシートや毛布で覆ったが、バッタはそれも食べてしまった。今度は「ホッパードーザー」を発明した。糖蜜を塗った金属片を畑で引きずるのだ。効果があるほどのバッタを引き付けることは出来なかった。のちに『大草原の小さな家』を書くローラ・インガルス・ワイルダーは学校から走って家に帰る時に、裸足の下でバッタがバリバリと音を立てて作物を食べていたことを記憶していた。ついにはバッタを制御できずに暮らしが成り立たなくなり、人々は他へ移住することになる。歴史上最大の西方移動の一つの最中に、いくつかの州では人口が失われた(35)。

「閉じ込めるな」——牛追いと有刺鉄線

牛追いは南北戦争後の一八六六年に始まった。畜牛が増えすぎて値段が下がり、テキサス州では一頭あたり一ドルにまでなったが、遠い東部の都市では牛肉に飢えていた。南部には鉄道がないので、テキサスの牧畜業者（牛飼い）は北の鉄道の始点までロングホーン牛を追って行くことにした。カンザス州のウィチタ、ドッジ、アビリーンやネブラスカ州のオマハといった伝統的に荒っぽい牧牛地域で、ワイアット・アープのような保安官がいる。通過する道にはチザムやグッドナイト・ラビングという名前がついた。一八八五年までにほぼ六百万頭の牛が北の鉄道始点まで追われ、安いテキサスのロングホーン牛がヨーロッパ産の牛肉に取って代わった(36)。

それぞれの牛追いには「炊事車」を管理して「食い物」を出す料理人がいた。一行の中で料理人は親方についで重要人物だった。ほかのカウボーイたちは料理人の携帯用寝具（丸めた毛布）を牛の背に乗せ、彼の馬車をつないだ。カウボーイたちは料理人と関わらないほうがよかった。料理人は一般に気むずかしい。なんといっても、彼らは毎日違う土地の野外で、時には百人分の食事を馬車の後で調理するのだ。料理人はほとんどの時間を一人で過ごしていた。一団の先頭を進んで、一日の行程の終わりには食事が出来上がっているように料理しなくてはならなかった。ポットやダッチ・オーブン、さらにフライパンは重い鋳鉄製だった。食事はコーヒー、豆、コーヒー、ビーフ、コーヒー、ビスケット、そしてコーヒーで、野菜などの生鮮品は何もなかった。缶詰のピーチは人気があり、缶詰トマトは壊血病を予防するためのビタミンCの補給に役立った。[37] トウガラシは主要なスパイスだった。コーヒーと同じく必須だったのは粒状のブラウンシュガーだが、ひどく乾燥しているので、塊を割ってから肉挽き器にかけなければならなかった。コーヒー挽き器は各炊事車の脇に一〇〇ポンド入りのコーヒー袋とともに備え付けてあった。時々牛を一頭殺してカウボーイ言うところの「畜生シチュー」を作った。

有刺鉄線は一八七三年、イリノイ州ディカルブの農産物品評会に登場し、解放牧場の囲い込みが始まった。農民が新しい有刺鉄線を使ってフェンスを築き、誰が、どのように土地を使えるかということをめぐって牧畜業者たちの間で争いが勃発した。気候も争いの原因になった。テキサス州で、また大草原で、一八八六年に牛追いが終わった。一八八六年から一八八七年のブリザードの際、雪で判断力を失った牛が本能的に南に向かった。雪がやんで視界が開けた時、何千頭もの牛がフェンスの中で凍死していた。「ビッグ・ダイアップ（The Big Die-Up）」である。

一八八六年はインディアン戦争が終わった年でもある。合衆国軍と戦ったインディアンは死んだり、投獄されたり、居留地に移されたりした。最後に降伏したインディアンはチリカワ・アパッチの指導者、コチースの息子、ジェロニモだった。彼はトゥームストーンからそう遠くないアリゾナ州南東部のスケルトン・キャニオンで降伏した。一八八七年、連邦議会は「ドーズ法」を制定し、部族の土地を分割して、インディアンにアメリカ人のような服装をし、同じように話し、礼拝することを強制した。

組合

同じ一八八六年には、シカゴのヘイマーケット広場で爆弾が破裂して七人の警察官が死亡した。当時の主要な労働組合「労働騎士団」が非難された。組合員の地位が急激に失墜し、騎士団は消滅した。現在も存続している新しい組合、アメリカ労働総連盟（ＡＦＬ）はその後、一八八六年に設立された。最初に入会した中にはレストラン従業員がいる。

金ピカ時代

十九世紀最後の二十五年間、アメリカではすべてが金で覆われていたように見える。その期間を、一八七三年にマーク・トウェインとチャールズ・ダドリー・ウォーナーが書いた小説のタイトルにちなんで「金ピカ時代」と呼ぶ。産

アメリカ労働総連盟加入の初期のホテルならびにレストラン従業員組合[38]

設立時期	場所	組織
1887 年	ニューヨーク	ウェイター組合
	ニューヨーク	バーテンダーズ
1888 年	ブルックリン	バーテンダーズ
	ボストン	バーテンダーズ
	セントルイス	ドイツ人ウェイター組合
1890 年	セントルイス	アメリカ人ウェイター及びバーテンダーズ
	セントポール	ウェイター組合
	シカゴ	ウェイター連盟（ナイツ・オブ・レーバー下で 1866 年設立）
	ブルックリン	ウェイター組合
1891 年	インディアナポリス	ウェイターズ
	ミネアポリス	ウェイターズ
	デンヴァー	コック組合
	セントルイス	コック組合
	ローガンスポート（インディアナ州）	バーテンダー相互扶助組合

業革命と豊富な天然資源のおかげでアメリカ人は豊かになり、それをひけらかしていた。一八四〇年代以前には「ミリオネア、百万長者」という言葉は存在しなかったが、一九〇一年には、最初の「ビリオンダラー会社」USスチールが誕生した。富裕層はヨーロッパの宮殿に匹敵する大邸宅を建設した。本物の宮殿を解体して大西洋を船で輸送し、再び組み立てることもしばしばおこなわれた。ナイフやフォークは金製品が使われた。皿は金で縁取られたもの、舞踏室や客間の天井や壁は金の葉や金の塗料、金色のカーテンで覆われた。

ショッピングと食事

「金ピカ時代」の特徴は駆け足の消費文明である。工場は製品を大量に作り、それを人々に買わせるために広告を打った。二つの新技術によってアメリカ人は幸福な買い物客になった。それは構造用鋼材と板ガラスである。新しい構造用鋼材はそれまでの錬鉄《れんてつ》よりはるかに強く、その分、建物を支えるのに少なくてすむ。中世のゴシック様式の大聖堂のように、梁の間隔がずっと大きく取れる。この空間に板ガラスの窓をはめ込む。高さ六フィート（約一八〇センチ）かそれ以上の巨大な一枚ガラスである。こうした窓の向こうに品物が飾られた。百貨店の誕生である。十九世紀終わりにオーティスがエレベーターを発明し、摩天楼が誕生した。買い物に行くことが、ちゃんとした中流階級の女性にとって外出するための口実の一つになった。

お客がデパートへ行かれない場合は、デパートのほうが客の元へ出向いた。シカゴのシアーズ・ローバック本社から送られる何百ページにもなるカタログが農家に買う気を起こさせる。料理用ストーブ、皿、ポット、鍋、農機具、種、トラクター、温水ヒーター、敷物、靴、既製服、家具などの写真が載っている。どれでも郵便で注文すれば列車で届けてもらえる――家すらも運ばれる。

家には屋内配管や電気設備が設けられ、食事用の部屋が複数造られ始めた。食堂は改まった時に、それ以外に、おそらく家族だけのために、気楽な朝食室があった。中流、あるいは上流階級の食事は、朝食、正餐、夕食というものだった。女性のためにはそれ以外の食事があった。「ご婦人の午餐」とハイティーである。

缶詰と冷蔵貨車によって生活水準が向上するようになった。缶詰（アペールが発明し、アメリカで一八七六年までには組み立てラインで大量生産されるようになった）は以前には珍しかった外国産だったり、季節はずれだったり、あるいは腐りやすかったりする食品を入手可能な便利なものにした。アメリカで缶詰が始まったのは一八二〇年代で、ロブスター、牡蠣、サーモンが使われた。一八八二年には、トマト、トウモロコシ、豆、エンドウが、少なくとも五一種類の缶詰があった中で、もっともよく使われる缶詰食品になっていた。[39] 冷蔵貨車のおかげで肉、特に世界最大の食肉市場であるシカゴのユニオンストックヤーズから来る牛肉と豚肉が国中で手に入るようになった。特に北部では人々がレストランへ行くようになった。

アメリカのレストラン

マサチューセッツ州ボストンのユニオン・オイスターハウスはアメリカでもっとも古くから営業しているレストランだと自称している。建物は古く一七四二年以前に建てられ、一八二六年にアドウッド&ベーコン・レストランになった。ノースエンドに位置し、波止場に近く、ポール・リヴィア（訳注：米国独立戦争時の愛国者）が住んでいた場所でもあり（家は現在もある）、歴史的なクィンシーマーケット地区（現在のボストンマーケット）にある。料理はシンプルである。

牡蠣は十九世紀に大流行し、一ダース一五ないし二〇セントで売られた。オイスターハウスやオイスタバーがアメリカ中に出現した。海のない内陸部には、「プレーリーオイスター」——生牡蠣の代わりに似たような濃度の生卵——があった。香辛料には同じタバスコ、ウスターソース、レモン、酢、ケチャップを使う。さらに西へ行くと、プレーリーオイスターはロッキーマウンテン・オイスターと呼ばれ、牡蠣でも卵でもなく、仔牛の睾丸になる。

祝日物語　睾丸フェスティバル

プレーリーオイスター・フェスティバルは現在も西部で開催されている。モンタナ州のいくつかの町では九月にフェスティバルをおこなっている。ネバダ州のヴァージニアシティやネブラスカでも開かれていた。プレーリーオイスターはモンタナ・テンダーグロイン（柔らかい股間）、雄牛の宝石、カウボーイのキャビアとも呼ばれている。これらの行事でビールが不足することはない。

ボストンにはほかにも自慢できる「継続しているもの」がある。パーカーハウスはアメリカ最古を誇り、現在も営業しているホテルである。パーカーハウス・ロールが発明されたのはここである。ホテルではボストンクリームパイ（実際はスポンジの間にカスタードクリームをはさみ、チョコレートをかけたレイヤーケーキ）もここのオリジナルと称しているが、確たる証拠はない。

一八三一年、ニューヨーク市サウスウィリアムストリート二番地に、スイス移民の兄弟がデルモニコズ・レストランを開業した。提供したのはコンチネンタル料理。レストランはウォール街の金融業者が食事をするだけでなく、それ以上の場所になった。さまざまな時に電信所や銀行としても機能した。一八三二年、ジャクソン大統領が合衆国銀行の再認可を拒否した。一八三七年以後、中央銀行の統制がない状態で、その名前をバックアップするに足る十分な信頼性のある機関が独自の貨幣を発行することができた。デルモニコズ・レストランやパーカーハウスも貨幣を発行した。

その他の十九世紀のレストランとしてはシカゴのパンプルーム、ニューオーリンズのアントワーヌズ(一八四〇年)がある。ほとんどの旅行者は「アメリカ式プラン」(食事をしようとしまいと、部屋と食事付きの料金を払う、定額料金)でホテルに滞在した。その後多くの旅行者がヨーロッパから来るようになると、彼らはその方式に不服を唱えるようになった。そこでホテル側は「ヨーロッパ式」(部屋代と摂った食事代だけを支払う方式)に切り替えた。(40)

ボツリヌス症

近代的な保存法によって、いくつかの致命的な食品由来の疾病(FBI:food-borne illnesses)が防げるようになった。こうした疾病の一つがボツリヌス症(クロストリジウム・ボツリヌス)である。イースト菌が空気中に存在しているように、ボツリヌス菌は地中に存在している。ボツリヌス菌は酸素の乏しい状態で生きているので、嫌気性生物(anaerobe:ギリシャ語の an = no、aero = air の意味)と呼ばれる有機体に属する。酸が十分あれば菌を殺すことができる。食品、特に野菜をピクルス液で保存すれば、酢がボツリヌス菌を死滅させる。しかし、産業革命や真空包装の缶詰の出現にともなって、ボツリヌス菌が生き残るようになった。ボツリヌス症は神経組織に打撃を与え、筋肉を麻痺させる。通常は横隔膜の麻痺によって呼吸ができなくなり、死に至る——ひどい苦しみに襲われる。死なないとしても回復する保証はない。失明や麻痺が残る。事態をさらに悪くするのは、ほかの食品由来の病気と違って、ボツリヌス菌が食品中にあっても、なんの兆候も示さないからだ。容器が膨張することもないし、鼻をつまみたくなるほどの悪臭も粘り気もない。

食の乱れ——拒食症と過食症

ヴィクトリア時代のイングランドやアメリカでは、食欲は性欲と同等に考えられていて、タブーとされていた。少女や成人女性の健康に害を及ぼす食欲を起こさせると考えられていた食品はコーヒー、茶、チョコレート、辛子、酢やピクルス、香辛料、ナッツ、レーズン、温かいパン、ペストリー（焼いた菓子類）、キャンディ、アルコールだった。肉は最悪——確実に精神障害か色情症、あるいはその両方をもたらす、と考えられていた[41]。肉やジャガイモを食べているところを見られた女性は、家畜と同等にみなされた。多くの女性はこっそりと食べるようになり、四百年ほど前にカテリーナ・デ・メディチが始めた、女性が人前で食事をするという当時の流れから方向転換してしまった。

男性の動物のような性的衝動も抑制する必要があった。ピアノの脚も覆われた。どんな脚であろうとも、男性にみだらな考えを起こさせないように、との理由からだった。女性の脚をちらりと見ることもほぼ不可能だった。足首まで覆うスカートとペチコートの下には、膝下までボタンで留める靴を履いているのだから。その上、ストッキングを履いているから、すかして見ることもできなかった。こうした性的事柄を避ける風潮は食品を表す言葉にも伝わった。上品な人々はお客に「白い肉」か「黒い肉」を出す。「胸」とか「脚」という言葉を口にしないためだった。

このように女性や性、作法や食品に関して厳しい取り締まりがなされていた世の中で、奇妙な疾患が現れ始めた。かかったのはほとんどが中流ないし上流階級の十代の少女たちだった。食料も富も過剰なほどの時代に、この少女たちは食べようとしないためにやせ衰え、死に至ることもあった。この病気は一八六八年にイギリスの医者によって初めて「拒食症」と名付けられた[42]。一九六〇年代には激増した。

この病気には主に二つの型がある。拒食症には飢えが関係する。過食症は食べ過ぎ、そのあと食べた物を極端な運動や下剤、浣腸、嘔吐によって体から一掃する——最初は指を喉の奥へ入れることで、後には意志によって強制的に出す。どちらも標準体重の「最低」よりも一五パーセント以上少ないという特徴がある。また、月経が三回続けてこない、外見に異常な関心を抱く。体重計の数字は深刻なほど低体重であることを示しているが、少女たちは鏡をのぞけば太っていると見てしまう。現在、およそ一一パーセントが死亡している[43]。

良き手伝いを見つけるのは難しい

十九世紀終わりのアメリカでは、家をきれいに保ち、食事の準備をするには大変な労力を必要とした。田舎では、誰かが外へ出て、井戸からポンプで水を汲んで家まで運び込まなくてはならなかった。一度に運べるのはバケツ一杯。町では、水の入った樽を二階まで引き上げねばならなかった。また、町では人間や家庭の廃棄物を簡単に家屋やアパートの外に出せた——窓を開けて重力に任せればよかった。動物のゴミ収集人——豚——が通りをうろついていた。一八八〇年代までには、都市には下水設備が築かれるようになっていたが、それは雨水用の排水溝で、トイレなど衛生設備用ではなかった。(44) 一八五九年にペンシルベニア州タイタスヴィルで石油が発見されてから、家庭ではケロシン(灯油)ランプが使われていた。ケロシンは汚れの出る燃料で、ランプや壁や織物(や肺)に黒い煤《すす》が付着するから、掃除をしなくてはならない。この仕事は誰がするのか?

中流階級の女性は召使いに不満があった。いわゆる「召使い問題」とは実際はこういうことだ。選択の自由がある女性は工場に働きに行く。彼女たちは賃金を得て自分の金を持っていたい。他人の家で一週間に六日半働きたくはないし、自分に来た手紙を開けられたり、生活を監視されたりもしたくない。アメリカではヨーロッパのように、召使いになるように育てられる階層がなかった。南北戦争によって中断されていた移民は、十九世紀終わりには再開され、大量の移民が流入していた。しかし、召使いになるためにアメリカへ来るのではない。

自分という主体がないことに苦しむ裕福な若い女性とは対照的に、タバコを吸い、酒を飲み、両親が嫌う人種と「悪い付き合い」を続ける労働者階級の若い女性は刑務所へ送られ、それが数年に及ぶこともあった。多くの場合、こうした女性たちは自分で金を稼いでいるから、だれにもああしろこうしろと言われる筋合いはないと思っている。彼女たちのつまずきは男性のように振る舞っていることにあった。ニューヨークでは、ニューヨークシティの北、ベッドフォードヒルズにある女性用矯正施設へ送られた。そこから彼女たちは仮釈放され、召使いが見つからなくて困っている中流家庭に家事や炊事の手伝いとして送り込まれた。主婦にとっては理想的な状況だった。「女の子」が望むように働かない場合、刑務所システム全体と警察にその子を懲戒させる事が出来るのだから。(45)

ヴァッサー・カレッジ――最初の女子大学

さらに、ハドソン川を遡って、ニューヨークシティの北七二マイル（約一一五キロメートル）にあるポキプシーには、女性のための別種の施設があった。一八六〇年代に、イギリスからの移民で醸造家のマシュー・ヴァッサーは有名になるために何かをしたいと考えた。そこで、男性向けのハーバード大学やエール大学のように、女性のための大学を造ると宣言して、資金を出した。女性が頭を使えば生殖器を損なうという、当時最高の（男性）医師の助言があったにもかかわらず実行した。大学設立直後からのメニューは、タンパク質とデンプンに重きを置く十九世紀アメリカの典型的食事を示している。メニューは十九世紀の傾向、しっかりした朝食――ある週日のメニューは、ボストン・ブラウンブレッド（蒸しパンの一種）、フィッシュハッシュ、ビーフステーキ、魚卵となっている。一日のうちで一番重い食事は昼食――ローストビーフ、コーンビーフ、ひき割りトウモロコシ粥、パンプディング、そしてサバ（この順序でメニューに記されている）だった。夕食は軽く――プルーン（干しスモモ）かビスケットにアップルソースだけの時もあった。

およそ一世紀の間、このような食事が個々の宿舎のキッチンで調理され、シャンデリアの下がる板張り壁の食堂で、白いクロスのかかったテーブルで供された。若い女性はディナーには盛装が義務付けられた。つまり、一九六〇年代終わりまで、スカート着用が必須だったのだ。しかし朝食と昼食はもう少しくだけた服装でよかった。このような雰囲気は学生の間に家族的感覚をもたらし、しばしばお互いを「姉妹」と呼んでいた。

しかし、二十世紀終わりの数十年間では、個々の宿舎に食堂を設けることは費用がかかりすぎるため、中央に一棟の食堂が建てられるようになった。その時までには、大学も男女共学になっていた。ヴァッサー・カレッジや十九世紀終わりから二十世紀初めにかけて女子に門戸が開かれたその他の大学は、来たる世代のアメリカや世界に強いインパクトを与えた。

またチョコレートにも多大な影響を及ぼした。ファッジ（柔らかくて甘いキャンディ）作りに関する記述は一八八七年、ヴァッサー・カレッジから初めて出された。[46] このレシピは他の女子大学、とくにマサチューセッツ州のスミス・カレッジとウェルズリー・カレッジで大流行した。ヴァッサー・カレッジのレシピは、クリーム、砂糖、バター、チョコレートだけのシンプルで基本的なもの。スミス・カレッジはブラウンシュガーを加えた。ウェルズリー・カレッジはそれにマシュマロクリームを加えた。今日のアメリカで作られているファッジ用レシピの九九パーセントはこの三つを基本としている。[47] チョコレートが普及するにつれ、ロマンティックな祝日と結び付くようになった。十九世紀に祝うようになったバレンタインデーである。

万国博覧会と遊園地――「オール電化住宅」

一八八二年九月四日午後三時、世界を変える出来事があった。スイッチが入ると、ニューヨーク市はトーマス・エジソンの新発明――電灯――で照らされた。[48] 電灯は夜を昼に変えた。ブロードウェーは「不夜街」になり、ニューヨークは夜を楽しむ歓楽街で有名になった。電気と機械はニューヨークの行楽地コニーアイランドでは遊びのためにも使われた。一八八四年以後、外に出て楽しむ人々は重力の力で動く乗り物、ローラーコースターに乗れるようになった。コニーアイランド・レッドホットを食べられるようになった。のちにホットドッグと呼ばれるようになる食べ物だ。ネイサンズフェイマス（訳注：有名なホットドッグチェーン）では二枚貝の殻の一枚に乗った巨大なクラム（貝）を食べることもできた。さらにドイツ移民が発明した綿菓子を食べながらぶらつくこともできるようになった。

祝日物語　バレンタインデー、二月十四日

バレンタインデーは外食するのにも（母の日について）、グリーティングカードを贈るのにも（クリスマスについて）二番目に人気のある日だ。バレンタインデーにはギリシア文化、ローマ文化、キリスト教文化が融合したものを元にした独自の料理と儀式がある。ローマ帝国では二月十四日は豊穣を祝う祭日だったが、四九八年頃、教皇ゲラシウスが聖バレンタインの日と定めた。聖バレンタインのモデルは複数いた。全員キリスト教殉教者だ。バレンタインは若い恋人達のために秘密裏に結婚式を執り行った。あるいはキリスト教徒の脱獄を手助けした。あるいは彼自身が監獄にいて、「あなたのバレンタインより」と署名したラブレターを送った。[49]

キューピッド、つまり疑うことを知らない人間のハートに矢を射る小さな羽根を持つ丸々したケルビムは、元々は古代ギリシアの愛の神、完璧な体をしたすばらしい競技者だった。（ローマではエロースと呼ばれ、人間に性欲を起こさせる。）キューピッドの母――ギリシアではアプロディーテー、ローマではウェヌス（英語読みではビーナス）――は、若くて美しい乙女プシューケー（魂）に嫉妬して、プシューケーが醜い男に恋するようにキューピッドを遣わした。しかし、キューピッドはプシューケーを見るなり恋に落ちてしまう。キューピッドはプシューケーに自分を決して見ないように約束させる。見たら二人は永遠に別れることに

なるからと。プシューケーはキューピッドを盲目的に愛したが、姉妹たちにこっそりのぞいてみるように勧められるまま、ある晩、ランプを手にキューピッドが眠っている間に見てしまう。プシューケーの手は喜びで震え、熱い油がキューピッドの肩にこぼれた。キューピッドは肉体にも心にも火傷を負い、プシューケーの元を去った。なぜなら「愛は信頼なくしては生きられないから」。

失意のプシューケーはアプロディーテーの元へ行き、キューピッドに会わせてくれるよう懇願した（キューピッドは回復してそこにいた）。アプロディーテーは難題を与えてプシューケーを退けようとした。しかしプシューケーはすべての仕事をやり遂げた――地獄（文字通り）を通ることすらやってのけた。それほどキューピッドを愛していたのだ。回復したキューピッドもプシューケーを求めた。最高神ゼウスはプシューケーにアムブロシア（神々の食べ物、神饌《しんせん》）を与えた。それを食べれば神の仲間入りができる。ゼウスはキューピッドとプシューケーは永遠に結ばれると宣言した。なぜなら愛と魂は相手なしでは生きられないからだ。(50)

中世には聖バレンタインとキューピッドが一緒になって、バレンタインが恋人たちの守護聖人になった。カードがやり取りされていた。現存する最古のバレンタイン・カードは一四一五年に書かれた。一八四〇年代に、アメリカ人女性エステル・A・ハウランドが初めてカードを大量生産したと言われる。現在ではカードに加え、恋人達は花、それもバラ、特に赤いバラを情熱のシンボルとして贈っている。

バレンタインデーの料理は性欲を起こさせるもの——シャンパン、キャビア、カキ、フォアグラ、パッションフルーツ、トリュフ（キノコとチョコレート）。レストランの装飾はピンクと赤で、メニュー、リネン、花、エプロンに使われる。食品もしかり。ヴィネグレットソースで和えたラズベリー、クーリ（ソース）、ゼリー、スフレが出される。食品はハート形に作られる。パテ、ラヴィオリ、ケーキ、タルト、マフィン、パンケーキ、クッキー、キャンディなど。しかしこれらの贈り物が保証してくれるわけではない——キューピッドはいまでもとてもいたずら好きなのだ。

ニューヨークに灯火がともされてから一一年後、シカゴでも電灯が建物を明るく照らした。一八九三年のシカゴ万国博覧会はコロンブスが新世界を発見してから四〇〇年を記念してコロンブス万国博覧会と呼ばれた（実際は準備に時間がかかり一年後だった）。シカゴ万国博覧会の趣旨は一八五一年にイギリスで開かれたロンドン博覧会で水晶宮（クリスタルパレス）が担ったのと同じことをアメリカのためにおこなうことであった。つまり国家の富と力を広く世界に知らしめること。展示館や展示品は巨大な「ホワイト・シティ」を造るための建築ガイドラインに厳密に沿ったものでなくてはならなかった。白一色というわけで、黒人は、フレデリック・ダグラスのような有名な解放奴隷ですら、作業員としても観客としても入場を許されなかった。ただし、黒人は展示品にされた。一人は元奴隷のコック、ナンシー・グリーンで奴隷として装い、笑顔を浮かべてパンケーキを給仕した——ジェマイマおばさんだ。

もう一つの展示は電気関係で、未来の「オール電化住宅」が紹介された。「電気ストーブ、ホットプレート、洗濯機とアイロン、食洗機、じゅうたん掃除機、電動ドアベル、蓄音機、火災警報器、さらに無数の点灯装置[51]」を備えた楽園で、これらは広く使われるようになったものばかりだが、そうなったのは五〇年以上も経ってからのことだった。

祝日物語　コロンブス記念日、十月十二日

一八九三年のコロンブス万国博覧会はアメリカ合衆国におけるコロンブス記念日を祝って始まったもので、今でもイタリア系住民の多い都市では祝われている。この祭のために「忠誠の誓い」が書かれたが、一九五〇年代までは「神のもとに」という言葉は入っていなかった。その後、共産主義に対抗するために入れられた。感謝祭同様、アメリカ人にとっては休日であっても、先住民にとっては悲しむべき日である。

一八五七年、ドイツ人物理学者ルドルフ・J・E・クラウジウスは熱の単位を発見し、カロリーと名付けた。それは一グラムの水を摂氏一度上げるのに要するエネルギーの量である。一ポンド（約四五四グラム）の体脂肪は三五〇〇カロリーに匹敵する。カロリーの発見によって、健康食品や食事療法は重要視されなくなったのだろうか？

十九世紀の健康食品運動

菜食主義

十九世紀の菜食主義には二つの段階がある。最初は南北戦争以前で一八三〇年代に始まった。二番目は金ピカ時代に盛んになった。十九世紀の健康食品の背後にある一つの考えは、人間が動物のように肉を食べるのをやめれば、動物のような行動をしなくなるだろうというものだ。ここで言う好ましくない動物の行動には、利己主義、セックス、戦争が含まれる。

一八三〇年代、シルヴェスター・グラハム博士は、上等な食品とされる精製された白色粉（胚芽とふすまを除いた小麦粉）は人間の健全な自然体から人工的で文明化された状態へのまさに堕落を示すものであると主張した。グラハム博士は粗挽き全粒粉、すなわち中世には農民に与えられた粗いものを推奨した。大量販売を目的とするパン製造業者には本物のパンは作れなかった。それができるのはただ一人、「妻や、母親だけ――女性なら当然そうするように、夫を愛し子供を愛する妻である」[52]。その粉はグラハム博士の名前にちなんで名付けられ、ついでその粉で作られたクラッカーの名前になった。今日では、混ぜ物が入っていないただのグラハムクラッカーを見つけるのはほとんど不可能になっている。そうしたクラッカーは、ハニーグラハムやシナモングラハム、テディグラハム、チェディグラハム、さらには発明者の意図を無視したその他のグラハムと区別するために、「低脂肪グラハム」として売られている。一般のグラハムクラッカーに入っているグラハム粉は量にして脂肪や甘味料についで三番目か四番目であることが多い。そして食べ方として、グラハムクラッカーを砂糖ごろもやクールホイップ（訳注：白い甘味料の商標）につけるように箱に書かれている。

健康や自己充足を極限まで追求した人物は思想家のヘンリー・デイヴィッド・ソローである。一八四五年七月四日から一八四七年九月六日まで、人間は肉も文明も必要としないことを証明する実験をおこなった。ソローはマサチューセッツ州ウォールデン湖畔の森でシンプルな生活を送り、人生の意味や産業革命についての考えを記録し、食べた物や、それをどうやって調達したか、いくらかかったか、などを詳細に記録した。ソローは菜食主義を信奉していたが、ほとんどのアメリカ人はそうではなかった。

一人の農夫がこう言っている。「菜食だけでは生きられないよ、骨を造るために必要なものは何もないからな」と。農夫は牛の後を歩きながらずっとしゃべっていた。その牛たちと言えば、骨は草食で造られたもので、農夫とゴロゴロいう鋤をぐいぐい引っ張っている。[53]

ソローは買ったり、摘んだり、自分が植えたりした食物を食べて暮らした。米、糖蜜、ライ麦、コーンミール（ひき割りトウモロコシ）、小麦粉、少量の塩漬け豚肉かラード（豚脂）、それと砂糖を買った。これらの食品に加えて季節ごとに、ブドウや野生のリンゴ、クリ、（食べられる茎のある）アメリカホドイモ（*Apios tuberosa*）などの野生の果実やナッツ類を摂った。さらに十分な量のエンドウ豆やジャガイモ、インゲン豆などを耕作して、余った分は売って儲けにした。ソローの一週間あたりの食費はすべてをひっくるめて二七セントだった[54]。それが出来ることを証明したが、ほとんどの時間を一人きりで過ごすことは誰にでも勧められるわけではない。

ケロッグ対ポスト——朝食戦争

ミシガン州バトルクリークではケロッグ兄弟の間で争いが起きていた。ジョン・ハーヴェイ・ケロッグ（兄）は自分たちが作るシリアルは無糖のままでいきたいと考えていた。W・K（ウィルキー・キース・ケロッグ、弟）は砂糖を加えたがった。二人とも、議論する兄弟のいないC・W・ポストに不意を突かれた。ポストは自社で作るシリアルに砂糖を添加したいと考え、そうした。W・Kは最終的にコーンフレークに麦芽甘味料を加えた。ジョン・ハーヴェイは独自の方向に進み、バトルクリーク・サナトリウム——「ザ・サン」を設立した。そこは十九世紀終わりの健康食品運動の中心となり、近代的な健康増進施設の先駆けとなった。一八八八年までには、医師、看護婦、理学療法士、栄養士などのスタッフは一度に六百から七百人の患者を世話するようになっていた。菜食主義者、エレノア・ローズヴェルト（後の大統領夫人）やヘンリー・フォードなどの上流階級の後援者の要求に応じた。ケロッグ博士は食物を噛むことの重要性を強調した。十九世紀のもう一人の健康食品を勧める医師、ソールズベリーも噛むことを始終重要視していた。彼はきちんと噛むことをしない、あるいはできない人々向けに、あらかじめ刻んだ肉を楕円形にしたパテを考案した。医師の名前からソールズベリーステーキと呼ばれる。ケロッグ博士は噛むことについての歌を作った。（しかし原曲は失われ、「ザ・サン」について一九九四年に制作された映画『ケロッグ博士』のために再作曲された。）博士は便秘を恐れた。便秘は「自家中毒」——自己中毒の原因だと信じていた。マスターベーションは最大の罪の一つと固く信じていて、親たちに、夜、子供の寝室に踏み込み、行為をしているところを取り押さえるよう助言した。また、現在「陰核切除」と呼ばれる、性的喜びをもたらさないように女性器を切る行為を擁護した。これは麻酔なしでおこなわれるべきだと主張した。

ケロッグ博士は食事療法や食品について数多くの論文を書いている。妻のエラの手助けと励ましで、パスタは一時間茹でるべきだとの考えに至った。彼は人間には肉を噛み切る歯があることを無視して、すべての動物は本来ナッツ（木の実）を食べていたと主張した。彼のレシピの多くは基本的にナッツバター、特にピーナッツバターを使っている。これは農業の天才（植物学者）ジョージ・ワシントン・カーヴァーから学んでいる。

カーヴァーは奴隷として生まれた。有名なアラバマ州のタスキーギ職業訓練校（現在は大学）の校長で同じく解放奴隷のブッカー・T・ワシントンはカーヴァーを農学部長として招聘した。カーヴァーは引き受け、以後四六年間そこに留まった。[55] カーヴァーは綿花を食い荒らす昆虫、ワタミハナゾウムシにやられて壊滅的だったアラバマ州の経済を立て直した。また、農家に綿花の代わりにピーナッツを育てるように助言した。ピーナッツは保存がきき、冬でも食料として利用できる。圧搾してオイルにできるし、ピーナッツと葉は家畜の飼料にもなる。[56]

ケロッグ博士は「ザ・サン」でピーナッツバターの使用を勧めた。もともと奴隷やアフリカ系アメリカ人が食していたため、中流階級のアメリカ人からは見下されていた。しかし「ザ・サン」に行く上流階級の人々は地位や身分にはこだわらなかった。ピーナッツバターは健康によいというケロッグ博士の主張を受け入れ、その言葉を広めた。反菜食主義者は、人類が生き延びてきたということからは肉食の正しさが証明されており、ずっと肉を消化できるような調理法を生み出してきた、とケロッグ博士に論争を挑んだ。しかしケロッグ博士の目的は「万人の便秘と世界的自家中毒（自己中毒）という人類を滅亡させる影響から文明を救うこと」だった。[57]

「アトランタの聖水」——コカコーラ

中世では薬種屋が砂糖や薬を売ったように、金ピカ時代には薬剤師がドラッグストアで砂糖飲料を販売した。バーのような長いカウンターでアルコールの入らない飲料を提供するドラッグストアのソーダファウンテンはアメリカで生まれた。カウンター係は、ソーダを混ぜる機械のハンドルをぐいっと引き下げる（ジャークダウンロード）ことからソーダジャークと呼ばれるようになった。ソーダは人工的に炭酸ガスを入れた水（一七六七年に発明された）で、それに香味料を加えれば何百通りもの組み合わせができる。一八八〇年代には、こうした飲料のいくつかは特許が取られていた。発明者たちは一ポーション（一杯分）につき半セント以下の原価の物を五セントで売って百万長者になった[58]。それらはハーブ（香料植物）と根の混合飲料で、健康増進に効くと主張した。

アトランタの医師で薬剤師のジョン・スティス・ペンバートンの目的は自身のモルヒネ中毒から脱するための抑制剤、あるいは「鎮静剤」を考案することだった。一八八五年、マリアーニ・ワインのように中身を強化したワインを手本に、ペンバートンズ・フレンチワイン・コカを発明した。ペルーのコカの葉由来のコカとアフリカのコーラナット（コーラノキの実）から取ったカフェインという二つの新しい特効薬を含んでいる。どちらにも覚醒作用があり、おそらく催淫《さいいん》性もあると考えられている。ペンバートンはこの飲料がアメリカ人を苦しめている症状、つまり疲労、便秘、憂鬱、インポテンス、頭痛、ヒステリーに加えて、当時は合法だったアヘンやモルヒネ中毒に効くと主張した（これらの主張は誤りだった）。アトラン

初期の清涼飲料水[59]

年	飲料	場所	効能
1876	ハイアーズ・ルートビアー	フィラデルフィア、PA	血液浄化
1885	モキシー・ナーブ・フード	ローエル、MA	神経症や無気力症の回復
1885	ドクターペッパー	テキサス	消化促進

タ市がアルコール飲料を禁止すると、ペンバートンはワイン・コカからアルコールを除いて、セブンエックス（7X）としてしか知られていない七種の秘密の原料を加えて、コカコーラを誕生させた。

コカコーラの最初の広告が一八八六年五月二十九日にお目見えし、翌年、ペンバートンはコカコーラの特許を取った。そして翌年、ペンバートンは死去した。一八九二年、コカコーラ社は法人となった。コカコーラの化学式は百年以上超極秘とされていた。一九九三年、ジャーナリストのマーク・ペンダーグラストはコカコーラの歴史を調べるために保管文書に目を通していた。その時、間違って、会社側がペンバートン直々のコカコーラの化学式が入ったファイルを渡してしまった。二つ（南米産のバニラとアフリカのコーラナット）を除いて、超極秘の七種の香料と砂糖を含むすべての原料はアジア産だった。オレンジの花を使うことは明らかに中東流で、アル・バグダーティーの中世の料理本から生まれたと言えよう。

コカコーラは当初、薬として売られていたが、一八九八年に議会が薬に税金をかけることが決まると、会社は飲料にすることにした。一八九九年まで、コカコーラはソーダファウンテンでのみ扱っていた。炭酸水と混ぜた一オンス（約三〇cc）のコカコーラシロップはすぐに気が抜けてしまうからだ。その後、テネシー州チャタヌーガの二人の弁護士は、コカコーラ社の取締役会に瓶入りコークを売る権利を――無料で――自分たちに与える契約書に署名させてしまった。取締役会は考えることにあまりに時間をかけ過ぎた（愚かな商売上の取引として、この一件はコンピューターのソフトウェアにはなんの価値もないと宣言したIBMとトップを争っている。だからビル・ゲイツは自分のオペレーティングシステム・プログラムの全権利を持ち続けることができた）。

コカコーラ社はどうやら瓶詰技術の世界で起きていることに追いつけなかったようだ。瓶詰の炭酸飲料には問題があった。瓶の口を塞ぐには何らかの栓（ガラス、コルク、あるいは金属）を、留め金か撚った針金のようなもので締め付けなければならない。どれを試しても漏れてしまう。ただ、噴き出すほどではなかった。一八九二年、王冠が発明されて問題は解消された。それはひだの寄った金属の蓋に圧力をかけて封印する方法で、現在でも清涼飲料水の瓶の蓋として使われている。コカコーラの繁栄はたんにソーダだけで生まれたのではない。瓶や蓋の製造、そしてそれらを封印する工場のおかげでもある(60)。

一八九八年四月、米国は戦争を始め、コカコーラも戦争に突入した。ラム酒、コカコーラ、ライムジュースを混ぜた新しい飲み物の名前はアメリカ人がやろうとしたことを代弁していた。それはキューバ・リブレ——自由のキューバである。四か月後、スペインは最後まで残っていた植民地から追い出され、戦争が終わった。アメリカはカリブ海で、プエルトリコと、キューバにあるグアンタナモ海軍基地を獲得した。太平洋ではグアムとフィリピンを得た。

アメリカ合衆国は世界の強国へと歩み始めた。しかしヨーロッパ人は一歩先んじていた。

ヨーロッパ——栄養、公衆衛生、進化

十九世紀、科学者や技術者は、特に北方ヨーロッパにおいて、(十七世紀の)科学上の大革命の間に発見された理論や道具を取り入れ、それらに実用的応用を創造し続けていた。工業や薬学、科学上の革命をもたらした機械類を造った。小さな農場に暮らしていた何百万もの人々が田舎から都市へ流れ込み、込み入った不衛生な環境に身を置き、一日に十二時間かそれ以上をほとんど風通しのない工場で働いた。六歳の子供すら危険な機械を操作した。何千という人々が死んだ。科学者たちはそうした人々の死をもはや神々の怒りのせいにすることはなかった。代わりに栄養状態と公衆衛生に目を向けた。南ヨーロッパと東部ヨーロッパでは小作農が国を出てアメリカの都市へと

流れ込んだ。北ヨーロッパでは、科学者が植物や動物について研究し、暮らしについての新しい理論に行き着いた。

フランス――酵母菌

フランスのワインやビール、ミルクを何かが壊していた。酸っぱくなったものは廃棄するしかなかった。それは最悪で謎だった。ブドウの木に実るブドウにも、牛が出すミルクにも、ビールにも最初はなんら悪いところはなかった。発酵は五千年前から知られていた。エジプト人はあるものが穀類をビールに変えることを発見していた。しかしそれがどのようにして起こるのか、正確なところは謎だった。おそらく科学者ならわかるのではないか。

ルイ・パストゥールは一八五〇年代中頃から一八六〇年代にかけて液体の研究を続けていた。顕微鏡を通して、彼は世界で最初に酵母菌、つまり発酵を起こす菌を目にした人物となった。また、液体を一定の温度まで熱すると、酸っぱくする菌は死滅する一方、発酵を起こしてワインに変える菌は生きていることを発見した。科学界はこれらの菌類は発酵の産物だと信じていた。しかし、パストゥールは菌類が発酵を起こすと言った。パストゥールは笑いものにされたが、正しかった。食品を熱して腐敗を起こす菌類を破壊する過程には今でもパストゥールの名前がついている。pasteurization《パスチャライゼイション》（低温殺菌法）という。二十一世紀のアメリカで、チーズ製造業者は生の低温殺菌されていないミルクを使いたがる。それはミルクを熱すると変化するからだ。これまでのところ、アメリカ食品医薬品局は許可していない。

フランス——フィロキセラ（ブドウの根に寄生する害虫）

科学研究の一部として、植物と動物が世界的規模で交換され、いわゆるコロンブス交換が続いている。時には悲惨な結果をもたらすことがある。北米からもたらされたヴィニフェラブドウはヨーロッパでフィロキセラの蔓延を引き起こした。フィロキセラはヴィニフェラブドウの根から樹液を吸い取る小さな黄色いアブラムシで、植物の地上部分には病気のしるしは見られない。ところが、突如、植物全体が枯れてしまう。フィロキセラは風や水、靴や道具に付着した土に運ばれてたやすく広がる。一八六〇年代から一九〇〇年の間に、ヨーロッパのヴィニフェラブドウの三分の一が枯れた。解決策は、アメリカから台木を輸入して、そこへフランスのブドウを接ぎ木することだ。一九〇〇年までにフランスの台木に継がれたヴィニフェラブドウは三分の一以下で、残りはアメリカ産の台木に育っている。(61)

アイルランド——飢饉を終わらせるためのスウィフトの「穏健な提案」

南北アメリカから輸入されたもう一つはアイルランドにとって主要な食料源になった。十九世紀、アイルランドにおけるイギリスの存在は軋轢《あつれき》の原因だった。イギリス人の地主が富んでいくのに対してアイルランドの農民は飢餓の瀬戸際にいた。一世紀前の一七二九年に、『ガリバー旅行記』の著者としてもっとも有名なイギリスの作家ジョナサン・スウィフトは、『穏健な提案』という短編を書いた。副題が「アイルランドの貧しい子供たちが両親あるいは国家の重荷になることを妨げ、彼らを国民全体にとって有益な存在にするため」という。これはアイルランドの極度の貧困についての厳しく、陰鬱な諷刺だった。

［A］しっかり養育された若くて健康な子供は一歳時がもっとも美味で栄養があり、健康によい食品であり、シチューでもローストでも焼くのでも、茹でるでも、またフリカッセ（細切れ肉のシチュー）にしても、ラグーにしても同じように提供される…子供は友人をもてなすのに二皿できるし、家族だけで食する時は、前四分の一でも後ろ四分の一でも、悪くない料理になる。少量のコショウか塩で茹でて四日目にはとてもよくなる。ことに冬場には。[62]

飢えに苦しむアイルランド人はユーモアを理解しそこなった。なぜなら、たとえ自分たちがそのままですませられたとしても、イギリス人ならそうするだろうとアイルランド人は感じるからだ。一世紀後でも食料配給は公平でなかった。中世の農奴やアメリカ南部の奴隷のように、アイルランド人は食料を生産しても、食べることは許されなかった。なぜなら、利益を上げるために輸出されたからだ。アイルランド人の食料の頼みの綱は新世界の根菜、ジャガイモだった。

アイルランド——ジャガイモ飢饉

栄養価のある作物が育たないやせた土地でできるジャガイモのおかげで、アイルランドの人口が増えた。他の作物ではそうはいかなかっただろう。ジャガイモはきわめて栄養価が高い。鉄、タンパク質、炭水化物、ビタミンCを含有している。アイルランド人はふつうジャガイモを皮付きのまま茹でて食べた。ポットが床に置かれ、そのまわりにみんなが集まった。マッシュポテトはここで発明された。ジャガイモを取り、そのうちのいくつかに水や塩や辛子、時にはバターミルク（ミルクやクリームからバターを採取した残りの液体）を加える。成人男性は一日に一三から一四個のジャガイモを食べたが、それ以外のものはごくわずかだった。時たま卵やオート麦が加わった[63]。

一八四〇年代に、ジャガイモの葉や茎を黒く変色させ、根を腐らせる病気が現れた。ジャガイモが枯れ、アイルランド人も死んだ。その解決策としてトウモロコシ（メイズ）がアメリカから輸入された。しかしアイルランドの製粉機はオート麦や小麦のような柔らかい穀類用に造られているため、トウモロコシを砕くことが出来なかった。トウモロコシは腐り、人々は飢えた。人々は墓場に生えるイラクサを摘んだ。モンゴルの馬乗りのように、家畜の首を切り裂いて血を飲んだ。時には動物も死んだ。

飢饉の時期におよそ百万人のアイルランド人が死んだ。生き残った百万人は新しい場所へ、食料があり、宗教のせいで迫害されることのない土地へ移ることを決めた。彼らはアメリカでやり直すことにした。そしてアイルランド人としての強いアイデンティティを持ち込むことになる。

祝日物語　聖パトリックの祝日、三月十七日

聖パトリックの祝日は世界中で最も広く祝われている祝日で[64]、紀元四三二年、緑豊かな風景から「エメラルド島」と呼ばれるアイルランドにやって来た守護聖人を祝う。人々をキリスト教徒に改宗させ、ヘビを絶滅させたと言われる（もっともアイルランドにヘビがいたことはないとの証拠がある）。アメリカでの七五回の聖パトリックの祝日では、緑色のものを身

につけ、アイルランドの太鼓や弦楽器、バグパイプの音楽に合わせて踊り、コーンビーフ・アンド・キャベツの伝統料理を食べ、緑色のビールを飲む。最初に聖パトリックの日が祝われたのは一七六二年のこと。それはニューヨーク市においてだったが、アイルランド在住のアイルランド人はイギリス政府の規則によって、アイルランド人として祝うことができなかったからだ。聖パトリックの日に川を緑色に染めた最初の都市はシカゴである。

アメリカ合衆国――ルーサー・バーバンク

アイルランド人は貧しく、多くの人々が一番近くの米国の港、マサチューセッツ州ボストンへ渡るのが精一杯だった。その地で、ヨーロッパで進化論や農業科学の進歩に影響を受けていたルーサー・バーバンク（一八四九～一九二六年）という一人の科学者がジャガイモ飢饉のことを聞いた。バーバンクはもっと質のいいジャガイモ、病気に抵抗性のある品種を異種交配させて交配種を発明――「作り出す build」はバーバンクの言葉――しようと決心した。バーバンクのジャガイモはさらに改良が加えられ、アイダホポテトが生まれた。彼は天才とも言うべき人間で、独学で知識を身につけた。自分の学校は「自然大学」である、つまり自然から学んだとよく言っていた。[65] 彼はカリフォルニア州ナパへ移り、四千五百種以上の植物の実験をおこなった。その中にはインド、フランス、チリ、ペルシア（現在のイラン）、メキシコ、日本からの種や苗が含まれている。そして他にもサンタローザプラム、プラムコット（スモモとアンズの交配種）、プラムとアプリコットの交配種、そしてシャスタデージー（フランスギクとハマギクの交配種）など多くの新しい植物を「作り出した」。また「氷山」と呼ばれる白いブラックベリーを創り出したが、誰の興味も引かなかった。

バイエルン——狂王ルートヴィヒ、そしておとぎ話のキッチン

飢えに苦しむアイルランド人とは対極の社会階級にはバイエルン王がいる。一八六四年、十九歳のルートヴィヒ二世はドイツ南部、アルプスが美しいバイエルン地方を治める王となった。たいていのアメリカ人はバイエルンのことを、ババリアン・モーター・ワークス（ＢＭＷ）で、あるいはアスピリンの「バイエル」で知っている。ルートヴィヒはバイエルン州の紋章になっている城と白鳥を愛した。経済が低迷する中、臣民へ仕事を与えるために、ルートヴィヒは城の建設を始めた。十九世紀のゴシック様式で、自身が育った中世の城を手本にした。絵画、フレスコ、タペストリー、彫刻は、竜を退治したジークフリートのようなドイツの神話からとった英雄たちを褒め称えるものばかりだった。天井はドイツの有名な作曲家ワグナーのオペラのシーンで飾られている。人工の小川には機械仕掛けの白鳥が泳ぐ。しかし、城は国の経済を破綻に追いやった。一八八六年、四つ目の城を造ると言った時、ルートヴィヒは不可解な状況のもとで溺死した。貴族たちが王をボートにおびき寄せ、湖の真ん中へ行って突き落としたという話もある。

城の一つ、ノイシュヴァンシュタイン城——「新しい白鳥城」——は一八六九年から一八八六年にかけて造営され、そこにルートヴィヒは超近代的なキッチンを造るために湯水のように金を使った。磨かれた巨大な花崗岩の円柱がアーチ状の丸天井を支えている。キッチンにも花崗岩の魚飼育用の水槽があり、温水と冷水が流れ、グリルがあり、

板張りの床下に煙を放出するようになっている巨大な調理台、さらにオーブン壁を備えている。立ち昇る熱は二通りの方法で利用されるようになっている。調理用ストーブから煙突へ通じる時には、プレートウォーマー（皿温め器）を通る。煙突中の熱気は、自動的にスピットロースター（肉焼き器）を回転させる歯車につながれたタービンの刃を回転させる。エレベーターの前で、ウエイターたちは無言でストーブ用の薪を運び、調理された料理を三階の精巧な装飾が施された食堂へ届けた[66]。ほとんどのアメリカ人はノイシュヴァンシュタイン城を見たことがなくても、即座にそれとわかるだろう。ディズニーランドの「眠れる森の美女」に出てくる城のモデルだからだが、実物は比べものにならないほど美しい。

ルートヴィヒ二世の祖父は今でも活気のある祭を始めた。毎年二週間、バイエルンの都市ミュンヘンは世界最大のビール祭、オクトーバーフェストを主催している。

祝日物語　オクトーバーフェスト

オクトーバーフェストは一八一〇年十月十二日に皇太子（のちの王）ルートヴィヒ一世とテレーゼ皇女の結婚を祝ったのが始まり。祭の最後には競馬がおこなわれた。大変楽しかったので、翌年も開催された。年を経るにつれ、農産物の展示が加わり、ついでメリーゴーラウンド、さらにビールスタンドが加わった。現在オクトーバーフェストで有名なビールテントは一八九六年に初めて設けられた。[67] 今日では何百万人もの人々が来て、ソーセージを食べ、ビールのジョッキを傾けている。

一八七〇年の普仏戦争――軍隊向けのエスコフィエの料理

一八七〇年、フランスとドイツが戦争に突入した。フランス軍将校たちは先を争って最高の料理人を雇った。シェフなしで戦争に行くのは洗練されたとは言えない。パリで勢いのあるシェフの一人がオーギュスト・エスコフィエ、フランスのリヴィエラ出身の二十二歳だった。才能に恵まれ、やる気があり、参謀幕僚付きシェフになった。

戦争開始時、エスコフィエは戦場近くで高級料理を準備していた。仔牛肉のホワイトソース煮込み（blanquette de veau）、ローストサーロイン、ウサギのラード煮、コニャックに白ワイン。食料が不足してくることがわかっていたので、先に計画を立てた。自分で農民、調達人、略奪者になった。こっそり小さな農場を作った。新鮮な卵、ミルク、鶏、アヒル、ウサギ、豚、羊、七面鳥を手に入れるために。将校たち秘蔵のワインやブランディーの補完もあり、利益が出た。長く苦しい時期も将校たちはおいしい食事を食べ続けた。他の騎兵隊将校たちが最後のおいしい食事――それに最後の馬たち（フランス語で cheval）――を食べ終えた後も長いことそうしていた。しかし、結局エスコフィエも騎兵隊の馬を馬肉ポトフ（pot-au-feu de cheval）や馬肉レンズ豆添え（cheval aux lentilles）に使うことは徐々に減っていった。エスコフィエともう一人のシェフは戦争捕虜として捕まり、逃走したが、ドイツのケーキ店に仕事を得ようとして再度捕まった。[68]

アルザス——独仏共同料理

ライン川沿いのドイツと国境を接するフランスのシャンパーニュ東部、アルザス地方は論争があった地方である。当然のことだが、この地方の料理は栄養価の高いフランス料理とドイツ料理が融合したものだ。おそらくアメリカ人にもっともなじみがあるのはキッシュであろう。ベーコンやハム（伝統的な作り方ではチーズは入れない）が入った風味のあるカスタードタルトで、二十世紀最後の十年間にアメリカで人気が出てきた。[69] キッシュはこの地方で作られるリースリングのような白ワインとよく合う。しかしアルザス人はフランスの他の地方の人々の二倍もビールを消費する。近くのベルギーのように、アルザスでも料理、特にスープにもビールを使う。アルザス人はシュークルート——豚肉とソーセージを加えたザウアークラウトが大好き。ストラスブールはゴシック様式の大聖堂とペストリーの皮に詰めて焼いたパテ・ド・フォアグラ（フォアグラペースト）で名高い。ミュンスターはソフトチーズが有名。パンは、フランスのどこでも称賛される白いパンと違い、ドイツパンのようにライ麦や全粒小麦を使った黒いものがある。アルザス料理に見られる典型的なドイツの調味料はビャクシン、キャラウェー、ホースラディッシュなどである。[70]

フランスのタルトやプティフールとともに、アルザスのペストリー店ではドイツの「ブラックフォレスト（黒い森）」ケーキ（シュヴァルツヴェルダー・キルシュトルテ）、つまりチョコレート・ジェノアーズ、ホイップクリーム、キルシュ（サクランボ酒に浸けた黒サクランボ）が層になっているケーキも作っている。名前は近くの森から取ったもの。アルザスの花嫁は誰もがクーゲルホップフ用の独特の深い渦巻き型を持参する。クーゲルホップフ（クグロフ）はナッツやレーズンを詰めた甘いパンで、特別の日のためのものだったが、現在では標準的な朝食として食べられている。型の名前は「クーゲル」から来ていて、意味は球、ホップフはホップのことで、かつてビールは衣用生地《ころも》の嵩《かさ》を増すのに使われたことからきている。型は銅製よりテラコッタ（赤土素焼き）製が好まれた。テラコッタはバターを吸収して、銅のものよりいいパンの皮ができるからだ。ウエハース（ゴーフル）用の型に加えてアルザス人はスパイスの効いた成型ケーキやジンジャーブレッド用にいくつもの型を持っている。クリスマス用の星、新年用の魚やウナギ（かつてライン川にはたくさんいた）、公現祭用のフルール・ド・リス（ユリの花）、イースター用の仔羊、洗礼（式）用のベビー、そして愛国心を表す行事用には有名なフランスの雄鶏とさまざまな型がある。(71)

普仏戦争が一八七一年に終わる前、プロイセンはパリを包囲した。飢えに苦しむフランス人はペットの犬や猫を食べ、ついで動物園の動物を食べた。勝利したドイツ軍はヴェルサイユ宮殿から世界に向かって、ドイツ帝国は樹立されたと宣言した。彼らはアルザス‐ロレーヌ地方を領有し、フランスに対してドイツ軍がパリから出る前に莫大な金を払うよう強要した。

オーストリア‐ハンガリー帝国

オーストリアのもっとも有名な料理はヴィーナー（ウィンナー）シュニッツェル（ウィーン風仔牛のカツレツ）とアップルシュトゥルーデル、パイ状の皮にリンゴが詰まったペストリーであろう。カツレツは粉をまぶして揚げたもの（最初に詰め物をすることもある）。パプリカシュニッツェルはパプリカで調味したものにサワークリームのソースをかけ、トマトを添える。アップルシュトゥルーデルは砂糖とレーズンで甘くし、タルトにシナモンをかける。アメリカ人はシュトゥルーデルといえば甘いペストリーだとしか思わないが、オーストリアでは揚げた脳やマッシュルームを詰めた塩味のものもある。クリームパフ（プロフィトロール、小球形のシュークリーム）も、ハム、レバー、チキンのような塩味の詰め物にベシャメルソースがかかっている。東ヨーロッパの主要食品——キャベツ、キャラウェー、マッシュルーム、サワークリーム——は豚肉やジャガイモと一緒に調理されることが多い。肉の付け合わせとして一般的なのはパセリやポテトだ。ザウアークラウトのレシピはたくさんある。リプタウアーはケイパーやハーブ、アンチョビを加えたクリームチーズのこと。前菜や軽食として、オープンサンドのようにパンやトーストに塗ることもできる。ノッケルは団子で、スープにスプーンから落としたり、穴の大きな漉し器から押し出すようにして入れる。ビーツ、コールラビその他の根菜はスープやサラダに使われる。もう一つの有名なデザートはザッハートルテ（名前はおそらくホテルのオーナー、ザッハ氏にちなんで付けられたと思われる）はアプリコットジャムとチョコレートシロップのかかったチョコレートケーキである。

オーストリア-ハンガリー帝国のハンガリー側、特に首都ブダペストには洗練された独自の料理がある。その特徴的なスパイスはパプリカで、あらゆるトウガラシ類のように新世界原産だが、遺伝子的にはハンガリー独自のものに変化している。ピーマンもキャベツのように詰め物がされる。しかし、もっとも有名なハンガリー料理はグヤーシュ（グーラッシュ）と呼ぶシチューである。エステルハージと名前が付いた料理を食べるなら、それは古い貴族にちなんだものでぜいたくな料理に間違いない。

食物こぼれ話　リゴヤンチ（ジプシージョニー）（ただし、これは本当の話）

一八九六年のクリスマスに王女とジプシーが駆け落ちをした。その後二人は結婚した。それを祝って新しいハンガリー料理ができた。王女とジプシーのように、それは美しい、わくわくするような、芳醇な組み合わせのもので、たちまち世界的な古典となった。なぜかって？それはチョコレートスポンジが層になったケーキで、アプリコットジャムを塗り、チョコレートクリームをはさみ、上にはチョコレートのアイシングがかけてあるから。

しかし、多くのハンガリー人は貧しくて新しいお菓子を買うことができなかった。そこで新天地、土地が豊かで街路が黄金で舗装されている場所へ行くことにする。アメリカで心機一転やり直し。

イタリア——統一国家、郷土料理

「ウナ・タヴォラ・センツァ・ヴィノ・エ・コミュナ・ジオナータ・センツァ・ソル」（ワインのない食卓は陽光のない日のよう）

イタリアのことわざ

十九世紀初め、イタリアは八つの国に分かれていた。一国はイタリア人が治め、一国はローマ教皇が治め、その他は外国に属していた。紀元四七六年のローマ帝国滅亡以来、イタリアの都市国家は征服されたり、別の国に再び征服されたりと、フランス、ドイツ、スペイン、アラブ、ビザンティン、ギリシア、ノルマンなどに支配された。彼らは税金で私腹を肥やして去っていった。一八七一年、イタリアは緩く結び付いた都市国家であることをやめて、一つの国になった。政治的には統一されたが、文化的にはなおも分かれたままだった。かつての都市国家はそれぞれ独自の料理、文化、方言を持っていた。イタリア人の中のこうした違いはアメリカ人やイギリス人のアクセントがわずかに異なるといった程度ではなかった。使う単語も違った。それを克服するために、イタリアは一八七九年に教育を義務化した。

北部イタリアの料理

十二年後の一八九一年、イタリアでもっとも影響力のある料理本『ラ・シエンツァ・イン・クチーナ・エ・ラルテ・マンジア・ベネ』(料理の科学とよく食べる技)が出版された。「マニュアル・プラティコ・ペ・ル・ファミリエ」(家族のための実用書)なる副題がついている。そこには新しい中流階級の都市住民、特に北部に住む人々のためのスタイルや食習慣が書かれている。このタイプのイタリア料理はアメリカでは二十世紀終わりまで広く知られるところではなかった。十九世紀終わりから二十世紀初めにかけてアメリカへやって来た移民のうち、北部出身者はわずか二〇パーセントしかいなかったからだ。

エミリア - ロマーニャ州は「イタリアにおけるもっとも裕福な美食地方」と呼ばれてきた。[72] この地域は酪農が盛んで、バターやパルミジャーノ・レッジャーノチーズ(パルメザンチーズ)を生産している。北部の穀類にはリゾットやポレンタに使う米やトウモロコシも含まれる。しばしば「オッソ・ブーコ」（穴のあいた骨）と呼ばれる仔牛のすね肉の煮込みに添えられる。港町ジェノアの「ペスト・ジェノベーゼ」はバジリコ、オリーヴオイル、松の実、パルミジャーノ・レッジャーノチーズを混ぜ合わせただけのソースである。プロシュート・ディ・パルマは北部イタリアのハム。サラミのような乾燥させたソーセージも北部で作られた。モルタデッラと呼ばれる生ソーセージはアメリカでは、生産地ボローニャの名前をぶつ切りにした発音で知られている——バロニーである。

食事はアンティパスト（前菜）で始まるが、アメリカではメインが肉料理であるというような、一つのメイン料理というものはない。料理本の著者マーセラ・ハザンの説明では、「少なくとも主要な料理は二皿あり、決して同時にテーブルに運んではなりません」[73]。しかし、これはイタリア南部の大多数の人々の食べ方とはずいぶんちがう。

イタリア南部の料理——メッツォジョルノ

イタリアのブーツの南半分、つまりローマの下の部分はメッツォジョルノ（文字通りの意味は真昼とか正午）として知られる。なぜなら、太陽が明るく輝く場所だから。一八〇六年、イタリアでは封建制度に終止符が打たれたが、少数の上流階級の金持ちと日々やっと暮らしている大多数の農民とのひどい階級差はなくならなかった。イタリア南部のほとんどの人々は一間で二段になった小屋に住んでいた。下の段の土間には動物（数羽の鶏、ソーセージ用の豚もいたかもしれない）が飼われていた。家族は上の階で寝た。食事は二百年前のスペインでドンキホーテやサンチョパンサが食べていたもの、あるいは千年前の中世の農民のものとそれほど変わらなかった。レンズ豆、パン、タマネギなどで、チーズや果物もいくらかはあったかもしれない。農民の食卓に肉が上るのは、年に二度、カトリックの主要な祝日だけ——クリスマスに鶏肉か食用の去勢鶏を、イースターに仔山羊のロースト——だった。パスタも贅沢品だった。アイルランドの農民やアメリカ南部であらゆる仕事をした奴隷のように、イタリア南部の農民も動物を飼育し、種を蒔き、穀物を収穫したが、それらを食べることはできなかった。そういうものは上流階級のところへ行ってしまった。

都市では違った。上流階級の料理はメッツォジョルノが産地として知られ、紀元前四世紀にギリシア人によって持ち込まれて以来、争いの種だった収穫物——ワイン、イチジク、レーズン、柑橘類、果物、羊、山羊、チーズ、オリーヴオイル、穀類——をたっぷり使う。海はシーフード（フルッティ・ディ・マレ、「海の果実」）が豊富で、カラマリやポルピ——イカやタコもたくさん獲れる。

パスタとピッツァ

十八世紀には、ナポリは世界のパスタの中心地となった。およそ三百ものパスタ関連の仕事があった。屋台で売るのもあった。長い浜辺で客は手づかみで食べた。[74] プラムトマト、特にサンマルツァーノ産で作るソースも南イタリアの料理とされているが、トマトは一七〇〇年頃までイタリア料理の本には登場していない。その後「スペイン風」トマトソースとしてのレシピが載せられるようになった。[75] ラザーニャはパスタにトマトソースとリコッタチーズを層にして載せ、モッツァレラチーズをトッピングする。また、挽き肉あるいはリコッタチーズとハーブを詰めて四角いラヴィオリにしたり、丸いアニョロッティにしたりしてソースをかける。パルミジャーノ・レッジャーノチーズやペコリーノ（羊）チーズをすり下ろして上にかけるのが昔ながらのやり方。ソースで調理した肉は特別な日のために保存しておき、パスタの後に一皿として供される。パスタは豆とともに食べる——パスタ・エ・ピセッリ（pasta e piselli：グリーンピースのパスタ）、パスタ・エ・ファジョーリ（pasta e fagioli：インゲン豆のパスタ）がナポリ方言ではパスタ・ファッツォーリ（pasta fazool）となった。

丸くて平らなパンにいろいろなトッピングを載せるピッツァは、もう一つの典型的なナポリ食である。ピッツァという言葉は「ピタ（丸いパン）」に関連して、十世紀から使われてきた。ナポリのピッツァは薄くてパリパリしたクラストだが、シチリアのピッツァはもっと厚くてパンのような土台になる。シンプルなピッツァはトマト、オリーヴオイル、ニンニク、オレガノを生地に載せるだけ。もっと手の込んだピッツァ・マルゲリータはイタリアのマルゲリータ王妃のために作られ、イタリアの国旗を表す三色になっている。トマトソースが赤、モッツァレラチーズが白、生のバジリコの葉が緑だ。ピールと呼ばれる長柄の平らな木ベラでピッツァを高温――華氏七五〇度（摂氏約四〇〇度）――のレンガの釜に滑り込ませる。

パン焼きと宗教

イタリアのパン焼きは宗教と密接な関係がある。数多くの祝祭日や聖人の日にはそれぞれ特別なパンやデザートがある。いくつかの祝祭日はイタリア全土で同じように祝う。たとえば、八月十三日から十五日の「マドンナ・アッスンタ」聖母被昇天の祝日や、十二月十三日の聖ルチア祭、光の祝日（スウェーデンの「聖ルチア祭」はこれから来ている。三二五ページ参照）。オッサ・ディ・モルティ、死者の骨の形をしたパンは十一月二日の「死者の日」を記念して焼く。イースター（復活祭）には、特別なこってりした、イーストで膨らんだ卵パンや、リコッタや米、大麦、あるいは小麦の粒の入ったパイを焼く。別のイースターパイは塩味で、ブラックペッパーをきかせた土台に、サイコロ状に切ったプロシュートハム、他の肉類、チーズ、つなぎに卵を詰めて焼く。しかし多くの祝祭日はその土地の聖人を祝う。たとえば、聖モーラ、関節炎やリウマチを患う人の守護聖人の日、一月十五日には杖の形をした小さなパンを焼く。

ペストリーや製菓技法は南イタリアで高度に発達した。それは中世以来、シチリア島でアラブ人が砂糖を栽培していたことによる。イタリアのスポンジケーキはもともとパン・ディ・スプニャ（pan di spugna：スポンジパン）と呼ばれてきたが、あるいはもとはスペイン語のパン・ディ・スパニャ（pan di Spagna：スペイン風パン）だったのかも知れない。少し乾燥させ、わずかな甘さが加えられている。そのため何層にもスライスでき、そこへバラの香りがするロソリオや、ハーブやエルダーベリー（ニワトコの実）から作るストレガ（リキュールの商標）のような酒をかけてしっとりさせ、生の果物やジャムをトッピングする。もっと手の込んだものはスライスしたケーキをラム酒にひたし、バニラとチョコレートのクレマ・パスティチエラ（ペストリークリーム）、あるいはリコッタクリームを塗り、ホイップクリームをトッピングする。これはイギリスのトライフルに似ていて、ツッパ・イングレーゼ（イギリス風スープ）と呼ばれている。それはラム酒が使われているからで、スプーンで食べる必要がある。油で揚げてペストリークリームを詰めたツェッポラは三月十九日の聖ヨセフの日に作られる。サバリオーネ（現在はサバイヨン）マルサーラを作る手法はセミ・フレッドの初めと同じ、つまり卵黄と砂糖を数分間泡立てて空気を含ませてとろりとさせる。イタリア（やヨーロッパ）のさまざまな地域ではシンプルなペストリー生地をねじったり、結んだりして油で揚げ、製菓用の砂糖を振りかける。ストゥルッフォリは小さな揚げドーナツボールで、温かい蜂蜜をからめた上にさまざまな色のチョコレート粒をまく。リコッタも南イタリアやシチリア島ではデザートに特別な使い方をされる。

シチリアの料理

「リコッタ（ricotta）」とは、ちょうど「ビスコッティ」が「二度焼いた」を意味するように、「二度煮る（ricooked）」という意味になる。もともと山羊や羊のミルクから作られるリコッタは、匂いが強くて固い熟成したイタリアチーズ、プロヴォローネ（アメリカで国内産プロヴォローネとして売られている風味のないゴムの丸太とは別物）を作る時の副生成物だった。現在はリコッタそのものとして作られている。乾燥させると、匂いがツーンとして砕けやすいリコッタ・サラータになる。

これはシチリアでもっとも有名なデザートに使われる。カンノーロ（カンノーリは複数）は対照的に優れものだ。パリパリして甘くない揚げた筒形のペストリーに甘くしたなめらかなリコッタが詰めてある。現在、生地は中が空洞になった金属製のカンノーリ型（カンノーリーニは小型のものをいう）に巻き付けるが、十九世紀には、ペストリー担当のシェフはカンナ――サトウキビの茎や葦を使った。カッサータもシチリアのデザートでリコッタを使う。スポンジケーキ、リコッタの組み合わせで、緑色に染めたアーモンド・ペーストで包むが、以前はピスタチオ・ペースト――中東の影響――で作った。カッサータはアラブのカサー（qasʿah）という成形用の型までたどることができる。[76] カッサータ・ジェラータは凍らせたもので、味の異なるジェラータを三層にしてある。

混乱を招く言葉　アイスクリームとジェラート

伝統的なイタリアのジェラート――スペイン語の「helado 凍らせる」のように、凍ったという意味――はフランスやアメリカのアイスクリームとはちがう。フランスのアイスクリームは卵を加えてねっとりと濃厚になっている。アメリカのアイスクリーム――フィラデルフィア風アイスクリーム――はフランスのものよりもっとクリームが多いが、卵は使わない。さらにアイスクリーム製造業者の言う「オーバーラン」つまり攪拌された空気が入っている。ジェラートにはほとんど空気が入っていないので、アメリカのものより密度がある。ジェラートはもともとクリームより脂肪が少ない山羊の乳で作られていた。他にもリフレッシュさせるアイスがある――グラニータ（granita）といって、水、砂糖、レモンジュース、桑の実、シナモン、あるいはジャスミンの花で作る。[77]

砂糖はシチリアのメインディッシュにも使われる。アグロドルチェと言って、甘酸っぱい料理になる。カポナータはナスを酢と砂糖で味付けしたもの。オレンジやタンジェリンの果汁、レーズン、あるいはスグリで甘くすることもある。ケイパーの実もふつうに使われる。北アフリカやアラブの影響がクスクス、米の使い方、ほうれん草に表れていて、多くの料理にヒヨコ豆が使われる。海からはメカジキや詰め物用のイワシ、パスタソース用のマグロやアンチョビが来る。ただし、これらも上流階級用の食材で、アメリカ人で元奴隷のブッカー・T・ワシントンはシチリアを訪れて、農民の暮らしにショックを受けている。

黒人は最下位の人間ではない。アメリカの南部諸州のもっとも遅れた地域の黒人農夫の状況は、たとえ最低の教育しか受けておらず、最低の励まししか得られなかったとしても、シチリアの農民が置かれている状況や出会える好機とは比較にならないほど恵まれている。(78)

一八九〇年代初め、旱魃《かんばつ》が続いた数年の間、シチリアでは穀類、ブドウ、柑橘類が損害を受けた。そして(ブドウの根に寄生する虫)フィロキセラ(*phylloxera*)がメッツォジョルノのブドウの木を全滅させた。しかしシチリアの人口の四〇パーセントを追い出したのは飢餓だけが原因ではなかった。産業化と公衆衛生の向上に欠けていたことも一因だった。七年間の兵役を課していた政府、「暗殺者の顔」をした人間はだれかれかまわず逮捕するとの命令付きで部隊を解放した政府、毎年マラリアで二万人が死んだこと、アメリカの工業化によって、シチリアの主要輸出品である硫黄の価格が切り下げられたこと、これらのことが人々を動揺させ国を去る気持ちにさせたのだ。最後に、一八八〇年代半ば、三年にわたって猛威を振るったコレラで五万五千人が死に、火山の噴火と津波によって一九〇八年には十万人以上が犠牲となったことは、泣いたり呪ったりしながら、シチリアを去ることが生き残る唯一の道であると決めた百五十万の人々への神からのお告げのように思われる。(79)人々はアメリカでやり直すことになる。

イングランド――ダーウィンと進化論

一八五九年にチャールズ・ダーウィンは『種の起源』を出版して、植物や動物がどのように生き延びてきたかについての画期的な理論を打ち立てた。エクアドルの西方、太平洋上のガラパゴス諸島での観察からダーウィンは、生物は生き残るために進化したり変化したりしたと推測した。自然は弱いものを排除して、つねに新しい環境に順応して生きていると考えた。

進化論は過去も現在も論争の的《まと》である。複雑な考えは、「適者生存」という言葉に要約され、悪徳資本家が溜め込んで離さない莫大な富を正当化するために使われた。工場であらゆる仕事をする人々、労働者は「適して」いないから、まともな賃金には値しない、というわけだった。

チェコ共和国――メンデルと遺伝学、ハチとエンドウ豆

当時はモラヴィア、現在はチェコ共和国になった農村ブルノの修道院で、農民の息子で修道士のグレゴール・メンデル（一八二二〜一八八四年）はダーウィンの『種の起源』を読んだ。彼は新しい科学――農学に魅了されるようになる。修道院院長も科学に大いに関心を寄せ、修道院に珍しい植物を集めた庭園や植物標本室、温室を設けた。メンデルが一八五六年に、新しい科学的な実験方法を用いてエンドウ豆（*pisum sativum*）の実験を始めたのはこの温室においてだった。十年後の一八六六年、メンデルは発見した結果を地元の農業紙に発表した。誰も注目しなかった。しかし三十五年後にメンデルの論文が発見されて遺伝科学の基礎となった。彼の理論は「メンデルの遺伝法則」として広く知られるようになり、現在、「メンデル形質」は「遺伝子」と呼ばれ、メンデルは「遺伝学の父」と称

えられている。[80]メンデルの実験は遺伝子組換え食品や人間のゲノム計画の基礎となり、ゲノム計画は二〇〇三年に完了し、人間の体内のすべてのゲノムを解明することに成功した。ある科学者が言うように「［DNAの発見］に至る道はブルノの修道院で始まった」のだった。[81]

イギリス――スノウ博士と水の供給

一八五四年、コレラの大流行がロンドンを襲った。この疾病は体中の水分を急激に失うことで死に至るものだ。しかしこの蔓延は奇妙だった。一つの地域の住民がコレラにかかる一方、一ブロック離れたところの住民はかからなかった。医師のジョン・スノウ博士はついにその理由を突き止めた。住民は異なる井戸から水をくみ上げていた。コレラに罹患した人々は、病気の赤ん坊のおむつの汚物が流れ込んで汚染された井戸を使っていた。（おそらく「そんなことをするなとあえて言う必要があるとは思いもしないこと」リストの一番目にくるだろう）。言い伝えによれば、スノウ博士はそのポンプのハンドルをはずさせて、コレラの伝染をくい止めたという。このことやその他の観察から細菌論や病気がどのように広がるかという点についての理解が得られた。コレラやチフス、サルモネラその他の衛生上の疾病の伝染は糞便から口を伝わって広がる――個人の衛生観念が乏しいため、トイレの後に手を洗わない、など単純な理由によることもある。十九世紀半ばには、ロンドンやパリでは公衆衛生を扱う公衆衛生部門が設立された。

中流ないし上流階級の改革者たちによる、都市を清潔にしようという努力は、彼らの心からの善意によるものではなかった。都市に多くの病人や汚物があふれる状況は誰にとっても健康上の脅威だった。医師たちは、ヨーロッパの都市住民の状況はアメリカ南部の奴隷小屋と同等に見えるが、風通しはずっと悪い、と報告している。高さ六フィート（約一・八メートル）の一間で、「幅は一〇～一四、五フィート（約三～四・五メートル）…壁はゴミで埋もれている…ゴミや灰、道路から集められた野菜くずの山が至る所に積み上げられている…」[82]

イザベラ・ビートン――『家政読本』

イギリスで、原材料を調達して完成品を売る工場の所有者たちは新しい食習慣を身につけた裕福な新興中産階級になった。この新しい中産階級の暮らしを描いた本はイザベラ・ビートンの一一一二ページの『家政読本 *The Book of Household Management*』で、一八六一年にロンドンで出版された。その内容は――

女主人、家政婦、料理人、台所の下働き、執事、下僕、御者、従者、上級および下級の女中、侍女、雑役婦、洗濯係、乳母と子守女、月決めの乳母、看護婦などに関する情報。また、衛生、医療、法律に関する覚え書き、となっている。[83]

明らかなのは、イギリスの新興中産階級の主婦は家政を切り盛りする役割を担っていたということだ。多数の部屋を管理し、家族や多くの使用人に関する栄養や衛生面、その他に子育て、病人の世話、遺言を無効にするもの、さらにはいかにして髪が抜け落ちないようにするか、ということにまで気を配っていた。

スノウ博士がコレラの原因とその防止策――煮沸する――を突き止めた直後に出版された料理本に、多くの食材をボイルする料理が入っているのは驚くことではない。新興中産階級の人々は主に肉を食べていた。調理法が載っている八四五ページのうち、二五五ページ分は肉料理で、ほとんどが煮たり茹でたりする。ビートン夫人はボイルすることが健康上よいとする実験結果を引用している。「肉汁は水分であり、溶液中に多くの物質を保持している…それらは食品として最高の価値があるのだから[84]」。五三ページにもなる野菜についての章（ほとんどが茹でたり煮たりする）にはサラダでさえも茹でる料理が出ている。セロリ二株とサヤマメ一パイントを別々に柔らかくなるまで茹でて、セロリを二インチにカットする。付け合わせには、刻んだレタス、湯通ししたエンダイブ、あるいは茹でたカリフラワーを添える[85]。おすすめのソースは（一）ミルク、油、酢、辛子、砂糖、それに唐辛子、（二）卵、クリーム、酢、辛子、塩、白コショウ、赤唐辛子、あるいは（三）卵、油、クリーム、酢、辛子、砂糖、塩を入れる[86]。さらに四章分ではイギリス人が愛して止まないデザートとお茶の時間について――まず一章はプディングとペストリー、もう一章はクリーム類、ゼリー、スフレ、オムレツ、甘味の料理、さらにもう一章はジャム、菓子類、アイスクリームと果物類、そしてあと一章はパン、ビスケット、ケーキとなっている。

本書は組織だって編集された傑作である。それぞれのレシピには材料、調理法、時間、平均の費用、何人分か、材料の旬はいつか、といった情報が書かれている。ほとんどは重さで書かれているが、例外は「大さじ山盛り一杯」とか「デザートスプーン二杯」というもの。各レシピには番号が振られているので、料理人は目当ての料理を見つけられるし、相互参照も簡単にできる。

衛生について知り尽くしている女性が衛生上の病気で死んだことは皮肉としか言えない。昔は助産婦が「分娩中」の女性に付き添ったが、するのはそれだけ。男性が医療面の仕事に就くようになると、脚の骨接ぎや感染症の処置、さらには解剖を経験したあとにお産を扱った。おそらく男性医師は手を洗っただろう。女性が産褥熱と呼ばれる感染症で死ぬようになり、イザベラ・ビートンも三番目の子供を出産した後に亡くなった。二十八歳だった。

イザベラ・ビートンもその一員だったヨーロッパの新興中産階級の生活は工場に依存していた。工場は原料を必要とした。ヨーロッパ勢は必要な原料や、作った製品を売る市場を求めて他の大陸へ向かった。

十九世紀終わりには、アイルランドや南ヨーロッパ、そして東ヨーロッパの絶望した小作農が、よりよい生活を求めてアメリカへ渡った。北方ヨーロッパの国々は――仕事で、そして彼らを守る軍隊とともに――アフリカやアジアへ行って植民地を造った。

第9章　アフリカとアジア——現地対植民地の料理

食物のパターン

アフリカとアジアには二つの広大な大陸を横断する多くの料理と文化を含む独特の食物パターンがある。序文で「食事の中心となるもの」の話をした。人類学者のシドニー・ミンツは二〇〇一年に「中心ー周辺ー豆パターン」(core-fringe-legume pattern：CFLP）について述べている。「中心はふつう米、小麦、トウモロコシなどの炭水化物（糖質）でカロリーの七〇から八〇パーセントになる。周辺は香辛料を効かせたさまざまな野菜に、肉か魚、しばしば第三の要素——豆（大豆やその他の豆類）で補完される[1]」。これは昔の食物パターンで、世界中のほとんどの人がいまでも食べている。畜牛中心の英語圏諸国は例外である。CFLPはこれから見ていくように、アフリカとアジアに間違いなく当てはまる。

アフリカ——シアバター、コーラナッツ（コーラの実）、モンキーブレッド（バオバブ）

アフリカは広大な大陸である。世界一長い川、ナイル川があり、もっとも面積が広い砂漠、サハラ砂漠があり、世界第四位の高山、標高一九三四〇フィート（およそ五八九四メートル）のキリマンジャロがある。これは合衆国の最高峰、カリフォルニア州のホイットニー山よりほぼ一マイル（一・六キロ）高い。気候帯は、北は地中海から南は赤道の熱帯雨林までを覆う。そして広大なサバンナ（草原）があり、ライオンやヒョウ、シマウマの群れが餌を求めてさまよう。アフリカ原産の食用植物にはオクラ、スイカ、ソルガム、数種類の米、さまざまな豆類、ヤムイモなどがある。

混乱を招く言葉　ヤムイモとサツマイモ

アメリカ人がヤムイモと呼ぶものはヤムイモではない。それはサツマイモの色の黒い種類で、アメリカ大陸原産でヒルガオ科に属する。アフリカとアジア原産の本来のヤムイモは大きくてデンプンを含む地下茎で六フィート（約一・八メートル）にもなるので掘り出すのが難しい。アラン・デイヴィッドソンによれば、「甘いイモをアフリカへ持ち込んだのはおそらく奴隷商人であろう。アフリカではイグナメ（igname）とかニャム（nyam）と呼ばれた。それはただヤム（yam：イモ）を意味する。それ以後、甘いイモ（サツマイモ）はしだいに熱帯アフリカの主要炭水化物食品として、本来のヤムイモに取って代わったのであろう[2]」。

ヤムイモ——本来の野生のヤムイモ——は慎重に収穫され、準備されなくてはならない。同類の中にはマンディンゴ族が矢に塗る毒のあるものがあるからだ。マンディンゴ族は飢饉の時だけこれらのイモを食べるが、それも繰

り返し洗って注意深く調理することを忘れない。(3)

祝日物語　ヤムイモ祭り

アシャンティ族やイボ族のような部族にとって、ヤムイモは豊穣を願う儀式で重要な役割を担っている。収穫の時期がくると、最初のヤムイモが掘り出された地面の穴に血が流れ込むように男の囚人の首をはねる。その後畑に水が撒かれる。そして王がヤムイモを食べ、臣下がそれに続く。(4)

中世――アフリカ系アラブの料理

古代には、近東、ギリシア、ローマの人々がエジプトのアレクサンドリアへ商取引にやって来た。彼らは小麦、大麦、羊、山羊を持ち込んだ。しかし、小麦と大麦は気候が合わず、アフリカ全土には広まらなかった。その後、七世紀から十五世紀の間中、アラブ人の支配が続いた。ラクダの隊商がクミン、コリアンダー、シナモン、ショウガ、黒コショウを北の地中海沿岸やアフリカの東の紅海およびインド洋沿岸に持ち込んだ。これらのアラブ人商人による記述が、ポルトガルの探検隊が一四四八年に到達するまでの、西アフリカにおける食物についての主要な情報源である。

中世の西アフリカにおける部族は三つのグループに分けられる。(一) 重要なタンパク質源を肉類と魚に頼る狩猟採集部族。(二) 穀類、豆類、果実、野菜を育てる部族。(三) 畜牛、羊、山羊、ラクダなどの動物を飼う部族である。

狩猟採集民

野生動物に頼る部族はレイヨウ、キリン、オストリッチ、カバ、クロコダイル、ゾウ、ヘビ、ガゼル、野ウサギ、トカゲ、ウミガメ、淡水カメなどを捕獲した。彼らは弓矢や槍、ジャベリン (軽い投げ槍)、狩猟犬を使った。[5] 矢じりに毒を塗ることもあった。肉はスライスして細長く切り、日に当てて乾燥させる。魚は塩漬けにする。現在、魚は干したり燻製にしたりしている。

彼らが採取した食物の一つに刺激性のあるカフェインがある。コーラの「実」、コーラナッツはコーラの木の果実である。この木はアオギリ科 (*Sterculiaceae*) に属し、六〇フィート (約一八メートル) にもなる。果実はクリに似て、少し苦みのある香りがする。王族の好物だった。それがコカコーラのコーラとして世界中の好物になった。[6]

栽培穀類とイネ科植物

食料のほとんどを栽培する部族にとって、主要三大穀物とはミレット（キビやアワ）、ソルガム、米である。ミレットは碾いて粉にしたものをポリッジ（粥）にしたり、サワーミルクやフルーツジュースを加えて飲み物にしたりする。いくつかの地域では、ミレットの粉で作ったパンケーキ様に焼いたパンは王のためのぜいたくな食べ物とされる。ミレットを長期間発酵させると、ミレットビールになる。それ以外のアルコール飲料としては発酵させたハチミツからできるミード（ハチミツ酒）と、発酵させた樹液からできるヤシ酒がよく飲まれる。それらは死者に振る舞われることもある。[7]

二番目の穀類、ソルガムは「ヒヨコ豆のように丸くて白い穀物」である。ポリッジにして食べたり、たたいて粉にしてハチミツやサワーミルクと混ぜて飲料にしたりする。人間だけでなく動物にも飲ませる。[8] 穀草類は石でたたいて粉にする。石のない地域では木のすり鉢が使われる。

三番目の栽培穀類は米、アフリカイネ（*Oryza glaberrima*）である。原産地は西アフリカで、アジアイネ（*Oryza sativa*）は後にアジアからもたらされた。米はボイルできる。水だけで、あるいはバターで、さらにはバターとハチミツで、肉と一緒に料理し、野菜のソースとともに供する。あるいは薄いケーキにしてシアバターで焼く。[9]

シアバター

シアバターは原住民が一般的に使う三種類の油脂の一つで、他にはヤシ油とゴマ油がある。十四世紀のアラブ人はシアバターの作り方を次のように述べている。

…果実はレモンに似ており、ペア（洋梨）のような味がする。果実の中には多肉質の種がある。この種を取り…つぶすと中からバターに似たものが出てくる。それを家に塗るために使ったり、ランプに入れたり、石けんを作るのに使ったりする。このバターを食用にしたい時には…弱火にかけ、蓋をしてしっかりボイルする…その後冷ましてバターのように食品として使う。[10]

四番目の植物性油脂、アルガン油はモロッコで使われていたが、二十一世紀にはアメリカでも手に入るようになりつつある。

豆類と果物

豆類の中でもインゲン豆、ササゲ、ソラマメは特別によく使われた。奴隷がこれらをアメリカ南部に持ち込んだ。野菜はタマネギ、ニンニク、キュウリ、ゴード（ヒョウタン形をしたウリ類）など。中をくりぬいたヒョウタン形のウリはシアバターの容器として利用し、また一般庶民はボウルとして使った。西アフリカの王族の食卓では黄金の皿やカップが使われた。

果物にはスイカやメロン、甘酸っぱいタマリンド、バオバブの木の果実がある。これにはビタミンCが豊富に含まれる。白い果肉の実は「モンキーブレッド」と呼ばれる。[11] 野生の木の小さな実、ナツメは、核を除いた後パンのような生地を作るのに使われる。伝えられるところによると、ジンジャーブレッドのような味がするという。[12] デーツ（ナツメヤシ）は西アフリカで自生するが、アラブ人が北アフリカと西アフリカを征服するまで、栽培されていなかった。

サハラ砂漠に住む人々が健康によくておいしい、地上で最高の食べ物と絶賛するものがある——時には三ポンド（約一・四キログラム）もあるトリュフだ。現地の人はラクダの肉と一緒に調理する。アラブ人はミルクないし水で、あるいは油の入っただし汁で、あるいはただ皮をむいて炭火で焼く。[13]

肉類

西アフリカ土着の人々の大多数はめったに肉料理を口にしない。ふつうは儀式や祭りのためのものだった。アラブ人のように、彼らは羊肉や山羊肉、ラクダ肉のほうを好んだ。[14]アラブの影響はアフリカ人が育てた羊の品種にも示されている。アラブのファットテイル（脂尾）という品種で、羊毛よりも尾の脂とミルクを大事にして、バターやチーズに利用した。南モーリタニアの部族はラクダの乳、バター、肉を摂取するが、肉は干して保存することもある。おそらくキャラバンには使えなくなったラクダを屠ったのだろう。生死を分ける場面で、人間はラクダを殺して、その胃袋にある水を飲んでいた。[15]

十九世紀——ピーナッツ労働

一四〇〇年代、ポルトガル人をはじめとして他のヨーロッパ人はアフリカ沿岸の探検に乗り出した。一五〇〇年代になると、奴隷商人がやって来た。彼らは西アフリカから南北アメリカへ向かう中間航路の航海中に奴隷に食べさせるために、新世界のピーナッツを持ち込んで育てた。トウガラシはイベリア半島から南へ広まった。しかし、ヨーロッパ人は沿岸までしか行かれなかった。アフリカ内陸部へ行かれるようになったのは、十九世紀になって技術が進歩してからである。

十九世紀に、ヨーロッパ人はアフリカを侵略して、自分たちの料理や文化を持ち込んだ。一八七八年から一九一三年の間に、西海岸のリベリアと東のエチオピアを除いて、アフリカ大陸のすべての国がヨーロッパ勢に屈した。一九三五年、イタリアがエチオピアを征服した。最初に宣教師たちがやって来た。続いて農民が、そして農民や、ヨーロッパ人の増加につれて盛んになったビジネスを守るために軍隊が来た。

ヨーロッパ人がアフリカを植民地にできた要因は三つある。（一）マラリアを撃退する新世界の薬草、キニーネ。（二）アフリカ内陸部への遡上を可能にする蒸気船。（三）一握りの人間が数百万人を支配できる機関銃。

フランスは最大の領土、大陸のほぼ三六パーセントを獲得した。フランスはフランス外人部隊と共同で支配した。そのほとんどは北西部だった。イギリスがおよそ三二パーセント強で続いた。場所は現代のエジプトと南アフリカを含む東部と南部である。残りをドイツ、ベルギー、ポルトガル、イタリア、スペインが分割した。そのために、西アフリカのナイジェリアや象牙海岸にフランスのクロワッサンやバゲットが、東のエチオピアやエリトリアにイタリアのスパゲッティが、英領東アフリカや西アフリカにインドのカレーやチャツネが残っている。

イギリスは他文化に属する人々に対してはひどい人種差別的態度をとった。セシル・ローズが語っている。「私はわれわれ（英国人）は世界一上等な人種であり、われわれが住めば住むほど、世界は人類のために良くなる、と強く述べるものである」[16]。これらの宗主国はその地の暮らしや土地、料理や文化を完全に崩壊させた。彼らは現地の人々にアフリカ原産の食料に代わって、ピーナッツやカカオなどの原産ではない主要生産物を栽培するように強制した。

十九世紀終わりには、アフリカはカカオ生産量で世界一となっていた。その結果、経済は自給自足の物々交換制から現金制へと移った。土着の人々は今や食料を金で買わなければならず、そのためには賃金を得る仕事につかなければならなかった。ある者はベルギー領コンゴのゴム園に行き、レオポルド王のきわめて厳しい統治下で働いた。働きが悪かったり、遅かったりする労働者は、手足を切り落とされた。コンゴは銅や錫《すず》の産地でもあった。しかし南アフリカは文字通り宝の山（金鉱）だった。そしてダイヤモンドの山でもあった。

現代のアフリカ料理の多くは中世にアラブ人が持ち込んだり、十九世紀にヨーロッパ人が伝えたりした植民地風料理である。アフリカの地理的、文化的多様性ゆえに、料理には土地によってはっきりした違いが生まれた。

アフリカのスパイス

アフリカ全土で使われている主要なスパイス、トウガラシは、ポルトガル人やスペイン人によって南米から持ち込まれた。アフリカではトウガラシを指す言葉はたくさんある。フランス語では「ピマン（piment）」、スワヒリ語では「ピリピリ、ペリペリ」。発音はピリピリでも綴りは pili-pili, piri-piri と二通りある。ピリピリはかつてポルトガルの植民地だったモザンビークの郷土料理であるトウガラシの効いたシチューの名前でもある。トウガラシはチュニジアの主要香辛料「ハリッサ」に、モロッコでは「ラスエルハヌート」、文字通りの意味は「店で最高のスパイス」という特徴あるミックススパイスに、エチオピアでは「バルバレ」に使われている。アフリカではトウガラシは香辛料、薬、媚薬であり、それを使った料理は不死をもたらすと考えられている。

文化横断　アフリカのスパイス（シェフによってかなり異なる）

	ラスエルハヌート（モロッコ）[17]	ハリッサ（チュニジア）[18]	バルバレ（エチオピア）[19]
オールスパイス			✦
アニス	✦		
バジル	✦		
ベイリーフ（ローリエ）	✦		
キャラウェイシード	✦	✦	
カルダモン	✦		✦
トウガラシ	✦	✦	✦
シナモン	✦		✦
クローヴ			✦
コリアンダー	✦	✦	✦
クミン	✦	✦	
フェンネルシード	✦		
フェニュグリーク	✦		✦
ニンニク		✦	✦
ショウガ	✦	✦	✦
ナツメグ	✦		✦
オニオン	✦		✦
オレガノ	✦		
パプリカ			✦
黒コショウ	✦		✦
カイエンペッパー	✦		✦
ローズヒップ	✦		

北アフリカの料理──マグレブ地域

北アフリカ（マグレブと呼ばれる地域）の料理はアラブ人、イタリア人やシチリア人、フランス人、スペイン人、ポルトガル人の影響を受けている。アラブ人から受けた影響の一つは、肉と果物、あるいは肉と野菜のシチューである。アラビア語でアルバグダディの「タジン（tajin, tagine）」（touajen は複数形）という。この料理は同じ名前の調理鍋で作る。円錐形の蓋頂上から蒸気が下へ戻るようになっている。あるいは、底に蒸し器を置いて調理することもできる。タジンから立ち昇る蒸気が上部のクスクスを調理する。北アフリカの主要食糧であるクスクスはたぶん先住民ベルベル族が考案したと思われる。セモリナ小麦（パスタに使われる小麦の種類）や大麦、雑穀、のちにはトウモロコシ粉を塩水で混ぜた小さな粒（八分の一から一六分の一インチ以下）のこと。[20] クスクスはフランス語で「クスクシエ（couscousiere）」で、それだけで蒸したり、シチューに入れたりもする。

アラブの影響は香辛料を効かせた肉料理にも見られる。角切りにしてケバブに、丸めてケフタにする。ミートボールのように丸めたり、ハンバーグのように平たくしたり、楕円形にしたりする。ケバブやケフタは串刺しにして炭火で焼く。ケフタはフライにもする。オリーヴやレモンの塩漬けも一般的なもの。辛みはモロッコのスパイスミックス、ラスエルハヌートで付ける。美しい料理本『アラベスク』の中で、著者クラウディア・ローデンは、ラスエルハヌートは「二七種のスパイスがミックスされた伝統的な香辛料で、中にはゴールデンビートルなる、媚薬効果のあるスパニッシュ・フライ（訳注：ヨーロッパに分布するツチハンミョウ、ハエではない）も入っている」[21] と記している。現在は料理人が独自に香辛料をミックスして秘密にしている。香辛料はスーク（青空市場）で大量に売られている。

モロッコ料理の絶品はバスティラというパイ状の生地で対照的な味と質感を層状に包んだもの。フィロより薄いモロッコのペストリー生地はワルカ（葉）と呼ばれる。層の中身は鶏（本来は鳩かひな鳥）肉を骨からはがれるまで香辛料入りのスープで煮込んだもの。煮詰まった汁にレモンジュースと卵を入れて、滑らかになるまで混ぜる。歯ごたえのいいみじん切りアーモンドをバターで炒めて、シナモンと砂糖をまぶし、てっぺんにもふりかけ、バターを塗ったワルカですっかり包んで焼く。

サムナと呼ばれる澄ましバターは料理に使われる油脂の一つである。インドのギーのように、バターを熱して乳固形分をすくい取ってバターを澄ますと、傷みにくくなる。バスティラは、ちぎって手で食べる――それも右手だけで。アラブ人は左手は自分を清潔に保つために使う。欲張って全部の指を使う代わりに自制を示すために親指と人差し指と中指の三本だけを使うのが慣習になっている。[22] ぜいたくなことに、バスティラは主菜ではなく、一皿目か二皿目として出される。

北アフリカのデザートもアラブの影響を受けて、シュガーシロップ（訳注：グラニュー糖を水でとかしたもの）やハチミツでとても甘い。あるデザートは相当な誘淫《ゆういん》性がある――スパニッシュフライ（催淫《さいいん》剤）とハシーシの両方が入っているのだから。すべてはテーブルの上空から芝居がかって注がれるスペアミントティーで洗い流されてしまう。

西アフリカの料理

西アフリカには熱帯の海岸があり、パイナップル、マンゴー、パパイヤ、ココナツなど世界中の熱帯果物がある。豊富な魚は干したり、燻製にしたり、塩漬けにしたりして保存する。西アフリカはカカオの一大生産地だが、そこで加工するわけではない。コーヒー豆はヨーロッパやアメリカへ船で運ばれて加工され、その後、キャンディ（訳

注：アメリカではチョコやキャラメルも含む）としてアフリカへ戻ってくる。その結果高価になり、一般には都市でしか見つからないし食べるのは外国人だけということになる。[23] 西アフリカの食事は一コースだけの鍋の煮込みで、ピーナッツでこってりさせることもある。ヤシ油は油脂として一般的に使われる。主要なデンプンは、キャッサバ、トウモロコシ、ヤムイモ、プランテン（料理用バナナ）、米などで作るフフで、たたいて潰し、その後に茹でたり、蒸したり、焼いたり、揚げたりする。[24] 鶏肉がもっとも値打ちのある肉だが、カタツムリを使うほうが多い。狩猟肉も食されている。ツチブタ、エランド（大型のレイヨウ）、鹿肉、オストリッチ、ガゼル、カバ、キリン、クロコダイル、セブンパウンドフロッグ、ネズミ、コウモリなどである。

ムスリム（イスラム教徒）の影響がないため、ヤシ酒やローストポーク、自家製ビールがあり、「トウモロコシ、ソルガム、アワから醸造され、雨林地域では、つぶしたバナナが基本になっている」。アフリカ南部では、マルーラの木の実からビールが作られている。この実は落ちると発酵する。人間が収穫しない分はゾウが食べる。酔っ払うので危険である。[25]

軽食にはバッタを蒸したり、炒めたり、トウガラシで味付けしたりする。シロアリも食べる。アフリカのシロアリは地上に巨大な山を築く。アリクイ（ツチブタ）は鋭いかぎ爪で粘土のような壁を壊し、山の内部の狭いトンネルに長い鼻とねばつく舌を滑り込ませる。シロアリが新しい山を作るために新しい場所を求めて群れになって飛ぶと、人間がそれを捕まえて食べる。シロアリはタンパク質に富み、ピーナッツバターのような味がすると言われる。ナイジェリアで人気の屋台の食べ物の一つはスーパーボウル・サンデー（アメリカンフットボウルの決勝戦がおこなわれる日曜日）にはもってこいに思われる。ビールに漬けた牛肉を、砕いたピーナッツとトウガラシの中でころがし、炭火で焼いたものだ。[26]

アフリカ南部の料理

アフリカの港の多くはもともとヨーロッパ諸国が自国の船が修理や、食料その他の補給基地として停泊できるように造ったものだ。南アフリカはインドネシアとオランダのほぼ中間に位置しており、オランダ東インド会社にとってこの目的にかなう場所だった。オランダ東インド会社は一六五二年にその地に最初に植民地を開いた。そして乗組員の健康を保ち、壊血病その他のビタミン欠乏症を予防するために、ただちに果物や野菜を栽培した。「サツマイモ、パイナップル、スイカ、カボチャ、キュウリ、ラディッシュ、それにレモンやオレンジのような柑橘類の木」を植えた。(27) さらにビルトンと呼ばれるジャーキーのような干し肉も作った。十八世紀までには、オランダ人はマレーシアから奴隷を連れて来たが、同時に香辛料の効いた彼らの料理も持ち込んだ。例を挙げれば、「ケリーケリー」、後に短く「カレー」となったものもある。「サンバル」というマレーシア系のミックススパイスにはタマネギ、ショウガ、干しエビ、トウガラシが入っている。(28)

東アフリカの料理

アフリカ東部のエチオピアやエリトリアはインジェラと呼ばれるパンを主食にしている。厚くて、弾力のあるサワー種で膨らませたクレープのようなインジェラは「毎日のパンにもテーブルクロスにもナイフとフォーク」にもなる。(29) 材料はテフというグルテン含有量の少ない小粒の穀物で、料理用ストーブに乗せたソテーパンで調理する。小さいテーブルほどの直径がある円形のトレイにインジェラがずらりと並ぶ。次にワットと呼ばれるシチューあるいはソースをインジェラの上に載せると下へしみ込む。自分の手の平ほどのインジェラをちぎって、食べ物をすくい上げる。テーブルは低く、背もたれのない椅子に腰掛けて食事をする。

ドロワットという香辛料の効いたチキンシチューはエチオピアの国民食と呼ばれることがある。セガワットは牛肉が主になっている。キクワットはレッドレンティル（赤レンズ豆）で作る。ワットはショウガとシナモンの入ったラムシチューのようにアラブの影響を受けている。また、トマトペーストはイタリアの影響を示している。コーヒーはアフリカのこの地域原産なので、重要な飲料である。

エチオピア特産のスパイスミックスはバルバレという。バルバレ・アワゼはペースト状のスパイス。もっと辛いスパイスミックス、ミトミタにもペースト状のものがある。さらにエチオピアで標準的な材料にはニッター・ケベという香辛料の効いた澄んだバターがある。

ニッター・ケベ——エチオピアの香辛料入りバター

材料

細かくすりつぶした生のショウガ大さじ一
シナモンスティック一インチ長さのもの一本
クローヴ三粒
ターメリック小さじ二分の一
カルダモンシード小さじ四分の一
ナツメグ小さじ三分の一

加塩バター二ポンド
皮をむいて粗みじん切りにした黄タマネギ二分の一カップ
皮をむいてみじん切りにしたニンニク大さじ三

東アフリカはインドの影響も強く受けている。イギリスがアフリカの鉄道工事のためにインドから熟練労働者を連れてきたからだ。その中に後にインド独立のために勝ち戦を率いたガンジーという名前の人物もいた。

インド――カレーとチャツネだけではない

インドはアメリカ合衆国の三分の一強の広さだが、人口は三倍もいる。地理的には北の国境は世界一の高さを誇るヒマラヤ山脈で、高度はおよそ八八〇〇メートルあり、アメリカ本土最高峰の、カリフォルニア州のホィットニー山の二倍になる。インドの南端は熱帯地方にある。北東部には砂漠があり、聖なる川、ガンジス川の広大なデルタ地帯は北東部にある。古代より船は風に運ばれて、インドから西のアラビア半島やアフリカ東岸へ到達した。ベンガル湾を横切ってインド東部へ行けば、タイ、香料諸島（モルッカ諸島）やインドネシアがある。その先は中国である。

交易による接触に加え、インドはアラブ人によって西から侵攻された。後にはポルトガル人が南西岸のゴアに植民地を開き、南東岸のポンディシェリーは一六六四年にフランス東インド会社の本部になった。十九世紀までには、英国が他の国を追い出してインドを完全に支配した。

英国はインドへ茶の栽培をもたらした。インド人は香辛料を加えて独自の茶を編み出した。ショウガ、黒コショウ、シナモン、カルダモン、クローヴ、砂糖などである。それがチャイとなった。茶を指すインドの言葉だ。

「王冠の宝石」

インドはイギリスにとってもっとも価値のある植民地なので、「王冠の宝石」と呼ばれた。産業革命の間、インドはイギリスの工場に天然資源を供給していた。当時三億の人口はイギリスの工場で作られた製品にとって巨大な市場だった。一八六〇年代、インドの綿はイギリスの織物工場にとってことに必要になっていた。南北戦争によってアメリカからの綿花が来なくなったからだ。

インドの地理的多様性、肥沃な土地、多様な民族、そしてアジアにおける戦略的交易ルートの中心にある位置ははっきりと違いのある郷土料理を創り出した。しかし、近年まで、インド以外の世界でインド料理として知られていた料理の多くがムガル人のものだった。これはイギリス人によって広められたのだが、それはムガル帝国が一五二六年から一八五七年まで政権を握っていたからだ。ムガル帝国はイギリスがインドを征服して支配権を握った一例だった。

ダール、米、ローティ

インド全土でダールは主要な食材および料理である。ダールは生や調理した豆のことをいう。レンズ豆、ヒヨコ豆、エンドウ豆がある。食物史家のコリーン・テイラー・センによれば、「市場では五十種類以上の豆が売られていて、それも皮をむいたものやむかないもの、割ってあるものや丸ごとのものがある」[30]。アメリカ人の知るレンズ豆は茶色をしている。インドでは赤、黒、黄色、ピンク、緑のものがあり、大きさもさまざまある。豆は何時間も浸して調理する。米も小麦のパン、ローティと同じく主食として食べられる。ローティはトングで掴んで、直火で焼く。

著書『インドの食文化 *Food Culture in India*』で、食物史家コリーン・テイラー・センはインドで作られる三ダース以上の異なる種類のパンについて四ページを割いている。その中には、平たいレンズ豆粉のパパダム、ギー（澄ましバター）で揚げたプーリ、あるいはポーリ、そしてイースト発酵させた小麦のナーンがある。ナーンには特殊な焼き技術がある。タンドールという直立した粘土製のオーブン（蒸し焼きかまど）の側面にはたきつける。北西インド、現在のパキスタンとの国境地帯からタンドーリスタイルの肉が伝わった。ヨーグルトと香辛料の中に漬け込んでから、タンドールに入れ、熱い炭火の上で調理する。

混乱を招く言葉　カレー

カレーはイギリス人が広めた包括的な言葉で正確ではない。イギリス人はインドにたくさんある郷土料理を区別できなかった。さらに罪深いのは大量生産のカレー粉である。インド人のコックは宗教や地域ごとに、材料は肉か野菜かに応じて、さらには自分の好みに合わせて独自の香辛料を混ぜてすりつぶす。「カレー」という言葉は本セクションではさまざまな料理の前にもってきた。英語圏の多くの人々が知っている言葉だからだ。料理はインド名で記述する。

ポルトガルカレー――ヴィンダルー

一五一〇年、ポルトガル人がインド南西海岸のゴアに到達した。ゴアは香辛料交易の中心地でムスリム（イスラム教徒）が支配していた。十六世紀末までに、ポルトガル人がアラブ人を追い出して、香辛料交易を取り仕切るようになり、インドへポルトガルの料理や文化を持ち込んだ。ポルトガル人は四百五十年間ゴアに留まった。彼らがインドへ持ち込んだトウガラシはまたたく間に適応し、料理を通してインド全土に広まった。このことから言えるのは、伝統的なインド料理として考えられているトウガラシを使った料理はどれも五百年以上前にはなかったということだ。ポルトガル人は黒コショウやショウガ、シナモン、カルダモンをヨーロッパへもたらした。ゴアのカレーは今でもポルトガルの料理本に載っている。

『ポルトガルが出遭った料理 *Cuisines of Portuguese Encounter*』の著者、食物史家のチェリー・ハミルトンによれば、ゴアの料理は、インドの材料と香辛料を使ったポルトガル料理である。ポルトガル人は豚肉を切り分けられた肉やソーセージとしてインドへもたらした。南米やブラジルの植民地から、ポルトガル人はカシューやパイナップルを持ち込んだ。新世界の各地から、ピーナッツ、パパイヤ、ジャガイモ、トマト、サツマイモをもたらした。(31)

さらに、ゴア料理ではもっとも特徴的な二種の香辛料、サフランとショウガを使う魚の頭のスープのようなスープという概念も取り入れた。(32) ポルトガルとインドが混ざったことがはっきりわかる料理はゴア風米料理で、アローシュ・ピラウ (arroz pilau) という。アローシュはポルトガル語で米を指し、ピラウはヒンドゥー語の米を意味する。ポルトガル側の材料はソーセージ、ビーフブロス (牛肉のだしでとったスープ)、ニンニク、トウガラシで、香味料はインドのショウガ、シナモン、クローヴ、カルダモン、ターメリックが使われる。

おそらくもっとも有名なゴア料理はカレー――ポーク・ヴィンダルーであろう。名前はポルトガル語のヴィンホ・エ・アリョス (vinho e alhos)、酢とニンニクから来ている。キリスト教徒であるポルトガル人は豚肉を食べる。ゴアのイスラム教徒やヒンドゥー教徒は食べない。一五六〇年にカトリック教会による異端審問がゴアで始まった。教会はヒンドゥー寺院の破壊を命じ、キリスト教徒のみが官公庁を保持できるとの布告を出した。ヒンドゥー教徒が去ったり、改宗したりした結果、豚肉を食べることはゴアでは一般的になり、アルコールの摂取も普通におこなわれるようになった。著書『インドカレー伝』でリジー・コリンガムは「ヨーロッパの植民地でこれほどの影響を及ぼしたところはインドの他のどこにもない」と指摘している。(33)

ポルトガルのデザートはエッグカスタードを基本として、その他マジパンやタルトがあり、ゴア料理に新しいカテゴリーをもたらした。ココナツミルクやバナナのような現地の材料と結び付いて、ヨーロッパスタイルのケーキやフリッターなどが生まれたが、それらは女子修道院で修道女によって作られることが多かった。

材料　ポーク・ヴィンダルー[34]

マリネード（マリネの漬け汁）

- リンゴ酢
- 生のショウガ
- ニンニク
- 塩
- 赤トウガラシ数片
- ターメリック

ソース

- カラシ油
- フェヌグリークシード
- オニオン
- ベイリーフ
- シナモン
- トマトペースト
- クローヴ
- パプリカ
- カルダモンの鞘
- チリパウダー
- ナツメグ
- 青トウガラシ

クミンシード　　　　　コリアンダー
コリアンダーシード

ベンガル地方——北東インド

ベンガル地方にはインドの聖なる川、ガンジス川のデルタ地帯がある。ガンジス川はカルカッタ——現在のコルカタの市中を通って、ベンガル湾へ注ぐ。米と魚が主な食料で、他にジャガイモ、ナス、カボチャ、オクラ、葉物野菜、ダール（キマメ）などを食す。香辛料は「ターメリック、乾燥赤トウガラシ、クミンシード、生の青トウガラシ、コリアンダーの粉末か種子、ショウガ、大小のタマネギ、ニンニク、ライム、マスタードシード、黒コショウ」が使われる。[35]一般的な料理油はカラシ油だ。「ベンガルの食事は苦みから塩辛さと酸味を通過して最後は甘さというように、段階を追って味わうものになっている」[36]。苦みはニガウリの味。甘い物が大好きなのはポルトガル人で、彼らはゴアを植民地にした直後の十六世紀初期からベンガル湾に多くの基地を持っていた。彼らは砂糖菓子の知識と砂糖菓子への愛着を持ち込んだ。[37]

南インド

南インドでは、多くのベジタリアン料理は米とレンズ豆の粉で作る。イドゥリは白くて弾力のある小さな蒸しパンで、デンマークの丸いパンケーキ、エーブレスキュワーのように型に入れて作る。ドーサはクレープのように薄い。野菜をはさめばマサラ・ドーサになる。イドゥリもドーサもスパイスの効いたチャツネが添えられる。現在はトマトのチャツネがソースのように使われることが多い。カレースパイスを組み合わせたような味がするカレープラントの葉は、南インドで料理に使われる。長い海岸線のおかげで、何百種類もの魚が獲れるため、沿岸地域はベジタリアンではない。

ムガルカレー――ローガン・ジョシュ

ムガル人は北方アジアの遊牧民だが、北部インドを征服する以前からペルシアの料理や文化の多くを取り入れていた。ムガル帝国（一五二六～一八五七年）時代、皇帝の食卓に出す鶏は「サフランとローズウォーター（バラ水）で香り付けされた餌を人間の手で与えられ、麝香《じゃこう》と白檀《びゃくだん》で毎日マッサージされていた」。ペルシア系ムガル人はホームシックを癒やすために、核果類（モモ、アプリコット、プラム、チェリー）、ナッツ類（クルミ、ピスタチオ、アーモンド、クリ）、さらにリンゴ、ナシ、ザクロなどの果樹園を造った。他にペルシア人が好んだメロンやマンゴーは王立庭園で栽培された[38]。地元産のインドマンゴーも好まれた。

一六一五年から一六一九年にかけてムガル宮廷を訪れたイギリス人は、三人の宴会で、各人に出される料理の数はその人物の重要度による、と述べている。主人は六〇皿、主賓は七〇皿、一番重要でない客は五〇皿だった。ショウガやトウガラシ、バターを入れて蒸した米や、タマネギ、ハーブ、香辛料入りのミートカレーを含む食事は「全員の味覚をことのほか満足させる」ものだった。ただし、食事中床にあぐらをかいて座るのはことのほかつらかった、という[39]。

ムガル料理にはヒマラヤ山脈のふもとの丘陵地帯、カシミールの料理も入っている。そこは夏、低地に住む貴族が避暑に行く場所で、ローガン・ジョシュというカレーが生まれた場所でもある。リジー・コリンガムが『インドカレー伝』で「ローガンはペルシア語で澄ましバターを意味し…ジョシュは熱い（香辛料の効いたホット、ではなく、熱のホット。四六八ページ「文化横断」のカレーを参照のこと）を意味する」と指摘している。[40] ムガル料理を特徴づけるもう一つの料理には、ペルシアのピラウ（ピラフ）のような肉と米を使うビリヤニがある。

祝日物語　ミシャニ

「カシミールで大事な行事は、いつでもミシャニ（mishani）という伝統的に七皿の食事で祝う。七皿すべてがラムを材料にする。ラムのローストした脚、カルダモン、クミンシード、シナモンで調味されたラムの角切り肉、焼いたラムのケバブ、スライスしたラムのレバー、ラムの腎臓、肩、さらにヨーグルトと香辛料で叩いたおいしいラム肉のミートボールである[41]」。

シャー・ジャハーンが世界でもっとも美しい建物の一つ、タージ・マハルを建てたのはムガル帝国時代である。金で覆われた白い大理石の墓廟は妻のために、ニューデリーの北、アグラに建てたもので、建築には一六三一年から一六五三年まで、二十二年かかっている。

デリー・カレー——ガラム・マサラ

ペルシア起源のその他のカレーミックスはカシミールの南、北部中央インドにある首都ニューデリー周辺にもある。「ガラム」は熱い、「マサラ」は「成分や材料」を意味する。[42] ガラム・マサラは生トウガラシを含まないので、ローガン・ジョシュよりもマイルドになる。アメリカにこれが紹介されたのは一九七三年に出版されたインド人シェフ、マドラー・ジャフリーによる画期的な料理本『インド料理への招待 *An Invitation to Indian Cooking*』によってである。上流階級出身のジャフリーはイギリスの学校に行くまで料理をしたことがなく、ホームシックになって、母親から送ってもらうインド料理のレシピで独習したのが始まりだった。

デリーの東にはラクノウという街があり、そこで有名な「コールマー」はガラム・マサラを使ったソースだが、最後にクリームを入れてこってりさせる。

英印料理

十八世紀、インド在住のイギリス官僚の家では、鹿、牛、仔牛、羊、仔羊、アヒル、ガチョウ、ウサギなどを飼っていて、大事なディナーには一五皿から一六皿の肉料理を出すことができた。一七八〇年にある夫人が日々の平均的なディナー（一番手間をかける食事）について次のように述べている。「私どもでは、毎日暑い最中の午後二時にディナーをいただきます…スープ、ローストチキン、カレーとライス、マトンパイ、ラムフォアクォーター、

文化横断　カレー

タイプ	ガラム・マサラ	ローガン・ジョシュ	ウィンダルー	パンチフォロン	バルティ
地域	中央	北部	南西部	北東部	
国	インド[43]	インド[44]	インド[45]	インド	パキスタン[46]
アジュワン*					
スターアニス					✦
アサフェティダ		✦†			
ベイリーフ					✦
カルダモン	✦	✦	✦		✦
チリ			✦		✦
シナモン	✦	✦	✦		✦
クローヴ	✦	✦	✦		✦
コリアンダー	✦	✦	✦		✦
クミン	✦	✦	✦	✦	✦
フェンネル		✦		✦	✦
フェヌグリーク		✦†		✦	✦
ニンニク		✦†	✦		✦
ショウガ	✦	✦	✦		✦
カロンジ（黒オニオンの種）	✦			✦	✦
マスタードシード			✦	✦	✦
パプリカ		✦			
黒トウガラシ	✦	✦	✦		
カイエンペッパー		✦	✦		
サフラン		✦			
ターメリック			✦		

*　アジュワンはタイムやキャラウェイのような味だが、もっとピリっとするスパイス

†　イスラム教徒はローガン・ジョシュにニンニクとオニオンを使う。ヒンドゥー教徒はアサフェティダとフェヌグリークを使う。

ライスプディング、タルト、極上のチーズ、作りたてのバター、すばらしいマデイラなどです」[47]。続いて昼寝の時間となり、その後に社交や訪問がおこなわれる。夕食は軽く夕刻に摂る。十九世紀になると、食事は反対になる――日中の食事は軽くなり、イギリスの言葉「スナック、軽食」と同義語の「ティッフィン（tiffin）」と呼ばれた。午後七時か八時のしっかりした食事は社交行事になった。食事形態におけるこの変化はインドでの権力の変化を反映している。

ある出来事が食品も含めた変化を引き起こした。一八五七年、不確かな噂が「セポイ」（イギリス東インド会社の軍隊のインド人兵士）の間で広まった。いわく、ライフル銃用実包に牛と豚の脂肪が使われている。それは彼らの宗教においては禁忌すべきものだったため、セポイたちは激怒した。なぜなら、薬包は歯で破いて空けなければならなかったから。彼らは反乱を起こした。イギリスが反乱を収めて再びインドを支配するようになるまで一年かかった。その時、あらゆる反対派はつぶされてしまった。一九四七年にインドが独立するまでのイギリスによる支配の時期を「ラージ（Raj）」と呼ぶ。

ラージの間、イギリス軍将校たちはラージャ（インドの王）のように暮らし、食べることができた。イギリスからやって来た妻たちはインド本来の郷土料理からイギリスとインドの混交料理、あるいは純粋にイギリス料理へと変えていった。ローストした肉、プディング、サンドイッチなど。朝食はしっかりしたもの。茹でたり炒めたりした魚やエビ、カレーかキャセロール、コールドマトン、パンとバター、あるいは米、プランテン（料理用バナナ）かオレンジなど。ケジャリーはイギリスの朝食として人気がある。

レシピ　ケジャリー

「冷水魚ならなんでもよい、炊いた米ティーカップ一杯、バター一オンス（三〇グラム弱）、カラシ小さじ一杯、半熟卵二個、味付けに塩とカイエンペパー」を全部混ぜて熱いうちに出す。[48]

カレーはアングロ・インディアン（インド在住のイギリス人）に好まれたが、南インド発祥の香辛料の効いた元来の料理ではない。代わりに、スープ（だし汁）やシチュー、あるいは汁気のない料理などを意味する汎用的な言葉になった。これらの料理にはチャツネがつきもの。インド人の召使いが食事を準備して給仕をする。

アルコールの摂取量は増加した。飲み物はクラレット（赤ワイン）が選ばれる。男性が飲める限度は食後の三本まで。女性なら一日に一本。他にもシャンパン、ブランディー、ビールを飲んだ。[49]

混乱を招く言葉　チャツネ

インドのチャツネはアメリカ人が知っているチャツネとは違う。それはメジャーグレイズ(Major Grey's) 製の一種類と思われる。この瓶詰チャツネはフルーツ――たいていマンゴー――の塊が入っていて、砂糖や酢で調理され、どろっとしている。インドのチャツネはハラペニョ、ミント、ヨーグルト、コリアンダーを混ぜたものか、トマト、酢、少量の砂糖と香辛料のもの、あるいは、すりつぶしたばかりのココナツ、トウガラシ、ショウガ、レモンジュースのものなど、シンプルだ。酸味を加えるためにタマリンドも使われる。インドのチャツネはメジャーグレイズのものよりずっとさらっとしていて、ジャムや果物の砂糖煮よりもソースと言った方がふさわしい。

インドでは、大英帝国の拡張に重要な役目を果たした作物も生産した。それはインドでは安く生産でき、イギリスの船で中国へ運ばれ、中国人に売られた。学名 *Papavera Somnifera*――「眠気を誘うケシ」である。そのねばつく液からできる物、それがアヘンである。

中国——茶とアヘン

唐と宗、六一八〜一二七九年

イギリスが来る千年以上前、中国に新たに偉大な王朝が興った。唐王朝（六一八〜九〇七年）は、紀元二二〇年に漢王朝が滅びた後、中国の手から離れていた土地を取り戻し、農民に再配分した。中国の領土が拡大したのはその多くが、唯一の女性皇帝、武則天《ぶそくてん》の治世の時だった。武則天は三十年間、陰の実力者として力を振るい、六九〇年にはついに自ら皇帝を名乗った。唐の治世中、南部ではバナナ、ナツメヤシ、柑橘類、サトイモが栽培された。他にも皇帝の宮廷で好まれた甘い果実、ライチがある。食物はシルクロードを通ってペルシアや中央アジアからムスリム商人によってもたらされた。サトウキビ、ホウレンソウ、レタス、アーモンド、イチジク、ブドウがさまざまな形態——シロップ、干しブドウ、ワイン——で入ってきた。[50] しかしこれとは別の飲み物が注目を集めた。「この時代はエール（ビールの一種）に対して、取り憑かれたような関心が向けられた。世界史において、アルコール依存症がこれほど理想とされた時代はない」。幻覚誘発剤の使用も広まった。どちらも飢饉の多い時代にあって、現実から逃避して解放されたいという願望が一部にあったのだろう。[51] 金のかかる戦争や、その代金を支払うための高い税金によって王朝はさらに弱体化した。課税される物の一つが塩で、国家収入の半分を占めていた。[52] 塩密輸人は自分たちにできることをした。ついに九〇七年、ローマ帝国の滅亡を思い起こさせる一連の出来事の中で、国境地帯の反乱軍が首都の長安を荒らし、最後の皇帝である子供を殺した。戦いの数年後、宗王朝が中国全土の権力を握った。以前ほど大きくはないが、安定していた。

この二つの王朝の間に人口は増加し、都市も拡張し洗練されていった。中国全土の人口は一億人となり、世界最大であると同時にもっとも進んでいた。少なくとも十の都市はローマやバグダッドの最盛期と同じ人口、百万を要していた。さらに百万の常備軍がいて、政府はそのために大量の食料を買い付けた。中国は絹の生産方法を知る世界唯一の国だった。また、中国では広く使われた物がある。西洋がいまでも「チャイナ」と呼ぶ陶磁器、火薬、印刷機、茶である。

茶の道

キリスト教がローマ帝国に張り巡らされた道路で広まったように、茶はシルクロードで中国全土に広まった。仏教が一緒に伝わった場合も多い。仏教儀式はシルクロードの終点、長安でおこなわれた。長安は国際的な交易都市だった。

食物こぼれ話　茶葉はどこから来たのか

紀元五世紀、仏教を中国に伝えた僧、ボーディダルマは瞑想に問題を抱えていた——ぐっすり眠ってしまうのだ。まぶたを開けておくことができない。そこでまぶたを切り裂いて地面に投げ捨てた。そのまぶたから根が出て茶の木になった。
あらゆる伝説に違わず、この話も真実を秘めている。茶葉の楕円形にまぶたの形を見ることは可能で、茶にはカフェインが含まれていて、カフェインは眠気に襲われた僧侶を眠らせないでおく。茶の木は光沢のある葉を持つ灌木で、大輪の花を咲かせるツバキ科に属している。学名は *Camellia sinensis*、あるいは *Camellia assamica* で、中国あるいはインド北東部のアッサム地方のツバキだが、おそらく原産地は東南アジア、現在のベトナムだと思われる。

茶は外来の薬用飲料として始まった。てんかんから肺の病や赤痢まで、あらゆる病気の治療に使われた。八世紀に陸羽《りくう》が『茶経《ちゃきょう》』を書いたことで人気が高まった。アラブ人やヨーロッパ人が永遠の生命の秘密をもたらすという金《きん》に関心を寄せていたのに対して、中国人は茶が鍵だと考えた。二十世紀終わりに、科学者たちは、緑茶は強力な抗酸化物質、抗がん物質であることを発見した。

陰と陽

中国人は宇宙の背後にあるエネルギーの力、タオの正しいバランスは永遠の生命へ導くとも考えた。素晴らしい面と負の面の両方を併せ持つギリシアの神々のように、そしておそらくヨーロッパ人の土台となっているであろう気質体系のように、タオも対立する要素、陰と陽を持っている。陰は女性、受け身で冷静。陽は男性、攻撃的で激しい。(風水は建物や環境にこの原理をあてはめたもの。)中国人は人間が陰と陽を正しく利用し、正しい食物の組み合わせを見つけられれば、不死になれると信じていた。不死の生命を得るために、唐の五代の皇帝たちが「不死の薬」――おそらく重金属――を摂って死んでいる。[53]

中国の唐王朝は詩などの芸術が大きな前進を遂げた時代だったが、料理面で北方、揚子江デルタ周辺の南方、四川省の三地域で独特の発展を遂げたのは、宋王朝、特に九六〇年から一二七九年にかけてであった。広東料理は後になる。北方料理の主流は北京のもの。雑穀、肉、乳製品が消費される食料全体の大部分を占める。小麦も栽培され、小麦粉は団子、油条《ゆじょう》(細長い揚げパン)や麺に使われた。北京料理は南方料理よりも口当たりがよい。南方料理は米、魚、豚肉、野菜、果物を基本とする。四川料理も米が基本になる。茶も広く飲まれていた。現在の四川料理を特徴づける二つの食品、トウガラシとピーナッツは使われていなかった。その二つは新世界からもたらされたもので、まだ中国には入っていなかった。しかし当時ですら、料理は辛く、「豆に似た野菜で味付けされ…ヒイヒイ、ハアハアすることになる」香辛料が使われていた。[54]

唐に続く宋時代は豊かな時代だった。交易が盛んになるにつれ、商人階級も豊かになり、新しくて心躍る食品を求めるようになった。一〇二七年、飢饉を避けるために、皇帝はインドから緑レンズ豆を、チャンパ(現在のベトナム)から新種の米を取り寄せて中国東南部で栽培するように命じた。チャンパの米は生長が早いので、一シーズンに二回収穫できる。さらに旱魃に強いため、それまで米ができなかった地域でも栽培できる。他に「公式米」(税として出すことのできる米)、酒用の餅米、赤米、紅蓮の実米、イエローケンミ、香り米、官製米蔵によって割引料金で売り払われた古米などがある。[55] しかし、上流階級の中では、精米された白米が標準だった。ちょうど精製

茶の歴史

紀元前3000年	中国で茶が飲まれる
紀元3世紀	茶が初めて中国の文献に登場
5世紀	眠れる僧と茶の起源についてのボーディダルマの伝説
618－907年	中国で茶は強力な薬で、長寿の秘密があるとみなされた[56]
8世紀	中国で陸羽が『茶経』を著す
804年	日本人僧侶が茶を日本へ持ち帰る
1215年	仏教を日本へ伝えた僧侶、栄西は茶についての『喫茶養生記』を著した
16世紀	千利休が茶の湯を日本の文化へと変えた
16世紀	ポルトガル人聖職者が茶について記す
1610年	オランダ人がヨーロッパへティーポットを持ち込む
18世紀半ば	ロシアで茶が大流行。サモワールが発明される
1773年12月16日	マサチューセッツ州でボストン茶会事件起こる
1839－1842年	アヘン戦争――イギリスが中国に茶の代金としてアヘンで受け取るように強要
20世紀	ティーバッグが使われるようになる
20世紀終わり	アメリカでインスタントのアイスティー用のミセス・ティーが発明される。製造終了
20世紀終わり	アメリカ人は茶を強力な薬効があり、長寿の秘密が隠されているとみなす

された白いパンがヨーロッパで標準だったように。[57]

当時、人々が毎日必要とする「七つの生活必需品」があった。「薪、米、油、塩、醤油、酢、そして茶」である。[58] さまざまな時代に、政府は塩と茶、さらに酒を専売品とした。富裕層はこれらの七つの生活必需品をはるかに超えたものを必要とした。開封《カイフォン》や杭州《ハンチョウ》のような巨大都市で食品が爆発的に増えたのは明らかだった。市内の別々の場所に異なる食品ごとの市場ができた。穀物市場、豚肉市場が二か所、牛肉、鹿肉、馬、家禽（ニワトリ）、ウサギなど豚肉以外の食肉市場、野菜市場、生鮮魚市場、魚の保存食市場、果物市場、柑橘類市場、その他があった。精肉店では、五人の店員がずらっとテーブルに就いて、お客の注文通りに、切り分けたり、薄切りにしたり、塊を切り取ったりする。[59] 宮廷用の食品は専用の特別市場で購入された。

宋王朝の時代、上流階級の食堂は床に座る

米（イネ）の歴史

紀元前6500年	中国の揚子江流域でイネが栽培される
紀元前2000年	イネの栽培がインド北部と東南アジアでおこなわれる
紀元前300—紀元200年	イネが日本と中東へ伝わる
紀元1世紀	インドネシアとおそらくフィリピンでイネが栽培される
紀元500—600年	イネがエジプトで生産される
700年以後	ムスリムがイネを地中海沿岸一帯から西アフリカへ広める
1027年	中国でチャンパ米が生産される
13世紀	北方ヨーロッパでイネが栽培される
15世紀	北イタリアでイネが栽培される
1700年	北米カロライナでアフリカ奴隷によってイネが栽培される
1900年頃	日本で寒冷地でも生育するイネの品種が作られる
1980年代	全世界の稲作面積の10％以上に遺伝子組換え品種IR36が植えられている

形から椅子式になった。何品もある正餐は、陶磁器の皿や、時には銀の箸やスプーンが並ぶ漆塗りの卓に運ばれた。食事は家事担当の召使いが調理したが、その数は数百人に上った。皇帝の台所には千人以上の人間が監視付きで働いていた。気分転換には酒舗や茶店があり、レストランや仕出し屋は注文に応じて、富豪の家で出される料理に負けず劣らずの料理を提供した。庶民には屋台や麺類を出す店、古代ローマのタベルナ（小売店舗）やポピナ（訳注：居酒屋と売春宿を兼ねた店）のような小さなレストランがあり、調理済みの料理を提供した。一種類だけを出す軽食店もあった——小さいケーキのようなピン（餅）には、甘いのや塩味のもの、詰め物がしてあるものやしてないもの、蒸したのや揚げたものなどがあった。こうした食品を作る料理人はすべて男性で、女性は例外的にごく少数しかいなかった。読み書きができる料理人なら、中国語の百科事典や一〇六一年に世に出た『図説草本誌 *The illustrated Basic Herbal*』に書かれた調理法を見つけることができた。そこには何百もの食品についての詳細な説明や図が載っている。

公式の晩餐会はもっとも豪華な儀式で、二百皿以上の異なる料理が供され、ヒスイや真珠、銀の食器が使われた。[60] このような席で、その人の重要度は席順だけではなく、どれだけのコースが出されるかということでも測られた。他にも仏教関係の祝日がある。そうした行事では常に先祖が崇敬された。

宋王朝時代には平和と繁栄が享受された。しかし平和は高くついた。中国は銀や絹の「贈答品」で蛮族の侵入をくい止めた。宋王朝は北と南の派閥に分裂し、両者間の戦いが続いた。それは侵入者に対しての弱体化を招いた。

モンゴル――騎乗高く生きる

十三世紀、アジアの乾燥した広大な平原地帯――ステップ――をチンギス・ハーン率いる騎乗のモンゴル軍が縦横無尽に駆け抜けた。古代ローマに対するヴァンダル人やゴート人のごとく、モンゴル人は中国に対した――北から侵入したのだ。モンゴル軍の非情な戦略は敵を恐れさせた。彼らは都市を包囲して、降伏するように要求した。降伏を拒めば、住民は皆殺しにされた。降伏しても、皆殺しにされた。モンゴル人は馬から下りずに馬を取り替えて、何日も騎乗し続けることができた。モンゴル人は騎乗中に両足を踏ん張れるように鐙《あぶみ》を使用したが、それは初期の人類が生き残るために二足歩行をするようになったのと同じ理由からだ。鐙のおかげで両手が自由になり武器を使うことができる。鐙に足を固定すれば落馬せずに立ち上がることができ、膝と脚で馬を導くことができる。さらに馬の横や背後に体をねじったり、隠れたりできる。立てば、馬の頭より高くなり、頭越しに矢を射ることができた。

中国を征服する過程で、モンゴル人は遊牧民から単なる定住者ではなく、都会人になった――たいした変化である。そして食事も簡単なものから手の込んだ料理へと代わった。遊牧をしていたモンゴル人は草原の民で、家畜の群れを追っていた。羊や山羊の乳に頼って暮らしていた（ミルク、バター、チーズ）が、馬からも力を得ていた。彼らの好物は「クミス」と呼ばれる、発酵させた馬の乳である。牛乳と違い、馬乳にはビタミンCが豊富に含まれる。他に何も飲むものがない時、あるいは騎乗中で止まって休むことができない時は馬の血を呑んだ。馬の首に切れ目をつけて飲んだが、どれくらいなら馬を痛めつけないかを知っていた。時には馬肉を食べることもあった。また、狩り（シベリアタイガー、オオカミ、クマ、イノシシ）もした。ふつうは、獲物を骨付きのまま茹でた。茹でる時には「種子、穀類、塊茎、根、果実、ベリー類など手に入れられるものなら何でも、緑黄色野菜すらも」入れた。出来上がったこってりしたスープは「シュレン」といい、モンゴル語では食物を指す言葉と同じである。[61]

十三、四世紀になると状況が変わる。新しいモンゴル料理には文化のように、新しい考えや技術が取り入れられている。スープには外国の香辛料や野菜が使われるようになった。食物史家ポール・ビュエルは、新しい料理への変化にはトルコが大きな役割を果たしたと指摘する。モンゴルは政府の役人としてトルコ人を重要な地位に就けた。トルコ人は識字能力が高く、他の文化では上層階級にいたからだ。トルコ人はずっとイスラム教徒のアラブ人やその料理と密接に触れ合ってきたし、ペルシア料理とも接触があった。トルコ人はモンゴル人になじみのない穀物に詳しかった。何種類もの生地（練り粉）――パン用、麺用、ペストリー用――があり、「タンヌール」という自立型の粘土製オーブン（インドのタンドール）を使う。トルコを経由して、多くの中東の食品が中国へもたらされた。食物史家が、ある食品がどこからもたらされたかをこれほど明快に指摘するのは珍しいが、ヒヨコ豆やギー、パセリはモンゴル人にはそれぞれ「ムスリム豆」「ムスリム油」「ムスリムセロリ」として知られる。羊の頭やハルワ（訳注：すりつぶしたゴマやナッツをシロップで固めた菓子）のレシピは「ムスリムレシピ」と言われる。[62]

これらの新しい食材は北京のみならず、帝国全域に広まった。他の食品も文化の違いを超えて浸透した。マンティという詰め物をした団子は、食物史家ポール・ビュエルによれば、「おそらく元は中央アジアの食品であろう」。それが西のトルコへ伝わり、トルコから先へと広まったと思われる。

チンギス・ハーンの孫、クビライ・ハーンは自身が造った新しい都、大都《ダイト》（現在の北京）で一二六〇年から

文化横断　詰め物入り団子

国	名前	生地	中身
アルゼンチン	エンパナダ	ペストリー	肉、チーズ
アルメニア	ビュレック	フィロ	チーズ
中国、南部	ワンタン	ヌードル	魚介類、豚肉
中国、北部	バオ	ブレッド	香辛料を効かせた豚肉
イギリス	パスティ	厚みのあるペストリー	肉
エチオピア	サンブッサ	薄いペストリー	牛肉かレンズ豆
ギリシア	スパナコピタ、 ティロピタ	フィロ	ホウレンソウ、チーズ
インド	サモサ	ペストリー	野菜、ジャガイモ
インドネシア	サンブサ	ペストリー	肉、野菜
イラン	マンティ	ヨーグルト・ペストリー	肉
イラク	サンブサク	ブレッド	肉、豆類
イタリア	ラヴィオリ／カルゾーネ	ヌードル／パン	肉、チーズ
ユダヤ系	クレプラハ	ヌードル	肉
朝鮮	マンドゥ	ヌードル	肉、野菜
レバノン	バラク／サンブセク	フィロ、パフペストリー	肉／チーズ
メキシコ	エンチラダ	トウモロコシ トルティーヤ	肉、チーズ
モロッコ	ブリワット	フィロ（ワラカ）	塩味あるいは甘味
ポーランド	コロドニイ	ヌードル	肉
ポルトガル	エンパダ／ブレカ	ペストリー	豚肉、エビ
ロシア	ピロシキ	サワークリーム・ ペストリー	牛挽肉
チベット	モモ	ヌードル	ヤク肉、野菜
チュニジア	ブリック	ワルカ	卵
トルコ	マンティ／ブレク	ヌードル／ペストリー	塩味あるいは甘味
アメリカ	ダンプリング	甘いペストリー	甘くした果物
ウズベキスタン	マンティ	ヌードル	ラム

一二九四年まで国を治めた。クビライ・ハーンは王朝に「始まり」を意味する元と名付けた。クビライ・ハーンはそれまででもっとも広大な土地を基盤とする帝国を支配した。西はインドやポーランド、東は朝鮮まで。さらに広げようとして、日本へ使者を送り、貢ぎ物を要求した。クビライ・ハーンは実際は日本を劣等国とみなして、従属して金を差し出すように要求した。他の国々のように日本も服従することを期待した。しかし、武家が支配する日本は言うことをきかなかった。

ポルトガル人が中国に来るまで、古代中国の皇帝は、赤い絹の帆を揚げた巨大な船で何度も西方への進出を試みていた。しかし、中国の統治者たちは、西の国々が料理や文化で提示するものに感銘を受けなかった。ヨーロッパがしだいに現世的になり、事業に興味を示すようになると、中国の統治者たちは、農業立国のままでいることにした。つまり、事業ではなく農業が繁栄と調和のある暮らしへの道だと考えたのだ。中国は他国に対して扉を閉ざした。皇帝は外国との交易のために一都だけを開けておくと定めた。窓口は南方の広東省《コワントン》広州《コワンチョウ》——イギリスに対しては広東省、中国人に対しては広州を。

広東料理

「広東料理の最高峰に並ぶものは、おそらく中国にも世界にもないだろう[63]」

中国全土から集まる新鮮そのものの食材、コンマ何秒のタイミング、多種多様な技術、何百種類ものすばらしい料理、他地域の新しい食材や技術——パン焼きのように——をすばやく吸収する能力、これらによってレパートリーが際限なく拡がり、革新的な料理を生み出す。残念なことに、たいていのアメリカ人が広東料理として知っているものは、実は広東料理ではない。一九五〇年代、六〇年代のアメリカで広く知られるようになった酢豚やチャプスイ（米国式中国料理）、チャーメン（五目焼きそば）、脂っぽい春巻、チャーハンはどれも広東料理とは言えない。これらはアメリカ人の味蕾に合うように変えられ甘く味付けされたものだ。広東料理は他の地域の中国料理よりもデザートが少ないこともあり、主菜には砂糖を使わないことが徹底している。広東料理はチリソース、辛いカラシ、酢、ゴマ油、醤油、オイスターソースを——控えめに——使う。魚やシーフード——牡蠣、ナマコ、イカ、クラゲ、鳴き魚（ニベ科）——は広東料理の特色である。調理法としては、蒸したり、強火で炒めたり、揚げたりする。コーンスターチ、缶詰のパイナップルジュース、それにグルタミン酸ナトリウム（ＭＳＧ）のような問題なしとは言えない調味料はあまり使わない。広東人はこういった料理やそれを食べる人を、ローマ人が、パンを食べた事がなく、鞍《くら》を温めるために肉を鞍の下に置く人のことを見下したのと同じに見下した——蛮族と。

食物こぼれ話　チャプスイの起源

チャプスイがアメリカ発祥の料理というのは神話である。伝えられているところによれば、ある人がサンフランシスコのチャイナタウンにあるレストランに閉店間際に行ったところ、シェフが半端に残った食材をかき集めて料理を作って出した。チャプスイは残り物だが、起源は広東で、広東語のチャップセウイ（tsap seui）は「残り物の寄せ集め」を意味する。[64]

広東料理の美味は「ティムサム（ディンサム）、点心」にある。ティムサムとは「軽食」の意味。一口大の団子、練った生地で香辛料の効いた肉や魚介類の詰め物を包んで蒸したものなどを差す。蓮の葉や竹の皮で包んで蒸すこともある。メキシコ料理でタマーレを包むのにトウモロコシの皮を使ったり、他の文化でバナナの葉を使ったりするのに似ている。広東料理はマカオの島々や香港の料理も含む。イギリスは条約によって、一九九七年七月一日に香港を中国へ返還した。多くの人が香港を離れたが、それにともなって料理も移動した。今ではアメリカにたくさんのすばらしい広東料理店がある。

アヘン戦争

十九世紀、イギリス政府の大蔵省は中国との貿易バランスが好ましくないと考えた。イギリスは茶を欲しがった。中国は銀での支払い以外は望まなかった。イギリスは何か中国に売る物を見つける必要があった。そこでアヘン（抑制作用のある薬、鎮静剤）に目をつけた。この薬には強い常習性があるため、リピーターが生まれる。中国の皇帝はヴィクトリア女王に抗議したが、女王は無視した。そこで戦争が勃発、中国海軍はイギリスの蒸気船や大砲に太刀打ちできなかった。一八四二年までにアヘン戦争は終結し、中国は香港島をイギリスに割譲することを余儀なくされた。さらに、広東に加え他の主要都市も開港するように迫られた。外貨、商売、政府、大砲などが中国で幅をきかせるようになった。その結果、政府が弱体化し、内乱が起き、それがほぼ百年続いた。一九一一年、何千年も続いた帝国並びに皇帝は終焉を迎えた。社会的に不安定な状態はさらに続き、一九三七年、日中戦争が起こる。

「クーリー（苦力）」――新しい奴隷

十九世紀に中国とインドは征服され、その結果、人民の奴隷化がもたらされた。中国人やインド人は世界中で奴隷労働の新たな供給源となった。「クーリー（苦力）」として知られる人々だ。クーリー船はアフリカの奴隷船を手本にした結果、アフリカの奴隷船上と同じく、クーリーたちは反乱を起こして死んだ。時には、中国人が他の中国人を、広東のフランス料理のコックや、中国軍の兵士に引き入れることもあった。中国人やインド人の労働者はカリブ海のような遠方へ送られ、砂糖作りのために一日二十一時間働かされた。それ以外では、カリフォルニアの金鉱や鉄道工事に送られて最後を迎えた。そしてもちろん、彼らはそれぞれの国の料理や文化をその地にもたらした。

朝鮮――キムチとプルコギ

米は朝鮮料理にはなくてはならない。粘りのある低地米が食される。さまざまな高地米は粉にしたり酒類の原料として使ったりする。粉は緑豆からも作られる。二百種類以上もある香味料、国民食でもあるのはキムチである。昔から秋（白菜のシーズン）に各家庭で作られる。白菜（大根の場合もある）、トウガラシ、ニンニクを陶製の瓶《かめ》に詰めて発酵させる。アメリカ人が朝鮮式バーベキューとして知っているのは「プルコギ」で、肉か魚介類を醤油、ゴマ油、ニンニク、ショウガ、トウガラシ、ネギに漬け込んだ後に直火で焼いたもの。その他、うどんやそば、あるいはワンタンに似ているがもっと大きい団子は汁に入れて供する。スープは食事中の水分として出される。重湯《おもゆ》や大麦湯は食後に飲む。アメリカ人がデザートと考える餅や果物などは食間に軽食として摂る。

朝鮮人は日本人同様、秩序を重んじる。人間同士の関係を支配する規則や、食べ物に関する取り決めがたくさんある。話をする時、相手の顔を見たり、誰かを、たとえば料理人を直接褒めたりすることは不作法だと考える。料理がよかったと言うだけのほうが礼儀にかなっている。年長者は崇敬される。年長者には最初に言葉をかけ、最初に料理を配る。年長者がまず酒を飲み、料理に箸をつける。最年長の人が食べ始めるまで誰も箸をつけることはできない。食卓は低いので、食事をする人は床に置かれた座布団に座る。食事は「フランス風」に、一度にすべての料理が出される。箸とスプーンを使い、指は決して使わない。最年長の人が食べ終われば、全員が終わりになる。外食の場合、食事が済めば支払いをすることになるが、割り勘にしたり、請求書を別々にしてもらったりはしない。勘定は食事に誘ったものがすべて払う。(65)

ベトナム——春巻きとパテ

地理的には、ベトナムは北部の紅河(ソンコイ川)、南部のメコン川、中間の山岳地帯と三つの地域に分かれ、料理にもそれぞれの影響が表れている。早稲米は、チャンパとして知られる中部から中国へ送られた。南部は熱帯の稲作地帯である。ベトナム料理にも三つの主要な影響が見られる。東北地帯には昔の宗主国である中国の影響がある。中国は九三九年までベトナムを支配していた。西はインドの、そしてもっと近年の宗主国であるフランスの影響を受けている。一八八三年までにフランスは帝国の版図をフランス領インドシナ(現在のラオス、カンボジア、ベトナム)にまで拡げていた。さらに一五一六年にベトナムへ到達したポルトガルがトウガラシをもたらした。一六二三年から一六九八年の間に北部や中央部の住民が南部へ移り住み、サイゴン(現在のホーチミン市)を造った。

土着のベトナム料理の特徴の一つは野菜やハーブを包むのにレタスを使うことである。北部における中国料理の影響は強火の炒め物と箸に見られ、辛い香辛料として黒コショウを使う。発酵させた魚のソース「ナンプラー」は醤油に取って代わった。ベトナムの春巻きは中国料理のそれより繊細だが、それは皮が小麦粉でなく米粉で造られるからだ。インド（とポルトガル）の影響は南部のカレーに見られ、辛みにはトウガラシを使う。ハーブ類としてはレモングラスやコリアンダー、タイバジル、ミントが使われる。サイゴンを中心とする南部では、ベトナム人はフランス人からパテを学んだ。「フォー」という麺料理は重要な国民食である。

インドネシア——香料諸島

インドの南東はインドネシアで、世界で四番目に人口の多い国である。インドネシアは南太平洋に浮かぶ大きな島々が連なってできている。この地域は激しい自然の影響を受けている。灰が肥料になる火山、地震、高潮にさらされている。二〇〇四年十二月二十六日、世界はインドネシアを強く意識するようになった。その日、巨大な海底地震が起き、大津波によってインド洋全体で何十万もの人が死に、何百万という人々が家を失った。最大の打撃を受けたのはインドネシア北端の村、バンダ・アチェだ。

他のアジア諸国のように、米はインドネシア料理の主要食品になっている。「インドネシアの何百万という人々にとって毎日の標準的食事は蒸した白米、干した小魚、いくらかのトウガラシといったところだ。完全に精米した白米が好まれる。玄米のほうが栄養価は高いが、ごく幼い子供や病人用とされる[66]」。こうした食事の対極にあるのが「リスタフル（Rijsttafel）」と呼ぶごちそうである。これは純粋にオランダ人が作り出したもので、フランス流給仕のように、テーブルに一度にすべての料理を並べるインドネシアの慣習にならったもの。ただし、オランダ人は前後の状況を無視して、あらゆる種類のインドネシア料理を一度に出す。まるで外国からアメリカへ来た人が、典型的なアメリカの祝日のごちそうは、大晦日のシャンパンとキャビア、スーパーボウルのグアカモレ（訳注：メキシコのアボカドをつぶして作る料理）、バレンタインデーのハート形チョコレート、独立記念日のホットドッグ、感謝祭の七面鳥、そしてクリスマスのハムだと主張するようなものだ。

祝日物語　セラメタン[67]

セラメタンは香料諸島へムスリムが来る前に存続していた古い原住民のお祭りである。セラメタンは人生で通過する主要儀式——誕生、結婚、妊娠、死——を記念するものだが、豊作を感謝したり、新しい家を祝福したり、旅に出る前におこなったりもできる。どんな機会であろうと、共に分かち合うことや共同体を祝福するものである。また、幸運を支配する精霊に供物を捧げる時でもある。

セラメタンでもっとも重要なものは、ココナツミルクで炊いた白い米料理（ナシグリやナシウドゥック）であれ、ターメリックで炊いた黄色い米料理（ナシクニン）であれ、米である。しかし、料理を何皿出すか、どの料理か、どのような香辛料を使うかは行事によって異なる。

調理と片付けも共同でおこなう。

インドネシア人シェフのスリ・オウエンがあげる例は、妊娠七か月の女性のためのセラメタン用で、固茹で卵を七つ使う。伝統的に使う野菜はカチャン・パンジャン（ジュウロクササゲ）、カンクン（空芯菜）、タウゲまたはトゲ（もやし）、そして、コル（キャベツ）など。ブンブ（調味料）あるいはココナツドレッシングや…辛いチリは使ってはいけない。妊婦は辛い食品を食べないようにしなければならない。ほかにも蒸したココナツ味の…牛挽き肉を使い、バナナの葉七枚で包んだものがある」。

アジアの他の国々のように、インドネシアもアジア諸国やヨーロッパ人の探検家や入植者の影響を受けている。近代のシンガポール周辺ではいまだに中国系マレーシア料理がポルトガル語の名前で残っている。ニョニャはポルトガル語で「お祖母ちゃん」を意味する。ラクサと呼ぶ豆腐とココナツミルクの入った汁うどんのような素朴な家庭料理だからだ。

フィリピン——中国とスペインの融合

ポルトガル人探検家マゼランは一五二一年にフィリピンを「発見」し、米と豚肉のシチュー、続いて炙《あぶ》った魚、ショウガ、ブドウ酒でもてなされた[68]。米と豚肉は今でもフィリピン料理を象徴する食材であり、それは中国料理でも同じだが、同時に魚と野菜もフィリピン諸島の食卓では主要食材となっている。それというのも、フィリピン諸島は数百年間スペインの植民地であり、フィリピン料理に大きな影響を与えたのは、中国、マレーシア、インドネシアと並んでスペイン料理だからだ。スペイン人は自国の料理に使うオリーヴオイル、酢、タマネギ、ニンニクを持ち込んだ。中央アメリカや南アメリカの植民地からも両アメリカ原産の食材を持ち込んだ。ピーナッツ、トウガラシ、トマト、ジャガイモ、サツマイモ、トウモロコシなどだ。ハワイや太平洋の島々の住民同様、フィリピン人も仔豚を丸焼きにする。また、マレーシアやインドネシアや南インドのように、フィリピンでも多くの食材をココナッツミルクで煮込む。アメリカの料理からフィリピンの人々はパイについて学んだが、彼らはマンゴーのような地元の果物を使って独自のパイを作った。フィリピンの国民的料理のなかには、ヴィンダルーのようなアドボ（酢とニンニクベースのソースで造るミートシチュー）、ギナタアン（ココナツミルクシチュー）、アジアのどこでも見られるルンピア（フィリピン風春巻き。ブリトーのように野菜をライスペーパーで包んだもの）などがある。他のアジア諸国民のように、フィリピンの人々も、スペインだろうとアメリカだろうと、外国の支配を望まず、長年アメリカの支配に反抗してきた。

しかしアジアの二国——タイと日本——はなんとかヨーロッパの支配を受けずにきた。

タイ——レモングラスとジャスミン米

タイはラーマ四世（在位一八五一～一八六八年）の卓越した統治によって独立を保ってきた。彼は王位に就く前は二十七年間、仏教の僧侶だった。知性と抜け目のなさに加えて、忍耐心と謙虚さを身につけたことで、治世中に欧米の外交官たちとうまく交渉することができた。タイの国土の三分の二が農業に適していないため、西欧諸国とゴム、錫《すず》、チーク材の交易を始めた。

タイは西欧のキリスト教宣教師から印刷機や天然痘ワクチンのような有益なものを受け入れたが、文化は保持し続けた。それには奴隷制も含まれる。多くの西欧人が十九世紀のタイについて知るのは、イギリス人女性で王家の家庭教師を務めたアンナ・レオノーウェンズが一八七〇年に出した自伝によってである。『アンナとシャム王 *Anna and the King of Siam*』はブロードウェイの戯曲や映画になった。映画『王様と私』は一九九九年にジョディー・フォスター主演で『アンナと王様』としてリメイクされた。タイ人はこれらの作品に異議を唱え、タイではいずれも上映が禁止された。

タイの主食は多くのアジア諸国同様、米である。毎年、聖なる儀式が田植えシーズンの始まりを告げる。

祝日物語　タイ王室による農耕祭

「伝統的にタイの米作シーズンは五月の王室による農耕祭で始まる。場所はバンコクの王宮近く、広々とした草地で、「サナームルアン（王様の原）」と呼ばれる。儀式の間、王様によって選ばれた役人が白い牛に牽かれた儀式用の鋤を使って長い畝《うね》を耕す。後には詠唱するブラフマン（ヒンドゥー教聖職者）と種籾の入った籠を持つ四人の女性が続く。女性たちは耕された畝に籾を撒く。そうして儀式が終わると、見物していた人々が撒かれた籾を奪い合う。この籾を自分の籾と混ぜれば豊作が保証されると信じられている[69]」。

古代の農耕祭で撒いた米はタイでもっとも有名な米――ジャスミン米――ではなかった。この米は一九四五年までなかったからだ。この長粒米は遺伝子組換え作物であり、東北タイ地方で最高級品が収穫される。

東へ行けば中国、西へ行けばインドという位置にあるタイは、両国の料理との共通点がたくさんある。中国南方の四川料理や鬱南《ユーナン》料理と同じく、タイも新世界の二つの食材、ピーナッツとトウガラシを使う。かりかりに揚げたビーフン「ミークローブ」のような麺料理にも中国の影響が見られる。インドと共通するカレー（ゲーン）もある。「ゲーン・マッサマン」というカレーの名前は誰が持ち込んだのかを解く鍵となる。「マッサマン（massuman）」は「マッセルマン（musselman）」のタイ語で、初期に英語「ムスリム」が転訛したもの。特徴的な香味料は、文字通りには「魚水」というツンとくる刺激臭のある発酵させた魚のソース「ナンプラー（nam pla）」である。葉が小さいタイバジル、ミント、コリアンダーのような生のハーブはナンプラーとははっきりした対比を示す。西欧の市場では切り落とされるシラントロ（コリアンダー、タイ料理ではパクチー）の根は、タイ料理に強烈な香りを加える。柑橘類のさっぱりとした酸味はライムによる――果汁、皮、葉からくる。レモングラス（*Cymbopogon citratus*）も新鮮で強烈な柑橘味を出す。レモングラスは直径が鉛筆やマーカーほどの固くて緑色の茎である。アメリカの市場では、ふつう長さ一フィート（約三〇センチ）の三本から四本の束にして売られている。これらの多くはもっとも有名なタイ料理の一つ、辛くて酸味のあるエビスープ、「トムヤムクン」に入っている。

対照的に、タイの飲み物やデザートはアラブのデザートのように大変甘い。タイのアイスティーは缶詰のコンデンスミルクで甘く味付けされている――缶詰は近代的な工業製品であるから、腐敗については問題ない。餅米の入ったデザートマンゴーはパーム糖で作られる。ジャスミンエッセンスで香り付けされたデザートはおそらくアラブ人が持ち込んだのだろう。

トムヤムクン
タイ式辛味と酸味のあるエビスープ(70)

材料

植物油大さじ一
グリーンセラーノ・トウガラシ二個
エビの殻
レッドセラーノ・トウガラシ一個

鶏ガラスープ八カップ
レモングラス三本
柑橘類の葉四枚
ライムの皮小さじ一
ライム果汁二個分
生の（新鮮な）小エビ二ポンド
ナンプラー大さじ一
刻んだコリアンダー大さじ二
刻んだ青タマネギ三個分
塩小さじ一杯半

マムアンカオニャオ
マンゴーともち米のお菓子[71]

材料

もち米一カップ半
濃いココナツミルク一カップ
パーム糖二分の一カップ
塩小さじ二分の一
熟したマンゴー五個
ココナツクリーム大さじ四

日本——天ぷらと旨味

中国と日本は地理的に近い。天然資源や食料が豊富で広大な中国は、それよりずっと小さな島国、水と人間以外の天然資源に乏しい日本の西に位置する。ギリシアのように、日本の国土の大部分は鉱物資源のない山岳地帯である。カリフォルニアや他の太平洋沿岸地域のように、日本は地震断層帯にあり、火山もある。日本の食材——料理ではなく——や、芸術、宗教、漢字といった文化の多くは中国から伝わった。両国の食事は米に依存している。米は中国では八五〇〇年前から栽培されていたが、日本に伝わったのは紀元前三〇〇年から紀元二〇〇年の間だった。日本の米（ジャポニカ米）は短粒種で「粘り」がある。ねばつくのは米にグルテンがないからである。

日本は「日出ずる国」と自称して、国旗に大きな赤い丸をつけている。日本人は太陽女神、天照大神の子孫だと信じている。天照大神は人間に三つのものを授けた。一つは聖なる鉄の剣で、日本文化において重要な役割を担っている。

日本文化は両極端の面を持つ。一方で、美の細部と創造に大きな関心を寄せる。一例を挙げれば、茶を喫するといった単純な活動を芸術にまで高めている。他方、強烈な侍《さむらい》精神を宿している。文化人類学者のルース・ベネディクトは著書『菊と刀』でこの精神について記述している。

茶の道

紀元八〇四年、日本人僧侶が中国から茶を持ち帰った。八一五年、その僧侶は茶を天皇に献上し、そこから日本における茶の伝統が始まった。日本で茶に関する最初の書『喫茶養生記』が発行された一二一五年は、イングランドで「マグナカルタ」が調印され、教皇が聖餐用聖餅はキリストの体の実体であると宣言した年である。『喫茶養生記』を書いた僧侶、栄西は日本へ禅も伝えた。「茶道」では、茶の実践に結び付く四つの価値、「和、敬、清、寂」があると述べる。しかしながら、当時の日本において茶と結び付いた儀式は宗教とはほとんど関わりがなかった。中国からの新しい流行として、上流階級に受け入れられ、時間をもてあました貴族が最上級の装いで茶室へ出向き、遊びに興じた。茶を味わっては、誰がその産地を正確に当てられるかを推量し、当たった勝者に黄金入り袋などの褒美が与えられた。純粋に茶の道を追求する者たちは、このような逸脱行為に異議を唱えた。そして茶の湯遊びを禁じた。しかし、この遊びは人気があり、禁じられてもいつの間にか立ち消えになり、遊びが残った。

数世紀のちに、日本の茶道は根本に立ち返り、形を整えた。その間、日本は外国の侵入者を撃退して、独自の精神を育み、それにかなう料理や文化を発展させた。

モンゴル対サムライ（武士）

中世、サムライと呼ばれた日本の武士はヨーロッパの騎士が遵守すべき行動規範と同じような、武士道という規範に従って行動した。勇敢で、忠誠心があり、主君のためには喜んで命を差し出した。サムライは決して降伏しない。降伏するくらいなら自決する。そうしなければ、一族の名誉が汚される。戦死のほうが名誉になる。サムライの刀は長く、致命傷を与えうる。それと同じ技術が今日の日本の包丁を世界最高のものにしている。

この武士文化の国に、モンゴルの統治者クビライ・ハーンは使者を送り、モンゴルの支配を受け入れるように要求した。日本は十年間、拒絶した。一二七四年、モンゴルは日本へ侵攻しようとしたが、嵐に遭遇し撤退するはめになった。クビライ・ハーンはなおも使者を送り続けた。一二八一年、モンゴルは再び日本侵攻を試みた。またも嵐によって船隊が蹴散らされ、大波に船が沈められた。日本人は彼らの神が神聖な風、カミカゼを吹かせて救ってくれたと信じた。日本人は第二次世界大戦の終わりに、アメリカの船に体当たりで死んでゆく戦闘機乗りを同じ言葉で呼んだ（神風特攻隊）。モンゴルは二度と日本に攻め入ろうとはしなかった。日本は第二次世界大戦の終結によってアメリカに占領される一九四五年まで、どこからも征服されなかった。

茶室でのサムライ（武士）

十六世紀までに、日本に新しい国家主義、すなわち独自のアイデンティティが生まれていた。それは茶の湯に見ることができる。借り物の文化的実践から日本独自のものへと移ったのだ。茶の湯の大成者千利休（一五二二〜一五九一年）は茶道を再興し、その四原則——和敬清寂——をよみがえらせた。

千利休は中国から入ってきた半貴石の精巧な茶碗と壺を、高麗製の地味な茶碗と質素な竹籠で置き換えた。[72] さらに、以前より小さくて、主人と客が親しく交わう二畳の茶室を作った。ついで、茶室の入り口脇に武士が刀を掛けなくてはならない棚を設けた。しかし、刀は個人的空間を確保する仕切りとして席中で使用する目的があった。そこで刀の代わりに扇子が用いられた。そのため、茶室で扇子を開くのはきわめて攻撃的だとみなされた。刀を振り回すのと同じと考えられたのだ。

茶の湯の点前が始まる前に、茶室の裏庭を歩く儀式にも目的がある。自然を鑑賞するのが儀式の一部とされているが、武器を持たない武士を暗殺しようと待ち伏せしている者が庭に潜んでいないかを見渡すためでもある。[73]十六世紀、茶室は男性の世界だった。茶の宗匠は男性だったし、花生け——当時の立花、現在の生け花——は男性のする芸術だった。

祝日物語　日本の茶の湯

茶の湯はあらゆる感覚を駆使しておこなう双方向の芸術である。まずは香り。入室すれば香が焚かれている。ついで木々を渡るそよ風のような小さな音が聞こえる。釜の下で燃える炭火の音である。活けられている花（十六世紀に始まった芸術）が目を楽しませてくれる。畳に座れば、絹の着物が肌に触れる。仏陀に茶を献じる宗匠の動きを見守る。そして濃い、さわやかな苦みのある緑茶を頂く。

食事は、簡素な料理が順序通りに出される。ジェニファー・アンダーソンは著書『日本の茶の湯作法』で、「懐石料理は和食の花である」と述べている。[74]食事はシンプルで、材料の質、見せ方、その食材が使われて消費される精神にこだわりつつ、準備もシンプルにおこなわれる。まずは冷水、湯、菊茶、梅酒、あるいは酒（日本酒）を飲むことから始まる。続いて二つの椀が出される。一椀にはご飯、もう一椀にはみそ汁が入っている。その後、ワサビや食用菊、菊の葉が添えられた刺身が出る。酒の追加があり、主菜が別の盆で運ばれてくる。「エビ真薯《しんじょ》（団子）、青柚の小片、ホウレンソウ、椎茸が極上のだしを取ったすまし汁に入っている[75]」。さらに、肉か魚の焼き物が続く。最後はお焦げに塩味の汁がかけられたものと漬物が出る。これらの料理はしごく丁寧に、お辞儀とともに供される。それを新しい箸でいただく。

茶室は理想郷である。外から侵入するものは何もない。茶室内の会話は茶室や茶、活けてある花についてで、それによって目の前にあるものに気持ちを集中させる。日常のあらゆるものに見いだされる簡素そのものの美、茶の湯の禅がいかにして宇宙の調和を示しているか、ということに心を向けるのだ。茶室から退出すれば、人は変わっている。[76] 茶の湯は芸術、食物、そして三万五千年前、ヨーロッパの洞窟絵画で始まった宗教が組み合わさった完璧な実践である。

しかしサムライは茶室を出れば、再び刀を帯びる。

サムライ文化、ポルトガル料理

このような国民性の日本へ、一五四〇年代、交易とカトリック教布教のためにポルトガル人が到着した。この出来事は日本人に衝撃を与えた。それまでアジア人以外の人間がいることなど全く考えていなかったからだ。最初、日本人はポルトガル人が持ち込んだ新しい技術——鉄砲——と新しい宗教に強い関心を示した。およそ三〇万人がカトリックに改宗した。

しかし、文化の衝突が起きた。武士の文化は刀と刀造り——刀の製造と使用における技能——を中心に考える。日本人には、遠くから鉄砲で殺すという考えを受け入れる余地はなかった。一対一の接近戦を基本とする複雑な儀式と名誉の掟を重んじながら育った人々にとって、それは雄々しいことではなかった。外国の技術と宗教は禁じられた。一五八七年、太閤秀吉は外国の聖職者に二〇日以内に日本を離れるように命じた。秀吉は、カトリックは仏教や神道の信者を迫害しており、ポルトガル商人は日本人を奴隷として売っていると主張した。続く数十年間、カトリック信者——外国人も日本人も——は信仰を捨てなければ、拷問死させられた。数千人が棄教し、数千人が死んだ。

ポルトガル人が来てから約百年後の一六三九年までには、日本は鎖国をおこなった。日本人が国を出ることも、カトリック信者が入国するのも非合法になった。外国人と接触できるのはただ一か所、長崎だけになった。しかし、ポルトガル人は日本の料理に痕跡を残した。衣をつけて油で揚げる天ぷらと、パン（pan）から来るパン粉（panko）にそれが残っている。(77)

西欧化する日本

日本は、一六三九年には存在していなかった国——アメリカ合衆国——の軍人が一八五三年に四隻の蒸気船で東京湾（訳注：江戸時代には正式な名称はなかった。内海程度）に現れるまで二百年間国を閉じていた。合衆国大統領の書簡には「日本と合衆国間の自由交易を許すことは両国にとってきわめて有益であろう」とあった。合衆国は日本の港に停泊して、燃料を補給し、代金を「貨幣、あるいは天皇の臣下が望むものであればなんなりと」で支払うことを望んだ。(78) アメリカ艦隊の司令官ペリー提督は、日本が回答を熟考している間に、もっと大きな艦隊を率いて戻ってきて、返事を待とうと言った。

日本側は艦上の大砲を見て、悪い予感を抱いた。一八六七年、社会的大混乱の末、六百年間国を治めていた封建政府が終焉を迎えた。新政府は西欧化を進めた。この期間は明治維新と呼ばれ、「文明開化」を意味する。日本は武士道精神から近代化と西欧との協調路線へと方向を変えた。モデルの一つは統一されたばかりの強固な軍事国家ドイツだった。

新しい味覚——旨味

一九〇八年、日本の科学者が食品界にとって重要な発見をした。池田菊苗《いけだきくなえ》は第五の味覚、旨味《うまみ》を明らかにしたのである。それまでは、紀元前四世紀にギリシアの哲学者アリストテレスが示した四つの味覚、甘味、酸味、苦味、塩味だけが味覚のすべてと考えられてきた。池田は日本の「だし」にうまみがあることを見つけた。これはヨーロッパのブイヨンのように、仔牛や牛、鶏肉からとるものとは違う。「だし」は昆布や乾燥させて薄く削ったカツオからとる。昆布も鰹節も強い風味があるが、甘くも酸っぱくもなく、苦くも塩辛くもない。

旨味はグルタミン酸塩と呼ばれるアミノ酸によって作られる。旨味は多くの肉、魚、乳製品、特にパルミジャーノ・レッジャーノのような熟成チーズに含まれる。さらに、トマト、ジャガイモ、サツマイモ、アスパラガス、椎茸、豆を発酵させた納豆や味噌、トリュフ、緑茶にも含まれることがわかっている。

池田は時代に先駆けていた。研究結果を発表したが、五番目の味覚という概念は西欧においては耳を傾けてもらえなかった。ヨーロッパやアメリカの科学者や料理人が旨味を「発見」したのは一九八〇年代になってからだった。

新しい帝国

二十世紀初頭、アフリカ大陸やアジア大陸では、ほぼすべての国が西欧列強の植民地だった。アフリカでは、どこでもその国の料理や文化が厳しい状況に置かれていた。現金経済によって人々は伝統的な物々交換から離れざるをえなくなったのだ。賃金を得るために自分が食べない作物を育てることは、自分のいる土地や、共同体で同じものを食べることで強化されていた血縁関係や部族的関わりから離れることにつながった。

アジア人も絶望的状況にあった。広大な国土を擁する中国はアヘン戦争で強制的に開国を迫られ、無力だった。東南アジアはフランスの支配下にあった。インドネシアは長い間ポルトガルに、その後、数世紀にわたってオランダに統治されていた。イギリスはインドをがっちり支配していた。アメリカはフィリピンに足場を築いていた。タイは独立していても綱渡りのような状況にあった。

日本だけはアジアの帝国、世界の列強になろうとしていた。それでも、日本は人口が多く経済的な機会は限られていたため、南北アメリカへの移民が始まった。ペルーのコーヒー・プランテーションで、一九〇〇年にアメリカ領になったハワイのパイナップル農場で、そしてアメリカ本土の農場で働くために海を渡った。

第10章

たった一人の十字軍、クラシック・キュイジーヌ、そして禁酒法

――一九〇〇～一九二九年のヨーロッパとアメリカ

イギリスから離脱してたった一世紀少したった一九〇〇年までに、アメリカ合衆国は大国になっていた。一八九八年の四か月にわたる米西戦争に勝利した後、アメリカはカリブ海のプエルトリコとキューバのグアンタナモ海軍基地を、さらに太平洋のグアムとフィリピン諸島を獲得した。また、新しい飲み物クーバ・リブレ（キューバの自由）というラム酒とコカコーラとライムジュースのカクテルを手に入れた。産業革命の後発国だったアメリカの工場は、いまやイギリス、ドイツ、ベルギーを合わせた分より、生産力で上回るようになっていた。アメリカの牛肉と小麦は世界中を養っていた。多くの百万長者が生まれ、一九〇一年には世界初の十億ドル企業、ＵＳスチールが誕生した。新しい巨大産業は大部分が移民労働者によって築かれた。

新しい移民とるつぼ

移民は何百万という単位でアメリカへ渡った――一八七〇年から一九二〇年の間に、二六〇〇万人を数えた。[1] イタリア人、ノルウェー人、アイルランド人、ユダヤ人、ギリシア人、ポーランド人、ハンガリー人、リトアニア人、チェコ人、ボヘミア人、モラヴィア人、ルーマニア人、ブルガリア人、スウェーデン人、フィンランド人、ラトヴィア人、エストニア人、ロシア人その他の人々だ。彼らはわずかの所持品を携え、ほぼ無一文でニューヨーク港のエリス島に到着した――男性の所持金の平均は一七ドルだった。[2] そのため、彼らは上陸した場所に留まらざるをえなかったため、東海岸の都市（ニューヨーク、ボストン、フィラデルフィア）は大きくなり、人口が爆発的に膨れ上がった。こうした、なじみのない食品、言葉、衣服、習慣とともにやって来た移民に加え、アメリカ人もふるさとの農場を離れて、工場で働くために都市にやって来た。ニューヨーク市は地球上でもっとも人口密度の高い場所になった。一九一〇年から一九四〇年にかけて、西海岸にやって来た日本人、オーストラリア人、その他の国の人々はサンフランシスコ湾に浮かぶエンジェル島で手続きその他をおこなった。

イタリア系アメリカ料理

「まだアメリカ化されていない。いまだにイタリアの食品を食べている。」こう記した十九世紀終わりの伝説的な女性ソーシャルワーカーはきっとマカロニのことを言ったのだろう。マカロニは肉とジャガイモを食べていたアメリカ人をぞっとさせた。たとえパスタは悪くないとしても、オリーヴオイルとニンニクとトマトで作るソースがひどい印象を与えたのだろう。それにピッツァ——トマトソースは同じだが、パンに載っている。さらに悪いのはピッツァ・フリッタ——トマトソースやチーズをパン種で包んで揚げたもの。そして、赤ん坊の歯が生え始めたり、夜泣きをしたりすると、歯茎にワインをすり込んだり、すすらせることすらする。イタリア人は決して本当のアメリカ人になれないし、アメリカの食べ物を理解することもないだろう。

一般的にイタリア人は男性が最初にアメリカにやってくる。彼らは料理を学び、他のイタリア人が経営する下宿屋を見つけ、そこで食事をする。イタリア人の約半数にとって、アメリカ行きは一時的なもので、イタリアに帰って土地を買うか小さな店を出すか、そのための資金を稼ぐためだった。残りの半数は後で妻や家族を呼び寄せた。

イタリア人がアメリカで以前より豊かになると、故郷で乏しい材料で食事の支度をしていた女性たちは新しい食材、特に肉でいろいろな料理ができることを知った。日曜日や祝日にはパスタのあとに、ミートボールやソーセージ、豚のスペアリブ、そしてブラチョーラなどを使った特製トマトソースの料理を出す。ブラチョーラはフランク（脇腹肉）ステーキに塩、コショウをし、パルミジャーノかペコリーノチーズ、みじん切りのニンニク、パセリ（あれば生バジル）を載せて巻き、糸で縛り、オリーヴオイルとニンニクで色づくまで炒め、トマトソースで煮込んだもの。

食物こぼれ話　スパゲッティとミートボール

スパゲッティとミートボール――純然たる、シンプルで正統派のイタリア料理――はイタリアのものと変わっていませんね？　いえ、違います。スパゲッティとミートボールはアメリカで発明されたもの。イタリア人はパスタ料理と肉料理を一緒に食べたりはしない。パスタが最初で、次に肉料理が出される。その様子は映画『シェフとギャルソン、リストランテの夜』（*Big Night*）に描かれている。イタリア人兄弟、プリモとセコンド（一番目と二番目：出生順と料理のコース順）がアメリカでレストランを開く。女性のお客がスパゲッティの皿を受け取ると、ミートボールはどこだとしつこく問い続ける。兄弟の一人がこれはパスタ料理だと説明する。ついには切れて言い放つ。「スパゲッティはそれだけでいたい時もあるんですよ！」

母親たちは娘にレシピを見ずに、感覚で料理しなさいと教える。彼女たちは料理教室をいやがる。第二世代、移民の子供たちはアメリカの学校へ行って英語の読み書きを習うと、計量して、レシピを書き留めるようになる。クリスマスやイースターになると、山ほどのペストリーや甘いエッグブレッド（卵入りのコーンブレッド）、甘いリコッタチーズパイ、あるいは塩味のプロシュートパイを作って親戚や友人に配る伝統は続いた。二十世紀末までは、最高においしいイタリア料理の多くは店では売っていなかった。家庭で作るものだった。

片足をイタリアに、もう一方をアメリカに置くイタリア移民は両方の国の料理で休日を祝った。感謝祭では、イタリアの祝日料理を食べる。スープ、ラザニア、ミートボール、ソーセージ、それにイタリアパン。次に、アメリカ式祝日料理を全部食べる。七面鳥、クランベリーソース、イタリアパンの臓物の詰め物、イタリアソーセージ、マッシュポテトにスイートポテト。ふつうはそれにオリーヴオイルをかけたブロッコリーなどの野菜、レモンジュース、ニンニクがつく。新鮮なグリーンサラダはイタリア風に最後に出て、ザクロ、梨、ミカンなどの新鮮な季節の果物が続く。アメリカ風パンプキンパイ、アップルパイ、最後にイタリア伝統の、ボウル一杯のクルミ、アーモンド、干しイチジク、おそらくザクロも入っている。イタリア人やイタリア系アメリカ人にとって、感謝祭は伝統的なイタリア式祝日料理と伝統的な米国式祝日料理を折衷した料理を作る日だった。

イタリア人にとっては、他の国の移民集団にとってと同じく、祝日は新しい国での移民たちの共同体意識を強化する手段だった。聖ジェンナーロの祭日のように。

祝日物語

ニューヨークのリトルイタリアで開かれる聖ジェンナーロ祭
九月十二日から二十二日まで

聖ジェンナーロ祭はアメリカで最大のイタリア系アメリカ人のお祭りだ。ナポリの守護聖人聖ジェンナーロは紀元三〇五年九月十九日に、キリストを信仰したかどで斬首された。ストリートフェアは一九二六年にニューヨークのリトルイタリアで始まった。現在、毎年九月十二日から二十二日まで開催される（二〇〇一年は九月十一日の同時多発テロのために中止された）。百万人以上の人々が、聖ジェンナーロの像がマルベリーストリートを行進する宗教行事を見物するために集まり、イタリアの料理を買う。特にソーセージやペッパーサブマリン・サンドイッチが人気だ。三百以上の屋台が街路に並ぶ。二〇〇二年には、カンノール早食い競争が加わった。

ユダヤ系アメリカ料理

現在、アメリカ人が典型的なアメリカ料理だと、あるいは典型的なニューヨークの料理だと見なしている食品の多くは、東ヨーロッパから移民としてやって来た二百五十万人のユダヤ人が持ち込んだものだ。ユダヤ人はニューヨークのロワーイーストサイドのファーストアヴェニュー周辺のアルファベット街——A、B、C、D——に住み着いた。ユダヤ人もアメリカの豊富な食材を利用して独自の料理を発展させ、ヨーロッパでは祝日用に取っておくものや上流階級が使う食材で毎日の食事を作るようになった。クレプラハやクニッシュのようなヌードルやダンプリングは伝統的なジャガイモに加えて、肉も詰めることができた。チキンスープ、ベーグル、ビアリ（パンの一種）、ロックス（鮭の燻製）、クリームチーズ、サワークリーム、チーズケーキ、ボルシチ、ゲフィルテフィッシュ（魚のつみれ）もしばしば食される。ドイツ系ユダヤ人のデリカテッセンの食品、肉がずっしり——コーシャーソーセージ、サラミ、パストラミ——はユダヤ人移民すべてにとっての新しい伝統食品となった。デリカテッセンは「食欲をそそる」店と呼ばれ、ニューヨークのユダヤ人コミュニティのあちこちに現れた。これらの食品は「ニューヨーク」チーズケーキやロックスとベーグル、それにチキンスープのようにアメリカ料理の主流となった。

食事の準備を任されているユダヤ人女性は、高品質の食材を要求し、それが手に入らないと食事の支度をボイコットしてデモをおこなった。アメリカの食品会社はイディッシュ語の新聞に広告を出した。たとえば、ハインズなどは、コーシャー（ユダヤ教の食事規定に従った）食品の製造にとりかかりさえした。以前の国で飢えとはどういうものかを知っていた人々は肉を手に入れることができた。ラビやイディッシュ語新聞はユダヤ人に食事規定を守るように注意を促した。なぜなら、文化を逸脱する食品の誘惑は至る所にあるからだ。ユダヤ人の中には、特にイタリア人と密接に働く人々は好奇心をそそられることが多い。ユダヤ人の子供たちは学校でアメリカや他国からの移民の食品にさらされている。(3)

ユダヤ人女性やセツルメントハウス（移民がアメリカでの暮らし方を学ぶために行くことができる場所）によって書かれた料理書は、手に入る食材をどのように使えばよいかを教えた。最初の本はリジー・ブラック・カンダーによって一九〇一年に出版された。『セツルメント・クックブック：男性のハートをつかむ方法 *The Settlement*

Cookbook: The Way to a Man's Heart』にはユダヤ人と非ユダヤ人向けの料理が載っている。イタリア人女性と違って、ユダヤ人女性は地方自治体や慈善団体が提供する無料の料理教室に申し込んで、料理の腕をあげることに熱心だった。

ギリシア系アメリカ人の料理

ギリシア人移民も故国では極貧の暮らしぶりだった。床に敷いた羊の革の上に寝て、豆とわずかなオリーヴオイルでやっと暮らしていた。財産などほとんど持たなかった。彼らは鉄道工事、工場、炭鉱で働こうとやって来た。イタリア人同様、ギリシア人にとってもパンは神聖なものだった。床に落としても、拾い上げて十字を切って食べた。決して捨てたりはしなかった。女性が料理をするが、男性も地面に座って串に刺したラムを、絶えずひっくり返しながら炙《あぶ》った。(4) 家族は宗教上の祝日、特にイースターを守った。

イースターの二週間前、われわれにとって本格的な断食が始まった。魚も鶏肉も肉も食べることができない。それらの血がキリストが流した血を思い出させるからだ。それだけではなく、血が通う動物の血やそれらから作られたものはすべて禁止される。ミルク、卵、チーズ、ヨーグルトなど。多くの家庭はインゲン豆、レンズ豆、葉物野菜を摂る。さらに、オリーヴオイルは神聖だから味付けには使わないという母親もいる。われわれはパン、酢漬けのトウガラシ、米を添えたイカ、米を添えたホウレンソウ、米を添えた豆、それに甘い物としてハルヴァという菓子を食べる。食事の間には塩味の乾燥ヒヨコ豆を食べる。(5)

イースターの断食が終わると、ローストラムとギリシアのイースターブレッドを食べる。他のヨーロッパ諸国のイースターパンのように、これも甘くて、卵やバターがたっぷり入り、上部には染めた固茹で卵が焼き込んである。他にも甘いパンでユダヤのカラのように編み込みになっているのもある。

その他の伝統的なギリシア料理はアヴゴレモノ（卵でどろりとさせた米とレモンのチキンスープ）、スコルダリア（ニンニク、マッシュポテト、アーモンドソースで作る）、ドルマ（ブドウの葉で包んだもの）、ムサカ（ラザニアに似ているが、パスタの代わりにナスが使われ、トマトソースとベシャメルソースとで層になっている）。グリークサラダはトマト、キュウリ、タマネギ、青ピーマン、黒オリーヴ、フェタチーズが使われるが、レタスは入れない。よく使われる野菜はナス、ホウレンソウ、アーティチョーク、ジャガイモだ。ラムの後は、魚とシーフードの主菜がきて、オリーヴオイル、レモン、オレガノがかかっていて焼いたり、オリーヴオイルで揚げたりする。米のピラフと麺（ヌードル）はジャガイモ同様、デンプンとして食べる。特徴的なハーブはオレガノである。[6]

ギリシア移民の女性は、イタリア女性のように、長い髪をうなじのところで丸めていた。アメリカに来てからは、多くの女性が男性の願いもむなしく、アメリカ風に短くカットしてしまった――アメリカ社会への同化と自由のシンボルである。

男性は故郷にいた時と同じように、夜になると上等の服を着てコーヒーハウスに出かけ、タバコをくゆらせながら、政治についておしゃべりしたり、カードをしたり、ギリシア語の新聞を読んだり、字が読めない者は他の人が読むのを聞いたりして過ごした。コーヒーハウスは銀行でもあり、郵便局でもあった。「男たちは仕事を探しに出かける時、蓄えをコーヒーハウスの主人（kafejis）に預けたり、手紙をそこへ送らせて主人に保管してもらったりした」。しかし彼らはアメリカのコーヒーハウスで新しいことも始めた――ギリシア語・英語辞書で勉強して、アメリカの法律の仕組みについて学び、アメリカ市民になるための試験勉強に精を出した。「初期の頃に移民たちが頼ったコーヒーハウスとギリシア語新聞と教会のうち、コーヒーハウスが何よりも役に立った」[7]。

最上のギリシア風アメリカ料理のいくつかは今でも教会のために女性たちによって大量に作られている。たとえば、カリフォルニア州モデストの「受胎告知のギリシア正教会」では、女性たちがバクラヴァのように世界的に有名なペストリーを作っている。ハチミツロール（ディプレス）、粉末バタークッキー（クラビエデス）、あるいは古代のギリシアビスコッティ（パキシマチア）などである。

ポーランド系アメリカ人の料理

料理にしっかりした伝統のあるもう一つの集団、ポーランド人は中西部、特にイリノイ州シカゴやウィスコンシン州ミルウォーキーに定住した。イタリア人やユダヤ人、それにギリシア人同様、一八八〇年から一九二〇年の間にアメリカへ移住したポーランド人は、貧しいながらも豊かな料理を持ち込み、最終的には豊かな食材を手に入れて楽しむことができるようになった。ドイツとロシアにはさまれ、さまざまな時代に両国の一部に組み込まれていたポーランドはその影響を料理に反映させている。もっとも有名なポーランド料理はビゴス（狩人のシチュー）という。

材料　ビゴス――ポーランドの狩人のシチュー

殺したばかりの新鮮な肉がたっぷり入ったビゴスは、昔から狩りの後に王族に供された。今日では、以下の肉すべてを入れて作る――牛肉、ラム、豚肉、鹿かウサギ、ニワトリかカモ、ハム、ソーセージ、仔牛。タマネギ、マッシュルーム、ザウアークラウトが風味を添え、マデイラワインが芳醇な香りを醸し、ルーがとろみをつける。このシチューは大量に作られる。最初にそれぞれの肉を別々に調理するので時間もかかる。

これほど複雑でなく、もっと一般的なポーランド料理はキャベツ、カリフラワー、芽キャベツ、根セロリや根パセリ、ニンジンなどの根菜で作る。キャラウェイやディルは主要なスパイスとハーブだ。ディルで味付けしたピクルスは調味料として使う。マッシュルームはサワークリームと一緒に詰め物に、あるいはパテに使う。フルーツスープはベリー類や、アプリコットやプラムのような石果で作る。ビールスープというものもある。シナモンで風味付けし、卵の黄身でとろみをつけ、ラムで仕上げる。フランスの影響はペストリーやクネルに見られ、肉かキャベツを詰めたロシア式ピロシキ用の生地にも及ぶ。ポーランド版ピロシキのクレビアクは層が少なく、簡単に作れる。臓物や脳はスープやパテに、さらにクレープの中身として使われる。ウクライナ風ビートスープ、ボルシチはポーランドの「バルシチ」になった。ポーランド系アメリカ人は今でも自国の料理と文化を大切にしている。

祝日物語　ポーランドの祭り

アメリカで最大のポーランド系の祭りはウィスコンシン州ミルウォーキーのもの。六月の三日間、何千もの人々が、ポーランドやドイツ、その他ヨーロッパ諸国の名産品を大いに楽しむ。ファインシュメッカー（美食家）が喜ぶことには、ヴルストマッハー（ソーセージ製造業者）が七〇種類以上のソーセージ作りに大忙しになる——ブラットヴルスト、ビヤヴルスト、クナックヴルスト、ヤクトヴルスト、ヴィエナー、リヴァーソーセージ、ブラウンシュヴェイガー、サラミ、ボローニャ、ピスタチオ入りのドイツ風のモルタデッラ、サマーソーセージなどだ。それらに加えて、パストラミ、ハム、スモークした豚の尻と肩、ベーコンがある。飲み物はビールが合う。ソーセージを食べ、休みなくポルカを踊って渇いた喉をビールが癒やしてくれる。

進歩主義者と純粋十字軍

およそ一九〇一年から一九二〇年までの進歩主義の時代は、（南北戦争後の）「再編入」のように、アメリカにおける激しい政治的社会的変革がもたらされた時代だった。共和党の大統領セオドア（テディ）・ローズヴェルトとウィリアム・ハワード・タフトから、民主党のウッドロー・ウィルソンへと政治路線が代わった。一九〇三年には工業化が一段と進み、世界を永遠に変えることになる三つの出来事が起きた。（一）デトロイトで、ヘンリー・フォードがガソリンを燃焼させるエンジンを載せた最初の自動車を造った。（二）ノースカロライナ州キティーフォークで、ライト兄弟が最初の飛行機を飛ばした。（三）ハリウッドでは、十八分間の最初の完結話『大列車強盗』が上映された。

都市では、食品流通が機械化され、ホーン・アンド・ハーダートは自動販売機のチェーンを始めた。客が細長い穴にコインを入れると、小さなドアについている掛け金が開き、縦型のケースの中のガラス越しに見える好みの食品を取り出すことができる。

工業化や都会化、さらには移民によってもたらされた変化に対応して、進歩主義改革支持者、国中の中産階級の人々は男女の別なく、民主主義や食料調達、人間行動などを見直してよいものにしたいと思うようになった。このことは四つの憲法修正条項に反映されている。まず、一九一三年には、修正第十六条によって所得税が制度化され、第十七条が上院議員の選出を州議会から直接市民の手に渡す選出規定を見直した。一九一九年には修正第十八条によって禁酒法が制定され、第十九条によって最後まで選挙権のなかった女性に参政権が与えられた。

進歩主義者のお題目は「純粋な」で、純粋な食品、純粋な暮らし、純粋な道徳だった。進歩主義者は、アメリカのモラルは、手抜きをしたり、汚染された食品を供給したりする恥知らずなビジネスマンによって堕落させられていると考えた。

地下室のパン職人——労働組合とロックナー判決

パンの汚染は進歩主義者にとって大いに関心のあることだった。一八九四年、『ニューヨークプレス』はパン職人のひどい労働環境に関する記事を掲載した。アメリカの食品製造業者は当時も中世のギルドのような仕組みになっていた。熟練した職人が週に百時間以上働き、一般的に原始的な地下室で不衛生極まりない状態で働いていた。彼らは夜中に働き、小麦粉の細かい粉を吸い、他の職種の労働者に比べて暮らしの先行きにはほとんど希望を持つことができなかった。「彼らの大半は四十から五十歳の間に死んだ」[8]。一八九七年、州議会は満場一致で「ニューヨークパン屋法」を通過させた。中身はパン職人の労働時間を一日一〇時間まで、あるいは週に六〇時間までと限定した。また、「ビスケット、パン、パイ、ケーキを作る建物や部屋はすべて」最低八フィート（約二・四メートル）の天井高を有し、床はセメントかタイル、あるいは木（土間でなく）で、壁は漆喰か木（土でなく）でなければならず、「通気口、窓、排水パイプ」を備えていなくてはならない。また、給排水や洗面所は食品を準備したり貯蔵したりしておく場所とは別にしなくてはならない。さらに、「何人《なにびと》もパン焼き部屋で寝てはならず」、ネコ以外の動物を店内に入れてはいけない。ネコはネズミのために必要であるとされた[9]。

一九〇五年、連邦最高裁判所は、労働時間を規制した「パン屋法」を覆した。「ロックナー対ニューヨーク州」判決は、政府にはビジネスに干渉する権利はない、と言明した。その後の三十二年間、「ウェストコーストホテル会社対パリッシュ」が一九三七年に覆すまで、ロックナー判決はあらゆる職業における労働条件を改善する試みを妨げたのだった。

しかし、パン職人は法律で得られなかったものを、駆け引きで手に入れた。一九一二年、ニューヨーク市のパン職人組合は一日の労働時間を一〇時間に減らすことで合意した。一九一一年、火事でトライアングル社の衣料品工

食品の改質（粗悪化）、19世紀終わり[10]

食品	改質（添加物）
ビール	グリセリン、ブドウ糖、タンニン、サリチル酸、重炭酸ソーダ、感覚を麻痺させて嘔吐を防ぐためのバレリアン（セイヨウカノコ草）
ブランディー	酸っぱいワイン（酢）
パン	混ぜ物入り小麦粉、灰、硫酸銅
バター	ラード、植物性脂肪、デンプン
缶詰	銅、錫、化学保存料
カイエンペッパー	鉛丹、酸化鉄、米粉、塩
チーズ	水銀塩
ココア／チョコレート	酸化鉄、動物性脂肪、染料
コーヒー	チコリ、ドングリ、貝殻、焼き砂糖、豆類
小麦粉	砂、焼き石膏、米粉
フルーツジュース	サリチル酸、人工香料
ショウガ	カイエンペッパー、カラシ、ターメリック
ラード	石灰、ミョウバン、デンプン、綿実油、水
ミルク	水、焼き砂糖、イエローアナトーとアニリン染料、フォルムアルデヒド、ホウ砂、硝酸塩、土、肥料、尿、バクテリア
カラシ	クロム酸塩、硫酸石灰、ターメリック、小麦粉
コショウ	カラシ、小麦粉、ナッツの殻
ピクルス	ミョウバン、リンゴ、小麦粉
酢	硝酸、塩酸、焼き砂糖

タバコも樹皮、アヘン、「街路から拾ったタバコや葉巻の切れ端」が添加されていた。

場が丸焼けになり、そこで働く十代の少女たち二百人ほどが火傷を負ったり、飛び降りて死んだりしたことがなければ、食品業界の男たちは、労働条件の改善を勝ち取ることは出来なかっただろう。少女たちは、組合のオルグを入れないために、鍵をかけた部屋に入れられていた。その結果、ニューヨーク市は全産業の労働条件を改善するために、四年をかけて調査を始めた。

パンは進歩主義者にとって唯一の関心事だった。いわゆる薬剤は少しも改善されなかった。売薬のシロップ剤(「鎮痛薬」とか「鎮静剤」と呼ばれた)は、コカインやアヘンの両方、あるいはどちらかを、しかも時には二三パーセントものアルコールを含有していたので、痛みを和らげたり、落ち着かせたりする効能があった。それを一日に四回服用する。[11] 変えるべきだとの抗議の声はだんだん大きくなり、耳を聾するほどになった。いくつかの州は法律を通過させたが、問題は全国に渡るものだった。進歩主義者は連邦政府の介入を望んだ。彼らは農務省化学局(USDA)局長のハーヴィー・ワシントン・ワイリーという最適任者を見つけ、この問題に対する彼の公共的なアプローチに目をつけた。

有害物捜査員

ハーヴィー・ワシントン・ワイリー博士は有害添加物入り食品に立ち向かった一人だけの十字軍だった。農務省化学局が設立された当時、食品が汚染されていると疑われるケースについて、ワイリー博士は告発者であり、判事であり、陪審員だった。これによって博士は全米の女性グループの寵児となり、食品業界からはスープに入ったハエとみなされるようになった。一九〇三年、博士は添加物の入った食品や保存料が健康に有害であることを証明するための実験を始めた。

実験は農務省化学局の建物の地下に台所と食堂を設け、一二名の健康な若い男性を募集しておこなわれた。一連のテストを受けさせ、検査室で広範な測定をした[12]。

新聞はこれらの若者に「有害物捜査員」と名付けた。ワイリー博士は、蚊が黄熱病を媒介することを証明したばかりの軍医ウォルター・リードがおこなった実験を踏襲した。以前は、黄熱病にかかるのは、汚染された道具や汚れた寝具、衣服、それに黄熱病患者が触れた品物と接触するためだと考えられていた。リードは若者（軍の「志願者」）をこうした品々と同じ部屋ですごさせた。若者たちは罹患しなかった。ワイリー博士は同じような状況にして、保存料が健康を害することを証明しようと考えた。若者にホルムアルデヒド、ミョウバン、ホウ砂、亜硫酸その他が入った食品を食べさせたのだ。

しかし、これらの実験は科学的とは言いがたい。基準がなく、比較対照群（保存料を食べなかったグループ）もいなかった。ワイリー博士が本当に望んだのはコカコーラの禁止だった。しかしアメリカ人は汚染された食肉に強い関心を抱いていた。

食肉加工業と『ジャングル』

一九〇五年、ロックナー判決が出た同じ年、食肉加工業についての胸が悪くなるような一連の記事が雑誌に掲載された。アプトン・シンクレアの著書『ジャングル』は一九〇五年の「食肉検査法」と一九〇六年の「純正食品医薬品法」の導入へつながる一連の流れに先鞭をつけた。女性の団体は長年にわたって食品業界を一掃する法律の制定を陳情してきた。一八九八年の米西戦争の間、人生の盛りの若者たちが、有害食品を食べて死んだ。彼らが「防腐処置を施した牛肉」と呼ぶ缶詰肉だ。ナポレオンとアペールが軍隊向けの安全な食料を確保するために開発した製造法は、巨大企業がどこにも売れない腐敗した食品をだまして売りさばくために使われた。アメリカの人々は激怒した。さらに怒りが大きくなったのは、シンクレアが食肉加工場のひどい状況について書いてからだ。動物の血が川となって流れ、食品と人間がハエまみれになり、労働者が大桶に倒れ込み、ラードとして処理され、ネズミの糞、殺鼠剤、ネズミの死骸が、ゴミ捨て缶から流れ出る錆びの混ざった不潔な水とともにソーセージになる。そして化学物質が、腐敗し汚染された肉を無臭で、まともな食品に見せかける。シンクレアは移民たちのひどい労働環境を明らかにするために作品を書いた。主要登場人物はシカゴに暮らすリトアニア人家族だが、読者は自分たちが口にする肉がどうなっているか、という点にパニックになった。シンクレアは、「私の狙いは公共心に訴えることだったが、当たったのは彼らの胃袋だった」と語っている。かつてなかった権力の暴露に、連邦政府は歩を踏み出し、国の食肉ならびに食品加工工場を規制することになった。国民はそれを「ワイリー博士法」と呼んだ。

合衆国対コカコーラ——カフェイン裁判

一九一一年、ワイリー博士はついにコカコーラ社を裁判に訴えることに成功した。その二つの根拠とは、まず虚偽表示。ラベルにコカインが入っているかのように書かれている（一九〇二年までに削除された）のに、含んでいなかった。もう一つは詐欺。カフェインが含まれているのにラベルに書かれていなかった。コカインが含まれていれば、違法になる。どうってことはない——消費者はコークにコカインの粉末を振りかけていた。しかし、ワイリー博士が腹立たしく思うのは、南部ではコカコーラが蔓延しているため、子供ですら「コカコーラ中毒」（麻薬中毒のように）にかかっている事実だ。博士は親たちにはカフェインが入っていることを知る権利があると考えていた。南部人は一般的に薬物に依存していると思われていた。ワイリー博士のコカコーラに対する倫理的な反対運動は大成功を収め、陸軍は一九〇七年六月にコカコーラを禁止した――が、十一月には元に戻した。兵士たちはコカコーラを二通りに使っていた。ウィスキーに混ぜてハイボールに、そして二日酔いを覚ますために。

南北戦争が始まった日からおよそ五〇年後に開始された裁判は、いまだに傷口が開いたままの南北の分断を反映したものになった。コカコーラ社はアトランタを基盤とする南部の会社で、裁判は南部の街、テネシー州チャタヌーガでおこなわれた。南北戦争時、チャタヌーガは南部の鉄道の中心地だった――シャーマン将軍に切断されるまでは。ワイリー博士はシャーマン将軍とともに兵役に服し、子供時代の家が「奴隷亡命組織」による逃亡奴隷の潜伏場所になっていた。陪審員たちはコカコーラ社の役員が所有するホテルに泊まった。裁判官はコカコーラ社は不当表示はしていないとの判決を出したが、コカコーラ社は結局カフェインの含有量を減らした。また、マーケティングを変えて、十二歳以下の子供が飲んでいる広告を出さないようにした。（この方針は一九八六年に完全に消えてなくなった。）ワイリー博士は裁判が始まった翌年に引退した。(13)

効率化のエキスパートと家政学――エレン・リチャーズ

二十世紀初頭、ビジネスにおける効率化はほとんど新しい宗教と言えるほどになっていた。フレデリック・テイラーや、フランクとリリアンのギルブレス夫妻のような科学者やエンジニア、効率化の専門家たちは時間の救世主――ゆえに、金《かね》の救世主でもあった。彼らはすべてが測定でき、測定値は社会を改善するために使うことができると信じていた。彼らはＩＱテスト（知能指数検査）のような標準化された基準を使って、人間の潜在能力を測った。最近、科学者がゴリラのココに身振り言語を教えた。その後ＩＱテストをおこなった。普通の人間の知能指数は八五から一一五の間だ。ココは九五を取って、もっと高くなる可能性もあったが、このテストはゴリラに対して、文化的バイアスがあった。質問はココを惑わせる食品についてだった。「次の五品のうち、食べるのによい二品はどれか？　一、花　二、ブロック　三、リンゴ　四、靴　五、アイスクリーム」ココは花とアイスクリームを取ったが、正しい答えはリンゴとアイスクリームだ。とはいえ、ココの選択でも間違いではないかもしれない。ことにエディブルフラワー（食べられる花）がサラダやスープに使うのがまれではない現在では。(14)

ヴァッサー・カレッジを卒業したエレン・リチャーズは女性第一号としてマサチューセッツ工科大学（ＭＩＴ）に入学した。それまで女性が在籍したことがなかったので、一九七〇年、特別生として入学しなければならなかった。エレンは化学の知識を生かして家政を担う女性の暮らしを改善したり、粗悪な食品の見分け方を教えたりした。料理のみならず、衛生や栄養についての本を多数出版した。最初の著書は『料理と掃除の化学 *The Chemistry of Cooking and Cleaning*』。エレンは女性に食品の準備や家政について科学的切り口を教える運動を先導した。家政上のよい助けは簡単には見つからないが、それがあれば、もっと多くの女性が新しい電化製品を使って自分でできるようになる。女性たちはこうした情報を広めるために、「料理教師連盟」や「全米家政学協会」のような組織を作った。エレン・リチャーズは一九一〇年まで「全米家政学組合」会長を務めた。その頃には家政学は新しい職業として確立していた。(15)

エレン・リチャーズは改革運動に参加した多くの女性の一人にすぎない。ウェストヴァージニア出身のアンナ・ジャーヴィスはアメリカの母親たちを称える新しい祝日を造った。

祝日物語　母の日、五月第二日曜日

アメリカでは母の日は外食する日としてもっとも民間に普及している。[16] 母の日が実現したのは、アンナ・ジャーヴィスが母親の望みをかなえると誓ったからだ。その望みとは、「人生のあらゆる分野で人類のために尽くす無比の奉仕」をおこなっているすべての母親を称える特別な一日が欲しいというものだった。アンナの母親、同名のアンナ・ジャーヴィスは他人のために奉仕する人生を送った。南北戦争以前、彼女は病気だけでなく、不十分な栄養と低い衛生観念のために高かった幼児の死亡率を低くしようと「マザーズデイ・ワーククラブ」を始めた。彼女は一一人の子供のうち七人を幼くして亡くしている。南北戦争の間、「母親クラブ」の活動は傷を負った兵士を敵味方の区別なく介抱する方向へと変化した。

アンナ・ジャーヴィスが一九〇五年五月の第二週に亡くなると、娘は連邦政府と州政府、さらに著名人に「母の日」を国の祝日にするよう手紙を出すキャンペーンを始めた。彼女は母親が好きだった花、白いカーネーションを配った。現在は伝統的な母の日の花になっている。一九一四年、連邦議会は母の日を国の祝日にする決議を通過させ、ウッドロー・ウィルソンは声明を出した。「マザーズクッキーズ・カンパニー」は同じ年に始まり、現在も続いている。母親を称える歌がすぐに続いた。花屋とグリーティングカード会社の宣伝もしかり。アンナは商品化されることにぞっとした。アンナ・ジャーヴィスが通う一八七三年創立のウェストヴァージニア州グラフトンのアンドリューズメソジスト監督教会は現在「国際母の日」の聖地とされている。

ブランチ

母の日を祝う伝統的な方法、「ブランチ」は完全にアメリカの発明だ。「ブランチ」という言葉（朝食のブレックファストと昼食のランチを組み合わせたもの）は最近までオックスフォード英語大辞典にも載っていなかった。さすがにアメリカの辞書には載っている。この言葉は十九世紀の「金ピカ時代」に生まれた。当時女性たちは「朝食会」を始めていた。

レシピ

クレア・クリスクオロのカボチャの花形パンケーキ

六人分（約三二枚）

カボチャの花八～一〇個、丸ごと使う場合は三ダース

無漂白の中力粉二カップ
ベーキングパウダー小さじ二杯
卵三個
水一カップ
イタリアンパセリかパセリと生バジルのミックスのみじん切り四分の一カップ
塩、コショウ　お好みで
オリーヴオイル二分の一カップ

一　カボチャの花の茎を取り除く。洗って粗みじん切り（八〜一〇個使う場合）にする。
二　小麦粉とベーキングパウダーを測って大きなボウルに入れ、よく混ぜる。
三　別のボウルで卵と水を泡立てる。
四　粉のボウルに泡立てた卵を一気に入れ、へらでこすり落とし、よく混ぜる。
五　みじん切りのカボチャの花、パセリ、バジル、塩、コショウを衣用の生地に加える。しっかり混ぜ合わせる。花を丸ごと使う場合は、生地に浸してまんべんなく衣を付ける。
六　二重になったペーパータオルを天板に敷き、ストーブのそばに置く。
七　フッ素加工のフライパンに大さじ三杯のオリーヴオイルを入れ、中火にかけて熱する。温まった油に小さじに山盛りの生地を落とす。重ならないように入るだけ入れる。二〜三分、あるいは下側が中くらいのきつね色になるまで焼く。

出来上がったら、天板に移す。
八　残りの生地も同じように焼く。必要なら油を足す。室温で温かいうちに、あるいは冷凍する。

出典：『クレアのイタリアンフィースト』より。
「クレアズ・コーナーコピア」ニューヘイブンのシェフ、クレア・クリスクオロ

ブランチはシェフにとって、伝統的な朝食や昼食を超えて、キッシュやニューバーグ風魚介料理、フリッタータ、さらにはもっと手の込んだ料理を創作する好機になった。メイン州ケネバンクポートにあるフェデラルジャックスのシェフ、クリスチャン・ゴードンは一九二〇年代からの「デルモニコ」の発明品、エッグベネディクト（二つに割ったイングリッシュマフィンにハムやポーチドエッグ、ロブスターをのせ、オランデーズソースをかけたもの）を、ポーチドエッグやロブスターをのせ、オランデーズソースをかけたクロワッサンに改良した。シンガポールの優雅なラッフルズホテルが母の日に出すブランチでは、サーモンステーション、肉切り用ステーション、「生ものステーション」が特別に用意され、焼いたフォアグラにルバーブのザクロシロップ煮とオールドポートワインのソースが添えられる。

ブランチはまた、日中の早い時間から飲酒する言い訳にもなる。伝統的なブランチの飲み物はシャンパンとオレンジジュースで作る「ミモザ」だ。ミモザロワイヤルにはシャンボール（リキュール）を加える。ハワイのカパルアベイホテルでは、ミモザはトロピカル風――シャンパン、ピーチシュナップス、オレンジジュース。ストロベリーはシャンパンとストロベリージュース、そしてプルメリアテラスはアプリコットブランディーとオレンジジュー

スが加わる。その他の伝統的ブランチの飲み物はブラディメアリー――ウォッカ、トマトジュースが、そしてそのノンアルコール版がヴァージンメアリーになる。

父親たちも同じような扱いを要求し、父の日も公式にではないが、祝われるようになった。一九六六年、リンドン・B・ジョンソン大統領はその日を公式に認め、六月第三日曜日を国民の祝日、父の日と宣言した。

ディナーに来ないのは誰？

セオドア・ローズヴェルト大統領は大衆の反応を理解しなかった。彼はただ偉大なアメリカの指導者をディナーに招いただけだった。ただし、その指導者は黒人だった。ブッカー・T・ワシントン、かつては奴隷で、出身地のアラバマ州にタスキーギ・インスティテュートを創立した人物だ。サウスカロライナ州のベンジャミン・ティルマン上院議員は言った。「ローズヴェルト大統領が『ニガー』を楽しませるのにしたことは、われわれが南部で『ニガー』を千人殺すことを余儀なくさせるだろうし、その後に彼らは自分たちの居場所をもう一度学ぶだろう(17)」。南部の黒人ジャーナリスト、アイダ・B・ウェルズはリンチ反対の記事を書いた時、群衆にリンチを受ける直前に南部を脱出した。W・E・B・デュ・ボイスはハーバード大学から博士号を授与された最初のアフリカ系アメリカ人で、一九一〇年に、全米有色人種向上協会（NAACP）を創立したメンバーの一人だ。

ついで、牧師の息子で、プリンストン大学前学長、ニュージャージー州の進歩党市長のウッドロー・ウィルソンが一九一二年、大統領に選ばれた。彼の高潔な道徳的背景は多くの有権者に受け入れられたが、ウィルソンはヴァージニア州出身だった。彼はホワイトハウスに、別々の飲み物コーナー、バスルーム、カフェテリアを設置して隔離策をとった。残りの政府も同調した。続く二〇年間、フランクリン・デラノ・ローズヴェルト大統領と妻のエレノアが一九三三年に入居するまで、ホワイトハウス内の黒人はキッチン助手だけだった。

エスコフィエとリッツ――クラシック・キュイジーヌと高級ホテル

オーギュスト・エスコフィエはカレーム同様、料理人には決してなりたくなかった。カレームと同じように、芸術家、彫刻家になりたかった。彼は一八四六年十一月二十八日、フランス南部で生まれた。十三歳の時、叔父がニースで営んでいるレストラン、「レストラン・フランセ」で年季奉公のコックになった。才能が認められ、年季が明けると、その分野の誰もが夢見る仕事に就くことになった。パリで働くのだ。パリへ行ったものの、普仏戦争にシェフとして従軍するために一八七〇年にパリを去った。その後パリへ戻る。

裕福な旅行者をもてなすための豪華な高級ホテルが世界中で建設される頃、エスコフィエとセザール・リッツが出会ったことで、その後の食べ物とホテル産業が変革を遂げた。ロンドンのサヴォイホテルはアメリカのホテルをモデルとして、それらと競うべく、富裕なパトロンを惹き付ける魅力的な工夫をして創設された。アメリカ人は電灯や電話を発明し、旅行ではそれらが設置されていることを期待した。常に簡便さを求めるアメリカ人は、当時「シャワーバス」と呼ばれたシャワーも発明し、室内に水まわり設備があるホテルを好んだ。リッツはその点を理解し、ホテルはそうした希望に応えた。

エスコフィエは有名人の名前にちなんだ新しい料理を創り出した。たいていは女性の名前で、たとえば、ピーチメルバ（Pêches Melba）はオーストラリアのオペラ歌手ネリー・メルバにちなんだもの。元々の料理は複雑すぎて流行しなかったかもしれないが、エスコフィエは氷で精巧な白鳥を造り、ラズベリーソースをかけ砂糖で覆った像を回転させ、人気メニューになった。他にも王女や女優の名前にちなんだ料理がある。女優のサラ・ベルナールとは個人的にも親しくなり、エスコフィエの息子が第一次世界大戦で死んだ時には心のこもったお悔やみの手紙をもらっている。

エスコフィエ、キッチンを組織化——キッチン・ブリゲード（料理団）

エスコフィエはフランス料理を組織化するという第二の大きなステップへ進んだ。カレームがソースを組織化したように、エスコフィエはキッチンを組織化した。十九世紀に生まれ、中世のような徒弟制度で訓練を受けた男は、キッチンに二十世紀のやり方を持ち込んだ。キッチン・ブリゲードはトップから下っ端まで軍隊式の命令系統を敷く。シェフは料理作りを受け持つ。男女を問わず、献立を作り、どんな食材や調味料を注文すべきかを決め、それぞれの献立のコストを計算し、仕事の段取りを計画する。大きな施設では、シェフの仕事はそれ以上に管理能力や創造性が必要とされる。フランス語で「下」を意味するスーシェフが料理とスタッフを監督する。料理ごとの調理場には部門シェフ、「シェフ・ド・パルティ（chef de partie）」がいる。シェフ・ド・パルティには、コミ（commis）と呼ばれる助手がつくこともある。トゥルナン（tournant）——スイングコック——は必要とされる部署につく。アボイエ（aboyer：文字通り、「どなる人」）は注文を大声でどなる。施設の大きさしだいで、キッチン・ブリゲードは拡大されたり、縮小されたりする。これが古典的なキッチン・ブリゲードである。

キッチン・ブリゲードの構成モデルはホテルの支配人か顧客を迎える主人の指揮下で、最前線のブリゲードのために使われてきた。ワイン係はハウスワインの在庫、リスト、テーブルサービスを管理し、給仕長は給仕係たちを指揮する。[19]

キッチン・ブリゲード[18]

シェフ				
スーシェフ（副シェフ）			パティシエ	
	シェフ・ド・パルティ（部門シェフ）		コンフィスール	ブーランジェ
ソーシエ	ポワソニエ	ロティシュール	（キャンディー）	（製パン）
（ソース）	（魚）	（肉料理）	グラシエ	デコラチュール
グリアーディン	フリチュリエ	アントルメティエ	（冷菓）	（工芸菓子）
（グリル係）	（フライ係）	（温前菜）		
ポタジエ	レギュミエ	ガルドマンジェ		
（スープ）	（野菜）	（冷前菜）		
		ブーシェ		
		（肉切り係り）		

エスコフィエは料理を体系化する――『料理の手引き』

「私は単なる料理本よりも役に立つものを作りたかった[20]」

一九〇三年、エスコフィエは大部の料理本『料理の手引き *Le guide culinaire*』を出版した。そこでは、「いかに」料理を作るのかだけでなく、「なぜ」作るのかということが詳しく記述されている。五〇〇〇のレシピの最初には、ブイヨン、ルー、ソースなどフランス料理の基礎となるものが載っている。つぎに付け合わせ、スープ、オードヴル、卵料理（二〇二点）、魚、肉、家禽、狩猟動物。別立ての章にはローストの仕方が載っている。エスコフィエは難しいロティシエ、ロースティングシェフ（肉料理）のポジションに就いていたことがあった。それは曲芸そのものだった。シェフは巨大な串に刺した、種類も切り方も違う肉や家禽を直火で炙りながら絶えず回していなければならない。そしてどれもぴったりの時間に、ぴったりの柔らかさに焼き上げなければならない。エスコフィエは、肉はどのようなカットが正式な食卓にベストかを説く。たとえば、ビーフリブ（牛のあばら肉）は熟練の切り手が必要とされる。また、家族向けにはどれがふさわしいか、たとえば、ポークショルダーを勧める。百五十年前のハンナ・グラスのように、ウサギの年齢を知るために耳を裂くように助言する（若いウサギほど楽に裂ける）。イングリッシュ・プディングやミートパイについては、いったんまとめてしまうと、香味料を入れ直したり、間違いを正したりすることができない、と注意している。また、狩猟動物や家禽の肉はロースト中に湿り気が失われないように、薄切りの塩漬けポークやポークの脂肪で部分的に包むよう指摘する。彼は古いやり方に終わりを告げた。「ローストした鶏肉をその羽根で飾る中世のやり方はもう使われない」[21]。

エスコフィエはまた、安全性に強い関心を抱いていた。揚げ物部門では羊肉の脂ではなく、牛の腎臓脂肪を使うように勧める。羊肉脂は沸騰してあふれ出すことがあるからだ。（さらに、味見を重視する中近東の料理人とは違って、味見を嫌った。）また、使いやすい道具はきわめて重要だとし、欠陥品は排除した。公に口にはしていないが、調理場での重大事故を目撃したことがあるのは明らかで、調理場のスタッフをとても大事にした。

「リッツの行くところ、われも行く！」——プリンス・オブ・ウェールズ[22]

未来のイギリス王エドワード七世が皇太子の頃、彼はエスコフィエを絶賛して、サヴォイホテルを「行きつけ」にしていた。ところが彼はリッツ破滅の原因でもあった。戴冠式がサヴォイホテルでおこなわれることになっていて、それはホテルにとってかつてない最重要の出来事だった。完璧主義者のリッツは何か月もかけて、細部に至るまで非の打ち所のない計画を立てた。戴冠式の二日前、エドワードは虫垂炎にかかり、式は延期になった。リッツは致命的といっていいほどの衝撃を受けた。彼は（十七世紀の料理人）ヴァテールのように自刃はしなかったが、ショックを受けて完全に精神的破綻をきたした。その後ふたたびホテルで働くことはなかった。ホテルに初めて電気や客室内に給水装置を取り入れた男、シェフを初めて管理職へと昇格させた男、常にすべてが滞りなく運営されるように目を配っていた男、あらゆる事柄を正常な状態に保つことができた男は、自身を正常に保つことができなかった。彼は十六年後に、輝かしい生涯の出発をした生まれ故郷に近いスイスのローザンヌのサナトリウムで一人、生を終えた。

「西部のパリ」と西部のエスコフィエ

カリフォルニア州のサンフランシスコは「西部のパリ」になりたかった。そして、サンフランシスコにはアメリカのエスコフィエとうぬぼれる、ホテルサンフランシスのシェフ、ヴィクター・ヒルツラーがいた。彼はストラスブールで生まれ、十三歳で徒弟になり、パリのグランドホテルで修行し、ロシア皇帝ニコライ二世に毒味役として仕えた。一九〇六年四月十八日午前五時十三分、サンフランシスホテルとフェアモントホテルは（地震の規模を示す）リヒタースケールで八・三のサンフランシスコ大地震に見舞われ、地割れや歪みが生じた。キッチンが解放され、何千人もの泊まり客や住む所を失ったサンフランシスコ市民、さらにオペラ歌手エンリコ・カルーソや俳優のジョン・バリモアを含む訪問者に食事を提供した。しかし、市中をなめるように燃える火事には耐えられなかった。ガス供給網が断絶し、水が枯渇した。創立二年目のサンフランシスホテルは完全に破壊された。ワインがぎっしり詰まっていた倉庫も同様だった。ナパの産業にとってもひどい打撃だった。[23]

二年後、同じ場所に新しいサンフランシスホテルが建ち、シェフには地震前と同じヒルツラーが就任した。一九一〇年、ヒルツラーは自身の料理本『料理法 *L'art culinaire*』を出版した。一九一九年にはそれを拡大して、一年三六五日分の朝、昼、晩の献立を載せた。彼がエスコフィエと張り合っているのは明らかだった。エスコフィエの『料理の手引き』のように、『料理法』にも卵料理が二〇二点載っている。また、仔牛の脳、胸腺、フォアグラ、トリュフ、タン、ロブスター、ラムの腎臓、雄鶏のトサカ、オックステールのレシピも載っている。しかし、ヒルツラーはアメリカ風レシピについても詳しく記述している。カリフォルニア・オイスター、カリフォルニア・レーズン、カリフォルニア・アーティチョーク、アボカド（「アリゲーターペア」と呼ぶ）、アラスカ銀ダラ、トナカイなど。ヒルツラーの料理のほとんどには古典的フレンチで修行したことが反映されている。たとえば、パフ・ペストリー、ペリゴールソース、オランデーズソース、ベアネーズソースなど。しかし、アメリカ人好みのものもメニューに入れている。「ハンバーガーステーキ」や「ホームメイド・ビーフシチュー」もジンジャーブレッドとともに載せている。コブラー（深皿で焼いたフルーツパイ）、南部風トウモロコシパン、カクタスフルーツ、セロリポタージュ、カラマゾー。ウサギのスープ、アンクルサム、メリーランドビートン・ビスケット、フィラデルフィア・ペッパーポット、ケンタッキーソース、ペタルマ・クリームチーズ、ボストン・ベークドビーンズ、ボストン・ブラウンブレッドプディング、そして、ボストン・アンド・マンハッタンクラムチャウダー。エスコフィエはチョコレートを使ったレシピは一つしか載せていない。ヒルツラーは故郷のギラーデリーで、チョコレートクリームパイなどたくさんのレシピを考案した。またエスコフィエが決してやらなかったことをした――料理に自身の名前をつけたのだ。セロリ・ヴィクター、チキンサラダ・ヴィクター、クラブカクテル・ヴィクター、ヴィクタードレッシング、クープヴィクター。シェフのヴィクター・ヒルツラーは現在、サンフランシスホテルの最上階にあるヴィクターレストランで健在にしている。

しかしながら、古典的な修行をしたヨーロッパ出身のシェフはアメリカで料理をするために何かと適応しなくてはならなかった。たとえ料理に同じ名前がついていても、「シャールクテリー（肉加工食品）」はずいぶん違う。たとえば、リブ、プリムなどと同じものはフランスにはないし、アメリカの牛の外腿肉はフランスではいくつかの切り方をする。

鉄道線路上の食事――ハーヴェイ・ガールズが西部を文明化

洗練されていると自認する店では必ずエスコフィエスタイルのフランス料理が出された。アメリカの西部という遠く離れた土地でも同じだった。鉄道の駅で供される粗末な食事にうんざりしていたイギリス生まれのフレッド・ハーヴェイは、シカゴの南から西のサンフランシスコまでの沿線で、アチソン、トピーカ、サンタフェに一流のレストランを次々と設立した。列車が停車している三〇分間に、ハーヴェイの店ではフランス料理か少なくともフランス風の料理を出した。たとえば、「チキンレーヌマルゴーのクリームスープ」、「コンソメカレーム」、「ジャンボ・ブルフロッグ・アルマンディエンヌ」、「サーモンポシェのメダイヨン」、「ソースムースリーヌ」などを。アメリカの料理にはマッシュポテト、ラズベリーサンデー、マンハッタンクラムチャウダー、ホームメードの仔牛のローストロール、生きたベビーロブスターの蒸し物（ホール）、サラトガチップス（ポテトチップスともいう）などを。[24] こうした料理はカンザス州ウィチタ、オクラホマ州ガスリー、テキサス州アマリロ、コロラド州トリニダード、ニューメキシコ州クローヴィス、デミング、ラトン、カリフォルニア州ニードルズ、モハーベ、マーセドで提供された。最初、ウェイターたちは料理を出した。しかし、そのうちに喧嘩を始めた――拳で、ナイフで、銃で。キッチンの設備を壊し、仕事をさぼった。ハーヴェイの解決策。男たちを解雇して女性を雇う。東部と中西部の新聞広告に応募してきた十八歳から三十歳までの独身で「気立てのいい」白人女性たちは「ハーヴェイ・ガールズ」と呼ばれた。なかには西部では女性より男性の数が多いから来たという者もいたが、六か月、九か月、十二か月の契約をした女性たちは、その間に仕事や給料や鉄道の無料乗車券を失うことなく結婚することはできなかった、と口々に語っている。

一品料理のランチルームや食堂ですばやく料理をテーブルに届けるには大勢のスタッフが必要で、その大多数はウェイトレスだった。「重要度の順に、マネージャー、シェフ、ウェイトレス長、一五名から三〇名のハーヴェイ・ガールズ、パン職人、肉係、数人の調理助手、食品庫係（女性）、雑用係（女性）、ウェイター助手がいる」[25]。ハーヴェイのシェフはたいていがヨーロッパ出身だった。表に出るウェイトレスのハーヴェイ・ガールズは全員が白人で、仕事用の制服は黒いロングドレス――裾は床まで、袖はウエスト丈、高い襟。その上には清潔な白いエプロンを着ける。一日一〇時間で、一週間に六日か七日働く。キッチンで働く人々は南西部の人種構成を反映していた――黒人、ヒスパニック、インド人だった。

鉄道会社は赤字経営のレストランを支援した。というのも、「どこでもフレッド・ハーヴェイで食事」は良質の食事を保証するもので、列車の切符が売れるからだ。完璧主義者のハーヴェイは予告なしにいきなりレストランに現れて、「まるで殺人がおこなわれたのではないかと疑って手がかりを探すかのように、全体を見回した」[26]という。従業員の態度が気にくわなかったり、注文がなされる前にオレンジジュースをしぼって手を抜こうとしたりすれば、首を切った。他の鉄道会社も客を取り込むために食堂車を頼りにした。しかも自社で製パン所を経営し、地元の食品を使った。

動く高級食堂――タイタニック

厳しい基準を課している鉄道のすばらしい食堂車は船にも導入された。贅沢な定期船で大西洋を横断することは少数のエリートにしかできない。一九〇二年にはわずか二十万五千人しか利用していない[27]。富裕層が横断する方法を意味する頭字語は贅沢と同義語になった。「posh」は「Port Out, Starboard Home」（往路は左舷、復路は右舷）で、船室がつねに南の太陽に向いていることを保証している（訳注：この言い方はインド洋航海の際、強い陽射しを避ける一等客室のことを言ったもので、大西洋だとイギリス出港の場合になる)。

長さ八八三フィート(約二七〇メートル)、一一のデッキを備えた不沈と考えられた四万六三二八総トンのタイタニック号は、一九一二年四月十四日、午後一一時四〇分、北大西洋で氷山に衝突して、三時間足らずの一九一二年四月十五日、午前二時二〇分、沈没した。ラウンジはヴェルサイユ宮殿を模して作られ、大理石の噴水式水飲み場やトルコ風呂、体育館を備えており、プールとスカッシュコートを持つ世界初の遠洋定期(大西洋横断)船だった。乗客の中には百万長者が一〇名、アスターやグッゲンハイム、ワイドナー、ロスチャイルドという名前がある。三二二名の一等客専用食堂のために、ロンドンのリージェントストリートにある「ゴールドスミス・アンド・シルバースミス社」が一万枚の皿を納めていた[28]。

タイタニック号はイギリス船なので、正餐はラッパ手たちによる「古き良きイングランドのローストビーフ」の演奏で通知された[29]。最後の食事が供されたのは一九一二年四月十四日、日曜日の夕食で、船上で出されたもっとも豪勢なものだったと考えられる。牡蠣、サーモン、フィレミニョン、ローストした仔ガモ、フォアグラ、ひな鳥、アスパラガス、チョコレートとバニラエクレア、そして締めくくりにフレンチアイスクリーム[30]。二〇〇〇人分の朝食と夕食を準備して給仕するために、六〇人のシェフと四〇人の助手(ほとんどがフランス人)、五〇人のウェイター(ほとんどがイタリア人)が関わった[31]。

その最後の晩、日曜のディナーが出されると、キッチンが閉められた。造船技師がパン焼き部門に立ち寄って、特別なパンの礼を述べた。誰もが四八時間後にニューヨークに着くことを楽しみにして船室へ引き上げた。しかし、船は三〇〇フィート(約九〇メートル)の断面がある氷山に側面から衝突した。初めて、無線技士は新しいコード——SOS(救援要請)——を打電した。「カルパチア号」が午前八時までに、七一一名の生存者の最後の一人を救助した。この人たちは運がよかった。なぜなら、不沈船の救命ボートに食料や水の他に羅針盤を積み込むなど誰も考えていなかったからだ。一四九〇名がタイタニック号上で溺れ死んだ。救助率がもっとも高かったのは一等船客、最低は三等船客だった。スタッフは乗客全員が救命ボートに乗るまで、自分たちが乗ることなど考えもしなかった。歴史家が確定したところによれば、キッチンスタッフは一人を除いて全員が死亡した。十七歳のコックは偶然救助された。彼は子供連れの婦人を助けていて、船が沈んだ時、船外に投げ出された。そして救命ボートに引き上げられた。[32] 二〇〇一年九月十一日の「ウィンドウズ・オン・ザ・ワールド」のほぼ二倍のキッチンスタッフがタイタニック号で亡くなった。報道機関はタイタニック号で亡くなった金持ちや有名人の死亡記事を書くのに忙殺されたが、たった一人、可能な限りのキッチンスタッフの名前を追跡して彼らの追悼記事を書いた人物がいた——エスコフィエだった。

海のエスコフィエ——タイタニック号より大きな船

ドイツは一七五〇年代にイギリスで産業革命が始まって以来、ずっとイギリスと競ってきた。イギリスがアフリカとアジアに版図を拡張すると、ドイツも同じことをした。この時、カイゼルは海上で優位に立つイギリスに直接脅しをかけるために、ドイツ海軍を増強していた。ドイツでは国家主義が高まりつつあったが、カイゼルはキッチンに関しては、フランス料理とフランス人シェフばかりを好んだ。一九一二年五月二十五日、ハンブルク・アメリカン定期船「インペラトル号」五万二〇〇〇総トン、全長九〇〇フィート（約二七四メートル）が進水した。それはタイタニック号に対するドイツの返答だった。タイタニック号より大きく、一か月前に沈んだタイタニック号から教訓を得ていた。インペラトル号は予備の救命ボートを積み込んだ。プールや大理石の浴槽、その他の備品類を載せたために上部が重くなり、ひどい横揺れに見舞われた。[33] エスコフィエにとってはニューヨーク市のピエールホテルにキッチンを開くために初めて大西洋を渡る航海だった。ヨーロッパでは緊張が高まり、戦争の匂いが漂っていた。一〇〇名以上の豪華な晩餐会のあと、エスコフィエは、ヨーロッパの平和が続くよう、カイゼルに影響を与えることを期待して話しかけた。エスコフィエはドイツで一度戦争を経験しており、もうこりごりだった。

第一次世界大戦とロシア革命

エスコフィエとカイゼルが話をしてから二年後、第一次世界大戦が勃発した。一九一四年六月二十八日、ボスニアの首都サラエボで、オーストリア＝ハンガリー帝国皇帝の継承者フェルディナント大公とその妻が射殺された。

バルカン半島諸国――ヨーロッパの火薬樽

ボスニアは南ヨーロッパのバルカン半島に位置し、弱体化したオスマン帝国から離脱して新たに独立した数か国のうちの一つで、他にはギリシア、ルーマニア、ブルガリア、セルビアがある。この地域は、長年にわたる宗教的、民族的憎悪のために火薬樽と言われてきた。ローマカトリックのヨーロッパが、ギリシア正教やアジアのムスリムと出会う場所だ。コーカサス人、スラブ人、トルコ人の国家が互いに拡張を求めて国境でぶつかってきた。（この地域は一九九一年、「民族浄化」の名の下に再び紛争が勃発した。国連軍が緊迫した秩序を回復した。）ロシアとオーストリア＝ハンガリー帝国の両大国は、新興の弱小バルカン諸国なら簡単に手に入れて領土を拡大できると考えた。

大公が暗殺された結果、ドイツ、オーストリア＝ハンガリー帝国、そしてイタリアは、フランス、イギリス、ロシアに戦争を挑んだ。後にイタリアは反対側にまわり、ロシアが手を引き、アメリカがフランスとイギリス側に加わった。その頃、人に傷を負わせる技術は、傷を治す医学的能力よりもはるかに進んでいた。新しい技術とは、航空機、化学ガス、戦車、機関銃だ。これらに対抗するのは原始的な方法――泥の中に塹壕を掘って隠れるだけ。負傷者は天文学的数字になった。フランス北東部のヴェルダンとソンム川の戦闘それぞれで、およそ百万の犠牲者が出た。

アルメニア料理

第一次世界大戦の戦闘は東部のイスラム教オスマン帝国にまで拡大した。そこには自身の国を望むアルメニア人キリスト教徒が大勢住んでいた。アルメニア料理にはトルコ、ギリシア、シリア、ペルシア、さらにアラビア料理の要素が混ざっている。東方の文化からは平らなパン、米のピラフ、大麦が、西方の文化からは、ヌードルが入っている。西隣のブルガリア料理のように、ヨーグルトは欠かせない食品で、温かくても冷たくても、スープから、ディップ、チーズ、シチュー、ペストリー、飲み物、サラダ、ケーキまで何にでも使われる。ヒヨコ豆とレンズ豆も広く使われている。ナスはフライ、詰め物、炒め、マッシュにして、温かいキャセロールや冷たいキャセロールに、サラダに、肉（ふつうは仔羊肉）あり肉なし、どちらも層に並べるギリシア料理のムサカのようなキャセロールに、さらにペルシア料理のイマームバーヤルディ（アメリカ人はイマームバーイェルディと呼ぶ）に使う。オクラも多様な使われ方をする。一緒に使うのはズッキーニ、カリフラワー、ホウレンソウ、キャベツ、そしてドルマ（詰め物をした野菜、特にブドウの葉で具材を包んだもの）などだ。アルメニアの特産はブルグル（ひき割り小麦）

で、タブーラサラダやピラフに使われる。デザートはカダーイフ（ペルシアのカタイフ）から作られる。ひき割り小麦の生地とフィロ（小麦粉の生地）を、パクラヴァ（ギリシア語のバクラヴァ）のように砂糖シロップに漬ける。また、東地中海の果実やナッツ類、レーズン、デーツ、アプリコット、クルミ、アーモンドなどを使う。ゴマはオイルやペースト状にして使う――南方のレバノンやシリアではタヒニとして知られる。

第一次世界大戦中の一九一五年、アルメニア人は独立をかけてトルコと闘った。六十万人以上のアルメニア人が命を落とした。生き残った者の多くはアメリカへ渡り、カリフォルニア州のセントラルヴァリーやフレズノへ移住し、そこでブドウを育て、ドライフルーツ、特にレーズンの事業を興した。有名なアルメニア系アメリカ人には作家のウィリアム・サローヤンや女優で歌手のシェール（シェリリン・サルキシャン）がいる。

アメリカ合衆国――ホットドッグから「リバティドッグ」へ

ドイツが潜水艦による際限のない戦闘を再開し、大西洋上で商船を沈められたアメリカはその後の一九一七年、第一次世界大戦に参戦した。この戦争は評判が悪かった。国民の多くはヨーロッパの戦争にアメリカは関係がないと思っていた。徴兵するのは難しかった。およそ百万人の四分の一が姿を現さなかった。一九三五年に社会保障番号が使われるようになったが、それ以前では彼らを追跡する方法はなかった。第一次世界大戦は多くのアメリカ移民グループにとっても問題だった。アイルランド人はアメリカの同盟国であるイギリスを憎んでいた。ユダヤ人はもう一つの同盟国、ロシアを嫌った。彼らはロシアから逃げてきたのだから。アメリカにはドイツ語を話す移民やドイツ系の市民も多数暮らしていたが、ドイツは敵国だった。原則としてアメリカ人は、ドイツ的なものすべてに反対した。ホットドッグやザウアークラウトはドイツのものだから食べないが、「リバティドッグ」や「リバティキャベツ」は一〇〇パーセントアメリカのものだから食べる。ドイツ系アメリカ人はうっかり街中でドイツ語をしゃべって、危険な目に遭わないように家庭内でドイツ語を使うのをやめた。ドイツ語新聞は廃業し、ドイツの町やベルリンの名前の付く町は改名した。ドイツ系アメリカ人の祭りは中止された。イタリアやイタリア人移民も、イタリアが戦争半ばで寝返るまで、敵だった。その後、イタリアの食材は「スパゲッティ、同盟国の食材」になった。(34)

男も女も進んで戦争に協力するようになった。作家のアーネスト・ヘミングウェイのようにヨーロッパへ渡って救急車を運転する者もいた。銃後では、家庭菜園を育てて自給したり、国の食料供給の助けにしたりした。国民は小麦粉の代用にピーナッツ粉を使った。農家を手伝うために日光節約時間(サマータイム)が設けられた。

ロシア革命——「パンと平和」

一九一七年、アメリカが戦争に参入した年、ロシアは手を引いた。すでに七百万人以上の男性を失い、革命に直面していた。一九一七年のロシア革命では食料が大きな役割を果たした。小作農が軍隊の大多数を占めていたため、徴兵されると農作物が植えられず収穫もできなくなった。地方では食糧不足になり、都市では食料を求めて暴動が起きた。共産主義革命家は「パンと平和を」のスローガンを掲げた。ついに皇帝(ツァー)にもっとも近い顧問たちですら皇帝に退位を乞い願い、要求するようになった。皇帝は当然どこかの国が自分と家族を受け入れてくれるだろうと考えて、退位した。しかし、彼は残虐な絶対君主で圧政を敷いていた。そのような政治形態はイギリスでもフランスでも、それぞれ十七世紀ないし十八世紀以来存在していなかった。両国ともその件には関わりたがらなかった。アメリカには皇帝を保護するわけにはいかない理由が複数あった。最初の民主主義国家として、思想的に受け入れることはできなかった。数百万に上る移民の多くが皇帝の圧政から逃げてきたユダヤ人であり、その彼らが過密都市に暮らす国に皇帝を受け入れれば、騒動が起こりうる可能性がある。そのような危険を冒すことはできなかった。皇帝と皇后、四人の娘、一人息子は共産主義者によって処刑された。

ロシア料理

ロシアは二つの大陸にまたがる巨大国家である。モスクワやサンクトペテルブルグのような大都市がある西部はヨーロッパにある。東部はアジアにあり、モンゴルや中国と国境を接している。南部ロシアに目を向けると、グルジア（ジョージア）地方はトルコと接している。そういうわけで、ロシア料理はさまざまな影響を受けて、種類も多い。第一次世界大戦の直前、ロシア料理とロシア文化は最高のものと考えられていた――ただし、それはヨーロッパの上流階級に限ってで、下層階級の人々は貧しく、飢えていた。

ピョートル大帝が国を西欧化しようと決めてから二百年後、ロシアはヨーロッパの政治や料理における強国になっていた。ジャガイモが主食になっていた。ライ麦から作る黒パンとコーヒーも同様だった。寒冷な気候のロシアでは、カブやビーツのような根菜類もボルシチ（サワークリームでコクを出したビーツのスープ）には欠かせない。ディルとキャラウェイはハーブやスパイスとして一般的に使われる。アジア方面からは「ペルメニ」が入ってきた――ラビオリやワンタンのようなダンプリング（団子）で、小麦粉と卵のヌードル生地に魚やキノコ、あるいは肉（本来は馬肉）を詰めたものである。保存食はシベリアでは何の問題もない。地面すら一年の大部分が凍り付いているのだから。さまざまな食品もピクルスにして保存する――キュウリ、キノコ、リンゴ、レモン、さらにキャベツはザウアークラウトにする。素朴なロシア料理の標準的なものとしては、シチーというキャベツスープ、ソバの実やカラスムギのカーシャ（粥）、そして発酵飲料のクワスがある。クワスは黒パンや果実、あるいは野菜の残り物から作ることができる。

ピローグ（小型のものがピロシキ）は薄い板状の生地に挽き肉、米、卵、キノコ、あるいはチーズを詰め、サワークリームを加えて半分に折り返したもの。これらの融通のきくパイは露店で売られることも、宴会に出されることもある。もっと手の込んだ上流階級用の詰め物をしたペストリーはクーリビヤックという。これは十九世紀初めにカレームがパリへ持ち帰ったパイ生地やパンをくりぬいた皮に魚を入れて焼いたもの。その他の革命以前のロシアの伝統料理は、牛肉をサワークリームソースで煮たビーフストロガノフ、シャンパンを入れたチョウザメスープ、そして、オリジナルはチキンとジャガイモをマヨネーズで和えたオリヴィエサラダ。その他の贅沢なロシア料理はウクライナの首都の名前にちなんだもので、ロシアの食物史家、ダーラ・ゴールドスタインによれば、「チキン・キエフ」は「ロシアの高級料理の象徴」だという[35]。キエフ生まれのロシア料理本の著者アン・ヴォロックは、それができたのは「一九〇〇年代初め」だと書いている[36]。

材料　チキン・キエフ

チキン・キエフの主な材料はわずか。チキンの胸肉をたたいて、ハーブバター、レモン汁、フレンチマスタードを詰めて丸め、小麦粉とほぐした卵にひたし、パン粉をまぶして油で揚げる。食する時にチキンにナイフを入れるとバターが流れ出る。レストランでは汚れが飛び散らないように、最初に給仕が切るところもある。

前菜はザクースキ（単数形はザクースカ）といい、スパイスを効かせた酢漬けチェリーや、サワークリームで和えたキュウリかキノコ、ビートサラダ、キャベツの詰め物などがある。もっとも有名なザクースキは、ブリヌイと呼ばれる小さなそば粉のクレープと、そこに小さな銀のスプーンでのせるキャビア、一緒に飲むウォッカの三点セットだ。ブリヌイは「バターウィーク」、ロシア版マルディグラ（告解火曜日、謝肉祭の最終日）にも昔から使われてきた。バターを塗った上にサワークリームをのせる。キャビアは魚卵、つまりチョウザメの卵でカスピ海で捕れる。いくつかのグレードがあり、（小さいものから）オセトラ、セヴルーガ、最大のベルーガになる。皇帝たちはカワリチョウザメから採れる金色をした特別なキャビアを食べた[37]。ウォッカは「三種から四〇種の香りを付け足すことができた――セージ、ヘザーハニー、アンジェリカの根、根ショウガ、アニス、ビャクシンの球果、クリミア産のリンゴや梨の葉、ミント、ナナカマドの新芽、ナツメグやナツメグの花、バニラ、シナモン、カルダモン、クローブなどが使われる[38]」。

革命以前のロシア人はどの階層でも一日中よくお茶を飲んだ。下層階級の人々はくわえた角砂糖を通してお茶を吸った。上流階級は異なる菓子屋から取り寄せた、手の込んだ、競い合うような六種類のケーキとともにイヴニングティーを催した[39]。女主人は「女性客には陶磁器のカップに、男性客にはグラスにお茶を注いだ。グラスは金属や金銀線細工の施された銀のグラスホルダー、ポドスタカンニキにはめ込まれている[40]」。中央にはサモワールが置かれた。

ファベルジェ製ロシア宮廷のイースターエッグ

ロシア宮廷には絵付き卵という農民の慣習に基づいたイースターの伝統があった。農民のものより精巧な装飾が施された卵は東ヨーロッパ、特にウクライナのロシア正教会のものに見られる。クラシャンキは固茹で卵を一色で染めたもので、食べられる事を意味する。ピサンキは純粋に装飾用で、生卵にさまざまな色を使い、何度も塗って精巧な模様を描く。それぞれの色には象徴的な意味がある。黄色は豊作を、緑は春の再生を、黒は夜明け前の闇、つまり死者の魂がさまよう時間を、特に雄鶏が最初から三回鳴くまでの間を表している。染料は植物から採る。赤はビート、オレンジはタマネギの皮、青は赤キャベツの葉、茶色はナッツの殻から。今では、小さなウズラ卵から巨大なダチョウの卵まですべてに装飾が施される。

毎年ロシアの皇帝一家はイースターエッグを交換したが、その卵は素朴な民芸風のものではない。宮廷宝飾職人ファベルジェの手になるもので、金、銀、プラチナで、さらにダイヤモンド、ルビー、真珠、エメラルド、サファイアで飾られたクリスタルで作られている。卵の内部には驚くような細工が施され、機械仕掛けになっているものもある。たとえば、高さ一〇・二五インチ（約二六センチ）のプラチナの卵が開くと、金のミニチュアの鉄道車両が何台かつながっていてネジを巻くと走り出したり、黄金製の宮廷のヨットの小さなレプリカがクリスタルの海に浮かんでいたりする。そのどれもが高さ六インチ（約一五センチ）ほど。一八九六年の戴冠式に向かう皇帝と皇后が乗る馬車のミニチュアが黄金と宝石で飾られた長さ三と一六分の一一インチ（約九センチ）の卵から出てくるものもある。最後の卵は「質素」な卵で、白地に赤い格子が描かれている。それというのも、食糧不足と戦争を前にして、富を見せびらかすのは適切ではないのではないかと皇帝一家が気づき始めたからだが、遅すぎた。

一九一一年のイースターエッグは高さ一一と四分の三インチ（約三〇センチ）ほどのミニチュアのオレンジの木で、

金の幹に貴石でできた「オレンジ」や「オレンジの花」が施されている。一つの秘密の「オレンジ」は小鳥が木から飛び出して歌うように作られていた。二〇〇〇年に、デラウェア州ウィルミントンのリバーフロント・アーツセンターでファベルジェの卵の展覧会が開かれた時、ホテルデュポンのペストリー部門の上級シェフ、ミシェル・B・ミッチェル（一九八八年度ジョンソン・アンド・ウェールズ・ペストリーアーツプログラム卒業生）と彼女のスタッフが、砂糖、チョコレート、フォンダン、金の葉、銀の粉末で「オレンジ・ツリー・エッグ」を再現した。高さ三フィート半（約一メートル）の作品の制作にはおよそ百時間を要した。ミシェルたちは客室用にもミニチュアのオレンジ・ツリーを四五個作った。小さなツリーの半球体の上半分がはずれて、中のトリュフが現れるしかけは、ホテルで開かれた展覧会の華やかなオープニングに出席したＶＩＰへのサービスだった。

都市——人々は共同食堂で食べる

ロシア革命は市民の国家や食品製造および流通に対する関係をすっかり変えてしまった。新しい共産主義ボルシェヴィキ政府の指導者レーニンは、第一次世界大戦からロシア——ソヴィエト社会主義共和国連邦（ソ連）を撤退させた。一九一七年から一九二一年の四年にわたるさらなる内戦後、私有財産は一切なくなった。すべてが国家のもの、共有財産になった。肩書きもなくなった。王子も王女も、公爵も侯爵夫人ももはやいない。フランス革命のように、みんな死んだか逃亡した。階級のない新しい社会では誰もが平等で、人々はお互いを「同志」と呼び合う。このことは社会のあらゆるレベルで、また、人々が食べるものにおいて、劇的な変化が起きたことを意味する。いつ、どこで食事をするか、食料をどのように育てるか、そういった点で大きな変化がもたらされたのだ。

都市では、それまで上流階級が使っていたレストランやホテル、邸宅を政府が接収して、すべての労働者が食事をする共同食堂に変えた[41]。ついで、まるで一つの巨大なキッチンのように、国中の食料を準備して分配する組織を作った。また、共同食堂は女性を従来の台所仕事から解放して、工場や農場で働けるようにする意図もあった。熟練のキッチンスタッフが不足したため、まずくて量も少ない食事が不潔な環境で作られ、その結果病気が蔓延し、ストライキが起こった。食事は「小さな皿に盛られた大麦粥」か「ニシンの頭か腐って酸っぱくなったキャベツが入ったスープ」だった。カビの生えた穀物、粘土のようなパン、そしてドングリから作った「コーヒー」が食事を締めくくった[42]。

人々はそれまで食べていた食事を望んだ。金のある人にはそれができた。秘密のレストランが現れた。適切なコネと適切な合い言葉があれば、運良くテーブルクロスとナプキンを備えた場所で、ローストした肉と野菜料理を、さらに小麦粉と砂糖を使った何かを食べることができた[43]。ロシアは食料増産をなんとしても成し遂げなければならなかった。一日当たりのパンの配給は一九一七年の一ポンドから、一九一九年には二オンスにまで下がっていた。

国家――共同農場

一九二四年にレーニンが死ぬと、一七〇三年にピョートル大帝が建設した都市、サンクトペテルブルグはレーニンを称えて、レニングラードと改名された。スターリンが代わりにソ連を率いて、農業と工業の五か年計画を打ち出した。スターリンの目標はアメリカと肩を並べる工業大国になることだった。そのためには設備と技術者が必要になる。脱穀機を製造するアメリカの会社「インターナショナル・ハーベスター社」がソ連に工場を造った。ソ連は必要な産業用重機を購入するために、唯一売れる何百万トンもの穀物を売った。何百万ものロシア人が飢えに苦しんだ。大農場が分割され、人々は共同で働くように強制された。食料を自分たちのために蓄えたり、希望する値段で売ろうという動機付けがなく、食料の生産量が減少した。スターリンは食料および工業製品の増産に成功したと主張したが、現実とはかけ離れた書類上の数字にすぎなかった。

懲罰的なヴェルサイユ条約と第二次世界大戦の種

第一次世界大戦は一九一八年、十一番目の月の十一番目の日、そして十一番目の時刻、すなわち十一月十一日午前十一時に終わった。この日付は戦争の悲惨さを決して忘れず、あらゆる戦争を終わらせるために意図的に選んだものだ。もう二度と戦争が起こらないようにと。こんなことをもう一度経験したいなどと思う頭のおかしな人間がいるだろうか。

一九一九年、戦勝国（イギリス、フランス、アメリカ、イタリア、そして日本）はヴェルサイユ宮殿に集い、平和条約を起草し、ドイツの処分を決定した。そして、ヴェルサイユ条約が調印された。この条約を語るのにいつも使われる形容詞は「懲罰的」——懲らしめる、だ。ドイツは自国が戦争を始めたことを公《おおやけ》に認めなければならなかった。イギリスとフランスに戦争で与えた損害を償わなければならなかった。アジアの植民地は日本に与え、アフリカの植民地はイギリスとフランスに分割して譲り、西部の国境地帯、一八七〇年の普仏戦争で獲得したアルザス-ロレーヌ地方はフランスへ返還し、東の国境地帯、ダンツィヒ回廊として知られる細長い土地は新たに建国されたポーランドの一部になった。こうした条件はドイツ経済の回復をほぼ不可能にした。貨幣価値はなくなり、一米ドルは八億マルク以上になった。食料品の値段は急上昇し、ひと塊のパンを買うのに、ショッピングカート一杯のお金が必要だった。アメリカはこの条約に異議を唱えた。これほど厳しい降伏条件は、ドイツ国民の反発を招いて報復を考えさせるだろう、と。

ヨーロッパの地図は第一次世界大戦によって文字通り描き直された。オーストリア＝ハンガリー帝国はオーストリア、ハンガリー、チェコスロバキアという別々の国に分割された。さらにイタリア、ルーマニア、ブルガリアに領土が割譲された。ボスニア、セルビア、アルバニアは合併してユーゴスラヴィアができた。ロシア西部は新しいフィンランド、ポーランドの一部、小さなエストニア、ラトヴィア、リトアニアになった。

アジアの地図も変わった。オスマン帝国は崩壊した。それ以前に、東南ヨーロッパのバルカン半島の領土を失っていた。そして今また、東南アジアの領土を失った。新しい国々が誕生した。シリア、イラク、ヨルダン、そして有力なサウド家にちなむサウジアラビアだ。イスラム教国のサウジアラビアはきわめて保守的で、当時も今もアルコールは禁止されている。オスマン帝国の中心地、ヨーロッパのイスタンブールと、アジアのアナトリア平原は一九二三年に独立国家、トルコになった。現在も一部はヨーロッパ、一部はアジアになる。法体系は宗教とは分離している。

東アジアの日本は中華帝国が一九一一年に倒れた後、帝国になるための努力をしていた。ロンドンのリッツ＝サヴォイホテルで皿洗いとして働いていたフランス領インドネシア出身の青年は、自国の自由を求めて、アメリカ独立宣言にならって書いた文書を、アメリカのウィルソン大統領に会って見せようとした。しかし、ウィルソンは会おうとしなかった。それから四〇年以上のちに、アメリカはホー・チ・ミンと話し合わざるを得なくなった——彼の祖国、ベトナムで。

恐怖の四年間ののちに戦争がついに終わったことを世界中が喜んだ。世界は死と倹約にうんざりしていた。これからはパーティーだ。

めくるめく二〇年代のアメリカ

第一次世界大戦の結果、世界経済に大きな変化が起きた。アメリカは戦争から債権国として出現した。これは、他の諸国が初めてアメリカに借金をしたことを意味する。戦争は高くつく。ヨーロッパ諸国はアメリカから借金をしてその支払いに充てなければならなかった。その結果、世界の金融の中心はニューヨークに移り、現在ではアメリカは債務国家（他国に借金をしている国）になっているにもかかわらず、その状態が続いている。

帰郷する米国兵はヨーロッパで影響を受けた、以前よりゆるやかな道徳観を身につけていた。あまりに多くの死を目にした若者は享楽的で、「今を楽しむ、カーペ・ディエーム」傾向――「今日をつかめ」とか「食べて飲んで、愉快に騒ごう」――を強く抱くようになっていた。明日は死ぬかも知れないのだから。しかし、かつての仕事を失い、隣人が変わってしまった者もいた。戦争中にアフリカ系アメリカ人が北部へ移住して工場で働くようになっていた。怒った白人は黒人の住む近隣を暴れ回った。シカゴやイーストセントルイスではリンチがおこなわれ、オクラホマ州タルサのアフリカ系アメリカ人の住む地域を全焼させた。

一九二〇年はアメリカ史の分岐点になった。初めて郊外よりも都市住民の数が多くなった（八千人を数えた）。また、その年、初めて大陸間飛行（乗客なし、郵便物のみ）がおこなわれた。さらに、初の国際黒人会議が開かれ、アフリカ系アメリカ人がみずからの権利宣言を発布した。アメリカ人は初めてラジオ放送を聞いた。六年後には初めてラジオでコマーシャルを聞いた。それは新しい朝食用シリアル、「ウィーティーズ」のものだった。[44] 二つの憲法修正条項が発効された。第十八条項はアルコールを禁止した。第十九条項は女性の参政権を認めた。

「酒類の製造、販売、輸送は…これを禁止する。」

一九二〇年一月十七日、合衆国憲法第十八修正条項が国内七位の産業を閉鎖させた。一晩でそうなったのではなかった。ラム酒を飲むことに対する宗教的な反対として、禁酒運動が十九世紀初めに始まっていた。一八三二年に米国陸軍の飲料としてラム酒に代わってコーヒーが基準となったのにはこのことがあった。禁酒運動が勢いづいたのは、十九世紀半ばにビールを好むドイツ人とウィスキーを飲むアイルランド人が移民として多数やってくるようになった頃からだ。十九世紀末には、ワインを飲むイタリア人やハンガリー人、ウォッカを好むポーランド人やロシア人、ビール好きのチェコ人やリトアニア人がやって来た。

アメリカの女性たちは「キリスト教婦人矯風会《きょうふう》（WCTU）」で対抗し、酒場の前でピケを張り、手斧で店を壊すこともあった。進歩的改革者はアルコールがさまざまな社会悪の原因になると考えた。週末に酒盛りをして騒ぐ労働者は月曜に仕事に行かず、出勤しても二日酔いで事故を起こす。「ブルーマンデー」だ。金曜日に現金で給料を受け取る工場労働者は道の向こうの酒場へ行き、飲んで賭け事をして給料を失い、家族は食料を買う金をもらえない。酒場へ父親を探しに行く若い息子は少年非行に走る。娘たちは食卓に食べ物を並べるために売春婦になる。そして酔った有権者は買収される。進歩主義者は、禁酒法によってこうした問題はすべて回避できると考えていた。

ビールやワインの製造業者は自分たちに影響があるとは考えなかったから、アルコール業界は禁酒運動に対して本気で対抗手段を取らなかった。アメリカのピューリタニズムの伝統になじみのないヨーロッパからの移民にとって、ビールやワインは水みたいなもので、水代わりに飲んでいた。業界は最悪でも、強い酒（蒸留酒）が禁止されるのだろう、そうなればかえって自分たちの商売が増えると考えていた。しかし、（アルコール度数が）〇・五パーセントを超えるアルコールは「すべて」禁止された。

しかし抜け道があった。人々は突如「医療目的」でアルコールの処方箋をもらうようになった。アルコール中毒者は教会やシナゴーグに忍び込み、聖餐用のワインを盗んだり、ヘアアイロンのような小型器具に入れるアルコールを飲んだりした。

ワインの製造は一九一九年の五五〇〇万ガロンから、一九二五年には四〇〇万ガロンにまで激減した。しかし、第十八修正条項が発効された直後に落ち込んだブドウの生産量は再び上昇した。賢いワイン製造者はグレープジュースや干しブドウの塊を売り出した。ラベルに消費者への警告として、「決して」水やイーストを加えてはならない、さもないと、ブドウが発酵してワインになるので、と書き加えた。さる統計によれば、ワインの消費量は二十世紀末には二倍になっていたという[45]。

禁止令はカリフォルニアのワイン産業を壊滅させた。一八八〇年、イギリスの作家ロバート・ルイス・スティーヴンソン（『宝島』、『誘拐されて』、『ジキル博士とハイド氏』の著者）がセントヘレナ山の近くでハネムーンを過ごして、大いなる先見の明を示して書いてから、長い道のりだった。

カリフォルニアのワインはいまだ実験段階にある…ブドウ栽培を始めることは貴金属を掘り始めるようなものだ。ワイン醸造家もまた「有望」だ。土地の一画ごとに違う種類のブドウが試されている。ここは失敗だ、こちらはまあまあ、三番目が一番いい…カリフォルニア大地の味は君たちの孫の舌に留まるだろう[46]。

禁酒法はフランス料理のレストランにとって、ワンツーパンチ、強烈な打撃だった。たんに食事と一緒にとるワインの問題ではなかった。アルコールベースのマリネやソースに関わる問題だった。ヴァン（vin）、つまりワインのない「ココヴァン（赤ワイン煮のチキン）」やブルゴーニュワインの入らない「ブフ・ブールギニョン（ブルゴーニュ風牛肉料理）」はできない。フランベする（酒をかけて火をつける）、アルコールがなければ、「チェリージュビリー（黒いサクランボをのせたアイスクリーム）」や「クレープシュゼット」はもう出せない。こうしたテーブルでの素晴らしい技に熟達した上級ウェイターも仕事を失う。

犯罪――ビール戦争とアル・カポネ

犯罪を減らす意図で始まった禁酒法はかえって犯罪を増やすことになった。飲酒が悪いとは思わない順法精神のあるアメリカ人は思いがけず犯罪者になった。飲酒が合法だった時、酒場は夜になれば閉店しなければならなかった。飲酒が非合法になると、酒場は二十四時間ぶっ通しで開いていることができた。人々は新しい地下酒場、いわゆる「もぐり酒場」へ行った。ドアをノックして合い言葉を言えばいい。寒冷地にある郊外では、水タンクにアップルサイダーが満たされた。ジュースは日中発酵し、夜間には水分が凍った。毎朝、氷をすくい出し、アップルジャック（自家製アップルブランディー）にまで圧縮する。暴力犯罪も増えた。ギャングがカナダからトラックで、あるいは海岸沿いに船で酒を密輸し、第一次世界大戦で余ったトンプソン式短機関銃（トミーガン）でギャング同士が抗争を始めた。彼らは危険を冒すのもいとわないから、嵩張るビールよりも度数の高い蒸留酒を売った。その方がずっともうけが大きかった。

犯罪は特にシカゴでは激しく、ギャングたちは醸造所の支配をめぐって殺し合った。醸造所は役人に賄賂を贈って操業を続けていた。何十人もの罪のない部外者が、車中からの十字砲火に巻き込まれた。一九二九年二月十四日のバレンタインデーに、アル・カポネの手下がクラーク街の駐車場で、抗争相手のギャング七名に機関銃を放った。これはやりすぎだった。政府は「アンタッチャブル」と呼ばれるようになる連邦捜査員を送ってカポネを捕まえさせた。しかし、連邦政府は、カポネは自分に不利な証言をする人間は誰であろうともただちに殺してしまうので、刑事事件として捕まえるのは不可能だと悟り、二一万五〇〇〇ドルの所得税を脱税したかどで有罪判決を下した。カポネはジョージア州アトランタの連邦刑務所に送られ、一九三四年にサンフランシスコ湾内の島に開所された特別刑務所（アルカトラズ）に移送された。

アルカトラズの造営者は、食事も含めてすべての面について考慮していた。刑務所内であまりに多くの暴動が起こるようになったのは、まずい食事が原因だとして、アルカトラズでは、他の刑務所よりも上等な食事を出すことにした。この情報は後に、北部のニューヨーク州アッティカの厳重な警備がなされていた刑務所では忘れられていた。一九七一年九月五日に起きた、それまでで最悪の四人暴動の原因の一つは食事だった。刑務所側は高い肉、豚肉を買った。しかし、四人の大多数は豚肉を口にしないアフリカ系アメリカ人のムスリムだったのだ(47)。

アイスクリーム、ユースクリーム——グッド・ヒューマー（上機嫌）男が暴徒と対決

禁酒法時代、厳密にはアルコール飲料が手に入らなくなったため、アメリカ人はキャンディーとアイスクリームに夢中になった。ホテルやレストランはそれまでカクテルを売っていたバーをソーダファウンテンに変えた。一九二〇年代には、「ミルキーウェイ」、「バターフィンガー」、「オーヘンリー」、「マウンズバー」などが誕生した。これらはペンシルベニア州のドイツ人移民の息子、ミルトン・ネイヴァリー・ハーシーが始めたハーシー・バーにならったものだ。オハイオ州ヤングズタウンでは、ハリー・バートが棒につけた固いキャンディーを発明し、「ジョリーボーイサッカー」と名付けた。彼が本来望んでいたのはアイスクリームバーにチョコレートをコーティングすることだったが、それには問題があった。アイスクリームが溶けてしまったり、コーティング材が固まってしまったりすることだった。最終的にバートはやりとげたが、持つとひどいことになった。解決策は、キャンディーの

ように中に棒を入れることだった。

バートは自分の菓子を「グッド・ヒューマー（上機嫌）」と名付けた。食べれば上機嫌になるからだと言う。彼は特許を取ると、古いトラックを買い、それを白く塗り、白いユニフォームを着て、古いソリについていた鈴を取り付け、町の中をゆっくり走って子どもたちを惹き付けた。バートが成功すると、ギャングたちが利益の何パーセントかを要求した。それを拒絶すると、ギャングはバートのトラックを爆破した。グッド・ヒューマー・マンとフォード製の白いトラックはアメリカ人が郊外へ移動した一九五〇年代、六〇年代には、お決まりの付きもので、その頃でも、家庭に配達してくれる最後の食品の一つだった。一九七七年、グッド・ヒューマーはスーパーマーケットで売る形態に移行したが、ドライバーに独立した請負業者になる選択権を与えた。ほとんどがそうはならなかった。二十一世紀になった今、復活した「グッド・ヒューマー」トラックが何か所かで、町の中を走っている。しかし、アイスクリームの巡回販売はもうかるので、いまでもアイスクリーム売りの競争は激しい。[48]

アメリカ人はアイスクリームが好きだが、製造方法は労力のいる手回し式だったので、一九〇二年までは限られた量しか製造されなかった。その後、塩水フリーザーが使われるようになり、一九〇四年には一二〇〇万ガロンだったのが、一九〇九年には二九〇〇万ガロンと二倍以上製造されるようになった。[49]

移民のドアがピシャリと閉ざされた

一九二四年、移民法が二つのグループ（南ヨーロッパ人と東ヨーロッパ人、ほとんどがイタリア人とユダヤ人）に対して、移民を最小限に抑制することを決めた。この頃には、多くのアメリカ人がイタリア人を「犯罪者層」として、またユダヤ人をアメリカ政府を打倒しようとする過激派とみなしていた。イタリアのファシスト独裁者ムッ

アイスクリームとヨーグルトの歴史——アメリカ

1870年代	トーマス・ジェファーソンのバニラアイスクリームの手書きレシピ
1846年	ペンシルベニアの酪農場で働くナンシー・ジョンソンが手回しのアイスクリーム攪拌機を発明
1851年	メリーランド州ボルチモアのヤコブ・フッセルがアメリカで初めてアイスクリーム製造工場を興す
1856年	フッセル——アイスクリーム小売り産業の父——がボストンとワシントンDCにアイスクリーム工場を設立。アイスクリームを氷で包んで列車で大都市へ送った
1859年	全米のアイスクリーム生産量が4,000ガロンに[50]
1878年	ウィリアム・クレウェルがアイスクリーム掬い機を発明[51]
1899年	全米のアイスクリーム生産量が500万ガロンに。いまだ手回し式[52]
1900年	国際アイスクリーム（IICA）協会創立[53]
1902年	塩水フリーザーの導入、アイスクリーム大量生産の始まり
1904年	セントルイス万国博覧会でアイスクリームコーンが大人気に。生産量は1,200万ガロン
1909年	アイスクリーム生産量が2,900万ガロンに[54]
1919年	アイスクリームサンドイッチ、I Scream Barはエスキモーパイと改名。アイオワ州で誕生
1919年	ダノンヨーグルトがアイザック・カラッソによって設立される
1920年	オハイオ州の菓子製造業者ハリー・バートがグッド・ヒューマーを発明。棒についたアイスクリーム
1920年代	アイスクリーム包装の機械化。10倍速い。手作業に取って代わる
1933年	禁酒法廃止。アイスクリームの消費ががた落ちに
1936年	ギリシア移民のアタナシオス・カーヴェル、別名トム・カーヴェルがカーヴェル・コーポレーションを開始
WW II	米国陸軍がアイスクリームを8,000万ガロン製造
1947年	ダノンが底に果物を入れたヨーグルトを発売
1953年	義兄弟のバート・バスキンとアーヴ・ロビンスがカリフォルニア州パサデナとグレンデールのアイスクリーム店を統合してバスキン・ロビンスを設立。ピンクのプラスチックスプーンで自由に味見ができる
1960年	ハーゲンダッツがポーランド移民のルーベン・マタスによってニューヨーク市に誕生
1961年	グッド・ヒューマーが多国籍企業ユニリーバの子会社リプトンに買収される[55]
1977年	グッド・ヒューマーが路上販売からスーパーマーケット販売へ転換
1978年	ベン&ジェリーズがバーモント州バーリントンの荒廃した元ガソリンスタンドで創業
1983年	ピルスベリー社がハーゲンダッツを買収
1984年	7月が国民アイスクリーム月間と制定される。第3日曜日は国民アイスクリームの日と定められる
1998年	ハーゲンダッツがドルチェ・デ・レチェを発売。メキシコに着想して風味付けした最初の主流商品
2009年	全米におけるアイスクリームの年間売上高が210億ドルを超えた[56]
2010年	オハイオ州ミンスターのダノン製造工場は世界最大規模を誇る。1時間に23万個のヨーグルトを製造[57]
2010年	バスキン・ロビンスは世界最大のアイスクリーム店チェーン。米国内に2800店舗、世界中に5800店舗ある

ソリーニも、国家人口の三分の一を減少させた大量流出を止めるべく、出国査証の発効を拒否していた。例外として、メキシコ人は入国を制限されることはなかった。農家が安い労働力を必要としていたためだ。しかしひとたび入国すれば、行動を厳しく制限された。農場を離れて街へ行こうとしても止められた——必要ならば、警察に。

メキシコ人は「有色人種」とみなされて、南部のアフリカ系アメリカ人と同じ「ジム・クロウ法（黒人差別法）」が適用された。バスに乗る時は後ろの席に、洗面所や水飲み場などの公共施設は白人とは別、食事をするためのレストランには裏口から入ること、などだ。一九二七年、アジア人もリストに加わった。中国人の少女が「有色人種」だという理由でミシシッピ州の学校へ入学できなかったラム対ライス事件の際、最高裁判所の判決が出たのだ。

ハーレム・ルネッサンス

移民法には意図せぬ別の抜け穴があった。イギリスのパスポートを持っていれば、いつでもアメリカへの入国が認められた。イギリスはカリブ海にたくさんの島を領有していたので、そこの住民は全員イギリスのパスポートを持つイギリス人だった。しかも全員が黒人だった。大勢のカリブ人がこの機会をとらえて、ニューヨーク市に移住し、ハーレムの人口の四分の一にまで増え、ハーレム・ルネッサンスと呼ばれる詩や小説、美術、音楽の文化的繁栄の中心となった。

アポロ劇場のようなハーレムのナイトクラブでは、出演者もスタッフも全員黒人だったが、入場できたのは白人の客だけだった。第一次世界大戦後に、ニューオーリンズの赤線地区、ストーリーヴィルでの船員のもめ事があまりに多い（死に至ることもあった）ので、連邦政府がそこの閉鎖を強制した後、ジャズやブルースのようなアフリカにルーツを持つユニークなアメリカ音楽はニューオーリンズから、セントルイス、カンザスシティー、シカゴへと広まった。ルイ・アームストロングのようなジャズの巨匠たちは家族に別れを告げて、汽車で北部へ向かった。

このような動きから黒人指導者が現れた。ジャマイカ出身のマーカス・ガーヴィーだ。ガーヴィーは自分たちは「有色人種」ではなく、「ニグロ」、スペルは大文字のNで始まるのだ、と語った。彼は誇りを持て、と説教し、黒人は黒人経営の店や黒人経営の銀行へ行き、黒人経営の商売に携われと説得した。連邦政府はガーヴィーをジャマイカへ追い返した。

理想的なアメリカ女性

一九二〇年代、アメリカ人は外見に執着するようになった。人々は人がどのような善行をしたかと聞く代わりに、「あの人（男も女も）はどう見えるか」を気にするようになった。アメリカ人はミスコンテストやダイエット、サラダ、薄切りパンを見いだした。女性に参政権が与えられると、自分たちがやっと男性と同等に見なされるようになったと認識した。男性のように髪を短く切り、スカート丈を膝まで短くし、自分たちは解放されたと宣言した。

一九二一年には二人の伝説的アメリカ女性が現れた。一人はニュージャージー州アトランティックシティーの華やかな世界から一躍有名になり、もう一人はミネソタ州ミネアポリスの穀倉地帯の中心の会議室で生み出された。一方はもっぱら外見で、もう一方は純粋に職能で。一方は肉体的現実を備えているが、中身はゼロ。もう一方は中身ばかりで、肉体は虚構。ミスアメリカとベティ・クロッカー（訳注：架空の人物、食品会社が考え出した）は一枚のコインの表裏をなし、理想のアメリカ女性の対照的な姿を示している。時代が移るにつれ、女性の外見と役割が変わることを反映して、両者ともに変化した。

ベティ・クロッカーは最初はまじめな、にこりともしない主婦だった。一九五〇年代でも、誰かのおばあちゃんかおばさんのようだが、ほほえんでいる。ベティ・フリーダンの著作『新しい女性の創造 *The Feminine Mystique*』が一九六三年に出版されたあたりで具体的になった女性解放運動は、一九六九年と一九七二年のベティ・クロッカー像に示されている。彼女は家庭の外で働く職業婦人のように見える。一九八六年のベティ・クロッカーは他の像より、少し口やかましく、たくましく見える。あたかも経営学の修士号を持ち、料理はするよりも他人にさせる方が多いように見える。一九九六年のベティ・クロッカーはもっと柔和で、気軽に近寄れる相手のようで、笑顔も一番。さらにベティ・クロッカーが書いたであろう手書きの文章の研究もある。ベティ・クロッカーはアメリカ女性からの料理についての何千通もの質問に答えている。ベティ・クロッカーは商品宣伝の一大帝国になった。自分のラジオ番組を持ち、料理本を出版することもしている。

外見の見栄えを重んじる風潮は食品にも及んだ。カラー印刷の発明は、雑誌、新聞、ポスターに載せる広告を簡単で手頃なものにした。消費者は完璧な写真そっくりの食品を求めた。それだから、味のないレッドデリシャスがアメリカでもっとも売れているリンゴなのだ。子供向けのアルファベットの本にあるリンゴそっくりだから(Aはアップルの A)。

映画スターの料理

一九二七年まで映画に音声はついていなかったが、それでも一九二〇年代には、ハリウッドとその映画スターは一大産業になっていた。映画スターはフランスのシャトー、イタリアのヴィラ、スペインのハシエンダ、ヨーロッパの宮殿のような大邸宅に住んでいた。そこにはプール、テニスコート、大理石の床、門番小屋、広大な芝生が備わっていて、野外パーティーがたびたび催された。

映画スターたちは彼らの邸宅や、主演する映画に出てくるような、すばらしく見栄えのいいレストランで食事をした。一〇〇〇の座席数があるココナツグローヴ・ナイトクラブ（一九二一～一九八九年）は、あこがれのルドルフ・ヴァレンティノの映画『シーク』で使われた作り物のヤシの木を利用して、作り物のサルやココナツの実が取り付けてあった。その後、一九三〇年代、四〇年代には、アンバサダーホテル内に移ったグローヴ・ナイトクラブはガイ・ロンバード、ルーディ・ヴァリー、オジー・ネルソンのビッグバンドの生演奏を全国放送した(58)。

映画『あれ *It*』に出演したセクシーなクララ・ボウはハリウッドのヴァインストリートに「イットカフェ（It Café）」を所有していた。多くの映画スターが遊びに行っていたメキシコとの国境を越えてすぐのティファナで、シェフのシーザー・カルディニは、ロメインレタスやパルミジャーノ・レッジャーノ・チーズ、アンチョビが入ったシーザーサラダを考案したとされている。このサラダは広く知られるようになっている。

俳優は、彼らが「ポテト条項」と呼ぶ映画スタジオとの基本契約を心に留めて食事を控えめにしなくてはならなかった。その条項は外見にわずかでも変化があれば、契約を打ち切る根拠となる、というもので、たとえば、体重の増加もその一つ。ブラウンダービーのシェフ、ボブ・カップは俳優たちがスリムでいられるように手助けをした。ブラウンダービー（一九二六～一九八五年）を見逃すことは出来ない。第一号はウィルシャーブールヴァードに、ついでハリウッドとヴァインに――店は巨大な山高帽（ダービーハット）のような形をしている。ダービーのキッチンで、ボブはレタスに少量のチキン、ベーコン、アボカドを入れた細切りサラダを考案し、自分の名前にちなんだ名前をつけた。

一九三〇年以後、体重を気にしない人たちはビヴァリーヒルズにあるママ・ワイスのハンガリーレストランへ行くことができた。伝説によれば、映画スターのラナ・ターナーは別のハリウッドの施設、サンセットブールヴァードにあるシュワブズドラッグストアで目撃された。アカデミー賞授賞式がおこなわれる現在のコダックセンターの近くだ。ラナ・ターナーは受賞しなかった。シュワブズドラッグストアは一九八八年に閉鎖された。

ビタミンとペニシリンの発見

一九二〇年代には、科学者たちは食物中に存在するものを正確に見つけ出し始めた。そして、それらの成分を「ビタミン類」と呼んだ。生命を意味する「ビタ（vita）」とアミノ酸の「アミン（amine）」を合成し、それにアルファベットを当てはめて名付けたものだ。レバーやニンジンに入っているビタミンAは視力に影響がある。欠乏すると夜盲になり、取り過ぎると吐き気、関節痛、死を招く。ビタミンB群は玄米や豚肉、レバーに含まれ、神経系の機能を促進する。ビタミンCは壊血病に有効。「サンシャイン・ビタミン」、つまりビタミンDはミルクに含まれ、骨の形成に効果がある。不足すると骨形成不全が起こる。ビタミンKは血液を固まらせる。他にもいろいろなビタミンがあり、科学者たちは今でも食品の成分を見つけ出そうとしている。

一九二九年、イギリスの医師、アレクサンダー・フレミングは、何かが彼の実験を壊していることに気がついた。パンに生じた何らかのカビが実験に入り込んでそれを殺したのだ。フレミングは、ペニシリウム・ノタトゥム（*penicillium notatum*）、最初の抗生物質（antibiotic：ギリシア語の anti 対抗する、と bios 生命から）を発見した。その直後、スルファス、マイシン、テトラサイクリンなどの抗生物質が発見された。ペニシリンは第二次世界大戦中に大量生産され、戦後、アメリカで広く使われるようになった。フレミングはナイト爵に叙せられ、ペニシリンの発見により、一九四五年にノーベル賞受賞者の一人となった。

スーパーマーケットの出現

一九二九年が始まり、暮らし向きはよさそうだった。産業革命がアメリカの家庭に届いていた。電気や新しい電化製品が家政婦に取って代わった。炊事用の電気ストーブや冷蔵庫、真空掃除機、洗濯機、トースター、電動ミシン、電気ケトルが登場した。人々はスライス済みのパンや冷凍された野菜を買って時間を節約した。冷凍技術はクラレンス・バーズアイが、エスキモーによって急速冷凍された食品を見て発明した。（ついで、ポストフードファミリーのマージョリー・メリウェザー・ポストがバーズアイの事業を買収して、名前をゼネラルフーズに変えた。）アメリカ人は缶詰食品を食べ、子どもたちにはガーバー社の便利な新しいベビーフードを与えた。

アメリカ人はこうした食品を、一か所で用が足りる新しいスーパーマーケットで買った。アルファ・ベータ・スーパーマーケットはすべての商品をアルファベット順に並べ、買い物客は、昔の店のように店員が相手をしてくれるのを待つのではなく、歩きながら欲しい商品を欲しいだけ取ることができた。別の食品業界の巨人、A&P（グレート・アトランティック・アンド・パシフィック・ティー）は全米の小売食品全体の十分の一を売り、年間一〇億ドルの商売をしている。[59] 米国農務省（USDA）は食肉を検査したし、コカコーラはコカ抜きだった。公衆衛生総局は、食品由来の病気を含む二九の疾病について、全州とコロンビア、ハワイ、プエルトリコで監視を続けている。アメリカでは五人に一台の車がある。イギリスでは四三人に一台、ロシアでは七〇〇〇人に一台だった。[60] 楽しみもたくさんあった。車で友達とドライブしたり、映画やダンス、パーティーに出かけたりもできる。酒が欲しければ手に入れることができる。アメリカはパーティームードに浸っていた。パーティー、パーティー、パーティー！

株式市場の崩壊

一九二九年十月、株式市場が破綻した。アメリカ史上最大の金融倒壊だった。株価が底を打ち、何百万もの人が職を失った。何百万ドルもの資産家が突如破産した。彼らはオフィスの窓から飛び降りて自殺した。一九二八年の大統領選の間、ハーバート・フーバーは、大統領に選ばれたら、「どの鍋にもチキン一羽を」配ると約束した。株式市場の崩壊後、アメリカ人の多くは、チキンがないだけでなく、鍋すら持っていなかった。

パーティーは終わった。

第11章

スープキッチン（無料食堂）、スパム、TVディナー
――世界大恐慌、第二次世界大戦、そして冷戦

世界大恐慌とニューディール政策

アメリカはどの国よりも工業化が進んでいたために、大恐慌によって最大の打撃を受けた。全米の失業者は中産階級にまで及んだ。多くの人が家を失い、彼らは空き地や鉄道駅のそばに、使い古しのブリキ板や段ボールで小屋を建てて住んだ。樽に火を熾こして暖をとり、ゴミ捨て場をあさったり、物乞いをしたりして集めた残り物を食べた。ハーバート・フーヴァー大統領を辛辣に皮肉る「フーヴァー村」と呼ばれるこうした新しい「町」が全米のあちこちに出現した。共和党のフーヴァー大統領は、生活がますます悪くなると考えている国民に「好景気はもうそこまで来ている」と語った。

スープキッチン（無料食堂）とパン行列

何百万人もが失業したため、すぐに公的資金が投入され、個人による慈善活動がおこなわれた。ギャングのアル・カポネは自分がシカゴの守護聖人として大衆と結び付く好機ととらえて最初の無料食堂を開き、毎日三〇〇〇人分の食事を提供した。だからと言って、カポネが刑務所送りを免れることはなかった。[1] いくつかの組織が無料のパンを配ったが、当時慈善を受け入れることは恥ずかしいこととされていて、無料の食料を受け取るために行列をする人々は顔を隠すことが多かった。ロサンゼルス郡保安官事務所はスープやパンの行列よりましなことをした。年に一度のバーベキューを催したのだ。肉を十四、五時間戸外でじっくり蒸し焼きにするもので、ニューイングランド名物の海浜パーティーの西海岸版だが、魚介類ではなくビーフを使った。彼らは初めに、何千人ものメキシコ人をメキシコへ退去させることで、食料を必要とする人間の数を減らした。

レシピ

ロサンゼルス郡恒例のバーベキュー[2]

七万五〇〇〇人分、八オンスずつ

総量	材料
四万ポンド	極上仔牛肉、前四分体のみ。二五ポンド分にカットしたもの
三〇〇籠	トマト、乱切り
四〇〇〇ポンド	タマネギ、乱切り
五〇ポンド	ニンニク
七〇〇ポンド	塩
一二五ポンド	黒コショウ
二五ポンド	グリーンチリペッパー、種子と切ったもの
五〇ポンド	セロリシード、粉末
五〇ポンド	オレガノ、粉末

一〇ポンド　　　クミンシード、粉末
一〇〇ポンド　　酢

フーヴァー大統領は一九三二年の再選に賭けたが、民主党のフランクリン・デラノ・ローズヴェルト（FDR）に完敗した。ポリオで死にかけたローズヴェルトは車椅子を使っていた。もっとも、いつも写真は車椅子なしで写させた。ポリオのおかげで、彼は人間は意志を強く持てばやり遂げることが出来ることを知った。

「私の見るところ、国民の三分の一は貧しい住まい、貧しい衣服、貧しい栄養状態に置かれている」

フランクリン・デラノ・ローズヴェルト大統領(3)

一九三三年三月四日に大統領に就任したローズヴェルトは、四年目に入った大恐慌は良くなるどころか、悪化していると、国民に真実を話した。これは、多くがギャングと禁酒法に結び付いた暴力犯罪の前例のないほどの急増と相まって、アメリカ国民を飢え（かつ渇きを覚え）させ、怒らせ、おびえさせ、政府への信頼を失わせた。人々は文字通り銀行へ駆け込んで、預金を引き出したが、早く来た者から救われた。駆け付けるのが遅ければ、自分の金がなくなってしまう。多くのアメリカ人はいったい資本主義と民主主義は生き残れるのか、それとも何か他のものに取って代わられるのかと疑念を抱いた。ロシアでは、スターリンの共産主義の五か年計画が、少なくともスターリンによれば、成功を収めていた。ドイツでは、ヒトラーの国家社会主義ドイツ労働党、ナチスが国民を煽って、経済を好転させていた。ローズヴェルトは「われわれに恐れることは何もない、あるのは恐怖心だけだ」と言って国民を安心させた。

「ニューディール（新規まき直し）」と呼ばれるローズヴェルトの政策は、経済に三叉の方針で取り組むものだった。ニューディール政策の三つの「Ｒ」は relief《リリーフ》（安心）、recovery《リカヴァリー》（回復）、reform《リフォーム》（改善）で、連邦政府は仕事や賃金の形で国民に経済的安心をもたらし、経済の回復を助けるプログラムを始め、銀行や株式市場を統制する法律を改革する、というものだった。大統領就任後の最初の百日間、議会は大統領が提案する政策を喜んで通過させた。

民間植林治水隊（CCC：Civilian Conservation Corps）——失業対策

ローズヴェルト大統領の最優先政策の一つが経済を安定させることだった。すぐに「銀行休業日」を宣言して、連邦会計監査官が健全な経営をしているのはどの銀行かを見極めるまで、すべての銀行を閉鎖した。再開した銀行の預金は新しい公社、連邦預金保険公社（ＦＤＩＣ：Federal Deposit Insurance Corporation）が五〇〇〇ドルまで保証した。頭文字だけで呼ばれる機関「アルファベットエージェンシー」は大変多く、ＣＣＣやＡＡＡなどがある。

一九三三年三月三十一日、ローズヴェルト大統領はＣＣＣ（民間植林治水隊）を創設する法案に署名した。その目的は、フーヴァー村で暮らし、街角でたむろしている怒りを溜め込んだ失業中の青年たちが、ギャングに加わって国に反抗するのを阻止することだった。ほぼ二〇〇〇年前、ローマが市民による暴動を防ぐために、都市に住む貧しい人々に無料のパンと楽しみを与えたように、ローズヴェルト政権も十九歳から二十二歳の若者を街から郊外へ行かせた。すぐに、全四十八州にある一四五〇のＣＣＣキャンプに青年が集まり、道路建設、道路掃除、植樹にとりかかった。彼らは軍隊の標準食糧を受け取ったと思われる。一日当たり一人、小麦粉一二オンス（約三四〇ｇ）、

メニュー　自然保護青年団[4]

朝食	ディナー（ランチョン）	夕食
オートミール	ローストポーク、グレイビー	牛肉の蒸し煮
ミルク	ベークドポテト	マッシュポテトとグレイビー
ベーコンエッグ	エンドウ豆、クリームソースかけ	サヤエンドウのクリームソースかけ
ハッシュドブラウンポテト	コールスロー	フルーツサラダ
パンとバター	パンとバター	パンとバター
コーヒー	ライスプディング	アップルパイ
	コーヒー	ホットココアとコーヒー

生の牛肉一〇オンス、ジャガイモ一〇オンス、砂糖五オンスだが、軍医が五パーセントずつ増量させた。青年たちは栄養不良だということがわかったからだ。メニューは多彩だったが、三食とも、肉、ジャガイモ、パン、バター、コーヒーといった典型的なアメリカの食事が基本だった。乳製品も豊富で、絞りたてのミルク、バター、クリームを使った野菜料理、そしてプディング菓子が出た。

青年たちは家へ仕送りをして、その金で家族は食糧を買い、借入金の返済に充てなければならなかった。こうして若者やその家族は国に対して好感を抱くようになった。政府に作物を売る農家も同じだった。

農業調整法（AAA：Agricultural Adjustment Act）
——働かないように金を渡す

アメリカ農業の問題は産業の場合と同じで、過剰生産だった。食品の値段はとても安い。しかし輸送費が高い。中西部の農家が生産物につけることができる値段より、それを都会へ輸送するコストのほうが高い。農家は赤字になる。それゆえ生産物を廃棄する。ニュース映画は、農家が何ガロンものミルクを捨て、ミルクが川のように排水路に流れ込む一方で、都会の飢えた赤ん坊が泣き叫び、クル病にかかっている様子を映し出す。何らかの手を打たねばならない。ローズヴェルト大統領の解決策は、AAA（農業調整法）である。この画期的な法律は農家に耕作を「しない」ように、金を渡すというものだ。農家は畑を埋めてしまわなければならなかった。その後、結局、AAAは憲法違反だと判断され、別の農家向けの補助金が充てられた。

ニューディール政策はアメリカ国民と政府の関係をすっかり変えた。政府が慈善を施すことは、厳しい個人主義を掲げるアメリカの思想とは正反対のものだ。国民は誰からの援助も受けず、特に政府の助けなしに自分のことは自分で対処する、というものだ。反対に、社会福祉が何十年にもわたって根付いているヨーロッパの国々は、こうした政策のないアメリカを遅れた野蛮な国と見なしていた。

ニューディール政策はまた、政府とアフリカ系アメリカ人の関係をも変えた。FDR（ローズヴェルト大統領）はただちにホワイトハウス内での人種による隔離を廃止し、黒人にも専門職を与える政策を進めた。ファーストレディーのエレノア・ローズヴェルトは大勢のアフリカ系アメリカ人を友人に持っていて、彼らが平等に扱われるように活発に動いた。また、エレノアは大統領の「足」として、大統領が行かれない所へ出かけた。エレノアの目撃例についてのジョークがある。現代でのエルヴィス・プレスリーについての目撃例のように——炭鉱で見かけた、建設中の橋の上にいた、農場で、学校で見かけたなど。しかし、エレノアの目撃例は本当だった。どこにでも「現れ」、連邦政府が一般国民のために活動していることを示していた。エレノアはほかのファーストレディーの誰よりも、アメリカ人の暮らし向きに力を注いだ。

ニューディール政策によるアルコール対策

FDRが大統領就任後に最初に取り組んだ一つが、議会に対してビールとワインを再び合法とするように求めたことだ。一九三三年三月二十二日、議会は、国家は税金を必要としているとの理由で、「ビール・ワイン歳入法」を通過させた。(ローズヴェルト大統領は国民にはアルコールが必要だと考えていた。)ある新聞が、ローズヴェルト大統領がウェイターになって、腕にタオルをかけ、泡立つビールを乗せた盆を持ってテーブルに駆けつけている漫画を載せた。表題は「こういうサービスを命ずる」。

FDRの大統領職一年目が終わるまでに、すべてのアルコールが再び合法となった。一九三三年十二月五日、アメリカ合衆国憲法修正第二十一条は修正第十八条を廃止した。禁酒法は終わったのだ。しかし、禁酒か禁酒反対かは個々の州にゆだねられた。ユタ州などいくつかの州は数十年間禁酒のままだった。一九三三年は一人のカリフォルニア人が人類にとって長年の悩みの種だった問題を解決する簡便な道具を発明した年でもあった。それはグリーンオリーヴから種を除いて、マティーニのグラスに入れやすくしてくれるものだ[5]。

再び飲酒ができるようになったが、アルコール製造業は事業から手を引いてしまったり、十三年間製造を中止していたりした。一九三三年にはカリフォルニア州で、およそ一三〇軒のワイナリーが残っていた。全米では一五〇軒ほどだが、禁酒法以前に比べれば、一〇〇〇軒以上減少している。設備は錆び、樽は腐っていた。一九三四年物は「たぶん、アメリカのワイン史上最悪の製品となるだろう。最初に出荷された時にまだ発酵していたものは、文字通り店の棚で爆発した[6]」。ワインの評判はがた落ちし、ワイン業界をますます衰退させた。回復には数十年かかった。

ビル・Wとドクター・ボブ――アルコール依存症更生会（ＡＡ：Alcoholics Anonymous）と十二のステップ

再び飲酒が合法化されると、数年間自分で対処したあげく、アルコール依存症だと認め始める人が出てきた。ビル・Wとドクター・ボブの二人は、ともにヴァーモント州生まれで、ひどい意識喪失を経験（一時は二十四時間）していて、何回も入院したあげく回復の見込みがないと考えられていた。ビル・Wはもう少しで施設に収容されるところだった。友人からオックスフォードグループという世界的な宗教組織について聞かされた。ルター派の牧師が創立した組織で、世界を「一度に一人」ずつ変えることに力を注いでいた。ミーティングで出会った二人のうちのビル・Wは絶望のうちに有名な精神分析家のカール・ユングに会いにヨーロッパに渡った。ユングはビルに、薬も科学も助けることはできない、精神的な回心が必要だと説いた。ビルはそのような回心をおこない、ついで、「アルコール依存症患者が互いに一体感を抱き、自分の経験を次の人に伝える、連鎖型の社会というビジョンを思いついた」[7]。ビルはこの考えを、ドクター・ボブを含めた他の人々に伝え始めた。ＡＡ（アルコール依存症更生会）が正式に発足したのは一九三五年六月十日、この日ドクター・ボブは最後のアルコールを口にした。一九三八年、十二のステップ（回復へのガイドライン）が開発された。ＡＡは過食症更生会（Overeaters Anonymous）や薬物依存症のためのナルコスティクスアノニマス（Narc-Anon）を設立し、それ以外にも、十二のステッププログラムを生み出した。ドイツではヒトラーが二万人から三万人のアルコール依存症患者に断種を施すことでアルコール依存症に対処した[8]。

ダストボウル（黄塵地帯）――汚れた三〇年代の黒い砂嵐（ブリザード）

経済だけでなく、自然も不安定だった。ダストボウルとは、一九三〇年代にアメリカの大草原地帯南部を襲った生態学的災害につけられた名前である。カンザス州西部、コロラド州東部、南のオクラホマ州のパンハンドル地帯（北西部の細長い突出部）、テキサス州北部、ニューメキシコ州東北部は土地に根付いているもともとの草を家畜に食《は》わせるために利用されてきた。世界中で小麦が必要とされた第一次世界大戦中、この一帯は小麦の生産に転換された。ということは耕されること。小麦の収穫後、土を保持するものが何もなくなる。旱魃《かんばつ》になると、土は風に飛ばされ、大草原地帯やアメリカ東部に黒い砂嵐となって吹き荒れる。農家、屋外便所、納屋、車、農機具が土埃に埋まる。時には土埃の厚さが二〇フィート（約六メートル）になることもある。雪よりも始末に負えない。雪はそのうちに溶ける。土埃を吸った人間は「土埃肺炎」にかかった。動物は死んだ。

ダストボウルに影響を受けた国民の二五パーセントが仕事と土地を求めて西部（主にカリフォルニア）へ向かった。彼らは一九三九年のジョン・スタインベックの小説『怒りの葡萄』や一九四〇年に制作された映画で記憶に留められている。土地に留まった七五パーセントの人々は、作物の種類や栽培法を変えざるを得なかった。食物史家アン・メンデルソンによれば、「集約的で、機械化された農産物生産へ転換するために、生産者は耐久性や収穫高、病害抵抗性、輸送可能性といった要因を注意深く考えなければならなかった[9]」。

ビタミン欠乏症――ペラグラ（ニコチン酸欠乏症）

アメリカ南部のアフリカ系アメリカ人、すなわち奴隷の子孫である小作農たちは、白人の所有する土地に縛られ、そこで農作業に従事しつつ貧しい暮らしを送っていた。大恐慌時代にはますます困窮した。多くが筋肉痛や関節痛、めまいに悩まされ、精神に異常をきたしたり、死に至ったりした。イタリアやアフリカでもこの病が流行していて、特徴的な症状の一つの肌荒れにちなんだイタリア語の名前がつけられた。ペラグラである。科学者が原因についてさまざまな説を唱えた。麦角菌《ばっかく》に感染したトウモロコシが原因であるとか、動物からうつった、などが言われた。一九一五年、ついに合衆国国立衛生研究所の科学者が、ペラグラはビタミンBの一種であるナイアシンが乏しいトウモロコシを主食にする地域に発生することを突き止めた。大恐慌の間、米国赤十字社は小作農にイースト（酵母）を配ることで、ペラグラによる死者の数を三分の一に減らした。[10] ナイアシン含有量の多い食品は他にレバー、豆科植物、魚、特にマグロと鮭がある。

大恐慌による革新——新しい食品とマーケティング

大恐慌の間、アメリカ人の創造力は食品販売の新しい方法を考え出すことに集中した。リンゴ売りが都会の街角に現れた。中華レストランでは、運勢が書かれた小さな紙入りクッキーが焼かれた。映画館ではポップコーンを売り始め、すぐに映画のチケット代よりも儲かることがわかった。[11] それ以前、映画に行くことは、観劇に行くのと同じに考えられていた。劇場は重いベルベットのカーテンと椅子カバー、壁には金があしらわれ、壁や天井にはすばらしい絵がかかっている優雅な「宮殿」だった。物を食べたりはしない。映画館では料理や賞品を出す夜もあった。オレゴン州の果樹栽培会社ハリー・アンド・デイヴィッド社は郵便を使って自社のナシ園と事業を救い、アメリカ最大の通信販売会社になった。

冷凍技術が進歩してウォークイン式冷蔵庫と冷凍庫が発明され、商業用食品の備えが根本から変わり、後には家庭での食品保存法も大いに変化した。

料理の楽しみと大恐慌時の料理人

株式市場が崩壊すると、上流中産階級の女性たちは自分たちがたんに中流かそれ以下だということに気がついた。そして突如、それまで頼っていた家政婦やメード、さらにはコックなしで暮らしていかなければならなくなった。当時、「落ちぶれた境遇」と呼ばれた状況にいることを自覚した女性に、ミズーリ州セントルイス在住のドイツの古い家系につながる五十三歳の未亡人がいた。イルマ・ロンバウアーが女友達や料理店主からレシピを集め始めると、家族の中には、イルマがしていることは「趣味」だと言ったり、頭がおかしくなったと言ったりする者がいた。「イルマが**ひどい**料理人」だということを知っていたからだ。[12] しかし、息子のエドガーなどは、イルマがそれまでに料理教室に通っていて、ホステスとして尊敬されていることを知っていた。[13]

イルマにはそうする理由があった。もし自分が失敗すれば、経済的破綻をきたして貧困に直面することを理解していた。イルマはレシピを忍耐強く、注意深く試して、一九三一年、手持ち資金の半分を使って、『料理の喜び *The Joy of Cooking*』三〇〇〇部を自費出版した。ヴァッサー・カレッジで学び、画家になった娘のマリオン・ロンバウアー・ベッカーは表紙とイラストを描いた。副題は「お料理についての気軽なおしゃべりと頼りになるレシピ集 *A Compilation of Reliable Recipes with a Casual Culinary Chat*」となっている。

ロンバウアーとベッカーの伝記作家、アン・メンデルソンが指摘するように、国民的人気を博した一九三六年の第二版で、イルマは「レシピの新しい書き方を見つけた」。材料を並べて、作り方を示す代わりに、マーブルケーキのようにまぜこぜにしたのだ。

ふるいにかける……………………………………二分の一カップの砂糖
なめらかになるまでかき混ぜる……………四分の一カップのバター[14]

この形式は娘から、コルドンブルー料理学校を卒業した孫息子のイーサン・ベッカーへと、その後の版でも引き継がれた。

大恐慌の時に自宅のキッチンを金鉱に変えたもう一人の女性はマーガレット・ラドキンだ。このコネティカットの女性はアレルギーで苦しむ息子のために、特別な全粒粉のパンを生み出した。そのパンは地元で評判になり、店に出した。一本一〇セントで売り出されると、マーガレットは四分の一を取り分として要求し、手に入れた。これが（人工着色料や香料、保存料を使わない）ペパリッジ・ファーム社の出発点になった。[15]

ロサンゼルスでは、自宅のキッチンで焼いたパイがマリー・カレンダーに収入をもたらした。テキサス州のコルネリア・アラバマ・マーシャルは自分の焼くフルサイズのピーカンナッツとフルーツのパイは誰もが買えるわけではないと気づいて、小さくした三インチ（約七センチ）のパイを焼いて夫のトラックに積み、建築現場へ送り出した。パイは彼女のミドルネームからとった「バーマパイ」として知られるようになった。彼女は「グランドマ・バーマ」と呼ばれた。[16]

一九三五年、オレゴン州出身で、どこかの大学を出て、役者として少しの経験を積んだ若者が金を作る必要に迫られた。そこでケータリングの仕事を始めた。二年後、「オードブル有限会社」という小さな店を開き、のちに「アメリカ料理の父」と呼ばれるようになるまでの道を歩き出した。ジェームズ・ビアードは一九四〇年に最初の本『オードブルとカナッペ *Hors d'Oeuvre and Canapés*』を出版した。その後も多くの本を出したが、中でも『野外で料理 *Cooking It Outdoors*』はスカウト運動（ボーイ&ガールスカウト）やサバイバル用の料理を超えて、まじめに野外

大恐慌による革新

年	性別	場所	製品
	法人	米国	映画館でのポップコーン
1929	男	MA	ハワード・ジョンソンズ――最初のフランチャイズレストラン
1930	法人	MA	オーシャンスプレイ・ジェリード、ホールベリークランベリー・ソース
1930	男	IN	トゥインキーズ
1931	女	MO	『料理の喜び *Joy of Cooking*』出版
1931	法人	MN	ジェネラルミルズ社がビスクイック（小麦粉ミックス）発売
1932	男	TX	フリトズコーンチップス
1933	ー	全米	禁酒法廃止、炭酸飲料製造業者が炭酸をミクサーとして売り込む
1933	法人	全米	ミラクルホイップ・ドレッシングがシカゴ万博に出品
1934	法人	全米	リッツクラッカー（ナビスコ社）
1934	男	OR	ハリー＆デイヴィッド社が梨の通信販売を開始
1934	女	全米	ガールスカウトがクッキーの販売を開始
1934	法人	CA	ファーマーズマーケットがロサンゼルスのサードストリートとフェアファクスにオープン
1935	男	OH	アルコール依存症更生会設立
1936	法人		オスカー・メイヤーがウィナーモービル（ホットドッグ販売車）を走らせる
1936	男	AR	トラック運転手のジョン・タイソンが鶏卵孵化場を買う
1936	男	NY	カーヴェルアイスクリームが「一つ買えば、おまけにもう一つもらえる」を始める (17)
1937	女	CT	ペパリッジ・ファーム社、市場価格より高くパンを売る
1937	女	OK	パーマパイ社が小型のパイを売り出す
1937	女	MA	トールハウス・クッキーが偶然からルース・ウェイクフィールドによって作り出された
1937	法人	米国	クラフト社のマカロニ＆チーズが国内市場に登場 (18)
1937	法人	米国	パーケイ・マーガリンが登場
1937	法人	米国	スパム
1938	男	PA	シェフ・ボヤーディー社、元はクリーブランド (19)
1938	男	TN	レイズポテトチップス
1939	法人	米国	ネスレがトールハウス・リアルセミスィートチョコレートモーセルを発売

料理を扱っている。彼はまた、テレビの料理番組を持った最初の人物だった。ビアードが一九八五年に亡くなると、ジュリア・チャイルドはニューヨークのグリニッジビレッジにある彼のブラウンストーン（褐色砂岩）の家を保存して、良い食べ物と飲み物を奨励するための土台に、また「アメリカ料理の父」を記念するものにすることを決意した。

一九三九年——万国博覧会と世界戦争

三〇年代最後の年は最高の出来事と最悪の出来事で終わった。最高の出来事は、ニューヨーク万国博覧会が開催されたこと。立ち並ぶパビリオンはどれも技術の進歩と未来のよりよい生活への希望を展示していた。フランスのパビリオンは単に「ル・パビリオン」と呼ばれるレストランを開き、最新のフランス料理を提供した。博覧会終了後、レストランはニューヨーク市へ移り、長年その地のランドマークとなり、多くのシェフの訓練所として使われた。そこで訓練を受けたシェフの中には、一九六〇年代のケネディ政権時、ホワイトハウスで働いた者もいる。

最悪の出来事は、一九三九年八月、ヒトラーとスターリンが不可侵条約を結んだことだ。ドイツもロシアも互いを攻撃しないと取り決めた。それぞれ用心深い二つの国はポーランドで分かたれているだけで、両国ともポーランドの領有を主張していた。事実は、スターリンがヒトラーに先にポーランドに侵攻するよう促していた。ヒトラーを抑止するロシアの脅威を期待していたイギリスとフランスは怒り狂った。両国はヒトラーに、ポーランドに侵攻すれば、戦闘を挑むと通告した。

第二次世界大戦

一九三九年九月一日の金曜日、ドイツはポーランドに侵攻し、二十年少しで再び世界を戦争へと放り込んだ。イギリスとフランスは言葉に違わず、ドイツに宣戦布告した。敵対する両陣営は互角ではなかった。ヴェルサイユ条約を無視して、ドイツはこの十年のうちに有利な時期に戦争準備をしてきたが、イギリスとフランスはそうではなかった。ドイツの工業製造の中心地、ルール地方はクルップ一族が支配していた。クルップは十六世紀に刃物類の製造業者として始まった。初めは町から町へ刃物を行商していた。

ドイツは簡単にポーランドを制圧すると、デンマークとノルウェーへ侵攻した。デンマークでは、ユダヤ人は全員黄色い星をつけるように命じられると、国王や王妃も含めて国民全員が黄色い星をつけた。ナチスはオランダへ向かって西進した。オランダ軍が国境を守るために急ぎ出撃すると、ナチスは新しい戦闘手段を使って内陸部を攻撃した。敵の背後に飛行機から兵隊を降ろす――落下傘部隊だ。オランダは圧倒されて降伏した。ついでルクセンブルク、ベルギーへ。一九四〇年五月には、フランスが降伏した。一年少しの間、ヨーロッパで最後までナチスの支配を受けなかったイギリスだけが、ヨーロッパおよびアフリカで一大ナチ帝国と戦った。ナチスはスエズ運河を占領して、中東の石油を得ようともくろんでいた。アメリカは「武器貸与」プログラムによって、イギリスに船舶、弾薬、石油、食糧を援助した。ヒトラーはイギリスに、ついでアメリカへ侵攻しようとしていた――ソ連を片付けたらすぐに。

ナチスによるレニングラード包囲──「やつらを飢えさせろ」

ナチスはロシアのスラヴ民族を、ユダヤ人と同じように下等人種と見なしていた。一九四一年六月二十二日、ロシアの人々はヒトラーが独ソ不可侵条約を破ったことを知った。ドイツ空軍がソ連に対して電撃戦を開始し、ソ連機が飛び立つ前に全空軍といえるほどの戦力を破壊した。ついで、ドイツ軍は地上で侵攻した。一九四一年九月八日までに、レニングラード市は包囲されてしまった。ナチスは狙いを定めた倉庫に焼夷弾を落として補給食糧を燃やした。二五〇〇トンの砂糖が燃えてカラメルになり、街路を流れて固まった。政府はそれを砕いて、砂糖の塊を売った。[20] ナチの戦術は、冬まで待って、レニングラード市民を飢えさせるというもの。そうなれば確実に降伏するだろう。

ヒトラーはレニングラードに特別の関心を抱いていた。レニングラードには世界最大の食餌植物種子バンクがあり、二五万種以上の種子が保存されていた。植物産業研究所（Institute for Plant Industry）の種子バンクはニコライ・ヴァヴィロフのライフワークで、世界の食糧供給量が増えたのは彼の情熱のおかげだった。ヴァヴィロフは食品の起源を正確に突き止めるために「コロンブス交換」にまで遡った。そこなら、人間が現在のような形に栽培する前に存在していた食品、これまでにない多様な食品が見つかるだろうと考えた。彼は南極大陸以外のすべての大陸の人里離れた地域へ二百回以上も旅をして種子を集めた。こうしたことから、ヒトラーは世界の食糧供給を支配して、自国のナチ精鋭部隊にスーパーフードを供することができると考えたのだ。[21]

一九四一年十二月七日──真珠湾

ローズヴェルト大統領は中国から退去するよう日本に告げたが交渉は成立せず、アメリカは日本への石油の供給を止めた。日本は一九四一年十二月七日、午前八時になる直前（日本時間では八日未明）、ハワイの真珠湾にある米軍基地を爆撃した。真珠湾は多くを標的とする攻撃の一つにすぎなかった。日本はフィリピン諸島、グアム、ウェーク島、その他太平洋上の地点を爆撃した。

ある炊事兵は真珠湾の英雄の一人となり、かつ第二次世界大戦における最初のアフリカ系アメリカ人の英雄になった。一等炊事兵の「ドリー」・ミラー（テキサス州の高校でフットボールのフルバックを務め、戦艦ウエストバージニア号上でヘビー級ボクシングのチャンピオンになった男）は、ウエストバージニア号のデッキで、訓練を受けたことがなかったにもかかわらず、五〇口径の機関銃を操作して、撃ち始めた（人種別の軍隊では白人の水兵にしか銃の使い方を教えていなかった）。ミラーは日本の戦闘機数機を撃ち落としたという噂が広まったが、本人はたぶん一機だったと思うと語っている。彼は勇敢さを称える海軍十字章を授けられた。アフリカ系アメリカ人社会はローズヴェルト大統領に、ミラーをアメリカ海軍兵学校に受け入れるように手紙を書いた。しかしそれは実現しなかった。ミラーがリスカム・ベイ号に三等コックとして乗っていた時、リスカム・ベイ号は日本の潜水艦から魚雷攻撃を受け、一九四三年十一月二十四日に沈んでしまったからだ。ミラーは死後パープルハート章を授かり、その名にちなんだ戦艦ミラー号が一九七三年六月に就役した。[22] 二〇〇一年、俳優のキューバ・グッディング・ジュニアが映画『パールハーバー』でミラーを演じた。

議会は一九四一年十二月八日の月曜日、日本に対して宣戦を布告した。日本の同盟国ドイツとイタリアにも宣戦布告するかどうか議論している間に、ドイツとイタリアがアメリカに宣戦布告してきた。すると、世界中でかつてなかったほどの工業大国の最大の工業都市（デトロイト、ピッツバーグ、ニューヨーク、シカゴ、ロサンゼルス）の工場が閉鎖された。工場が再開した時、乗用車ではなく、ジープとトラックがデトロイトのゼネラルモーターズ、クライスラー、シボレーの組み立てラインから走り出た。戦艦や爆撃機用の鉄鋼がピッツバーグの製鉄所から一週間のうち七日、一日二十四時間操業で延ばされ出てきた。

真珠湾が爆撃された時、レニングラードは真冬で、包囲されて四か月目に入っていた。一九四二年一月、パンの配給は一日につき一人四オンスにまで落ち込んでいた。二十万人のロシア人が飢え死にした。しかし降伏はしなかった。

アメリカの日本人――大統領令九〇六六号

真珠湾奇襲攻撃はアメリカ人を、特に西海岸の住民を激怒させ恐怖を抱かせた。アメリカ在住の日本人が故意に妨害行為をして、日本軍が国内に侵入するのを助けるのではないか、と危惧した。日本人は苦境にあった。忠誠心を証明することができなかったのだ。なぜなら、当時のアメリカでは、日本生まれの者にとって、アメリカ市民になることは法に背くことだったからだ。ローズヴェルト大統領は大統領令九〇六六号を発動した。日本人の祖先を持つ者は、たとえアメリカで生まれて市民になっている者でも全員を逮捕すること。日系アメリカ人は大統領令九〇六六号に対して、最高裁判所まで争った。最高裁判所は「コレマツ対アメリカ合衆国」裁判で、日系アメリカ人敗訴の判決を下した。

日本人は太平洋岸から遠く離れた内陸部の収容所に送られた。カナダやペルー在住の日本人も同様だった。日本人は収容所内でもそれまでしていたことをやり続けた。果樹や野菜を育て、それを食料にしたり、収容所の兵士に売ったりした。収容所の一つにカリフォルニア州シエラネヴァダ山脈とデスヴァレーの間のモハーヴェ砂漠に、マンザナ収容所がある。逃亡するのは不可能だ。しかし若い日系アメリカ人の多くが抜け出して、軍隊に加わった。日本人の四四二連隊はヨーロッパで闘い、第二次世界大戦中のアメリカ軍において最も高く称えられるようになった。

Kレーション（携帯口糧）

アメリカが戦争に突入すると、食品製造業界も戦時体制に入った。太平洋で、アフリカで、ヨーロッパで、男女を問わず何百万人もの兵士に訓練キャンプや船舶での食糧が必要になった。そうした食糧は栄養があり、すぐに食べられるか簡単に準備でき、携行できるものでなくてはならない。兵士用食糧の多くはホーメル・アンド・クラフト社が製造した。前線の兵士はアメリカの十二社が製造するインスタントコーヒーを飲んだ。その中にはマックスウェルハウスとネスカフェが含まれる。[23]

「K」という文字は第二次世界大戦用食糧の名前として、それ以前の「C」、「D」レーションと区別するために無作為に選ばれた。Kレーションは個人用の小さな箱に「朝食（breakfast）」、「昼食（dinner）」、「夕食（supper）」とラベルが貼られた箱が入っている。「lunch」はない。箱はロウに浸けて防水処理が施されている。戦争が始まった頃、箱はどれも無地の茶色い段ボール製だった。その後、「朝食」「昼食」「夕食」用の箱はそれぞれ茶、緑、青で色分けされた。それぞれの色は兵士の士気を高めたに違いない。

Kレーションはアメリカの習慣を反映している。つまり、畜牛と小麦を基本とするメインコース、砂糖を使った元気づけ食品、チューインガム、カフェイン、そしてタバコだ。食事はどれもほとんど同じで、例外は朝食用に圧

Kレーション[24]

朝食	昼食	夕食
缶詰肉製品	缶詰チーズ製品	缶詰肉製品
ビスケット	ビスケット	ビスケット
粉末コーヒー	粉末飲料	粉末コーヒー
フルーツバー	キャンディー	キャンディー
チューインガム	チューインガム	チューインガム
角砂糖	グラニュー糖	グラニュー糖
タバコ	タバコ	タバコ
缶切り	缶切り	缶切り
木製スプーン	木製スプーン	木製スプーン
圧縮シリアルバー	マッチ	粉末ブイヨン
浄水錠剤	塩の錠剤	トイレットペーパー

縮シリアルが、昼食用に乳製品が、夕食用に粉末ブイヨンがつくことだ。一日の始まりには浄水用の錠剤、日中にはミネラル不足からくる脱水症状を防ぐための塩の錠剤、終わりにはトイレットペーパーが配られた。

スパム（豚肉のランチョンミートの缶詰）

軍用携行食に入っている「缶詰肉製品」はホーメル社が製造した。第二次世界大戦中、米国政府はホーメル社が缶に詰めた製品の九〇パーセントを購入した。ホーメル製品の中には、ホーメル・チリコンカーンやディンティ・ムーア・ビーフシチュー、缶入りハムがあった。しかしもっともホーメル社を特徴づけるのは「スパム」——スパイスの効いたハム——缶入り「ホーメルズ・ニューミラクルミート」だ。[25] 米兵や連合軍の兵士はスパムフリッターやスパムスープ、スパムサンドイッチ、スパムサラダ、スパムシチュー、スパムとマカロニ、スパムと乾燥卵、スパムと乾燥ジャガイモ、スパムミートボール、スパムチャプスイ、スパム、スパム、さらにスパム——そうして一億ポンドのスパムを食べた。[26] スパムは包装材も含めてあらゆる部分が利用された。スパム缶の貴重な金属はポットや鍋として、また、アルコールを作るための蒸留器としてリサイクルされた。スパムの油は銃に潤滑油として塗ったり、肌の調子を整えたり、ロウソクを作ったりするのに使った。スパムがあまりに多いので、兵士は「アンクル・サム」を「アンクル・スパム」と言い換えた。[27]

スパムは連合国への貸与プログラムの一部として海外へも輸送された。イギリスでは防空壕の中で市民が食べたり、きちんとしたレストランで、フレンチソースをかけてわからないようにして出すという賢い使い方をされたりした。イギリス人はスパムの頭文字を当てはめて「特別にSpecially用意されたPreparedアメリカAmericanの肉Meat」と呼んだ。[28] ソ連ではスパムは軍隊で配給された。戦後、赤十字社が飢えたヨーロッパからの避難民に配った。彼らは贅沢な食品とありがたがった。

食糧の配給

戦争努力を助けるために、アメリカ政府は消費者に肉のような活力を生むための食品の消費を進んで減らすように要請した。イギリスでは実行された。しかし、アメリカ人は英国民ではない。アメリカ人は法律で割り当てが決まって強制されるまで実行しなかった。配給に応えて、アメリカ人は禁酒法が実施された時と同じ事をした。赤ん坊を乳母車から降ろし、あるいは子どものおもちゃの手押し車を奪って商店に行き、棚が空っぽになるまで大量に溜め込んだのだ。その時のスローガンは「使い尽くせ、すり切れるまで着古せ、間に合わせろ、なしですませろ」だった。銃後のアメリカ人がなしで（あるいはほんのわずかで）すませた物は、ゴム、ガソリン、砂糖、バター、肉、ミルク、卵などだった。車のタイヤ用のゴムなしでは、休暇に出かけられない。しかし、それでも記録的な人数が映画に行き、ポップコーンの消費が三倍になった。オーヴィル・レデンバッカーという科学者はポップコーンの商売に乗り出し、一九三三年、映画館やドライブイン・シアターで売り出した。

国防のための栄養

栄養は国防事項となった。「栄養不良により国軍への入隊を拒否され、適切な食事を欠くために、生産ラインでの一人当たりの仕事量が著しく失われている」(29)。この状況を変えて国家を救うことは、アメリカの主婦にゆだねられた——主婦自身も国防工場でフルタイムで働いていたかもしれないのに。新聞や雑誌の料理欄は物不足を前提にしたレシピを開発した。肉料理は卵やパンの詰め物、米、シリアルで量を増やした。エスニック料理に似せたレシピは食欲をそそるだろうと考えられた。たとえば、イタリアンレバー（トマト、ピーマン、キノコのソースをかけたスパゲッティ）やメキシコのタマーレパイ、スパニッシュライス、スイスステーキなどである。どうしてもという人向けには、「ジプシーズ・ジョイ」がある。米、水、ベーコンの脂身、濃縮トマトスープ、加熱ハム、そして「砕いた味の濃いチーズ」で作る(30)。マカロニを使うこともできる。たとえばグラタンにしたり、ローフやリングにしたり、ホウレンソウと一緒に、魚やトウモロコシの入った鍋に入れたりした。魚は配給ではなかった。ウェルシュ「ラビット」（訳注：チーズに香辛料、牛乳、ビールなどを加えたソースを熱して、トーストにかけたチーズトースト）がカムバックした。ベーコンの脂はどこにでもあった。食品ライターのメアリー・フランセス・ケネディ（ＭＦＫ）・フィッシャーは『いかにしてオオカミを料理するか』という本を書いた。限られた材料でいかに栄養のある料理を作るか、というもの。アメリカ人はイタリア料理が安くて栄養があって、おいしいことを発見し続けていた。

ランチに何を準備するかということだけではなく、どのように包装されたかが国家の安全と結び付けられていた。「いくつかの国防施設では、施設に入る時に点検ができる紙袋を強く推した…」(31)。主婦は食品を詰めるために、標準的な魔法瓶に加えて、化粧品容器やピーナッツバターの容器、サラダドレッシングの瓶、カッテージチーズやアイスクリームの箱を集めて、再利用するように勧められた。

キャンディーと戦時ケーキ

配給制度になっても、アメリカには食糧が豊富にあった。兵士を戦闘に送り出すにも、ほんの数年前には贅沢品であったものを持たせることができた。チョコレートキャンディーだ。砂糖は家庭には配給品だったが、チョコレートとソフトドリンクの商業生産用には使うことができた。ハーシー、マーズ、コーク、ペプシは砂糖を入手した。キャンディーの製造は、戦争努力に重要でないとの理由で、議会が不法であると布告する寸前に、ハーシー社は、チョコレートは兵士の士気を高めるのに欠かせない――チョコレートは彼らに故郷を、さらに闘う目的を思い出させる――と議会を説得した。その結果、米国軍兵士は戦争へ行ってハーシーバーや、ハーシー社の競合、マーズ社のM&M（小粒チョコキャンディー）を食べた。

好機が巡ってきた。メキシコ人によって栽培、収穫されたサトウダイコン（甜菜）から作られた砂糖が入ってきたのだ。千六百万人以上のアメリカ人が軍務に就いたため、農場では労働者を必要としていた。米国政府は「ブラセーロ（季節労働者）」プログラム（スペイン語の腕を意味するbrazoからの言葉）を始めて、帰国させたばかりのメキシコ人を呼び戻した。ブラセーロプログラムのもと、一九六四年に中止されるまで、およそ四百万人のメキシコ人農業労働者がアメリカに入国した。

砂糖が配給制のため、デザートの供給が不足した。南半球の同盟国オーストラリアとニュージーランドでは、女性たちがＡＮＺＡＣビスケット（オーストラリアとニュージーランド軍団 Australia and New Zealand Army

Corps の頭文字）を焼いた。材料はオーツ麦と小麦粉、甘くした刻みココナツとハチミツ[32]。アメリカでは甘味にコークやペプシを使う料理人もいた。ケーキを焼き、全体に小さな穴を開け、コーラを注ぐ。「戦時ケーキ」はバターも卵もミルクも白砂糖も使わない。黒糖と、レーズンを浸して甘くした水を使った。古代から中世にかけて使われた方法だ。味がよく日持ちもするので、海外で軍務に就く男女の兵士に輸送された。

レシピ　戦時ケーキ[33]

ブラウンシュガー	二カップ
湯	二カップ
ショートニング	大さじ二杯
塩	小さじ一杯
シナモン	小さじ一杯
クローヴ	小さじ一杯
小麦粉	三カップ
重曹	小さじ一杯
種なしレーズン	一パック（重さも分量も記載なし）

砂糖、水、ショートニング、塩、レーズン、香辛料をまぜて、五分間煮る。

冷めたら小麦粉、小さじ一杯の湯で溶かした重曹を加える。これで二本分作る。華氏三二五度（摂氏約一六〇度）のオーブンで約四五分間焼く。しばらくの間しっとり感を保つ。

アメリカ人は第二次世界大戦中、比較的運が良かった。市民は主要な材料なしでケーキを作る工夫をしなければならなかったし、兵士たちはスパムを食べることに不満を漏らした。それでも国土が戦場になることはなかったし、アメリカで食糧不足から飢え死にする人もいなかった。

捕虜収容所の食糧

日本軍の捕虜になった十四万の兵士なら、アメリカ国内の食料配給に笑顔を見せたことだろう。彼らの多くは重度の栄養失調になり、脚気《かっけ》、ペラゴラ（ニコチン酸欠乏症候群）、壊血病のようなビタミン不足を原因とする病気に苦しめられ、多数が死亡した。弱った状態で、マラリアや赤痢、コレラ、チフスにもかかった。異様に膨れ上がった者、失明した者もいた。ちょっとした切り傷や蚊に刺されただけでも壊疽《えそ》が生じる。日本人警護兵は捕虜たちに、彼らの問題はもっと運動することだと言った。[34] アジア全土の収容所に散らばる捕虜たち（イギリス人、オランダ人、オーストラリア人、アメリカ人）はビルマ（現在はミャンマー）での鉄道敷設（映画『戦場にかける橋』のような）きつい労働に従事させられた。平時における米国軍兵士一人当たりの食糧の配給は、大体一日四ポンド半

（約二キログラム）ほど。戦闘になれば、それよりずっと多い。激しい肉体労働をしている日本軍捕虜の場合、配給量は一日につき、一ポンドと十一オンスだった。[35] 捕虜収容所での数か月（時には数年）間で、楽しい出来事は食品やタバコ、抗生物質が入った赤十字社の包みが届く時だ。兵士たちはすぐに品物を交換した。チョコレート、タバコ、肉の缶詰はすべて持ち主が変わった。一つだけ交換されないもの、それはチーズだった。長い間どのような形であれ、乳製品を口にしなかったので、どうしても欲しかったのだろう、手放そうとはしなかった。

アメリカでは、およそ四十万人のドイツ人捕虜が一九二九年のジュネーヴ条約通りの扱いを受けていた。つまり捕虜は、捕まえた方の軍隊が自国の部隊に支給するのと全く同じ食糧を受け取ることになっている。配給制は部隊には適用されない。民間だけだから、第二次世界大戦中、アメリカで捕虜になっていたドイツ人はアメリカ市民より上等なものを食べていた。

ハリウッド食堂

ハリウッドの俳優たちは進んで時間を割いて戦争に協力した。クラーク・ゲーブルやジミー・スチュワート、タイロン・パワーのような男性の大スターは軍に入隊した。女優たちは国中を飛び回って公債を売った。ハリウッドでは、大スターたちがハリウッド食堂で軍人にコーヒーやドーナツを手渡したり、おしゃべりをしたり、ダンスを踊ったりする姿が見られた。黒人や白人の映画のスタジオミュージシャンが生演奏をした。こうした人間味のある行動が、つまり、黒人と白人の「混合」カップルが一緒にダンスをしていることが公になると、政治的な動きへと発展した。食堂を分離するという話が出たのだ。最終的には、ベティ・デイヴィスとジョン・ガーフィールド（二人とも大手のワーナー・ブラザーズのスターで、食堂の創立者）が、もしそんなことになれば、俳優は来なくなるだろうと言ったことで収まった。俳優がいなければ食堂はなくなる。そういうわけで、第二次世界大戦中の軍隊、あるいはナイトクラブとは違って、ハリウッド食堂での差別は撤廃された。[36]

「最終的解決」

一九四三年初頭、ヒトラーはヨーロッパのユダヤ人絶滅計画「最終的解決」を実行に移した。ヒトラーは、何百万人ものユダヤ人を殺して罰せられずにすむと思っているのか、と問われると、「アルメニア人のことを誰が覚えているかね?」と答えた。トルコ在住のアルメニア人が、第一次世界大戦中にトルコの敵を支援して、トルコ軍に殺されたことを言っているのだ。ユダヤ人、ジプシー、同性愛者、政治犯、障がい者、さらにはキリスト教聖職者までが集められ、食糧も暖房も、衛生設備もない有蓋車でヨーロッパ各地の強制収容所に送られた。六百万人のユダヤ人を含む千二百万人が飢えや病気で死に、ポーランドのアウシュヴィッツのような収容所のガス室に送られた。普通なら教養があり、思いやりの心を持った人々が自分が生き残ることだけを考えるようになった。収容所での処世訓は「自分のパンを食べろ、できれば、隣人の分も」というものだった。終戦時に人間性が戻ったしるしは、人々が再び食糧を分かち合うようになった時に見られた。[37]

ユダヤ人を殺すことに夢中になっている間、ヒトラーはスラヴ人を殺し続けることも忘れなかった。レニングラードはいまだ包囲されていた。町には動物がすっかりいなくなった。人々はうろつくネコや犬、鳥を食べてしまったのだ。そしてペットまでも。

史上最大の戦車戦——大量飢餓

一九四三年七月、クルスク近郊のウクライナ平原で、史上最大の戦車戦が繰り広げられた。二週間、ドイツ軍もソ連軍も互いにすべて戦車上で戦った。ソ連軍は最終的に勝者となったが、そこに、第二次世界大戦のターニングポイントを見る歴史家もいる。しかし、そのためにソ連のみならずヨーロッパの穀倉地帯だった土地が破壊されてしまった。

なおも包囲されているレニングラードでは、飢えた人々が食べられそうなものなら何でも（革靴、書類鞄、口紅までも）食べていた。漆喰壁の壁紙をはがして、壁紙用の糊を食べた。次には壁紙を食べた。次には壁を。出産しても栄養不良で乳の出ない女性は、血管を切開して赤ん坊に吸わせた。植物産業研究所の職員は、種子を食べずに飢える方を選んだ。

一九四四年が近づくと、世界中で数百万人が、その多くが飢えで死んでいった。インドでは、「人為的」飢餓が起きた。イギリス政府が収穫量不足の重大性を見誤り、およそ六百万のインド人が餓死したり、栄養失調のせいでかかった病気で死んだりした。日本では、厳しい食糧配給が実施された。医薬品、石油その他重要な必需品も不足した。オランダでは、家族と隠れ家にいた十四歳のユダヤ人少女、アンネ・フランクが日記にひどく単調な食事について（保存しておいたぬるぬるした古いキャベツのことなどを）記している。他のオランダ人はチューリップの球根を茹でてつぶしたり、薄く切ったり、あるいはポテトチップスのように揚げたりして食べていた。イギリスでは、子供たちはバラの実から採ったシロップでビタミンCを摂った。(38)

レニングラードでは、人肉食にまで及び、子供たちは危険を冒してまで外に出ようとはしなかった。(39) 包囲は一九四四年一月、ついに終わった。飢えによる犠牲者はおよそ百万人、市の全人口の三分の一にのぼった。それ以上が爆撃で死んだ[40]。その間に、レニングラード市民が降伏することを期待した唯一の側、「降伏」という言葉をつぶやいた唯一の側、それはナチスだった。

原子爆弾

アメリカでは、フランクリン・D・ローズヴェルト大統領が一九四五年四月十二日に死去し、後継者のハリー・S・トルーマン大統領に難しい決断を残した。ミズーリ州出身の率直な人間、トルーマンのモットーは「熱に耐えられなかったら、キッチンから出ればいい」だった。決断する事項とは、アメリカが開発した新型の二〇億ドル兵器、原子爆弾を投下するかどうか、ということだ。トルーマンはキッチンにいて、熱が最高潮にまで達していることがわかっていた。一九四五年八月六日、アメリカは最初の原子爆弾を広島市に投下した。広島の中心地は壊滅した。およそ十万人の市民が即死した。その後も多くの被爆者が放射能による後遺症で亡くなった。米国は八月九日、第二の原爆を長崎に投下した。数日後、日本は降伏し、第二次世界大戦は終わった。

爆弾を投下した飛行機は食糧の入った箱を落とし始めた。戦争捕虜の中には空腹のあまり食べ過ぎて死んだ者もいた。時々二五〇ポンドの荷物についたパラシュートが開かず、建物や人間がつぶされることがあった。第二次世界大戦の最後のアメリカ人犠牲者の一人は、飛んできたスパムに殺された海兵隊員だった[41]。

冷戦

第二次世界大戦は世界の政治と経済に大きな変動をもたらした。アメリカ、イギリス、ソ連は東西ヨーロッパ、アジア、アフリカ、そして太平洋や大西洋で、飛行機を飛ばしたり、戦車やトラックやジープを走らせたり、船を動かしたりするのにアメリカの石油を使っていた。戦後もアメリカは石油を生産していたが、需要に見合うほどではなかった。世界の関心は石油が豊富な地域――中東へ、特にイランとサウジアラビアへ移った。

第二次世界大戦でソ連は軍人と民間人の両方で他の国より多くの犠牲を払った。約二千万人が戦死したり、餓死したりした。（それに比べ、戦争で死んだアメリカ人は二十九万人だった。）ソ連の田舎では、半数以上の馬がいなくなった。豚は二千三百万頭のうち、わずか三百万頭しか残らなかった。およそ五百万戸の家が破壊され、何十万台ものトラクターや荷車、何千戸もの農場の建物が失われた[42]。

第二次世界大戦中は不安定な同盟を結んでいたソ連とアメリカ合衆国の関係が悪化した。特にソ連が一九四九年九月に自前の原子爆弾を爆発させた後、敵対するようになった。一九四九年十月、中国の内戦において、毛沢東は蒋介石に勝利し、地球上でもっとも人口の多い（当時、地球の全人口の四分の一の五億人がいた）国は、共産党の中華人民共和国であると宣言した。何千人もの中国人が共産党の中国を逃れて、フォルモサ（美麗島）、現在の台湾へ移った。

こうして二つの異なる政治的、経済的システム間の対立、資本主義と民主主義対共産主義の冷戦が始まった。核兵器と諜報《ちょうほう》活動を含む大規模な軍備の拡張がおこなわれた。アメリカ人は庭に核シェルターを掘り、冷戦が激しさを増す場合に備えて缶詰食品を蓄えた。

アメリカはヨーロッパ諸国、特にイタリア、フランス、ギリシアに復興のため、また共産主義の国にならないように、何百万ドルもの資金を援助した。アメリカ軍はイタリア語に新しい言葉を持ち込んだ。イタリア語の ciao は「チャオ」と発音し、「ハロー」や「グッドバイ」を意味する。それが第二次世界大戦後、飢えたイタリア人がアメリカ兵に食べ物を請う時に使うようになった。アメリカ兵が外食する時に言うのを聞いて知った唯一の英語、chow（チャウ、食事の意味）だ。

一九三〇年代のイタリアでは、食品が政治問題になった。ファシスト党の独裁者ムッソリーニが、パスタはイタリア人を軟弱で鈍くするので、時代遅れだと断言した。ムッソリーニの新ローマ帝国は国民を頑健にする新しい食品を必要とした。イタリア中で大論争が巻き起こった。パスタを守る運動を支持する人々は抗議と誓願をおこなった。それ以外の人達は新しい料理、たとえば「トランペットで引き裂かれた生肉」や「コックピット内の雄牛」といった名前の料理を望んだ。ついにシェフの会議が開かれ、調理人コミュニティの見解を決めることになり、決まったのは互いに殴り合うことだった[43]。戦争末期、イタリア人暴徒がムッソリーニを殺して、食肉用のフックで建設中のガソリンスタンドの桁からつり下げた。

第二次世界大戦に続く時期には植民地の国々で独立への機運が盛り上がった。飢餓と病気で荒廃したインドでは、イギリスからの独立を望むインド人官僚にインド軍が従った。非暴力を唱えた宗教指導者ガンジーは、アメリカ人がほぼ二百年前に使ったのと同じ戦術でイギリスから独立を勝ち取った。それはイギリス製品のボイコットで、その一つに塩がある。塩はイギリスがインドで独占製造していた。一九三〇年から一九三二年にかけて、ガンジーは何万人ものインド人を連れて海岸沿いに「塩の行進」をした。海水の蒸発によって塩を得ることは法律を（そして専売を）破ることになる。ガンジーはインド人を励まして、それ以外にも市民による不服従行為をおこなわせた。

一九四七年に独立が認められるまで、それは続いた。ヒンドゥー教徒とイスラム教徒の間ですぐに紛争が起こり、インド西部からイスラム教国家としてパキスタンという新しい国が生まれるまで続いた。ガンジーは平和を築こうと努力したが、ガンジーを親イスラム過ぎると考えるヒンドゥー教徒によって暗殺された。太平洋では、一九四九年、オランダがインドネシアの独立を承認した。

帰郷した千六百万のアメリカ軍人に関して言えば、多くが職業を変えたがった。戦時中、自分に料理の才能があることに気づいた者たちもいた。一九四六年、コネティカット州ニューヘイヴンに、後に「カリナリー・インスティテュート・オブ・アメリカ」になる料理学校が設立された。

食物こぼれ話　アメリカ兵と第二次世界大戦の食糧

ヨーロッパ諸国、特にイタリアとフランスで食べた料理に感銘を受けたアメリカ兵は、母国に帰って、そうした料理をもっと食べたいと切望する、という話があった。それは正確ではないだろう。戦時中も戦後もヨーロッパではひどい食糧不足が起きていた。食物のやりとりはアメリカ人からヨーロッパ人へおこなわれたもので、反対方向はなかった。アメリカ兵が食べた、それもほとんどが初めてだったイタリア料理は軍から与えられたもの——シェフ・ボルディー・スパゲッティの缶詰だった。

同じ一九四六年、カリフォルニア州パサデナ出身の、スミスカレッジ一九三四年卒業組のアメリカ人女性がアメリカ大使館勤務に就く夫とパリへ行った。彼女はそこのコルドンブルー料理学校へ行き、フランス料理に魅了された。彼女はフランス料理がどれほどすばらしいか、そのことを広く知らしめ、アメリカ人に作り方を示したいと思った。そしてアメリカに戻ったジュリア・チャイルドはまさにそれをしたのだった。

冷戦が激化し、武力戦争が始まり、国連の「治安活動」が一九五〇年から一九五三年まで、朝鮮半島でおこなわれた。後に映画やテレビシリーズの『マッシュ』で取り上げられた。この件でアメリカ軍は大いに増強され、現在に続いている。

ファストフードの五〇年代

「科学を通してよりよく生きる」は陸軍元帥ドワイト・D・アイゼンハワーについての「アイ・ライク・アイク（アイクが好きだ）」とともに一九五〇年代のスローガンだった。アイゼンハワーは第二次世界大戦で連合軍を率いて勝利をもたらし、選挙では共和党を勝たせ、一九五三年から一九六一年までの二期、大統領を務めた。一九四五年に第二次世界大戦が終わると、男たちは海外から帰国し、女たちは工場での仕事をやめ、空前の数の男女が他のことを始めた。結婚し、かつては農地だった郊外に家を建てて引っ越した。復員兵援護法（GI Bill）のような退役軍人向けに新たに設けられた政策による融資を利用したのだ。車を買い、料理用ストーブや冷蔵庫（五年間で二千万台）、食洗機、洗濯機、ドライヤー、裏庭でするバーベキュー用コンロ（実際はグリル）のような新しい電化製品、そしてアマナ社が発明した新しい家庭用冷凍庫を買った。

他にもテレビの購入は記録的数字に達し、豊かで新しい生活の理想的な姿を映し出す番組を見た。『パパはなんでも知っている』、『オジーとハリエット』、『ビーヴァーにまかせろ』では、新しい電化製品のおかげで単調でいやな家事から逃れることができたママが、落ち着いた隙のない着こなしで、骨を折らずに料理をテーブルに並べた。

一九五九年の人気テレビ番組『名犬ラッシー』はコリー犬と田舎の飼い主一家の話だが、その一話が「新しい冷蔵庫」を取り上げていた。母親は古い氷の冷蔵箱が、「水漏れして」、「狭い」からどうしても取り替えたがっている。家族が新しい電化製品は「冷蔵庫」という新しい言葉で呼ぶのだと話す場面がある。父親が冷蔵庫を運び込み、プラグを差し込むと、家族全員がまわりを取り囲んで顔を輝かせてモーター音に耳を傾けた。泣かんばかりに感動した母親が冷蔵庫をなでて「ミンクのコートなんてもういらないわ」と言う。冷蔵庫は氷配達人との関係をも変える。彼とは冬場、石炭と石油を運んでもらう時にしか会わなくなる。

第二次世界大戦後のアメリカでは、子供の数も記録的に増加した。一九四五年から一九五〇年代終わりまでに、五千万人になった。このベビーブームで食品市場の狙いが明確に子供に向けられるようになった。一九五一年、トニー・ザ・タイガー（訳注：ケロッグ社のコーンフレークのキャラクター）が現れて、朝食用シリアルを売り込んだ。フレーク状の魚スティックは魚を指でつまんで食べられるようにして、子どもの興味をそそった。大人は軍隊で食べた食品を食べ続けた。インスタントコーヒーとスパムを。

TVディナーとジフィーポップ（ポップコーン作り器）

一九五四年、ファストフードと冷凍食品が結び付いた。スワンソン（キャンベルスープ社の冷凍食品）がTVディナーを売り出した。これらの冷凍された調理済みの食事はオーヴンに放り込んで加熱するだけでよい。九九セントで、アルミトレイの仕切りに主菜、野菜、デザートが入った食品が買える。多くの人々がテレビを観るようになると、映画館に行く人が減り、その結果、ポップコーンの消費も減少した。ポップコーン製造業者はジフィーポップ社と反撃に出た。取っ手のついた旧式のポップコーン鍋に油を塗ったポップコーンを入れて包装したものを、家で視聴する人相手に売り出したのだ。

一九五五年、大量生産の組み立てラインがついに食品製造にまで設けられるようになった。ミルクシェークの販売をしていたレイ・クロックがカリフォルニア州サンバーナーディーノにあるマクドナルド兄弟のハンバーガー・スタンドを買った。通りの先には後に「タコベル（タコス料理のチェーン）」になるレストランがあった[44]。一九五五年七月にはディズニーランドもオープンし、大成功を収め、初日に食べ物が売り切れるほどだった。ほぼ同じ頃、もう一人の伝説的人物が生まれた。こちらは全くの作り物だったが、人気を博し、現在も世界中で称えられている。

祝日物語　聖ウルホの日、三月十六日

一九五六年、ミネソタ州在住のフィンランド系アメリカ人、リチャード・マットソンは、友人のアイルランド系アメリカ人がアイルランドの守護聖人聖パトリックを称え、彼がいかにしてアイルランドからヘビを追い出したか、と歌うのに聞き飽きていた。そこでマットソ

ンはフィンランドの聖人、聖ウルホ（ヒーロー）を創り出し、聖ウルホがフィンランドからカエルを追い出して、ブドウの収穫を守った（実に巧妙——フィンランドはアラスカと同じくらい北に位置する）ことにした。それでもこの話はカエルがバッタに変わって（十九世紀のミネソタではバッタが大発生したためと思われる）、人々を魅了した。聖ウルホの色はバッタの緑とブドウの紫になっている。聖ウルホの日は三月十六日で、聖パトリックに一日勝とうと故意に決めたと思われる。

聖ウルホの日を祝う特別料理は、本物のバッタを、クッキー、キャラメルコーン、フリッター、エンチラーダ（南部フィンランド出身者のためであろう）に入れる。他にもカーラモヤカというフィンランドの魚とジャガイモのシチューがある。聖ウルホがバッタと戦っている間、力を蓄えておくために、一時間ごとに食べるとされる。聖ウルホの飲み物は、緑色のクレーム・ド・マーント（ハッカの香味をもったリキュール）、白いクレーム・ド・カカオ、そしてフィンランディア・ウォッカだ。祭りにはパレード、歌、詩、ポルカ、像、そして聖ウルホの呪いの歌、「バッタよ、バッタ、地獄へ落ちろ」が披露される。[45]

公民権——アフリカ系アメリカ人とブラウン判決

公民権運動の提唱者はアメリカの人種差別を打ち砕くために訴訟を起こしてきた。彼らは才能豊かな黒人アスリートのたちの支援を受けていたので、無視されることはなかった。ジェシー・オーエンズは一九三六年にベルリンで開かれたナチ・オリンピックで風のように走り、四つの金メダルを獲得した。一九三八年、ブラウン・ボマー（褐色の爆撃兵）ことジョー・ルイスの驚異的なこぶしはボクシングのヘビー級決勝戦で、ドイツのマックス・シュメーリンクを打ちのめした。一九四七年、ブルックリン・ドジャーズ（一九五八年にロサンゼルスに移る）のブランチ・リッキー監督がＵＣＬＡ（カリフォルニア大学ロサンゼルス校）の卒業生ジャッキー・ロビンソンをラインナップに入れた時、野球に人種差別がなくなった。タスキーギの航空兵、黒人パイロットたちも、第二次世界大戦で手柄を立てている。

南部では第二次世界大戦後も人種差別が続いた。レストランでは、店の正面は白人だけのために入り口が分けられていたが、黒人はいまだ調理や給仕を受け持っていた。黒人たちは、自分たちが国家のために立派に尽くして、命を危険にさらしてきたのだから、同等に扱われるべきだと考えていた。一九四八年、制服を着て従軍記章をいくつも着けた退役軍人がバスの後部に行くのを拒んだ。白人たちが彼をバスから引きずり下ろして殴り、失明させてしまった。怒ったトルーマン大統領は筆を取り、大統領令を発し、軍隊での人種差別を撤廃した。

一九五四年、米国有色人種向上協会（ＮＡＡＣＰ：National Association for the Advancement of Colored People）と他の公民権運動推進団体が最高裁判所に訴えを起こした。カンザス州トピーカの「ブラウン対教育委員会裁判」では、最高裁判所判事が珍しく全員一致で「人種分離は間違いである、以上」との判決を言い渡した。ついで学校に人種隔離を廃止するよう命じた。南部は抵抗した。アラバマ州知事は「今日、人種隔離を、明日も人種隔離を、永遠に人種隔離を」と言った。公民権運動は長い戦いになった。

公民権――ヒスパニックとセザール・チャベス

別の団体も生き残りを賭けて戦っていた。季節労働者の苦境は、CBSテレビのドキュメンタリー番組『恥ずべき収穫 Harvest of Sham』によってアメリカ人に示された。それは一九六〇年の感謝祭翌日を狙って放映された。名高い報道記者エドワード・R・マロー（二〇〇五年の映画『グッドナイト・アンド・グッドラック』の主人公）が語るこの番組は、季節労働者が年に九〇〇ドルの賃金で働く惨めな状況を映し出した。彼らの暮らしをそこまで過酷なものにしている一つは、柄の短い鍬《くわ》だ。一二～一四インチの柄だと、労働者は一日十二時間も、文字通り体を半分に折り曲げて畑で働くことになる。一日の終わりにはまっすぐに立つことができなくなるほどだ。さらに、どこにもトイレがない。一人のリーダーが現れた。セザール・チャベスは季節労働者の政治運動を興し、アメリカの大衆に、食卓用ブドウ（ワイン用ではない）とレタスの不買を呼びかけた。不買は生産者が人道的な労働条件を提示するまで続けた。チャベスはスローガン「シ・セ・プエド（イエス・ウイ・キャン）」を掲げた。そして生産者が応じた。セザール・チャベス・デイが三月三十一日に制定された。

キューバ革命――カストロとラム酒、一九五九年

一九五八年十二月三十一日の大晦日、革命家フィデル・カストロはついにキューバの首都ハバナの制圧に成功し、政府を追放した。独裁者バティスタはアメリカの実業界に対して友好的だった。その中には犯罪組織やカジノその

他彼らが携わる事業も含まれていた。このことは映画『ゴッドファーザーⅡ』で、犯罪組織の代表たちとアメリカ人実業家がキューバの形をしたケーキを切って分け合うシーンに描かれている。ほとんどのキューバ国民はきわめて貧しく、栄養不足と飢えで苦しんでいた。国民はソパ・デ・ガヨ（雄鶏スープ）を食べていた。これは皮肉な名前としか言いようがない。中身は水と黒砂糖だけなのだから。食糧の配分を公平にしようと、カストロは食糧の配給を主張した。[46] さらにラム酒の製造を国営にした。それは力で国が奪うということを意味する。バカルディ一族（ラム酒製造）はプエルトリコへ逃げ出した。カストロは自由選挙も約束した。キューバ国民はいまだに待っている。

多くのキューバ人、とくに教育水準の高い上流層は革命後にアメリカへ行き、料理と文化をカリフォルニア州のマイアミにあるような各地のリトルハバナに持ち込んだ。他のカリブ海諸国同様、キューバ料理には、スペイン、アフリカ、そして地元の料理の影響がうかがえる。これらの主な食材は黒インゲン豆、米、それとプランテン（料理用バナナ）だ。スペインの影響は豚肉をセビリャオレンジの果汁に漬け込んでタマネギと煮込んだシチュー、ニンニクでローストした鶏肉、そしてアルボンディガス（ミートボール）にも見られる。デザートはトロピカルフルーツ（バナナ、ココナツ、パイナップル、グアヴァ）を使うのが特徴で、プリン、パイ、スペイン風カスタードのフランに用いる。アメリカ人にもっともなじみ深いラム酒を使った飲み物には、ラム酒とコークのクーバ・リブレ（キューバの自由）の他に、ホワイトラムと果物のダイキリ、そこにパイナップルを加えたピーニャコラーダがある。二十世紀終わりに、ラム酒、ミント、ライムジュース、砂糖、炭酸水で作るモヒートが人気を博した。

ハワイが州になる、一九五九年

同じく一九五九年にはハワイが州になった。一九六〇年にはアラスカが加わって、星条旗の星が五〇になった。

アメリカ本土の人々は突如、二五〇〇マイル（約四〇〇〇キロ）離れた熱帯のハワイ諸島を「発見」した。ジェームズ・ミッチェナーのベストセラー小説『ハワイ』は一九六六年に映画になり大ヒットした。一九七〇年の続編『大洋のかなたに』は全くのフィクションで、アカデミー賞俳優チャールトン・ヘストンが、十九世紀に南アメリカからパイナップルを盗んでハワイへ持ち込んだことで、ハワイの経済が永遠に変わったことを描いている。実際は、パイナップルは一七七〇年代にキャプテン・クックによって太平洋へ持ち込まれていた。ハワイ人は一八九二年にパイナップル缶詰の製造を始めた（一四九三年にコロンブスがグアドループ島で発見した直後からヨーロッパで育てられていた）。エルヴィス・プレスリーは一九六一年に映画『ブルーハワイ』でハワイを訪れ、五年後に『ハワイアン・パラダイス』の撮影を楽しんだ。テレビでは三シリーズでハワイのエキゾチックな情景が展開された。一九五九年から一九六三年の『ハワイアン・アイ』、一九六八年から一九八〇年の『ハワイ5-0《ファイブオー》』、一九八〇年から一九八八年の『私立探偵マグナム』が放映された。主役はハオレ（白人）たちで、アジア系の現地人はぐっと下がって二番目の位置か登場しないか、だった。

宗教と食物の伝道者

ハオレ（白人）のマーク・トウェインは一八六〇年代に、当時はサンドイッチ諸島と呼ばれていたハワイを訪れた。その頃は、一八二〇年代に来た宣教師がハワイの人々をキリスト教徒に改宗させる前で、まだ昔ながらの暮らしや習慣を覚えている人々が生きていた。犬は食糧として飼育され、大切にされていた。一八一九年にカメハメハ大王が死去した時には、三〇〇匹が生け贄として捧げられた。死の床にある大王は眠る家から食事をする家へと運ばれなければならなかった。食事と睡眠を同じ家でするのはタブーだったからだ。后たちは別の家で食事をしなければならない[47]。さらに、女性がバナナやパイナップル、オレンジを食べることもタブーだった。それを宣教師たちが変えた[48]。トウェインはチェリモヤ（「おいしさそのもの」）や、タマリンド（「酸っぱいもの」）を試し、原住民が生魚を食べるのを見た──「話題を変えよう！[49]」。市場でトウェインはポイ、つまりハワイ人の主要なデンプンで「ふつうの小麦粉の練り物に似ている」ものがウリで作った四ガロン（一〇リットル）が入るボウルに入れてあるのを見た。原住民はそれ（タロイモの根）を地中で焼いたあと、重い溶岩のすりこぎでよくつぶし、水を加えてペースト状になるまで練り、蓄えておく。それが発酵したものがポイだ[50]。食べ方は人差し指をボウルにつっこんで突き刺す。

一九二〇年代、ハワイに宣教師が来てから百年後、食物の伝道師──ニューヨーク市のコロンビア教員養成大学から来た家政学者──がハワイの学校にアメリカの標準的食べ物を紹介した。挽き肉で作るハンバーガーやミートローフ、そしてソールズベリーステーキだ[51]。ハワイ人は「ハオレ」の宣教師や旅行者と区別して、自分たちを「地元民」と呼んだ。「地元食」とは現地の、日本の、中国の、フィリピンの、太平洋諸島の、そしてアメリカの料理を融合させたものだ。米は主要なデンプン食品。豚を丸ごとつけ込んで地中で焼く料理はルーアウ（余興を伴う宴会）の呼び物になる主要なもの。スパムは日本式ではスパム寿司やスパム天ぷらになる。中国式ではスパムワンタン、フィリピン式ではスパムルンピア（春巻き）になる。食物史家レイチェル・ラウダンが記すように「ハワイではスパムは侮りがたい何かであり続けるだろう[52]」。一九五九年、ハワイがアメリカの州になった年、ホーメル社はスパム缶詰を十億個売った[53]。

プープー・プラッター（大皿の前菜）

ハワイはポリネシアに属し、マリアナ諸島、ソロモン諸島、グアム、フィジー、サモア、ニューカレドニア、ニユーヘブリディーズなどの太平洋諸島の一部である。一九五〇年代、六〇年代には、アメリカのレストランでは、ポリネシア料理と称するものが現れた。甘くてフルーティーな飲み物に小さなパステルカラーの紙製の傘が添えられる。プープー・プラッターは、揚げ物を正当化するために、缶詰パイナップルの厚切りやマラスキーノ漬けサクランボ、コーンシロップで覆った前菜である。実際のポリネシア人は、タロ、ポイ、ヤム、オオバコ、ココナツ、それに生のトロピカルフルーツなどの食材をバナナの葉で包んで蒸し焼きにしたものを食べる。他にフォレストラットや昆虫も食べる。果物を食べるコウモリ（シベット・ド・ルーセット civet de rousette）は美味なので、いくつかの種は絶滅が危惧されている(54)。

すてきな食事――芸術作品としての人生

一九五〇年代、アメリカ人はイタリアやフランスの事物に夢中になり始めた。アメリカでもっとも人気のあるテレビ番組『アイ・ラブ・ルーシー』では、ルーシーと実の夫でテレビでも夫役のリッキーがヨーロッパへ行く。ルーシーがワインの大樽に入って素足でブドウ踏みをするはめになり、最後にはたくましいイタリア女性と格闘する。そんなルーシーは予想よりずっと「地元色」を出していた。『ローマの休日』（一九五三年）は逃げ出した王女の話だ。古代ローマすらローマ帝国についての映画シリーズに登場する。なかにはシェークスピアの『ジュリアス・シーザー』も含まれる。イタリアの映画スター、ソフィア・ローレンやアンナ・マニャーニはアメリカの観客に大人気で、アカデミー主演女優賞を得ている。

フランスも同じく映像に向いている。戦後もパリに留まって画家の修業をするアメリカ人ＧＩを描く『巴里のアメリカ人』は一九五一年のアカデミー作品賞を受賞した。『麗しのサブリナ』（一九五四年）では、タイトル名の平凡な女性が、エッフェル塔の見える料理学校へ行き、「ヴォーグ」のモデルのようになって帰ってくる話——しかも片手で卵を割ることができる。サスペンスの巨匠アルフレッド・ヒッチコックの一九五五年制作の映画『泥棒成金』ではフランスのリヴィエラの見事な景観が映し出される。また、時代を色濃く映す会話がある。とびきりの美女グレース・ケリーがケリー・グラントに聞く。「胸と脚とどちらをお望み?」——ここで彼女が言っているのは、チキンのこと。フランスの「セクシー女優」ブリジット・バルドーは新しいビキニ型水着を流行させた。アメリカ人はドルが強いヨーロッパ中を駆け足で旅行して、初めての食材を口にした。

フランスでは一九五〇年代に新しいスタイルの料理が作られるようになった。その主導的役割を担ったのはフェルナン・ポアン、ポール・ボキューズ、ミッシェル・ゲラール、ジャンとピエールのトロワグロ兄弟、アラン・シャペルといったシェフたちだ。この新しいスタイルはエスコフィエの「グラン・キュイジーヌ」をいくつかの点で様変わりさせた。まずソースに濃度をつけるのにルーに頼ってきた三世紀にわたる伝統を破り、代わりに低脂肪のブイヨン(煮出し汁)を使った。エスコフィエのパセリの付け合わせはなくなった。料理はアジアの影響を受けて、非対称的に盛られ、彩りや舌触り、大きさ、形に重点が置かれるようになり、「皿の上の芸術」になった。

アメリカ建築界の巨匠フランク・ロイド・ライトも人生は芸術として生きるものと信じていた。ロイドがウィスコンシン州スプリング・グリーンに創設した学校、タリアセンでは、一人の生徒が毎日早朝に起きて他の生徒のために芸術作品を作るのが仕事とされた。この芸術作品は家具、ナプキン類、カップ類、ソーサー類で構成されている。食堂のテーブルはティンカートイ(商標:組み立て玩具)のようにさまざまな形をしている。円形のもの、四角いもの、長方形のもの。生徒はそれらを新しいデザインで配置し、ナプキンやマットを選び、季節ごとの野の花を摘んでくる。毎日これをまずおこなって、みんなが新しい形、タイプ、色彩、肌触りによって刺激を受け、やる気を起こす。それが食物に「優先」する。それは今でも新しく、意味のある古い考えなのだ。

一九七三年、二人の食物評論家、ゴーとミヨがこの新しい調理法にヌーヴェル・キュイジーヌ（新しい料理）と名前をつけた。歴史は繰り返す。料理は十八世紀のフランスでも「ヌーヴェル」になったことがある。

六〇年代——色彩の革命

一九六〇年代は世界中で政治的、社会的に激変した時期だった。学生がパリやニューヨークやカリフォルニアでさまざまな理由から暴動を起こした。市民の権利と社会的不公平が最重要問題と考えられた。何百万人ものアメリカ人が、かつてフランスの植民地だったベトナムでの戦争に抗議の声を上げた。それは歴史の書かれ方を変えた社会革命で、食物についての著作をも変えた。一九六〇年代以前は、ほとんどの歴史は「トップダウン（上から下へ）」だったり、「偉人」についてだったり、重要人物、通常は白人がしたことについてだった。一九六〇年代には、あらゆる人種、階層、性の人々が自らの歴史を「社会の底辺から」書き始めた。——一般大衆がどのように歴史を変えたかということも含めて。

「ブラック・イズ・ビューティフル（黒は美しい）」

アフリカ諸国では暴動が起こり、植民地支配者に対して反旗を翻した。アフリカ系アメリカ人はリンカーン大統領が南北戦争中に奴隷を解放してから百年経っても、自分たちには選挙権もなければ、法律家になることもできず、白人と一緒に学校へ通うことも、公共の軽食堂に座ることもできないと指弾した。一九六三年、人種、年齢、性を問わず、数十万の人々がワシントン記念塔に向かって行進し、マーチン・ルーサー・キング牧師が世界に向かって「私には夢がある」と語るのを聞いた。人々が肌の色ではなく、心の内にあるもので評価されるようになるという夢を。行進に参加していない何百万もの人々がテレビでキング牧師を観た。黒人男性は百年間「ボーイ」とさげすまれていたことを振り払い、おたがいを「マン」と呼び合うようになった。黒人であることの誇りを表す新しいスローガンは「ブラック・イズ・ビューティフル」になった。公民権運動のために、ジェマイマおばさん（パンケーキの商標）やアンクル・ベン（米の商標）のような広告塔としての黒人は陽気な奴隷ではなく、専門家らしく見えるように顔かたちが変えられた。

アメリカ人は相変わらずスピードの出る車や飛行機が大好きで、食事にもスピードを求めた。当初、食事をしたければ、レストランへ行かなければならなかった。次には、前もって電話で注文しておけば、レストランへ着く頃には料理ができているようになった。ドライブスルーの窓口があるので、レストランによっては中へ入る必要もなかった。一九六〇年代には、食事はもっと速くできるようになった――レストランが来てくれる。ドミノピザが最初にお客の戸口までファストフードを運んだ。そしてジュリア・チャイルドが居間のテレビに登場した。

コルドンブルーとホワイトハウス――ジュリア・チャイルドとジャッキー・ケネディ

一九六一年、ジュリア・チャイルドとシモーヌ・ベック、ルイゼット・ベルトールは共同で『王道のフランス料理 *Mastering the Art of French Cooking*』を出版した。この本はアメリカ人と料理の関係を、とくにフランス料理との関係を根本から変えた。ジュリア・チャイルドの目的はフランス料理から謎を取り除き、アメリカ人の誰にでも受け入れやすくすることで、実際にそれを成し遂げた。テレビに登場するジュリア・チャイルドのキッチンは標準的なアメリカのそれだが、それもそのはず、夫のポールが設計した彼女のキッチンだった。ジュリアは電気コンロで調理し、ふつうの包丁や、一般のスーパーマーケットで売っている材料を使った。キッシュをはじめとしてフランス料理は大変な人気を博した。

一九六三年、ボストンの公共放送局WGBHの『ザ・フレンチ・シェフ』に登場したジュリア・チャイルドは料理の教え方をすっかり変えた。一九六六年、ジュリアの写真が『タイム』誌の表紙を飾り、「Lady of the Ladle（おたまの聖母）」と呼ばれた。テレビ番組は『ジュリア・チャイルドと仲間』、『ジュリア・チャイルドともっと多くの仲間』、『ジュリアとディナー』と続いた。一九八一年、ジュリアは「アメリカン・インスティテュート・オブ・ワイン・アンド・フード（AIWF：American Institute of Wine and Food）」の設立に参加する。一九八九年、『料理への道 *The Way to Cook*』を著し、「ブック・オブ・ザ・マンスクラブ」から料理本として初めて推薦された。ジュリアは「ジェームズ・ビアード・ファウンデーション」の創立に関わり、ジャック・ペピンとともにボストン大学の新しい料理史プログラムを始めた。ジュリア・チャイルドの名前は「インターナショナル・アソシエーション・オブ・カルナリープロフェッショナルズ（IACP：International Association of Culinary Professionals）」から「ベスト・クックブック」の著者として称えられている。ジュリアはこの協会の設立にも力を貸している。多数の著作品はプロ、アマを問わず、全米の料理人の本棚に収まっている。ジュリアのキッチンは（スミソニアン）歴史博物館に展示されている。彼女の気の良さと食物に対する関わり方は至る所に見られる。二〇〇九年、メリル・ストリープが映画『ジュリー&ジュリア』でジュリア・チャイルドを演じた。ジュリア・チャイルドの『王道のフランス料理』本の料理を三六五日、毎日作ってブログに載せた若い女性、ジュリー・パウエルをエイミー・アダムズが演じた。

ジュリア・チャイルドは特別な調理器具を使わずにフランス料理を作ることを可能にしたが、サンフランシスコの北、カリフォルニア州ソノマの金物店主は特別な調理器具を好んだ。チャック・ウイリアムズはフランスへ行き、店に調理器具を持ち帰った。それはただちに人気となり、ウイリアムズはビバリーヒルズにもう一軒店を出し、さらに他にも出店した。テレビ番組の出演者が言うように、「一旦火を見つけたら、すぐにウイリアムズ・ソノマ（高級キッチン用品店）へひとっ飛び[55]」。

大統領かペストリーか？

フランス料理は一九六一年、ワシントンDCにも届いた。その年、ジョン・フィッツジェラルド・ケネディ（JFK）、つまり若くてかっこいいハーバード大学出身のアイルランド系カトリック教徒でマサチューセッツ州選出の上院議員と、妻のジャクリーン・ブーヴィエ・ケネディ（愛称ジャッキー）が大統領とファーストレディーになった。ホワイトハウスはアメリカ合衆国の社交界の中心になった。ケネディ夫妻は古典的フランス料理で修業したシェフ、ルネ・ヴェルドンを雇った。ジャッキーはフランス系で、高校時代にフランスのヴァッサーで過ごしたこともあった。夫妻がフランスで公式晩餐会に出席した時には、ジャッキーは招待客にフランス語で話しかけた。南米を訪れた際は、スペイン語でスピーチをした。残念ながらドイツ語は得意ではなかったので、ケネディはベルリンを訪問してベルリン市民との連帯を示すためのスピーチをした時、「イッヒ・ビン・アイン・ベルリナー（Ich bin ein Berliner）」と呼びかけた。当時、ベルリンはコミュニストが造った壁で二つに分断されていた。ケネディの言葉が「私はベルリン出身者だ」と訳されたのか「私はベルリン市民である」と訳されたのか、その点に関してはしばし論争があった。「ベルリナー」にはジャムドーナツの意味もある。ドイツの文法学者は、結局、ケネディは自分がヒューマニストであると断言して、ベルリン市民にベルリン市民であることに誇りを持たせたと結論づけた。

緑色革命——農業

一九六〇年代、アメリカでは過剰による弊害が現れていた——肥満が問題だった。ウエイトウォッチャー（体重問題専門家）が一九六三年に最初の会合を持った。食事療法に関する他の団体も後に続いた。たとえば、アルコール中毒者更生会のプログラムに倣った過食症更生会やオーストラリアのジェニー・クレイグ（訳注：体重管理団体）、クリスチャン・ウエイ・ダウン・ダイエットなどで、この団体は会員に「彼（神）のためにやせる」ように駆り立てた。[56] 何百万人ものアメリカ人がヘルスクラブへ行き、ダイエットソーダ——ダイエットライトやタブ（ノンカロリー）、ダイエットペプシ、フレスカ（柑橘系フレーバー）を飲んだ。一九七五年、ダイエット飲料はビールにまで及び、ミラー社はライトビールを発売した。スローガンは「スリムは中に」と「リッチすぎることも細すぎることにもならない」だが、十九世紀に初めて神経性無食欲症、いわゆる拒食症と名前がつけられた飲食障害が増加した。

とはいえ、世界には飢えた人々が何百万人もいた。先進工業国は食物を国家安全保障の問題と捉えた。食糧不足の他国で人々が反乱を起こして世界の権力バランスを変えることがある。科学はＤＤＴを散布することでマラリアをほぼ一掃し、ポリオを予防する液体ワクチンを発明し、ペニシリンやサルファ剤のような抗生物質で感染症を治療した。こうした医学的奇蹟のあとに残っているものは？　ミラクルフード、奇蹟の食べ物——遺伝子組換え大豆や、短期間で成長し、驚異的収穫量を誇り、アジアのどこでも育つ矮性の米は、一九五八年から一九六一年の間に中国でおよそ二千万人が餓死したような飢饉をなくす。[57] 世界一の米生産量を誇るアメリカ合衆国はフィリピンに「国際米研究所（International Rice Research Institute）」を設立した。一九六五年、フェルディナンド・マルコスが「米なくして進歩なし」のスローガンを掲げてフィリピン大統領に選ばれた。その米の技術名はＩＲ８だったが、ベトナムの農耕神にちなんでタンノン（Than nong）と名付けられた。その米はふつうのものよりずっと早く生長するので、一年に二度収穫できる。さらに一株当たりの収穫量も多かった。これは緑色革命、科学と遺伝子技術の飛躍的進歩によって世界に食糧を供給する計画の出発点だった。

青色革命――養殖

同じように水中でも集中して養殖の研究がおこなわれた。サケ、エビ、貝、テラピア、マスの養殖である。養殖には支持する勢力と反対する勢力がある。支持者は魚の養殖は収穫量が増えるし、世界の食糧供給に役立つと主張する。反対する側は、ある魚（たとえば、サケのように他の魚を食べる魚）を養殖すれば、生態系を破壊することになると指摘する。もっと小さい魚がその生態系において、どこかでもっと大きな魚に捕らえられて食べられることを妨害するからだ。さらに反対者は養殖魚の品質に疑問を呈する。大海ではなく、狭い囲いの中を泳ぐので脂肪過多になり、天然物に見えるように着色しなければならないからだ。それでも魚の養殖は「おそらく世界一速い食糧生産形態で…二〇三〇年には人が食べる魚のほとんどが養殖魚になるだろうと考える人もいる[58]」。

反白人主義革命――カウンターカルチャー（対抗文化）料理

一九六〇年代の社会革命には食物革命も含まれている。史上初めて、自分が食べている食物がどこから来て、どのように生産されたかという地球規模の環境問題を意識して食事をする人々が現れた。新しい流行語は「エコロジー」――人間を含むすべての生きとし生けるものはつながっていることを認めること。「自然回帰」運動において、ベビーブーマーの中には、工業化に反抗して、イスラエルのキブツに倣った共同体に暮らして肉体労働をする者たちがいた。果物や野菜、ハーブを育て、農場の動物の乳を搾り、自然や公民権運動に政治的連帯の姿勢を示し、白いもの、特に白い食品に反対を唱えた。「ミニットライス（アルファ米）、クールホイップ、インスタントのマッシュポテト、白砂糖、皮をむいたリンゴ…それにもちろん、ワンダーブレッド（訳注：白くて柔らかいパン）も」排除した。代わりに、全粒粉のパンを焼き、玄米と茶色の卵を食べる。[59] ベビーブーマーが、どの会社は軍産企業やベトナム戦争とつながりがあるかを知りたいと要求することで共同責任感や説明義務感もここで生まれた。[60] この対抗文化の料理が諸都市にまたがって広まった結果、サラダバーやハーブティー、全粒粉のパンという形になった。一九六〇年代の言葉で言えば、このことが環境問題についての「自覚を育んだ」。その結果、一九七〇年四月二十二日に最初の「アースデイ（地球の日、環境保護の日）」の行事がおこなわれた。一九七〇年代には、食品製造業者やレストラン、スーパーマーケットがカウンターカルチャーの料理が売れると見て、そうした食品や料理を大規模に製造販売するようになった。

宇宙時代の技術

「自然回帰」運動が盛んになるのと時を同じくして、技術が米国のキッチンを変えつつあった。第二次世界大戦で使われたレーダーから電子レンジが生まれた。レイセオン社は一九四七年に電子レンジ初の大量生産品、レーダーレンジ（Radarange）を発売した。最初のコンピューターが部屋一杯ほどの大きさだったように、これら初期の電子レンジは巨大なものだった。一九五二年にタッパンが売り出した最初の家庭用電子レンジは「高さ五フィート半（約一七六センチ）…重さ七五〇ポンド（約三五キロ）」だった。値段は何千ドルもした。アマナ社が現実的な家庭用電子レンジを四九五ドルで売り出すのは一九六七年まで待たなければならなかった。一九七五年には電子レンジは「ガスレンジよりも売れる」ようになっていた[61]。

宇宙時代の技術は、粉末オレンジジュースのタンに恩恵をもたらした——宇宙飛行士とともに宇宙へ行き、米国家庭のキッチンにも入った。革新的な調理器具の数々はロケットのノーズコーン（円錐頭）と同じ材料で製造されていると宣伝された。ニューヨークのコーニング社（Corning Glass Works Company）が一九五八年に発売したコーニングウェアは冷凍庫から出してオーヴンやコンロの直火にかけても割れたり、焦げたりしない。簡単に汚れを洗い落とせるうえ、白地にブルーの小さなヤグルマソウがデザインされた四角や長方形のパン（平鍋）は盛り鉢としてそのままテーブルにおいてもすてきだ。食洗機で洗うこともできる。

これからの数十年間で、ますます豊かになり、クレジットカードが誰でも持てるようになる。食に対するアメリカ人の関心と、便利さを好む気持ちはアメリカの料理を二つの異なる方向に向けるだろう。一方は高いものに金を使わないエスニックとエキゾチックへ、もう一方はより速く、より安く手に入るものへ。技術はその両方をかなえることだろう。

第12章

アグリビジネス（農業関連産業）対オーガニック（有機栽培）

――一九七〇年代から第三千年紀へ

一九七〇年代から二十一世紀の最初の二〇年にかけて、食物は引き続き二つの方向へ分かれていった。一方はアグリビジネスで、巨大な多国籍企業が食糧と動物の集約的飼育を実践する。食糧供給側の大規模な汚染と、劣悪な衛生状態のせいで動物の間に広がる伝染病は、多くの人々を反対の方向へ向かわせた。有機野菜は殺虫剤や添加物を使わず、できる限り地球に足跡を残さないように好んで地元で栽培される。アグリビジネスは人工的な調味料やトランス脂肪酸を使う。オーガニックは天然の調味料を使い、トランス脂肪酸を非合法化するように運動して成功した。アグリビジネスは脂肪や砂糖、塩の多い学校給食を提供する。オーガニックは議会に働きかけて、学校に「ウエルネス・ポリシー」を導入させ、学校にサラダバーを置くことを実現させた。

七〇年代――食品革命

カリフォルニア料理――アリス・ウォーターズ

一九七一年、食物の歴史における画期的な事件がカリフォルニア州バークレーで起きた。アリス・ウォーターズがレストラン「シェ・パニース」を開いたのだ。名前はフランス映画『ファニー』（一九六一年）の登場人物にちなんだもの。パニースの気取らないレストランは、彼の無条件の愛によって町の中心になっている。映画の舞台はフランス南東部のプロヴァンスで、ウォーターズが影響を受けてレストランを開くきっかけになった料理のふるさとだ。

食関係の多くの有名人と違い、ウォーターズは食のキャリアを積んでからスタートしようとしたわけではなかった。元は幼稚園の先生で、フランスへ行き、フランスとフランス料理が大好きになった。メスクランサラダのグリーン（柔らかい若葉、チコリーやたんぽぽ）を見つけ、それらの種を持ち帰って栽培した。さらに、イギリス人著述家エリザベス・デイヴィッドの地中海料理への情熱、「太陽と海とオリーヴの木に祝福された土地の味や香りを…イギリスのキッチンへ」取り入れたいという望みにも触発された。(1) 次にはウォーターズとレストラン（シェ・パニース）で一番影響力があるシェフの一人、ジェレマイア・タワーが別の世代のシェフやフードプロデューサー、マーク・ミラー、リンゼー・シェア、ウォルフガング・パック、フランシス・フォード・コッポラたちに影響を与えた。

一九七一年には、同じく西海岸にもう一つの出来事があった。友人三人がワシントン州シアトルにコーヒーハウスを開いた。スターバックスという名前は、十九世紀のヘルマン・メルヴィルの小説『白鯨』の登場人物にちなんだもの。取り憑かれたように巨大な白鯨に挑んだ船長の話だ。

カリフォルニア料理――ワイン

一九七〇年代になって、カリフォルニアのワイナリーはようやく禁酒法から回復し始めた。一九二〇年代には、ブドウの木は引き抜かれて、代わりに桃やプラム、ナッツが植えられた。十九世紀以来、賞を取るほどのワインを製造していた堅牢な石造りのワイナリーはうち捨てられた。一九三三年に禁酒法時代が終わるとフルーツやナッツの果樹園は取り払われて、再びブドウが植えられた。しかし、大恐慌やその後の第二次世界大戦の影響で、多くのワイナリーは一九四五年まで、ワインを製造することができなかった。

一九七六年、米国建国二〇〇年の年、ナパヴァレーの二つのブドウ園がワイン界に衝撃を与えた。ブラインドテイスティングで、「スタッグス・リープ」が赤ワイン部門で一位に、「シャトー・モンテレーナ」が白ワイン部門で一位に輝いたのだ。打ち負かした相手（フランス）は世界のワイン界をずっと牽引してきた。ナパのワイナリーは正々堂々と勝利を収めた。フランスで、フランス人の審判によって。[2] これは二〇〇八年制作の映画『ボトル・ショック』の元になっている。『スミソニアン』誌が「幻のワイナリー」と呼ぶこれらの土地改良は二十一世紀になっても続いている。

マンスール、スパ、ベジタリアン料理

ヌーヴェル・キュイジーヌはさらに軽く、脂肪を減らした結果、スパ（温泉）料理やマンスール（フランス語で「ほとんど脂肪のない」を意味する）料理などのスーパー・リーン（超軽い）料理に行き着く。多くの人々が脂肪をカットすることは不死に通じると考えていた。カリフォルニア州サンタモニカの海岸近くにプリティキン・ロンゲヴィティ・センター（長命センター）を営むネイサン・プリティキンは脂肪を摂らずにジョギングをすることで、肉体的な恩恵を受けられると説いた。一九八三年に出版された『プリティキンの約束——長寿への二八日間 *The Pritikin Promise:28 Days to a Longer Life*』はニューヨークタイムズのベストセラーになった。プリティキン・ダイエットは脂肪や砂糖、油を摂らない。同じ頃、若い医師、ディーン・オーニッシュ博士が、心臓発作や手術からの回復期にある患者が、食事を徹底的に変えれば、薬を減らしても体調が良くなるのではないかと考えた。彼はフードライターのマーサ・ローズ・シュルマンと連絡をとり、「心臓によい」レシピを考案してもらった。この試

験的なプログラムは大成功を収めた。「アメリカ心臓協会」がこの考えを取り入れ、やがてあちこちのレストランが「♥・健康が約束された」メニューを出すようになった。シュルマンは他にも多数の料理本、たとえば『地中海の光 *Mediterranean Light*』(Martha-Rose-Shulman.com)を出している。

カリフォルニア州サンディエゴの北に一九五八年(バービー人形と同じ年)に創立されたゴールデン・ドアのようなスパは、自前の菜園で有機栽培した果物や野菜を基本に、伝統的な修行をしたシェフが調理する低カロリーの料理を出した。二〇一〇年のゴールデン・ドアの一週間の料金は七七五〇ドルだった。(3) 風水を考慮したスパは、ニンジン、レモングラス、ショウガなどのハーブや野菜を使い、フェイシャルマスクやボディーラップ(包む)やマッサージにマンダリンオイル(時には有機栽培物)を使った。ファーマーズマーケットやフードフェスティバルが、新鮮そのものの材料を望む顧客のために、全米に次々と現れた。

一九七三年には、集団所有のベジタリアン・レストラン「ムースウッド・レストラン」がニューヨーク州イサカにオープンした。そこの料理や調味料がベジタリアン料理を刺激的でスパイシーな、エスニックなものにした。『ムースウッドの料理 *The Moosewood Cookbook*』や『うっとりするほどのブロッコリの森 *The Enchanted Broccoli Forest*』などに続いて、数多くの料理本が出版された。それらは菜食主義に新しい味付けをし、十九世紀末以来流行遅れになっていた運動を再び活気付けた。

料理全体を見ると、一方の端にはデザートがある。一九七七年、クッキーだけを売って生活するのは無理だと周囲から言われているにもかかわらず、一人の女性がカリフォルニア州パロアルトに店を出した。フィールズ夫人はみんなが間違っていたことを証明した。翌年、友人二人がペンシルベニア州立大学の通信講座でアイスクリームの作り方を学び、ヴァーモント州バーリンガムの廃れたガソリンスタンドをアイスクリーム・パーラーに変えた。「ベン&ジェリー」はアイスクリーム帝国になった。

都市の再開発とジェントリフィケーション（紳士化）――ボストンマーケットとB&B

ボストンマーケットのレストランチェーンを生んだボストンのファニエルホールマーケットは、最初の都市再開発プロジェクトの一つだった。かつては問屋街だった商業地域を小さな小売り店と食料品点街に改装したもの。他の都市もこの成功例に続いた。ニューヨークの人々は、かなりの重量に耐えられる頑丈な堅い木の床が使われている古い工場や倉庫を見つけ、ロフトに変えた。さらに遠くの地域では、古い農家や灯台すらも最新流行の休暇用施設――B&B（ベッド・アンド・ブレックファスト）に変えた。

そっけないホテルとは違い、B&Bは敷地内に話し好きのオーナーが住んでいて、居心地のいい寝室には（場所によってはバスルームにも）暖炉があり、羽毛のキルトやナイトキャップ用の酒類が用意され、朝食には焼き立てのパンやマフィンが待っている。カリフォルニアの海岸沿いにはB&Bがたくさんある。カリフォルニア・セコイア（アメリカスギ）の森を材木に変えてしまい、命運が尽きて衰退したある町は、過去を再利用してそこの建造物を修復することで復興した。カリフォルニア州ユリーカには、他のどの町よりも多くの建物が国家歴史登録財に登録されている。サンフランシスコ北部のユリーカとその周辺地域には多くのB&Bやホテル、レストラン、個人の屋敷がある。それらは元々、「ジンジャーブレッド」として知られる念入りに作られた装飾や細部を持つヴィクトリア朝の邸宅として建てられたものだ。カリフォルニア州ファーンデールにあるB&Bは本物の「ジンジャーブレッド」ハウス――ジンジャーブレッド・マンション・インという。

八〇年代――政治革命とレストラン革命

一九八〇年代には世界の政治に重大な変化が起きた。一九八九年、共和党のロナルド・レーガン大統領の時代に、ソ連の共産党政権が倒れた。ついでベルリンの壁も崩れ、ドイツは再び統一された。一世紀の大部分を共産党独裁の強固な軍事国家だった地域は初めて自由になり、数百年間続いた宗教的、民族的境界に沿ってバラバラになった。チェコスロバキアはチェコ共和国とスロヴァキアに分かれた。かつてのユーゴスラヴィアでは、セルビア人とスラブ人の間で再び戦争が勃発した。

一九八〇年代、アメリカのベビーブーマーたち、すなわち一九六〇年代を通して「三十歳以上の人間は誰も信用するな」と叫んだ年代が三十歳になってうろたえていた。不死を求めて高価な水を飲み、ヘルスクラブに通い、関節がすり切れるまでエクササイズに励んだ。故障の箇所があれば、「天然の」ハーブやビタミン剤を求めた。「セントジョンズワート」（訳注：セイヨウオトギリソウ、メンタル面に効くサプリメント）は鬱《うつ》状態を和らげ、グルコサミンやコンドロイチンは関節痛を鎮め、エキナセア（セイヨウバレンギク）は風邪に効くと考えられた。彼らはどれをいつ服用するか忘れないように、イチョウ葉のサプリメントを摂った。

ザガット・ガイド（レストラン評価）

一九八〇年代は、七〇年代終わりにあった二つの出来事から影響を受けた。一九七九年、ニューヨーク市の弁護士で、エール大学ロースクールの卒業生（大学は男性がハーバード、女性はヴァッサー・カレッジ）の二人が趣味を仕事に変えた。二人が友人向けに作った個人的なレストラン評価システムはしだいに発展し、「ティムとニーナ・ザガット」ガイドとしてベストセラーになり、レストラン評価ビジネスに大改革をもたらした。新聞や雑誌の批評と違い、ザガットの評価はただ一人によるものではない。四十五都市のレストランについて、十万人以上の人々が詳しい質問に答えたものだ。

イラン革命がビバリーヒルズのレストランにもやって来た

一九七〇年代には世界の政治にもう一つの重要な変化が起きた。一九七一年、イギリスが中東から引き上げ、権力の空白地帯が残った。一九七九年、宗教指導者アヤトラ・ホメイニ率いるイスラム原理主義革命がイラン皇帝を追放し、首都テヘランのアメリカ大使館を占拠して、大使館員全員を人質にとった。皇帝一家は亡命、同時に西側諸国、特にアメリカとビジネスをおこなっていた何千人ものイラン人が国を出た。女性は長い衣服を着ず、ベールもかぶっていなかった。大学へ行き、仕事に就き、車を運転していた。一九八〇年代初めまでに、アメリカには西欧化されたイラン人が殺到し、特にカリフォルニア州のビバリーヒルズに住み着いた。

こうしたイラン人／ペルシア人は自国の料理や文化を持ち込んだ。イラン系のレストランや食料雑貨店、パン屋がビバリーヒルズや西ロサンゼルスに次々に現れた。なかにはインドのタンドールのような自立型の粘土製オーブン、タンヌールを備えたレストランもある。カリフォルニア大学のすぐ南、ウエストウッド・ブールバード（大通り）沿いにはペルシア語の看板が並んでいる。メニューには、フムス（ヒヨコ豆のペースト）、米をベースにした肉料理のポロウ、なめらかなザクロとクルミのソースをかけた肉入りシチューのフェセンジャーンなどがある。バクラワ（菓子）の隣にエクレアやプチ・フールが並ぶ洗練されたペストリーショップからは中東の食べ物にフランスの影響が及んでいることがわかる。

イランがアメリカに石油を売ることをやめると値段が上がった。アメリカ人は第二次世界大戦後、経験したことのないことを経験した——不足である。彼らは夜明け前に起き出して、ガソリンスタンドへ駆けつけ、供給量に限りのある高値のガソリンを得るために長い列を作った。一九七〇年代の長期にわたる石油危機は、つねにエネルギー不足に悩まされてきた日本に、エネルギー効率のいい製品、エレクトロニクスに力を注ぐことを決意させた。現在、この技術は多くのものに適用されている。料理が仕上がれば、電気センサーが調理をストップし、人が部屋からいなくなれば、電灯のスイッチが切れ、食洗機に何が入っているかを感知する。

新しい移民とエスニックレストラン

一九六五年に成立した移民法は、一九八〇年代に新しい移民の爆発的増加という影響をもたらした——二十世紀最後の二〇年間は、毎年百万人が入ってきた。十九世紀終わりにニューヨークや他の東部の都市で始まった移民の波は、西海岸では二十世紀終わりに起こったが、一つの決定的な違いがあった。東部の都市へはヨーロッパの南部や東部からの移民だった。西海岸へはアジア、中東、アフリカ、そして中央アメリカや南アメリカから入ってきた。ニューヨークにリトルイタリアやドイツ系のヨークヴィル、ユダヤ人のロワーイーストサイドがあるように、カリフォルニア南部にはリトルサイゴン、リトルインド、リトルエチオピア、コリアタウン、カンボジアタウン、タイタウンがあり、ロサンゼルス北東のサンガブリエルヴァレーには拡大しつつある新しいチャイナタウンがある。これらはウエストサイドのリトルトーキョーや日本人街に加わったものだ。

二〇〇〇年の国勢調査で、カリフォルニア州では初めて白人が大多数ではなくなったことがわかった。ヒスパニックの移民が非常に多数（たとえば、ニューメキシコ州の人口の半分）になり、そのため、彼らの多くはアメリカに同化せず、文化が交わることはない。その結果、エスニックレストランが爆発的に増えた。ジャンバ・ジュースとジャック・イン・ザ・ボックスと同じ通りに、イスラム教のハラルの精肉店やメキシコ料理のトレス・レチェス・ケーキを売るパナデリア（パン屋）、寿司バー、サッカー観戦ができるブラジル料理のスポーツバー、香港スタイルのシーフードレストラン、フランス系カリブ海料理レストラン、レバノンのフッカー（水タバコ）バー、フィリピンやインドネシア系の食料品店、ベーグルベーカリー、アルゼンチンのエンパナーダ（パイの一種）、タイ式バーベキュー、さらにイランレストランが並ぶ。現在では、「南西部」は「テクス・メクス（テキサスとメキシコの折衷）」、あるいはインド地域を意味することもある。そして前菜、アントヒートスやアミューズ・ブーシェ（肉や魚入り一口パイ）にスペインのタパスや中東のメッゼ（前菜）、インドのチャート（茹で野菜）、日本の弁当などが加わっている。

中国のマクドナルド――バーガーかバオか？

二十世紀終わりには工業化がアジアにも及び、十八世紀にイギリスで、十九世紀にアメリカで起きたのと同じ変化が料理と文化にもたらされた。人々が機会を求めて田舎から都市へ移動する。都市は混雑し汚染される。事業主と労働者の格差が大きくなる。伝統的な性別による役割が変わる。土地に住んでいた人々はもはや食料の源や家族の近くにはいない。その結果、儀式が途絶えてしまう。見知らぬ人と「スラマタン（slametan）」（饗宴）を開く必要もない。

世界最大の規模を誇るレストラン、マクドナルドがアジアでもオープンした。マックは地元の料理と文化に適応しつつ、それに影響を与えもした。インドでは野菜のマックナゲットや「マトンベースのマハラジャマック」を、ムスリム圏ではハラル食品を提供する。(4) トルコにはマックビュレク(McBurek)が、ギリシアには(ピタに香辛料の効いたバーガーをはさんだ)グリークマックがある。しばらくの間、南半球のオーストラリア人は地元の好物、上にビーツをのせた四分の一ポンドのマックオズ(McOz)を食べていた。ニュージーランドのお客はビーツの上に目玉焼きをのせたキーウィバーガーを好んだ。

一九九二年には北京にマクドナルドがオープンした。七〇〇席という当時のマクドナルドとしては最大の店だった。(5) 現在、「世界中のマクドナルドのうち、最も忙しい一〇店舗の七店が香港にある」。(6) マクドナルドはアメリカ式効率のモデルであり、食品やレストランの衛生状態に関して、それまでよりも新しくて高い水準を創り出した。まずは、配管コストを削るために、キッチンにあったトイレをキッチンの外に設けることから始めた。(7)

しかし、バン(丸パン)にミートパティをはさんで、フライドポテトを添えるハンバーガー(アメリカ人にとっては十分な食事)は、中国人にはちゃんとした食事にはみなされない。ご飯と野菜がなくてはならない。その結果、マクドナルドは軽食とみなされている。(8) 香港でも、肉とはみなされない。バオ、つまり肉が詰まった団子と考えられている。(9) 香港では、コカコーラは異国情緒のある輸入品なので、中世ヨーロッパで砂糖がそうであったように薬として扱われ、ショウガとハーブを入れ、温めて供された。(10)

アメリカ人の基準ではすばやいことがサービスだが、中国人にとって、ファストフード(すぐに食べられる食品)は屋台で買うものだった。テーブルを備えたレストランに出かけることは座って、ゆっくりすることを意味する。(11) 中国人がマクドナルドの店内にいる時間はアメリカ人の二倍、アメリカ人の一一分に対して二〇から二五分と言われる。(12)

地球上でもっとも人口の多い中国では、一九八〇年以後、政策によって子供は一人しか持てなくなった。その結果、一人っ子の次の世代には兄弟も姉妹もいないし、両親も一人っ子なので、おばさんもおじさんも、いとこもいない。（キャラクターとして）登場したロナルド（日本ではドナルド）・マクドナルドは「マクドナルドおじさん」と呼ばれ、「マクドナルドおばさん」と呼ばれる相方がいる。彼らは中国ではいなくなった拡大家族だ。二人はやさしいおばさんやおじさんがすることをする。子供たちの興味を引き出し、話しかけ、一緒に遊ぶ。時には子供の誕生日を祝って遊んだりもする。中国には知られていなかったアメリカの習慣だが、一人っ子家庭と豊かになったことが結び付いて子供の客が増えるにつれ、流行するようになった。マクドナルドのおばさんやおじさんは学校や家庭の子供たちの所へも出かけて行く(13)。

アジアにとって新しいもう一つのアメリカの慣習は「親しみやすさ」だ。アメリカ人は「笑顔でサービス」することに慣れている。アジア人は見知らぬ人が笑顔を見せると、お世辞を言って欺すために笑っているふりをしているのだと思う。飲食業を含む仕事に対するアジア人のまじめさは、アメリカ人には「わざと不作法で無関心」を装っていると受け取られる(14)。

東南アジア料理

一九八〇年代にアメリカ人が東南アジア料理について知っていたことの多くはベトナム戦争に結び付いていたので、ベトナム料理は好まれなかった。兵士たちはベトナムの発酵させた魚醤ニョクマムや、タイのナンプラーについて不平を漏らした。しかし、アメリカ人はしだいにアジア特有の洗練された材料の組み合わせの良さを理解する味覚を身につけていった。オーナーシェフのキミー・タンの指揮下にあるロサンゼルスのミケリアのようなヌーベル・ベトナミーズレストラン（新ベトナム料理店）では、フランス、中国、イタリア、タイ、さらにカリフォルニアの影響を受けたベトナム料理が味わえる。

材料　シェフ、キミー・タンのサイゴンロール

伝統的春巻き
火を通した小エビ八尾
火を通したスライスしたベーコン八枚
火を通したビーフン二分の一ポンド
ミントの葉八枚
バジルの葉八枚
レタスの葉八枚
豆モヤシ一握り
小キュウリの千切り一本分
—
—
—

新ベトナム風——タンシェフ
皮をむいた小エビ八尾
キャノーラ油小さじ一杯
—
ミントの葉八枚
—
ベビーグリーンミックス四分の一ポンド
—
小キュウリの細かい千切り一本分
クズイモ、細かい千切り二分の一ポンド
酢漬けニンジン千切り八分の一ポンド
グリーンオニオンの茎　薄切り一本分

ショウガの薄切り四枚、みじん切り
ライスペーパー四枚（包むため）

ライスペーパー四枚（包むため）

—

香港は世界史における特殊なケースといえる。イギリスによるこの小さな島の九九年の租借《そしゃく》期間が終わり、所有権が中国共産党に返還されると、何千もの人が香港を去った。多くは資本主義社会に慣れ親しんだ中産階級で、共産党の中国に支配されたくない専門職に携わる人々だった。彼らはタイやベトナム、あるいはアメリカに移住するときに、広東風料理を持ち込んだ。潮州《ちょうしゅう》料理と呼ばれ、魚醤を基本として、魚介類を使った料理が多い。

料理本やキッチンにおける変化

アメリカでは、こうした移民グループはそれ以前のグループと同じパターンをたどった。当初、料理は家庭で作られたが、その後、移民に出前をするレストランで、さらには一般大衆向けの多国料理レストランで作られるようになった。最初のタイ料理の本、ジェニファー・ブレナンの『オリジナルタイ料理 *The Original Thai Cookbook*』がアメリカで出版されたのは一九八一年になってからだった。一九九〇年代の終わりから二十一世紀初めになると、アメリカ出版界の主流は東南アジアの食材を扱った料理本になっていた。こうした料理本は新しいスタイルで、ただ料理だけを載せるのではなく、文化や歴史、記録として残しておくことなども含まれている。グローバルな世界において経済もグローバルになる中、人々は食べている物だけでなく、なぜ、そしてどこからその食材が来たのかをますます知りたがるようになった。料理と同じく、これらの本の著者の多くも一つの大陸だけに住んでいるのではなく、文化的背景も多様なものになっている。

レストランでは食材だけでなく、多くの面で変化が起きている。記録的な数のヒスパニック系の人間がキッチンに入っている。二〇〇二年には、注目されるようなレストランも含めたすべての民間の料理人の二五パーセントを占めている。[15] 女性もまた、家の内外で変化をもたらしている。一九八〇年に、ロサンゼルスの女性実業家が、男性のパートナーを連れて洗練されたフランス料理店に夕食を摂りに行ったとする。渡されるメニューには料理は載っていても、値段は書かれていない。男性に渡されるメニューには料理と値段が載っている。高級レストランで、値段が載っているメニューを男性にだけ渡すことはふつうのことだった。勘定は男性が払うことが当然だと考えられていたからだ。女性が数字や金銭に関心を持つはずがないと思われていた。のちにはレストランの客には全員同じメニューを渡すこととする判決が出された。[16] 一九七三年以降、女性は自分の名前で信用を得ることができるようになったが、女性が（たとえ専門職に就いていても）男性のために食事代を払うことはふつうではなかった。二十一世紀では、おかしくもなんともない。

北イタリア

一九八〇年代、アメリカ人はイタリア料理を再発見した。今回は、（ほぼ）トマトを使わないトスカーナやエミリアーロマーニャ、ジェノバといった北イタリアの料理で、（ジェノバ発の）「ペストジェノベーゼ（ジェノバ風バジルペースト）」（バジル、松の実、オリーヴオイル、パルミジャーノ・レッジャーノ・チーズ）が人気になり、すぐに似たものが数多く現れた。パセリ、セージ、コリアンダーをピーカンナッツやアーモンド、クルミ、あるいはカボチャの種と混ぜ合わせる。リゾットやポレンタに使われる米とトウモロコシがデンプン質としてパスタに取って代わった。ティラミス(文字通り「私を取り上げて」)が人気のデザートになった。これは調理するのではなく、平均的な家庭にある食材を集めてできる。コーヒー、レディーフィンガー(細長い指の形のスポンジケーキ)か残り物のスポンジケーキ、マスカルポーネチーズ、ココアがあればいい。一九七五年、ニューヨークの「ル・サーク」レストランで「パスタ・プリマベーラ(春)」(野菜入りパスタ)が出されると、イタリア料理に新しいスタイルが広まった。トマトソースのスパゲッティやミートボールは高級レストランでは「終了」、つまり出されなくなった。しばらくのあいだは。

胎児性アルコール症候群

一九八九年、ニューハンプシャー州ハノーバーにあるダートマス・カレッジの人類学教授、アメリカ先住民マイケル・ドリスは『壊れたコード *The Broken Cord*』を出版した。この本では、養子に迎えたアメリカ先住民の息子が苦しむ胎児性アルコール症候群、FASという病気を見つけるに至った苦渋に満ちた物語が描かれている。妊娠中の飲酒は中枢神経系のひどい損傷や、発作、短命をもたらすことがある。ドリスはアメリカ合衆国とアメリカ先住民の関係についての歴史を掘り起こした。その結果、政府指定の先住民居留地では絶望した若者がポケットに缶切りを忍ばせ、ライゾール(消毒剤)のスプレー缶を開けて、パンにそのジェルを塗り付けて、ハイになるために食べ、ひどい神経系障害に苦しむ事態になっている。『壊れたコード』が発行されると、すぐに政府は法律を通過させ、妊娠中の女性による飲酒には危険が伴うことを警告するラベルをすべてのアルコール飲料の瓶に貼るよう義務づけた。

九〇年代――著名シェフ

一九九一年、ソ連の共産主義政権は最後を迎え、冷戦は終わった。しかしテレビ食品の視聴者をコントロールする戦いは激しくなっていた。ニューヨーク市を本拠地とする新しいケーブルチャンネル、「フード・ネットワーク」が一九九三年に始まった。それまでに、料理を変えたり、レストランをオープンしたりしたシェフたちは料理界ではよく知られていた。フード・ネットワークによって、彼らは家庭内でもその名前が知られるようになった。二十一世紀のリアリティーテレビ番組の出現で、全くの無名の人物であっても、フード・ネットワークの三〇分番組でスターになるチャンスが生まれた。

フード・ネットワークとフード・エンパイア――パック、スチュワート、ラガッセ

一九七〇年代、ウルフギャング・パックというオーストリア出身のシャイな若者は、ハリウッドの最先端レストラン「マ・メゾン」でシェフを務めていた。その店は電話帳に電話番号が載っていない。一九八二年にはそこをやめて、カリフォルニア州ウエストハリウッドのサンセット・ブールバードに「スパーゴ」をオープンさせた。パックは新しいピザを考案した。ピザ生地を世界各地の料理を取り入れたフュージョン（無国籍）料理の土台として使ったのだ。ブラックフォレスト・ハムと山羊チーズ、スモークサーモンとゴールデンキャビア、アヒルのソーセージにチリオイルやモッツァレラチーズ、そしてチキンにハラペニョトウガラシやフォンティーナチーズといった組

み合わせをのせた。パスタはスパイシーで、ホウレンソウを使ったり、イカスミで真っ黒だったり。あるいは、カボチャ、フォアグラ、トリュフ、スモークしたホタテ、あるいはスイートブレッド（仔牛、仔羊の胸腺）のソースや具材を派手に使った。淡白な温室栽培のホワイトマッシュルームが消え、代わりにシイタケ、牡蠣、シャントレル（食用キノコ）、エノキダケ、クレミニマッシュルーム（茶色）、ポルチィーニダケが使われた。パックの料理は広く受け入れられ、特にセレブリティ（著名人）に人気を博した。初め、彼らは、パックの有名な（そしてごく限られた人だけが参加できる）アカデミー賞授賞式後のパーティーに料理が使われるようになった店を非公式に訪れていた。彼は複数のレストランを経営し、現在冷凍パックのピザやスープをスーパーマーケットで販売し、さらに、ビバリーヒルズの西にあるセンチュリー・シティ病院の食事も提供している。二〇〇一年一月、パックはフード・ネットワークテレビで自身の番組を始めた。

マーサ・スチュワートはポーランド系アメリカ人として中産階級に生まれ、モデルを経てバーナード・カレッジに学び、ウォールストリートの株式仲買人になり、その後コネティカット州でケータリングの仕事を始め、マーサ・スチュワート・オムニメディアを設立、インサイダー取引で服役、その後カムバックしている。このポーランド系アメリカ人は中世の錬金術師が見つけられなかったもの、手に触れるものを何でも黄金に変える方法を発見したらしい。彼女は「ハウスキーピング（家事）」を「ホームキーピング（家庭管理）」に変革し、彼女が推奨する塗料、リネン（布製品）、生活用品等は、それまで主流だったKマートの商品に、手頃な値段で洗練された美しさをもたらすものだった。また、パン職人の助言に従って、彼女は人々がウェディングケーキに期待することを変えた。それまでの黄色と白から色の範囲をずっと拡げ、独創的な装飾を加えることもした。第三千年紀の初めには、多くの新郎新婦が伝統的なウェディングケーキをやめて、個別のイチゴショートケーキ（特に、イチゴが旬のジューンブライドの場合）や、デビルズフードケーキ（黒くて濃厚なチョコレートケーキ）、フルーツケーキ、パイ、フランスのクロカンブッシュのようにカップケーキをピラミッド型に積み上げたもの、さらにはチーズを丸ごと使ったケーキまで求めるようになった。

マサチューセッツ州出身のポルトガル系アメリカ人でロードアイランド州プロビデンスのジョンソン・アンド・ウェールズ大学を一九七八年に卒業したエメリル・ラガッセには驚くほどの支持者がいる。視聴者には彼の社交的でふつうの人のような人間性と、香辛料で料理をピリッとさせる時の決めぜりふ「刺激を与えろ」や「バン！」が受ける。ラガッセはいくつかのレストランを経営し、テレビの一時間番組に毎日出演し、ソース類や調理器具、料理本などの販売をおこなっている。ラガッセは大変人気があるため、フード・ネットワークはまるで「なんでもエメリル、いつでもエメリル」と思えるときがある。

フード・ネットワークで人気があるその他の番組は、レイチェル・レイの「サーティ・ミニット・ミール」や、ギアダ・デ・ローレンティスの「エブリデイ・イタリアン」、サラ・モールトンの「クッキング・ライブ」、ゲール・ガンドの「スイート・ドリームズ」、さらに、スーザン・フェニガーとメアリー・スー・ミリケンの「トゥーホット・タマーレ」がある。ボビー・フレイはアメリカ中を旅して、マサチューセッツ州では（焼ハマグリなどを食べる）海浜パーティーを催し、ケンタッキーでは「バーグー」という中身の濃いシチューを紹介している。マリオ・バターリと彼の親しい助手ルーニーはイタリア中を前菜からジェラートまで食べ尽くした。ゴードン・エリオットは一般家庭のドアをいきなりノックして、連れてきたシェフに、冷蔵庫や冷凍庫、キッチンの戸棚で見つけた半端な食材ですばらしいディナーを作らせ、標準的アメリカ人とその家族をびっくりさせた。アルトン・ブラウンはポップアップの専門家とグラフィックスを用いて食品の化学について説明した。「フード911」のタイラー・フローレンスはまずいブイヤベースや、何であろうと失敗した料理を救うことができる。

フード・ネットワークで一番人気があるのは「アイアンシェフ（料理の鉄人）」だ。この番組は一九九三年に日本のフジテレビで始まり、一九九九年にはアメリカでも放映された。日本語を吹き替えたこの一時間番組は、日本で男性シェフ同士を競わせるもので、一回ごとにテーマとされた食材をめぐって展開する。大シャコ貝やナス、カボチャ、その他の食材が選ばれる。これは見世物としてのクッキング、コンテストとしてのクッキング、剣闘士の戦いのようなクッキングで、コメディアンのジョン・ベルーシが一九七六年に「サタデイ・ナイト・ライブ」で考案したコメディの出し物を「まじめに」したバージョンだ。「サムライ・デリカテッセン」ではベルーシ扮するサムライシェフが、巨大な刀で肉や野菜をリボンのように切りながら、お客に向かって叫び声を上げる。

「アイアンシェフ」からは同じように人気を博したスピンオフ（別番組）、「アイアンシェフ・アメリカ」が生まれた。最初のアメリカ人アイアンシェフはボビー・フレイ、マリオ・バターリ、ウルフギャング・パックたち。二〇〇五年には、最初の女性アイアンシェフが加わった。アメリカ南部育ちのギリシア系アメリカ人、キャット・コーラだ。

コンフォート・フード（心和む料理）

ストレスを和らげる料理という意味の「コンフォート・フード」は、なつかしい子供時代の記憶と結び付いているからだが、実ははるか昔、一九五〇年代に使われた言葉だ。一九九七年にオックスフォード英語辞典に追加されたが、その意味が拡大されて、砂糖や炭水化物の多い食品をも含むとされた。それは気分を上昇させる脳内のトリプトファンやセロトニンを増加させると考えられるからだ。コンフォート・フードは文化や地域、性別によって違うが、アメリカで主要な食品はポテトチップス、アイスクリーム、スイーツだ。[17] マカロニチーズは世界的なチーズ市場を活気づける料理の一つで、「二〇〇八年から二〇一五年の間に二〇パーセント以上」の成長が期待されている。[18]

ベビーブーマーは年を取るにつれ、低脂肪ダイエットや熱心なエクササイズをしなくなり、一九五〇年代の子供時代に食べていたコンフォート・フード――グレイビーソースのかかったミートボールにマッシュポテトを添えた料理や、ライスクリスピートリート（ケロッグ社のライスクリスピーを使ったクッキーの一種）に戻ってゆく。彼らは年間六〇億ドルにも上るクッキーや、サマーキャンプでたき火を囲んで食べた料理にも心癒やされる。[19] 昔のお気に入りはバナナボート（バナナの中身をかきだしてチョコレートとマシュマロをはさんだものを、キャンプファイアの端でゆっくり熱する）とスモア（焼マシュマロと板チョコレートをグラハムクラッカーではさんだキャンプの定番デザート）の二つだ。

レシピ　スモア[20]

まず、キャンプファイアを熾す。グラハムクラッカーを取って、板チョコをのせる。次に、マシュマロをいくつか棒に刺してキャンプファイアで炙り焼きする。焼けたマシュマロを滑らせながら棒から外し（その時いくつかは指に残るので、なめなければならなくなる）、クラッカーにのせた板チョコの上に下ろす。さらに板チョコをかぶせる。一番上にグラハムクラッカーをのせる。熱いマシュマロがチョコレートを溶かし、サンドイッチになった全体がくっつく。風味と舌触りのシンフォニーだ。みんながスモアを欲しがる。

やがてスモアは高級なものになり、テーブルクロスのかかったレストランで、ラズベリー・クーリ（とろみのあるソース）がかかり、ナイフとフォークで供されるようになった。さらには、アブソルート・バニラ・リキュールやゴディバ・ホワイト・リキュールで作るスモア・マティーニまで現れている。

ゴールデン・ライス――GM（遺伝子組換え）対オーガニック

技術は食品の保存法と食品そのものを変えた。アグリビジネスは食品が棚に置かれる寿命を伸ばすために放射線照射済み食品を導入した。スープのような「電子レンジで調理する」食品は健康食品を扱う店にも、プルトップ式や注ぎ口のついた箱で現れた。世界中で遺伝子組換え食品（GM）が増加している。その目的は、先史時代からずっとそうだったように、害虫抵抗力のある食品の生産量を増やすことだ。フランスはそのような食品に反対した。他のヨーロッパ諸国もGMは望まなかった。特にワインに使うことには反対だった。昔からワインを作り続け、しばしばファミリービジネスとして何代も遡る先祖から数百年間やってきたフランスやイタリアでは、ワインとワイン製造法は神聖視されてきた。しかし、イタリアはパスタ用の小麦にGMを受け入れた。一九九〇年、カリフォルニア州は当時全米中もっとも厳しい自然食品法を通過させた。

科学者が「奇蹟の米、ミラクルライス」と呼ぶGMゴールデン・ライスは、生産量が増えただけでなく、コーンやニンジンに色をつけるベータカロテンからできる栄養素のビタミンAを含んでいることがわかった。ビタミンAの欠乏で毎年およそ百万人の子供たちが死に、二億三千万人以上が盲目になる危険にさらされている。この問題は米が唯一の食料である国々では緊急課題になっている。なぜなら、米にはビタミンAは含まれないからだ。非営利組織であるロックフェラー財団による数百万ドルの資金で、ヨーロッパやアメリカ、アジアの科学者たちは十年以

遺伝子突然変異／工学の歴史 (21)

1500年代	ヨーロッパ	カリフラワーの生産
1750	ベルギー	芽キャベツの出現、遺伝子突然変異
1800年代初め	ブラジル	種なしネーブルの出現、遺伝子突然変異
1840	ドイツ	フォン・リービッヒが『有機化学の農業および生理学への応用』を発表し、土壌の肥沃度を解説。農業が変わる。
1859	イギリス	ダーウィンが『種の起源』で進化論を著す
1860	ドイツ	水耕栽培で穀物を生産、土なし、水だけ
1866	チェコスロバキア	メンデルが「遺伝の法則」（後に遺伝子と呼ばれる）を発見
1873	カリフォルニア	2本の種なしネーブルの木がカリフォルニアの柑橘類企業で育てられる
1873	米国	バーバンクがアイダホポテトとなるジャガイモの品種を「作り出し」、150ドルで売る
1873	日本	重い穂でも倒れない矮性小麦を生産
1907	フロリダ	ピンクのグレープフルーツが1本の木に成る遺伝子突然変異
1930	米国	植物保護法により新品種の特許が認められる
1945	タイ	ジャスミン米が作り出される
1950年代	アイオワ	ライ小麦が創られる、小麦とライ麦の人工属間交配による
1953	イギリス	ワトソンとクリックがDNA構造を発見——二重らせん
1954	米国	**緑の革命が始まる**：アメリカ人化学者たちが日本の矮性小麦とメキシコ産小麦を交配して、収穫量を脅威的に増やす
1950年代終わり	フランス	組織培養クローニングが発展
1965	米国	オーヴィル・レデンバッカーが大粒のポップコーンを発売
1966	アジア	イネ品種IR8、遺伝子組換え品種、「これまでにないどの穀物よりも多く栽培されている品種」(22)
1968	ニューヨーク	リオレッド・グレープフルーツの生産、中性子放射による
1974	カナダ	遺伝子組換え菜種がキャノーラとなる「キャノーラ油」
1978	米国	（海上での）石油流出を除去する遺伝子組換えバクテリアが有機体として初の特許が認められる
1982	米国	遺伝子組換えヒト·インスリン登場。従来のインスリン（ブタ）より有効
1985以来	全世界	化学的ないし放射線突然変異により、1000以上の品種が生まれた
1990年代	イタリア	パスタ用のデュラム小麦の3分の1はGM Creso、中性子とエックス線で作られた
1998	米国	大豆のおよそ50%とトウモロコシの25%は害虫予防と除草剤耐性のために遺伝子操作がなされている
1999		ゴールデン・ライスの特許が認められる（失明予防のためにベータカロテンが加えられた）
1999		米国とカナダ産チーズの80-90%は遺伝子接合により作られたキモシン、酵素がレンネットの代わりに使われる
2001	全世界	ヒトゲノム配列（全部のDNA）が完了
2002	ヨーロッパ	紫グラフィティカリフラワー、遺伝子組換え品種、アメリカで入手可能に。

上をかけてゴールデン・ライスを開発した。その種子はアジアの農家に無料で提供されたので、利益を得るのは米を必要とする人々だけということになる。

注目すべきは、これら発明された食品の特許は誰にあるのか、という点だ。現在の法律では、自分で種子(たとえば、先祖伝来のトマト)を開発した農家は、どこであろうと、特許がなければ、守ってもらえない。その結果、発展途上国の農家は、バイオパイレイト(生物資源の窃盗)を送り出して種子を取り、自ら特許を取る多国籍企業には太刀打ちできない。

遺伝子組換え食品に対しても、有機食品に対しても反対論がある。「抜き取り検査によれば有機製品の大多数は汚染されている[23]」。残留殺虫剤、あるいはバクテリアのような天然の汚染物質(結核菌、サルモネラ菌、リステリア菌、カンピロバクター菌、それにボツリヌス中毒を起こすクロストリジウム)が含まれることがある。これらは組換え食品ほど多くは検出されないが、組換え食品は世界的飢餓に直面して、重要課題になっている。BT菌(生物が作り出す毒)のような「自然由来の」殺虫剤を成長期の農作物に使用している農家もいるが、それはGM種子用に遺伝子工学で操作されたのと同じ殺虫剤だ[24]。カナダ人科学者アラン・マキュアンが言うように、自分の毒には好きな名前をつけることができる。「従来の食品はもっと多くの残留殺虫剤で汚染されていた。有機食品にはもっと多くの生物学的汚染が認められる[25]」。

食品媒介性疾病(FBIs)とハサップ(HACCP)

二十世紀終わりから二十一世紀に入り、汚染は動物や野菜などの食品に増え続けている。動物由来感染症ズーノーシス(Zoonoses)——動物から人間に移る病気——は、イギリスでBSEとか「狂牛病」と呼ばれる牛スポンジ様脳症が種を超えて人間に移り、クロイツエルフェルトーヤコブ病、つまり致命的な脳症を発症させたことで大きな驚きをもたらした。原因は牛に、羊など他の動物の部分をすりつぶして餌として与えたことにある。ヨーロッパでは一時パニックが拡がり、野菜や魚の消費が増加した。

鳥インフルエンザも動物関連のＦＢＩだ。Ｈ５Ｎ１ウィルスにとって、巨大な囲いに詰め込まれた何百万羽のニワトリがいる場所は理想的な条件が整っている。サルモネラ菌も変化した。これまでサルモネラ菌は、動物や鳥の腸管から出る細菌によって、特に糞便で汚染された卵の殻を通して拡散していた。これはアメリカが一九七〇年代に卵を洗浄したり検査したりするための厳しい手順を義務づけてから急激に減少した。しかし、現在、サルモネラ菌は、症状の出ていない雌鳥の卵巣から感染して、殻が作られる前にすでに卵の中に存在している。外側の殺菌（卵の殻の洗浄）はこの種のサルモネラ菌には役立たない。卵を完全に調理することでしか細菌は殺せない。現在、卵でもほかの食品でも、多くの農場から集めておくプーリング（畜留）のせいで、大規模な感染が起きている。ＣＤＣ（米国疾病対策センター）は、もし五〇〇個の卵がプールされているとすると、二〇に一つは汚染され、その中の卵を食べる人はみんな危険にさらされることになる。[26]

一九九六年七月二十五日、アメリカ農務省の食品安全検査局はハサップ・システムについての最終規則を発表した。ハサップとは危害分析（に基づく）重要管理点であり、このシステムは汚染の原因となって食品媒介性疾病をもたらす食品製造過程に七つの重要な点を定めている。食品の安全性は、二〇〇六年に二六の州で致死性の大腸菌Ｏ《オー》１５７：Ｈ７により一八三人の患者が出て、ますます深刻な問題になっている。原因は生のホウレンソウと突き止められた。[27] 二〇〇九年、ネスレ社は三一の州で八〇人が大腸菌Ｏ１５７：Ｈ７に感染したあと、冷凍された包装済みの生のチョコレートチップクッキー生地を回収した。[28] ロサンゼルス郡保健局はもう一つのＦＢＩ、低温殺菌されていないメキシコスタイルのチーズによるリステリア症をくい止めることを優先する決定を下した。[29] 国立衛生研究所によれば、リステリア症は「致死率は二〇パーセント、食品媒介疾病関連死のおよそ二八パーセントを占める」[30]。これらの大流行で、入院したり、その後麻痺が残ったりする事態となり、死に至った例もある。

シュガーブルース（砂糖病）——トゥインキー・ディフェンス（抗弁）と糖尿肥満

一九七〇年代、砂糖は悪者になった。中世における医薬や万能薬から、上流階級の調味料として、さらには安価な甘味料として、最後には薬物として扱われるようになった。砂糖中毒や砂糖「ハイ（恍惚感）」は血糖値の異常を引き起こし、「シュガーブルース」の原因になりかねない。これは犯罪の言い訳にすらなってしまった。一九七八年、元警官で市行政官のダン・ホワイトはジョージ・モスコーネ市長と、ゲイを公表している市議会議員のハーヴェイ・ミルクを、サンフランシスコ市庁舎内で銃殺した。ホワイトは、他にも弾を所持しており、窓に昇って金属探知機を避けていたにもかかわらず、周到に準備したものではなかったと主張した。被告側は、「思考能力の減退」、つまり殺人の直前に大量の砂糖入りジャンクフードを摂取したことによって脳内が化学的不均衡になったためである、と答弁した。これは「トゥインキー・ディフェンス（訳注：抗弁、トゥインキーは広く売られている甘い菓子）」として知られるようになった。陪審は過失致死罪という軽い罪を言い渡した。一九八五年、刑務所から仮出所した直後、ホワイトは銃で自殺したが、彼が直前に何を食べていたかについての記録はない。一九八二年、カリフォルニア州の有権者は、この思考能力の減退による、という答弁を削除した[31]。

砂糖が犯罪行為の原因であるとする議論はさまざまにおこなわれている一方、身体的疾病の原因としては確立されている。糖尿病は、膵臓が糖を適切に処理できず、臓器に損傷を与える病気だ。糖尿病患者の九〇から九五パーセントが二型と呼ばれるタイプで、これは通常四十歳を超えてから発病するので、「成人発症型糖尿病」とも呼ばれる。しかし、一九九〇年から一九九八年にかけて、糖尿病はアメリカでは三分の一増えている。この増加分の大多数（七六パーセント）は三十歳から三十九歳が占めている。南東部および中西部の州やカリフォルニア州ではもっとずっと多い。さらには、傾向もある。先住アメリカ人、アラスカ先住民、アフリカ系アメリカ人は発病率が高い。主な原因には肥満と運動不足の二つがある。アメリカ人の六〇パーセントは定期的な運動はせず、二五パーセントは全くしない。[32] 英語に新しい言葉が加わった——「糖尿肥満」だ。

脂肪遮断とフレンチ・パラドクス

アメリカ人は体重を減らしたいと言う。ただし、食べている物を変えるとか、食事を変えて惨めな気持ちにはなりたくない。ケーキは欲しいし食べたい。脂肪遮断の最初の試みの一つは、食品医薬局（ＦＤＡ）に規制されていない薬草（ハーブ）を組み合わせた薬だった。フェン・フェン（ダイエット薬）は利用者が死亡例も含めて重篤な副作用に苦しむようになって、市場から姿を消した。次には、脂肪が腸に吸収されるのを阻害するオレストラが現れたが、これも下痢などの副作用が認められた。他にも脂肪を阻害する製品が出た。たとえば、低脂肪だったり、脂肪のないデザートだったり、脂肪欠乏を埋め合わせるために砂糖を増やしたり、ポテトチップスを揚げる代わりに焼いたりした。その一例として、レイズ（ポテトチップスの商標）は、スーパーモデルやミス・ピギー・ザ・マペット（操り人形のキャラクター）を使って、広告史上もっとも高額なキャンペーンの一つを繰り広げた。

混乱を招く言葉　フレンチ・パラドクス

フレンチ・パラドクスとは、脂肪の多い食事を摂るフランス人は、アメリカ人より心臓病にかかる人が少ない、というもの。なぜなのか、という点について多くの学説が唱えられてきた。一回分の分量が少ないから？　ワインの消費量が多いから？　タバコを吸うから？　もしかしたらフランス人には生きる喜び——joie de vivre——があるからかもしれない。国中が八月は仕事をやめてバケーションに出かける。さらに家族がしっかり結び付いている。フランス人は仕事が終わったら、帰宅して夕食を摂る。一週間に七日、二十四時間働くアメリカ人とは違う。理由はなんであれ、栄養学者はフランス人が今よりファストフードを多く摂るようになれば、これも変わるだろうと予測している。

一九九六年に、健康状態についての新たな型が明らかになった。体重が普通でやせているように見えても体脂肪が多すぎる人がいるのだ。ＵＣＬＡ（カリフォルニア大学ロサンゼルス校）のデイヴィッド・ヒーバー博士は、筋肉があるべき場所に脂肪が付いている人を「サルコペニック（加齢性筋肉減弱症）肥満」なる言葉を作った。サルコペニア（筋肉減少）はふつう、筋肉を使わないことから筋肉がしぼんでしまう高齢の人に起こるが、サルコペニック肥満は若い女性でも起こりうる。体重の増加を恐れて十分なタンパク質を摂らなかったり、運動をしなかったりする人たちだ。身長と体重の相関グラフによれば、そういう人たちは体重が軽く、着衣であれば問題なく見えるが、必ずしも健康ではない。(33)

ニューミレニアムと食品の未来

「国連が二十一世紀へ向けて定めたミレニアム・ディベロップメント・ゴール」のうち、リストの一番目は世界中の飢餓に苦しむ人の割合を半減させることである」

国連世界食糧計画

「私たちが食べる物はこの四〇年間で、それ以前の四万年間よりも大きく変化した」

エリック・シュローサー『ファストフードが世界を食いつくす』

一九九九年十二月三十一日、世界中の多くの場所で人々は来る二〇〇〇年（Y2K）に関してパニックに陥っていた。一〇〇〇年前の中世の人々のように、新しい千年紀の始まりには世界が終わると考える人がいた。また、食料、水、トイレットペーパーなどを溜め込んだ人もいた。世界中のコンピューターシステムがダウンして、電話、信号機、電気、国家安全システムに影響があることを恐れてのことだったが、結局何も起こらなかった。

二〇〇〇年に起きたのは、インドの人口が一〇億人を突破し、中国についで世界第二位になったこと。一九四七年にイギリスから独立して以来、インドの人口は三倍になった。二〇三〇年には中国を抜くと予想されている。(34)

二〇〇〇年までには、アメリカ人の暮らしにも劇的な変化が起きていた。一九二〇年にはアメリカ人の大多数が都市に住むようになっていたが、二〇〇〇年になると大多数は大都市の郊外に住んでいた。十九世紀初めには、アメリカ人の大多数は農民だった。二十世紀の初めになると、たいていのアメリカ人は工場で働いていた。二十一世紀初めには、経済における最速の成長分野はサービス業で、特にレストランは三五〇万人を雇用していて、従業員の多くは最低賃金で働いていた。アメリカ人が食料品に費やす一ドルのうちの五〇セントは、レストランや圧倒的に多いファストフード店、しばしばドライブスルーに使われた——その額は一一〇〇億ドル以上だ。[35] 肉とジャガイモという典型的なアメリカ人の食事はハンバーガーとフライドポテトになり、そのほとんどが冷凍かフリーズドライ製品で、脂肪と塩分が多い。二〇一〇年までに、多量の砂糖がないと生きられない人々は、ハンバーガーのパンを（シュガーシロップをかけた）グレーズドドーナツに代え、フライドポテト用のディップとしてミルクシェイクを使うようになった。[36]

アメリカ人が消費する果物と野菜のトップファイブは口当たりいいもので、種類が限られていて、それほど栄養価がないものだ。そのうちの二つは生のバナナとアイスバーグレタスで、色が薄く、濃い緑色の葉物野菜ではない。それ以外の三つは、トマト、ジャガイモ、オレンジで、それぞれほとんどがソース、フライドポテト、ジュースに加工されている。[37]

自分たちが口にする食品がどこから来たのかを気にするアメリカ人は政府のガイドラインを得ることに成功した。二〇〇〇年十二月二十日、米国農務省（ＵＳＤＡ）は有機食品に関して国家規格を定め、二〇〇二年からは、農場の検査が終わったあと、農産物にラベルを貼ることを命じた。「一〇〇パーセント有機」の格付けには、以下の基準を充たさなければならない。（一）放射線照射を受けていないこと。（二）遺伝子組換えでないこと。（三）合成殺虫剤を使っていないこと。（四）化学肥料を使っていないこと。（五）化学除草剤を使っていないこと。（六）

汚水や汚泥がないこと。（七）成長ホルモンを使っていないこと。[38] 二〇〇六年五月、オーガニック・ワイルド・プロダクションに関する「国際有機農業運動連盟（ＩＦＯＡＭ）」の第一回会議がボスニア・ヘルツェゴビナで開かれた。

米国農務省の一日の最低栄養必要量も四つの食品群から食品ピラミッドに変わったが、それでもほかのグループのピラミッドよりも肉類に重きが置かれている。缶詰食品も含まれる。アメリカのピラミッドは欠けているものについても違っている。他のピラミッドには運動と水が含まれている。

ウィンドウズ・オン・ザ・ワールド（レストラン）

二〇〇一年九月十一日火曜日の朝。マンハッタン島の南端に世界貿易センタービルのツインタワーが立っていた。一九七六年の建設以来、ニューヨーク一の高さを誇ってきた。このビルにはそこだけの郵便番号がついていた。毎日五万人が仕事をしに、あるいは訪問に列をなして入っていく。彼らはニューヨーク、ニュージャージー、コネティカット、ペンシルベニアから、また、六〇以上の国からやって来たが、その全員が何かを食べなければならない。

ビルの中のあちこちで、個人営業のシェフたちが食事の準備をしている。（ツインタワーの）一方の一〇六階と一〇七階（最上階）では、七九名のスタッフが、ウィンドウズ・オン・ザ・ワールド・レストランのキッチンにいた。何人かはビジネスセミナーの参加者五〇〇名に朝食を運んでいた。エグゼクティブシェフのマイケル・ロモナコはトウェンティワン・レストランを立て直し、ウィンドウズ・レストランを賞を取るほどの優良店にした有能な人物だ。その日は新しい眼鏡を受け取ってから、五八―セカンドエレベーターで一〇七階まで昇るところだった。しかし、マイケル・ロモナコはエレベーターに乗り込むことはなかった。建物には火がついて、爆発するジェット燃料で包まれていた。数千人が死んだ。そこにはキッチンスタッフも、何百人もの警官や消防士も含まれていた。

『ザガット・ガイド（レストラン評価）』には、ウィンドウズ・オン・ザ・ワールドは「客を天国のそばまで行かせる」とある。一〇七階の世界の頂上からの眺めは実にすばらしかった。港を見下ろせば、一八八六年にフランスから贈られた自由の女神像が見る人に向けてトーチを掲げている。ユダヤ系アメリカ人の詩人エマ・ラザラスの有名な言葉「疲れ果て、貧しさにあえぎ、自由の息吹を渇望する群衆をわれに与えたまえ」が台座に刻まれている。ウィンドウズ・オン・ザ・ワールドのバーテンダー、ジョージ・デルガドは多くのカクテルを創り出したが、いくつかはウィンドウズからの眺めに触発されたものだ。彼の「レディー・リバティーニ・マティーニ」は自由の女神像の色に似せて創られている。

二〇〇六年一月、ツインタワーのレストランの元従業員たちが「カラーズ」という共同レストランをオープンした。

欧州連合（EU）

二〇〇二年一月一日、欧州連合の一一か国が同じ通貨、ユーロを使い始めた。参加国はアルファベット順に、オーストリア、ベルギー、フィンランド、フランス、ドイツ、アイルランド、イタリア、ルクセンブルク、オランダ、ポルトガル、スペイン。これらの国（フィンランドは例外）は一五〇〇年間、九回の世界戦争を含めて、ほとんど常に互いに戦争をしてきた。ずっと都市国家として君主を戴き、市民戦争があり、革命が起こり、分裂し、異なる境界で再統一され、最後に民主主義国家、あるいは限定的君主国になった。今、紀元前四七六年にローマ帝国が滅んでから初めて、これらの国々を平和が支配する。そしてメニューは一つ残らず、新しい通貨で書き直されなくてはならなくなった。

ウィンドウズ・オン・ザ・ワールド　今月のお飲み物——二〇〇一年七月
ジョージ・デルガドのレディー・リバティーニ・マティーニ

「自由の女神像は…ここ（一〇七階）からだと小さく見えるかもしれませんが、彼女が立っているのは、地上のどんなに高い建物よりもはるかに偉大なもののためです…現在リバティ島と呼ばれる場所を上から眺めながら、この像のシンボルとしての重要性とともに、その豊かな歴史に思いをはせ、彼女に捧げるカクテルを作ろうと決めました。カクテルならなんでもいいというのではありません。真にアメリカ的なクラシックな、カクテルの王様、マティーニです。

三オンスのグレイグース・ウォッカ
四分の一オンスのモニン・キーウィー・シロップ

氷の入ったミキシンググラスに、キーウィシロップとグレイグース・ウォッカ（「フランスからのもう一つの贈り物」になると思う）を加えます。しっかりシェイクしてすばやく色をチェックしましょう。自由の女神像の色であるグリーン、錆びた銅の色にしなければなりません。薄すぎたら、キーウィシロップを最大で四分の一オンスまで加えます。ですが、シロップは色づけだけのためであることをお忘れなく。出来上がったものはウォッカマティーニでなければなりません。こうなったら、冷やしたマティーニグラスにカクテルを濾しながら注入できます。見栄えをよくするために、ピンに刺したチェリーのような赤い飾りやねじったオレンジを飾って、「自由のたいまつ」を表してもいいでしょう。

できればウィンドウズ・オン・ザ・ワールドへお越しになって、このお祝いの贈り物をご一緒に作っていただきたいところですが、それがご無理ならご家庭でお楽しみ下さい！　どうか七月四日を楽しく、安全にお過ごしください。」

©2001 George Delgado／Promixology.Inc.

おもしろくて金になる大食漢

二〇〇二年二月二十一日、フォックスネットワークは「グラットン（大食い）・ボウル」という番組を放映した。カリフォルニア州サンタモニカの飛行場の格納庫で収録された二時間番組は疑似スポーツイベントで、大食漢をアスリートとして出演させ、彼らの戦略と訓練の様子（情報：彼らは顎の筋肉を鍛えるためにトッツィーロール［ソフトキャンディー］を噛む）をオリンピックスタイルで解説する。五分ごとの競技では、五五ガロン（約二〇〇リットル）入りのドラム缶を垂木から吊り下げ、格納庫の床に食品を雪崩のようにぶちまけることから始まる。固茹で卵、四分の一ポンドの棒状無塩バター、丸ごとの牛タン、マヨネーズ、ホットドッグ。その退廃的な様子は、古代ローマ帝国のヴォミトリウムと呼ばれる部屋やルネッサンス時代のワインを勢いよく噴き出す噴水と肩を並べるほどだった。（訳注：ヴォミトリウムは食事中に嘔吐するための部屋というのはごく一部の貴族で、本来の意味は円形劇場の出入り口、観客をはき出す、ということのようです。）

高カロリー食品を摂取することの健康上の問題を指摘する声が多くなされたにもかかわらず、高カロリーの食品を欲する風潮が国中に蔓延した。特にカウンティーフェア（訳注：郡で年1回開催されるお祭り。農産物や家畜の品評会などのイベントがおこなわれる）で流行した。たとえクリスピー・クリームドーナツ社のチキンサンドイッチが足りなくても、衣をつけて揚げたあらゆる種類の食品がある。オレオ、オリーヴ、トゥインキーズ、カエルの脚、スニッカーズバー、ピクルス、カップケーキ（揚げてから粉砂糖をまぶす）、ワッフル、バーガー、スモア、アボカド、「ズッキーニ・ウィーニー（くりぬいたズッキーニにソーセージを詰めたもの）」、そしてコカコーラ。テキサスっ子はマヨネーズをたっぷり塗ったチキンフライドベーコン（フライドチキンのような衣をつけて揚げたベーコン）を好む。食物史家でシェフでもあるクリフォード・ライトはそれを「ファットフライド・ファット・ウィズ・ファットソース（脂肪分の多いソースを付けた脂肪で揚げた脂肪）」と呼ぶ[39]。

古いものがなんでも再び新しくなる

人間は料理や文化を途切れることなく、新しい工夫をこらして再発明したり、繰り返したりする。かつては石器時代の部族民が食べていたバッファローやダチョウのような肉が、現在、アメリカのスーパーマーケットで売られている。未熟なブドウの果汁で、中世以来流行遅れだったヴェルジュ（Verjus）は現在、カリフォルニア州のナパヴァレーで、サラダドレッシング用にワインに合う酢として、市販用に製造されている。中世への先祖返りのもう一つの例としては、食用の金が再び出回っている。ただ今回はマティーニグラスの縁を飾る粉末として使われている。モロス・イ・クリスティアノス（Moros y cristianos）というスペイン発祥の黒インゲン豆の炊き込みご飯は今でもキューバのレストランでは主要な料理だが、たんに「モロス」と呼ばれ、健康への意識が高まる時代において、玄米が使われることもある。十六世紀、スペイン人が持ち帰ることのできなかったアステカ族の食品スピルリナ（藻の一種）は現在、健康食品店で売られている。中世の甘味と酸味の混合ソース、ガストリックは砂糖かハチミツと柑橘のソースで、魚にも合うとして再び利用されるようになった。コカコーラはＯＫフーズに次いで世界で二番目によく知られる言葉だ。[40]

二〇〇〇年の夏、アメリカ西部にバッタの大群が現れた。百年以上前にも同じことがあった。[41]今回は、ホッパードーザー（訳注：バッタ退治用容器、トラクターで引く）ではなく、毒物や殺虫剤で戦った。アイスクリームコーンが発明されてからほぼ百年後、ナパヴァレーのレストラン、フレンチ・ランドリーのシェフ、トマス・ケラーはそれを風味のよいコーンやコルネットとして作り直し、サーモンタルタルを入れた。シェフのマーク・ミラーやステファン・パイルズ、ジョン・セドラーはタマーレ（トウモロコシを使った料理）にジャーク・シュリンプやトリュフバター、フォアグラ、ローストフェザント（キジ）、ガチョウのコンフィ、鹿肉チョリソーを使って高級な料理に仕上げている。

二十世紀終わりにはシェフは、フランス革命後のカレームのように、再び著名人と見なされるようになった。コークやペプシのような清涼飲料水の大手は、薬草類を加えた「健康」飲料を考案して、百年前の売薬（特許医薬品）のように、顧客のどんな病に対しても薬効をうたって市場を拡大した。食品医薬品局（ＦＤＡ）はそのような生産者に警告書を送った。[42]

ブラックゼブラやボックスカー・ウィリー、ビッグレインボウ（すべて過去に遺伝子操作された）という名前のエアルーム・トマト（在来作物）がスーパーマーケットに戻ってきている一方、新しいエスニックグループの食品が、「伝統的なアメリカ産」になりつつある古いエスニックグループ食品に加わっている。ピッツァやハンバーガー、ホットドッグのようなイタリアやドイツの食品が「伝統的なアメリカ産」になったように、メキシコ料理のサルサ（トルティーヤなどに付ける辛いソース）はアメリカではケチャップに代わって主要調味料になっている。[43]

二十一世紀になっても依然としてアメリカ人はピッツァに首ったけで、一日に一〇〇エーカー（約四〇ヘクタール）のピッツァを食べている。年間では三〇億枚になる。[44] 二〇〇五年、ドミノ・ピザはアメリカのファストフードのトップ二（ピッツァとバーガー）を結び付けてチーズバーガー・ピッツァを売り出した。ナパ・ワイントレインでは再び列車内ですばらしい飲食が提供されるようになった。アメリカ人が考案したブランチはフランスでも「ル・ブランチ」として受け入れられている。[45] グローバルな料理が爆発的に増えている食品界における影響力に陰りが出ているフランス料理界は、スパイスやエスニックの影響をもっと受け入れるル・フーディングとして、自らの料理を見直そうとした。二〇〇一年、ヌーヴェル・キュイジーヌを始めたシェフたち――ポール・ボキューズ、ミシェル・ゲラール、ポール・エーベルラン、ピエール・トロワグロ（兄弟）、ロジェ・ベルジェ――はヌーヴェル・キュイジーヌの終わりを宣言した。[46] 二〇〇二年、カリフォルニア州のシェフ、ロクサーヌ・クラインは自身のレストランで、食品を調理せず、生のままの元の状態に戻すことをした。つまり、キッチンに調理用ストーブを置かず、食品を華氏一一八度（約摂氏四八度）以上に加熱しない、というもの。この店は二〇〇四年に閉店した。「クッキー」という言葉はオランダで生まれた小さな甘い菓子を指し、一七九六年にアメリア・シモンズが初めて印刷物に記したのだが、現在はインターネットで、ユーザーについての情報のあとをたどるファイルのことでもある。インターネットはまた、アメリカでもっとも人気のあるランチョンミート缶詰に新しい意味を加え、それを動詞にした。スパムだ（訳

注：スパム肉が大量に使われたことから、大量の迷惑メッセージを送信すること）。ジョージア州のどこかの地下深くでは、タイムカプセルが八一一三年に掘り出されるのを待っている。その時、コカコーラ社がまだ営業している可能性はごくわずかだが、未来の人々がコカコーラを味わえるように。しかし、競争になるかもしれない。二〇〇六年、コロンビアの先住民がコカのジュースを飲料に入れて、コカ・セークとして売り出したのだから。[47]

新ミレニアムの始まりのアメリカでは、流行が一九五〇年代へ回帰するという現象が起きた。それは「ミッドセンテュリー（世紀半ば）」と呼ばれ、特に木の床、タイル張りのキッチンやバスルーム、暖炉やたくさんの窓を備えた家が建てられた。裕福なベビーブーマーたちは低金利を味方に、家を改築したり新居を購入したりした。広さは一万スクエアフィート（九三〇平米、二八〇坪）ないしそれ以上にまでなった。こうした桁外れな住宅にはタイルや木材、あるいは人造部材で仕上げられた名所のように巨大なキッチンがあり、フランスの農家、あるいはトスカーナ地方の豪邸から出現したような農家風流し台が備わっているが、このアメリカのキッチンは地中海の農家一軒分に匹敵する広さがある。さらに、商用グレードのステンレス製の電化製品が据えられている。独立したワイン用冷蔵庫ないしワインセラー、レンジ上の、アンティーク仕上げの、ポットフィラー蛇口、バーシンク、ウォークイン・パントリー、グラナイト（花崗岩）のアイランド型キッチンなど、豪華さを誇っている。なかにはさらにキッチンを広げて、プラズマテレビ、暖炉、ソファなど、古めかしいコロニアル様式の居間に新しい物を取り入れることもあった。仰々しいキッチンやリビングルームは屋外にも建てられた。こうしたキッチンの多くは料理をしない人々によって建てられている。[48]

新しい邸宅にはホームシアターも備えられ、衛星テレビによって、ペイ・パー・ビュー方式で、インターネットやメールで、あるいは直接テレビに送られて来る映画を買ったり、借りたりできるので、人々が映画館へ足を運ぶことが減少した。お客をもう一度取り戻そうと、ポップコーンやキャンディーに加え、客席に持ち込めるマティーニやビールといったアルコール飲料を提供する映画館も出てきた。映画スタジオは自社の映画を、アメリカ人が何度も足を運ぶある場所で宣伝し、ＤＶＤを売った――スターバックスだ。

土地固有の種子

食品の未来はその過去の保存にかかっている。一部の植物がますます多く栽培されるようになっている一方で、毎年何百という数の種が消滅しつつある。科学者はこれを生態学的災害と呼ぶ。悲劇の一部は私たちが、永遠に失われたこれらの植物から新しい食品や薬が生まれたかもしれないということを知らない点にある。

一九八三年、非営利団体のネイティブシーズ／サーチ（Native Seeds／Search, www.nativeseeds.org）がアリゾナ州トゥーソンに設立された。当団体は、アパッチ族、ヤーキ族、パイユート族、ピマ族、ホピ族、ナヴァホ族といったアメリカ先住民族が栽培していた乾燥地性植物の二千種を再び栽培した。種子の五五パーセントが土着の三姉妹（トウモロコシ、豆、カボチャ）のもの。残りの四五パーセントが旧世界と新世界のもので、ブラックピント（黒インゲン豆）、オレンジ・ライマメ、スカーレット・サヤマメ。紫サヤインゲン、ピンク・レンズ豆、黄肉スイカ。グリーンサラダ用のワイルド・トマトとトマティーヨなど。トウガラシの目利きは、地元のヘメスやイスレタ、チマヨチリを高く評価する。自然管理委員会のような組織も種子を保存している。それに加えて、世界中の政府が、種子や細胞を保存するために一〇〇以上の胚原形質バンクを設立した。アメリカでは、一九五八年にコロラド州立大学で種子貯蔵研究所（National Seed Storage Laboratory：ＮＳＳＬ）が設立された。今日、二三万二〇〇〇種以上の種子がそこで貯蔵されていて、さらに一〇〇万種以上の種子を救う計画が立てられている。(49)

持続可能なシーフード

持続可能な農業、持続可能な家畜、持続可能な魚介はすべて食物の未来にとって大事なものだ。シーフード、オヒョウ、ヒラメ、そしてアラスカ産の五種類のサーモン——ピンク（マス）、チャム（白鮭）、コーホー（銀鮭）、ソッカイ（紅鮭）、チノック（キングサーモン）。これらはすべて天然物。アラスカでは一九九〇年以降、魚の養殖は禁止されている。サーモンは独特の生態をしている。淡水で生まれ、大洋へ泳ぎ出て、時には数千マイルも遠くへ行き、数年間を海で過ごしてから正確に産まれた場所へ戻り——一度だけ——、そこで産卵して、受精させる。時には海面から数千フィートも遡る。（これはただの人間の、いや科学者でも理解の範囲を超えている。）

サーモンは産卵期に捕る。重さが最大になり、栄養も豊富だからだ。天然のアラスカサーモンは、エビ、ニシン、イカなどの海洋生物を食べることで、抗酸化作用のあるビタミンEやオメガ3脂肪酸を豊富に含む。さらに体の色が独特のピンクに変わる。アラスカ以外の場所の囲いの中で育ったサーモンはそうしたものを摂っていないので、そのままでは体の色は変わらない。灰色をしている。染料によってサーモンの色を変えるのだ。

アラスカ州政府は魚がどれくらい泳いでいるか、水質はどうか、さらには乱獲がないかを確認するなどの項目を監視している。天然のアラスカサーモンは捕獲（一列になって手でする場合もある）後一時間以内に、摂氏マイナス四〇度で急冷され、酸化防止のために水をかけて凍らせ、密閉される。

レシピ

アラスカの女漁師ジョイ・マーティンのサーモンカルパッチョ

冷凍サーモン約二ポンド分

（海上で急速冷凍されたものがベスト。寄生虫が入り込む機会を取り除くことができる。そうでなければ、市場ですることになる）

塩大さじ二杯

挽き立てのコショウ

生のタイム大さじ二杯

生タラゴンのみじん切り大さじ二杯

フェンネルシード大さじ二杯

（野生のものがベスト）みじん切りかグラインダーで挽く

オリーヴオイル一カップ

レモン果汁二個分

ケイパー大さじ二杯

サーモンを解凍する。皮と小骨を取り除く（たいていの市場ではこれをしてくれる）。サーモンを耐酸製容器に入れる。乾燥材料を混ぜ、サーモンの両面に振りかける。液体を加える。サーモンをきっちり覆って、最短で二日から最長五日まで、冷蔵庫で寝かせる。一日に二回上下を返す。供する一時間前に冷蔵庫から出す。サーモンを持ち上げて、液体をすっかり出し、漉して取っておく。サーモンをわずかな斜め薄切りにして大皿に並べる。取っておいた液体をとろりとするまで泡立て、スプーンでサーモンにかける。その上にケイパーを散らす。

©*The Fish Lady*

スローフードと味の箱船

一九八九年、ファストフードの流行に対抗して、パリにスローフード運動（slowfoodusa.org）が創立された。現在、イタリアに本部を置き、一〇〇か国以上に、古代ローマの饗宴のようなコンビビウム（コンビビアは複数形。訳注：会話を楽しみながら美食を楽しむ会）と呼ばれる支部に八万人以上の会員を抱える。[50] シンボルはカタツムリで、主要なプロジェクトは味の箱船。目的はノアの箱舟のように地球上の生物を救い、生物の多様性と、高品質で持続可能な食物生産を促進することにある。近年、アメリカ家畜品種保護委員会（American Livestock Breeds Conservancy）と連携して、すばらしい味の遺産品種の七面鳥を再び市場に出した。この品種は胸の大きいラージホワイト種に取って代わられていた。[51] 絶滅寸前の品種は、ナラガンセット（一〇〇羽未満）、ジャージー・バフとアメリカン・ブロンズ（繁殖鳥は各五〇〇羽未満）、バーボン・レッド（繁殖用の雌鳥は六六四羽）だ。箱船プロジェクトは世界中の民間組織にも影響を与え、原産の食用植物や動物を救って、ギリシアのペリティ（オークの木）のような種子を配っている。

環境に留意するように組織が努力しているにもかかわらず、いくつかの種は絶滅の危機にある。二〇〇六年、カナダ東部の深海に棲む魚五種――二タイプのソコダラ、ブルー・ヘイク（メルルーサの仲間）、トゲウナギ、スパイニーテイル・スケート（ガンギエイの仲間）――が絶滅に瀕しているとしてリストに加えられた。[52] 時を同じくして、「絶滅のおそれのある（野生動植物の）種の国際取引に関する条約（ワシントン条約）」はキャビアの全面輸出の停止（一時的と思われる）を命じた。野生のチョウザメとその卵が水質汚染や密猟、乱獲によってますます貴重なものになるにつれ、価格が高騰した。最高級キャビア、ベルーガの値段は一年で倍以上、一オンス二〇〇ドル以上になり、「ブラック・ゴールド」とニックネームがつけられた。[53] チョウザメの養殖場はアメリカを含むいくつかの国で次々に造られている。

エディブル・スクールヤードと健康指針

二十一世紀の変わり目に、六歳から十九歳のアメリカの子供（一一〇〇万人）のおよそ一五パーセントが標準体重以上か肥満であると判断された。近い将来、その数が減少しそうもなく、一九六〇年代の同年齢の子供と比べると、肥満の子供は三倍にもなる。[54]

ニュー・イングランド・ジャーナル・オブ・メディシン

二〇〇一年八月二十六日日曜日（奇しくも女性に参政権を与えるように憲法が修正された日の八十一回目の記念日）、シェ・パニーズが三十年目を迎えた。一人五〇〇ドルの祝賀会はシェ・パニーズ財団のためのもの。この財団はいろいろな方面をサポートしているが、特にカリフォルニア州バークレーのマーチン・ルーサー・キング中学校でのエディブル・スクールヤード・プロジェクトに力を入れている。アリス・ウォーターズは子供たちに、栽培から調理へ、さらに提供することまでを通して食品について教えることは、よりよい食事につながると信じている。[55]二〇〇八年までには、カリフォルニア州の学校のほぼ半分がガーデニング・プロジェクトを取り入れている。単に課外で農業をするだけでなく、きちんとカリキュラムに入っている。英語のような主要科目ではレシピを書き、数学では農園を測量する。こうしたプログラムは反発を招きもする。なぜヒスパニックやアフリカ系アメリカ人の子どもがよりよい将来のために地面を掘ることを教わるのか。カリフォルニア州の農場労働者の大多数を占めるヒスパニックは農業から抜け出そうとしていたのだ。[56]

　二十世紀終わりに学校の予算が削減されたため、エレン・リチャーズやその他の専門職に就く女性たちによって二十世紀初めに始まった家政学プロジェクトのほとんどが取りやめになった。さらに資金不足の学校は企業の支援を熱望した。タコベルやピザハットのような食品大手は生徒にランチを、コカコーラの機械は炭酸飲料を提供した。二〇〇二年、ロサンゼルス統一学区は学校から炭酸飲料の機械を撤去することを投票で決め、こうした流れを変え始めた。生徒は反発した。カフェインや砂糖、炭酸、脂肪を摂って育ち、人工の味付けやトランス脂肪酸の味や口当たりに慣れていた生徒たちは、混ぜ物入りの食品や飲料を摂る権利を主張した。ハーヴェイ・ワシントン・ワイリーは墓の中でがっくりしていることだろう。

　二〇〇四年、子供の肥満を減らそうと、アメリカ議会は「子供の栄養とＷＩＣ再認証法」（訳注：ＷＩＣは婦人児童向け栄養強化計画）を制定した。この法律は各学校に二〇〇六年までに、健康に関する方針を作成し文書にすることを求めるもので、どのように体育をおこなっているか、栄養面はどうしているか、健康的な食事を提供しているか、さらに生徒と親たちに、食事と運動が健康と結び付いていることをどのように教育しているか、という点を問うている。目標は教育に携わるすべてのコミュニティが、子供たちが健康で、生涯にわたって良い食習慣を身につけるのを手助けするようになることだ。[57]

増え続けるプロジェクトが自然と食物の癒やしの力を広めようとしている。たとえば、キャサリン・スニードが運営するサンフランシスコ郡刑務所での「ガーデン・プロジェクト」、ウエストロサンゼルスの「ベテランズ・アドミニストレーションホスピタル」のガーデン・プロジェクト、アメリカ全土で展開する「レダムズ・ド・エスコフィエール（女性専門家による料理組織）」による学校プロジェクト、ヴァッサー・ファーム、ロングアイランドのシェフ、アン・クーパーの学校、中西部では、チャーリー・トロッターと、リックとディーンのベイリーズ夫妻など名前を挙げたのはほんの一部だ。二〇〇四年に九十一歳で亡くなる前、ジュリア・チャイルドは子供教育プロジェクトに、ジュリア・チャイルド・エアルーム・トマトの種子の売上による収益の一部を資金として提供した。他にも同じようなプロジェクトが多数あり、すべてが一つのゴール――現世代と、来る世代すべてのために良質で健康的な食事を保証すること――を目指している。

食物にかかわる用語も変化した。「フーディー（食に関心のある人）」には「クーディー」、食べ物に関心のある子供、が加わった。「ウェイター」や「ウェイトレス」はただ待っているだけではなくなり、性による区別もなくなり、総称として「ランナー（訳注：キッチンからテーブルへ料理を運ぶ人）」になった。「分子ガストロノミー」は調理を科学的物理的に分析する。味蕾《みらい》は風味についての新しい議論の中心になった。最終的には一九〇八年に日本で最初に特定された「旨味《うまみ》」も含まれている。土地のテイスト、テロワール（土壌）は、エイミー・トラベックが同名の著書で記しているように、ソムリエだけの関心事ではなく、科学者の研究テーマになっている。

グリーン・ムーブメントと、一九五〇年代に始まったグリーン・レボルーションを混同してはならない。グリーン・ムーブメントは一九六〇年代のエコロジー・ムーブメント（環境保護運動）にルーツがあり、一九五〇年代の「科学を通してよりよく暮らす」流行を見直そうとしている。それはオーガニックフードと環境にできるだけ化学物質を少なくすることを強調している。トートバッグを使ってスーパーマーケットで紙とプラスチックを減らす。屋根に太陽光パネルを取り付け、庭を造ってクリーンエネルギーや食料を手に入れる。生ゴミは堆肥にする。グリーン・ムーブメントは目標を達成するのに、個人の責任だけによるのではなく、公共政策によっても達成する。

二〇〇六年、ジャーナリストのマイケル・ポーランは『雑食動物のジレンマ』で、われわれが食べている食物には実際何が入っているか、について記した。ポーランは、われわれの食事の多くはトウモロコシ――穂についているただのトウモロコシではなく、われわれが食べる肉牛や豚肉に与えるトウモロコシが元になっていることを示した。古代のマヤ人は創造主が世界を造るのに何度も失敗して、最終的にトウモロコシで成功したと信じていた。彼らはメイズ（トウモロコシ）の世界に住んでいると信じていた。[58] ポーランはそれを証明したのだ。

大災害、天災と人災

二〇〇四年十二月二十六日日曜日、史上最大級の惨事がアジアを襲った。オーストラリアの西、インド洋の海底で何度も地震が起こり、一連の大津波が引き起こされた。津波は波が高さ約九メートルの水の壁となり、時速五〇〇キロ以上で押し寄せた。インドネシアはもっとも近く、最大の打撃をこうむった。特にバンダアチェ市では数分間で推定八万の住民が亡くなった。ついで津波は東のマレーシアに襲いかかり、北のタイやミャンマーに向かい、インド洋を西に渡ってスリランカとインド南部を襲い、アフリカ大陸東岸のソマリアに達した。地震の規模は一〇段階のうち、マグニチュード七・五から九だった。余震も大きかった。津波は何千キロも移動して十二か国に影響を与えた。村全体を破壊し、何万人もの死者を出した。死者の三分の一は子供だった。推定五〇〇万人が家を失い、仕事が成り立たなくなった。

差し迫った問題はきれいな水と食料の確保だった。給水設備が汚染されているので、衛生状態が重要な関心事になる。漁業で暮らしていた人々には、もはや船も網もない。家族も家もないかもしれない。世界中から大量の援助物資が寄せられたが、道路や伝達手段が破壊され、あるいはそもそも当初からない地域では、それらを配ることも難しい。時には地元の行政組織が流される場合もある。復興には何年もかかり、忘れるには何世代もかかる。

二〇一〇年一月十二日、ハイチをマグニチュード七・七の地震が襲った。二〇万人が亡くなり、緊急支援を必要とする人が数百万人に上った。特にきれいな水と食料、それに薬が必要だった。二〇一〇年二月二十七日にはマグニチュード八・八の地震がチリを襲った。死者の数はハイチより少なかったが、ここでも再建には数年かかると思われる。

ハイチの経済は、一九九三年に自由貿易協定が発効して以来、すでに破綻していた。それ以前、ハイチは米を輸出していた。現在、食料の五〇パーセント以上を輸入している。ハイチの小規模農家は農業が出来なくなっている。大規模で安価な農産物を生産する多国籍農業関連産業に太刀打ちできなかったからだ。ハイチ人にとって、地元産の食料を食べることはずっと高くつく。たとえば、ハイチ人の主食である米は、輸入品よりもハイチ産の方が一ポンドにつき一ドルのコストがかかる。[59] アメリカの会社、オドワラが援助するために「ハイチの希望」というマンゴー・ライム飲料を製造した。オドワラの狙いはハイチ産のマンゴーを使って、収益の一〇〇パーセントをマンゴー農家支援プログラムに寄附することだ。[60]

二〇一〇年四月二十日、ルイジアナ州近くのメキシコ湾にあるＢＰ（イギリス石油会社）の石油採掘装置（リグ）が爆発した。当初、関心が向けられたのは、リグの上で死亡した一一名の作業員にだった。次に、アメリカ人は、毎日何十万ガロンもの原油が海に流れ出していることに気がついた。最大限の努力にもかかわらず、流出は何か月も続いた。油はルイジアナ州沿岸の湿地帯や、ミシシッピ、アラバマ、フロリダの海岸に到達した。その結果、何世代にもわたってメキシコ湾で食料を収穫して暮らしてきた人々は、仕事を辞めざるをえなくなった。その一つはアメリカで一番古いカキの殻剥き会社、P&Jオイスターズで、アメリカ建国百周年の一八七六年から操業していた。石油流出の影響を受けた地域の観光、不動産価値、野生動物はどれもがひどい打撃を受けた。使われた化学分散剤の長期的影響はわかっていない[61]。

食物——過去、現在、未来

二十一世紀になって二〇年目、世界の人口は増え続けている。清潔な飲み水と十分な食料の供給はこれからも問題になるだろう。集約的な食糧生産方式はますます安価な食品を製造するが、同時に病気を広がり易くもする。

アメリカ人は手っ取り早く体重を減らそうと、ダイエットからダイエットへと暴走して何百万ドルも費やしている。炭水化物を減らし、牛肉を減らし、血液型に向いた食事をし、血糖インデックスに従って食事をする。石器時代ダイエットなどもある。ひところデルタ航空は十四種類の異なった食事を提供していた。すべてグルタミン酸ナトリウム（MSG）無しのもので、アジア人向け、乳幼児や子供向け、薄味のもの、糖尿病患者向け、果物プレート、グルテンフリーのもの、ヒンドゥー教徒向け、コーシャー（ユダヤ教の規定に従った食品）、低カロリーのもの、低コレステロールないし低脂肪のもの、減塩のもの、イスラム教徒向け、シーフード（温製と冷製）、ベジタリアン（卵と乳製品は食べるオボ・ラクトと純粋に菜食のみのピュア）向け[62]。おそらく未来世代は生まれた時に、自分の遺伝子型をプリントアウトしたものを受け取り、自分の細胞構造に損傷を与える食品を避けることで、今よりも健康で長生きするようになるだろう。あるいは誕生前か後に、遺伝子操作を受けて、食品やその他の過敏症、あるいは健康上問題となるものを除去できるようになるかもしれない[63]。

アメリカではこのような暮らしを単独で送る人間が増えていくことだろう。二〇〇〇年の国勢調査で、家族と暮らす（人口の三一・三パーセント）よりも一人暮らしの方が多い（三二・六パーセント）ことがわかった。これらのグループは、異なる食習慣を送っている。一回で食べきれる食品や、「バンビーノ（イタリア語で赤ん坊）」のような小型のスイカは、食品製造業者が一人暮らしを対象にする方法の二つにすぎない[64]。

人間は食物で不老不死を追い求め続ける。抗酸化物質が豊富に含まれるフルーツジュース、ショウガやクルクミンの抽出成分のような漢方薬、瓶詰の水——香りを付けたただの水道水の場合もある。中世の砂糖のように、遠方から来れば来るほど、高価であればあるほど、マンゴスチンやクコの実のようによく効くに違いない。

科学的研究によって、これらの食品のいくつかには健康によい成分が含まれていることが証明された。日本で男女四万人以上を十一年間追跡調査した結果、一日に緑茶を五杯以上飲む人は、心臓疾患にかかるリスクが一六パーセント減少することがわかった[65]。ＵＣＬＡの研究では、飲料の中には健康によいものがあることが認められた。ザクロジュースは前立腺がんの再発を遅らせる効果がある。

食品の遺伝子操作は続き、支持する側も非難する側も立場を変えない。オーガニックと持続可能性をめぐる議論も続いている。健康食品の擁護者は、研究室のラットにがんを生じさせた化学物質を禁止させたがっている。しかし、それは思うほど簡単ではない。

コーヒーには一〇〇〇種以上の化学物質が含まれている。二八種についての試験がおこなわれ、一九種にラットとマウスに発がん性

UCLA ヘルシー飲料トップテン[66]

1.	ザクロジュース
2.	赤ワイン
3.	コンコード・ブドウジュース
4.	ブルーベリージュース
5.	黒実サクランボジュース
6.	アサイージュース
7.	クランベリージュース
8.	オレンジジュース
9.	茶
10.	リンゴジュース

物質が認められた。植物は多くの殺虫剤を創り出す。七一種に試験がおこなわれ、三七種にラットとマウスに発がん性物質が検出された。[67]

そもそも人間と研究室のラットを比べることの有効性に疑問を呈する科学者もいる。DNAコードを解明し、食品中のビタミンやミネラルを発見し、衛生上の疾病を征服したにもかかわらず、食品やその特性についてはまだわからないことがたくさんある。ラオスラットのように、新しい食品が出現し続けている。ラオスラットは二〇〇五年にラオス以外の国の人にとってはニュースだった。

二〇一〇年三月、アメリカ議会は「患者の保護と安価なケア法（Patient Protection and Affordable Care Act）」を通過させた。このヘルスケア改革法案は、二通りでレストランに衝撃を与えた。一つ目は、国内に居住する者全員にヘルスケアを提供するために、雇用主はこれまでより税金を多く払わなければならなくなること。二つ目は、食品ラベルに州ごとの基準の代わりに国として統一された基準を記さなければならないこと。どのレストランチェーン（二〇ないしそれ以上のレストランが加盟しているとみなされるチェーン）も従わなければならなかった。全米レストラン協会（NRA）と国際フランチャイズ協会（IFA）はレストランに新しい重荷が課せられるとして法案に反対した。対して、この法案は栄養情報についての取るに足らない訴訟からレストランを守るものでもあった。[68]

新しい技術

新しい技術は食品の製造方法や提供の仕方に影響を与え続け、食品をますます便利なものにすると思われる。野菜から作ったインクやライスペーパーを使うプリンターが、食べられるメニューを量産し、有名メーカーの食品やケーキのデコレーションに転写する。ミッキーマウスやバービー、シンデレラ、スパイダーマン、セサミストリートの人形のようによく知られた漫画の登場人物をケーキの焼き型などの道具にライセンス契約をする商売は成長が見込まれる。シリコーン製の耐熱皿は油を引いて粉を打つ容器を過去のものにしてしまった。家の表と裏をつなぐコンピューターは「アボイヤー aboyer（バーカー［呼び込む人］とも言う。キッチンとレストランの連絡をする係）」に取って代わった。ビデオカメラはレジや食材準備室をモニターする。

科学者は新しい方法で味覚を分析する。味覚はその人の舌にどれくらいの味蕾があるかによって解剖学的かつ遺伝的に決まるということを発見した。それは、遺伝によるという。科学者は人間を「非味利き」と「味利き」に分類する。非味利きはグレープフルーツやブロッコリ、その他アブラナ科の野菜のような苦みのある食品に敏感に反応することはない。トウガラシを食べても苦痛には感じない。反対に、味利きの舌には多くの味蕾があり、苦味や甘味に敏感で、炭酸や脂肪にも反応する。味利きの中には「スーパー味利き」がいて、その舌は味蕾に覆われていて、極度に感じやすい[69]。

食品の包装にも大きな変化があった。真空密封容器、別名スヴィデ（文字通り、真空下）は食品の保存や包装にますます利用され、蓋を挽き開けるブリキ缶に取って代わっている。ツナ缶も例外ではない。袋に入ったまま電子レンジで調理できる野菜は、洗ってから使う野菜や鍋を一掃した。冷凍食品やピッツァ、ポップコーンがワンタッチで調理できるようにあらかじめ仕組まれている電子レンジは、ドアの内側に食品ごとの調理時間が書かれている一九二〇年代から五〇年代にかけてのガスや電気のオーブンに取って代わった。

不況による革新――新しい食品とマーケティング

食品製造業者は、二〇〇八年に始まった景気の低迷に対応しようと、新しいマーケティングの手法を生み出した。二〇〇九年、マクドナルドは、「われわれのブランドの歴史において最大の新パッケージ戦略」に乗り出し、栄養価に重点を置くようになった。[70] 他のレストランは料金を下げたり、一日のうちの特定の時間に限った特別料金を設けたりした。さらにさまざまな装いで食べ放題をうたって客を惹き付けようともした。際限なく食べ続けることができる。[71] スターバックスは、コーヒー一杯の値段を一ドル五〇セントに下げ、無料のペストリーとUSAトゥデー紙を提供した。それでも、二つの巨大バーガー企業マクドナルドとバーガーキングで食べられる一ドルの食事よりも五〇セント高い。

朝食メニューは一日中続くようになった。時には年中無休で。これはお客にとっては新たな癒やしの食事になり、レストランにとっては、新たなドル箱になった。ある研究によると、「レストランは二〇〇九年に四六〇種類以上の新しい朝食メニューを加えたが、これはそれ以前の二年間よりも多かった」[72]。朝食のブリート（トルティーヤで包んだもの）、温かいのや冷たいサンドイッチ、ラップ（トルティーヤのサンドイッチ）が標準的なパンケーキやオムレツ（全卵あるいは卵白）に加わった。クイズノスは二〇一〇年に朝食の提供を始め、看板商品のトーストしたクイズノスサブやサミーサンドイッチを提供した。一か月後にライバルのサブウェイも朝食へのドアを開いた。サブウェイでは一フィートのサンドイッチが朝食に食べられる。オムレツは放し飼いのニワトリの卵で作る。別の研究では、「朝食は九三〇億ドルのビジネスになると予想され、二十四時間営業のコンビニエンスストア（Cストア）の命運を左右することになる。コンビニの食品の三五パーセント以上が朝食向けになっているのだから」[73]。ウェンディーズやタコベルのような他のチェーンストアも朝食という大鉱脈への参入を計画している。

アップルビーズでも、料金が下がるサービスタイムを一日中やっている。ただし、午後七時から一〇時の混み合う時間帯はその限りではない。[74]アルコール度が四〇パーセントと高いスーパービールがスコットランドとドイツから入ってきた。[75]バーでは、創造性のあるミクソロジスト（カクテル作りが上手なバーテンダー）が独創的な飲み物を作り始めた。カクテルを作るのに、自家製の色付け用の液体をかき混ぜたり振ったりして加える代わりに、仕上げにそれを霧吹きやオリーヴオイル噴霧器を使ってカクテルの上にかけるという派手なことをする。このようにやり方を変えることで、風味や香りの層が劇的に現れ、その店の看板カクテルになる。霧吹きは手早くできて効率がいい。グラスの内側を少ない材料でコーティングできるし、パン屋にとっては天板に油を塗って粉を振る無駄が省ける。柑橘油をグラスの外側にスプレーするとお客の指に残る。バーでは飲み物に卵白その他の明色の泡をトッピングしたり、色付きの液体で店のロゴを型紙にしてスプレーしたりすることで飲み物に店の特徴を示すことも始めた。[76]二〇〇九年四月、「ル・ウィフ」が現れた。一キロカロリー以下でチョコレートを味わえる吸入具である。[77]

食品の移動販売もしだいに増えている。十九世紀のポップコーン売りの手押し車や二十世紀のアイスクリーム売りのトラックの最新版というわけだが、食品界の起業家はトラックや移動家屋まで使って、レストランを開くよりずっと少ない投資で事業を始めるようになった。カリフォルニア州では以前からフードトラック（ローチコーチという軽食移動販売車）が映画の撮影現場では付きもので、撮影隊に食事を提供していた。ヒスパニック系のコミュニティでは「タコトラック」が富裕層の住む近隣で働く労働者相手になじみのある食品を売っていた。二十一世紀の今、アメリカ中で、デザート売りトラックやチーズ焼きトラック、バーベキュートラック、さらには二階建てバスのてっぺんに作られたバス・レストランなどにシェフの姿を認めることができる。既存のレストランも楽隊車（パレードで楽隊を乗せて走るワゴン車）の上に昇ったり、トラックを送り出したりするようになった。ロサンゼルスの「カンターズ・デリカテッセン」は二〇一〇年に、マツォーボール・スープ（訳注：種なしパンの団子を入れたチキンスープ）を移動販売することにした。新しい環境保護運動に沿うように、やはりロサンゼルスのボーダーグリルトラックもバイオディーゼル燃料を使うようになった。レストランのロゴを付けたトラックは以前より多くのお客をレストランに呼び込むことにもなった。[78]

携帯電話では、ツイッターがトラックの到着時間や場所を告げる。ルイジアナ州を本拠とするスムージーキングやミネソタ州のカリブー・コーヒーは携帯電話でショートメッセージのクーポン券を送るという携帯電話を活用したフードチェーンと言える。[79] 食品の広報宣伝はケーブルテレビの特別チャンネルにも登場している。携帯電話のクーポンや宣伝で、顧客の欲求不満は低下した。クーポン券を切り抜いたり、保管したり、家に置いてきてしまって、スーパーマーケットのレジ待ちの列で探したりする必要がなくなったのだ。

顧客相手の競争は苛烈だ。アメリカ合衆国労働省労働統計局によれば、二〇〇八年の時点で、アメリカの食料品買い物客は二万五九〇〇店のコンビニエンスストアやおよそ八万五二〇〇の食料品店から買うことができる。[80] 二〇一〇年にトップ二五に数えられる食料品店のうち、一九一九年に存在していたのは一店のみ——A&Pだけ。二五のうちの他の二店、クローガーとセイフウェイはそれぞれ一九二〇年と一九二二年に初めて上位の小売店リストに登場している。

さらば、グルメ——こんにちはフードテレビ

新しいデジタルメディアへの移行は経済の低迷と結び付いて犠牲者を生んだが、注目すべきは『グルメ』誌だ。第一号は一九四一年に出版され、二〇〇九年に最終号となった。印刷媒体による出版は終了したが、インターネット上では残っている。

米国スーパーマーケット上位店

1919[81]	1930[82]	2010[83]	名前
—	—	1	ウォルマート
—	2	2	クローガー
—	—	3	コストコ・ホールセール・コーポレーション
—	—	4	スーパーバリュー［sic］
—	4	5	セイフウェイ
—	—	6	ロブロウ・カンパニーズ
—	—	7	パブリックス・スーパーマーケット
—	—	8	アホールド・ユーエスエー
—	—	9	シーアンドシー・ホールセール・グローサーズ
—	—	10	デレーズ・アメリカ
—	—	11	セブンイレブン
—	—	12	H・E・バットグローサリー・カンパニー
—	—	13	マイカー・インク
—	—	14	ソビーズ
—	—	15	ダラージェネラル・コーポレーション
—	—	16	ウェイクファーン・フード・コーポレーション
—	—	18	ビージェイズ・ホールセール・クラブ
1	1	19	A&P
—	—	20	ジャイアント・イーグル
—	—	21	トレーダージョーズ・マーケット
—	—	22	ホールフーズ・マーケット
—	—	23	ファミリーダラー・ストアーズ
—	—	24	ウィン・ディキシー・ストアーズ
—	—	25	アソシエイティッド・ホールセール・グローサーズ
2	3	—	アメリカンストアーズ・カンパニー
—	5	—	ファーストナショナル・ストアーズ

犠牲になったもう一つは有機食品市場だ。二〇一〇年までに、市場は一・九パーセントしか成長していない。景気が後退する前、二〇〇七年には、ほぼ三〇パーセントという急成長を遂げていた。従来の農作物には連邦政府から手厚い補助金が出されていて、有機作物よりも安い。有機認証をとるには金がかかるうえに、農家は三年間、土地に殺虫剤も（化学）肥料も使用することができない。新しいロカヴォー運動（地産地消の食文化推進運動）——住んでいる場所の一〇〇マイル（約一六〇キロ）以内で生産された食材を使い、食品の輸送による環境へのマイナスの影響を減らす——も困難にぶつかっている。有機食品は市場に占める割合がわずかなので、オーガニックフードの生産者は必要とするものを地元では十分に手に入れることができない[84]。

有機市場が最高に盛り上がっていた時、多くのアグリビジネスが有機食品会社を取得したり、始めたりしたことは、北米食品販売会社の表（六七六〜六七七ページ）に示す通り。

活字になる料理が減る一方、テレビに登場する料理は増えている。「フード・ネットワーク」で、元祖鉄人シェフの一人、ボビー・フレイはキッチンで、また「スローダウン（Throwdown：乱闘）」という番組で、全米のシェフたちと切磋琢磨を続けている。「チョップト（Chopped：脱落）」という番組では、四人の出場者が一時間で三コースの料理を作り、順に脱落して最後に残った一人が勝者となる。二〇一〇年一月、フード・ネットワークに新しい番組『アメリカ一のダメシェフ *Worst Cooks in America*』が登場した。出場者は全米から集まった人々で子供やパートナーや仲間に料理を学んでほしいと懇願されている。出場者はそれぞれ自分の特徴的な料理を作る。ゴム製の牛のパテのように見えるチョコレート・パンケーキ、ピーナッツバターで覆われたタラ、茹でた丸ごとチキンにスライスしたスイスチーズを添えたもの、アスパラガスの茎（先端は切って捨てる）、ルタバガ（キャベツの仲間）をくり抜いて、何かわからない材料を詰めたもの。シェフのアン・バレルとボー・マクミランの指導で、そのうちの何人かは料理を学ぶようになった。

順位	会社	設立	場所	オーガニック製品	
12	ケロッグ	1906年	バトルクリーク、ミシガン州	ベアネイキッド、キープラーオーガニック、モーニングスターファームズ、ホールサム&ハーティー、ガーデンバーガー	カーシ、ケロッグズオーガニック、ナチュラルタッチ
14	ユニリーバ	1890年	イギリス・オランダ系	ベン&ジェリーズオーガニック、ラグー・オーガニック	ブレイヤーズオーガニック
15	コカコーラ		アトランタ、ジョージア州	オドワラ	
16	エム・アンド・エム・マーズ	1911年	タコマ、ワシントン州	ダヴ・オーガニック、シーズ・オブ・チェンジ	
17	ドール	1851年	ハワイ	ドール・オーガニック	
22	キャンベルズスープ	1869年	ニュージャージー州、キャムデン	キャンベルズ・オーガニック、プレゴ・オーガニック、V8オーガニック	ペース・オーガニック、スワンソンズ・オーガニック
23	ハーシー	1894年	ペンシルベニア州	ダゴバ	
27	ハインツ	1869年	ピッツバーグ、ペンシルベニア州	ベーグルバイツ、ハインツ・オーガニック、ウェイトウォッチャーズ	クラシコーローファットソース、スマートワンズ
47	スマッカーズ	1897年	オーヴィル、オハイオ州	アフター・ザ・フォール、サンタクルスオーガニック	R.W.クヌーセン
74	ダノン	1919年	バルセロナ、スペイン	ブラウンカウ	ストーニーフィールドファーム

北米食品販売会社

順位	会社	設立	場所	オーガニック製品	
1	クラフト	1903年	シカゴ、イリノイ州	バックトゥーネイチャー、クラフトオーガニック、プランターズオーガニック	ディジョルノ、ナビスコ（1898）、サウスビーチダイエット（2005）
2	タイソン	1936年	アーカンソー州	ネイチャーズファーム	
3	ペプシ	1898年	ノースカロライナ州	ネイキッドジュース、トロピカーナ・オーガニック	トスティトズ・オーガニック
4	ネスレ	1860年代	スイス	グレイン・エッセンシャルズ	パウダーバー・プリア
5	アンホイザーブッシュ	1852年	セントルイス、ミズーリ州	ストーンミル、ワイルドホップ	
6	ゼネラルミルズ	1860年代	ミネアポリス、ミネソタ州	カスカディアン・ファーム、ミュアー・グレン	ゴールドメダルオーガニック、サンライズ・オーガニック
7	ディーン	1925年	イリノイ州	アルタディーナ、オーガニックカウ・オブ・ヴァーモント、シルク	ホライズン、ホワイトウェーブ
9	コナグラ	1861年ヴァン・キャンプポーク＆ビーンズとして	インディアナポリス、インディアナ州 1971年にネブラスカ連合ミルズが名称変更してコナグラになった	アレクシアフーズ、ギルロイフーズ（焼き野菜）、ヘルシーチョイス、ヘルシーチョイス、カフェスティーマーズ、ハンツオーガニック	ライトライフ、オーヴィル、レデンバッカーズ、オーガニック、マイフライズ、パムオーガニック、ウルトラグレインフラワー
10	キャドベリーシュウェップス	1970年	イギリス	グリーン＆ブラックス、ナンタケット、ネクターズオーガニック	モットズオーガニック

実際に料理を作る番組はフード・ネットワークから他のケーブルテレビにも広まった。二七のレストランを経営するイギリス人シェフのゴードン・ラムゼイはテレビ番組を五つ持ち、その中にBBCその他で放送する「キッチン・ナイトメア（キッチンの悪夢）」がある。トラベル・チャンネルでは、シェフのアンドリュー・ツィマーマンが世界を旅して「変わった料理」を試食し、シェフのアンソニー・ブルデンは「ノー・リザベーション（予約なし）」でふらっと立ち寄り、ファイン・リビング・ネットワークは「ロードキル・フェスティバル」やタランチュラの天ぷらのような料理を紹介した。ディスカバリーチャンネルはシェフで、マレーシア料理について多方面のシリーズで一一冊の料理本を出しているキャロル・セルヴァ・ラジャを特集した。フランス人シェフのアラン・デュカスはテレビには出ないが、世界中でレストランを二二店経営し、料理本を一八冊出し、ホテルチェーンと料理学校を二校、さらに自前の出版社を持っている。ジョエル・ロブションはレストランを一九店経営し、料理本を一六冊出している。なかには料理だけではなく、演技にまで手を伸ばすシェフもいる。インドのマドハール・ジャフリーは一九六四年からテレビや映画で活躍している。『Law and Order：犯罪心理捜査班』や、メリル・ストリープと共演した二〇〇五年の映画『プライム *Prime*』に出演している。[85]

二〇一〇年六月、フード・ネットワークは「トップシェフ・ユニバーシティ」というオンラインだけの料理学校の経営に乗り出し、視聴者にナイフの使い方やストック（ブイヨンなど）のような基本からデザートまですべてを伝授する。さらにグローバルな料理についての授業があり、一つは分子料理学となっている。

カナダ料理

二〇一〇年二月、バンクーバーで開催された冬期オリンピックがテレビ放映された時、カナダの料理と文化が広く知られることになった。カナダの国旗は大きな赤いカエデの葉なので、カエデがさまざまな形で料理に取り入れられているのは驚くにはあたらない。シロップ、砂糖、バター、ファッジ（柔らかくて甘いキャンディー）、メープルシロップをかけたチキンの胸肉。ワイルド・クランベリー、ブルーベリー、グースベリー（セイヨウスグリ）、クラウドベリーがパイやタルトやプディングに姿を変える時も、さまざまな形体のメープルの助けを借りている。

しかし、ムースタングとしても知られるビーバーテイルはバターがたっぷりのパイ状ペストリーで、シナモンシュガーがかかっている。アメリカでは、エレファントイヤー（ゾウの耳）になる。カナダ人はナナイモバーに目がない。一九八六年にブリティッシュコロンビアのナナイモという町で、レシピコンテストのために創り出されたものだが、三層になっていて、底は砕いたグラハムクラッカーや挽いたナッツやココナツ、それに溶かしバター、中層はバニラカスタードクリーム・パウダー（実際、コンスターチプディング）で、その上に溶かしチョコレートがかかっている。(86)

カナダ先住民あるいは（移民）第一世代の人々はカナダ土着の材料を利用する。野生動物（シカ、ヘラジカ、ガチョウ、キジ）を狩り、サーモンジャーキーを作る。

エスニック（民族固有の）料理は国中どこにでもある。イタリア料理、ウクライナ料理、ポーランド料理、スカンジナビア料理など。ドゥホボルとはロシア人を先祖に持つベジタリアンだ。オンタリオには、ミシガン州のようにメノナイト（メノー派信徒）がいる。中国料理レストランはアメリカと同じくカナダでも人気がある。特別人気なのは中国風スモーガスボード（寄せ集め料理）で、十九世紀終わりにバンクーバーで、中国人がスカンジナビア人の木材伐採人のために料理したのが始まりらしい。ジンジャービーフもカナダの西部で生まれたと考えられている。カナダ東部のニューファウンドランドやノヴァスコシアにはイギリス、アイルランド、スコットランド料理の影響が残っている。スコーンやオーツパン、アイリッシュスープ、それに塩タラである。

ケベック州に集中しているフランス語系の住民は、オニオンスープやクレムカラメルのような伝統的フランス料理や、もっと新しい料理、たとえば、プーティン（poutine）に影響を与えている。プーティンとは、フランス系カナダ人の言葉で、「プーティエン」とか「プーティーン」などと発音する。この料理の発祥や名前の由来ははっきりしない。もしかしたら、プディングにつながるかもしれない。ポルトガル語のプディン（podium：プディング）やポテ（potee：煮込み）、あるいはポット一杯の量 potful のフランス語からきたのかもしれない。プーティンは、アメリカ人がスパゲッティやコーンチップスを使うように、フライドポテトを使う。トッピングのベースにする。びしょびしょになるのを避けるために、最後の最後に加える伝統的なトッピングはブラウングレイビーとフレッシュカード・チーズだ。ヴァリエーションには、トマトソースやモッツァレラチーズ、グアカモレ（アボカドディップ）、サワークリーム、フェタチーズ、それにフォアグラまで含まれる。フージョン（融合）料理の可能性には終わりがない。

文化横断　シラチャ、瓶の中のグローバル料理

一九八〇年代初めに創り出された調味料は料理と文化の地球規模の新しい融合をもたらした。サルサに続いてアメリカで定着しつつある食品はシラチャ（製造者はシロチアと発音するが、ほとんどの人はシラチャと言っている）だ。このソースはカリフォルニア州に住むベトナム出身の中国系住民が作ったもので、中身にはアメリカ産のチリペッパーと、ヨーロッ

パ産のニンニクが使われている。さらにはアジア原産の砂糖と中東やイタリアで昔から使われているアグロドルチェ——甘味と酸味——に入っている酢が使われている。瓶のラベルはベトナム語、中国語、英語、フランス語、スペイン語で書かれている。ソースの名前はタイの村にちなんでいて、ウォルマートで売られた。

シラチャは移民の成功物語でもある。家庭のキッチンで、家族全員が切ったり調理したり、缶に詰めたりした小さな事業として始まったのが、今では倉庫があり、製造する年間一〇〇億個の瓶を出荷する配送網もできている。シラチャは個人がピッツァに混ぜたり、レストランチェーンでディップとして使われたり、有名シェフが作るソースをピリッとさせたりするために利用されている。[87]

フード・コネクション

どこで栽培されたか、どのように収穫され、加工され、梱包されたか、そしてどのように輸送されたか、こういったことにかかわらず、なおも食材は調理される必要がある。近代的なキッチンの調理用ストーブの前に立つ人は男も女もみんな何千年も昔から変わらない。自然災害後の人道的食料支援から、コルドンブルーで料理講座を受けるジュリア・チャイルドまで、普仏戦争の間に食料を調達した若きシェフ、エスコフィエまで、公衆衛生上の疾病やすっぱいワイン（酢のこと）や炭疽菌の原因を突き止めようと実験をしたスノウやパスツール、コッホといった科学者まで、初めてプロの調理人の道へ進んだ、十歳でホームレスになったカレームまで、みんな料理をした。また、アペールと最初の瓶詰食品で充たされた彼のシャンパン・ボトルまで、アメリカ南部のプランテーションのキッチンで汗水たらして働く無名のアフリカ系アメリカ人の女コックたちまで、ナポレオン軍のロシアからの退却時、雪の中で凍えた名もないコックたちまで、アメリカの孤児や中国の奴隷たちまで、ロシアのコミューンのキッチンやアメリカの開拓地の家々まで、ペストリーを作る女子修道会の修道女やハーレムの女性たちまで、たき火を囲んでクミス（馬乳酒）を飲むモンゴル人たちまで、宴会で豚の丸焼きを食べるトリクリニウム（食堂）のローマ人たちまで、シンポジウム（酒宴）でワインを飲むギリシア人たちまで、神に食物を捧げるエジプトやメソポタミアの高位聖職者たちまで遡ることができる。さらに、はるか昔の、骨を砕いて髄を吸い出した最初の人間へたどりつく。

そういうわけで、茶室で茶を点てようと、東南アジアでココナツを砕こうと、アメリカ先住民のバーベキューやニューイングランドのハマグリ焼パーティー、あるいはルーアウ（ハワイ式パーティー）のために穴を掘ろうと、セラメタン（ジャワの伝統儀式）のために米を準備しようと、保存のためにハムを吊そうと、地中海でブドウを踏んだり、アンデスでジャガイモをつぶそうと、野菜を詰めたり、果実からジュースを搾ろうと、トラックからのツィートを待っていようと、スープを分かちあったり、パンをちぎって配ったりしようと、私たちはみんなつながっていて、そうする理由はどれも同じ——食物を愛していて、友人がたき火の周りにいるから。

「さあ、おだやかに、仲間意識をもって暮らし、食べよう。神様が夜明けをもたらす時は、みんなにもたらしてくださるのだから。」

サンチョ・パンサ、一六〇二年(88)

訳者あとがき

本書は*Cuisine & Culture*の第三版で、著者リンダ・チヴィテッロは、カリフォルニア大学ロサンゼルス校の歴史学修士並びにヴァッサー・カレッジの教養学士を取得し、ル・コルドン・ブルー他で食物史を教えている。本書の第一版は二〇〇三年アメリカで、英語で出版された最高の料理史の本としてグルマン世界料理書大賞を受賞している。

本書では四大文明の時代以降、古代ギリシア・ローマ、中世ヨーロッパを経て現代に至るまで、南北アメリカ大陸はもちろん、中東、アジア、アフリカも含め、世界各地各時代の食物や料理が取り上げられ、交易はもとより、大きな歴史的なできごと、戦争や征服、民族の移動や移民などによる人間や物の交流によって、いかに料理が影響を受け、その特徴が形作られてきたかについても述べられている。昔の人々が何をどのように食べていたかということは、それだけでも非常に興味深いが、それらの食物や料理を通して語られる歴史は、いっそう身近に感じられ、生き生きと具体的な像を結ぶ。知らなかったこと、驚くべきことや、おもしろいエピソードにも枚挙に暇がない。

例を挙げれば、何と紀元前二五〇〇年にすでにエジプトの神官が脳外科の手術をおこなっていたが、その傷をハチミツとカビの生えたパンで治療したという。これにはりっぱな医学的な意味があって、ハチミツの糖分が細胞から水分を引き出し、細菌を殺したうえに、カビが抗生物質のペニシリンを作り出したのである。古代人の経験知には脱帽。

またスペインの異端審問は苛烈を極めたが、ユダヤ人を排除するには、食物を手掛かりとした。信仰を偽ることは可能だったが、食習慣を隠すことはできなかったからだ。安息日の土曜日には料理をせず、豚肉を食べず、料理の前に血を洗い流すユダヤ人は、告発され火あぶりになった。

キエフ大公国のキエフ一世が国教として東方正教会を選んだときにも、飲食物が決め手となった。ロシア人は豚肉が好きだったので、ユダヤ教とイスラム教は除外。イスラム教にはその上もうひとつの障害があった。アルコールの禁止は、ロシア人にはまったく受け入れがたいもの。「われわれロシア人は酒好きで、酒なしでは生きていけない」。何だか可笑しいが、飲食物はやはり切実な問題なのだ。

他方古代ローマの宴会では料理にさまざまな趣向が凝らされた。ディナーはショーでもあり、ときには料理人を巻き込んだ寸劇までおこなわれた。退廃した古代ローマを描いた『サテュリコン』の一場面では、巨大な豚の料理の「はらわたが抜いてない」と、料理人を裸にして拷問しようとするが、客がとりなす。料理人が腹わたを出すべく豚の腹を切ると、腸詰やミート・プディングなどが即座に転げ出る。中世の宴会でも、古代ローマと同様客を驚かせるような料理が出された。「生きている鳥のパイ」で、焼いたパイの中に詰め込んだ鳥が、パイの蓋を取ると飛び出すという仕掛け。飛び出すのは鳥だけではない。中から人が飛び出す山などの巨大な砂糖の彫刻もあった。

さて拒食症や過食症は現代の病理だと思っていたが、さにあらず。豊かな社会で食欲や性欲がきびしく抑制されたヴィクトリア時代に早くも発症していた。

さらに今ではパスタ料理に肉を入れるのはふつうだが、イタリアではもともと肉は入れなかったので、同国からの移民のオリーヴオイルとニンニクとトマトのソースだけのパスタに、アメリカ人はぞっとしたという。

ぞっとすると言えば、それこそ身震いするような悲惨な史実も、もちろん随所で取り上げられている。たとえばスペイン人が新大陸でおこなった残虐行為やアメリカの奴隷制。奴隷船からの悪臭はものすごかった。人間の糞便、尿、吐しゃ物、血液、汗の混じった臭いで、百海里離れた海上でさえその臭いをかぐことができたそうだ。何しろ二段三段に設けられた窮屈な棚に、奴隷は身動きもままならないまま積み込まれたのである。赤痢にかかった奴隷が上の棚にいれば、吐瀉物や下痢便が下の者に滴り落ちた。労働ももちろん過酷で、砂糖のプランテーションでは奴隷は使い捨て。しばしば四年以内に死んだ。

そして人肉食。十七世紀初頭のアメリカの入植者が作物の不作から飢餓に陥り、ついには自分の妻を殺して、その一部を食べてしまった話や、十九世紀中頃にカリフォルニアを目指した開拓者の一行が、シエラネヴァダの雪の中に何か月も閉じ込められて飢えた挙句、死者の肉を食べた話も登場する。偶然親類を食べることがないように、注意深く、体の各部分に名札をつけたという。人肉食は、ロシアの焦土作戦により何十万人もの兵士が飢え死にしたナポレオンのロシア遠征でも繰り返された。歴史上で食物不足が大惨事を招いた最大の例の一つである。

まだまだ紹介したいエピソードが山のようにあり、食物や料理に絡めて古今東西の歴史の細部が語られる本書は、決して読者を飽きさせることがない。本書の翻訳によって、まさに歴史を追体験できたのは、大変幸せなことだった。

最後になりましたが、まことに興味深い本書の翻訳を任せて下さり、大変お世話になりました柊風舎の麻生緑さんには、心より御礼申し上げます。

【著者】
リンダ・チヴィテッロ（Linda Civitello）
カリフォルニア大学ロサンゼルス校（UCLA）で歴史学修士、ヴァッサー・カレッジで教養学士を取得。ル・コルドン・ブルーとアート・インスティテュートの料理学校で食物史を教える。本書（英語版）はグルマン世界料理書大賞（2003年、食の歴史部門）を受賞。

【訳者】
栗山節子（くりやま　せつこ）
翻訳家。東京外国語大学卒業。訳書に『食の歴史　100のレシピをめぐる人々の物語』、『ビジュアル版世界有用植物誌』（柊風舎）、『わが名はヴィドック』（東洋書林）、『美食のギャラリー』、『フラワー・アレンジメントの歴史』（八坂書房）など。

片柳佐智子（かたやなぎ　さちこ）
翻訳家。国際基督教大学卒業。別宮貞徳氏に師事。共訳書に『アイルズ』（共同通信社）、『鳥たちの博物誌』（悠書館）、『失われた夜の歴史』（インターシフト）、『月の文化史』（柊風舎）などがある。

Shufusha

食と人の歴史大全
火の発見から現在の料理まで

2019年7月8日　第1刷

著　　者　リンダ・チヴィテッロ
訳　　者　栗山節子／片柳佐智子
装　　丁　古村奈々
発 行 者　伊藤甫律
発 行 所　株式会社　柊風舎

〒161-0034 東京都新宿区上落合 1-29-7 ムサシヤビル 5F
TEL 03-5337-3299 ／ FAX 03-5337-3290

印刷／株式会社明光社印刷所　製本／小髙製本工業株式会社

ISBN978-4-86498-067-8

索　引

【カ行】

【タ行】

【ナ行】

【ハ行】

【マ行】

【ヤ行】

【ラ行】

【ワ行】

線画：Jacket ／ Harry Johnson's Bartender's Manual(1888)；Unknown engraver [Public domain]：Walter Hough (1922)；United States National Museum (Smithsonian Institution), Washington D.C. [Public domain]：Design for a silver saltcellar；Giulio Romano [Public domain]：Daniel Carter Beard, The American boys' handybook of camp-lore and woodcraft（1920）；Internet Archive Book Images [No restrictions]：Franz Sales Meyer, Handbook of ornament (1900s)；Internet Archive Book Images [No restrictions]：Meyers Großes Konversations-Lexikon 6. Auflage 1905–1909；Unknown [Public domain]：Encyclopædia Britannica (11th ed.), v. 21, 1911；English [Public domain]：Meyers Konversationslexikon；Unknown [Public domain]：Neil, E [No restrictions]：Other ／ Linda Seely; Internet Archive Book Images [No restrictions]：Metropolitan Museum of Art [CC0]：Pearson Scott Foresman [Public domain]：Jean Mantelet [Public domain]：

参考文献

書籍

Achaya, K. T. *Indian Food: a Historical Companion.* Delhi: Oxford University Press, 1994.

Albala, Ken. *Eating Right in the Renaissance.* Berkeley: University of California Press, 2002.

Ambrose, Stephen. *Nothing Like It in the World: The Men Who Built the Transcontinental Railroad 1863–1869.* New York: Simon & Schuster, 2000.

Amitai-Preiss, Reuven, and David O. Morgan, eds. *The Mongol Empire & its Legacy.* Leiden: Brill, 2000.

Anderson, E. N. *The Food of China.* New Haven: Yale University Press, 1988.

Anderson, Jean. *The Food of Portugal.* New York: William Morrow, an imprint of HarperCollins, 1986. Revised and updated 1994.

Andreason, Nancy C., M.D., Ph.D., and Donald W. Black, M.D. *Introductory Textbook of Psychiatry, Second Ed.* Washington, D.C.: American Psychiatric Press, 1995.

Apicius. *Cookery and Dining in Imperial Rome.* Translation by Joseph Dommers Vehling. New York: Dover Publications, Inc., 1977. Unabridged republication of the work originally published. Chicago: Walter M. Hill, 1936.

Archbold, Rick, and Dana McCauley. *Last Dinner on the Titanic: Menus and Recipes from the Great Liner.* New York: Hyperion/Madison Press, 1997.（リック・アーチボルド、ダナ・マッコリー『タイタニックの最後の晩餐』梶浦さとり訳、国書刊行会、1999 年）

Archestratus. *The Life of Luxury.* Translated with Introduction and Commentary by John Wilkins & Shaun Hill *[sic]*. Great Britain: Prospect Books, 1994.

Atkins, Annette. *Harvest of Grief: Grasshopper Plagues and Public Assistance in Minnesota, 1873–78.* St. Paul: Minnesota Historical Society Press, 1984.

Bayless, Rick, with Deann Groen Bayless and Jean Marie Brownson. *Rick Bayless's Mexican Kitchen.* New York: Scribner, 1996.

Benning, Lee Edwards. *Oh, Fudge!* New York: Henry Holt and Company, 1990.

Blockson, Charles L. *The Underground Railroad: First-Person Narratives of Escapes to Freedom in the North.* New York: Prentice Hall Press, 1987.

Boorstin, Daniel J. *The Discoverers: A History of Man's Search to Know His World and Himself.* New York: Vintage Books, 1983.

Bottero, Jean. *The Oldest Cuisine in the World: Cooking in Mesopotamia.* Trans. Teresa Lavender Fagan. Chicago: The University of Chicago Press, 2004.（ジャン・ボテロ『最古の料理』松島英子訳、法政大学出版局、2003 年）

Braudel, Fernand. *The Mediterranean and the Mediterranean World in the Age of Philip II, Vols. I and II.* Trans. Siân Reynolds. Berkeley: University of California Press, 1995.（フェルナン・ブローデル『地中海』普及版、全５巻、浜名優美訳、藤原書店、2004 年）

Brenner, Joël Glenn. *The Emperors of Chocolate: Inside the Secret World of Hershey & Mars.* New York: Broadway Books, 2000.（ジョエル・G・ブレナー『チョコレートの帝国』笙玲子訳、みすず書房、2012 年）

Brenner, Leslie. *American Appetite: The Coming of Age of a National Cuisine.* New York: HarperCollins, 1999.

Brillat-Savarin, Jean-Anthelme. *The Physiology of Taste or, Meditations on Transcendental Gastronomy.* Translation by M. F. K. Fisher. Washington, D.C.: Counterpoint, 1949.（ブリア゠サヴァラン『美味礼讃』玉村豊男編訳・解説、新潮社、2017 年）

Brothwell, Don, and Patricia Brothwell. *Food in Antiquity: A survey of the diet of early peoples.* Expanded Edition. Baltimore: The Johns Hopkins University Press, 1998.

Brown, John Hull. *Early American Beverages.* Rutland, Vermont: Charles E. Tuttle Company, 1966.

Buell, Paul D. "Mongol Empire and Turkicization: The Evidence of Food and Foodways," in *The Mongol Empire & Its Legacy*, Amitai-Preiss, Reuven, and David O. Morgan, eds. Leiden: Brill, 2000.

________ and Eugene N. Anderson. *A Soup for the* Qan. Appendix by Charles Perry. London: Kegan

Paul International, 2000.
Burbank, Luther, with Wilbur Hall. *Harvest of the Years.* Boston: Houghton Mifflin Company, 1927.
Burke, Peter. *The Italian Renaissance: Culture and Society in Italy*. Princeton: Princeton University Press, 1986.（ピーター・バーク『イタリア・ルネサンスの文化と社会』森田義之、柴野均訳、岩波書店、2000 年）
Camporesi, Piero. *Exotic Brew: The Art of Living in the Age of Enlightenment.* Trans. Christopher Woodall. Cambridge, England: Polity Press, 1994.
________ . *The Magic Harvest; Food, Folklore and Society.* Milan: Arnoldo Mondadori Editore S.p.A., 1989. Transl. Joan Krakover. Cambridge: Polity Press, 1993.
Cass, Joan. *Dancing Through History.* Englewood Cliffs, New Jersey: Prentice Hall, 1993.
Chamberlin, E. R. *The Bad Popes.* New York: Dorset Press, 1969.
Chang, K. C., Ed. *Food in Chinese Culture: Anthropological and Historical Perspectives.* New Haven: Yale University Press, 1977.
Coe, Sophie D. *America's First Cuisines.* Austin: University of Texas Press, 1994.
________ and Michael D. Coe. *The True History of Chocolate.* London: Thames & Hudson Ltd., 1996.（ソフィー&マイケル・D・コウ『チョコレートの歴史』樋口幸子訳、河出書房新社、2017 年）
Coppin, Clayton A., and Jack High. *The Politics of Purity: Harvey Washington Wiley and the Origins of Federal Food Policy.* Ann Arbor: The University of Michigan Press, 1999.
Corn, Charles. *The Scents of Eden: A Narrative of the Spice Trade.* New York: Kodansha International, 1998.
Cott, Nancy F. *The Bonds of Womanhood: "Woman's Sphere" in New England, 1780–1835.* New Haven: Yale University Press, 1977.
Courtwright, David T. *Forces of Habit: Drugs and the Making of the Modern World.* Cambridge: Harvard University Press, 2001.（デイヴィッド・T・コートライト『ドラッグは世界をいかに変えたか：依存性物質の社会史』小川昭子訳、春秋社、2003 年）
Cowan, Ruth Schwartz. *More Work For Mother: The Ironies of Household Technology from the Open Hearth to the Microwave.* New York: BasicBooks a division of HarperCollins Publishers, 1983.（ルース・シュウォーツ・コーワン『お母さんは忙しくなるばかり：家事労働とテクノロジーの社会史』高橋雄造訳、法政大学出版局、2010 年）
Cronon, William. *Changes in the Land.* New York: Hill and Wang, 1983.（ウィリアム・クロノン『変貌する大地：インディアンと植民者の環境史』佐野敏行、藤田真理子訳、勁草書房、1995 年）
________. *Nature's Metropolis: Chicago and the Great West.* New York: W. W. Norton & Company, 1991.
Dalby, Andrew. *Dangerous Tastes: The Story of Spices.* Berkeley: University of California Press, 2000.（アンドリュー・ドルビー『スパイスの人類史』樋口幸子訳、原書房、2004 年）
________ . *Flavours of Byzantium.* Devon, Great Britain: Prospect Books, 2003.
________ . *Siren Feasts: A History of Food and Gastronomy in Greece.* London: Routledge, 1996.
Daws, Gavin. *Prisoners of the Japanese: POWs of World War II in the Pacific.* New York: Quill— William Morrow, 1994.
De Sahagun, Fray Bernardino. *Florentine Codex, Book 2—The Ceremonies*. Transl. Arthur J. O. Anderson and Charles E. Dibble. Santa Fe, New Mexico: The School of American Research and The University of Utah, 1981.
De Talavera Berger, Frances, and John Parke Custis. *Sumptuous Dining in Gaslight San Francisco 1875–1915.* Garden City, New York: Doubleday & Company, Inc., 1985.
Derry, T. K. *A History of Scandinavia.* Minneapolis: University of Minnesota Press, 1979.
DeWitt, Dave, Mary Jane Wilan, and Melissa T. Stock. *Flavors of Africa Cookbook: Spicy African Cooking—From Indigenous Recipes to Those Influenced by Asian and European Settlers.* Rocklin, California: Prima Publishing, 1998.
Diamond, Jared. *Guns, Germs, and Steel.* New York: W. W. Norton & Company, 1997.（ジャレド・ダイアモンド『銃・病原菌・鉄　一万三〇〇〇年にわたる人類史の謎』上・下、倉骨彰訳、草思社、2012 年）
Diner, Hasia R. *Hungering for America: Italian, Irish & Jewish Foodways in the Age of Migration.* Cambridge:

Harvard University Press, 2001.
Directions for Cooking By Troops. Richmond, Virginia: J. W. Randolph, 1861.
Dorris, Michael. *The Broken Cord.* New York: HarperPerennial, 1990.
Dreyer, Peter. *A Gardener Touched With Genius: The Life of Luther Burbank.* Berkeley: University of California Press, 1985.
Elias, Norbert. *The History of Manners.* Trans. by Edmund Jephcott. New York: Pantheon Books, 1978 (English translation).
Ellington, Lucien. *Japan: A Global Studies Handbook.* Santa Barbara, California: ABC Clio, 2002.
Escoffier, A. *The Complete Guide to the Art of Modern Cookery.* H. L. Cracknell and R. J. Kaufman, translators. New York: John Wiley & Sons, Inc., 1979.
Evans, Joan, Ed. *The Flowering of the Middle Ages.* New York: Barnes & Noble Books, 1998.
Fagan, Brian. *The Little Ice Age: How Climate Made History, 1300–1850.* New York: Basic Books, 2000.（ブライアン・フェイガン『歴史を変えた気候大変動』東郷えりか、桃井緑美子訳、河出書房新社、2001 年）
Farb, Peter, and George Armelagos. *Consuming Passions: The Anthropology of Eating.* New York: Pocket Books, Washington Square Press, 1980.
Farrar, Linda. *Ancient Roman Gardens.* Phoenix Mill: Sutton Publishing Limited, 1998.
Fedoroff, Nina, and Nancy Marie Brown. *Mendel in the Kitchen: A Scientist's View of Genetically Modified Foods.* Washington, D.C.: Joseph Henry Press, an imprint of the National Academies Press, 2004.（ニーナ・フェドロフ、ナンシー・マリー・ブラウン『食卓のメンデル：科学者が考える遺伝子組換え食品』難波美帆、小山繁樹訳、日本評論社、2013 年）
Flandrin, Jean Louis, and Massimo Montanari, ed. *Food: A Culinary History from Antiquity to the Present.* New York: Columbia University Press, 1999.（ジャン＝ルイ・フランドラン、マッシモ・モンタナーリ『食の歴史』宮原信、北代美和子監訳、藤原書店、2006 年）
Fox-Genovese, Elizabeth. *Within the Plantation Household: Black and White Women of the Old South.* Chapel Hill: The University of North Carolina Press, 1988.
Foy, Jessica H., and Thomas J. Schlereth, eds. *American Home Life, 1880–1930: A Social History of Spaces and Services.* Knoxville: University of Tennessee Press, 1992.
Franklin, Benjamin. *The Autobiography & Other Writings.* New York: Bantam Books, 1982.
Frazer, Sir James George. *The Illustrated Golden Bough: A Study in Magic and Religion.* Abridged by Robert K. G. Temple. Britain: The Softback Preview, 1996.
Fussell, Betty. *The Story of Corn.* New York: North Point Press; Farrar, Straus and Giroux, 1992.
Gabaccia, Donna R. *We Are What We Eat: Ethnic Food and the Making of Americans.* Cambridge: Harvard University Press, 1998.（ダナ・R・ガバッチア『アメリカ食文化：味覚の境界線を越えて』伊藤茂訳、青土社、2003 年）
Garcia, Sinikka Grönberg. *Suomi Specialties: Finnish Celebrations.* [no location] Penfield Press, 1998.
Garnsey, Peter. *Food and Society in Classical Antiquity.* Cambridge: The Cambridge University Press, 1999.
Gaski, Harald, ed. *Sami Culture in a New Era: The Norwegian Sami Experience.* Davvi Girji OS, 1997. Seattle: University of Washington Press, 1997.
Geertz, Clifford. *The Religion of Java.* Chicago: The University of Chicago Press, 1960.
Gin, Margaret, and Alfred E. Castle. *Regional Cooking of China.* San Francisco: 101 Productions, 1975.
Gillespie, Angus K., and Jay Mechling. *American Wildlife in Symbol and Story.* Knoxville: The University of Tennessee Press, 1987.
Gitlitz, David M., and Linda Kay Davidson. *A Drizzle of Honey: The Lives and Recipes of Spain's Secret Jews.* New York: St. Martin's Press, 1999.
Gjerde, Jon. *From Peasants to Farmers: The Migration from Balestrand, Norway, to the Upper Middle West.* Cambridge: Cambridge University Press, 1989.
Glasse, Mrs. *The Art of Cookery Made Plain and Easy.* In facsimile (1805 edition), with historical notes by Karen Hess. Bedford, Massachusetts: Applewood Books, 1997.
Goldstein, Darra. *À la Russe.* New York: Random House, 1983.
Goodwin, Lorine Swainston. *The Pure Food, Drink, and Drug Crusaders, 1879–1914.* Jefferson, North Carolina: McFarland & Company, Inc., 1999.
Gray, James. *Business Without Boundary: The Story of General Mills.* Minneapolis: University of

Minnesota Press, 1954.

Gutman, Herbert G. *The Black Family in Slavery and Freedom 1750–1925.* New York: Vintage Books, 1976.

Hachten, Harva. *Best of Regional African Cooking.* New York: Hippocrene Books, 1970.

Hale, Sarah Josepha. *Early American Cookery: The "Good Housekeeper," 1841.* Mineola, New York: Dover Publications, Inc., 1996.

Hamilton, Cherie Y. *Cuisines of Portuguese Encounters.* New York: Hippocrene Books, Inc., 2008.

Hamilton, Edith. *Mythology: Timeless Tales of Gods and Heroes.* New York: Mentor Books, 1953.

Harris, Sheldon H. *Factories of Death: Japanese Biological Warfare, 1932–45, and the American Cover-up.* London: Routledge, 1994.

Hayden, Dolores. *The Grand Domestic Revolution: A History of Feminist Designs for American Homes, Neighborhoods, and Cities.* Cambridge: The MIT Press, 1981.（ドロレス・ハイデン『家事大革命：アメリカの住宅、近隣、都市におけるフェミニストの歴史』野口美智子他訳、勁草書房、1985 年）

Hazelton, Nika Standen. *The Swiss Cookbook.* New York: Atheneum, 1967.

Henisch, Bridget Ann. *Fast and Feast: Food in Medieval Society.* University Park: The Pennsylvania State University Press, 1976.（ブリジット・アン・ヘニッシュ『中世の食生活：断食と宴』新装版、藤原保明訳、法政大学出版局、2015 年）

Hess, John L., and Karen Hess. *The Taste of America.* New York: Grossman Publishers, a division of the Viking Press, 1977.

Hirtzler, Victor. *The Hotel St. Francis Cook Book.* Chicago: The Hotel Monthly Press, John Willy, Inc., 1919.

Hoare, *Thailand: A Global Studies Handbook.* Santa Barbara, California: ABC Clio, 2004.

Holliday, J. S. *The World Rushed In: The California Gold Rush Experience.* New York: Simon & Schuster, a Touchstone Book, 1981.

Houston, Lynn Marie. *Food Culture in the Caribbean.* Westport, Connecticut: Greenwood Press, 2005.

Howard, W. L. *Luther Burbank's Plant Contributions.* Berkeley: University of California, Bulletin 619, March 1945.

Hsiung, Deh-Ta. *Chinese Regional Cooking.* Secaucus, New Jersey: Chartwell Books Inc., 1979.

Hutchinson, Ruth. *The New Pennsylvania Dutch Cook Book.* New York: Harper & Row, 1985.

Jones, Idwal. *Vines in the Sun.* New York: William Morrow & Company, 1949.

Josephson, Matthew. *Union House, Union Bar: The History of the Hotel & Restaurant Employees and Bartenders International Union, AFL-CIO.* New York: Random House, 1956.

Josephy, Alvin M., Jr., ed. *America in 1492: The World of the Indian Peoples Before the Arrival of Columbus.* New York: Vintage Books, a division of Random House, Inc., 1993.

Kaplan, Steven Laurence. *The Bakers of Paris and the Bread Question 1700–1775.* Durham: Duke University Press, 1996.

Kennedy, Diana. *The Cuisines of Mexico.* New York: Harper & Row, Publishers, 1986, 1972.

________ . *Mexican Regional Cooking.* New York: HarperPerennial, a division of HarperCollins Publishers, 1978, 1984, 1990.

Kennett, Lee. *Sherman: A Soldier's Life.* New York: HarperCollins, 2001.

Kens, Paul. *Lochner v. New York: Economic Regulation on Trial.* Lawrence: The University Press of Kansas, 1998.

Kimball, Marie. *The Martha Washington Cook Book.* New York: Coward-McCann, 1940.

Klapisch-Zuber, Christiane. *Women, Family, and Ritual in Renaissance Italy.* Trans. by Lydia G. Cochrane. Chicago: The University of Chicago Press, 1985.

Klein, Herbert S. *African Slavery in Latin America and the Caribbean.* New York: Oxford University Press, 1986.

Koehler, Margaret H. *Recipes from the Portuguese of Provincetown.* Riverside, Connecticut: The Chatham Press, Inc., 1973.

Kuh, Patric. *The Last Days of Haute Cuisine: America's Culinary Revolution.* New York: The Penguin Group, Viking, 2001.

Kurlansky, Mark. *Cod: A Biography of the Fish that Changed the World.* New York: Penguin Books, 1997.（マーク・カーランスキー『鱈：世界を変えた魚の歴史』池央耿訳、飛鳥新社、1999 年）

________. *Salt, a World History.* New York: Walker

and Company, 2002.（マーク・カーランスキー『塩の世界史：歴史を動かした小さな粒』上・下、山本光伸訳、中央公論新社、2014）
Lacey, Robert, and Danny Danziger. *The Year 1000: What Life Was Like at the Turn of the First Millennium.* Boston: Little, Brown and Company, 1999.
LaFleur, Robert André. *China: A Global Studies Handbook.* Santa Barbara, California: ABC Clio, 2003.
Lamoureux, Florence. *Indonesia: A Global Studies Handbook.* Santa Barbara, California: ABC-Clio, 2003.
Lang, George. *Hungarian Cuisine.* New York: Bonanza Books, 1971.
La Varenne. *Le Cuisinier françois. Textes présentés par Jean-Louis Flandrin, Philip et Mary Hyman. Bibliothèque bleue collection dirigée par Daniel Roche.* Paris: Montalba, 1983.
Le Goff, Jacques, ed. *The Medieval World.* London: Collins & Brown, 1990. (Originally published as *L'Uomo Medievale*, 1987, Giuseppe Laterza & Figli Spa, Roma-Bari.)
Levenstein. *Paradox of Plenty: a Social History of Eating in Modern America.* New York: Oxford University Press, 1993.
________. *A Revolution at the Table: The Transformation of the American Diet.* New York: Oxford University Press, 1988.
Lewicki, Tadeusz, with the assistance of Marion Johnson. *West African Food in the Middle Ages.* Cambridge: Cambridge University Press, 1974.
Luchetti, Cathy. *Home on the Range: A Culinary History of the American West.* New York: Villard Books, 1993.
Lukacs, Paul. *American Vintage: The Rise of American Wine.* Boston: Houghton Mifflin Company, 2000.
Luther, Martin. Trans. Preserved Smith, Ph.D. and Herbert Percival Gallinger, Ph.D. *Conversations with Luther.* New Canaan, Connecticut: Keats Publishing, Inc., 1979.
Manchester, William. *A World Lit Only by Fire: The Medieval Mind and the Renaissance.* Boston: Little, Brown and Company, 1992.
Mangione, Jerre, and Ben Morreale. *La Storia: Five Centuries of the Italian American Experience.* New York: HarperCollins, 1992.
Mango, Cyril. *The Oxford History of Byzantium.* Oxford: Oxford University Press, 2002.
Martino of Como. *The Art of Cooking: The First Modern Cookery Book.* Ed. Luigi Ballerini; Transl. and Annotated by Jeremy Parsen. Berkeley: University of California Press, 2005.
Mason, R. H. P., and J. G. Caiger. *A History of Japan.* Tokyo: Charles E. Tuttle and Company, Inc., 1972.
McCallum, Henry D. and Frances T. *The Wire That Fenced the West.* Norman: University of Oklahoma Press, 1965.
McGee, Harold. *On Food and Cooking: The Science and Lore of the Kitchen.* New York: A Fireside Book, Simon & Schuster, 1984.（マギー著『キッチンサイエンス：食材から食卓まで』香西みどり監訳、共立出版、2008年）
McHughen, Alan. *Pandora's Picnic Basket: The Potential and Hazards of Genetically Modified Foods.* Oxford: Oxford University Press, 2000.
McNeill, William H. *Plagues and Peoples.* New York: Anchor Books—Doubleday, 1976.（ウィリアム・H・マクニール『疫病と世界史』上・下、佐々木昭夫訳、中央公論新社、2007年）
Medina, F. Xavier. *Food Culture in Spain.* Westport, Connecticut: Greenwood Press, 2005.
Mendelson, Anne. *Stand Facing the Stove.* New York: Henry Holt and Company, 1996.
Miller, J. Innes. *The Spice Trade of the Roman Empire, 29 B.C. to A.D. 641.* Oxford at the Clarendon Press, 1969.
Ministère de la Culture, Musée national des arts et traditions populaires. *Les Français et la table.* Paris: Editions de la Réunion des musées nationaux, 1985.
Mintz, Sidney. *Sweetness and Power: The Place of Sugar in Modern History.* New York: Penguin Books, 1985.（シドニー・W・ミンツ『甘さと権力：砂糖が語る近代史』川北稔、和田光弘訳、平凡社、1988年）
Montanari, Massimo. *The Culture of Food.* Trans. Carl Ipsen. Oxford: Blackwell Publishers Ltd., 1994.
Nabhan, Gary. *The Desert Smells Like Rain: A Naturalist in Papago Indian Country.* San Francisco: North Point Press, 1987.（G・P・ナブハン『雨の匂いのする砂漠』小梨直訳、白水社、1995年）
________. *Why Some Like It Hot: Food, Genes, and*

Cultural Diversity. Washington: Island Press/Shearwater Books, 2004.（ゲイリー・ポール・ナブハン『辛いもの好きにはわけがある：美食の進化論』栗木さつき訳、ランダムハウス講談社、2005 年）

Nearing, Helen & Scott. *The Maple Sugar Book.* New York: Galahad Books, 1950, 1970.

Nestle, Marion. *Food Politics: How the Food Industry Influences Nutrition and Health.* Berkeley: University of California Press, 2002.（マリオン・ネスル『フード・ポリティクス：肥満社会と食品産業』三宅真季子、鈴木眞理子訳、新曜社、2005 年）

A New Booke of Cookerie. New York: Da Capo Press Inc, 1972. Facsimile of London: 1615.（"Set forth by the observation of a Traveller, I.M."）

Nightingale, Florence. *A Contribution to the Sanitary History of the British Army During the Late War with Russia.* London: John W. Parker & Son, West Strand, 1859.

________ . "Taking Food," and "What Food," in *Directions for Cooking By Troops.* Richmond, Virginia: J. W. Randolph, 1861.

Ochorowicz-Monatowa, Marja. *Polish Cookery: The Universal Cook Book.* New York: Crown Publishers, Inc., 1958.

Ortiz, Elisabeth Lambert. *The Book of Latin American Cooking.* New York: Alfred A. Knopf, 1979.

Orton, Vrest. *The American Cider Book: The Story of America's Natural Beverage.* New York: North Point Press a division of Farrar, Straus and Giroux, 1973.

Owen, Sri. *Indonesian Food and Cookery.* London: Prospect Books, 1976, 1980.

________ . *Indonesian Regional Food & Cookery.* London: Frances Lincoln, 1994.

The Compact Edition of the Oxford English Dictionary. Oxford: Oxford University Press, 1971.

Paine, Thomas. *Common Sense.* New York: Penguin Books, 1986.（トーマス・ペイン『コモン・センス』小松春雄訳、岩波書店、2005 年）

Papanikolas, Helen. *A Greek Odyssey in the American West.* Lincoln: University of Nebraska Press, 1987.

Pendergrast, Mark. *Uncommon Grounds: The History of Coffee and How It Transformed Our World.* New York: Basic Books, 1999.（マーク・ペンダーグラスト『コーヒーの歴史』樋口幸子訳、河出書房新社、2002 年）

Phillips, Rod. *A Short History of Wine.* New York: HarperCollins Publishers, Inc., 2000.

Pilcher, Jeffrey M. *¡Que Vivan Los Tamales¡* Albuquerque: University of New Mexico Press, 1998.

Poling-Kempes, Lesley. *The Harvey Girls: Women Who Opened the West.* New York: Paragon House, 1989.

Polo, Marco. *The Travels of Marco Polo [The Venetian].* New York: Boni & Liveright, 1926. Revised from Marsden's Translation and Edited with Introduction by Manuel Komoroff.（『東方見聞録』）

Pyne, Stephen J. *World Fire: The Culture of Fire on Earth.* New York: Henry Holt and Company, Inc., 1995.（スティーヴン・J・パイン『火――その創造性と破壊性』大平章訳、法政大学出版局、2003 年）

Rajah, Carol Selva. *Authentic Asian Ingredients.* Sydney: New Holland Publishers, 2002.

Rawcliffe, Carole. *Medicine and Society in Later Medieval England.* London: Sandpiper Books Ltd., 1999 (first published in 1995).

Read, Jan, Maite Manjón, and Hugh Johnson. *The Wine and Food of Spain.* Boston: Little, Brown and Company, 1987.

Redon, Odile, Françoise Sabban, and Silvano Serventi. *The Medieval Kitchen: Recipes from France and Italy.* Transl. by Edward Schneider. Chicago: The University of Chicago Press, 1998.

Riley-Smith, Jonathan, Ed. *The Oxford Illustrated History of the Crusades.* Oxford: Oxford University Press, 1995.

Robertson, Carol. *Portuguese Cooking.* Berkeley, California: North Atlantic Books, 1993.

Rodinson, Maxime, A. J. Arberry, and Charles Perry. *Medieval Arab Cookery.* Essays and Translations by Rodinson, Arberry, Perry. Foreword by Claudia Roden. Devon, England: Prospect Books, 2001.

Rose, H. J. *A Handbook of Greek Mythology.* New York: E. P. Dutton & Co., Inc., 1959.

Rose, Peter G., trans. and ed. *The Sensible Cook: Dutch Foodways in the Old and the New World.* Syracuse, New York: Syracuse University Press, 1989.

Roueché, Berton. *The Medical Detectives, Volume I.* New York: Washington Square Press, 1982.（バートン・ルーチェ『推理する医学 1』山本俊一、山本晴美訳、西村書店、1995 年）

________. *The Medical Detectives, Volume II.* New York: Washington Square Press, 1986.（バートン・

ルーチェ『推理する医学 2』山本俊一訳、西村書店、

Saint-Ange, Mme. E. *Le Livre de Cuisine.* Paris: Librairie Larousse, 1927.

Sass, Lorna. *To the King's Taste, Richard II's Book of Feasts and recipes adapted for modern cooking* [from *The Forme of Cury*]. New York: Metropolitan Museum of Art, 1975.

Sawyer, Peter, ed. *The Oxford Illustrated History of the Vikings.* Oxford: Oxford University Press, 1997.

Schama, Simon. *The Embarrassment of Riches: An Interpretation of Dutch Culture in the Golden Age.* Berkeley: University of California Press, 1988.

________ . *Citizens: A Chronicle of the French Revolution.* New York: Alfred A. Knopf, 1989.（サイモン・シャーマ『フランス革命の主役たち』上下、栩木泰訳、中央公論社、1994 年）

Schlesinger, Victoria. *Animals and Plants of the Ancient Maya.* Austin: University of Texas Press, 2001.

Schlosser, Eric. *Fast Food Nation.* New York: HarperCollins Publishers Inc., 2002.（エリック・シュローサー『ファストフードが世界を食いつくす』楡井浩一訳、草思社、2013 年）

Sen, Colleen Taylor. *Food Culture in India.* Westport, Connecticut: Greenwood Press, 2004.

Shapiro, Laura. *Perfection Salad: Women and Cooking at the Turn of the Century.* New York: Farrar, Straus & Giroux, 1986.（ローラ・シャピロ『家政学の間違い』種田幸子訳、晶文社、1991 年）

________ . *Something From the Oven: Reinventing Dinner in 1950s America.* New York: Viking, 2004.

Shaw, Timothy. *The World of Escoffier.* New York: Vendome, 1994.

Shephard, Sue. *Pickled, Potted, and Canned: How the Art of Food Preserving Changed the World.* New York: Simon & Schuster, 2000.（スー・シェパード『保存食品開発物語』赤根洋子訳、文藝春秋、2001 年）

Shindler, Merrill. *American Dish: 100 Recipes from Ten Delicious Decades.* Santa Monica: Angel City Press, 1996.

Sim, Alison. *Food and Feast in Tudor England.* New York: St. Martin's Press, 1997.

Simmons, Amelia. *The First American Cookbook.* A Facsimile of "American Cookery," 1796. New York: Dover Publications, Inc., 1984 (unabridged and unaltered republication of *American Cookery* as published by Oxford University Press, New York, 1958).

Sklar, Kathryn Kish. *Catharine Beecher: A Study in American Domesticity.* New York: W. W. Norton & Company, 1976.

Smith, Andrew F. *Peanuts.* Urbana: University of Illinois Press, 2002.

________. *Popped Culture.* Washington: Smithsonian Institution Press, 2001.

________. *The Tomato in America.* Columbia: University of South Carolina Press, 1994.

________, ed. *The Oxford Encyclopedia of Food and Drink in America.* New York: Oxford University Press, 2004.

Smith, Eliza. *The Compleat Housewife.* London: 1727; London, fifteenth edition, 1753; Facsimile, London: Literary Services and Production Limited; T. J. Press Ltd., 1968.

Sokolov, Raymond. *Why We Eat What We Eat: How the Encounter Between the New World and the Old Changed the Way Everyone on the Planet Eats.* New York: Summit Books, 1991.

Soustelle, Jacques. *Daily Life of the Aztecs.* Trans. Patrick O'Brian. Mineola, New York: Dover Publications, Inc., 2009.

Spang, Rebecca L. *The Invention of the Restaurant: Paris and Modern Gastronomic Culture.* Cambridge: Harvard University Press, 2000.（レベッカ・L・スパング『レストランの誕生：パリと現代グルメ文化』小林正巳訳、青土社、2001 年）

Spodek, Howard. *The World's History.* Upper Saddle River, New Jersey: Prentice Hall Inc., 1998.

Stewart, George. *The California Trail.* New York: McGraw-Hill Book Company, 1962.

Stewart-Gordon, Faith, and Nika Hazelton. *The Russian Tea Room Cookbook.* New York: Perigee Books (The Putnam Publishing Group), 1981.

Thoreau, Henry David. *Walden and Other Writings.* New York: Bantam Books, 1962.

Titanic: The Exhibition. Florida International Museum. Text by John P. Eaton and Charles A. Haas. Memphis, 1997.

Toland, John. *The Rising Sun: the Decline and Fall of the Japanese Empire, 1936–1945.* Toronto: Bantam Books, 1970.

Toussaint-Samat, Maguelonne. *A History of Food.* Oxford: Blackwell Publishers Ltd, 1992, 1994.（マ

グロンヌ・トゥーサン＝サマ『世界食物百科』玉村豊男監訳、原書房、1998年）
Twain, Mark. *Roughing It.* New York: New American Library, 1962.（マーク・トウェイン『苦難を乗りこえて：西部放浪記』勝浦吉雄、勝浦寿美訳、文化書房博文社、2008年）
Uccello, Antonino. *Pani e dolci di Sicilia.* Palermo: Sellerio editor, 1976.
Viola, Herman J., and Carolyn Margolis, eds. *Seeds of Change.* Washington, D.C.: Smithsonian Institution Press, 1991.
Volokh, Anne, with Mavis Manus. *The Art of Russian Cuisine.* New York: Macmillan Publishing Company, 1983.
Von Drachenfels, Suzanne. *The Art of the Table: a complete guide to table setting, table manners, and tableware.* New York: Simon & Schuster, 2000.
Washington, Booker T. *Up From Slavery.* New York: Penguin Books, 1986.（ブッカー・ワシントン『奴隷より身を起して』太田芳三郎、学生社、1960年）
Martha Washington's Booke of Cookery and Booke of Sweetmeats. Transcribed by Karen Hess with historical notes and copious annotations. New York: Columbia University Press, 1981.
Watson, Ben. *Cider Hard and Sweet: History, Traditions, and Making Your Own.* Woodstock, Vermont: The Countryman Press, 1999.
Watson, James L. *Golden Arches East: McDonald's in East Asia.* Stanford: Stanford University Press, 1997.（ジェームズ・ワトソン編『マクドナルドはグローバルか：東アジアのファーストフード』前川啓治他訳、新曜社、2003年）
West, Karen. *The Best of Polish Cooking.* New York: Weathervane Books, 1983.
What Mrs. Fisher Knows About Old Southern Cooking. Facsimile, with historical notes by Karen Hess. Bedford, Massachusetts: Applewood Books, 1995. (Mrs. Abby Fisher. San Francisco: Women's Co-operative Printing Office, 1881.)
Wheaton, Barbara Ketcham. *Savoring the Past: The French Kitchen and Table from 1300 to 1789.* University of Pennsylvania Press, 1983.（バーバラ・ウィートン『味覚の歴史：フランスの食文化――中世から革命まで』辻美樹訳、大修館書店、1991年）
White, Deborah Gray. *Ar'n't I a Woman? Female Slaves in the Plantation South.* New York: W. W. Norton & Company, 1985.
Willan, Anne. *Great Cooks and Their Recipes.* London: Pavilion Books Limited, 1995.（アン・ウィラン『西洋料理の巨匠とその料理：タイユヴァンからエスコフィエまで』辻静雄監修、坂東三郎訳、鎌倉書房、1981年）
________ . *La France Gastronomique.* New York: Arcade Publishing, 1991.
________ and l'École de Cuisine La Varenne. *The La Varenne Cooking Course.* New York: William Morrow and Company, Inc., 1982.
Williams, Eric. *From Columbus to Castro: The History of the Caribbean.* New York: Vintage Books, a Division of Random House, 1970.（E・ウィリアムズ『コロンブスからカストロまで：カリブ海域史 1492-1969』川北稔訳、岩波書店、2014年）
Williams, Susan. *Savory Suppers & Fashionable Feasts: Dining in Victorian America.* Knoxville: University of Tennessee Press, 1996.
Wilson, David Scofield and Angus Kress Gillespie. *Rooted in America: Foodlore of Popular Fruits and Vegetables.* Knoxville: The University of Tennessee Press, 1999.
Woodier, Olwen. *Apple Cookbook.* North Adams, Massachusetts: Storey Books, 2001, 1984.（オルウェン・ウディエ『アップル・ブック：おしゃれなりんご料理のレシピ』仙名怜子訳、朝日新聞社、1996年）
Woods, L. Shelton. *Vietnam: A Global Studies Handbook.* Santa Barbara, California: ABC Clio, 2002.
Wright, Clifford A. *A Mediterranean Feast.* New York: William Morrow and Company, Inc., 1999.
Wyman, Carolyn. *Spam: A Biography.* San Diego: Harcourt Brace & Company, 1999.
Young, Carolin C. *Apples of Gold in Settings of Silver.* New York: Simon & Schuster, 2002.
Zubaida, Sami, and Richard Tapper, eds. *Culinary Cultures of the Middle East.* London: I. B. Tauris Publishers, 1994.

雑誌・定期刊行物・新聞

Cooking Light, July 2002
Los Angeles Times (LAT)
National Geographic, August 2001, "France's Magical

Ice Age Art, Chauvet Cave"
New York Times (NYT)
New Yorker, January 7, 2002, "Ice Memory"

インターネットサイト

http://www.fdrlibrary.marist.edu/psf/box3/t37o02.html: "Ten Escape From Tojo," by Commander Melvin H. McCoy, USN, and Lieutenant Colonel S. M. Mellnik, USA, as told to Lieutenant Welbourn Kelley, USNR

Diabetes: http://www.cdc.gov/nccdphp/sgr/shalala.htm; http://www.cdc.gov/nccdphp/sgr/summ. htm

Diminished Capacity Defense: http://www.law.cornell.edu/background/insane/capacity.html

Doris Miller: http://www.navysna.org/awards/ Miller.htm; http://www.history.navy.mil/faqs/ faq57-4.htm; http://www.dorismiller.com; http:// www.dorismiller.com/history/dorismiller/ ussmiller.shtml; http://www.tsha.utexas.edu/ handbook/online/articles/view/MM/fmi55.html

The Edible Schoolyard: http://www. edibleschoolyard.org/missionstatement

Sherman: http://hnn.us/comments/1802.html; "Are the Media Right to Single Out William Tecumseh Sherman As the Most Reckless Civil War General of Them All?" by Dr. Michael Taylor

Siege of Leningrad: http://www.cityvision2000.com/history/900days.htm#Siege; http://motlc.wiesenthal.com/text/x19/xm1962.html

Sumeria: http://news.nationalgeographic.com/news/2001/05/0518_crescent.html

Sumerian Dictionary Project: http://news.nationalgeographic.com/news/2002/07/0723_020724_cuneiform.html

Thanksgiving Day: http://www.usus.usemb/se/Holidays/celebrate/thanksgi.html

United States Army rations: www.qmmuseum. lee.army.mil/historyweek/oct21-27.htm; www.qmmuseum.lee.army.mil/historyweek/dec2-8. htm; "The Enchanted Forest," by Major John A. Porter, Q.M.C., *The Quartermaster Review*, March-April 1934.

小冊子

Castles Neuschwanstein and Hohenschwangau, Copyright by Verlag Kienberger [no date]

注

序章

1 Nabhan, Why Some Like It Hot, 30.

第 1 章

1 Stephen J. Pyne, *World Fire*, 3.
2 http://www.nytimes.com/2009/04/21/science/21conv.html?pagewanted=print
3 http://hnn.us/roundup/entries/89571.html
4 LA Times, 7/11/2002, 1.
5 Brothwell, *Food in Antiquity*, 32.
6 Tannahill, *Food in History*, 32.
7 Klein and Edgar, *Dawn of Human Culture*, 156.
8 Flandrin and Montanari, *Food*, 17
9 *Ibid.*, 144.
10 Tannahill, *Food*, 15.
11 Achaya, *Indian Food*, 5.
12 Cass, *Dancing Through History*, ix.
13 *Ibid.*, 3–8.
14 *Ibid.*, 7.
15 Frazer, *TheGoldenBough*, 21;24.Janson, *ABasic History of Art*, 32–35.
16 Brothwell, *Food in Antiquity*, 19.
17 Achaya, *Indian Food*, 3.
18 *Ibid.*, 202–203.
19 *Ibid.*, 199.
20 Klein, *Human Culture*, 17.
21 McGee, *On Food and Cooking*, 234.
22 *Ibid.*, 275.
23 Brothwell, *Food in Antiquity*, 194.
24 Woodier, *Apple Cookbook*, 1–2.
25 Courtwright, *Forces of Habit*, 9.
26 Brothwell, *Food in Antiquity*, 165.
27 McGee, *Food and Cooking*, 370.
28 Davidson, *Oxford Companion to Food*, 384.
29 Phillips, *Wine*, 24.
30 Spodek, *World's History*, 48–49.
31 *Ibid.*
32 Brothwell, *Food in Antiquity*, 166.
33 Flandrin and Montanari, *Food*, 40.
34 Bottero, *Oldest Cuisine*, 43.
35 *Ibid.*, 112–113.
36 *Ibid.*, 114.
37 *Ibid.*, 117.
38 *Ibid.*, 26.
39 *Ibid.*, 29–30.
40 *Ibid.*, 35.
41 *Ibid.*, 81.
42 *Ibid.*, 81.
43 Flandrin and Montanari, *Food*, 35.
44 *Ibid.*, 19.
45 *Ibid.*, 118–120.
46 Tannahill, *Food in History*, 47.
47 http://news.nationalgeographic.com/news/2001/05/0518_crescent.html
48 *www.alchemy.com*
49 Woodier, *Apple Cookbook*, 2.
50 Roden, *Middle Eastern Food*, 268.
51 *Ibid.*
52 Spodek, *World's History*, 71.
53 McGee, *On Food and Cooking*, 170–171.
54 History Channel, *Egypt Beyond thePyramids*.
55 Flandrin and Montanari, *Food*, 13.Brothwell, *Food in Antiquity*, 54.
56 History Channel, *Egypt Beyond thePyramids*.
57 Tannahill, *FoodinHistory*, 52–53.
58 Flandrin (Edda Bresciani, "Food Culture in Ancient Egypt"), 39.
59 Zborowski and Herzog, *Life Is With People*, 368.
60 *Ibid.*, 368–369.
61 The Holy Bible (Cleveland: The World Publishing Company, 1962), 53.*Exodus*, 5–11.
62 *Exodus*, 12. Zborowski and Herzog, *Life Is With People*, 388–89.
63 Anderson, *Food of China*, 45.
64 Kurlansky, *Salt*, 19–21.
65 Miller, *The Spice Trade*, 43.
66 http://www.math.nus.edu.sg/aslaksen/calendar/chinese.shtml
67 http://www.chinascape.org/china/culture/holidays/hyuan/newyear.html#origin
68 http://www.new–year.co.uk/chinese/history.htm
69 http://memory.loc.gov/ammem/collections/

jefferson_papers/mtjtime1.html
70 Kurlansky, *Salt*, 31.
71 Achaya, *Indian Food*, 18–29.
72 *Ibid.*, 11.
73 *Ibid.*, 18.
74 *Ibid.*, 110, 113, 108, 111.
75 *Ibid.*, 38.
76 *Ibid.*, 9.
77 Farb, *Consuming Passions*, 141–146.
78 Anderson, *Food of China*, 6.

第２章

1 *Food*, Massimo Montanari, "Introduction:Food Systems and Models of Civilization, "69.
2 http://www.theoi.com/Olympios/Demeter.html;Homeric Hymn 2 to Demeter 275ff.
3 http://seds.lpl.arizona.edu/Maps/Stars_en/Fig/virgo.html
4 Depending on which translation. *Handbook of Greek Mythology* says pennyroyal; Hamilton's *Mythology* says barley-water andmint.
5 http://www.theoi.com/Olympios/DemeterGoddess.html
6 http://www.theoi.com/Olympios/DemeterGoddess.html, Homeric Hymn 2to Demeter 205
7 http://www.theoi.com/Olympios/Dionysos.html
8 http://www.theoi.com/Olympios/DionysosGod.html
9 Flandrin and Montanari, *Food*, 94.
10 http://www.theoi.com/Olympios/Dionysos.html, citing Paus. viii. 39. § 4; Theocrit. xxvi. 4; Plut. *Sympos*.iii.5;Eustath.*ad Hom*.87;Virg. *Eclog*.v. 30;Hygin.*Poët.Astr*.ii.23;Philostr. *Imag*.ii.17; *Vit. Apollon*. iii.40.
11 http://www.theoi.com/Olympios/DionysosGod.html, quoting Athenaeus, Deipnosophistae 2.36a-b
12 Courtwright, *Forces of Habit*, 10.
13 Flandrin and Montanari, *Food*, 97.
14 Archestratus, *The Life of Luxury*, 21.
15 Flandrin and Montanari, *Food*, 100.
16 http://www.theoi.com/Olympios/DionysosGod.html
17 Isaac Asimov, *Words of Science*, 20;*OED*.
18 Dalby and Grainger, *The Classical Cookbook*, 42.
19 *Ibid.*, 43–44.
20 Taylor, *Olive in California*, 7.
21 Davidson*, Oxford Companion*, 551–553.
22 Taylor, *The Olive in California*, unless otherwise noted.
23 Davidson, *Oxford Companion*, 553.
24 Toussaint-Samat, *History of Food*, 299–301.
25 Farb, *Consuming Passions*, 62.
26 Tannahill, *Food in History*, 61.
27 *Food*, Marie-Claire Amouretti, "Urban and Rural Diets in Greece, "82.
28 Tannahill, *FoodinHistory*, 65.
29 *Food*, Marie-Claire Amouretti, "Diets in Greece, " 82.
30 Brothwell, *Food in Antiquity*, 201.
31 Flandrin and Montanari, *Food*, 288.
32 http://penelope.uchicago.edu/Thayer/E/Roman/Texts/Athenaeus/1A*.html
33 Grant, *Founders of the Western World*, 68.
34 Flandrin and Montanari, *Food*, 87, quoting Antiphanes in *Apud Athenaeum*, 370e.
35 Toussaint-Samat, *History of Food*, 622.
36 同じ像がローマとアメリカのジョージア州にある。イタリアの独裁者ベニト・ムッソリーニが1929年にジョージア州の絹工場の開設を祝って、ローマにあるロムルスとレムスの像の複製を贈ったのである。絹工場の親会社はイタリアにあった。イタリアがアメリカの敵になった第二次世界大戦中、怒りに駆られた市民が爆破すると脅したので、その像はやむなく下ろされ、隠された。
37 Grant, *Founders*, 144–145.
38 http://www.theoi.com/Olympios/DemeterGoddess.html, quoting Ovid, Metamorphoses5.341
39 タナヒルは、ローマ人がその地を温存し穀物を栽培したと述べている。(72–73)
40 Bober, *Art, Culture, & Cuisine*, 190.
41 Miller, J. Innes. *The Spice Trade of the Roman Empire*, 29B.C.toA.D.641. Oxford at the Clarendon Press, 1969;23, 278, 279.
42 Woodier, *Apple Cookbook*, 2.
43 Tannahill, *Food in History*, 64.
44 Davidson, *Oxford Companion*, 672–673.
45 Phillips, *Wine*, 34.
46 *Ibid.*, 34.
47 *Ibid.*, 35.
48 Toussaint-Samat, *Food*, 296–297.

49 ローマの男性戦士の社会では、ハチの社会がまさに自分たちの社会と同様だと考えられていた。戦争をするために、他のすべてのハチを強力なオスの皇帝バチが率いていると。女王バチだとは考えもしなかった。Lacey &Danziger, *The Year 1000*, 139.

50 Farrar, *Ancient Roman Gardens*.

51 Shelton, *As the Romans Did*, 75–78.

52 http://penelope.uchicago.edu/Thayer/E/Roman/Texts/Cato/De_Agricultura/C*.html

53 http://penelope.uchicago.edu/Thayer/E/Roman/Texts/Cato/De_Agricultura/G*.html. Cato, *de Agricultura*, 119.

54 http://penelope.uchicago.edu/Thayer/E/Roman/Texts/Cato/De_Agricultura/G*.html. Cato, *de Agricultura*, 121.

55 Shelton, 72–74.

56 *Ibid.*, 83–84, quoting *Geoponica*20.46.1–5.

57 *Ibid.*, 130–131.

58 Vehling, *Apicius*, 9–11.

59 *Food*, 134.

60 *Ibid.*, 137.

61 Vehling, *Apicius*, 161.

62 *Ibid.*, fn, 114–115.

63 Brothwell, *Food in Antiquity*, 48–49.

64 *Ibid.*, 52.

65 www.gmu.edu/departments/fld/classics/apicius4.html

66 Grant, *Western World*, 263.

67 www.gardenmedicinals.com

68 History Channel, *The XY Factor: The History of Sex: Ancient Civilizations*.

69 Dalby and Grainger, *Classical Cookbok*, 24.

70 *Ibid.*, 112, 46–47, 111, 129, 102.

71 http://ancienthistory.about.com/library/bl/bl_text_satyricon2_36.htm

72 http://ancienthistory.about.com/library/bl/bl_text_satyricon2_49.htm, 50.htm

73 Shelton, *Roman Gardens*, 79.

74 Tannahill, *Food in History*, 74–76.

75 *Food*, 136.

76 *Food*, 135.

77 Lacey & Danziger, *Year 1000*, 12–13, 53.

78 Diamond, *Guns, Germs, and Steel*, 205, 207.

79 McNeill, *Plagues and Peoples*, 107–108.

80 Visser, *Much Depends on Dinner*, 77.

81 Spodek, *World History*, 152.

82 *Food*, 129–130.

83 Tannahill, *Food in History*, 92.

84 Garnsey, *Food and Society in Classical Antiquity*, 68.

85 Miller, *Spice Trade*, 25.

第3章

1 Phillips, *Short History of Wine*, 75.

2 Hugh Magennis. *Anglo-Saxon Appetites*. Bodmin, Cornwall, Great Britain: MPG Books, 1999;94.

3 *OED*, I, 1557, 1663.

4 Flandrin, 309–311.

5 Flandrin, 308. Rawcliffe, *Medicine and Society*, 33. Wheaton, *Savoring the Past*, 35.Farb, 119.

6 Flandrin, *Food*, “Seasoning, Cooking, and Dietetics in the Late Middle Ages, ” 318.

7 Flandrin, *Food*, 407, 421.

8 *Ibid.*, 316–317.

9 *Ibid.*, 422.

10 Flandrin, *Food*, 314.

11 Farb, *Consuming Passions*, 121.

12 www.ostvik.org/articles/viking_food.html.

13 Phillips, *Wine*, 85.

14 McGee, *On Food and Cooking*, 236.

15 Dalby, *Flavours of Byzantium*, 65.

16 *Ibid.*, 133–146.

17 *Ibid.*, 147–160.

18 *Ibid.*, 161–162.

19 *Ibid.*, 163–169.

20 Dalby, *Dangerous Tastes: The Story of Spices*, 86–87.

21 Flandrin, *Food*, 189.

22 *Ibid.*, 189.

23 *Food in Russian History and Culture*, 29, n. 34;20, n.21.

24 http://wwwlib.usc.edu/~jnawaz/ISLAM/ PILLARS/FastFiqh.html

25 *Fast and Feast*, 106.

26 Achaya, *Indian Food*, 160.

27 Barer-Stein, *You Eat What You Are*, 397.

28 *Ibid.*, 303.

29 Wright, *Mediterranean Feast*, 118.

30 Roden, *Middle Eastern Food*, 234.

31 *Ibid.*, 246–248.

32 *Ibid.*, 250–251.

33 *Ibid.*, 277.
34 *Ibid.*, 305 (imam bayaldi), 302(filling).
35 Wright, *Mediterranean Feast*, 325.
36 *Ibid.*, 499.
37 Davidson, *Oxford Companion*, 523.
38 Flandrin, *Food*, 208.
39 Pendergrast, *Uncommon Grounds*, 4.
40 *Ibid.*, 5–6.
41 *Ibid.*, 12.
42 *Ibid.*, 6.
43 *Ibid.*, 7–18.
44 Levenson, *Habeas Codfish*, 13.
45 Flandrin, *Food*, 281.
46 *Ibid.*, 275.
47 Phillips, *Wine*, 111.
48 Flandrin, *Food*, 117–119.
49 Home Wine/Beer Clubemail.
50 Phillips, *Wine*, 85.
51 キアンティは映画『羊たちの沈黙』の中で、食人鬼のレクター博士が犠牲者の一人について述べる科白で有名になった。「旨いキアンティを飲みながら、彼女の肝臓をソラ豆とともに食べたんだ」。
52 Phillips, *Wine*, 98–99.
53 *Ibid.*, 96.
54 *Ibid.*, 104–105.
55 *Ibid.*, 107–111.
56 http://www2.potsdam.edu/hansondj/controversies/1114796842.html
57 Lacey and Danziger, *The Year 1000*, 137.
58 Cass, *Dancing Through History*, 41.
59 シベリアはロシア東部の遠隔地。共産主義者が流刑地とした。
60 Quoted in Wheaton, *Savoring the Past*, 6.
61 Willan, *Great Cooks and Their Recipes*, 9.
62 Davidson, *Oxford Companion*, 12.
63 Beecher, *Domestic Receipt-Book*, 177.
64 Rombauer, et al., *Joy of Cooking* (1997), 1039.
65 Beecher, *Domestic Receipt-Book*, 118; Child, *The American Frugal Housewife*, –119; Hale, *Early American Cookery*, 78–79; Randolph, *TheVirginia Housewife*, 147.
66 Wheaton, *Savoring the Past*, 16.
67 Elias, *Manners*, Vol.1, 64, 153, 85, 87, 88.
68 *Cooking Live*, 11/5/01, Elizabeth Ryan, pomologist.
69 Woodier, *Apple Cookbook*, 42.
70 Wright, *Mediterranean Feast*, 622.
71 この植民地に関する優れたフィクションとしては、ジェーン・スマイリーの小説（『グリーンランドの人々 *The Greenlanders*』）がある。
72 Le Goff, *The Medieval World*, 116.

73 http://www.crs4.it/~riccardo/Letteratura/Decamerone/Ottava/8_03.htm
74 Kagan, et al., *Western Heritage*, 298.
75 Davidson, *Oxford Companion*, 367.
76 Algar, *Classical Turkish Cooking*, 10.
77 *Ibid.*, 11.

第 4 章

1 Flint, *The Imaginative Landscape of Christopher Columbus*, 4–5.
2 Kamen, *Inquisition and Society in Spain*, 11.
3 Krupp, *Echoes of the Ancient Skies*, 270.
4 Coe, *America's First Cuisines*, 200.
5 http://dsc.discovery.com/news/2009/06/08/machu picchuspirit.html
6 http://www.nap.edu/openbook.php?record_id=1398&page=4
7 *Ibid.*
8 *Ibid.*, 149.
9 *Ibid.*, 151.
10 Coe, *Cuisines*, 174–175.
11 *Ibid.*, 170–171.
12 Sokolov, *Why We Eat*, 86.
13 Coe, *Cuisines*, 201.
14 http://www.nap.edu/openbook.php?record_id=1398&page=23
15 *Ibid.*, 182.
16 http://www.nap.edu/openbook.php?record_id=1398&page=23
17 Coe, *Cuisines*, 198.
18 McGee, 170.
19 http://www.nap.edu/openbook.php?record_id=1398&page=276
20 *Ibid.*, 22
21 *Ibid.*, 23
22 Dor-Ner, *Columbus*, 266.
23 Toussaint-Samat, *Food*, 711.
24 Dor-Ner, *Columbus*, 266.
25 *Ibid.*, 268.
26 *Ibid.*, 266.

27 Beck, et al., *World History*, 535.
28 Dor-Ner, *Columbus*, 267.
29 Toussaint-Samat, *Food*, 717.
30 Viola and Margolis, *Seeds of Change*, 48.
31 Dor-Ner, *Columbus*, 269.
32 Dor-Ner, *Columbus*, 267.Toussaint-Samat, *Food*, 717.
33 Davidson, *Oxford Companion*, 627.
34 *Ibid*., 628.
35 Toussaint-Samat, *Food*, 723.
36 Davidson, *Oxford Companion*, 627.
37 Toussaint-Samat, *Food*, 725.
38 http://www.conagrafoodscompany.com/corporate/aboutus/company_history_timeline.jsp
39 Viola and Margolis, *Seeds of Change*, 255.
40 http://www.conagrafoodscompany.com/corporate/aboutus/company_history_timeline.jsp
41 http://www.nap.edu/openbook.php?record_id=1398&page=173.
42 *OED*, 559.
43 Fussell, *Story of Corn*, 17.
44 Beck, et al., *World History*, 213.
45 Sokolov, *Why We Eat*, 82.
46 Fussell, *Corn*, 249–250.
47 http://www.nap.edu/openbook.php?record_id=1398&page=204
48 *Ibid*., 205
49 *Ibid*., 214, 216, 218.
50 *Ibid*., 287.
51 *Ibid*., 276.
52 *Ibid*., 195
53 Sokolov, *Why We Eat*, 83.
54 *Ibid*., 19.
55 *Ibid*., 14.
56 Rain, *Vanilla*, 2.
57 Davidson, *Oxford Companion*, 821.
58 Rain, *Vanilla*, 73.
59 *Ibid*., 79.
60 Rain, *Vanilla*, 5.
61 Kimball, ed., *Thomas Jefferson's Cook Book*, 13.
62 Rain, *Vanilla*, 81.
63 *Ibid*., 153.
64 *Ibid*.
65 *Ibid*., 129.
66 *Ibid*., 130.
67 *Ibid*., 153.
68 http://www.harpers.org/index/1986/11/26
69 Rain, *Vanilla*, 300.
70 http://www.harpers.org/index/1986/11/26
71 Rain, *Vanilla*, 8.
72 McGee, *On Food and Cooking*, 430, 432.
73 http://www.library.northwestern.edu/govinfo/news/2009/07/ice_cream.html
74 Schlesinger, *Animals and Plants of the Ancient Maya*, 30–31.
75 http://www.eric.ed.gov/ERICWebPortal/custom/portlets/recordDetails/detailmini.jsp?_nfpb=true&_&ERICExtSearch_Sea rch-Value_0=EJ431111&ERICExtSea rch_Search-Type_0=no&accno=EJ431111
76 http://www.criscenzo.com/jaguarsun/popolvuh.html
77 Simon Martin. "Cacao in Ancient Maya Religion, " in *Reconstructing Ancient Maya Diet*, ed. Christine D. White. Salt Lake City: The University of Utah Press, 1999;156.
78 *Ibid*., 162–163.
79 Martin, "Cacao, "165.
80 http://sciencereview.berkeley.edu/articles.php?issue=10&article=beerchocolate
81 David Stuart, "The Language of Chocolate: References to Cacao on Classic Maya Drinking Vessels, " in *Reconstructing Ancient Maya Diet*, ed. Christine D. White. Salt Lake City: The University of Utah Press, 1999;191.
82 *Ibid*., 193.
83 Schlesinger, *Ancient Maya*, 56.
84 Coe, *Cuisines*, 141.
85 Schlesinger, *Animals and Plants of the Ancient Maya*, 132–134.
86 Schlesinger, *Ancient Maya*, 180.
87 *Ibid*., 105.
88 *Ibid*., 269.
89 Soustelle, *Daily Life Aztecs*, 96–99.
90 Coe, *Cuisines*, 98.
91 *Ibid*., 110.
92 *Ibid*., 111.
93 Pilcher, *¡Que Vivan Los Tamales!*, 13.
94 *Ibid*., 12.
95 *Florentine Codex*, Book 2, Part III, 64.
96 *Ibid*.,
97 http://aces.nmsu.edu/news/1999/110299_bluecorn.html

98 Pilcher, *¡Que Vivan Los Tamales!*, 11.
99 Fussell, *Corn*, 202.
100 *Florentine Codex*, Book 2, Part III, 97.
101 *Ibid.*, 14.
102 *Ibid.*, 65.
103 *Ibid.*, 29.
104 http://www.hort.purdue.edu/newcrop/1492/amaranths.html
105 Coe and Coe, *True History of Chocolate*, 89–93.
106 http://sciencereview.berkeley.edu/articles.php?issue=10&article=beerchocolate
107 *Ibid.*, 97.
108 *Ibid.*, 98.
109 Coe, *Cuisines*, 97.
110 *Ibid.*, 99–100.
111 *Ibid.*, 100–101.
112 Pilcher, *¡Que Vivan Los Tamales!*, 18.
113 Krupp, *Echoes of the Ancient Skies*, 245.
114 http://www.accessgenealogy.com/native/tribes/pima/pimaindianhist.htm
115 Fussell, *Corn*, 200, 202.
116 http://www.nap.edu/openbook.php?record_id=1398&page=195
117 http://www.hotsauce.com/ScovilleHot Sauce Heat Scales/78.htm
118 http://www.hotsauce.com/ScovilleHot Sauce Heat Scales/78.htm
119 Nabhan, *Gathering the Desert*, 123–124.
120 *Ibid.*, 126.
121 *Ibid.*, 128.
122 www.press.uchicago.edu/Misc/Chicago/101363.html
123 http://cahokiamounds.org/learn/;http:// cahokiamounds.org/explore/
124 Dor-Ner, *Columbus and the Age of Discovery*, 119.
125 ニーニャ号の全長は 30 メートル足らず。鄭和の船は全長 100 メートル以上。
126 Dor-Ner, *Columbus and the Age of Discovery*, 120.
127 *Ibid.*, 133–134.
128 *Ibid.*, 118.
129 *Ibid.*, 125.
130 これが正確にどの島かは不明。
131 Dor-Ner, *Columbus and the Age of Discovery*, 149.

第 5 章

1 Crosby, *Columbian Exchange*, 3.
2 Silverberg, *Pueblo Revolt*, 63.
3 Coe, *America's First Cuisines*, 70–71.
4 Suzanne Austin Alchon, *A Pest in the Land: New World Epidemics in a Global Perspective*, 69, 73.
5 http://discovermagazine.com/2006/feb/megadeath-in-mexico
6 *Ibid.*, 53.
7 Suzanne Austin Alchon, *A Pest in the Land: New World Epidemics in a Global Perspective*, 69, 73.
8 Crosby, *Columbian Exchange*, 67.
9 *Ibid.*, 106.
10 *Ibid.*, 79.
11 Coe and Coe, *Chocolate*, 216–218.
12 Bayless, *Mexican Kitchen*, 276, 286–287.
13 *NYTimes*, August 14, 2002.
14 Diana Kennedy, *Cuisines of Mexico*, 16–18.
15 Silverberg, *Pueblo Revolt*, 27.
16 Sokolov, *Why We Eat*, 88.
17 Phillips, *Wine*, 156–159.
18 Sokolov, *Why We Eat*, 84.
19 Crosby, *Exchange*, 84–87.
20 *Ibid.*, 85.
21 Ortiz, *Latin American Cooking*, 153–157.
22 Molina, *Secretos de las Brasas*, 20, 22, 26.
23 Ortiz, *Latin American Cooking*, 38–39.
24 Crosby, *Exchange*, 83.
25 Beck, et al., *World History*, 497.
26 Ortiz, *Latin American Cooking*, 215.
27 Davidson, *Oxford Companion*, 141.
28 Ortiz, *Latin American Cooking*, 333.
29 Mintz, *Sweetness*, 45–54, unless otherwise noted.
30 Phillips, *Wine*, 153.
31 McPhee, *Oranges*, 71.
32 Courtwright, *Habit*, 150.
33 www.history.ufl.edu/west1/nar1.htm
34 *Ibid.*, 50.
35 Beck, et al., *World History*, 497.
36 Davidson, *Oxford Companion*, 94, 103.
37 www.backusturner.com/demarera[sic]/history
38 McPhee, *Oranges*, quoting Samuel Pepys, 86.
39 Dor-Ner, *Columbus and Age of Discovery*, 171.
40 Crosby, *Columbian Exchange*, 199.

41 Crosby, *Columbian Exchange*, 191.
42 *Ibid*., 166; all statistics except 2008.
43 http://www.nationsonline.org/oneworld/world_population.htm
44 Project Gutenberg, Etext of *Don Quixote* by Miguel de Cervantes, Chapter I.
45 *Ibid*., Chapter II.
46 Davidson, *Oxford Companion*, 494.
47 Gutenberg, *Quixote*, Chapter LIX.
48 *Ibid*., Chapter II.
49 *Ibid*., Chapter LIX.
50 *Ibid*., Chapter XLIX.
51 *Ibid*., Chapter XX.
52 Flandrin, "Seasoning, Cooking, Dietetics in the Late Middle Ages, " *Food*, 313.
53 Davidson, *Oxford Companion*, 232.
54 Flandrin, "Seasoning, " *Food*, 319.
55 Allen J. Grieco, "Food and Social Classes in Late Medieval and Renaissance Italy, " in *Food*, ed. Flandrin, 307, 303.
56 Klapisch-Zuber, *Women, Family, and Ritualin Renaissance Italy*, 106–107.
57 Burke, *The Italian Renaissance*, 70.
58 Willan, *Great Cooks*, 23.
59 Davidson, *Oxford Companion*, 613.
60 Martino, *The Art of Cooking*, intro. Ballerini, fn 44.
61 *Ibid*., 11, 14.
62 *Ibid*., 5.
63 *Ibid*., 5–6.
64 *Ibid*., 52.
65 *Ibid*., 69.
66 *Ibid*., 30.
67 *Ibid*., 49.
68 *Ibid*., 57.
69 *Ibid*., 80.
70 *Ibid*., 68.
71 Terence Scully. *The Art of Cooking in the Middle Ages*.Woodbridge, England:TheBoydell-Press, 1995;253.
72 Willan, *Great Cooks*, 37.
73 *Ibid*., 39–40.
74 *Ibid*., 40.
75 Ken Albala, *Eating Right in the Renaissance*, 12–13.
76 Albala, *Eating Right*, 1.
77 *Ibid*., 82.
78 http://www.escholarship.org/editions/view?docId=kt587020gg&chunk.id=fm04&toc.depth=1&toc.id=fm04&brand=ucpress
79 Albala, *Eating Right*, 88.
80 Martino, *Art of Cooking*, fn.56.
81 *Ibid*., 44.
82 Wheaton, *Savoring the Past*, 43.
83 Ochorowicz-Monatowa, *Polish Cookery*, throughout book; Google Translator.
84 Chamberlin, *The Bad Popes*, 167.
85 Luther, *Conversations*, 170.
86 Mayson, *Port*, 5.
87 Kagan, Osment, Turner, *Western Heritage*, 367.
88 Sass, *To the Queen's Taste*, 18.
89 *A New Booke of Cookerie*.
90 Sass, *Queen's Taste*, 26.
91 *Ibid*., 19–20.

第 6 章

1 Braudel, *Mediterranean*, Vol. II, 1088.
2 Bailey and Kennedy, *American Spirit*, 29.
3 Carney, *Black Rice*, 165.
4 *Ibid*., 118–122.
5 *Ibid*., 53.
6 Hess, *Carolina Rice Kitchen*, 93.
7 Cronon, *Changes in the Land*, 22.
8 *Ibid*., 45, and n.17.
9 *Ibid*., 35–37.
10 *Ibid*., 29, 38.
11 Nearing, *Maple Sugar Book*, 26.
12 *Ibid*., 23–24.
13 Brillat-Savarin, *Physiology of Taste*, 78.
14 Simmons, *The First American Cookbook*, 28.
15 Kurlansky, *Cod*, 51.
16 *Ibid*., 81.
17 "Father and I went down to camp along with Captain Gooding / And there we saw themen and boys, as thick as hastypudding."
18 Brown, *Early American Beverages*, 40.
19 *Ibid*., 39.
20 *Ibid*., 67.
21 *Ibid*., 19.
22 *Ibid*., 17.
23 Franklin, *Autobiography*, 76–77.
24 Davidson, *Oxford Companion to Food*, 254.
25 Hutchinson, *New Pennsylvania Dutch Cookbook*, 93.

26 *Ibid.*, 150–151.
27 Hazelton, *The Swiss Cookbook*, 48.
28 http://www.lib.ksu.edu/depts/spec/rarebooks/cookery/glasse1747.html.
29 Glasse, *Art of Cookery*, 4.
30 *Ibid.*, 5.
31 *Ibid.*, 7.
32 *Ibid.*, 6.
33 *Ibid.*, 76.
34 *Ibid.*, 24.
35 *Ibid.*, 21.
36 Kia, *Sweden's Regional Recipes*, 129–131.
37 Brown, *Early American Beverages*, 20.
38 茶を密輸したのはアメリカ人だけではない。1784年イギリス人は消費する茶の1/3をわずかに超える量について納税しただけで、残りは密輸された。
39 Paine, *Common Sense*, 83.
40 *Ibid.*, 86.
41 *Ibid.*, 87.
42 Brown, *Early American Beverages*, 22.
43 Bailey, etal., *American Pageant*, Vol.I, 136.
44 History Channel, "Save Our History: Valley Forge National Historical Park."
45 Kimball, *Martha Washington Cook Book*, 18.
46 *Ibid.*, 32–34.
47 Phillips, *Wine*, 170.
48 Ambrose, *Undaunted Courage*, 41.
49 Simmons, *The First American Cookbook*, 3–4.
50 Gutman, *Black Family*, 332–333.
51 Simmons, *American Cookery*, 2nd ed.
52 Election Cake, *The Boston Cooking School Cookbook*.www.bartleby.com/87/rl550.html.
53 Hatch, *Democratization of American Christianity*, 96.
54 Land, *New Orleans Cuisine*, 36, 29.
55 *Ibid.*, 23.
56 Rosenberg, *Cholera Years*, 47.
57 Stewart, *Overland Trail*, 293.
58 *Ibid.*, 182.
59 *Ibid.*, 78.
60 *Ibid.*, 79.
61 Holliday, *The World Rushed In*, 313.
62 West, *Growing Up with the Country*, 13.
63 Dunaway, *No Need to Knead*, 32.
64 Pendergrast, *Uncommon Grounds*, 56–57.
65 Holliday, *World Rushed*, 315, 331.
66 http://www.levistrauss.com/about/history/timeline.asp.
67 Holliday, *World Rushed In*, 97.
68 Shephard, *Pickled, Potted*, 216.
69 Hurtado, *Indian Survival on the California Fron- tier*, 3.

第7章

1 Spodek, *World's History*, 408.
2 Anderson, *The Food of China*, 7–8.
3 Spodek, *World's History*, 407.
4 Schama, *An Embarrassment of Riches*, 169.
5 *Ibid.*, 176.
6 *Sensible Cook*, 43.
7 *Ibid.*, 26–127.
8 *Ibid.*, 6–7.
9 *Ibid.*, 66.
10 *Ibid.*, 67.
11 *Ibid.*, 51.
12 Schama, *Embarrassment*, 177. Quoting Burema, L. *De voeding in Nederland von de Middeleeuwen tot de twintigste Eeuw*. Assen, 1953.
13 Schama, *Embarrassment*, 186, 184.
14 *Sensible Cook*, 26.
15 Druett, *Rough Medicine*, 142.
16 *Food for Athletes*, 48.
17 Brennan, *Original Thai Cookbook*, 23.
18 Druett, *Rough Medicine*, 142.
19 Kia, *Sweden's Regional Recipes*, 112.
20 Doub, *Tastes & Tales of Norway*, 59.
21 Gjerde, *Peasants to Farmers*, 25.
22 *Ibid.*, 54.
23 Roalson and Bourret, *Norwegian Touches*, 17.
24 Doub, *Tastes & Tales of Norway*, 68.
25 *Ibid.*, 11.
26 Gjerde, *Peasants*, 34–37.
27 *Ibid.*, 126.
28 *Ibid.*, 3.
29 Roalson and Bourret, *Norwegian Touches*, 18.
30 Doub, *Tastes & Tales of Norway*, 3.
31 Gjerde, *Peasants*, 179.
32 *Ibid.*, 139.
33 Gaski, *Sami Culture*, 94.
34 Glants and Toomre, *Food in Russian History and Culture*, 3.
35 *Ibid.*, 4.
36 http://samovars.net

37 *LA Times Book Review*, 5/29/2005, R4.
38 Willan, *Great Cooks and Their Recipes*, 59.
39 Davidson, *Oxford Companion to Food*, 232.
40 Pendergrast, *Uncommon Grounds*, 10.
41 *Ibid.*, 15–16.
42 Kagan, et al., *Western Heritage*, 436.
43 Wheaton, *Savoring the Past*, 136.
44 McGee, *On Food and Cooking*, 70.
45 *Ibid.*, 69.
46 *Ibid.*, 82–84.
47 Camporesi, *Exotic Brew*, 47.
48 Young, *Apples of Gold*, 179.
49 *Ibid.*, 180.
50 *Ibid.*, 174.
51 Camporesi, *Exotic Brew*, 8.
52 *Ibid.*, 4.
53 *Adam's Luxury and Eve's Cookery*, 112–114.
54 Wheaton, *Savoring the Past*, 99.
55 Suzanne Von Drachenfels, *Art of the Table*, 49–51, 59. Young, *Apples*, 151–152, 174.
56 Wheaton, *Savoring the Past*, 201.
57 Camporesi, *Exotic Brew*, 37.
58 Pascal Ory, quoted in Spang, *Invention of the Restaurant*, 206.
59 Kaplan, *Bakers of Paris*, 23–24.
60 *Ibid.*, 464.
61 *Ibid.*, 66–70.
62 *Ibid.*, 215–218.
63 *Ibid.*, 470.
64 *Ibid.*, 475.
65 *Ibid.*, 464–466.
66 *Ibid.*, 101–102.
67 *Ibid.*, 106.
68 Schama, *Citizens*, 314–315.
69 http://memory.loc.gov/ammem/collections/jefferson_papers/mtjtime3a.html
70 Waters, *Chez Panisse Menu Cookbook*, 111.
71 Spang, *Restaurant*, 123–127.
72 *Ibid.*, 139.
73 *Ibid.*, 191.
74 *OED*, 1119.
75 http://www.escholarship.org/editions/view?docId=kt587020gg&chunk.id=fm04&toc.depth=1&toc.id=fm04&brand=ucpress
76 Brillat-Savarin, *The Physiology of Taste*, 51.
77 *Ibid.*, 95.
78 *Ibid.*, 311–313.
79 Willan, *Great Cooks*, 143.
80 Kelly, *Cooking for Kings*, 247.
81 *Ibid.*, 172–181.
82 *Ibid.*, 19.
83 Escoffier, *Guide*, 528.
84 Roueché, *Medical Detectives*, Vol. II, 302–305.
85 Bailey, et al., *American Pageant I*, 219.
86 Shephard, *Pickled, Potted, Canned*, 226–227.
87 Austin, 1812 *The Great Retreat*, 80.
88 *Ibid.*, 26.
89 *Ibid.*, 26.
90 *Ibid.*, 84.
91 *Ibid.*, 80.
92 *Ibid.*, 129.
93 *Ibid.*, 34.
94 *Ibid.*, 133.
95 *Ibid.*, 370.
96 *Ibid.*, 35.
97 *Ibid.*, 97.

第 8 章

1 Gutman, *Black Family in Slavery and Freedom 1750–1925*, 336.
2 *Ibid.*, 103.
3 Fox-Genovese, *Plantation Household*, 118–119.
4 *What Mrs. Fisher Knows*, 90.
5 Fox-Genovese, *Plantation Household*, 159.
6 White, *Ar'n't I a Woman?*, 100.
7 Bailey and Kennedy, *American Spirit*, 321–322.
8 Sklar, *Catherine Beecher*, 155.
9 http://massmaple.org/history.php
10 *Underground Railroad*, 26.
11 Smith, *Blockades and Bread Riots (ms.)*, 6.
12 *Ibid.*, 21.
13 ftp://gutenberg.mirrors.tds.net/pub/gutenberg.org/4/3/6/4367/4367-h/p3.htm.
14 http://hnn.us/comments/1802.html;"Are the Media Right to Single Out William Tecumseh Sherman As the Most Reckless Civil War General of Them All?" by Dr. MichaelTaylor
15 *American Spirit*, 471.
16 Florence Nightingale, *Sanitary History*, 8.
17 *Ibid.*, 7.
18 Nightingale, "Taking Food, "15.
19 Nightingale, "What Food?, "30.

20 http://www.florence-nightingale.co.uk/flo2.htm.
21 *Ibid.*, 24.
22 *Ibid.*, 37.
23 Pryor, *Clara Barton*, 142.
24 Shange, *If I Can Cook*, 10.
25 Twain, *Roughing It*, 46–47.
26 *Ibid.*, 89.
27 Luchetti, *Home on the Range*, 56–57.
28 Twain, *Roughing It*, 292.
29 Ambrose, *Nothing Like It in the World*, 150.
30 *Ibid.*, 162–163.
31 From a *NY Times* article, quoted in Roughing It, 48.
32 Jones, *Vines in the Sun*, 17–18.
33 Martin, *The Land Looks After Us*, 91.
34 *NY Times*, June 18, 2001.
35 Atkins, *Harvest of Grief*, 30–33.
36 Labbé and Lurie, *Slaughterhouse Cases*, 50.
37 Luchetti, *Home on the Range*, 92.
38 Josephson, *Union House*, 14.
39 Williams, *Savory Suppers*, 95–96.
40 Root, *Eating in America*, 314–315.
41 Brumberg, *Fasting Girls*, 175–176.
42 Andreason and Black, *Psychiatry*, 479.
43 *Ibid.*, 480–486.
44 Thomas J. Schlereth, "Conduits and Conduct: Home Utilities in Victorian America, 1876–1915, " in *American Home Life, 1880–1930*, 227.
45 Rafter, *Partial Justice*, 165.
46 Benning, *Oh, Fudge!*, 7.
47 *Ibid.*, 12.
48 Ric Burns, *New York* video.
49 www.pictureframes.co.uk/page/saint_valentine.htm.
50 Hamilton, *Mythology*, 92–100.
51 Schlereth, "Home Utilities, "233.
52 Whorton, *Crusaders*, 48.
53 Thoreau, *Walden and Other Writings*, 112.
54 *Ibid.*, 150.
55 Smith, *Peanuts*, 86–87.
56 *Ibid.*, 87.
57 Whorton, *Crusaders*, 223.
58 Pendergrast, *Coca-Cola*, 16.
59 *Ibid.*, 14–15.
60 Tedlow, *New and Improved*, 42–44.
61 Phillips, *Short History of Wine*, 282–285.
62 Jonathan Swift, "A Modest Proposal, " in *Swift: Gulliver's Travels and Other Writings*, 489.
63 Gallagher, *Paddy's Lament*, 22–25.
64 www.stpatricksday.ie/cms/stpatricksday_history.html
65 Burbank, *Harvest of the Years*, 167.
66 *Castles Neuschwanstein and Hohenschwangau*, Copyright by Verlag Kienberger [no date;no page numbers]
67 http://www.muenchen-tourist.de/englisch/oktoberfest/muenchen-oktoberfest-geschichte_e_m.htm.
68 Shaw, *The World of Escoffier*, 24–27.
69 Beck, Bertholle, Child, *Mastering the Art of French Cooking*, 147.
70 Willan, *La France Gastronomique*, 28–31.
71 *Les Français et La Table*, 446–449.
72 Hazan, *The Classic Italian Cookbook*, 3.
73 *Ibid.*, 6.
74 Davidson, *Oxford Companion*, 582.
75 *Ibid.*, 800.
76 Simeti, *Pomp and Sustenance*, 89.
77 *Ibid.*, 284–293.
78 Mangione and Morreale, *La Storia*, xv.
79 *Ibid.*, 60–80.
80 http://www.mendel-museum.org/.
81 http://www.mendel-museum.org/eng/3news/road.htm.
82 Kagan, Ozment, Turner, *Western Heritage*, 823.
83 Beeton, *The Book of Household Management*, title page.
84 *Ibid.*, 259–260.
85 *Ibid.*, 590–91.
86 *Ibid.*, 242–43.

第 9 章

1 Krishnendu Ray. *The Migrant's Table*. Philadelphia: Temple University Press, 2004; 24, 189.
2 Davidson, *Oxford Companion*, 774–775.
3 Lewicki, *West African Food*, 49.
4 *Ibid.*, 50–52.
5 *Ibid.*, 91–98.
6 *Ibid.*, 122–123.
7 *Ibid.*, 128–131.
8 *Ibid.*, 31.
9 *Ibid.*, 36–37.

10 *Ibid.*, 105.
11 Davidson, *Oxford Companion*, 57.
12 Lewicki, *West African Food*, 73.
13 *Ibid.*, 76–77.
14 *Ibid.*, 80–82.
15 *Ibid.*, 124.
16 Beck, et al., *World History*, 686.
17 Batmangli, *Silk Road Cooking*, 303;http://www.theepicentre.com/Spices/raselhanout.html.
18 Wright, *Mediterranean Feast*, 523–524.
19 http://www.globalgourmet.com/destinations/ethiopia/berbere.html;http://congocookbook.com/sauce_recipes/berbere.
20 Davidson, *Oxford Companion*, 220.
21 Roden, *Arabesque*, 30.
22 DeWitt, et al., *Flavors of Africa*, 197.
23 Hachten, *Regional African Cooking*, 125–126.
24 *Ibid.*, 114–118.
25 Hachten, *Regional African Cooking*, 217.
26 DeWitt, et al., *Flavors of Africa*, 129.
27 *Ibid.*, 9.
28 *Ibid.*, 20.
29 *Ibid.*, 69.
30 Sen, *Food Culture India*, 46.
31 *Ibid.*, 21.
32 Hamilton, *Portuguese Encounters*, 193, 202.
33 Collingham, *Curry*, 63.
34 Hamilton, *Portuguese Encounters*, 219.
35 Ray, *Migrant's Table*, 25.
36 Sen, *Food Culture India*, 117.
37 Collingham, *Curry*, 61.
38 Sen, *India*, 17–18.
39 Collingham, *Curry*, 32–33.
40 *Ibid.*, 34.
41 Chandra, *Cuisines of India*, 123–124.
42 http://economictimes.indiatimes.com/News/News_By_Industry/How_garam_masala_symbolises_Indias_culinary_tradition/ articleshow/2254870.cms
43 http://www.penzeys.com/cgi-bin/penzeys/p-penzeysgarammasala.html
44 http://www.penzeys.com/cgi-bin/penzeys/p-penzeysroganjosh.html
45 http://www.penzeys.com/cgi-bin/penzeys/p-penzeysvindaloo.html
46 http://www.penzeys.com/cgi-bin/penzeys/p-penzeysbaltiseason.html
47 Achaya, *Indian Food*, 176.
48 Beeton, *Household Management*, 135–136(#269).
49 *Ibid.*, 176–178.
50 Anderson, *Food of China*, 65.
51 *Ibid.*, 58.
52 Kurlansky, *Salt*, 35.
53 Anderson, *Food of China*, 63.
54 Chang, *Food in Chinese Culture*, 169.
55 Anderson, *Japanese Tea Ritual*, 151, 147.
56 *Ibid.*, 14–15.
57 Anderson, *Food of China*, 79.
58 Chang, 151.
59 *Ibid.*, 149.
60 Anderson, *Food of China*, 84.
61 Buell, *Turkicization*, 207.
62 *Ibid.*, 213.
63 Anderson, *Food of China*, 208–209.
64 *Ibid.*, 210–217.
65 Connor, *The Koreas*, 246–256.
66 Owen, *Indonesian Regional*, 10.
67 *Ibid.*, 173–175.
68 Cordero-Fernando, *Culinary Culture of the Philip- pines*, 15.
69 Hoare, *Thailand*, 78.
70 Brennan, *Original Thai Cookbook*, 110–111.
71 *Ibid.*, 251.
72 Anderson, *Tea Ritual*, 57–58.
73 *Ibid.*, 150.
74 *Ibid.*, 165.
75 *Ibid.*, 166–172.
76 Mason and Caiger, *A History of Japan*, 120–121.
77 *Ibid.*, 155.
78 Beck, et al., *World History*, 720.

第 10 章

1 *A People and a Nation, Brief Edition (5th, Vol. B)*, 358.
2 Mangione and Morreale, *La Storia*, 174.
3 Diner, *Hungering for America*, 204–205.
4 Papanikolas, *Greek Odyssey*, 23.
5 *Ibid.*, 31.
6 Katatokis, et al., *Hellenic Cookery Modesto*.
7 Papanikolas, *Greek Earth*, 70–73.
8 www.agh-attorneys.com/4_lochner_wnew_

york.htm.
9 http://caselaw.lp.findlaw.com/scripts/getcase.pl?court=us&vol=198&onvol=45.
10 Goodwin, *Pure Food Crusaders*, 42–46.
11 *Ibid*., 65.
12 *Ibid*., 221.
13 Pendergrast, *Coca-Cola*, 107–122.
14 Strenio, *Testing Trap*, 79–80.
15 Shapiro, *Perfection Salad*, 40.
16 www.biography.com/features/mother.
17 Kennedy, Randall, *Ni___r*, 8.
18 *Cooking Essentials Pro Chef*, 19–20.
19 *Ibid*., 19.
20 Escoffier, *Guide*, ix.
21 *Ibid*., 470.
22 Shaw, *Life and Times of Escoffier*, 52.
23 http://www.smithsonianmag.com/travel/The-Ghost-Wineries-of-Napa-Valley.html
24 Poling-Kempes, *Harvey Girls*, 238–241.
25 *Ibid*., 39.
26 *Ibid*., 39.
27 Coleman, *The Liners*, 183.
28 *Ibid*., 66.
29 Archibold and McCauley, *Last Dinner*, 36.
30 *The Titanic Collection*.
31 *Slow Food*, April–June 2001, 47, 49.
32 Coleman, *Liners*, 71–81.
33 *Ibid*., 106.
34 McClancy, *Consuming Culture*, 135.
35 Goldstein, *À La Russe*, 84.
36 Volokh, *Russian Cuisine*, 320.
37 Goldstein, *Russe*, 17–18.
38 Volokh, *Russian Cuisine*, 584–585.
39 *Ibid*., 576–577.
40 Goldstein, *Russe*, 270.
41 Mauricio Borrero, "Communal Dining and State Cafeterias in Moscow and Petrograd, 1917–1921, " in *Food in Russian History and-Culture*, 163.
42 *Ibid*., 169–170.
43 *Ibid*., 171–172.
44 *More American Eats*.
45 Phillips, *Short History of Wine*, 303–304.
46 Jones, *Vines in the Sun*, 16.
47 Tom Wicker, *A Time to Die*, 89, 317.
48 http://www.nytimes.com/2008/05/14/nyregion/14icecream.html?_r=1
49 http://www.washingtonhistory.com/ScenesPast/images/SP_0606.pdf
50 http://www.washingtonhistory.com/ScenesPast/images/SP_0606.pdf
51 http://www.washingtonhistory.com/ScenesPast/images/SP_0606.pdf
52 http://www.washingtonhistory.com/ScenesPast/images/SP_0606.pdf
53 http://www.library.northwestern.edu/govinfo/news/2009/07/ice_cream.html
54 http://www.washingtonhistory.com/ScenesPast/images/SP_0606.pdf
55 http://www.icecreamusa.com/good_humor/history/
56 http://www.library.northwestern.edu/govinfo/news/2009/07/ice_cream.html
57 http://www.dannon.com/about.aspx
58 Goodwin, *Hollywood du Jour*, 13.
59 Leuchtenberg, *Perils of Prosperity*, 192.
60 *Ibid*., 186.

第 11 章

1 Arts & Entertainment, *Biography*.
2 *U.S. Regional Cook Book*, 631.
3 Second inauguration, January 20, 1937.
4 "The Enchanted Forest, " by Major John A. Porter, Q.M.C., *The Quartermaster Review*, March– April 1934.
5 Davidson, *Oxford Companion*, 153.
6 Lukacs, *American Vintage*, 105.
7 Bill Wilson letter to Dr. Carl Jung (undated); http://members.tripod.com/aainsa/frames.html
8 Phillips, *Short History of Wine*, 302.
9 Smith, ed., *Oxford America*, Vol. I, 645.
10 Fussell, *The Story of Corn*, 202–203.
11 Smith, *Popped Culture*, 101–103.
12 Mendelson, *Stand Facing the Stove*, 84.
13 Edgar Rombauer, Forward to the Facsimile Edition, *The Joy of Cooking*, 1998, first page (no number).
14 Mendelson, *Stand Facing the Stove*, 96–97.
15 www.kingarthurflour.com.
16 E-mails, Bama Company to author; November 19 and 21, 2002.
17 http://www.carvel.com/about_us/history.htm
18 http://www.kraftfoodscompany.com/about/history/index.aspx

19 http://www.clevelandart.org/Kids/story/people/boiardi.html
20 http://motlc.wiesenthal.com/text/x19/xm1962.html
21 Pringle, *Food, Inc.*, 141–144.
22 http://www.navysna.org/awards/Miller.htm;http://www.history.navy.mil/faqs/faq57-4.htm;http://www.dorismiller.com; http://www.dorismiller.com/history/dorismiller/ussmiller.shtml; http://www.tsha.utexas.edu/handbook/online/articles/view/MM/fmi55.html
23 Pendergrast, *Uncommon Grounds*, 224.
24 http://www.usarmymodels.com/ARTICLES/Rations/krations.html
25 http://www.spam.com/about/history/default.aspx
26 Wyman, *Spam*, 23;http://www.spam.com/about/history/default.aspx
27 Wyman, *Spam*, 17–18, 23.
28 MacClancy, *Consuming Culture*, 47.
29 Thompson, *Canning*, 2.
30 *Ibid.*, 20.
31 *Ibid.*, 9.
32 Malgieri, *Cookies Unlimited*, 47.
33 Thompson, *Canning*, 38.
34 Daws, *Prisoners of the Japanese*, 120–121.
35 *Ibid.*, 111.
36 Andrews and Gilbert, *Over Here*, 62–63.
37 McClancy, *Consuming Culture*, 102.
38 Davidson, *Oxford Companion*, 673.
39 MacClancy, *Consuming Culture*, 47–48.
40 http://motlc.wiesenthal.com/text/x19/xm1962.html
41 McClancy, *Consuming Culture*, 340.
42 Kennedy, *Great Powers*, 362.
43 MacClancy, *Consuming Culture*, 134.
44 *More AmericanEats*.
45 *Finnish-American Folklore: The Legend of St.Urho*.
46 Houston, *Food Culture in the Caribbean*, 116.
47 Twain, *Roughing It*, 369.
48 *Ibid.*, 359.
49 *Ibid.*, 342, 355.
50 *Ibid.*, 354.
51 Davidson, *Oxford Companion*, 373.
52 *Ibid.*, 742.
53 http://www.spam.com/about/history/default.aspx
54 http://www.lbl.gov/Publications/Currents/Archive/Apr-21-1995.html.
55 *Suddenly Susan*.
56 *New Yorker*, January 15, 2001, 48–56.
57 Beck, et al., *World History*, 864.
58 http://www.economist/com/business/PrinterFriendly.cfm?story_id=1974103.
59 Belasco, "Food and the Counterculture, " in *The Cultural Politics of Food and Eating*, Watsonand Caldwell, ed., 221–222.
60 *Ibid.*, 223.
61 Smith, *Popped Culture*, 132–134.

第 12 章

1 http://www.bbc.co.uk/arts/books/author/david/pg3.shtml.
2 http://www.smithsonianmag.com/travel/The-Ghost-Wineries-of-Napa-Valley. html#ixzz0VjItalK9
3 http://www.goldendoor.com/escondido/faq/
4 Watson, *Golden Arches*, Intro, 23.
5 Yan, "McDonald's in Beijing, " inWatson, ed., *Golden Arches*, 39.
6 Watson, "McD's in Hong Kong, " in *Golden Arches*, 78.
7 Ibid., "McD's Hong Kong, "89–90.
8 Yan, "McD's Beijing, " in Watson, ed., *Golden Arches*, 47.
9 Watson, "McD's in Hong Kong, " in *Golden Arches*, 85.
10 *Ibid.*, 36.
11 Yan, "McD's Beijing, " in Watson, ed., *Golden Arches*, 74.
12 Watson, "McD's in Hong Kong, " in *Golden Arches*, 93.
13 Yan, "McD's Beijing, " in Watson, ed., *Golden Arches*, 61.
14 Watson, "McD's Hong Kong, " in *Golden Arches*, 90–91.
15 *Sacramento Bee*, October 17, 2002, B1, B7.
16 http://www.time.com/time/magazine/article/0, 9171, 948969, 00.html
17 http://www.answers.com/topic/list-of-comfort-foods;*TheCatholicDigest*, 1958, Vol.23, 59.
18 http://members.ift.org/IFT/Pubs/Newsletters/weekly/nl_021710.htm

19 www.mrsfields.com.
20 著者より：これは私がガールスカウト時代に経験したバナナボートとスモアの作り方。
21 Fedoroff and Brown, *Mendel in the Kitchen*.
22 *Ibid*., 66.
23 McHughen, *Pandora's Picnic Basket*, 236.
24 *Ibid*., 233–234.
25 *Ibid*., 237.
26 http://www.cdc.gov/ncidod/dbmd/diseaseinfo/salment_g.htm
27 http://www.cdc.gov/mmwr/preview/mmwrhtml/mm55d926a1.htm
28 http://www.cdc.gov/ecoli/2009/0807.html, http:// www.washingtonpost.com/wp-dyn/content/article/2009/08/31/AR2009083103922_pf.html
29 http://gateway.nlm.nih.gov/MeetingAbstracts/ma?f=102235172.html
30 http://www.ncbi.nlm.nih.gov/pubmed/19400687
31 http://www.law.cornell.edu/background/insane/capacity.html
32 http://www.cdc.gov/nccdphp/sgr/shalala.htm
33 Heber, *L.A. Shape Diet*, 262–264.
34 http://geography.about.com/od/obtainpopulationdata/a/indiapopulation.htm
35 Schlosser, *Fast Food Nation*, 3.
36 http://foodparty.tv/2008/07/12/donut-cheeseburgers/; http://www.slashfood.com/2006/08/05/you-got-french-fries-in-my-frosty/
37 Heber, *What Color Is Your Diet?*, 107.
38 *LA Times*, December 21, 2000.
39 E-mail, October 25, 2009.
40 Pendergrast, *Coca-Cola*, 402.
41 *NY Times*, June 18, 2001.
42 NBC Morning News, June 19, 2001.
43 Food Network, *In Food Today*.
44 www.pizzaware.com/facts.
45 http://www.nytimes.com/2005/05/08/fashion/sundaystyles/08age.html?pagewanted=print
46 Saveur, "Nouvelle Schmouvelle, " September/October 2001, 15.
47 *LA Times*, April 12, 2006, 1.
48 *LA Times*, June 2, 2005, F1, 8, 9.
49 Mauseth, *Botany*, 729.
50 www.slowfood.com.
51 *The Snail*, 12/2001, 4–5.
52 nytimes.com/2006/01/05/science/05fish. html?pagewanted=print.
53 nytimes.com/2006/01/04/international/ europe/04sturgeon.html?pagewanted=print.
54 http://content.nejm.org/cgi/content/full/362/6/485/
55 http://www.edibleschoolyard.org/feedingfuture
56 http://www.theatlantic.com/doc/print/201001/school-yard-garden
57 http://www.fns.usda.gov/tn/Healthy/wellnesspolicy.html
58 Schlesinger, *Animals and Plants Ancient Maya*, 44.
59 http://globalpoverty.change.org/blog/view/what_bill_clintons_mea_culpa_should_mean
60 http://globalpoverty.change.org/blog/category/natural_disasters
61 http://news.yahoo.com/s/ap/20100616/ap_on_bi_ge/us_gulf_oil_spill_today
62 www.delta.com/travel/before/inflight_dining/index.jsp.
63 Nabhan, *Why Some Like It Hot*, 153.
64 *LA Times*, August 18, 2005, A12.
65 *LA Times*, September 18, 2006, F6.
66 http://eating.health.com/2008/07/02/pomegranate-juice-packed-with-antioxidants/#more-530
67 Fedoroff, *Mendel*, 254.
68 http://www.nrn.com/breakingNews.aspx-?id=381022
69 Nabhan, *Why Some Like It Hot*, 119–123.
70 http://www.nrn.com/landingPage.aspx?menu_id=1416&coll_id=554&id=360010&utm_source=MagnetMail&utm_ medium=email&utm_term=cucinalinda@ aol.com&utm_content=NRN-News- Marketing%20Matters%2011-20-08&utm_ campaign=Marketing%20Matters%20from%20 NRN-Online
71 http://www.nrn.com/landingPage.aspx?menu_id=1416&coll_id=554&id=359834&utm_source=MagnetMail&utm_ medium=email&utm_term=cucinalinda@ aol.com&utm_content=NRN-News- Marketing%20Matters%2011-20-08&utm_ campaign=Marketing%20Matters%20from%20 NRN-Online
72 http://www.nrn.com/breakingNews.aspx

?id=381026#ixzz0j0nPdmt5

73 http://www.nrn.com/article.aspx?id=380480 #ixzz0j0oyYbr0

74 http://www.minyanville.com/businessmarkets/articles/starbucks-starbucks-coffee-mcdonalds-burger-king/3/23/2010/id/27422?camp= syndi cation&medium=portals&from=yahoo

75 http://www.time.com/time/business/article/0, 8599, 1978705, 00.html

76 http://www.nrn.com/landingPage.aspx?menu_id=1384&coll_id=654&id=374834&utm_source=MagnetMail&utm_medium=email&utm_term=cucinalinda@aol.com&utm_content=NRN-News-Beverage%20Trends%20 11-12-09&utm_campaign=Holy%20atom - izer, %20barman%21%20Mixologists%20 spray%20cocktails%20with%20aromatics

77 http://www.nytimes.com/2009/06/18/fas hion/18skinside.html?_r=1&pagewanted=print

78 http://www.nrn.com/breakingNews.aspx-?id=381030

79 http://www.nrn.com/landingPage.aspx?menu_id=1416&coll_id=554&id=360052&utm_source=MagnetMail&utm_medium=email&utm_term=&utm_content=NRN-News- Mar keting%20Matters%2011-20-08&utm_ cam paign=Marketing%20Matters%20from%20 NRN-Online

80 http://www.bls.gov/oco/cg/cgs024.htm

81 Richard S. Tedlow. *New and Improved*, 1990;196.

82 Ibid.

83 http://supermarketnews.com/profiles/top75/2010/index.html/

84 http://www.minyanville.com/businessmarkets/articles/organic-consumers- manufacturers-walmart-general-mills/3/22/2010/ id/27380

85 http://newyork.grubstreet.com/2009/09/the_20_biggest_chef_empires.html

86 http://www.joyofbaking.com/NanaimoBars.html

87 http://www.nytimes.com/2009/05/20/din ing/20united.html?th=&emc=th&pagewant ed=print

88 Project Gutenberg's Etext of *Don Quixote* by Miguel de Cervantes, Chapter XLIX.

料理および食に関する主な本

年代	国／言語	著者	書名	重要事項
紀元前 3500 年頃	メソポタミア／楔形文字	不詳	（断片）	記録された最古のレシピ、鳥のブイヨンを含む
紀元前 330 年頃	シチリア／ギリシア語	アルケストラトス	ガストロノミア（断片）	大部分が魚に関する詩
紀元後 1 世紀	ローマ／ラテン語	アピキウス	『料理帖』（*De Re Coquinaria*）	最初の料理書；ソース；1936 年に初めて英訳
10 世紀	チュニジア／アラビア語	アル・マーリキー	『リアド・アル＝ヌファス』（*Riyād al-nufās*）	デザートのクナーファに関する初めての記述
1061 年	宋／中国語	不詳	『嘉祐本草』	何百種もの薬用植物記載
1215 年	日本／日本語	栄西	『喫茶養生記』	日本初の茶に関する本
1226 年	イスラム帝国／アラビア語	アル・バグダディ	『バグダッドの料理書』	ペストリー／菓子
13 世紀	イスラム帝国／アラビア語		『日常食物誌』（*Kitāb waf al-at' ima al-mutada*）	レシピ 155 点中 94 点でローズ・ウォーター使用
13 世紀	スペイン／アラビア語	不詳	『マグリブとアンダルスの料理書』（*Kitāb al-jâbīkh fī al-Maghrib wa' l-Āndalus*）	クスクスについて記述
1300 年頃	スイス／フランス語	不詳	『シオン・ヴィアンディ』（*Sion Viander*）	アラビア料理の影響はほとんどない
14 世紀	ナポリ王国／ラテン語	不詳	『料理書』（*Liber de Coquina*）	ラザニアの初のレシピ
14 世紀	元／中国語	忽思慧	『飲膳正要（皇帝のための薬膳料理）』	元の栄養士兼専門医
1370 年頃	フランス／フランス語	タイユヴァン	『ル・ヴィアンディエ』	アラビア料理の影響はほとんどない
1392/3 年	フランス／フランス語	不詳	『パリの家長』（*Ménagier de Paris*）	日常的な家庭料理
1474 年	ローマ／ラテン語	プラティナ／マルティーノ	『高雅なる逸楽と健康について』	初めて印刷された料理書
1490 年頃	フランス／フランス語	タイユヴァン	『ル・ヴィアンディエ』	初めて印刷されたフランス語の料理書
1502 年	イングランド／英語	不詳	『パインソンの料理書』（*The Pineson Book*）	初めて印刷された英語の料理書
1510 年	ブリュッセル／オランダ語	ファンデル・ヌート	『すばらしい料理書』（*Eeen Notabel Boecxke van Cokerije*）	初めて印刷されたオランダ語の料理書

年代	国／言語	著者	書名	重要事項
1520 年	バルセロナ／スペイン語		『料理書』(*Libre del coch*)	カタロニアの料理
1532 年	ポーランド／ポーランド語	不詳	『料理および貯蔵術』(*Kuchmistrzostwo*)	初めてのポーランド語の料理書
1570 年	イタリア／イタリア語	スカッピ	『オペラ』	盛期ルネサンスの料理
1604 年	ブリュッセル／フランス語	カストー	『料理法』(*Ouverture de Cuisine*)	初めてのシュー生地
1651 年	フランス／フランス語	ラ・ヴァレンヌ	『フランスの料理人』	古典的フランス料理
1653 年	フランス／フランス語	ラ・ヴァレンヌ	『フランスのパティシエ』	多分イタリアのペストリー・シェフによる
1667 年	オランダ	不詳	『賢い料理人』	オランダの黄金時代の食物
1682 年	ポーランド／ラテン語	スタニスワフ・チェルニツキ	『料理大綱』(*Compendium Fercolorum*)	ポーランド独自の料理の本
1691 年	フランス／フランス語	マシアロ	『王室とブルジョワ家庭の料理人』	料理の主食材の頭文字に基づき、アルファベット順に編集した初のレシピ集
1742 年	アメリカ／英語	イライザ・スミス	『完璧な主婦』(*The Compleat Housewife*)	植民地で印刷された最初の料理書
1746 年	フランス／フランス語	ムノン	『ブルジョワの女料理人』(*La Cuisinière bourgeoise*)	フランス初の女性向け料理書
1747 年	イギリス／英語	ハナ・グラス	『簡素で容易な料理術』	18 世紀のベストセラー
1790 年	イタリア／イタリア語	F・レオナルディ	『現代のアピキウス』(*L'Apicio moderno*)	パスタとトマト・ソースの初めてのレシピ
1793 年	フランス／フランス語	マダム・メリド	『共和国の料理』	著者は女性；すべてジャガイモ料理
1796 年	アメリカ／英語	A・シモンズ	『アメリカの料理』	アメリカ初の料理書
1810 年	フランス／フランス語	ニコラ・アペール	『あらゆる食物を数年間保存する技術』	缶詰に関する初めての本
1816 年	ロシア／ロシア語	シェフのレフシン	『ロシアの厨房』	初めてのロシア語の料理書
1824 年	アメリカ／英語	メアリ・ランドルフ	『ヴァージニアの主婦』(*The Virginia Housewife*)	大きな影響を与えた料理書
1829 年	アメリカ／英語	リディア・チャイルド	『アメリカの節約主婦』	少なくとも 35 版を重ねる
1839 年	ナポリ／イタリア語	I・カヴァルカンティ	『理論的、実践的料理』	フランスの影響を受けないイタリア料理

年代	国／言語	著者	書名	重要事項
1841 年	アメリカ／英語	C・ビーチャー	『家政論』	民主主義、健康、食事
1861 年	イギリス／英語	イザベラ・ビートン	『家政読本』	英国ヴィクトリア朝料理
1861 年	ロシア／ロシア語	E・モロコヴェッツ	『若い主婦への贈り物』（*A Gift to Young Housewives*）	ベストセラー、4000 以上のレシピ
1864 年	オーストラリア／英語	エドワード・アボット	『イギリスとオーストラリアの料理』	オーストラリア初の料理本
1881 年	アメリカ／英語	アビー・フィッシャー	『フィッシャー夫人が昔の南部料理について知っていること』	初期のアフリカ系アメリカ人の料理本
1881 年	アメリカ／英語	エレン・リチャーズ	『料理と掃除の化学』	マサチューセッツ工科大学女性第一号
1891 年	イタリア／イタリア語	ペレグリノ・アルタシ	『料理の科学』（*La Scienza in Cucina*）	イタリア料理の基礎
1896 年	アメリカ／英語	ファニー・ファーマー	『ボストン料理学校テキスト』	工業化と料理
1898 年	アメリカ／スペイン語	E・ピネド	『スペイン料理」（*El cocinero español*）	アメリカ初のスペイン語料理本
1901 年	アメリカ	リジー・カンダー	『セツルメント・クックブック』	ユダヤ／ユダヤ系アメリカ風レシピ
1903 年	フランス／フランス語	エスコフィエ	『料理の手引き』	主要な 5000 レシピ
1910 年	ポーランド／ポーランド語	オホロヴィチ・モナトワ	『世界の料理』（*Uniwersalna Ksiaóka Kucharska*）	ポーランド料理のバイブル；1958 年に英訳が出た。
1931 年	アメリカ／英語	イルマ・ロンバウアー	『料理の喜び』	3000 部を自費出版
1938 年	フランス／フランス語	モンタニェ	『ラルース・ガストロノミック』	美食の百科事典
1960 年	イギリス／英語	エリザベス・デイヴィッド	『フランス田舎料理』	影響を受けた世代
1961 年	アメリカ／英語	ベック、ジュリア・チャイルド、ベルトール	『王道のフランス料理』	フランス料理をアメリカ人にとって親しみあるものにした
1968 年	アメリカ／英語	クラウディア・ローデン	『中東料理の本』（*A Book of Middle Eastern Food*）	中世のレシピを含む
1970 年	アメリカ／英語	ハーバ・ハッテン	最高のアフリカ地方料理（*Best of Regional African Cooking*）	最初のアフリカ大陸全般の料理本
1971 年	アメリカ／英語	ジョージ・ラング	『ハンガリー料理』（*The Cuisine of Hungary*）	レシピと歴史
1973 年	アメリカ／英語	マドゥール・ジャフリー	『インド料理への招待』（*Invitation to Indian Cooking*）	アメリカ人向けに書かれた料理本

年代	国/言語	著者	書名	重要事項
1973年	アメリカ/英語	モリー・カッツェン	『ムースウッドの料理』(*Moosewood Cookbook*)	ベジタリアン、スパイシー、エスニック
1979年	英語	エスコフィエ	『料理の手引き』	最初の英訳本
1981年	アメリカ/英語	J・ブレナン	『オリジナル・タイ料理』(*Original Thai Cookbook*)	米国発のタイ料理本
1982年	アメリカ/英語	アリス・ウォーターズ	『シェ・パニースの料理』(*Chez Panisse Cookbook*)	独創的なカリフォルニア・フレンチ
1983年	アメリカ/英語	オーニッシュ/シュルマン	『ストレス・食事療法・あなたの心臓』(*Stress, Diet, & Your Heart*)	心臓を健康に保つための初めての料理本
1984年	アメリカ/英語	ハロルド・マックギー	『食物と料理について』(*On Food and Cooking*)	台所の科学
1991年	アメリカ/英語	アイラ・アルガー	『古典的トルコ料理』(*Classical Turkish Cooking*)	歴史とレシピ
1996年	イタリア/イタリア語、フランス語	フランドリンとモンタナーリ、ソンネンフェルド編集	『栄養の歴史;食物:古代から現代まで』(*Histoire de l'alimentation; Food: From Antiquity to the Present*)	きわめて貴重な広範囲の歴史
1998年	アメリカ/英語	ヌトザケ・シャンゲ	『もしも私に料理ができるなら、神様にもできるわね』	詩心あふれるアフリカ料理と歴史の本
1999年	イギリス/英語	A・デイヴィッドソン編集	『オックスフォード食物必携』	百科事典
2000年	アメリカ/英語	クリフォード・ライト	『地中海地方の宴会』(*A Mediterranean Feast*)	大部、500レシピ+歴史
2001年	アメリカ/英語	エリック・シュローサー	『ファストフードが世界を食いつくす』	現在のアメリカ人の食習慣
2002年	アメリカ/英語	マリオン・ネスレ	『フード・ポリティクス』	食物に関する初の硬質な政治史
2003年	アメリカ/英語	ピネド;編集&翻訳、ストレール	『エンカルナシオンの台所』(*Encarnación's Kitchen*)	米国在住ヒスパニックによって書かれた初の料理本から精選されたレシピ
2004年	アメリカ/英語	アンドリュー・スミス編集	『オックスフォード版アメリカの飲食物』	アメリカ初の食物百科事典
2004年	英語/ペルシア語	N・バトマングリ	『新しい生命の食べ物:古代ペルシアと近代イラン』(*New Food of Life: Ancient Persian and Modern Iranian*)	頑固で妥協しないイラン人

主な戦争と戦闘（紀元後）

年代	戦闘／戦争	戦地	戦争の主体（戦勝者は太字）
476	西ローマ帝国の滅亡	ローマ	**蛮族**が西ローマ帝国に侵攻
732	トゥール・ポワティエの戦い #	フランス	イスラム軍が**フランス**に侵攻
1066	ヘイスティングズの戦い	イングランド	フランスがイングランドに侵攻
1096-1212	十字軍 #	エルサレム	キリスト教のヨーロッパ諸国が**イスラム教**のレバントに侵攻
1279	侵攻	中国	**元**が宋を滅ぼす
1337-1453	百年戦争	フランス	イングランドが**フランス**に侵攻
1453	東ローマ帝国の滅亡 #*	トルコ	イスラム教の**トルコ**対キリスト教の東ローマ帝国
1492	レコンキスタ #	スペイン	カトリックの**スペイン**がイスラム教徒とユダヤ人を攻撃追放
1571	レパントの海戦 #*	地中海東部	カトリックの**スペイン**、**ローマ教皇**、**ヴェネツィア**対イスラム教のトルコ
1588	スペインの無敵艦隊 #*	英仏海峡	カトリックのスペイン対プロテスタントの**イングランド**
1618-1648	三十年戦争 #	ヨーロッパ	カトリック対プロテスタント——引き分け
1642-1649	清教徒革命 #	イングランド	**清教徒**対王党派
1688	名誉革命 #	イングランド	**プロテスタント**対カトリック
1688-1697	大同盟戦争	**ヨーロッパ諸国**	フランス対ヨーロッパの大半——引き分け
1701-1713	スペイン継承戦争	**ヨーロッパ諸国**	**イングランド**、**オーストリア**、**オランダ共和国**、**ポルトガル**、**ドイツ**と**イタリアの一部**対フランスとスペイン
1740-1748	オーストリア継承戦争	**ヨーロッパ諸国**	プロシア、フランス対**オーストリア**、**イギリス**
1756-1763	七年戦争（フレンチ・インディアン戦争、1754-1763）	**ヨーロッパ諸国、北米**	**イギリス**、**アメリカ人**対フランス人およびモホーク・インディアン

年代	戦闘／戦争	戦地	戦争の主体（戦勝者は太字）
1778-1783	アメリカ独立革命	**ヨーロッパ諸国**が北米で	**アメリカの植民地**対イギリス
1793-1802	フランス革命	**ヨーロッパ諸国**が干渉、フランスが主戦場	**小作農とブルジョワジー**対貴族
1803-1815	ナポレオン戦争	**ヨーロッパ諸国、アメリカ**	フランス対**イギリス、ロシア、スペイン、ベルギー、ドイツ、オーストリア**；イギリス対アメリカ
1821	メキシコ独立戦争	メキシコ	**メキシコ人**対スペイン
1839-1842	アヘン戦争*	中国	清対**イギリス**
1861-1865	南北戦争	アメリカ	**北部（自由州）**対南部（奴隷州）
1910-1911	メキシコ革命	メキシコ	**農民**が独裁者を追放
1914-1918	第一次世界大戦	**世界**	オーストリア＝ハンガリー帝国対**英国、フランス、米国、ロシア、イタリア、日本**
1918-1924	ロシア革命 / 内戦	旧ロシア帝国	貴族に対抗する**共産主義を掲げる農民**
1939-1945	第二次世界大戦	**世界**	ドイツ、イタリア、日本対**中国**（1937-1945）、**イギリス**（1939-1945）、**ロシア**、**米国**（1941-1945）
1947	独立戦争	インド	**インド人**対英国の植民地支配者、ついでヒンドゥー教徒対ムスリム
1949	革命	インドネシア	**インドネシア人**対オランダの植民地支配者
1949	革命	中国	**共産主義者**対国民党
1959	革命	キューバ	**共産主義者**対資本家
1960 年代	複数の革命	アフリカ	**アフリカ人**対ヨーロッパ諸国の植民地支配者

宗教戦争、* 海戦